Mathematik im Wandel

Anregungen zu einem
fächerübergreifenden
Mathematikunterricht
Band 2

Michael Toepell (Hrsg.)

In Erinnerung an das
World Mathematical Year

Mathematikgeschichte und Unterricht III

Michael Toepell (Hrsg.)

Mathematik im Wandel

Anregungen zu einem
fächerübergreifenden
Mathematikunterricht
Band 2

div verlag
franzbecker

Die Deutsche Bibliothek
CIP-Einheitsaufnahme

Mathematik im Wandel : Anregungen zum fächer-
übergreifenden Mathematikunterricht /
Michael Toepell (Hrsg.). - Hildesheim ; Berlin
: Verl. Franzbecker
      2 (2001)
      (Mathematikgeschichte und Unterricht ; Bd. 3)
      ISBN 3-88120-342-7

© 2001 by Verlag Franzbecker, Hildesheim, Berlin

Inhalt

Einführung

Das Jahr 2000 war bereits vor einigen Jahren von einem internationalen mathematikdidaktischen Gremium zum *World Mathematical Year* ernannt worden. Eine Fülle von Schüleraktivitäten, Projekten, Vorträgen und Tagungen ließ den grundlegenden Stellenwert der Mathematik für Wissenschaft, Wirtschaft und Kultur erlebbar werden. Der Jahrtausendübergang hat dabei insbesondere deren historische Dimension in den Vordergund rücken lassen. Rückblicke und Ausblicke können zur geistigen Verankerung, zur eigenen Standortfindung, zur Vertrauensbildung gegenüber einem nicht immer leichten Schulfach in einer bildungspolitisch bewegten Zeit beitragen.

Die durch die TIMSS-Studien 1997/98 angeregte Diskussion wurde - auch bezüglich dieser historischen Dimension - weitergeführt und hat vielfach bereits zu Veränderungen im Mathematikunterricht beigetragen.

In der Einleitung zu *Mathematik im Wandel - Band 1* (Verlag Franzbecker 1998, S.2) hatten wir darauf aufmerksam gemacht, daß neben dem Aspekt der Nützlichkeit und der formalen Strukturwissenschaft Mathematik eine gleichwertige Bedeutung hat als historisch gewachsene, kulturell eingebettete und auf Kreativität beruhende Wissenschaft. Dieser Aspekt findet gegenwärtig zunehmende Anerkennung und Berücksichtigung in der Literatur.

Einen facettenreichen Baustein hierzu bildet der vorliegende Band. Auch er zeigt, daß das manchmal so unumstößlich erscheinende Schulfach Mathematik in seiner geschichtlichen Dimension einem steten Wandel unterworfen ist. Er mag zugleich zeigen, daß die sich historisch immer wieder verändernde Wissenschaft Mathematik unter Berücksichtigung ihrer kulturellen Einbettung Manches zur Belebung, Bereicherung und zum Verständnis des gesamten Bildungsgutes an Schulen und Hochschulen beitragen kann.

Der Band ist ein Gemeinschaftswerk der *Fachsektion Geschichte der Mathematik* der Deutschen Mathematiker-Vereinigung (DMV) und des *Arbeitskreises Mathematikgeschichte und Unterricht* innerhalb der Gesellschaft für Didaktik der Mathematik (GDM). Er ist hervorgegangen aus der vierten diesbezüglichen Tagung zur Geschichte der Mathematik, auf der sich 1997 in Calw/ Schwarzwald (Leitung: Michael von Renteln) rund 80 Mathematikhistoriker zusammengefunden hatten.

Die Veröffentlichung entspricht dem Wunsch, die Vortragsausarbeitungen nicht nur den Tagungsteilnehmern, sondern auch interessierten Mathematikern, Lehrern, Didaktikern und Historikern zugänglich zu machen.

Wie im ersten Band, so sind auch hier die vorliegenden 34 Beiträge chronologisch angeordnet. Schwerpunkte bilden die zahlreichen *biographischen* Untersuchungen, die Leben und Werk von Mathematikerinnen und Mathematikern erschließen, und zu einem guten Teil wiederum die Mathematik der Renaissance. Die meisten Arbeiten befassen sich jedoch mit der Entwicklung im 19. und 20. Jahrhundert.

Entsprechend dem ersten Band, so haben auch hier die zahlreichen *fachübergreifenden Bezüge* der einzelnen Beiträge einen besonderen Stellenwert. Sie bieten sowohl dem Mathematiklehrer als auch dem Lehrer anderer Fächer eine Reihe von Anregungen und bereichernden Ergänzungen seines Unterrichts. Exemplarisch werden dabei auch Zusammenhänge mit anderen Fächern vermittelt.

Eine chronologische Anordnung unterliegt der Gefahr, neben der zeitlichen Dimension die sachbezogene Dimension zu vernachlässigen. Daher folgt auf diese Einführung wiederum ein Sachverzeichnis, das in drei Übersichten mögliche *Fachbezüge* der einzelnen Beiträge erschließt. Die erste Übersicht kann dem Leser - und insbesondere dem Mathematiklehrer - das Auffinden von Beiträgen zu bestimmten Gebieten der *Schulmathematik* erleichtern. Ergänzend wurden hier auch die biographischen Untersuchungen aufgenommen.

Da alle Beiträge natürlich Bezüge zur *Geschichte* besitzen, wurden in einer zweiten Übersicht auch außerhalb der genannten Schwerpunkte liegende historische Bereiche erfaßt. Schließlich macht die dritte Übersicht nicht nur Mathematiklehrer, sondern auch die Lehrerinnen und Lehrer anderer Schulfächer, die fachübergreifende Bezüge zur Mathematik suchen, auf mit *anderen Fächern* zusammenhängende Beiträge aufmerksam.

Die folgende **Gesamtübersicht** enthält jeweils kurze Hinweise auf die einzelnen Beiträge. Sie vermittelt zugleich einen Eindruck von der Vielfalt gegenwärtiger mathematikhistorischer Forschungsbereiche:

Der erste Beitrag spannt einen Bogen von der Antike bis zur Gegenwart: KNUT RADBRUCH führt den Leser "Mit Euklid durch sechs Jahrhunderte Literatur". Während die Akzeptanz der Wissenschaft Mathematik in der Literatur starken Schwankungen unterliegt - von euphorischer Zustimmung bis zur verständnislosen Ablehnung - werden dagegen Euklids "Elemente" als bemerkenswertes Lehrbuch der Mathematik, ja sogar als Vorbild für Ordnung und Klarheit, hoch geschätzt. Dies belegen die Darlegungen einer Vielzahl bedeutender Autoren seit dem 13. Jahrhundert.

Wenn auch die Wahrscheinlichkeitsrechnung noch nicht in der Antike ausgearbeitet wurde, so lassen sich doch, wie ROBERT INEICHEN in seinem Beitrag "Zufall und Wahrscheinlichkeit - Zeugnisse aus der Antike" zeigt, eine Reihe von Begriffen auf die Anfänge stochastischen Denkens in der Antike zurückführen. Dabei geht er ausführlich auf den Begriff "Zufall" ein und beschreibt Zufallsexperimente und Glücksspiele.

Die Astronomie und Geometrie des Oinopides von Chios (um 440 v.Chr.), dem "ersten griechischen Geometer von dem wir noch meinen, etwas zu wissen", diskutiert HARALD BOEHME. Nach Eudemos geht der Tierkreisgürtel und der Umlauf des großen Jahres auf Oinopides zurück. Eine mögliche Beziehung zwischen der Windrose des Aristoteles und den Problemen des Oinopides könnte darauf hinweisen, daß die geometrischen Probleme des Oinopides astronomischen Ursprungs sind.

Aspekte der Entstehung und Festigung des Deutschen als Wissenschaftssprache und der "Textsorte *Rechenbuch*" in der frühen Neuzeit untersucht BARBARA GÄRTNER in dem Beitrag "Rechenbücher für den *gemeinen man*". Dazu gehört die Frage nach der Entstehung der ersten Rechenbücher in deutscher Sprache und deren sprachlichen Besonderheiten. Neben einer linguistischen Analyse wird der Aufbau von Rechenbüchern am Beispiel des Bamberger Rechenbuchs und der Rechenbücher von Johannes Widmann und Adam Ries beschrieben.

Mit Leben und Werk von Johannes Widmann von Eger (um 1460 - nach 1500), der nach seiner Leipziger Zeit in Annaberg in Sachsen lebte, befaßt sich WOLFGANG KAUNZNER. Johannes Widmann hielt 1486 in Leipzig die erste Vorlesung über Algebra an einer deutschen Universität. Von ihm stammt das erste große deutsche Rechenbuch. Vermutlich verfaßte er etliche anonyme Algorithmen, d.h. Rechenanleitungen, mit den seinerzeit noch nicht allgemein bekannten indisch-arabischen Zahlzeichen.

In seinem Beitrag "Das Bamberger Rechenbuch des Ulrich Wagner von 1483" vergleicht EBERHARD SCHRÖDER beispielhafte Aufgabenstellungen von drei Schriften des 15.Jhs. miteinander: des Algorithmus Ratisbonensis, des Bamberger mathematischen Manuskriptes von ca.1460 und des Rechenbuches von Ulrich Wagner. Es werden einige typische Aufgaben zu linearen Gleichungssystemen, zum Satz von Pythagoras, zur Kreisberechnung und zu arithmetischen oder geometrischen Zahlenfolgen vorgestellt und untersucht.

Dem Werk des Erfurter Mathematikers Heinrich Schreyber (lat. Grammateus; ca.1494-1525) ist der Beitrag von MANFRED WEIDAUER gewidmet. Schreyber hat mit seinen Rechenbüchern eine Reihe noch heute gebräuchlicher Neuerungen eingeführt. Sein Anliegen war, der vorangegangenen Geheimhaltung mathematischer Kenntnisse entgegenzutreten und methodische Hilfen zu vermitteln.

Über den selbst in der Fachwelt wenig bekannten Johann Scheubel (1494-1570) und sein Einfluß auf die Algebra berichtet ULRICH REICH. Nach dem Lebenslauf wird auf Bücher, Handschriften und kartographische Werke Johann Scheubels eingegangen. Anhand dieser Werke werden Leistungen und Beiträge Johann Scheubels zur Entwicklung und Übermittlung der Algebra und sein Anteil an der Europäisierung der Mathematik gewürdigt.

Bartolomäus Pitiscus (1561-1613), ein Theologe und Gelehrter im Pfälzischen Späthumanismus, hat das Fachgebiet *Trigonometrie* in dem Sinne begründet, daß er ein didaktisch abgerundetes Lehrgebäude mit diesem Namen geschaffen hat. MARTIN HELLMANN geht seinen Lebensstationen, der didaktischen Bedeutung seiner trigonometrischen Werke und - beispielhaft - der Formulierung des Winkelkosinussatzes nach.

Die Entwicklung der Logarithmen von ihrer Funktion als Rechenhilfe über Funktionalgleichungen zur Logarithmus-Funktion beschreibt DETLEF GRONAU. Dazu gehören die Vorläufer und Entdecker der Logarithmen, Keplers Behandlung der logarithmischen Funktionalgleichung und die Weiterentwicklung der Logarithmentafeln.

TILMAN KRISCHER setzt sich mit der geistigen Differenzierung im Europa der Neuzeit (17.-19.Jh.) auseinander, die mit dem technischen Fortschritt einhergeht. Dabei beschreibt er insbesondere die damaligen Unterschiede im wissenschaftsmethodischen Vorgehen in England und Frankreich. Technische Neuerungen im Bereich der Navigation (Magnetnadelkompaß), Artillerie (Pulverherstellung) und Fortifikation gehen einher mit geometrisch-naturwissenschaftlichen Entwicklungen (z.B. Darstellende Geometrie, Chemie, Wurfparabel).

Der Beginn des naturwissenschaftlichen Zeitalters verlangte, die rätselhaften Erscheinungen von Kometen nicht nur theologisch, sondern auch mathematisch und astronomisch einordnen zu können. Als ein "Musterbeispiel naturwissenschaftlichen Erkenntnisgewinns" in der zweiten Hälfte des 17.Jhs. verfolgt ANDREAS HINZ die spannende Geschichte von Dörffels Kometen-Beobachtung, Newtons Erklärung und Halleys Kometenvorhersage.

In ihrem Beitrag "Johann Bernoulli und das inverse Zentralkraftproblem" beschreibt SIBYLLE OHLY zunächst Newtons Lösung des inversen Zentralkraftproblems, d.h. - im Verständnis des 18. Jhs. - aus einer gegebenen Kraft mit gegebenem Kraftzentrum die von einem Körper unter Einfluß dieser Kraft beschriebene Bahn zu bestimmen. Sein Vorgehen löste Kritik aus. Anschließend wird die vollständige Lösung Johann Bernoullis diskutiert.

RUDOLF HALLER untersucht in seinem Beitrag für die Schulstochastik das von Pierre Rémond de Montmort (1678-1719) 1708 mit Lösungsvorschlag herausgegebene kuriose Glücksspiel der Indianer "Problem über das Spiel der Wilden, genannt das Spiel mit den Kernen" und zeigt, daß Montmort zu korrigieren ist. Gleiches scheint für ein von Newton diskutiertes Wettproblem "The Question" zu gelten.

Der im Raum Stuttgart tätige evangelische Pfarrer Philipp Mattäus Hahn (1739-1790) konstruierte von 1770 bis 1777 eine mechanische Rechenmaschine, mit der sich mehrstellige Zahlen multiplizieren und dividieren lassen. ERHARD ANTHES beschreibt den Aufbau dieser Rechenmaschine und die Funktionsweise, insbesondere die Zehnerübertragung. Anschließend wird an Hand dreier astronomischer Rechenbeispiele gezeigt, mit welchen arithmetischen Problemen sich Hahn beschäftigt hat.

Aus dem Rechenunterricht und der Haushaltsführung des 18. und 19. Jahrhunderts sind handgeschriebene Rechenbücher, sogenannte Einschreibebücher, überliefert. Sie enthalten Aufgaben des elementaren Rechnens, der Geometrie und der Buchstabenalgebra einschließlich der nach einem festen Schema eingetragenen Berechnungen. In seinem Beitrag geht GERHARD BECKER auf die Quellenlage, auf Besitzeintragungen, auf die Datierung sowie auf methodische Elemente des damaligen Mathematikunterrichts ein. Anhand von prägnanten ausgewählten Beispielen werden inhaltliche Schwerpunkte der Einschreibebücher verdeutlicht.

Gustav Reuschle (1812-1875), ein Stuttgarter Gymnasialprofessor für Mathematik, Physik und Geographie, nimmt durch seine Arbeiten zur Zahlentheorie, durch ein bis heute brauchbares Tabellenwerk zur Theorie der "idealen complexen Zahlen" und durch seine wissenschaftlichen Kontakte zu Carl G.J. Jacobi und Ernst Kummer eine besondere Rolle ein. OLAF NEUMANN, in Zusammenarbeit mit MENSO FOLKERTS, gibt einen Überblick über Reuschles Leben und Werk mit besonderer Rücksicht auf die in Vorbereitung befindliche Edition des Briefwechsels Reuschle-Kummer.

Im Mittelpunkt des Beitrags von RENATE TOBIES steht die Gymnasiallehrerin Marie Gernet (1865-1924). Sie "promovierte als erste in Deutschland geborene Frau im Fach Mathematik" - 1895 bei Leo Koenigsberger in Heidelberg und war damit dann auch in Karlsruhe die "erste promovierte Mathematiklehrerin am ersten Mädchengymnasium Deutschlands". Wie sich zeigt, war es nicht immer einfach, in Bezug auf Herkunft, Studium und Berufstätigkeit eine Vorreiterrolle einzunehmen.

MARIA REMÉNYI stellt Eugen Dühring, eine vielbeachtete Persönlichkeit des Berliner wissenschaftlichen Lebens im ausgehenden 19. Jahrhundert, seine Wissenschaftsphilosophie und seine bedeutendsten Werke vor. In seiner erkenntnistheoretisch, metaphysisch und positivistisch orientierten Grundhaltung nimmt die Mathematik eine Leitfunktion ein. Seine heute zuweilen befremdend erscheinende Kritik an der Nichteuklidischen Geometrie und am aktual Unendlichen kann aus der Sicht seiner Zeit verständlich werden.

Auf die ersten 30 Jahrgänge der "Zeitschrift für mathematischen und naturwissenschaftlichen Unterricht" (ZMNU; gegr. 1870) macht KURT RICHTER aufmerksam. Es werden Entstehungsgeschichte und Aufbau der Zeitschrift dargestellt und damals behandelte Schwerpunkte zu Problemen und Inhalten des Mathematikunterrichts im Hinblick auf unser heutiges Verständnis untersucht.

Der Beitrag von KLAUS VOLKERT vermittelt einen Überblick über die Anfänge der mathematikgeschichtlichen Forschung in Heidelberg. Für deren Aufschwung in der zweiten Hälfte des 19. Jhs. stehen Arthur Arneth, der Universalhistoriker Moritz Cantor und sein Schüler, der Spezialist Karl Friedrich Bopp. Zudem werden neben biographischen und bibliographischen Bemerkungen allgemeinere Zusammenhänge, vor allem mit der Disziplingenese, berücksichtigt.

Im Rahmen der sorgfältigen axiomatischen Begründung der Geometrie in der zweiten Hälfte des 19.Jhs. bildeten endliche ebene geometrische Strukturen, sogenannte *Configurationen*, ein unentbehrliches Hilfsmittel. Sie veranschaulichen u.a. projektive Beziehungen und Unabhängigkeitsmodelle und können, wie HARALD GROPP zeigt, auf Untersuchungen von Theodor Reye (ab 1872 an der Universität Straßburg) zurückgeführt werden. Neben der weiteren diesbezüglichen Entwicklung wird zugleich die Situation der Wissenschaft im Elsaß nach 1870/71 beschrieben.

1890 kam es in Bremen zur Gründung der Deutschen Mathematiker-Vereinigung (DMV). ULF HASHAGEN beschreibt die Gründungsgeschichte und die Aktivitäten des ersten Vorsitzenden Georg Cantor. Dabei wird neben seinen Bemühungen auch auf die Rückschläge, die er dabei erlitt, eingegangen. Weiterhin werden Spannungen und Beziehungen unter den einzelnen Vorstandsmitgliedern sowie deren Auswirkung auf die Geschichte der DMV dargestellt.

Ein Portrait des wissenschaftlich überaus aktiven Gymnasiallehrers und Geometers Wilhelm Killing (1847-1923) entwirft WOLFGANG HEIN. Im Mittelpunkt seines mathematischen Schaffens stehen seine Beiträge zur Theorie der Lieschen Gruppen und ihre Anwendung im Bereich der Grundlagen der Geometrie. Der Schüler von Weierstraß und Helmholtz hat nicht nur damals schwierige Probleme gelöst, sondern auch völlig neue fruchtbare Methoden entwickelt. Didaktisch trat Killing durch sein zweibändiges Werk "Handbuch des mathematischen Unterrichts" hervor.

VOLKER PECKHAUS befaßt sich mit einem bemerkenswerten Brief des Philosophen Leonard Nelson (1882-1927) an David Hilbert. In diesem Brief geht Nelson 1916 auf den mathematikphilosophischen Erkenntnisstand jener Zeit in einer Weise ein, die Hilbert veranlaßten, als Randbemerkung "Mein Glaubensbekenntnis" (!) hinzuzufügen. Es wird der historische Kontext erläutert und Hilberts Vorstellung von der Rolle der Philosophie im Rahmen seines Bemühens, der Göttinger Mathematik Weltgeltung zu verschaffen, erläutert.

Matyás Lerch (1860-1922) gilt als einer der namhaftesten tschechischen Mathematiker des 19. und 20. Jahrhunderts. ŠTEFAN PORUBSKÝ ist in seinem Beitrag Leben und Werk dieses Mathematikers nachgegangen. Er zeichnet damit zugleich ein eindrucksvolles Bild der Wissenschaftssituation in Böhmen in den Jahrzehnten des Umbruchs von etwa 1880 bis 1925.

Die Entwicklung des Mathematischen Instituts der Universität Freiburg von 1900 bis 1950 zerfällt in vier Phasen: In die Ära Lüroth, die Ära Loewy, die Kohabitation Doetsch-Süss und die Ära Süss. VOLKER REMMERT beschreibt die Entwicklung unter schwerpunktmäßiger Berücksichtigung dieser Personen und geht dabei auch auf Konflikte und Probleme in den verschiedenen Phasen und zwischen den Beteiligten ein.

Die Rolle von "Mathematikerinnen an der Berliner Universität von 1936 bis 1945 - Eine Minderheit innerhalb der Minderheit der Promovendinnen" diskutiert ANNETTE VOGT. Neben den Dissertationen und Habilitationen an der Mathematisch-Naturwissenschaftlichen Fakultät der Berliner Universität sind die Naturwissenschaftlerinnen, die Mathematik als Nebenfach gewählt hatten, und die Gebiete, in denen sie promovierten, Gegenstand der Untersuchung.

Dem Mathematiker, Physiker und Philosophen Hans Reichenbach (1891-1953) ging es in seinem Lebenswerk um das Spannungsfeld zwischen Naturwissenschaften und Philosophie. Die Weite seiner wissenschaftlichen Beziehungen zeigt sich dabei auch im Briefwechsel mit seinen Zeitgenossen, z.B. mit A. Einstein, M. Planck, H. Scholz, D. Hilbert, K. Popper. HANNELORE BERNHARDT hat den Briefwechsel Reichenbachs im Hinblick auf Grundfragen der Wahrscheinlichkeitsrechnung untersucht.

WALTRAUD VOSS befaßt sich mit dem Leben und Schaffen des interdisziplinären Philosophen Arnold Kowalewski (1873-1945). Dieser Bruder des Mathematikers Gerhard Kowalewski (1876-1950) strebte eine pädagogisch wirksame, experimentalwissenschaftliche Erneuerung der Philosophie an und untersuchte in seinen Arbeiten die fachübergreifenden Beziehungen zwischen Philosophie, Experimentalpsychologie und diskreter Mathematik. Hieraus gingen auch seine graphentheoretischen Arbeiten und sein philosophisches Hauptwerk, die "Harmonie der sittlichen Werte" (1930), hervor.

WOLFGANG ARNOLD untersucht - aus verlegerischer Sicht - die Entwicklung mathematischer Hochschullehrbücher nach 1945 in der sowjetischen Besatzungszone und späteren DDR. Er beschreibt die verschiedenen Phasen der Entwicklung. Ein Qualitätssprung trat 1953 ein: Drei Verlage gaben anspruchsvolle Mathematikliteratur in Übersetzung oder Neuauflage heraus. In diesem Rahmen wird zudem den Begriff "mathematisches Hochschullehrbuch" diskutiert.

Ausgehend von einem algorithmischen Konzept schlägt PETER SCHREIBER in seinem Beitrag "Was ist finite Mathematik?" eine Definition und Klassifikation des gebietsübergreifenden Aspekts "Finite Mathematik" vor. Im Anschluß daran erläutert er an Hand von Beispielen einige damit zusammenhängende Probleme der Historiographie der Mathematik.

In seinem Beitrag "In memorian Hans Zassenhaus (1912-1991)" stellt HEINRICH WEFELSCHEID - belebt durch persönliche Erinnerungen - eine bemerkenswerte Mathematikerbiographie des 20. Jhs. vor. Zassenhaus ist u.a. durch sein "Lehrbuch zur Gruppentheorie" (1937), die verdienstvolle Herausgabe der Briefe von Hermann Minkowski an David Hilbert und in der Algebra durch die Erforschung von Fastkörpern hervorgetreten.

Schließlich macht der Beitrag von HANNELORE EISENHAUER und KLAUS KOHL auf die während der Tagung eingerichtete Martin-Wagenschein-Ausstellung, die weiterhin als Wanderausstellung zugänglich ist, aufmerksam. Wagenscheins Konzeption ist weniger eine fertige Lehre, sondern er möchte den Lehrenden auf den Weg bringen, im Unterrichtsprozeß den *ganzen* Menschen anzusprechen und dabei verständlich und fachspezifisch kompetent zu fördern.

Ein alphabetisches Verzeichnis der Autoren mit Seitenangaben ihrer Beiträge und ein Namenverzeichnis runden den Band ab.

Schließlich möchte ich allen Autoren für die sorgfältige Ausarbeitung ihrer Manuskripte, Herrn Prof. Dr. Michael von Renteln (Karlsruhe), Herrn AOR Dr. Gerhard Betsch (Tübingen), Herrn ADir. Dr. Wolfgang Breidert (Karlsruhe) und Herrn Prof. Dr. Jochen Ziegenbalg (Karlsruhe) für die Vorbereitung und Durchführung der Tagung, meiner Sekretärin Frau Mona Kittel (Leipzig) für die Transkription mehrerer Ausarbeitungen, meinen Mitarbeiterinnen Frau Anja Lange (Wolffen), Frau Steffi Schumacher (Leipzig) und Frau Sandra Rogge (Leipzig) für die Layouthilfen, Frau Dr. Friederike Boockmann (München) für die Unterstützung bei der Durchsicht der Beiträge und Herrn Dr. Walter Franzbecker (Hildesheim) und seinen Söhnen für die bereitwillige Aufnahme dieses Folgebandes in das Programm des Verlages Franzbecker KG herzlich danken.

München, im Herbst 2000   Michael Toepell

Verzeichnis der Fachbezüge

Mathematik

Geschichte

Weitere Fächer

Mit Euklid durch sechs Jahrhunderte Literatur

Knut Radbruch

Überblickt man die vielfältigen Spuren von Mathematik in der Literatur der zurückliegenden sechs Jahrhunderte, so zeigen sich gehörige Schwankungen hinsichtlich der Akzeptanz und des Ansehens dieser Wissenschaft. Die Urteile füllen ein breites Spektrum aus und reichen von euphorischer Zustimmung über kritische Warnung bis hin zu verständnisloser Ablehnung. Es gibt jedoch einen ganz bestimmten Namen, der in der Literatur durchgängig mit einer positiven Einstellung zur Mathematik verbunden bleibt, das mit diesem Namen verbundene Werk wird stets vorteilhaft oder gar liebevoll geschildert. Gemeint sind die *Elemente* von EUKLID. In diesem Beitrag soll an einigen typischen Texten vom Ausgang des dreizehnten Jahrhunderts bis in die Gegenwart jeweils die literarische Intention verfolgt werden, welche die Autoren durch ihren Hinweis auf die *Elemente* bzw. auf EUKLID zum Ausdruck bringen wollen. Aus Platzgründen können hier leider nur exemplarisch einige Beispiele der literarischen Euklid-Rezeption präsentiert werden; eine ausführlichere Darstellung der Thematik ist an anderer Stelle erschienen.[1]

Am Anfang seien zwei frühe Textpassagen zitiert, in denen EUKLID zwar nicht explizit erwähnt wird, die aber vom Inhalt her in die mit dessen Namen verbundene Richtung weisen. In seinem zwischen 1270 und 1286 geschriebenen *Alexanderroman* rühmt ULRICH VON ESCHENBACH (Etzenbach) die geometrischen Kenntnisse des Schöpfers:

> Âne anegenge
> die wîte und ouch die lenge,
> die hoehe und die breite,
> aller wazzer geleite
> die rihte und die krumme,
> des himels reif alumme
> hât dîn gewalt besezzen.
> dîn gotheit hât gemezzen
> der erden wîte, ir enge,
> ir gestalt und ir getwenge,
> ir ahte, hôhe unde grunt.[2]

---

[1] Radbruch: Mathematische Spuren in der Literatur, S. 239ff
[2] Ulrich von Eschenbach: Alexander, S.28

Etwas mehr als einhundert Jahre danach besingt MUSKATBLUT in seinen Marienliedern die sieben Disziplinen Grammatik, Logik, Rhetorik, Metrik, Geometrie, Astronomie und Musik. Über die an fünfter Stelle behandelte Geometrie heißt es:

> Ir mirket mit uernunfften wie ich uch nenne die funfften,
> heist geometria.
> wer ir kan eben plegen den lert sie messen, wegen
> die hohe vnd ouch die dieffe.
> Si heist eyn konst der masse, si weis die zal der straisse
> bis an den hemel (ho) bla.[3]

Im 15. Jahrhundert erfuhr das Interesse an den mathematischen Klassikern der Antike einen bemerkenswerten Aufschwung. Dadurch wuchs der Bekanntheitsgrad antiker Autoren, so auch der von EUKLID mitsamt seinem Werk. Es wird nun zunehmend häufiger das, was ULRICH VON ESCHENBACH als ein Vermögen Gottes schilderte und bei MUSKATBLUT den Gegenstand der Geometrie bildete, mit dem Namen Euklids in Verbindung gebracht. EUKLID und seine *Elemente* werden zum Organon der Geometrie. So liest man im Begleittext zu einem Totentanz aus damaliger Zeit:

> Evclides der meyster an geometrey lert
> Der handwerck kunst, zal, wag, hoh, tyeff, leng vn preyt.[4]

Und in einem Fastnachtspiel aus der Mitte des 15. Jahrhunderts heißt es weitgehend analog:

> Die geometria lert Euclites,
> Die mißet hoch, tief, eng und weit,
> Kurz, lang, smal, preit, die kunst das geit.[5]

Von jener Zeit an lassen sich EUKLID und sein Werk wie ein roter Faden durch die Literatur bis in die Gegenwart hinein verfolgen.

MARTIN OPITZ (1597-1639) mahnt in seinem berühmten Lehrgedicht *Zlatna, Oder Von Ruhe deß Gemüths* aus dem Jahr 1623 alle Bürger, sich an den Wissenschaften zu orientieren und insbesondere den Geist der klassischen Antike fortzuschreiben:

> Wie Plato auch befahl / habt jhr alsbald erfahren
> Den Griff der Rechenkunst / die gantz euch ist bekandt.

---

[3] Lieder Muskatblut's, S.251
[4] Klibansky u.a.: Saturn und Melancholie, S.467
[5] Fastnachtspiele aus dem fünfzehnten Jahrhundert II, S.740

> Doch schickt sich sonderlich in ewre werthe Handt
> Der nötige Compaß / der Tieffe / Breyte / Länge
> Deß Schachts gewiß erforscht / vnd euch das Maß der Gänge
> Vnd Stollen sagen kan. Der gleiche Meßstab auch/
> Vnd was darzu gehört / ist stets euch im Gebrauch;
> Jhr wißt sehr wol dardurch ein artlichs Hauß zu gründen/
> Der Felder/Wasser/Stätt vnd Länder Ziel zufinden/
> Gleich wie Euclides that.[6]

Gut einhundert Jahre später fungiert EUKLID bei JOHANN CHRISTOPH GOTTSCHED (1700-1766) als Lehrmeister für ästhetische Naturbetrachtung:

> Du siehst Natur und Welt mit andern Augen an,
> Als mancher, der nichts denkt, als was er greifen kann;
> Und findest mit Vernunft, in jedem Körnchen Sandes,
> Die sonnenklare Spur des ewigen Verstandes.
> Euklides, den du liebst, hat dich geschickt gemacht,
> Die Schönheit dieser Welt, an Ordnung, Glanz und Pracht,
> Nach Maß, Gewicht und Zahl zu prüfen, zu ergründen,
> Und täglich größre Lust in dem Bemühn zu finden.[7]

Für GOTTHOLD EPHRAIM LESSING (1729-1781) dienen EUKLID und dessen *Elemente* mehrfach als Exempel, um einer Argumentation zusätzliche Überzeugungskraft zu verleihen. So vergleicht er in der *Hamburgischen Dramaturgie* seine eigene Auffassung von Dichtkunst mit der *Poetik* des ARISTOTELES und fundiert den Rang des Aristotelischen Werks durch den Hinweis, daß er dies "für ein eben so unfehlbares Werk halte, als die Elemente des EUKLIDES nur immer sind. Ihre Grundsätze sind ebenso wahr und gewiß, nur freilich nicht so faßlich, und daher mehr der Chicane ausgesetzt, als alles, was diese enthalten."[8] Der Wahrheitsanspruch von EUKLIDS *Elementen* ist über jeden Zweifel erhaben. Die *Poetik* des ARISTOTELES wird nun von LESSING im Hinblick auf Gewißheit mit den *Elementen* auf eine Stufe gestellt und damit ist die Wahrheit der Poetik von derselben Qualität wie die der *Elemente*. In den *Axiomata* erläutert LESSING den Unterschied von innerer Wahrheit, welche direkt argumentativ erkannt oder bewiesen wird, und historischer Kenntnis von Wahrheit in Form von Quellen und Texten. Die Überlieferung stellt, so argumentiert LESSING, nur Aussagen mit Wahrheitsoption bereit, die Wahrheit selbst muß als innere Wahrheit erarbeitet

---

[6] Opitz: Gedichte, S.87/88
[7] Gottsched: Gedichte, S.64
[8] Lessing: Werke Bd.IV, S.699/700

und eingesehen werden. Insbesondere mahnt LESSING, keinen Text ungeprüft als gesichertes Wissen einfach zu akzeptieren.

> "Jenes wäre eben so seltsam, als wenn ich ein geometrisches Theorem
> nicht wegen seiner Demonstration, sondern deswegen für wahr halten
> müßte, weil es im Euclides steht. Daß es im Euclides steht, kann ge-
> gründetes Vorurteil für seine Wahrheit sein; so viel man will."[9]

Um einen harmonischen Ausgleich zwischen tradiertem Wissen und neuer
Erkenntnis geht es in ABRAHAM GOTTHELF KÄSTNERS (1719-1800) *Philosophischem Gedichte von den Kometen* aus dem Jahr 1744. Darin mahnt
KÄSTNER, die Einsichten zurückliegender Epochen weder ungeprüft zu übernehmen noch pauschal zu verdammen. Zu geringe Kenntnis von Mathematik, so meint KÄSTNER, führt leicht zu einer Fehleinschätzung vergangener
naturwissenschaftlicher Auffassungen. Wer seinen EUKLID nicht gründlich
studiert hat, kann weder die Kometentheorie noch die Metaphysik des
ARISTOTELES angemessen beurteilen und würdigen:

> Der weise Stagirit, der Wolf vergangner Zeiten,
> Der oft, der Meßkunst treu, sich ließ zur Wahrheit leiten,
> Doch der auch öfters fehlt, wenn den verwöhnten Geist
> Die Metaphysik nur mit leeren Wörtern speist,
> Glaubt, daß ein Schwefeldampf, der aus der Erde steiget,
> Und Blitz und Donner wirkt, auch die Kometen zeuget.
> Voll Eifer kämpft für ihn der Schüler Unverstand,
> Fremd in Euklidens Kunst, am Himmel unbekannt.[10]

KÄSTNERS Schüler und späterer Kollege GEORG CHRISTOPH LICHTENBERG
(1742-1799) erläutert ebenfalls den adäquaten Umgang mit übernommenen
Wissen am Beispiel des EUKLID. Stärker jedoch als KÄSTNER betont
LICHTENBERG, daß Wissenschaft grundsätzlich an Voraussetzungen gebunden ist und daß somit eine gewisse Risikobereitschaft in Kombination mit
kreativem Mut zu Korrektur und Modifikation unverzichtbare Tugenden jedes Wissenschaftlers seien. In diesem Zusammenhang weist LICHTENBERG
auf den hypothetischen Charakter von EUKLIDS Axiomen und Postulaten hin;
somit seien die Fundamente der Mathematik keineswegs unerschütterlich
und über jeden Zweifel erhaben. In den *Sudelbüchern* formuliert er seine
diesbezügliche Auffassung folgendermaßen:

---

[9] Lessing: Werke Bd.VIII, S.151
[10] Kästner: Gesammelte Werke Zweiter Theil, S.70

"Ich bin nicht ungeneigt zu glauben, daß es künftig noch einem ver-
schmitzten Denker gelingen wird seinen Skeptizismus über die mathematischen Wissenschaften zu verbreiten. Ja, die Wahrheit zu sagen, so zweifle ich gar nicht mehr daran. Und warum sollte ich zweifeln, da wir überall Grenzen unsers Wissens notwendig finden müssen
... EUKLID geht von dem gemeinen Menschen-Sinn aus, und das sind
seine Axiomata. Daß zwischen zwei Punkten nur *eine* gerade Linie
möglich ist, ist ein Grundsatz ihn zu erweisen ist unmöglich, ob er
wohl gleich nach einer andern Vorstellungs-Art möglich sein müßte.
Denn sind nicht alle Kreisbogen deren radii = ∞ ; ∞^2 ; ∞^3 gerade Lini-
en, die durch dieselben Punkte gehen. Also gibt es unzählige grade
Linien, die zwischen 2 Punkten möglich sind. Oder hängt die Rechnung des Unendlichen nicht mit EUKLIDS Elementen zusammen, dann
wehe uns allen, wenn wir nicht sagen: *hier wollen wir anfangen zu
zählen.*"[11]

Hypotheses fingo, so könnte man LICHTENBERGS Einstellung umschreiben.

In einem Brief vom 6. März 1796 vertraut FRIEDRICH SCHLEGEL seinem
Bruder AUGUST WILHELM den baldigen Abschluß eines Manuskripts an:
"Ich werde nun bald den *poetischen Euklides* für den Druck ins Reine bringen."[12] Welche Pläne verbindet SCHLEGEL mit einem poetischen Euklides?
Eine Antwort kann man seinen Briefen, Fragmenten und Entwürfen aus jener
Zeit entnehmen. Ein Thema, welches er immer wieder aufgreift und variiert,
ist die systematische Fundierung sowohl von Wissenschaft überhaupt als
auch der verschiedenen Wissenschaften. In diesem Zusammenhang bezeichnet er es als eine der wichtigsten Aufgaben, "den ersten Grundsatz und den
höchsten Zweck auch einer einzelnen Wissenschaft zu bestimmen"[13]. Seine
besondere Aufmerksamkeit gilt natürlich der Poesie:

"Wenn es gelänge, die Prinzipien der Poesie ... aufzustellen, so würde
die Dichtkunst ein Fundament haben, dem es weder an Festigkeit
noch an Umfang fehlte."[14]

In einem Brief vom 27.2.1794 hatte er seinem Bruder gegenüber bereits die
seiner Meinung nach zentrale Aufgabe der Poesie folgendermaßen präzi-

---

[11] Lichtenberg: Schriften und Briefe Bd.II, S.510
[12] Fr. Schlegel: Kritische Ausgabe Bd.XXIII, S.288
[13] Ebd., Bd.I, S.624
[14] Ebd., Bd.II, S.349

siert: "Das Problem unsrer Poesie scheint mir die Vereinigung des Wesentlich-Modernen mit dem Wesentlich-Antiken ..."[15] SCHLEGEL war übrigens der Meinung, daß in LESSINGS *Hamburgischer Dramaturgie* wesentliche Vorarbeiten zu den ersten Grundsätzen der Poesie geleistet seien und fügte hinzu, daß LESSING darin "mit raschem Lauf auf das paradoxe Ziel eines poetischen Euklides lossteuert"[16]. Auch hier ist wieder vom *poetischen Euklides* die Rede. Einen Aufsatz dieses Titels hat SCHLEGEl nie veröffentlicht. Doch kann als gesichert gelten, daß er damit einen oder mehrere seiner Beiträge zur systematischen Grundlegung der Poesie mit besonderer Berücksichtigung eines Ausgleichs zwischen antiken und modernen Vorstellungen gemeint hat.

Die ambivalente Einstellung und die teilweise einander widersprechenden Äußerungen hinsichtlich der Mathematik bei JOHANN WOLFGANG GOETHE (1749-1832) sind hinlänglich bekannt. In einem Gespräch mit FALK im Frühjahr 1809 lobt GOETHE jedoch den strukturellen Aufbau der *Elemente* ohne Einschränkung und empfiehlt diese Präsentationsform allen Wissenschaften als Vorbild:

> "Die »Elemente« des EUKLIDES stehen noch immer als ein unübertroffenes Muster eines guten Lehrvortrages da; sie zeigen uns in der größten Einfachheit und notwendigen Abstufung ihrer Probleme, wie Eingang und Zutritt zu allen Wissenschaften beschaffen sein sollten."[17]

Über einen Zeitraum von mehr als zweitausend Jahren galten die *Elemente* des EUKLID nicht nur als ein in bezug auf Gehalt und Gestalt vorbildliches Lehrbuch der Mathematik, sondern man war darüber hinaus davon überzeugt, daß durch die darin enthaltenen Kapitel über Geometrie die Wirklichkeit adäquat beschrieben wurde. Die Entdeckung der nichteuklidischen Geometrien in der Mitte des vorigen Jahrhunderts und die damit verbundene Pluralisierung der Geometrie hat den Wert und die Bedeutung der *Elemente* zwar nicht geschmälert, aber doch in einen größeren Zusammenhang hineingestellt und insbesondere die darin enthaltene Geometrie relativiert. Es überrascht somit keineswegs, daß man in der Literatur unseres Jahrhunderts nicht mehr unbefangen von Geometrie schlechthin, sondern von euklidischer und nichteuklidischer Geometrie spricht.

---

[15] Ebd., Bd.XXIII, S.185
[16] Ebd., Bd.II, S.113
[17] Biedermann: Goethes Gespräche Bd.2, S.426

ROBERT MUSIL (1880-1942) widmet sich 1923 in einem zweiseitigen Beitrag dem Geist russischer Kleinkunstbühnen und meint, dieser würde "zu
einer nichteuklidischen Vexierwelt, in der man sich neugeboren zurechtta-
stet"[18]. Dieser Geist ist also ein Konstrukt des Intellekts, und er ist ähnlich
neu wie die nichteuklidische Geometrie; er läßt sich deshalb durch die Me-
tapher einer "nichteuklidischen Vexierwelt" treffend charakterisieren. In einem Essay aus dem Jahr 1913 stellt MUSIL Unsicherheit und Skepsis auf der
einen Seite sowie Sicherheit und Gewißheit auf der anderen Seite einander
gegenüber. Dabei weist er auch auf die Bedeutung radikaler Skepsis hin,
indem er ihren hypothetischen Charakter betont: "Ihr Wert lag in der positiven Gewissensschärfung; nie war sie etwas anderes als eine nicht euklidische Geometrie des Verstandes, more geometrico wie jede andre."[19]

In ARNO SCHMIDTS (1914-1979) *Leviathan oder Die beste der Welten* wird
die intuitive Raumauffassung des Menschen thematisiert. "Das Ergebnis ist:
unser Gehirn entwirft vereinfachend (biologisch ausreichend!) einen 3-
dimensionalen, euklidischen, verschwommen -unendlichen Raum."[20] Daß
der dreidimensionale Raum dem angeborenen Vorstellungsvermögen des
Menschen entspricht, ist von zahlreichen Wissenschaftlern der verschiedensten Disziplinen immer wieder neu begründet, von anderen auch bezweifelt
worden. Fast genau einhundert Jahre vor dem Erscheinen des *Leviathans*
schreibt GAUß an GERLING: "Was noch zu desiderieren wäre, ist ... die Erweiterung auf eine Geometrie von mehr als 3 Dimensionen, wofür wir
menschlichen Wesen keine Anschauung haben, die aber in abstracto betrachtet nicht widersprechend ist und füglich höheren Wesen zukommen
könnte."[21]

Wir haben diesen Weg von EUKLID durch sechs Jahrhunderte Literatur mit
einem Gedicht eröffnet und wollen ihn nun auch mit Versen beschließen.
KARL KROLOW (geb. 1915) arbeitet während sämtlicher Schaffensperioden
in seine Gedichte auf vielfältige Weise Begriffe, Beispiele, Analogien und
Metaphern aus der Mathematik ein. Mit besonderer Intensität weist er immer wieder auf die ordnungsstiftende Kraft der Mathematik hin. Und
EUKLID steht bei ihm als Symbol für Klarheit und Ordnung. Aus dem Jahr

---

[18] Musil: Gesammelte Werke II, S.1616
[19] Ebd., S.1452
[20] Schmidt: Bargfelder Ausgabe Band I.1, S.40
[21] Gauß-Gerling: Briefwechsel, S.676

1963 stammt sein Gedicht *Eine Landschaft für mich*; wir geben hier nur einige Zeilen der zweiten Strophe wieder:

> Vierteltöne einer Melodie
> aus Weidenholz:
>
> das erregte Geräusch
> verliert sich wie Mottenflug.
>
> Die Fläche schwarzer Oliven,
> gestern von Euklid geordnet.
>
> Ich lasse sie
> vor meinen Augen
> im trockenen Licht schweben. [22]

Zwei Jahre später erscheint das Gedicht *Junihimmel*, darin heißt es:

> Euklidische Klarheit -
> Spannung zwischen Licht
> und Augapfelfarbe.
>
> Die Anziehungskraft
> der Schatten wächst.
>
> Ihre Identität
> mit einem unterdrückten
> Wort. [23]

Bei diesem Blick auf mehrere Jahrhunderte ist deutlich zu erkennen, daß die Intention des Zugriffs auf EUKLID bzw. seine *Elemente* in der Literatur beachtliche Wandlungen erfahren hat. Sie reicht von der Identifikation mit Geometrie über eine Orientierung für die Vermittlung jeglichen Wissens bis hin zum Vorbild für Ordnung und Klarheit.

---

[22] Krolow: Ein Lesebuch, S.74
[23] Krolow: Gesammelte Gedichte 2, S.18

Literatur

BIEDERMANN, FLODOARD FREIHERR VON: *Goethes Gespräche*. Artemis: Zürich und Stuttgart 1965

Fastnachtspiele aus dem fünfzehnten Jahrhundert. Zweiter Teil. Hrsg. von Adelbert von Keller. Nachdruck Wissenschaftliche Buchgesellschaft: Darmstadt 1965

GAUß, CARL FRIEDRICH - GERLING, CHRISTIAN LUDW.: *Briefwechsel*. Nachdruck Olms: Hildesheim 1975

GOTTSCHED, JOHANN CHRISTOPH: *Gedichte*. Hrsg. von Eugen Reichel [Gesammelte Schriften von J.Ch. Gottsched · Ausgabe der Gottsched-Gesellschaft Fünfter Band]. Gottsched-Verlag: Berlin o.J.

KÄSTNER, ABRAHAM GOTTHELF: *Gesammelte poetische und prosaische schönwissenschaftliche Werke*. Nachdruck in zwei Bänden Athenäum: Frankfurt/M. 1971

KLIBANSKY, RAYMOND; PANOFSKY, ERWIN; SAXL, FRITZ: *Saturn und Melancholie*. Studien zur Geschichte der Naturphilosophie und Medizin, der Religion und der Kunst. Suhrkamp: Frankfurt/M. 1990

KROLOW, KARL: *Ein Lesebuch*. Hrsg. und mit einem Nachwort von Walter Helmut Fritz. Suhrkamp: Frankfurt/M. 1975

KROLOW, KARL: *Gesammelte Gedichte 2*. Suhrkamp: Frankfurt/M. 1975

LESSING, GOTTHOLD EPHRAIM: *Werke* · 8 Bände. In Zusammenarbeit mit Karl Eibl, Helmut Göbel, Karl S. Guthke, Gerd Hillen, Albert von Schirnding und Jörg Schönert hrsg. von Herbert G. Göpfert. Hanser: München 1970-1979

LICHTENBERG, GEORG CHRISTOPH: *Schriften und Briefe*. Hrsg. von Wolfgang Promies. [Hanser: München 1968ff.] Zweitausendeins: Frankfurt/M. o. J.

MUSIL, ROBERT: *Gesammelte Werke II*. Hrsg. von Adolf Frisé. Rowohlt: Reinbek 1978

Muskatblut: *Lieder Muskatblut's*. Erster Druck, hrsg. von Dr. E. v. Groote. DuMont-Schauberg: Cöln 1852

OPITZ, MARTIN: *Gedichte* · Eine Auswahl. Hrsg. von Jan-Dirk Müller. Reclam jun.: Stuttgart 1970

RADBRUCH, KNUT: *Literatur als Medium einer Kulturgeschichte der Mathematik.* Internationale Zeitschrift für Geschichte und Ethik der Naturwissenschaften, Technik und Medizin, Bd.3 (1995), S.201-226

RADBRUCH, KNUT: *Mathematische Spuren in der Literatur als Impulse für interdisziplinäre Forschung und Lehre.* Mitteilungen des Deutschen Germanistenverbandes, 42. Jahrgang Heft 4 (1995), S.44-49

RADBRUCH, KNUT: *Mathematik in der Lyrik.* In: Überblicke Mathematik 1996/97, hrsgeg. von A. Beutelspacher, N. Henze, U. Kulisch und H. Wußing. Vieweg: Braunschweig-Wiesbaden 1997, S.38-51

RADBRUCH, KNUT: *Mathematische Spuren in der Literatur.* Wissenschaftliche Buchgesellschaft: Darmstadt 1997

SCHLEGEL, FRIEDRICH: *Kritische Ausgabe* · 35 Bände. Hrsg. von Ernst Behler unter Mitwirkung von Jean-Jacques Anstett und Hans Eichner. Schöningh-Thomas: München-Paderborn-Wien-Zürich 1958ff

SCHMIDT, ARNO: *Bargfelder Ausgabe* · 5 Werkgruppen mit jeweils mehreren Bänden. Haffmanns: Zürich 1986 ff

ULRICH VON ESCHENBACH: *Alexander.* Hrsg. von Wendelin Toischer. Laupp: Tübingen 1888

Prof. Knut Radbruch, Fachbereich Mathematik, Universität Kaiserslautern, Erwin-Schrödinger-Straße, 67663 Kaiserslautern

Zufall und Wahrscheinlichkeit - Zeugnisse aus der Antike

Robert Ineichen

> Was in der Zeiten Bildersaal
> Jemals ist trefflich gewesen,
> Das wird immer einer einmal
> Wieder auffrischen und lesen.
>
> J.W. Goethe [W.A. I.2, 224]

1. Einleitung

In PLATONS Dialog *Philebos* [55e, 56a] sagt SOKRATES: "Wenn man zum
Beispiel von allen Künsten die Rechenkunst und die Meßkunst und die Statik (die Kunst des Wägens) absonderte, so wäre doch das, was von jeder
übrig bleibt, sozusagen bedeutungslos. (...) Wenigstens blieben uns danach
nur noch Schätzungen übrig und die Übung unserer Wahrnehmungen mit
Hilfe unserer Erfahrung und einer gewissen Routine, wobei wir dann noch
die Kräfte des *Vermutens* anwendeten, die viele als Künste bezeichnen, die
aber nur nach mühevoller Übung ihre Wirkung ausüben können."

Vermuten, mutmaßen, würde also übrig bleiben, also das, was die Griechen
mit *stochazesthai* und die Lateiner mit *coniectare* bezeichnen. Und so bezeichnet denn JAKOB BERNOULLI (1655-1705), der gegen Ende des 17. Jh.
die Wahrscheinlichkeitsrechnung systematisch entwickelt und dargestellt
hat, seine neue Disziplin sehr allgemein als *Vermutungs- oder Mutmaßungs-
kunst (ars conjectandi sive stochastice)*, was ja auch im Titel seiner Darstellung, der *Ars Conjectandi* (postum 1713), zum Ausdruck kommt. Schon mit
dieser Bezeichnung wird angedeutet, daß seine neue Ars deutlich über den
Bereich der Glücksspiele hinausgehen will. Noch CHRISTIAAN HUYGENS
nennt seine Abhandlung ausdrücklich *De Ratiociniis in Ludo Aleae* und *lu-
dus aleae* heißt doch zunächst einfach nur Würfelspiel. In der Tat behandelt
HUYGENS hier auch nur Würfelprobleme, obwohl er bereits weiß, "daß es
hier nicht nur um Spiele geht, sondern daß hier die Grundlagen einer interessanten und ergiebigen Theorie entwickelt werden", wie er in seinem Brief
vom 27. April 1657 an FRANCISCUS VAN SCHOOTEN schreibt. - Aus solchen
und anderen Anfängen heraus hat sich dann jenes weite Gebiet der Mathe-

matik entwickelt, das wir heute als *Stochastik* bezeichnen. *Diese Stochastik* hat nun allerdings nicht nur von Anfang die von SOKRATES im eben genannten Dialog ausgeschiedene Rechenkunst, die Arithmetik, wieder herangezogen, sondern mit der Zeit auch immer mehr Hilfsmittel aus vielen anderen Teilen der Mathematik, z. B. aus der Analysis, sehr erfolgreich eingesetzt.

Stochazesthai und *coniectare - vermuten, mutmaßen -* bezeichnen Tätigkeiten, die dem denkenden Menschen in mehr oder weniger starker Ausprägung seit langem eigen gewesen sind: Er hatte bei seinen Entscheidungen für eine von mehreren Möglichkeiten allenfalls *zufällige* Einwirkungen in Rechnung zu stellen, hatte die *Wahrscheinlichkeit* von Annahmen über irgendeinen Sachverhalt zu beurteilen, überlegte sich die *Erfolgschancen* in seinen friedlichen und kriegerischen Unternehmungen, verteilte Land in fairer Art durch *Auslosen,* freute oder ärgerte sich über den launischen Zufall im *Glücksspiel,* versuchte seine *Chancen* im Spiel abzuwägen - oder gar, sie etwas zu verbessern, indem er durch Fälschen des Würfels dem Zufall ein bißchen nachhalf ...

So ist es eigentlich recht naheliegend, in der griechisch-römischen Antike, im frühen Judentum und auch anderswo nach Zeugnissen zu suchen, in denen Begriffe und Überlegungen auftreten, die auch *im Umfeld von Begriffen und Überlegungen der heutigen Stochastik* wieder zu finden sind. - In meinem Buch *Würfel und Wahrscheinlichkeit - Stochastisches Denken in der Antike* [Ineichen 1996] habe ich versucht, solche Zeugnisse zusammenzustellen und vorsichtig zu kommentieren. Einige Beispiele aus der griechischrömischen Antike sollen im folgenden dargestellt werden.

2. Zufall

Zufall? - "Zufall, zuerst bei ECKHART 'zuoval' für lat. *accidens,* dann im weiteren Sinne alles, was nicht notwendig oder beabsichtigt erscheint und für dessen unvermutetes Eintreffen wir keinen Grund angeben können. Dementsprechend hat das Wort *Zufall* die drei Bedeutungen des *Nichtwesentlichen, des Nichtnotwendigen* oder des *Nichtbeabsichtigten"* [Hoffmeister 1944].

Das lateinische *accidens* ist die Übersetzung des griechischen *symbebekos.* Akzidens (*accidens*) wird von ARISTOTELES in seiner *Metaphysik* [5, 30 1025a 14ff.] definiert als "dasjenige, was sich zwar an etwas findet und von ihm mit Wahrheit ausgesagt werden kann, aber weder notwendig noch in

den meisten Fällen sich findet, z. B. wenn jemand beim Graben eines Lo-
ches für eine Pflanze einen Schatz fand. (...) Es gibt also für das Akzidens
auch keine bestimmte, sondern nur eine zufällige Ursache, d. h. eine unbe-
stimmte. (...) In einer anderen Bedeutung nennt man Akzidens auch das, was
einem Gegenstand zukommt, ohne in seinem Wesen zu liegen." Und in seiner *Topik* [102b 6] schreibt er: "Akzidens ist (...) was einem und demselben,
sei es was immer, zukommen und nicht zukommen kann (...)".

Noch heute dient uns sehr oft der *Würfel,* um ein *zufälliges* Ereignis zu erzeugen, um das Wirken des Zufalls zu veranschaulichen. Dabei ist beim
Werfen des Würfels doch eigentlich der ganze Ablauf *kausal* bestimmt; alle
Phasen der Bewegung des Würfels - der Einwurf in den Becher, das Schüt-
teln des Bechers, das elastische Abstoßen an der Becherwand und beim
Auftreffen auf der Unterlage - sind durchaus *kausal determiniert:* es herr-
schen die Gesetze der Mechanik! Aber der ganze Ablauf ist so komplex, daß
er in praxi nicht vollständig analysiert werden kann, und deshalb betrachten
wir das Ergebnis eines Wurfes ebenfalls als zufälliges Ereignis. Auch in der
Antike ist das Wirken des Zufalls oft durch das Spiel mit den Knöcheln (den
astragaloi) oder mit den Würfeln illustriert worden: quid est tam incertum
quam talorum iactus - "was ist so unbestimmt, wie das Werfen der Knöchel", so schreibt CICERO [De divinatione 2, 121]. Er fährt dann weiter:
"Trotzdem ist niemand, dem nicht beim häufigen Würfeln zuweilen ein Venuswurf gelänge, manchmal sogar ein zweiter oder ein dritter. Wollen wir
deswegen - wie die Toren - behaupten, darin äußere sich das Eingreifen der
Venus und nicht des Zufalls?" - *num igitur, ut inepti, Veneris id impulsu
fieri malumus quam casu dicere?*

Andererseits kann - oder könnte - bei einem zufälligen Geschehen auch eine
vollständige Unabhängigkeit von aller Gesetzlichkeit bestehen: ein *echter*
Zufall im Gegensatz zum *scheinbaren* Zufall etwa beim Würfeln. Es ist
EPIKUROS (341-270), der den Zufall in diesem ganz strengen Sinne, eben im
Sinne *vollständiger Ursachelosigkeit* versteht. Ein Zufall wohl, wie ihn
JACQUES MONOD sieht, wenn er in seinem sehr beachteten Buch *Zufall und
Notwendigkeit - Philosophische Grundlagen der modernen Biologie*
[Monod 1971, p.141] sagt: "Der *reine Zufall,* nichts als der Zufall, die abso-
lute blinde Freiheit als Grundlage des wunderbaren Gebäudes der Evolution
- diese zentrale Erkenntnis der modernen Biologie ist heute nicht nur eine
unter möglichen oder wenigstens denkbaren Hypothesen; sie ist die einzig
vorstellbare, da sie allein sich mit den Beobachtungs- und Erfahrungstatsa-

chen deckt." - MONODs Anspruch auf Endgültigkeit dürfte allerdings einige Leser denn doch etwas überraschen und vielleicht zum Widerspruch herausfordern.

Blenden wir nun noch etwas zurück: LEUKIPPOS und DEMOKRITOS (ca. 460-ca. 370) haben gelehrt, daß außer den Atomen und dem Vakuum nichts existiert und daß Bewegung nur durch Druck und Stoß vermittelt wird: ihr Atomismus stellt eine streng mechanistische Weltanschauung dar. Dazu kommt nun weiter noch die Annahme, das alles, was geschieht eine Folge von *Notwendigkeit* (*anangke*) ist: "Kein Ding entsteht planlos, sondern alles aus Sinn und Notwendigkeit" [DK 67 B 2]. In diesem Sinne kann man sagen, daß die "älteren Atomisten" jeden Zufall ausschließen. Doch DEMOKRITOS räumt ein: "Die Menschen haben sich vom Zufall ein Bild geschaffen zur *Beschönigung ihrer eigenen Unberatenheit.*" - Zufall als "Beschönigung unserer eigenen Unberatenheit"? 1783, mehr als 2000 Jahre später wird sich P. S. DE LAPLACE (1749-1827), dem bekanntlich in der Entwicklung der Stochastik eine dominierende Stellung zukommt, ganz ähnlich ausdrücken: "Das Wort 'Zufall' drückt nur unsere Ignoranz über die Ursachen von solchen Erscheinungen aus, die wir ohne ersichtliche Ordnung eintreffen sehen." Und 100 Jahre später beschreibt der so bedeutende und vielseitige Mathematiker, Physiker und Wissenschaftsphilosoph HENRI POINCARÉ (1854-1912) den Zufall geradezu als *Maß unserer Unwissenheit.*

ARISTOTELES (384-322), wir haben ihn oben schon zitiert, ist der erste der Philosophen, von dem uns ausführliche Überlegungen zum Begriff des Zufalls zur Verfügung stehen, vor allem im zweiten Buch seiner *Physik,* dann auch an verschiedenen Stellen seiner *Metaphysik.* Er stellt fest, daß man von vielem sagt, es sei oder es ergebe sich aus *Schicksal* oder aus *Zufall* [Phys. 2,4 195b 31]. Es läßt sich eben nicht alles aus bestimmten Ursachen erklären; es gibt auch ein zufälliges Geschehen, ein Geschehen, von welchem *Zufall* (*to automaton,* also das *"Vonselbst"*) oder eine *Schicksalsfügung* (kurz *Fügung, tyche*) die Ursachen sind. - Das *automaton,* also das *"Vonselbst",* der *Zufall,* gilt für das Geschehen überhaupt; er erstreckt sich über einen sehr weiten Bereich. Die *Fügung* jedoch ist an Handlungen gebunden; sie ist Ursache von allem, was aus einer *beabsichtigten* Handlung *unbeabsichtigt* entsteht. Ereignisse auf Grund von Fügung sind auch zufällig; umgekehrt sind nicht alle zufälligen Ereignisse auch Ereignisse auf Grund von Fügung. - Die entsprechenden lateinischen Termini sind *casus* für *automaton* und *fortuna* für *Fügung.* THOMAS VON AQUINO sagt deshalb ganz analog:

Omne quod est a fortuna, est a casu, sed non convertitur. - "Vonselbst" und Fügung sind für ARISTOTELES Ursachen, doch nur *Ursachen in nebensächlicher Bedeutung,* beiläufige, nicht eigentliche, nicht echte Zweckursachen. In unserem Zusammenhang ist noch die Aussage von Aristoteles wichtig, daß es vom akzidentiellen Sein - wir haben schon oben davon gesprochen - *keine* Wissenschaft geben kann, "denn jede Wissenschaft ist auf das gerichtet, was immer oder meistenteils geschieht, das Akzidentielle findet sich aber in keinem dieser Gebiete" [Met. 11,8 1065a 4ff.]. Nun ist ja der Zufall eben eine solche akzidentielle Ursache, aber "Ursachen, durch welche das Zufällige geschehen kann, sind unbestimmt; darum ist er [der Zufall] für menschliche Überlegung unerkennbar". Solche Aussagen bedeuten doch auch, daß ein Bemühen, diesen Zufall durch Abwägen von Chancen, modern gesprochen, durch Schätzen von Wahrscheinlichkeiten, in etwa in den Griff zu bekommen, von vorneherein zum Scheitern verurteilt wäre. Hier liegt sicher einer der Gründe, wieso in der Antike keine elementare Wahrscheinlichkeitsrechnung entstanden ist. - Ähnliche Aussagen von ARISTOTELES würden sich noch viele zitieren lassen [vgl. z.B. Ineichen 1996, p.89/90].

Auch die Stoiker sprechen von *Zufall.* Für sie gibt es allerdings keinen "objektiven" Zufall. Er erscheint ihnen nur als ein subjektiver Mangel, und was allenfalls Zufall genannt wird, ist das *Eingeständnis der Unfähigkeit, die kausalen Zusammenhänge zu erkennen.*

Den *Zufall* finden wir also in der Antike. Und unter *Stochastik* wird sehr oft "der durch die Wahrscheinlichkeitsrechnung und mathematische Statistik sowie deren Anwendungsgebiete gekennzeichnete Wissenschaftsbereich verstanden, der sich mit der *mathematischen Behandlung von Zufallserscheinungen* befaßt" [P.H.Müller 1970, p.202]. Es ist natürlich allgemein bekannt, daß diese mathematische Behandlung zufälligen Geschehens in der Antike eben nicht durchgeführt worden ist. Wir werden aber sehen, daß der *Zufall,* dessen Wirken heute ja in so vielen Bereichen durch die Stochastik beschrieben wird, keineswegs der einzige Begriff ist, den wir in der Antike vorfinden und der auch im Umfeld von gewissen Begriffen und Überlegungen der heutigen Stochastik wiederzufinden ist. - Es scheint mir übrigens bemerkenswert, daß unsere Lehrbücher der Stochastik kaum je mit einer eigentlichen Umschreibung des *Zufallsbegriffes* beginnen; es bleibt meistens bei ein paar bescheidenen Hinweisen auf die Ergebnisse von Münzwürfen, Würfelversuchen und statistischen Untersuchungen, um dann zugleich auch auf das Phänomen der statistischen Regelmäßigkeit zu sprechen zu kommen.

Weiter soll schon hier gesagt werden, daß wir unter Stochastik wirklich die *Kunst des Mutmaßens, des Vermutens,* verstehen wollen, wie dies bereits JAKOB BERNOULLI in seiner *Ars Conjectandi* getan hat. Diese Kunst des Mutmaßens reicht nun allerdings über den Bereich des Glücksspiels und des zufälligen Geschehens im engeren Sinne hinaus, wie wir noch sehen werden. Im letzten Abschnitt wird uns dies dann dazu führen, mindestens *zwei verschiedene Aspekte des Wahrscheinlichkeitsbegriffes* zu betrachten.

3. Zufallsexperimente

Griechen und Römer haben *Glücksspiele,* also *Zufallsexperimente,* gekannt und sie sogar oft sehr leidenschaftlich gespielt: Sie haben Knöchel (*astragaloi*), Würfel, Münzen und Muscheln geworfen, und sie haben Lose gezogen. Und dies im eigentlichen Spiel, im *Glückspiel,* - nicht nur dann, wenn sie das Orakel befragten, die Zukunft erkennen wollten, und dann hofften, die Götter würden ihnen durch das Resultat des Wurfes die benötigten Hinweise geben.

3.1 "Kopf oder Zahl"

Suam habet fortuna rationem - in freier Übersetzung *"Der Zufall hat System",* so liest man im *Satyricon* [82, 6] des PETRONIUS. Haben Griechen oder Römer etwas von diesem System geahnt und formuliert? Man könnte sich doch vorstellen, daß sie mindestens beim sehr einfach zu überblickenden Münzwurf "Kopf oder Zahl" - *capita aut navia* bei den Römern - explizit festgestellt hätten, daß in langen Serien die beiden Seiten "Kopf" und "Zahl" etwa gleich oft auftreten sollten. Es sind uns keine solchen Feststellungen überliefert. Zum Namen dieses Münzwurfspiels ist zu sagen: *capita* ist der Plural von *caput* (Kopf), weil auf der verwendeten Kupfermünze der *zweiköpfige* Janus dargestellt war; *navis* heißt Schiff, denn auf der anderen Seite war ein Teil eines Schiffes dargestellt, *navia* ist an *capita* angeglichen worden. Es fällt einem schwer anzunehmen, die Spieler hätten nicht einmal bei diesem Spiel eine gewisse Stabilität der relativen Häufigkeit beobachtet; überliefert ist uns nichts Derartiges. - Die Griechen spielten in ähnlicher Art mit einer schwarzweißen Muschel "Nacht oder Tag"; hier werden jedoch in längeren Serien die beiden Seiten im allgemeinen nicht gleich oft auftreten.

3.2 Astragalisis - ludus talorum

Griechen und Römer spielten oft mit dem *Astragalos* (*talus, taxillus*), also mit dem kleinen Knöchel (dem Sprungbein) aus der hinteren Fußwurzel von Schaf oder Ziege, den man als längliches, vierseitiges "Prisma" beschreiben könnte, dessen vier Seitenflächen aber nicht eben sind und dessen Grund- und Deckfläche gerundet sind. Auf der Grund- oder der Deckfläche kann der Astragalos nicht stehen; für das Spiel waren nur die vier Seitenflächen maßgebend, die sich leicht voneinander unterscheiden lassen und deshalb in der Regel keine "Augen", Ziffern oder Buchstaben trugen. In gewissen Spielen sind den vier Seitenflächen jedoch Zahlenwerte zugeordnet worden, wohl vom Würfel übernommen: 1 und 6 für die beiden schmalen, 3 und 4 für die beiden breiten einander gegenüberliegenden Seitenflächen.

Oft ist mit *vier* Astragalen gespielt worden. Als bester Wurf galt der Venuswurf (*iactus Venerius*, Aphrodite-Wurf bei den Griechen): Jeder der vier Knöchel zeigte dann eine andere Seite. Dies illustriert auch ein Epigramm von MARTIAL (ca. 40-102) [Epigr. 14, 14]:

> "Wenn kein Knöchel der vier sich dir mit dem gleichen Gesicht zeigt, wirst du sagen, ich gab wirklich ein großes Geschenk."[Rieche 1984]

> Cum steterit nullus vultu tibi talus eodem
> munera me dices magna dedisse tibi.

Der schlechteste Wurf war der *Hunde-Wurf* (*canis*; bei den Griechen *kyon*): vielleicht ein Wurf mit viermal der Seite 1, vielleicht auch ein Viererwurf mit mindestens einer 1, jedoch natürlich nicht der Venuswurf. - Es sind 35 Seitenkombinationen möglich: 35 Kombinationen mit Wiederholung der Länge vier aus vier Elementen (den vier Seiten). Es sind nur wenige Namen solcher Seitenkombinationen überliefert. Noch weniger weiß man über die Werte der einzelnen Kombinationen; man kann aber immerhin feststellen, daß man nicht einfach die oben erwähnten Zahlenwerte addiert hat. Die Bewertung der einzelnen Seitenkombinationen muß kompliziert gewesen sein: OVID z. B. berichtet von Autoren, die Bücher zum Thema "*quid valeant tali*" - "was die Knöchel gelten sollen" - verfaßt haben [Trist. 471].

Eine wohl etwas *einfachere* Variante des Astragalspiels beschreibt SUETONIUS in seinem *Leben der Caesaren* [Augustus 71]; er zitiert dabei einen Brief von AUGUSTUS an TIBERIUS: "Während des Essens spielten wir nach Altherrenart, gestern und heute; wir würfelten, und jedesmal, wenn einer den Hund (*canis*) oder einen Sechser (*senio*) warf, mußte er für jeden Knöchel einen Denar in die Mitte legen, die dann alle der wegnehmen durfte, der die Venus geworfen hatte." - Eine andere Form eines Spieles mit Astragalen, das "Meistwurfspiel" (*pleistobolinda*), wird im Anschluß an eine Szene im Epos *Argonautika* des APOLLONIUS VON RHODOS (ca.295-215), wo APHRODITE den GANYMED und den Eroskaben beim Spiel mit goldenen Knöcheln trifft, wie folgt beschrieben [Laser 1987]: "Eros und Ganymed knobeln offenbar in der Weise, daß beide mit der gleichen Anzahl von Astragalen als Spielkapital beginnen, jeweils mit einem Astragalos werfen und mit dem höheren Wurf der ausgeworfene Knöchel des Mitspielers gewonnen wird, wobei der zeitweilig Unterlegene natürlich auch wieder gewinnen kann, bis der Kampf schließlich nach aufregendem Hin- und Her seinen Sieger findet, wenn ein Spieler alle Knöchel verloren hat. Wenn nicht, wie hier, die goldenen Astragale schon selbst einen beträchtlichen Gewinn darstellten, wurde wohl um einen besonderen Einsatz gespielt." Diese Form des Spiels könnte auch gemeint sein, wenn im 23. Gesang [62-65] der *Ilias* HOMER erzählt, wie ACHILLEUS im Schlaf von des "Patroklos Seele" besucht und daran erinnert wurde, wie sie schon in der Jugend vereint gewesen [87-88]:

> "Damals als ich den Sohn des Amphidamas hatte getötet,
> unbedacht gegen mein Wollen, aus Zorn, beim Spiele der Knöchel."

Astragale wurden auch zu Ratespielen, etwa beim *Grad- und Ungradspiel*, verwendet, dann natürlich auch bei Geschicklichkeitsspielen, so beim *Fünfsteinespiel* (*pentelitha*): Fünf Knöchel wurden hochgeworfen; man mußte versuchen, sie mit dem Handrücken aufzufangen und jene, die nicht aufgefangen werden konnten, mit den Fingern aufzunehmen, ohne die anderen zu verlieren.

Selbstverständlich interessiert uns heutige Menschen sofort die *Wahrscheinlichkeit*, mit der ein geworfener Knöchel eine bestimmte Seite zeigt. In 207 Versuchen mit einem Astragalos eines zeitgenössischen Schafes habe ich für die Seiten 1, 6, 3 und 4 die folgenden Schätzwerte für die unbekannten Wahrscheinlichkeiten erhalten:

$$P(1) \approx 8,7\ \%; \quad P(6) \approx 9,2\ \%; \quad P(3) \approx 43,0\ \%; \quad P(4) \approx 39,1\%.$$

Man darf sich über die Genauigkeit solcher Schätzwerte keine großen Illusionen machen. Deshalb habe ich die zugehörigen *95%-Vertrauensintervalle* für die zu schätzenden Wahrscheinlichkeiten bestimmt und die nachstehenden Resultate erhalten:

Für P(1) das Intervall (4,6%; 12,8%), für P(6) das Intervall (5,0%; 13,4%), für P(3) das Intervall (36,0%; 50,0%) und für P(4) schließlich (32,2%.; 46,0%).

Man kann also vernünftig gerundet etwa setzen P(1) ≈ P(6) ≈ 10% und P(3) ≈ P(4) ≈ 40%, dies in weitgehender Übereinstimmung mit anderen Autoren. Von irgendwelchen derartigen relativen Häufigkeiten für das Auftreten dieser Seiten in langen Serien oder gar von Schätzwerten für die zugehörigen Wahrscheinlichkeiten ist uns gar nichts überliefert. Hat man also das Phänomen der *statistischen Regelmäßigkeit* auch hier nicht erkannt? Direkte Beobachtungen der statistischen Regelmäßigkeit sind nicht bezeugt. Immerhin: Man hat Astragale gefunden, die mit Blei beschwert waren oder solche, bei denen gewisse Seiten angeschliffen worden sind. Wollte man damit vielleicht die relative Häufigkeit des Auftretens gewisser Seiten verändern? Das würde dann dafür sprechen, daß man eben doch einschlägige Beobachtungen gemacht hat und die statistische Regelmäßigkeit wenigstens "geahnt" hat.

Berechnet man nun mit den obigen Schätzwerten die Wahrscheinlichkeit, daß ein Wurf mit vier Astragalen einen Venuswurf ergibt, so erhält man rund 0,04. Der Venuswurf ist also sicher nicht der Wurf mit der kleinsten Wahrscheinlichkeit, nicht die seltenste Seitenkombination, z. B. erhält man für "viermal die Seite 1" eine Wahrscheinlichkeit von rund 0,0001. Man könnte sich denken, daß der Venuswurf vielleicht deshalb als bester Wurf betrachtet wurde, weil er der ausgeglichenste ist, weil er eine gewisse Harmonie verkörpert, also etwas, was nach unserem Verständnis des antiken Griechenlandes etwas sehr Erstrebenswertes ist. - Es ist im übrigen sehr wohl möglich, daß die Zuordnung der Punktezahlen zu den einzelnen Seitenkombinationen der vier geworfenen Astragale ganz oder doch teilweise unabhängig von den relativen Häufigkeiten des Auftretens dieser Kombinationen vorgenommen worden ist. Man muß dabei beachten, daß auch bei unseren heutigen Kartenspielen oft gewisse Kombinationen von Karten eine andere Punktezahl erbringen als andere Kombinationen, die mit genau der gleichen Wahrscheinlichkeit auftreten können.

3.3 Iacta alea est - 'Die Würfel sind gefallen'?

Nein, diesen Ausspruch hat CAESAR beim Überschreiten des Rubicon wohl nicht in *dieser* Form getan! CAESARS griechischer Biograph PLUTARCH (ca.

46-120) überliefert uns von CAESAR den Ausruf "Hochgeworfen sei der Würfel" (*anerriphto kybos* - den Imperativ des Perfekts im Passivum), ein Sprichwort, eigentlich ein Vers des Komödiendichters MENANDER (342-291), mit dem CAESAR wohl ausdrücken wollte, "Das Wagnis, das Risiko, sei eingegangen", daß aber auch noch nichts entschieden sei. - *Iacta alea est*, die bekannte Übersetzung dieses Sprichwortes geht auf SUETON (70-40) zurück; sie wird oft in der verbesserten Form *iacta alea esto* wiedergegeben.

Der übliche Würfel, also jenes Objekt, das mehr der weniger exakt die Form eines regulären Hexaeders, also eines *Würfel* im geometrischen Sinne, auf-weist, heißt bei den Griechen *kybos,* bei den Römern *tessera* (ein Fremd-wort; wohl wegen der vier Ecken an jeder Seite; "vier" griechisch: *tessares* oder *tettares*). Das oben erwähnte Wort *alea* ist nicht nur zur Bezeichnung des Würfels verwendet worden, sondern ganz allgemein für das Glücksspiel mit Würfeln oder Astragalen, weiter für *Risiko, Wagnis, Zufall.*

Der älteste Fund eines Würfels ist wohl jener aus dem nördlichen Irak (aus Tepe Gawra); er soll aus dem Anfang des 3. Jahrtausends v. Chr. stammen und ist aus Ton hergestellt. Die Verteilung der "Augen", der Punkte, ist bei diesem Würfel noch nicht die heutige:

$$
\begin{array}{cccc}
 & 2 & & \\
6 & 5 & 1 & 4 \\
 & 3 & &
\end{array}
$$

Also zum Beispiel 6 vorn, 5, 1, 4 auf den Seitenflächen aufeinanderfolgend, 2 oben, 3 unten.

Bei einem ägyptischen Würfel aus dem 16. Jh. v. Chr. trifft man bereits die heutige, jetzt standardisierte Anordnung der Punkte. - Die Werte von 1 bis 6 könnten zunächst auf 6! = 720 Arten auf die sechs Seiten eines vor uns lie-genden Würfels verteilt werden. Bezifferungen der Seiten des Würfels, die durch Drehung des Würfels ineinander übergeführt werden können, wird man nicht unterscheiden wollen. Die Drehgruppe des Würfels besitzt 24 Elemente; es sind somit immer noch 720 : 24 = 30 wesentlich verschiedene Bezifferungen möglich, Bezifferungen also, die sich nicht durch Drehungen ineinander überführen lassen. Von diesen haben sich genau zwei durchge-setzt; sie gestatten verschiedene Orientierungen des Würfels:

$$
\begin{array}{cccccccccc}
4 & & & & \text{oder} & & 3 & & & \\
6 & 5 & 1 & 2 & & & 6 & 5 & 1 & 2 \\
3 & & & & & & 4 & & &
\end{array}
$$

Während man bei Glücksspielen mit dem Astragalos sehr oft mit *vier Astragalen* gespielt hat, spielte man offenbar meistens mit drei Würfeln, später oft auch mit zwei. Darauf weist auch ein Epigramm von MARTIAL [14,15] hin :

"Seien wir Würfel an Zahl auch den Knöcheln nicht gleich, wenn nur oftmals sich das Glück bei uns mehr als bei den Knöcheln bewährt."
[Rieche 1984]

Non sim talorum numero par tessera, dum sit
maior quam talis alea saepe mihi.

Man spielte bei den Griechen und Römern um einen Einsatz, meistens *pleistobolinda*: Wer die größte Augensumme erzielte, gewann den Einsatz; 6, 6, 6 war also der beste Wurf. Ein griechisches Sprichwort, das von vielen Autoren bezeugt wird, sagt: "Entweder drei Sechser oder drei Einer" - wir würden etwa sagen: "Alles oder nichts". - Die Würfel wurden aus allen möglichen Materialien hergestellt: aus Ton, aus verschiedenen Metallen (auch aus Gold), aus Elfenbein; zahlreiche Funde hat man von beinernen Würfeln gemacht, und beim Gastmahl des TRIMALCHIO im *Satyricon* von PETRONIUS [33, 2] wird mit Würfeln aus Kristall - *cristallinis tesseris* - gespielt.

Auch vom Würfeln sind uns *keine* Zeugnisse überliefert, die auf eine Beobachtung der *statistischen Regelmäßigkeit* explizit hinweisen. Man hat aber ebenfalls Würfel gefunden, die für das Falschspiel präpariert worden waren. Dies könnte wieder darauf hinweisen, dass man eine solche statistische Regelmässigkeit vielleicht doch zum mindestens "geahnt" hat. Was hätte das Fälschen sonst für einen Sinn gehabt?

3.4 Gleichmögliche Fälle

Gute Würfel und gute Münzen gestatten uns heute, Wahrscheinlichkeiten a priori zu bestimmen aus der Zahl der günstigen und der gesamten Zahl der gleichmöglichen Fälle. Und die *gleichmöglichen Fälle* definiert noch P. S. DE LAPLACE - wie schon JAKOB BERNOULLI - nach dem *Prinzip des mangelnden Grundes*: Es sind jene Fälle, "über deren Existenz wir in gleicher Weise unschlüssig sind". Ein solches Prinzip des mangelnden Grundes hat im Altertum schon ANAXIMANDER (610-547) formuliert [DK 12 A 26], allerdings nicht in einem stochastischen Zusammenhang. - Es gab in der Antike vollständige Listen der 216 (gleichmöglichen) Fälle, wenn drei Würfel geworfen werden. Man hat keine Zeugnisse, daß solche Listen zum Abwä-

gen der Chancen der verschiedenen Augensummen verwendet worden wären. Erste derartige Zeugnisse sind aus dem 13. und aus dem frühen 14.
Jahrhundert bekannt [vgl. z.B. Ineichen 1988]. - S. SAMBURSKY [Sambursky
1965, p.273-280] hat darauf aufmerksam gemacht, daß die *Stoiker* eigentlich
"*bis an die Schwelle der Wahrscheinlichkeitslehre*" gekommen sind, und
"daß man hätte erwarten können, daß die Stoiker wenigstens die Anfänge
dieser Theorie entwickelt hätten". Sie haben nämlich den *Kausalnexus*, den
Zusammenhang von Ursache und Wirkung, nicht mehr als eindimensionale
Kette aktueller Geschehnisse aufgefaßt, sondern als ein "vieldimensionales
Netzwerk potentieller Geschehnisse, die alle im Rahmen des Fatums
gleichmöglich sind"; zudem haben sie ja auch die Lehre von den exklusiven
Disjunktionen ausgearbeitet. - Doch auch sie haben die Anfänge einer
Wahrscheinlichkeitsrechnung *nicht* entwickelt.

4. Große Zahlen

4.1 Ein interessantes Zählverfahren in Peloponnesischen Krieg

Messungen und Zählungen sind oft mit Fehlern behaftet, manchmal auch mit
völlig unvermeidlichen. Sie werden deshalb wenn möglich *mehrfach durchgeführt*. Die heute zur Verfügung stehende Stochastik gestattet dann, daraus
ein möglichst sicheres Resultat zu gewinnen und den Grad dieser Sicherheit,
den *Gradus certitudinis*, - das ist ja nach JAKOB BERNOULLI die Wahrscheinlichkeit - zu beurteilen. - THUKYDIDES (455-396) gibt in seiner *Geschichte des Peloponnesischen Krieges* [3, 20] ein interessantes Beispiel einer mehrfach durchgeführten Messung, um einen möglichst sicheren Wert zu
erhalten: Die eingeschlossenen Plataier benötigten nämlich für einen Aus-
bruchsversuch "Leitern von der Höhe der feindlichen Mauern, das Maß
nahmen sie nach der Zahl der Backsteinschichten (...). Es zählten *viele* zugleich diese Schichten, jeder für sich und mochten sich einige irren, so
mußte doch die *Mehrzahl* die rechte Summe treffen, zumal sie *öfters* zählten. So gewannen sie das Maß für die Leitern, indem sie aus der Ziegeldicke
die Höhe errechneten."

Eine beachtenswerte Stelle! Hier ist - modern gesprochen - *der häufigste
Wert* einer Wahrscheinlichkeitsverteilung, der sogenannte *Modus*, empirisch
bestimmt und verwendet worden. "Eine umsichtige Anwendung des Gesetzes der großen Zahl", sagt denn auch R. INVREA [Invrea 1936], einer der

ersten mathematischen Kommentatoren dieser Thukydides-Stelle. Natürlich hat man damals noch keine Gesetze der großen Zahlen ausdrücklich formuliert. Aber man mußte wohl doch die ausgleichende, regulierende Wirkung einer Vielzahl von Zählungen oder Messungen am selben Objekt und die Erhöhung der Sicherheit, wenn ein Resultat daraus abgeleitet wird, irgendwie wahrnehmen, um überhaupt zu einem solchen Verfahren zu kommen. Es ist auch zu beachten, daß das *Wesentliche* dieser Methode, nämlich die mehrfache Wiederholung, überaus deutlich hervorgehoben wird: "es zählten viele zugleich" - "zumal sie öfters zählten". Dies könnte doch darauf hinweisen, daß es sich hier nicht um eine eher zufällig ausgeführte Kriegslist handelt, sondern um die wohl überlegte Anwendung eines als richtig erkannten Prinzips. Wir wollen auch noch erwähnen, daß man in der *Geschichte* [9, 19] von POLYBIOS (ca. 201-120) und in der *Römischen Geschichte* [25, 2] von LIVIUS ebenfalls wieder Stellen findet, wo von der Bestimmung der Höhe feindlicher Mauern die Rede ist. Dabei fällt allerdings kein Wort von einer mehrfachen Messung.

4.2 Überlagerung einer großen Zahl von Einflüssen - Epikur und Lukrez

Uns heutigen Menschen ist - vor allem infolge der modernen Atomphysik - die Idee durchaus vertraut, daß *Effekte im Großen* dadurch zustande kommen können, daß sich *viele unregelmäßige Einflüsse im Kleinen überlagern.* - EPIKUR (341-270) läßt nun seine Atome infolge der Schwere geradlinig nach unten fallen und sie dann *plötzlich und ganz zufällig* - incerto tempore, ferme incertisque locis, wie LUKREZ (ca.98-55) in *De Rerum Natura* [2, 218f.] schreibt - davon *ein wenig abweichen.* Durch diese *declinatio* kommt es zum Zusammenprallen von Atomen und dadurch entstehen nicht nur *irgendwelche* Körper: die Materie hat durch ihr Zusammengeraten "den Himmel, die Erde begründet", ja selbst die lebenden Wesen sind nicht "planvoll spürsamen Sinns" entstanden, sondern indem "im Laufe von Aeonen jede nur mögliche Art von Bindung und Bewegung versucht worden ist" - *omne genus coetus et motus experiundo* [5, 416ff.].

Die Wirkung der Überlagerung vieler Einflüsse darf *uns* eigentlich nicht überraschen, wie wir bereits einleitend bemerkt haben. Und die spontane, ganz zufällige Abweichung von lotrechtem Fall, die *declinatio (clinamen),* im Grunde auch nicht so sehr: 2000 Jahre später sagt EINSTEIN bei der Beschreibung der spontanen Emission von Licht durch angeregte Atome ganz ähnlich: "Die Zeit und die Richtung der elementaren Prozesse sind vom *Zu-*

fall bestimmt" [Einstein 1916, p. 318]. - Die Frage aber, ob die Objekte unserer Natur wirklich durch *reinen* Zufall entstanden seien, ob dies nicht sehr *unwahrscheinlich wäre* angesichts der in vielen Fällen offensichtlichen Zweckmäßigkeit, ist selbstverständlich *auch* - und für manchen Menschen *nicht nur* - eine *Frage der Stochastik,* übrigens eine, die man sich schon in der Antike gestellt hat. CICERO [De natura deorum 2, 93] etwa wundert sich, "daß es jemanden gibt, der sich einredet, eine Art von festen und unteilbaren Körpern bewege sich infolge ihrer Schwere (*gravitate*) - und unsere so wunderbar ausgestattete und herrliche Welt entstehe aus dem *zufälligen Zusammentreffen dieser* Körper?" – (...) *ex eorum concursione fortuita.* Und, so frägt CICERO weiter, warum bringt dann das Zusammentreffen der Atome - der *concursus atomorum* - "nicht auch eine Säulenhalle, einen Tempel, ein Haus oder eine Stadt" hervor. - Wie dem nun auch sei, die Behauptungen, die LUKREZ im Anschluß an die Lehren EPIKURS hier vorlegt, zeigen uns, "daß die Naturgesetze durch eine riesige Anzahl von zufälligen Ereignissen zur Geltung kommen" [Rény 1969, p. 79], und sie erinnern uns daran, daß solche Ideen nicht erst Produkte unserer Zeit sind, sondern bereits in der Antike formuliert worden sind. Sie gehören ins Umfeld jener mathematischen Aussagen, die man heute als *Gesetze der großen Zahlen* bezeichnet. Rund 2000 Jahre nach EPIKUR ist ein erstes derartiges Gesetz durch JAKOB BERNOULLI ausdrücklich formuliert und bewiesen worden, das sogenannte *schwache Gesetz der großen Zahlen von JAKOB BERNOULLI,* wie es heute genannt wird.

5. Zum Wahrscheinlichkeitsbegriff der Griechen und Römer

Zunächst ist zu beachten, daß das Wort *wahrscheinlich* in der *Umgangssprache* meistens besagt, daß die Gründe für die Geltung einer Aussage zwar *überwiegen,* aber doch nicht oder noch nicht - ausreichen, um das Gegenteil auszuschließen. Wir drücken also umgangssprachlich durch "wahrscheinlich" das aus, was im Sinne der heutigen Stochastik durch "mit großer Wahrscheinlichkeit" oder ähnlich ausgedruckt würde. Wir werden im folgenden sehen, daß uns gerade diese Bedeutung von "wahrscheinlich" in der Antike sehr oft begegnet.

Weiter müssen wir sehen, daß der Wahrscheinlichkeitsbegriff der heutigen Statistik mindestens *zwei Aspekte* hat, nämlich

(a) den *aleatorischen* Aspekt,

der uns dann besonders stark entgegentritt, wenn es um die Wahrscheinlichkeit bei Glücksspielen geht, ferner bei Zufallsexperimenten und bei Ziehungen aus Populationen, deren Ergebnisse ja auch zufällige Ereignisse darstellen. Heute wird diese aleatorische Wahrscheinlichkeit durch numerische Werte ausgedrückt, die man entweder *a priori* durch den Quotienten aus der Zahl der günstigen Fälle und der gesamten Zahl der gleichmöglichen Fälle gewinnt oder von der man *a posteriori* aus genügend vielen Versuchen Schätzwerte bestimmt. Diese aleatorische Wahrscheinlichkeit ist also *in der Sache* begründet. Man nennt sie oft auch "objektive Wahrscheinlichkeit" oder "statistische Wahrscheinlichkeit". - Der andere Aspekt - wenn wir nur die beiden hauptsächlichsten Aspekte unterscheiden wollen - ist

(b) der *epistemische* Aspekt:

Die epistemische Wahrscheinlichkeit drückt den *Grad des Vertrauens* in eine Aussage aus, den Grad ihrer Glaubwürdigkeit. Diese epistemische Wahrscheinlichkeit können wir oft bei Behauptungen finden, die (eventuell) keinen statistischen Hintergrund haben. Auch hier können numerische Werte für die Intensität dieser Glaubwürdigkeit, für den Grad des Vertrauens gefunden werden, auf verschiedene Arten, z. B. durch W*etten.* - Übrigens sagt bereits IMMANUEL KANT (1724-1804) in seiner *Kritik der reinen Vernunft:* "Der gewöhnliche Probierstein, ob etwas bloße Überredung oder wenigstens subjektive Überzeugung, d.i. festes Glauben, sei, was jemand behauptet, ist das Wetten." Diese epistemische Wahrscheinlichkeit ist also *im Wissen um die Sache* begründet. Sie wird auch "subjektive Wahrscheinlichkeit" oder "persönliche Wahrscheinlichkeit" genannt. Bereits JAKOB BERNOULLI betrachtet in seiner *Ars Conjectandi* beide Aspekte. Verschiedene Forscher, die sich intensiv mit den Grundlagen der Wahrscheinlichkeitsrechnung befassen, gehen von diesem etwas weiteren, umfassenderen Aspekt der Wahrscheinlichkeit aus [vgl. z.B. de Finetti 1970, evtl. Ramsey 1931]. Auch ein ausgesprochener "Frequentist", der auf der Häufigkeitsinterpretation der Wahrscheinlichkeit basiert, kann übrigens kaum auf (b) ganz verzichten. Als Ausgangspunkt der üblichen Wahrscheinlichkeitsrechnung kommen beide Interpretationen in Frage, wie dies etwa J. L. HODGES und E. L. LEHMANN in ihrem Buch zeigen [Hodges/Lehmann 1964, p.113].

In verschiedenen *Dialogen* von PLATON tritt nun der *epistemische* Wahrscheinlichkeitsbegriff als Ausdruck der *hohen* Glaubwürdigkeit, der *starken* Plausibilität, einer Aussage auf. Das griechische Äquivalent für diese Bedeutung von "wahrscheinlich" ist - von den Vorsokratikern bis zur Zeit des Hellenismus - das Wort *eikos*. Wir müssen es uns versagen, hier und bei den im folgenden genannten Autoren die einzelnen Stellen aufzulisten [vgl. dazu Ineichen 1996, p.91ff.]. - PLATON stellt auch die bloß *wahrscheinliche Begründung* einer Aussage dem "*zwingenden Beweis* der Mathematiker" gegenüber. Nach SIMPLIKIOS (6.Jh. n.Chr.) hat PLATON die Naturwissenschaft als *eikotologia*, als Wissenschaft vom Wahrscheinlichen, bezeichnet.

In der *Topik* definiert ARISTOTELES: "Wahrscheinliche Sätze [*endoxa*] aber sind diejenigen, die allen oder den meisten oder den Weisen als wahr erscheinen, und auch von den Weisen wieder entweder allen oder den meisten oder den bekanntesten und angesehensten". Hier ist es das griechische *endoxos*, das durch *wahrscheinlich* übersetzt worden ist. Auch ARISTOTELES unterscheidet den Beweis des Mathematikers von den bloß wahrscheinlichen Aussagen. - An anderen Stellen tritt bei ARISTOTELES das Wort *pithanos* in der Bedeutung *wahrscheinlich*, von *glaubwürdig*, auf. Auch *eikos* tritt wieder auf zur Bezeichnung von dem, *"was sich meistens ereignet"*. Dieses "meistens", das hier auftritt, zeigt doch, dass *der aleatorische Aspekt auch mit dem epistemischen verbunden* auftreten kann: "meistens" als Feststellung einer großen relativen Häufigkeit gestattet eben auch ein Aussage von hoher Glaubwürdigkeit.

CICERO hatte in seinen philosophischen Schriften oft griechische Fachausdrücke ins Lateinische zu übersetzen. "Wahrscheinlich" drückt er in der Regel durch *probabilis aus*. An verschiedenen Stellen ist *probabilis* einfach die Übersetzung von *pithanos* und drückt so die Glaubwürdigkeit aus; an anderen Stellen klingt der *aleatoorische Aspekt* leise an, so wenn in die Definition von *probabile* die Worte *"was meistens zu geschehen pflegt" - quod fere solet fieri* - eingehen ähnlich wie beim aristotelischen *eikos* bzw. *endoxos*.

Im *Corpus Hippocraticum*, so benannt nach HIPPOKRATES (459 bis Mitte 4. Jh.v. Chr.), dem größten Arzt der Antike, tritt an manchem Orte *pithanos* in der Bedeutung von "wahrscheinlich" auf. Doch obwohl die Berücksichtigung der praktischen Erfahrungen bei den Hippokratikern ausdrücklich gefordert wird, treten *keine numerischen* Werte auf, die etwa aus Beobachtungen gewonnen worden wären. Bei GALENOS (129-ca.200), auch er ein Hippokratiker, werden gelegentlich Prognosen auf Grund der Erfahrung gemacht, indem gesagt wird, was nun *wahrscheinlich* (*eikos*) geschehen wird. - Da und dort trifft man auf Aussagen, die in Richtung einer *Graduierung des Wahrscheinlichen gehen:* Es werden *Mortalitäten* von einzelnen Krankheiten in verschiedenen Jahreszeiten miteinander verglichen oder es werden z. B. Verletzungen genannt, bei denen das *Risiko des Sterbens* größer ist als bei gewissen anderen. Alle diese Vergleiche werden aber nur qualitativ *und nicht* quantitativ formuliert.

Auf eine eigentliche *Graduierung des Wahrscheinlichen* trifft man dann bei KARNEADES (213-129), einem der Hauptverteter der Skeptiker der mittleren Akademie. Er begnügt sich nicht mit der bloßen Verneinung der Gewissheit, sondern unterscheidet bei dem als *wahr Erscheinenden - beim pithanon, beim probabile* - drei Stufen: Zunächst die *wahrscheinlichen* Vorstellungen; werden diese nicht bestritten, so handelt es sich um *wahrscheinliche und unbestrittene* Vorstellungen; werden solche Vorstellungen noch allseitig geprüft, so sind *es wahrscheinliche, unbestrittene und allseitig geprüfte* Vorstellungen.

Auch der Rhetoriker QUINTILIANUS, im ersten Jahrhundert nach Christus, hat das Glaubwürdige, das *credibile* klassifiziert [Inst. 5, 10, 15]. Er weiß, daß "wenn man Beweise richtig handhaben will, auch Bedeutung und Wesen aller Erscheinungen bekannt sein müssen", dazu auch *"die Einsicht, welche Wirkung jede von ihnen in der Regel zustande bringt. Denn daraus ergeben sich die sogenannten eikota".* Und hier unterscheidet er nun *drei genera:* Das erste *genus* ist jenes des Zuverlässigen, das *"fast immer eintrifft"*, - zum zweiten *genus* gehören Aussagen, die *"stärker zur Gewissheit neigen"* als zur Ungewißheit, und zum dritten *genus* schließlich jene, die *"lediglich ohne Widerspruch"* gelten. Wiederum liegt also, wie bei KARNEADES, eine bloß qualitative Skala vor; auch hier kommt es noch zu keiner Quantifizierung.

Die Wahrscheinlichkeitsrechnung ist, wie allgemein bekannt, nicht in der Antike geschaffen worden. Unsere Beispiele möchten aber zeigen, daß es doch Zeugnisse für eine ganze Reihe von Begriffen und Überlegungen gibt, die in das *Umfeld von Begriffen und Überlegungen der heutigen Stochastik gehören.* - Hier konnte natürlich nur auf eine kleine Auswahl solcher Zeugnisse eingegangen werden.

Literatur

Eine sehr ausführliche Bibliographie zum ganzen Thema findet sich in dem Werk [Ineichen 1996]. Es folgen hier die im Text ausdrücklich zitierten Arbeiten; die zitierten antiken Texte sind im folgenden nicht aufgeführt.

EINSTEIN, A. (1916): Strahlungsemission und -absorption nach der Quantentheorie. Verh. der Deutschen Physikalischen Gesellschaft 18 (1916).

DE FINETTI, B. (1970): Teoria delle probabilità. Torino: Giulio Einaudi.

HODGES, J. L., LEHMANN, E. L. (1964): Basic concepts of Probability and Statistics. San Francisco: Holden Day.

HOFFMEISTER, J. (1944): Wörterbuch der philosophischen Begriffe. Begründet von F. Kirchner und C. Michaelis. Vollständig neu bearbeitet von J. Hoffmeister. Leipzig: Felix Meiner.

INEICHEN, R. (1988): Dante-Kommentare und die Vorgeschichte der Stochastik. Historia Mathematica 15 (1988) 264-269.

INEICHEN, R. (1996): Würfel und Wahrscheinlichkeit - Stochastisches Denken in der Antike. Heidelberg–Berlin-Oxford: Spektrum Akadem.Vlg.

INEICHEN, R. (1997): Astragale, Würfel und Wahrscheinlichkeit in der Antike. In: Antike Naturwissenschaft und ihre Rezeption Bd. 7 (1997) 7 - 23. Trier: WVT Wissenschaftlicher Verlag.

INVREA, R. (1936): La legge dei grandi numeri era nota a Tucidide? Giornale dell'Istituto Italiano Attuari 7 (1936) 229 - 230.

LASER, S. (1987): Sport und Spiel. In: Archaeologia Homerica - Die Denkmäler und das frühgriechische Epos. Hrg. von H. G. Buchholz. Göttingen: Vandenhoeck & Ruprecht.

MONOD, J. (1971): Zufall und Notwendigkeit. München: Piper.

MÜLLER, P. H. (1970): Wahrscheinlichkeitsrechnung und Statistik. Lexikon. Berlin: Akademie-Verlag.

RAMSEY, F. P. (1931): The Foundations of Mathematics and other logical essays. London: Kegan Paul, Trench, Trubner.

RÉNY, A. (1969): Briefe über die Wahrscheinlichkeit. Basel: Birkhäuser.

RIECHE, A. (1984): Römische Kinder- und Gesellschaftsspiele. Stuttgart: Württembergisches Landesmuseum.

SAMBURSKY, S. (1965): Das physikalische Weltbild der Antike. Zürich: Artemis.

Prof. Dr. Robert Ineichen, Math. Institut, Universität Fribourg (Schweiz)
(priv.: Rigistrasse 63, CH-6006 Luzern)

Oinopides

Astronomie und Geometrie

Harald Boehme

Die Vorsokratiker kritisch lesen heißt, ihre Quellen in chronologischer Folge zu betrachten.[1] Damit sind aber nur älteste Quellen entscheidend, hingegen erweisen sich jüngere oft nur als Spekulation aus den ersteren. Mit diesem methodischen Grundsatz konnte gezeigt werden, daß die Kosmologien des THALES und PYTHAGORAS und ebenso deren Astronomie und Geometrie Erfindungen ihrer Doxographen sind, und sie daher aus der wirklichen Entwicklung der Wissenschaft auszuschließen sind.[2] Nach dem Wegfall dieser beiden beginnt PROKLOS` Verzeichnis der Geometer nunmehr mit ANAXAGORAS und OINOPIDES.[3] Von der Geometrie des ANAXAGORAS wissen wir aus älteren Quellen nichts,[4] damit gewinnt aber OINOPIDES unser Interesse, denn er ist der erste griechische Geometer von dem wir noch meinen, etwas zu wissen.[*]

I.

Das Wissen über OINOPIDES VON CHIOS ist äußerst beschränkt, denn die älteste Quelle ist EUDEMOS VON RHODOS, etwa 150 Jahre nach ihm. Hinzu kommt, daß die Nachrichten des EUDEMOS über OINOPIDES lediglich vermittelt durch THEON VON SMYRNA und PROKLOS überliefert sind, so daß wir uns auf diese und auf EUDEMOS verlassen müssen, um über OINOPIDES etwas zu wissen. Darüber hinaus wird ihm von ACHILLES TATIUS (etwa 300 n. Chr.) eine Lehre über die Milchstraße zugeschrieben, die ARISTOTELES von den sogenannten Pythagoreern berichtet, wonach sich die Sonne einst auf diese Bahn bewegt habe und der Ort davon gleichsam verbrannt sei.[5] Diese Zuschreibung dürfte lediglich dem Wunsch entsprungen sein, einen bekannten Namen für diese Lehre zu nennen, und OINOPIDES zugleich den Pythago-

---

[1] Vgl. Fehling (1994), S. 7.
[2] Vgl. Burkert (1962), Fehling (1985).
[3] Proklos, S. 65 f.
[4] Heath (1921) nennt nur Vitruv und Plutarch.
[*] Für wertvolle Hinweise danke ich W. BURKERT, D. FEHLING und B. GOLDSTEIN.
[5] Aristoteles, Meteor. I.8, 345a13. Vgl. Diels-Kranz 41A10

reern zuzuordnen. ACHILLES fügt noch hinzu, daß die Sonne aus Abscheu über das Mahl des Thyestes ihre ursprüngliche Bahn verlassen habe. Dieser Mythos widerspricht jedoch der physikalischen Erklärung des ARISTOTELES, so daß beides zusammen kaum eine Lehre, geschweige denn die des OINOPIDES gewesen sein dürfte.

Nach EUDEMOS` Geschichte der Astronomie fand OINOPIDES zuerst den Tierkreisgürtel und den Umlauf des großen Jahres.[6] Von den Doxographen wird die Länge des großen Jahres bei OINOPIDES übereinstimmend mit 59 Jahren angegeben,[7] dieser Wert steht im Einklang mit der Astronomie im 5. Jhd. v. Chr.. Danach ist die Länge des Sonnenjahres 365 Tage, die Länge eines Mondmonats $29^{1}/_{2}$ Tage, da 365 und 59 (2 Monate) teilerfremd sind, kann sich erst nach 59 Jahren bzw. 730 Monaten eine Übereinstimmung von Jahren und Monaten ergeben.

$$59 \text{ J} = 730 \text{ M} = 59 \cdot 12 \text{ M} + 22 \text{ M} = 21535 \text{ T}$$

Auf Grund der Feststellung, daß ein Sonnenjahr etwas länger ist, kann rein formal die Zahl der Tage dadurch erhöht werden, daß die 22 zusätzlichen Monate um je einen Tag verlängert werden.[8] Daraus ergibt sich 59 J = 21557 T bzw. 1 J = $365^{22}/_{59}$ T; dieser Wert wird zwar von CENSORINUS dem OINOPIDES zugeschrieben, ist aber mit dessen ursprünglicher Jahreslänge nicht zu vereinbaren.[9]

Bekanntlich haben die Griechen den Tierkreis von den Babyloniern übernommen; wenn es bei EUDEMOS dennoch heißt, daß OINOPIDES den Tierkreis fand, dann kann dies nur heißen, daß er ihn bei den Griechen eingeführt hat.[10] Tatsächlich ist keine ältere Quelle bekannt, welche den Tierkreis bei den Griechen vorher bezeugt, so erklärt ANAXAGORAS noch die Wenden von Sonne und Mond durch die Luft, von der sie zurückgestoßen werden.[11] Erst bei DEMOKRIT durchläuft der Mond eine zyklische Folge von Zeichen, was der Bedeutung des Tierkreises als "Weg des Mondes" bei den Babylo-

---

[6] Theo Smyrn. S. 198. Eudemos, fr. 145. (Wehrli)

[7] Diels-Kranz 41A9.

[8] Vgl. Neugebauer (1975), S. 619.

[9] Diels-Kranz 41A8. Vgl. v. Fritz: "Oinopides", RE XVII.2, Sp. 2258 f. Bowen, Goldstein (1988), Anm. 37.

[10] Plinius, N.H. II.31 (Diels-Kranz 12A5) bringt den Tierkreis mit Anaximandros und Kleostratos in Verbindung, dagegen steht die Überlieferung des Eudemos. Vgl. Kirk, Raven (1983), S. 103. Dicks (1970), S. 87.

[11] Diels-Kranz 59A12.

niern entspricht.[12] Daß der Tierkreis gegen Ende des 5. Jhd. als solcher bekannt war, davon zeugt auch die praktische Astronomie, indem von METON und EUKTEMON Parapegmen erstellt wurden, welche den Weg der Sonne im Tierkreis beschreiben.[13] Die doxographische Überlieferung interpretiert jedoch den Tierkreisgürtel (*zodiakou diazosin*) a priori als Schiefe des Tierkreises (*loxosin tou zodiakou*), welche PYTHAGORAS entdeckt und OINOPIDES sich dann angeeignet haben soll.[14] Offensichtlich ist damit die Himmelssphäre mit Äquator und Ekliptik gemeint, doch erst PLATON formuliert dies geometrische Modell des Himmels, worin der Tierkreis der Andere im Verhältnis zu den Selbigen ist, den Parallelkreisen der Fixsterne.[15] Dies schließt die Vorstellung ein, daß sich die Planeten in der Ekliptik selbst bewegen, welche folgerichtig auch OINOPIDES unterstellt wird,[16] was jedoch der Erklärung des ANAXAGORAS und DEMOKRIT widerspricht, wonach die Planeten im Wirbel der Sterne zurückbleiben, weil sie der Erde näher sind. Damit kann die Einführung des Tierkreises nur heißen, daß für die Planeten ein gemeinsamer Weg gefunden wurde, woraus jedoch keine eigene Bewegung zu folgern ist. Für OINOPIDES, der in diesem Kontext zu verstehen ist, erweist sich die "Schiefe des Tierkreises" als eine Rückinterpretation der Doxographen, welche ihm platonische Erkenntnisse zuschreiben und ihn damit zum Kokurrenten des Pythagoras machen, dem diese Interpretation gleichfalls gilt. Hingegen nennt EUDEMOS OINOPIDES zusammen mit ANAXAGORAS,[17] so daß er nach dieser Zuordnung gerade kein geometrisches Modell des Himmels aufgestellt hat. Damit ist aber die Vermutung hinfällig, Oinopides könne die Neigung zwischen Äquator und Ekliptik durch die Seite des 15-Ecks bestimmt haben, weil dies nur in einem derartigen Modell sinnvoll ist.

Zusatz

THEO SMYRN., S. 198, schreibt, daß andere die Schiefe derart bestimmt haben. Jedoch geht dieser Zusatz nicht auf EUDEMOS zurück, da sich der Text

---

[12] Lukrez V 621-636, Diels-Kranz 68A88. Vgl. v.d.Waerden (1966), S. 77.

[13] Rehm (1913).

[14] Diels-Kranz 41A7. D. Fehling (1994), S.156, bemerkt den Pleonasmus darin, denn der Tierkreis ist an sich schief zu den täglichen Himmelskreisen, dies ergibt sich allein aus den Wenden der Sonne und des Mondes, die den Tierkreis durchlaufen.

[15] Platon, Timaios 36.

[16] Diels-Kranz 41A7, Macrob. Sat. I 17,31.

[17] Proklos, S.66.

in Theons eigener Darstellung wiederholt, S. 202 (Vgl. WEHRLI (1955), S. 120). Die Schiefe der Ekliptik als Seite des 15-Ecks erscheint bei EUKLID als Problem IV.16, wobei der Zusammenhang mit der Astronomie von PROKLOS (S. 269) vermutet wird. Dies Problem ist aber dem Text nach jünger als das sonstige Buch IV (NEUENSCHWANDER (1972), S. 374), welches selbst zu den Elementen ohne Proportion gehört (PROKLOS, S.73). Damit ist Buch IV aber später als ARISTOTELES, so daß IV.16 noch später anzusetzten ist. Möglicherweise geht dieses Problem auf ERATOSTHENES zurück, von dem Schiefe der Ekliptik zuerst derart überliefert ist.

II.

Nach dem Kommentar des PROKLOS zum Buch I der Elemente des EUKLID "befaßte sich ANAXAGORAS VON KLAZOMENAI viel mit Geometrie und ebenso OINOPIDES VON CHIOS, der etwas jünger war als ANAXAGORAS."[18] Man nimmt an, daß diese Stelle auf EUDEMOS zurückgeht, der das Verzeichnis der Geometer vor EUKLID zusammengestellt hat, dies gilt jedoch nicht für den Zusatz, daß beide in PLATONS "Rivalen" erwähnt werden, weil sie wegen ihrer mathematischen Kenntnisse berühmt waren. Denn dieser Dialog ist unecht, daß ANAXAGORAS und OINOPIDES darin erwähnt werden bedeutet nur so viel, daß beide als Astronomen bekannt waren, was seit EUDEMOS angenommen werden kann. Die Geometrie betreffend macht PROKLOS noch die Angaben, daß die folgenden Probleme von OINOPIDES untersucht wurden: EUKLID I.12, auf eine gerade Linie von einem Punkt außerhalb ihr ein Lot zu fällen,[19] und EUKLID I.23, an eine gerade Linie in einem Punkt auf ihr einen Winkel anzulegen, der gleich einem gegebenen Winkel ist.[20] Zum zweiten Problem heißt es bei PROKLOS: "Auch dieses Problem fand eigentlich OINOPIDES, so sagt EUDEMOS." Hingegen wird beim ersten Problem OINOPIDES ohne Quellenangabe genannt: "Dieses Problem wurde zuerst von OINOPIDES untersucht, der es für die Astronomie für nützlich hielt. Er nennt aber das Lot altertümlich gnomonartig (*kata gnomona*), weil der Gnomon gleichfalls rechtwinklig zum Horizont ist." Der Ausdruck "gnomonartig" deutet darauf hin, daß PROKLOS hier eine ältere Quelle benutzt, welche wohl gleichfalls auf EUDEMOS zurückgeht. Außerdem wird dieser Ausdruck noch

---

[18] Proklos, S. 66.
[19] Proklos, S. 283
[20] Proklos, S. 333.

als "altertümlich" (*archaikos*) bezeichnet, so daß dies sogar ein originaler Ausdruck des OINOPIDES sein kann.[21] Der Vergleich mit dem Gnomon verweist dabei auf ein Instrument, wie es OINOPIDES bereits benutzt haben könnte, einen senkrechten Stab auf der waagrechten Ebene.

HERODOT schreibt: "*Polos* und *Gnomon* und die zwölf Teile des Tages haben die Griechen von den Babyloniern gelernt."[22] Auf Grund dieser Stelle wird der Gnomon im Zusammenhang mit der Sonnenuhr gesehen, allerdings stammt die zu der Zeit von den Griechen entwickelte Zeitmessung mittels der Schattenlänge eines Gnomon nachweislich nicht von den Babyloniern.[23] Es bleibt aber die Frage nach dem Zusammenhang von Polos und Gnomon, dazu interpretiert A. REHM den Polos als hohle, nach oben offene Halbkugel, worin der Gnomon so gestellt ist, daß sich dessen Spitze genau im Mittelpunkt befindet.[24] Die tägliche Bahn der Sonne wird dann auf parallele Kreise im Inneren der Halbkugel abgebildet (genau genommen auf eine Spirale), so daß damit ein geometrisches Abbild der Himmelskugel gegeben ist, entsprechend der Skaphe des ARISTARCH VON SAMOS.[25] REHM nennt selbst die Bedenken gegen diese Deutung; so war im 5.Jhd. eine derartige Sonnenuhr den Griechen noch unbekannt, und im praktischen Leben wurde die Zeit mit dem Schatten des eigenen Körpers gemessen.[26] Der wesentliche Widerspruch ergibt sich jedoch daraus, daß die Skaphe als geometrisches Abbild des Himmels ein ebensolches Urbild voraussetzt, welches im 5.Jhd., der Zeit der physikalischen Kosmologien, noch nicht gedacht wurde.

Polos und Gnomon kann nach dem Wortgebrauch auch einfacher gedeutet werden;[27] Polos als Drehpunkt, also Fußpunkt des Gnomon, um den sich der Gnomonschatten dreht, und analog Polos als Himmelspol, um den sich die Sterne drehen.[28] Aus dieser Analogie ergibt sich jedoch keine Sonnenuhr bei der sich die Drehung des Himmels gleichmäßig auf die Drehung des Schattens abbildet, denn dazu müßte der Gnomon in Richtung des Himmelspoles zeigen, also gerade nicht senkrecht gestellt werden. Jedoch konnten mit dem

---

[21] Vgl. Diels-Kranz 41A13, *k a t a   g n o m o n a*, als Fragment.
[22] Herodot II.109.
[23] Vgl. Neugebauer (1975), S. 737 f.
[24] Rehm: "Horologium", RE VIII,2, Sp. 2416.
[25] Vitruv, Lib. 9, VIII.1.
[26] Aristophanes, Eccl. S. 652.
[27] Vgl. Lydell-Scott, *polos*.
[28] Euripides Fr. 839.11: *ouranion polon*.

senkrechten Gnomon die Sonnenwenden bestimmt werden, 1. Wenn der
Mittagsschatten des Gnomon am kürzesten (oder längsten) ist, 2. Wenn der
Sonnenaufgangspunkt am nördlichsten (oder südlichsten) ist. Nach den
überlieferten Parapegmen wurden die Wenden am Horizont bestimmt, denn
sie stehen in einer Reihe mit anderen Horizontphänomenen. Daher vermuten
BOWEN und GOLDSTEIN, daß die von METON beobachtete Sommerwende
beim Sonnenaufgang am 27. Juni -431 in Wahrheit die Beobachtung der
Richtung des Sonnenaufgangs am Tage der Wende war.[29]

Doch ebenso wie das Parapegma nicht nur eine Wende, sondern das Schema
der Wenden und Gleichen bestimmt, also die vier Hauptpunkte des Jahres,
mußten auch die entsprechenden Auf- und Untergänge der Sonne am Horizont bestimmt werden, insgesamt also die sechs zugehörigen Himmelsrichtungen. Die Bestimmung der Himmelsrichtungen durch die Wenden und
Gleichen wird durch die hippokratische Schrift "Von der Umwelt" bezeugt,
diese sind darin sowohl Zeitpunkte des Jahres als auch Orte, die sich in diesen Richtungen gefinden.[30] Ausgehend von einem festen "ionischen" Horizont liegen die Gleichen (*isemeria*) in der Mitte zwischen den Wenden, sowohl zeitlich als auch örtlich, so daß darin keine Naturgewalt die Übermacht
hat und die Gleichberechtigung (*isonomia*) der Kräfte herrscht.[31] Wird dieses Schema noch durch die Nord-Südrichtung ergänzt, dann erhalten wir
genau die acht Himmelsrichtungen, die uns Aristoteles als Windrose vorstellt.[32] Entsprechend der neu entdeckten Kugelgestalt der Erde ist so diese

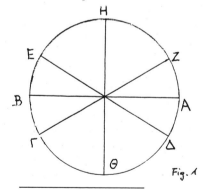

Fig. 1

Windrose für jeden Punkt der
nördlichen gemäßigten Zone gültig,
für Athen ist sie jedoch gleich dem
alten hippokratischen Schema auf
der Erdscheibe.

Sei der Horizont als Kreis gezeich-
net, A und B seien die Auf- bzw.
Untergangspunkte bei den Glei-
chen, AB ist dann die Ost-West-
Linie. Rechtwinklig dazu sei der
Durchmesser HΘ die Nord - Süd-

---

[29] A.a.O., S. 76.
[30] Hippokrates: De aeribus aquis locis, c. 11.
[31] Vgl. "Windrosen", RE, 2. Reihe, VIII, Sp. 2331. Ferner Vlastos (1947).
[32] Aristoteles, Meteor. 363a 21.

Linie oder der Meridian. Ferner seien Z und E die Auf- bzw. Untergangs-
punkte zur Sommerwende, Δ und Γ die Auf- bzw. Untergangspunkte zur
Winterwende, so daß die Kreisdurchmesser ΓZ und ΔE die Richtungen der
Wenden ergeben. (Fig.1)

Im Folgenden soll eine mögliche Beziehung zwischen der Windrose des
ARISTOTELES und den Problemen des OINOPIDES hergestellt werden. Mit der
Rekonstruktion einer solchen Beziehung wird natürlich nicht behauptet, daß
diese wirklich bestanden hat; es wird aber zumindest gezeigt, daß die geometrischen Probleme des OINOPIDES in der Astronomie begründet sein können, und zwar als eine konkrete Möglichkeit. Um diese Beziehung zu finden
ist nicht vom theoretischen Schema der Windrose auszugehen, sondern von
ihrer praktischen Konstruktion. Dazu wird man nicht alle sechs Hauptpunkte
in natura am Horizont beobachten, zumal dies mindestens ein halbes Jahr
dauern würde, abgesehen von den schlechten Wetterbedingungen im Winter,
sondern es genügt dafür die Beobachtung eines Aufgangspunktes zur Som-
mersonnenwende und die Festlegung des Meridians, am besten am gleichen
Tage, denn dann ist die Spiralbewegung der Sonne am geringsten und der
Schatten des Gnomon am schärfsten.

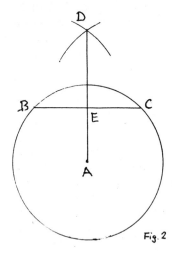

Fig. 2

1. Der Meridian

In der Mitte eines Kreises stehe der
Gnomon in A, der Vormittagsschatten
treffe den Kreis in B, der Nachmittags-
schatten in C, daraus erhält man die Ost-
West-Linie BC. Um den Meridian zu erhalten, ist BC in E zu halbieren, AE ist
dann die gesuchte Linie.[33] VITRUV hingegen schlägt um B und C gleiche Kreisbögen, die sich in D treffen, so daß AD
der Meridian ist.[34] (Fig.2) Die Konstruktion des VITRUV entspricht der von Euklid I.12, denn darin wird die Strecke
BC mit I.9,10 halbiert; der Unterschied
zur Konstruktion des VITRUV besteht nur

---

[33] Nach dem Feldmesser Hygiuns, Cantor (1875), S. 67 f.
[34] Vitruv, Lib. 1, VI.12, die von Vitruv konstruierte Windrose ist jedoch eine andere als
   die des Aristoteles.

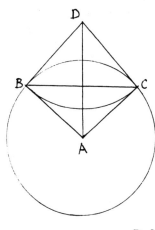

Fig. 3

darin, daß EUKLID gleichseitige Dreiecke verwendet.

2. Die Wendepunkte

Gegeben sei der Meridian AD, ferner der Horizontkreis und darauf ein Wendepunkt, z.b. der Auf-gangspunkt C zur Sommerwende; gesucht ist dann der Untergangspunkt B. Dazu wird um D ein Kreis mit Radius DC geschlagen, dieser trifft den Horizontkreis in B. Dabei wurde die Aufgabe gelöst, einen dem Winkel CAD gleichen Winkel am Meridian anzutragen, so daß der Winkel BAD entsteht; dies entspricht Euklid I.23, und auch die Lösungen entsprechen sich. (Fig.3)

Nach EUDEMOS fand dieses Problem eigentlich OINOPIDES;[35] daran ist das "eigentlich" entscheidend, denn dieses besagt, daß OINOPIDES das geometrische Problem eigentlich nicht gelöst hat, sondern EUDEMOS die Konstruktion lediglich in einem Anwendungszusammenhang bei OINOPIDES gefunden hat. Aus EUDEMOS Bemerkung zu EUKLID I.12 geht gleichfalls hervor, daß OINOPIDES das Problem nicht theoretisch gelöst hat, denn es wird als nützlich für die Astronomie beschrieben und nicht als reine theoretische Geometrie. In der theoretischen Geometrie werden die Probleme zwar analog einer hervorbringenden Tätigkeit gelöst, der Zweck ist jedoch nicht das Konstruierte, sondern die Erkenntnis, daß dieses existiert.[36] Indem EUDEMOS jedoch die Nützlichkeit der Konstruktion des OINOPIDES betont, hat diese ihren Zweck im Konstruierten, ist also hervorbringenede Tätigkeit, techne und keine episteme. Bezogen auf die Geometrie heißt das, daß OINOPIDES höchstens praktische Konstruktionen beschreibt, während ihm die zugehörigen theoretischen Probleme von EUDEMOS unterstellt werden. Dabei ist sich EUDEMOS der Differenz von techne und episteme durchaus bewußt, so sagt er über THALES, daß er zur Lösung einer praktischen Aufgabe (der Messung der Entfernung von Schiffen auf dem Meer), ein geometrisches Theorem

[35] Proklos, S. 333.
[36] Proklos, S. 77 f.

notwendig benutzt habe (EUKLID I.26).[37] Mit dieser Zuschreibung, wonach THALES das Theorem nur implizit realisiert hat, ist aber auch gesagt, daß er es explizit nicht formuliert hat. Diesen Schluß ziehen wir ebenso für OINOPIDES, danach hat er zwar praktische Konstruktionen beschrieben, aber keine theoretischen Probleme gelöst.

Zusatz

Von ARISTOPHANES erfahren wir indirekt etwas über praktische Konstruktionen in der Astronomie. METON vermißt die Luft (Vögel 992 f); zwar erscheinen seine Operationen verkehrt, doch ihre Verkehrung deutet auf eine reale Vermessung hin, die hier verspottet wird. Die Luft verweist dabei auf die Astronomie, ebenso der abschließende Ausruf "Anthropos Thales", denn THALES vertritt bei den ältesten Autoren, HERODOT und Platon, die Astronomie und nicht die Geometrie (Vgl. Fehling (1985)). Hier geht es eher um die Existenz solcher Konstruktionen als um deren tatsächliche Bedeutung, die aus dem Text allein nicht zu erschließen ist.- METONS Werkzeuge sind Stab (kanon) und Zirkel (diabetes), wobei der Stab in den Zirkel gestellt wird entsprechend Polos und Gnomon. "Ich messe damit der Kreis viereckig werde" entspricht dann der Konstruktion der Windrose, bei der zuerst der Meridian und die Gleichen, also die vier Hauptpunkte Nord, Süd, Ost, West ermittelt werden. Indem die Windrose aber durch die Wendepunkte vollendet wird ergeben sich acht Himmelsrichtungen "wie von einem Stern, der kreisrund ist, gerade Strahlen überallhin leuchten." - Eine andere Deutung gibt B. GLADIGOW (1968), wonach METON eine phantastische Luftstadt vermißt, dabei wird die Beziehung zur realen Astronomie jedoch übersehen. Hingegen versucht A. SZABÓ (1981) zu beweisen, daß METONS Instrument polos = skaphe war. Dazu zitiert er zwei Fragmente des ARISTOPHANES: "Ist dies der polos? Auf wievielte (Linie) hat sich die Sonne gewandt?" (fr. 163, Kock) "Das ist nun die polos, mit der man in Kolonos beobachtet, die meteora hier, und die plagia dort." (Achill. Introd. in Arat. 62,3) SZABÓ beruft sich jedoch nur auf den "Gewährsmann" JULIUS POLLUX (2. Jhd. n. Chr.), der polos = horologion setzt; andererseits ist bei Achilles polos = heliotropion, was eher auf die Windrose verweist, mit der sich die beiden Fragmente ebenso erklären lassen.

---

[37] Proklos, S. 352.

III.

P. TANNERY äußerte bereits die Vermutung, daß OINOPIDES eine astronomische, aber keine geometrische Abhandlung hinterlassen hat, in der EUDEMOS die Lösung der Probleme von EUKLID I.12 und I.23 vorfand;[38] wenn das so ist, dann fand er sie nicht als theoretisch geometrische Probleme, sondern als praktisch astronomische Konstruktionen. EUDEMOS nennt OINOPIDES als Entdecker dieser Konstruktionen, weil die von ihm überlieferte Abhandlung die älteste war, die er zur Verfügung hatte. Daraus ist aber der Schluß zu ziehen, daß es aus der Zeit des OINOPIDES überhaupt noch keine theoretisch geometrische Abhandlung zur Geometrie gab, was damit übereinstimmt, daß erst von HIPPOKRATES VON CHIOS, der eine Generation später als OINOPIDES lebte, berichtet wird, er habe "Elemente" geschrieben.[39]

Im Widerspruch dazu geht T.L. HEATH davon aus, daß OINOPIDES die Probleme bereits theoretisch gelöst habe, und er zieht daraus die weitere Konsequenz, daß OINOPIDES auch die Mittel der Konstruktion auf Lineal und Zirkel beschränkt habe.[40] Praktisch waren die Mittel natürlich durch ihre materielle Gegebenheit beschränkt, aber neben den genannten Instrumenten konnten auch andere, z.B. ein Winkelhaken verwendet werden. Die Literatur zeigt auch praktische Lösungen, die nur mit Lineal und Zirkel auskamen, z.B. die von VITRUV angegebene Kunstruktion des Meridian.[41] Die Restriktion der Mittel ergibt sich also nicht unbedingt aus der theoretischen Abstraktion, sie ergibt sich vielmehr aus der Reflexion auf die Prinzipien der Konstruktion. Dies erkennt A. SZABÓ und spekuliert daraus, daß OINOPIDES möglicherweise der Verfasser der Euklidischen Postulate war, womit diese dann auch datiert wären.[42] Diese Möglichkeit ist rein abstrakt, mit der konkreten Geschichte ist sie jedoch nicht zu vereinbaren. Denn nach PLATONS "Theaitetos" beginnt die Reflexion auf die Prinzipien der Geometrie erst an der Akademie,[43] außerdem kannte Aristoteles noch nicht die Euklidischen

---

[38] Tannery (1887), S. 89. Vgl. Knorr (1986), S. 16.

[39] Proklos, S. 66.

[40] Heath (1921), Vol. 1, S. 175.

[41] S.o. Anm. 37. Vitruv schrieb nach Euklid; die Vermutung, er könne seine Konstruktion daraus abgeleitet haben, ist durch die Sulbasutras zu widerlegen, vgl. Gericke (1984), 66.

[42] Szabó (1994), S. 370.

[43] Vgl. Boehme (1995).

Postulate,[44] so daß ihre Datierung mindestens hundert Jahre später anzusetzen ist.

OINOPIDES erscheint bei PROKLOS noch einmal im Zusammenhang mit ZENODOT, der als ein Nachfolger benannt wird. Darüberhinaus wird auf dessen Unterscheidung von Theoremen und Problemen eingegangen; das Theorem fragt, welche Eigenschaft dem betrachteten Gegenstand zukommt, hingegen fragt das Problem nach der Voraussetzung, durch die etwas bedingt ist (tinos ontos ti estin).[45] Diese Charakterisierung des Problems ist ganz peripatetisch, denn ebenso fragt Aristoteles, was sein muß, damit das Behauptete ist (tinos ontos to prokeimenon esti).[46] Sei das Behauptete B, dann ist also nach der Voraussetzung A gefragt, so daß der hypotetische Schluß gilt, wenn A so B. Z.B. das Problem EUKLID I.1, über einer Strecke ein gleichseitiges Dreieck zu errichten, führt zu dem Schluß, wenn eine Strecke gegeben ist, dann gibt es darüber ein gleichseitiges Dreieck.[47] Diese Existenz ergibt sich jedoch nicht aus allgemeinen Prinzipien, sondern das Gesuchte ist in der Geometrie mit deren spezifischen Mitteln zu erzeugen, wobei von den Postulaten der Konstruktion auszugehen ist. Bei EUKLID entsprechen die Postulate dem Gebrauch von Lineal und Zirkel, ihre Abstraktion aus dem praktischen Gebrauch der Instrumente erfolgte jedoch nicht unmittelbar, sondern es sind die zuletzt gefundenen Prinzipien der Geometrie. (Dies gilt insbesondere für die Post. 1-3, Post. 5 kann noch später sein.)

Unsere Untersuchung ergab, daß OINOPIDES höchstens praktische Konstruktionen durchgeführt hat, die später zu den Grundkonstruktionen der theoretischen Geometrie gehören. Daraus zog EUDEMOS den Schluß, daß OINOPIDES "eigentlich" theoretische Probleme der Geometrie gelöst habe, insofern im praktischen Hervorbringen implizit die theoretische Existenz enthalten ist. PROKLOS zog daraus den weiteren Schluß, daß der Peripatetiker ZENODOT ein Nachfolger des OPINOPIDES sei, weil er die theoretische Bestimmung des Problems gegeben hat. Aber nur dem Begriff nach kann dieser Zusammenhang behauptet werden, weil sich Theorie und Metatheorie letztlich aus der praktischen Geometrie entwickelt haben, daraus ist jedoch keineswegs zu folgern, daß OINOPIDES bereits theoretisch oder metatheore-

---

[44] Vgl. Heath (1908), S. 199. Mueller (1991), S. 91.
[45] Proklos, S. 80.
[46] Aristoteles, Top. 111b 17.
[47] Vgl. Mueller (1991), S. 96.

tisch gedacht habe.[48] Im Gegenteil, von der Geometrie des OINOPIDES können wir nicht mehr sagen, als daß sie eine *techne* zum Zwecke der Astronomie war, als solche steht sie natürlich am Anfang der Theorie.

Zusatz

EUKLID behandelt im Buch I zunächst die Kongruenzgeometrie, danach die
Parallelentheorie. Die erstere umfaßt die Propositionen 1-26, davon 9 Probleme: 1-3, 9-12, 22-23. Diese beinhalten elementare Konstruktionen mit
Lineal und Zirkel, eine Ausnahme bildet nur I.2. NEUENSCHWANDER konnte
jedoch zeigen, daß diese Konstruktion erst später in die Elemente aufgenommen wurde, um eine petitio principii zu vermeiden. Die OINOPIDES zu-
geschriebene Konstruktion I.12 (Lot fällen) setzt voraus 10 (Strecke halbieren), diese wiederum 9 (Winkel halbieren), worin 3 (Strecke antragen) und 1
(gleichseitiges Dreieck errichten) enthalten sind. Damit dürfte auch 11
(Senkrechte errichten) dazu gehören, d.h. mit I.12 werden Oinopides implizit die ersten 7 Probleme von Buch I zugeschrieben. Der Zusammenhang
dieser Probleme ergibt sich aus der systematischen Theorie, dahinter steht
jedoch der Zusammenhang der praktischen Konstruktionen in der Geometrie. Weiter verweist I.23 (Winkel antragen) auf 22 (Dreieck aus drei Strek-
ken errichten), womit auch diese 2 Probleme implizit OINOPIDES zugeschrieben sind, d.h. insgesamt alle elementaren Probleme der Kongruenzgeometrie. Es scheint also, daß die von EUDEMOS explizit überlieferten Konstruktionen des OINOPIDES keine zufällige Auswahl sind, sondern auf den Zusammenhang dieser Probleme zielen. Daraus folgt aber, daß die Grundkonstruktionen der theoretischen Geometrie auf praktische Konstruktionen zurückzuführen sind; diese erkenntnistheoretische Vermutung wird durch die
historische Überlieferung bestätigt.

---

[48] Dies behauptet v. Fritz in "Oinopides", RE XVII.2, Sp. 2267, wenn er Oinopides als
Erfinder der *problema* bezeichnet und diese mit der Konstruktionsanalyse identifiziert.

Literatur

ARISTOPHANES: *Sämtliche Komödien.* Übers. L.Seeger. Artemis-Verlag, Zürich 1987.

ARISTOTELES: *Meteorologie.* Übers. H.Strohm. Akademie-Verlg. Bln. 1979.

ARISTOTELES: *Topik.* Übers. Rolfes, E., Meiner-Verlag, Hamburg 1922.

BOEHME, H.: "Theodoros und Theaitetos." In: Toepell, M. (Hrsg.): Mathematik im Wandel - Anregungen zu einem fächerübergreifenden Mathematikunterricht I. Verlag Franzbecker KG Hildesheim - Berlin 1998. (Mathematikgeschichte und Unterricht; Band 1). S. 44 - 57.

BOWEN, A., GOLDSTEIN, B.: "Meton of Athens and Astronomy in the Late Fifth Century B.C." *A Scientific Humanist. Studies in Memory of Abraham Sachs.* Ed. Leichty, E. et al., Philadelphia 1988.

BOWEN, A., GOLDSTEIN, B.: "A New View of Early Greek Astronomy." *Isis* 74 (1983).

BURKERT, W.: *Weisheit und Wissenschaft.* Nürnberg 1962.

CANTOR, M.: *Die römischen Agrimensoren.* Leipzig 1875.

COMICORUM Atticorum fragmenta. Vol. 1-3, Ed. Kock, Th., Leipzig 1880.

DICKS, D.R.: Early Greek Astronomy to Aristotle. New York 1970.

DIELS, H., Kranz, W.: *Die Fragmente der Vorsokratiker.* Bd.1-3, Bln. 1974

EURIPIDES: *Sämtliche Tragödien und Fragmente.* Übers. G.A.Seek, München 1981.

EUCLID: *The Thirteen Books of the Elements.* Transl. T.L. Heath. Cambridge 1908.

EUCLIDIS Elementa, Vol. I-V. Ed. Heiberg, I.L., Leipzig 1883.

EUKLID: *Die Elemente.* Buch I-XIII. Übers. C.Thaer. Darmstadt 1973.

FEHLING, D.: *Die sieben Weisen und die frühgriechische Chronologie.* Bern 1985.

FEHLING, D.: *Materie und Weltbau in der Zeit der frühen Vorsokratiker.* Innsbruck 1994.

GERICKE, H.: *Mathematik in Antike und Orient.* Springer-Verlag, Bln. 1984.

GLADIGOW, B.: "Thales und der Diabetes." *Hermes* 96 (1968).

HEATH, T.L.: *A History of Greek Mathematics.* Vol.1,2. Oxford 1921. Herodot: *Historien.* Übers. Horneffer, A., Kröner-Verlag, Stuttgart 1971.

HIPPOKRATES: *Fünf auserlesene Schriften.* Übers. Capelle, W., Artemis, Zürich 1955.

KIRK, G.S., RAVEN, J., SCHOFIELD, M.: *The Presocratic Philosophers.* Cambridge 1983.

KNORR, W.R.: *The Ancient Tradition of Geometric Problems.* Boston 1986.

LIDDELL, H.G., SCOTT, R.: *A Greek-English Lexicon. A New Edition.* Oxford 1925.

MUELLER, I.: "On the Notion of a Mathematical Starting Point in Plato, Aristotle, and Euclid." *Science and Phil.in Class.Greece.* Ed. Bowen, A.C., New York 1991.

NEUENSCHWANDER, E.: "Die ersten vier Bücher der Elemente Euklids." *Arch. of the Hist. of Exact Sciences* 9 (1972).

NEUGEBAUER, O.: *A History of Ancient Mathematical Astronomy.* Bln. 1975

PAULYS Real-Enzyclopädie (RE). Ed. G. Wiisowa. 1894 f.

PLATON: *Sämtliche Dialoge.* Bd. I-VII. Übers.O.Apelt. Meiner Hmbg. 1988

PROCLI Diadochi in primum Euclidis Elementorum librum commentarii. Ed. Friedlein, G., Leipzig 1873.

PROCLUS: *A Commentary on the First Book of Euclid`s Elements.* Transl. Morrow, G. R., Princeton 1970.

REHM, A.: Griechische Kalender III. Sitzungsberichte Heidelberger Akademie der Wissenschaften, Phil. Hist. Klasse. Abh. 3, 1913.

SZABÓ, A.: "Astronomische Messungen bei den Griechen im 5. Jhd. v. Chr. und ihr Instrument." *Historia Scientiarum,* 21 (1981).

SZABÓ, A.: *Die Entfaltung der griechischen Mathematik.* Mannheim 1994.

TANNERY, P.: *La Géométrie Grecque.* Paris 1887.

THEO Smyrnaeus Expositio rerum mathematicarum. Ed. E.Hiller. Lpz. 1878.

VAN DER WAERDEN, B.L.: *Die Anfänge der Astronomie.* Groningen 1966.

VITRUV: *Zehn Bücher über Architektur.*Übers.C.Fensterbusch. Darmst.1964

VLASTOS, G.: "Equality and Justice in Early Greek Cosmologies." *Class. Phil.* 42, 1947.

WEHRLI :, F. (Ed.): *Die Schule des Aristoteles VIII. Eudemos von Rhodos.* Basel 1955.

Dr. Harald Boehme, FB Mathematik/Inform., Universität, 28334 Bremen

Rechenbücher für den *gemeinen man*

Aspekte der Entstehung und Festigung des Deutschen als Wissenschaftssprache und der Textsorte *Rechenbuch* in der Frühen Neuzeit

Barbara Gärtner

Die ersten Rechenbücher in deutscher Sprache entstehen am Ende des 15. Jahrhunderts, ihre Blütezeit ist das 16. Jahrhundert, eine Zeit, die man gemeinhin als *Ausgehendes Mittelalter* oder *Frühe Neuzeit* bezeichnet. Geprägt wird sie von der Ablösung der Scholastik des Mittelalters durch ein neues Menschenbild und ein neues Naturverständnis, wie es sich in den Erzeugnissen der Renaissance oder des Humanismus niederschlägt. Dazu ist auch die gegenseitige Beeinflussung von gelehrtem Wissen, *ars* oder *kunst*, wie es an Schulen oder Universitäten in lateinischer Sprache vermittelt wurde, und dem mündlich - und damit auf deutsch - tradierten Wissen, *brauch*, der Praktiker zu zählen.

Diese Zeit ist aber auch geprägt durch die Ausbildung neuer politisch und wirtschaftlich einflußreicher Schichten wie z. B. den Bürgern in den entstehenden Städten oder den weitreisenden Kaufleuten. Verwaltung der Städte, Ausweitung des Handels u.v.m. fördern nun einen Prozeß, der in der Sprachgeschichtsschreibung *Verschriftlichung des Lebens*[1] genannt wird: Was früher mündlich weitergegeben oder gar nicht besprochen werden mußte, wird nun schriftlich in Texten festgehalten. Diese Texte richteten sich nicht an den lateinisch geschulten Gelehrten, sondern an den *gemeinen man*[2], der der in der Wissenschaft bisher allein gültigen Sprache Latein nicht mächtig und daher der Vermittlung von Informationen jeglicher Art auf Deutsch, also in der *Volkssprache* bedürftig war.

Abbildung 1 vermittelt an beispielhaft ausgewählten Texten einen Eindruck, welche Art von Texten im 15./16. Jh. auf Deutsch geschrieben wurden; dabei sind die einzelnen Texte in Gruppen, in sogenannte *Textsorten*[3] zusammengefaßt.

---

[1] Zu diesem Prozeß s. Hartweg/Wegera 1989, die Seiten 49-91, besonders 84.

[2] *gemein* bezeichnet hierbei keinerlei soziale oder geistige Qualität, sondern dient der Kennzeichnung des Unterschieds zum Lateingelehrten oder Kleriker.

[3] Textsorten sind Gruppen von Texten, die sich in einer Reihe bestimmter Merkmale ähneln und so von Texten anderer Textsorten mit anderen Merkmalen unterscheiden. Ein

Sozial bindende Texte Goldene Bulle (1356/1485);
St. Joachimsthaler Bergordnung (1548/1616)

Legitimierende Texte Götz von Berlichingen: Lebensbeschreibung (1562);
Martin Luther: Ursachen des Dolmetschens (1531)

Dokumentierende Texte Egerer Urgichtenbuch (1543-1579);
Albrecht Dürer: Familienchronik (1524)

Belehrende Texte Sebastian Brant: Narrenschiff (1494);
Heidelberger Katechismus (1563)

Erbauende Texte Martin Luther: Septembertestament (1522);
Johann Leisentrit: Geistliche Lieder (1567)

Unterhaltende Texte Till Eulenspiegel (1510);
Hans Sachs: Meistergesang (16. Jh.)

Agitierende Texte Thomas Murner: An den Adel deutscher Nation (1520);
Die 12 Artikel der Bauern (1525)

Informierende Texte Konrad von Megenberg: Deutsche Sphaera (14. Jh.);
Gart der Gesundheit (1485); Sebastian Münster: Kosmographie (1544);
Georg Agricola: Zwölf Bücher vom Bergwerk (1556);
Hans Staden: Wahrhafte Historia und Beschreibung eyner Landtschafft
[...] in der Newenwelt America gelegen (1557)

Anleitende Texte Meister Albrant: Roßarznei (13. Jh./1442);
Küchenmeisterei (1485); Philipp von Seldeneck: Kriegsbuch (1485);
Adam Ries: Rechenbuch (1522); Alchimie und Bergwerk (1534);
Johann Helias Meichßner: Handbüchlein (1538)

Abbildung 1: Textsorten im Frühneuhochdeutschen.

Die beiden Textsorten *informierende und anleitende Texte* werden in der germanistischen Forschung auch unter der Bezeichnung *Fachprosa* zusammengefaßt. Hier finden sich sowohl die Texte zu den Themengebieten des

mögliches Unterscheidungskriterium ist z. B. die äußere Form der Texte, wie sie der Einteilung in Poesie und Prosa in der Literaturwissenschaft zugrundeliegt. Bei der hier vorgestellten Einteilung des frühneuhochdeutschen Textspektrums nach dem *Frühneuhochdeutschen Lesebuch* (Reichmann/Wegera 1988) - in diesem sind auch die meisten der in der Liste erwähnten Texte in Ausschnitten abgedruckt - diente die Intention des Textverfassers (s. u.) als Kriterium der Textsorteneinteilung.

Quadriviums - Arithmetik, Geometrie, Musik und Astronomie - als auch Texte, die das zuvor mündlich tradierte Wissen der Praktiker vermitteln.

Die Texte einer Textsorte unterscheiden sich von denen einer anderen natürlich im Thema, aber auch in bezug auf den Verfasser, den Adressaten, die Intention usw., was sich alles in der sprachlichen Gestaltung der Texte selbst niederschlägt. Das auffälligste Merkmal - die Verwendung der deutschen Sprache - wurde schon mehrfach erwähnt. Welche weiteren (sprachlichen) Eigenheiten speziell Rechenbücher als Gattung der anleitenden Textsorte kennzeichnen, läßt die Analyse einiger Texte erkennen.

1. Linguistischer Analyseansatz

Grundlegend für die folgenden sprachwissenschaftlichen Untersuchungen ist ein pragmatischer Ansatz; hierbei versteht man Sprechen und Schreiben als eine spezielle Art einer Handlung zwischen Menschen, nämlich als *Kommunikation*. Diese ist durch zahlreiche Faktoren auch außersprachlicher Art, die die Handlungssituation als Ganzes prägen, bestimmt (s. Abb. 2)[4].

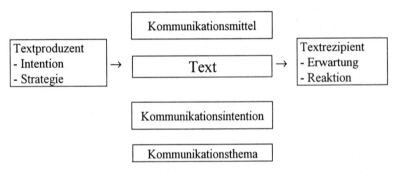

Abbildung 2: Kommunikationsmodell

---

[4] Abbildung 2 zeigt eine modifizierte Fassung des Kommunikationsmodells von Hoffmann 1985, 232/3.

Textproduzent Der Autor oder Verfasser des Textes, seine Bildung und sein fachliches Wissen, sein sozialer Status und sein Beruf, sein Alter. Autoren von Rechenbüchern waren nicht ausschließlich Rechenmeister, sondern in vielen Fällen auch an der Universität ausgebildete Gelehrte, die ihren Lebensunterhalt aber auch durch Unterrichtstätigkeit an verschiedenen Schulen oder in öffentlichen Ämtern verdienten. Abhängig von der Intention des Textproduzenten und seiner Einschätzung der Situation entwickelte er eine Strategie der Umsetzung der zu vermittelnden mathematischen Kenntnisse in einen schriftlichen Text.

Textrezipient Der Textadressat und der Textrezipient, seine Bildung, sein sozialer Status, sein Alter und seine Erwartung an den Text, wichtig ist hier auch die Anzahl der angesprochenen Personen. Die ersten Rechenbücher wandten sich an den *gemeinen man*, etwa an Kaufleute oder andere Menschen, die Rechenkenntnisse für ihre Berufsausübung brauchten. Ab dem 16. Jh. bestand der Rezipientenkreis aber mehr und mehr aus Schülern, d. h. Kindern.

Kommunikationsgegenstand Das Thema des Textes ist bei Rechenbüchern generell eine Einführung in die Grundrechenarten mit dem Rechenbrett oder mit den indisch-arabischen Ziffern, die an einer Sammlung von Aufgaben eingeübt werden. Als mathematisches Thema unterscheidet es sich z. B. von Kochrezepten durch eine gewisse Strukturiertheit und Vorgabe der Abfolge der einzelnen Teilthemata.[5] Der Autor kann diese Struktur in seinem Text deutlich werden lassen, er kann sie aber auch, wenn für ihn andere Ziele im Vordergrund stehen, absichtlich verhüllen. Erkennen läßt sich dies an der *thematischen Entfaltung* auf der thematischen Ebene des Textes.

Kommunikationsintention Die Absicht, die der Autor mit seinem Text verfolgt. Mit Flugblättern oder Aufrufen kann er an den Leser appellieren (*agitierende Texte*), in Gebeten oder geistlichen Traktaten den Leser erbauen (*erbauende Texte*). Bei den Rechenbüchern steht *informieren* und *anleiten* im Vordergrund, was durch eine Analyse der *Sprachhandlungen* auf der pragmatischen Ebene des Textes bestätigt wird.

Kommunikationsmittel Der Autor kann aus den vorhandenen sprachlichen Mitteln diejenigen auswählen, die ihm dem Thema angemessen und für

---

[5] Es wäre z. B. nicht sinnvoll, Bruchrechnung vor der Erläuterung des Rechnens mit ganzen Zahlen zu behandeln.

die Intention geeignet erscheinen. Hier werden auf der grammatischen Ebene des Textes innersprachliche Faktoren betrachtet wie die Bevorzugung bestimmter Verbformen (2. Pers. Imperativ) oder der Verwendung von Bildern und Zeichen (Zahlen, Symbole). Bei dieser Ebene ist stets zu bedenken, daß viele Textsorten in der Frühen Neuzeit in der deutschen Sprache erst entstehen. Es gibt somit noch keine Muster oder Vorbilder, wie sie im Lateinischen vorhanden sind: Die sprachlichen Mittel müssen im Gegenteil erst vorbereitet oder gar neu geschaffen werden. Besonders gut läßt sich dies sicherlich im Bereich des Wortschatzes erkennen.

Diese außersprachlichen Faktoren müssen bei der Analyse von Texten grundsätzlich berücksichtigt werden.[6] Wie die Untersuchung der Texte im einzelnen durchgeführt werden kann und welche Ergebnisse für die Sprach- und die Mathematikgeschichte dabei zu gewinnen sind, sei an zwei vergleichenden Beispielen gezeigt.

2. Aufbau von Rechenbüchern der Frühen Neuzeit

2.1 Das Bamberger Rechenbuch 1483

Das erste umfangreiche gedruckte Rechenbuch in deutscher Sprache ist das sogenannte *Bamberger Rechenbuch 1483*; Verfasser desselben ist mit großer Wahrscheinlichkeit der Nürnberger Rechenmeister ULRICH WAGNER (1430-1490).[7] Dieses Buch im Oktavformat lehrt auf über 150 Seiten in 21 Kapiteln das Rechnen mit den indisch-arabischen Ziffern und übt dies an Aufgaben aus dem Kaufmannsalltag ein. Abbildung 3 zeigt den Aufbau des Buches und den Inhalt der einzelnen Kapitel.[8]

---

[6] Die folgenden Analysen und Ergebnisse sind Teil meiner Dissertation: Edition und sprachwissenschaftliche Untersuchung des Rechenbuchs von Johannes Widmann (1489). Da diese Arbeit aus einem Studium der Germanistik und der Mathematik entstand, ist sie interdisziplinär zwischen diesen beiden Fächern anzusiedeln, d. h. neben den sprachwissenschaftlichen werden in hohem Maße auch mathematikgeschichtliche und didaktische Bereiche angesprochen.

[7] Zu diesen Fragen s. die Schriften von Schröder 1988 und 1966.

[8] Die Kapitelzählung ist aus dem Original übernommen, die Überschrift ist modern, die Seitenzahlen sind die des Nachdrucks von Schröder 1988.

Nr.	Inhalt	Seite
	Register	7
1	Vorrede, Numerieren	13
2	Addieren von ganzen Zahlen	17
3	Subtrahieren	19
4	Multiplizieren	23
5	Dividieren (Progredieren)	28
6	Multiplizieren von Brüchen	33
7	Addieren	35
8	Subtrahieren	37
9	Dividieren	39
10	Dreisatzaufgaben	42
11	Wechselaufgaben	57
12	Mischungs-, Gewinnaufgaben	59
13	Gesellschafts-, Teilungsaufgaben	63
14	Tolletrechnung	87
15	Stichrechnung	92
16	Aufgaben	102
17	Maßumrechnungen	115
18	Umrechentabellen	123
19	Goldrechnung	125
20	Goldrechnung	143
21	Silberrechnung	145

Abbildung 3: ULRICH WAGNER: Bamberger Rechenbuch 1483.

Deutlich erkennbar ist die Aufteilung des Buches in einen ersten Teil, in dem die Grundrechenarten eingeführt werden (Kapitel 1-9), und einen zweiten Teil mit Aufgaben (Kapitel 10-21). Die Einführung in das Rechnen - hier mit den indisch-arabischen Ziffern - beginnt mit einer Anleitung zur Darstellung von Zahlen mit eben diesen Ziffern, der *Numeratio*, denn in der Praxis war bisher vorwiegend mit den römischen Zahlen auf dem Abakus bzw. dem

Rechenbrett gerechnet worden. Zweimal werden daraufhin die vier Grundrechenarten Addition, Subtraktion, Multiplikation und Division erläutert,
nämlich mit ganzen Zahlen und mit Bruchzahlen, wobei bei den Bruchzahlen
aus didaktischen Gründen mit der Multiplikation begonnen wird: Diese ist
einfacher als die Addition, die die Bildung eines Hauptnenners erfordert. Die
vom Thema strukturell vorgegebene Abfolge wird also unter Aufgabe der
Analogie variiert.

Die Aufgaben sind zum einen nach bestimmten in der Praxis auftretenden
Problemarten geordnet wie Wechsel oder Mischung, zum anderen nach der
Ware selbst, etwa die Aufgaben zur Gold- und Silberrechnung. Auch im
Kapitel zur *Regel de Tri*, dem Dreisatz, werden für die Aufgaben bzw. Pro-
bleme handelstypische Waren verwendet: bei dem einfachen Dreisatz Pfef-
fersäcke, bei der Mischungsregel Nelken hoher und geringer Qualität.

Das *Bamberger Rechenbuch 1483* ist eine frühes, aber typisches Beispiel
der *Textsorte Rechenbuch*: Der Inhalt ist die Einführung in die Grundrechenarten auf den Linien, d.h. mit dem Rechenbrett, oder mit der Feder, d.h.
mit den indisch-arabischen Ziffern. In einem zweiten Teil wird das Rechnen
an zahlreichen Aufgaben eingeübt, die vielfach lange Traditionen besitzen
und sich in den einzelnen Lehrtexten nur in den Zahlangaben unterscheiden.
Adressat war in unterschiedlicher Gewichtung der (angehende) Kaufmann
oder der Schüler einer Rechenschule; mögliche Benutzungsituationen waren
das Selbststudium - so wird es oft in den Vorreden der Bücher formuliert
wie auch im *Bamberger Rechenbuch 1483*: *ein iglicher [...] mag an alle*
vnter weysung von im selbs solichs gelernen (7/8) -, die Verwendung des
Rechenbuchs als Unterrichtsgrundlage oder Schülerbuch im Unterricht und
zum Nachschlagen bei fraglichen Fällen im Kaufmannskontor.

2.2 Behende vnd hubsche Rechenung auff allen kauffmannschafften (1489)
von Johannes Widmann

Deutlich anders ist das Rechenbuch von JOHANNES WIDMANN strukturiert.
Um 1460 in Eger geboren studierte JOHANNES WIDMANN[9] an der Universität
Leipzig; er kannte also das, was an mathematischem Wissen in lateinischen
Texten an Universitäten überliefert und verbreitet wurde. Zusätzlich bezog
er aber Informationen aus lateinischen und deutschen Texten und Hand-

---

[9] Zu Johannes Widmann s. die zahlreichen Schriften Kaunzners, zuletzt 1996.

Nr.	Inhalt	Seite
	Vorrede	a 2r
	Inhaltsangabe	a 4r
I.	Rechnen mit ind.-arab. Ziffern	a 8r
I.1.	Rechnen mit ganzen Zahlen	
I.1.1.	Numerieren	
I.1.2.	Addieren	b 1v
I.1.3.	Subtrahieren	b 3v
I.1.4.	Duplieren	b 5r
I.1.5.	Medieren	b 6r
I.1.6.	Multiplizieren	b 7v
I.1.7.	Dividieren	c 7r
I.1.8.	Progredieren	d 3r
I.1.9.	Radizieren	d 5r
I.2.	Rechnen mit Brüchen	e 6r
	...	
I.3.	Tolletrechnung	f 5r
II.	Rechnen mit bezeichneten Zahlen	f 8v
II.1.	Zahlensuchaufgaben	
II.2.	Proportionen	g 7v
II.3.	Aufgaben	k 1r
II.3.1.	Regula de Tri	k 1v
II.3.2.	Regula inventionis	l 3r
	...	
III.	Geometrie	C 2v

Abbildung 4:

JOHANNES WIDMANN: Behende und hubsche Rechenung. Leipzig 1489.

schriften,[10] denn 1486 hielt er an der Universität Leipzig eine Vorlesung über Algebra,[11] wohl die erste dieser Art in Deutschland. Sechs Traktate mathematischen Inhalts in lateinischer Sprache, die um 1490 in Leipzig erschienen, können ihm wohl ebenfalls zugeschrieben werden.[12] Alle diese Texte zeigen, daß WIDMANN mathematisch auf der Höhe seiner Zeit war. 1489 erschien sein Rechenbuch in Leipzig, nach 1500 verlieren sich seine Spuren in Annaberg im Erzgebirge.

WIDMANN gliedert sein Buch in drei Teile (s. Abbildung 4)[13]: in das Rechnen mit den indisch-arabischen Ziffern, in das Rechnen mit bezeichneten Zahlen, also Zahlen mit Maßangaben und in eine Geometrie.[14] Dieses Dreierprinzip prägt den gesamten Aufbau des Buchs; Teil 1 ist z. B. weiter unterteilt in das Rechnen mit ganzen Zahlen, mit Bruchzahlen und die Tolletrechnung. Jeder dieser Teile ist wieder dreigeteilt usw. bis zu einer Teilung auf der 6. Stufe. Diese starke Strukturierung des Inhalts bringt auch die Struktur des Hauptthemas zur Geltung: Die Grundrechenarten - hier die erweiterte Reihe - werden in gleicher Abfolge mehrmals wiederholt (ganze Zahlen, Bruchzahlen, Zahlensuchaufgaben, Proportionen usw.); Widmann macht sogar auf Analogien z. B. zwischen Bruchzahlen und Proportionen aufmerksam (i 1v). Bei ihm rückt also der zugrundeliegende mathematische Sachverhalt in den Vordergrund der Darstellung. Auch in der Anordnung der Aufgaben wird dies deutlich, da diese nicht nach Waren oder nach Problemarten, sondern nach der zur Lösung geeignetsten Regel geordnet sind wie Regula de Tri, Regula inventionis usw.

Diese Anordnung war von JOHANNES WIDMANN intendiert, diese wissenschaftlich-systematische Entfaltung des Themas wurde bewußt angestrebt. Dies kann mit Sicherheit behauptet werden, da das vorher besprochene *Bamberger Rechenbuch 1483* so gut wie vollständig in sein Rechenbuch

---

[10] Etwa aus der Handschrift Dresden, Sächsische Landesbibliothek, C 80; s. dazu Kaunzner 1996, 44 - 6.

[11] Überliefert in Leipzig, Universitätsbibliothek, MS 1470, f. 479r-493v.

[12] S. die Ausführungen von Wappler 1890.

[13] In diesem Schema stammen Überschriften und Kapitelzählung von der Autorin, wobei allerdings von Angaben aus dem Original ausgegangen wurde; rechts stehen die Bogenangaben.

[14] Geometrieeinführungen zählen eigentlich nicht zu den Themengebieten eines Rechenbuchs, Widmann geht hier über den Standardstoff hinaus.

eingegangen ist, viele Stellen finden sich sogar wörtlich wieder,[15] allerdings in erweiterter und eben anders angeordneter Form (s. Abbildung 5).

Bamberger Rechenbuch 1482 (19/20)	J. WIDMANN: 1489 (b 3v/4r)
Subtrahiren. Das. 3. capitel	Subtrahiren
Hie nach will ich dich leren Subtrahiren das heist abziehen So man ein zal nimpt von der andern das du sehest wieuil des vbrigen sey vnd merck das die zal von der du zihen wilde sol alle mal grösser sein vnd das merck bey den leczten figuren vnd heb an der ersten an vnd nym die vnttern von dern ôberen vnd magstu die genemen so schreib das vbrig vnden. Ist aber die vntter grösser das die ober so leyh der vnttern biß auff zehen vnd was du der selben leyhest das selb gib zu der ôbern figur von der du nicht magst vnd schreib das nyden vnd merck eben wenn du also zehen gemacht hast so gib eins zu der nechsten vnttern figur darnach stete vnd zeuch aber die vnttern von der ôberen So lang biß du die vnttern figur alle von der oberen abgezogen hast.	Hye nach nach wil ich dich lernen subtrahiren das heyst ab zihen So man eyn zal nympt von der andernn dastu sehest wie vil deß vberigen seyn vnd merck daß die zal von der du zihen wild ßol almol grosser seyn vnd daß merck pey den leczten figuren: vnd heb an der ersten an. vnd nym die vnternn von der obernn. vnd magstu die genemen ßo schreyb das vberig vnden Ist aber die vnter grosszer dan die ober ßo leych der vntern pyß auff zehen: vnd waß du den selben leyhest das gieb zu der obernn figur vonn der du nicht <u>ab zihen ader nemen</u> magst vnd schreib daß <u>auß solchen addiren entspringt</u> niden Und <u>da pey</u> merck gar eben wen du also zehen gemacht hast. ßo gieb eyns zu der nechsten vnternn figur die darnach stet <u>gegen der lincken hant</u>: Und zeuch aber die vnternn von der obernn ßo lang pistu dy vntern figur alle von den obgeschriben <u>subtrahirt ader</u> ab gezogen hast:

Abbildung 5: Vergleich eines Textabschnitts des *Bamberger Rechenbuchs 1483* mit der Formulierung bei J. WIDMANN, unterstrichen sind die Veränderungen.

Nach Titel und Vorrede (*eyn ytlicher auch mitteler vernunfft*, a 3r) wollte auch WIDMANN ein Buch für den *gemeinen man* und für *alle kauffmanschafft* verfassen; die Wahl der Volkssprache spricht ebenfalls für diese Intention. Er vermittelt aber nicht nur rezeptartige Lösungswege für rechneri-

---

[15] Für eine detaillierte Gegenüberstellung der beiden Rechenbücher s. die Dissertation.

sche Problemfälle aus dem Alltag, sondern er gibt mit seinem Rechenbuch eine Einführung in alle die Teile der Mathematik, die er für grundlegend für das Fach hält. Das Rechenbuch von JOHANNES WIDMANN bildet somit einen Randfall der Textsorte *Rechenbuch*.

3. Sprachliche Gestaltung

Eine Analyse und der Vergleich von Rechenbüchern schließt eine Analyse der in ihnen gebrauchten Sprache mit ein, d.h. die Untersuchung des pragmatischen und thematischen Aufbaus der einzelnen Textabschnitte sowie der Auswahl der sprachlichen Mittel wie Verbformen oder Fachwörter. Dies soll im Vergleich der Abschnitte über die Addition natürlicher Zahlen aus dem Rechenbuch von JOHANNES WIDMANN und dem *2. Rechenbuch* von ADAM RIES veranschaulicht werden.

3.1 Johannes Widmann

Additio

Nu soltu wisszen das addiren heyst zcu sammen geben eyn zal zcu der andern das eyn sum dar auß werde. Und auß solichen addiren kumpt das man mit eyner figur geschreyben mag ader mit zweyen. kumpt eyne. die schreib nyden vnder die lini kummen ader zwu szo schreyb die erste vnd behalt die ander in dem sinne. vnd gieb sy zu der nechsten figur darnach gegen der lincken hant vnd thu aber alß vor

[3 Beispele, 3 Proben: Umkehroperation, Neunerprobe, Siebenerprobe]

Abbildung 6: JOHANNES WIDMANN: Behende vnd hubsche Rechenung.
Leipzig 1489, b 1v–b 3r.

Der Textabschnitt in Abbildung 6 ist das zweite Kapitel im Rechenbuch Widmanns überhaupt und steht direkt hinter der Einführung der indisch-arabischen Ziffern, dem Numerieren. Deutlich erkennbar ist die Weiterführung des Prinzips der Dreiteilung: Das ganze Kapitel ist in die drei Teile Anleitung, Beispiel und Probe geteilt; jeder dieser Teile läßt sich wieder teilen, zu erkennen bei den drei Beispielen und den drei Proben. Zusammengehalten wird das Kapitel durch das Thema, das auch die Überschrift bildet:

Additio.[16] Auf dieser thematischen Ebene lassen sich jedoch auch einige Stellen im Text ausfindig machen, die das Rechenbuch von WIDMANN bisweilen schwer verständlich machen. Die *sum* und die *lini* z. B., die von Widmann in diesem Textabschnitt wie etwas Bekanntes gebraucht werden, sind dem Leser vorher nicht erklärt worden. Zudem ist an der Stelle *Und auß solichen addiren* eine Lücke in der Beschreibung des Rechenvorgangs. Das erste *addiren* steht für die Addition zweier oder mehrerer Zahlen, das zweite *addiren* bezieht sich jedoch auf die Addition der zwei (oder mehr) Ziffern der zu addierenden Zahlen, die bei der Untereinanderschreibung dieser Zahlen untereinander zu stehen kommen, also auf einen Teilrechenschritt der Addition, des ersten *addiren*.

Unverständlichkeiten solcher Art finden sich im Rechenbuch WIDMANNs auch an anderen Stellen, was schon ADAM RIES zu der Aussage veranlaßte: *wie dasselbig [Buch] seltsam und wunderlich zusammengetragen und an wenig orten rechte unterweisung sei.*[17] Seine Rechenanleitung sei daher abschließend betrachtet.

3.2 Adam Ries

In seinem zweiten Rechenbuch *Rechenung auff der linihen vnd federn in zal / maß vnd gewicht* - Erstdruck Erfurt 1522 - übt ADAM RIES[18] die neu eingeführten indisch-arabischen Ziffern zuerst an dem den Leser bekannten Linienrechnen ein. Darauf folgt das Rechnen mit der Feder, das, wie gewohnt, mit der Addition beginnt.

Addirn.

[Lert z]aln in eyne summa zu brengen / thu im [also schreyb die] selbigen zaln welch du summirn wilt vndereinander die erstenn vnder die erste die andern vnder die ander / also hinfurt / darnach heb zu forderst an gen der rechten hand / summir zusamende ersten figurn / komet eyne zal die du mit eyner figur schreybenn magst / so setz sie gleych darunder / entspringt aber eyne mit zweyenn figurn / so schreyb die erste gleych darunnder / die ander behalt / darnach summir zusamenn die andern fi-

---

[16] Nicht weiter eingehen möchte ich hier auf Merkmale auf der grammatischen Ebene, wie die häufige Verwendung des Imperativ Singular: *schreib, behalt* oder die Schwierigkeiten mit der Einführung neuer Termini *addiren heist zusammengeben.*

[17] Kaunzner/Wussing: 1992, Coß 1.

[18] Zu Leben und weiterer Literatur s. das Faksimile des Erstdrucks von Deschauer 1991.

gurn gib dartzu das du behalten hast vnnd schreyb abermals die erst fi-
gur / wu zwu vorhanden / vnd / thu des gleychen hinfurt mit allen figurn /
piß ff die letzten / die schreyb gantz auß/ so hastu wieuil in eyner summa
koemet / als volgende exempel außeysen.

[3 Beispiele, Probe]

Abbildung 7: ADAM RIES: Rechenung auff der linihen vnd federn.
Erfurt 1522, A viijv.

Die Aufteilung des Kapitels, auch einzelne Formulierungen unterscheiden
sich nicht sehr von dem entsprechenden Kapitel aus dem Rechenbuch WID-
MANNS. Die thematischen Lücken im Rechenbuch WIDMANNs in der Vor-
gangsbeschreibung sind jedoch ergänzt. Auch gibt RIES an, wann die Wiederholung des Teilvorgangs - Addition der untereinanderstehenden Ziffern -
abzubrechen ist und wie dann zu verfahren ist.

Dieser Vergleich, der an anderen Abschnitten unter anderen Aspekten sich
fortführen läßt, dürfte verständlich gemacht haben, aus welchem Grund
ADAM RIES und nicht JOHANNES WIDMANN auch heute noch als Rechenleh-
rer des Volkes - nicht zuletzt in der Redewendung *das macht nach Adam
Ries* - präsent ist. Seine Rolle jedoch und die der anderen Verfasser von Rechenbüchern innerhalb der Fachprosa in deutscher Sprache überhaupt für die
Etablierung des Deutschen als Wissenschaftssprache sowie der Ausbildung
und Verbreitung einer deutschen Standardsprache wurde bisher zu wenig
beachtet und muß sicherlich neu bestimmt werden; für eine solche Aufgabe
können Analysen der vorgestellten Art die Untersuchungsgrundlagen leisten.

Literatur

DESCHAUER, STEFAN: Das 2. Rechenbuch von Adam Ries. Nachdruck der
    Erstausgabe Erfurt 1522 mit einer Kurzbiographie, biliographischen An-
    gaben und einer Übersicht über die Fachsprache. München 1991 (= Al-
    gorismus 5).

HARTWEG, FRÉDÉRIC, KLAUS-PETER WEGERA: Frühneuhochdeutsch. Eine
    Einführung in die deutsche Sprache des Spätmittelalters und der frühen
    Neuzeit. Tübingen 1989 (= Germanistische Arbeitshefte 33).

HOFFMANN, LOTHAR: Kommunikationsmittel Fachsprache - Eine Einfüh-
    rung. Tübingen 1985 (= Forum für Fachsprachenforschung 4).

KAUNZNER, WOLFGANG: Über Johannes Widmann von Eger. Ein Beitrag zur Geschichte der Rechenkunst im ausgehenden Mittelalter. Veröffentlichungen der Forschungsinstitute des Deutschen Museums für die Geschichte der Naturwissenschaften und der Technik. Serie C. Nr 7. München 1968.

KAUNZNER, WOLFGANG: Johannes Widmann, Cossist und Verfasser des ersten großen deutschen Rechenbuches. In: Rainer Gebhardt, Helmuth Albrecht (Hrsg.): Rechenmeister und Cossisten der frühen Neuzeit. Beiträge zum wissenschaftlichen Kolloquium am 21. September 1996 in Annaberg-Buchholz. Annaberg-Buchholz 1996 (= Schriften des Adam-Ries-Bundes Annaberg-Buchholz 7). S. 37-51.

KAUNZNER, WOLFGANG, HANS WUSSING (Hrsg.): Ries, Adam: Coss. Stuttgart, Leipzig 1992 (= Teubner Archiv zur Mathematik. Supplement 3).

POLENZ, PETER VON: Deutsche Sprachgeschichte vom Spätmittelalter bis zur Gegenwart. Band I: Einführung. Grundbegriffe. Deutsch in der frühbürgerlichen Zeit. Berlin/New York 1991 (= Sammlung Göschen 2237).

REICHMANN, OSKAR, KLAUS-PETER WEGERA (Hrsg.): Frühneuhochdeutsches Lesebuch. Tübingen 1988.

SCHRÖDER, EBERHARD (Hrsg.): Wagner, Ulrich: Das Bamberger Rechenbuch von 1483. Mit einem Nachwort von E. S. Weinheim 1988.

SCHRÖDER, EBERHARD: Ulrich Wagner, Autor des ersten gedruckten deutschsprachigen kaufmännischen Rechenbuches von 1483. In: Rainer Gebhardt, Helmuth Albrecht (Hrsg.): Rechenmeister und Cossisten der frühen Neuzeit. Beiträge zum wissenschaftlichen Kolloquium am 21. September 1996 in Annaberg-Buchholz. Annaberg-Buchholz 1996 (= Schriften des Adam-Ries-Bundes Annaberg-Buchholz 7). S. 29-36.

WAPPLER, EMIL: Beitrag zur Geschichte der Mathematik. In: Abhandlungen zur Geschichte der Mathematik 5 (1890) 147-169.

WIDMANN, JOHANNES: Behende vnd hubsche Rechenung auff allen kauffmanschafften. Leipzig 1489.

Wiss.Ass. Dr. Barbara Gärtner, Pädagogische Hochschule Karlsruhe, Postfach 4960, 76032 Karlsruhe

Johannes Widmann von Eger

Wolfgang Kaunzner

Zusammenfassung: Bereits vor der Mitte des 19. Jahrhunderts lenkte Moritz Wilhelm Drobisch die Aufmerksamkeit auf Johannes Widmann von Eger (um 1460 - nach 1500), der nach seiner Leipziger Zeit in St. Annaberg in Sachsen lebte. Johannes Widmann hielt 1486 in Leipzig die erste Vorlesung über Algebra an einer deutschen Universität, von ihm stammt das erste große deutsche Rechenbuch, ferner verfaßte er vermutlich etliche anonyme Algorithmen, d.h. Rechenanleitungen in den seinerzeit noch nicht allgemein bekannten indisch-arabischen Zahlzeichen.

JOHANNES WIDMANN wurde um 1460 geboren. Dies ergibt sich aus der Eintragung "IOHANNES WEIDEMAN DE EGRA" unter der bayerischen Nation im WS 1480 in der Matrikel der Universität Leipzig.[1] Bereits im SS 1482 wurde "IOHANNES DE EGRA" unter Magister IOHANNES DE WEYDENN Baccalaureus, im WS 1485 wurde er Magister.[2] Er schien vom Anfang an gezielt auf seinen Beruf loszusteuern.

Vor dem Jahre 1887 untersuchte HERMANN EMIL WAPPLER aus Zwickau die Handschrift C 80 der Sächsischen Landesbibliothek Dresden und fand dort Originaleintragungen von JOHANNES WIDMANN.[3] C 80 wurde trotz Auslagerung beim Bombenangriff auf Dresden im Feber 1945 durch Elbwasser stark beschädigt, so daß man seit damals in vielerlei Hinsicht bezüglich des Inhalts auf Wapplers Aufzeichnungen angewiesen ist.

Das derzeit bekannte Schaffen von JOHANNES WIDMANN läßt sich in *drei Teile* gliedern:

I.) In Kodex Dresden C 80, f. 349^v, wo er auf die Vorteile des Rechenkundigen und auf die göttliche Begabung eines personifizierten Algeber - diuini ingenij Algobre - hinweist, schreibt WIDMANN schließlich:

"...Quare hodie hora secunda post sermonem atque Baccalaureorum celebrata disputatione Magister Jo. W. De. Eg. Aporismata et Regulas

[1] Georg Erler: Die Matrikel der Universität Leipzig, Band 1, Leipzig 1895, S. 323.
[2] Erler (Anm. 1), Band 2, Leipzig 1897, S. 278 und 289.
[3] Hermann Emil Wappler: Zur Geschichte der deutschen Algebra im 15. Jahrhundert. Programm des Gymnasiums Zwickau, Zwickau 1887, S. 9f.

Algobre resumpturus pro hora atque loco conuenienti cum audeturis
<!> concordabit".[4] MAGISTER JOHANNES WIDMANN aus Eger wird also
heute um die zweite Stunde nach der Predigt und der feierlichen Dispu-
tation der Baccalauren versuchen, mit interessierten Studenten Stunde
und Örtlichkeit abzusprechen, um Aporismata, d.h.Textaufgaben bzw.
Grundlagen, und die Regeln der Algebra einzuüben.

In der Handschrift 1470 der Universitätsbibliothek Leipzig, f. 432[r], steht von
der Hand von VIRGILIUS WELLENDORFER aus Salzburg (15./16.Jh.):

"Concordia facta auditorum In 24 Regulis algabre, et ea, quae presup-
ponuntur, puta algorithmum In minucijs, In proporcionibus algorithmum, In additis et diminutis algorithmum, In surdis algorithmum, In
applicatis <algorithmum>, Ceteros denique ill<is> finitis algorithmos,
vt In datis, de duplici differencia, In probis, non oc<c>ultabit Magister
Johannes de Egra Cras circa horam 6[tam] et cetera post domici <?> 2[a]
feria."[5] Demnach wurde Übereinstimmung dahingehend erzielt, daß
Magister JOHANNES VON EGER über die 24 Regeln der Algebra und die,
die zur Einführung vorausgehen, nämlich der Algorithmus der Brüche
usw., morgen um die sechste Stunde vortragen werde.

Durch JOHANNES WIDMANN und zu seiner Zeit wurde erkannt, daß Algebra
nur dann übersichtlich gelehrt werden kann, wenn sie in eine symbolische
Form gebracht wird. Im deutschen Sprachgebiet war damals sowohl der Inhalt der Gleichungslehre neu, als auch die zugehörige Symbolik. Es ist sein
großes Verdienst, daß er diesen Kanon von 24 Gleichungstypen (Abb. 1) als
die erste Algebravorlesung an einer deutschen Universität vortrug, wobei die
Potenzen der Unbekannten symbolisiert und Plus- und Minuszeichen verwendet wurden. Die hier angegebene Kombination stammte vermutlich nicht
allein von ihm, aber er sorgte für ihre Verbreitung. Dies besagt die Nach-
schrift zum genannten Traktat in Kodex 1470, f. 493[v]:

"Hec Liptzennsi In Studio Informata sunt a Magistro Johanne de Egra
Anno Salutis millesimo 486 In estate In habitacione sua Burse dram-
picz pro fl<orenis> duobus Qui faciunt 42 gr<ossos> argenteos."[6]

---

[4] Wappler (Anm. 3), S. 10.

[5] Hermann Emil Wappler: Zur Geschichte der Mathematik, in: Historisch-litte-rarische
Abteilung der Zeitschrift für Mathematik und Physik, Band 45, 1900, S. 7f.

[6] Maximilian Curtze: Eine Studienreise. Centralblatt für Bibliothekswesen, Jahrgang 16,
Heft 6 und 7, Juni- Juli 1899, S. 290; Wappler (Anm. 5), S. 7.

1) $bx = a$

2) $cx^2 = a$

3) $cx^2 = bx$

4) $cx^2 + bx = a; \ x = \sqrt{\left(\dfrac{b}{2c}\right)^2 + \dfrac{a}{c} - \dfrac{b}{2c}}$

5) $cx^2 + a = bx; \ x = \dfrac{b}{2c} \mp \sqrt{\left(\dfrac{b}{2c}\right)^2 - \dfrac{a}{c}}$

6) $cx^2 = bx + a; \ x = \sqrt{\left(\dfrac{b}{2c}\right)^2 + \dfrac{a}{c} + \dfrac{b}{2c}}$

7) $dx^3 = cx^2$

8) $dx^3 = bx$

9) $dx^3 = a$

10) $dx^3 + cx^2 = bx$

11) $dx^3 + bx = cx^2$

12) $dx^3 = cx^2 + bx$

13) $ex^4 = dx^3$

14) $ex^4 = cx^2$

15) $ex^4 = bx$

16) $ex^4 + dx^3 = cx^2$

17) $ex^4 + cx^2 = dx^3$

18) $ex^4 = dx^3 + cx^2$

19) $cx^2 = \sqrt{bx}$

20) $cx^2 = \sqrt{c_1 x^2}$

21) $ex^4 = a$

22) $ex^4 + cx^2 = a$

23) $ex^4 + a = cx^2$

24) $ex^4 = cx^2 + a$

Abb. 1: Die 24 von Johannes Widmann in seiner Vorlesung im SS 1486 in Leipzig behandelten Gleichungstypen

Diese Vorlesung, die auch sehr viele Zahlbeispiele umfaßt, wurde im SS 1486 in Leipzig in der Burse Drampitz abgehalten, und hierfür mußten zwei Gulden oder 42 Silbergroschen Hörgeld bezahlt werden, ein hoher Preis. Die angesprochene Abhandlung ging als die "Lateinische Algebra" oder als die "Leipziger Algebra" in die Geschichte der Mathematik ein. Es handelt sich um eine frühe systematisch aufgebaute symbolische algebraische Gleichungslehre. In fünf Handschriften - Dresden C 80, Leipzig 1470, München Clm 26639, Wien 5277 und Dresden C 80^m - sind zumindest Teile dieser Algebra noch vorhanden. Sie wurde also handschriftlich verbreitet, und die von JOHANNES WIDMANN verwendeten Zeichen für die Konstante und für die Potenzen der Unbekannten (unser x^0, x, x^2, x^3 usw., s. Abb. 2) hielten sich an die 200 Jahre lang; auch JOHANNES KEPLER (1571 - 1630) bediente sich 125 Jahre später noch dieser Symbole.

Mit dieser Verkürzung des Rechengangs hatte man die Voraussetzung dafür geschaffen, daß die Lehre von den algebraischen Gleichungen in moderner übersichtlicher Schreibweise nach gut 600jähriger Stagnation - seit dem

Abb 2: Eine Übungsseite zu Johannes Widmanns Algebra, aufgezeichnet in Kodex 1470 der Universitätsbibliothek Leipzig, f. 464ᵛ. Die Symbole für die steigenden Potenzen der Unbekannten mit den Namen dragma (für Konstante), res, census, cubus usw. erkennt man unten über der (drittletzten) Zahlenreihe mit den Zweierpotenzen $1(=2^0)$, 2, 4, 8, 16 bis 512.

neunten Jahrhundert - in die einzelnen mathematischen Fachgebiete eindringen konnte, so daß z.b. hierdurch auch die Voraussetzungen für den Formalismus der Infinitesimalrechnung knapp 200 Jahre später vorlagen. Als Folge dieser Symbolisierung entwickelte sich - großenteils bereits unter JOHANNES WIDMANN - eine eigene Rechnung mit Potenzen;[7] diese wurde im 16. Jahrhundert weiterentwickelt, z.b. durch HEINRICH SCHREYBER aus Erfurt (vor 1496 - Winter 1525/1526), und sie wurde im 17. Jahrhundert eine Vorstufe zur Begründung der Logarithmenrechnung.

Direkte Quellen von JOHANNES WIDMANN waren, auch aufgrund der verwendeten Fachwörter, italienische oder gar arabische Handschriften.

---

[7] Siehe Abb. 2.

II.) Man hatte Übereinstimmung dahingehend erzielt - *Concordia facta auditorum* -, daß Magister JOHANNES WIDMANN über die Regeln vortragen werde, die der eigentlichen Gleichungslehre vorangehen: Der Algorithmus der Brüche, der Algorithmus der Proportionen, der Algorithmus de additis et diminutis, der Algorithmus de surdis (das sind Wurzelrechnungen), der Algorithmus de datis, der Algorithmus in probis, und einige andere. Die hier aufgeführten Algorithmen, also Rechenvorschriften für den Umgang mit unseren heutigen Ziffern, lagen bis dahin nur handschriftlich vor. Hier tritt JOHANNES WIDMANN offensichtlich als derjenige auf, der diese Texte mit seinen Studenten in einer Vorlesung behandelte und einige hiervon im Druck zu verbreiten suchte.

Auf dem Vorsetzblatt von Kodex C 80 kündigt er eine Einführung ins Linienrechnen an:

"Satis persuasum Vobis esse arbitror Ingenui adolescentes maximam utilitatem atque com<m>oditatem in omni mortalium usu prestare periciam Arithmetice tum illam eius partem maxime quam nostri regulas proiectilium Vocant A presto <!> illo Apuleio peritissimo in omni doctrina Viro traditam. punctis primum in puluere intra linearum interualla constitutis Deinde lapillis calculisque quibusdam minutis ex arena maris sublatis. a quo huius artis exercitatio Calculatio appellata est A posteris demum quorum curiosius ingenium fuit proiectilibus eneis que pars eo preclarior habita est quia facilior et ad cuiusque ingenium ac<c>om<m>odatior adeo eciam ut illi quibus nulla litteratura est non mediocriter periti ex illa euadere possint tum eciam quia manifestior et ad sensum euidentior uidetur Cuius Magister Jo.W.de Eg

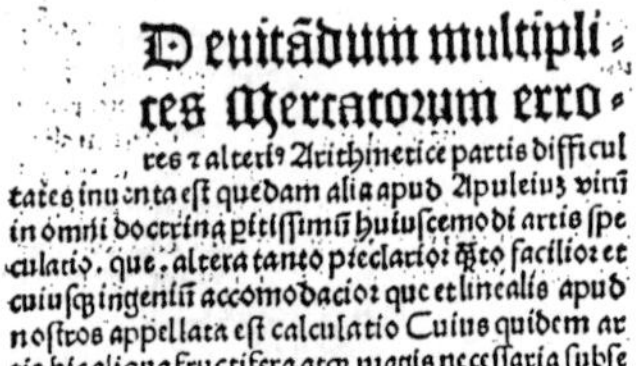
Deuitādum multipli-
ces Mercatorum erro-
res & alterius Arithmetice partis difficul
tates inuenta est quedam alia apud Apuleium viri
in omni doctrina peritissimi huiuscemodi artis spe
culatio. que. altera tanto preclarior quanto facilior et
cuiusque ingenii accomodacior que et linealis apud
nostros appellata est calculatio Cuius quidem ar
tis hic aliqua fructifera atque magis necessaria subse
quuntur documenta. & adeo quidē ut et illi quibus
nulla litteratura est. non mediocriter periti ex illa
euadere possunt. priusque tamen illa que tantam in
mercantia atque ex altera arithmetice parte ponunt ne
cessitatem Aliqua pro istorum manuductione atque
fundamentali subsequentium introductione prelibā-
da sunt principia: quoniā artificiali proiectilium
volēs coputare subtilitate necesse ē. ut numerū. li
neas et linearū spacia diligenti studio cognoscat. ut
numerum scilicet lineis spaciisque impositum resol-
uere sciat. releuare quoque. et vnū alteri addere vel
ab alio subtrahere. Duplare quoque et mediare. Insup
etiam vnū per alium multiplicare aut diuidere Et
postremo cuiuslibet progressionis terminorū compendiose inuenire summā. Radicum denique tam qua-
dratorum quam cubicorū extractionē non ignorat. Et
iterum priusquam de illis numerorū speciebus. speci
alis fiat mentio Alique generales notande sunt re-
gule Quarū prima talis est. lineis quatuor aut plu
ribus subalternatim positis. spaciisque sufficienter
atque equalibus. quantum possibile est. interceptis.
vna per mediū vel plures si necesse fuerit. equaliter
A ij

Abb. 3: Erste Seite aus dem anonymen "Algorithmus Linealis", gedruckt 1495 in Leipzig durch Martin Landsberg

hodie hora quarta Regulas quasdam Mercatorum dictas ad lineas cum proiectilibus applicatas resumere incipiet adeo quidem utiles ut qui has plene norit nihil opus sit ut alias artis regulas requirat."[8]

So dürfte ein anonymer "Algorithmus Linealis" (Abb. 3), der der Drucker-marke nach 1495 bei MARTIN LANDSBERG in Leipzig erschien und so ähn-lich wie die zitierte Textstelle eingeleitet ist, JOHANNES WIDMANN zum Verfasser haben.[9]

Ebenso dürften die im nämlichen Format ohne weitere Angaben herausge-kommenen undatierten anonymen[10] "Algorithmus Integrorum Cum Probis annexis", die Grundrechenarten in ganzen Zahlen; "Algorithmus Minutiarum Vulgarium", Grundrechenarten in Brüchen; "Algorithmus Minutiarum Phisi-carum", Lehre von den Sechzigerbrüchen; "Tractatus Proportionum plusqu-am Aureus", Lehre von den Proportionen; "Regula Falsi apud Philozophan-tes Augmenti et Decrementi appellata", das ist der einfache bzw. der doppel-te falsche Ansatz, den man vor der Algebra heranzog, um Gleichungen er-

---

[8] Wappler (Anm. 3), S. 9.

[9] Wappler (Anm. 3), S. 9 mit Fußn. 1, verweist auf : Conradi Wimpinae A.M. et Prof. quondam Lipsiensis scriptorum insignium, qui in celeberrimis praesertim Lipsiensi, Wittenbergensi, Francofurdiana ad Viadrum Academiis, a fundatione ipsarum usque ad annum Christi MDXV floruerunt, Centuria, quondam ab J.J. Madero Hannoverano edita, ex mspto autographo emendata, completa, annotationibusque brevibus ornata, luci publicae tradita a J.Fr.L.Theod. Merzdorf, Lipsiensi, Leipzig 1839; dort heißt es auf S. 50: „XXXIX. Johannes Wideman, natione Noricus, patria Egrensis, disciplina Lipzensis, vir in Mathematicis habunde eruditus. Qui capessis in Philosophia et liberali-bus artibus insigniis, cum multa admodum in mathematica, et potissime in arithmeticae speciebus in studio Lipzensi, non sine auditorum summo applausu, aliquot annis volvis-set, et membranae commendandum vulgavisset, tandem alio concedens, exquisita in-genii sui clara indicia reliquit, quibus nomen suum digne posteris memorandum mand-avit. Ex quibus superextant vulgoque impressa venduntur: Algorithmi etc. videlicet:
Integrorum cum probis. lib. I. Quoniam omnia quaecunque.
Minutiarum vulgarium. lib. I. Quoniam autem ut Campanus dicit.
Minutiarum Physicarum. lib. I. Quanquam de minutiarum vulgarium.
Proportionum plusquam aureum. libb. V. Quoniam autem maximam.
Algorithmi lineales. lib. I. Ad evitandum multiplices.
Man sehe ferner Hermann Emil Wappler: Beitrag zur Geschichte der Mathematik, in: Zeitschrift für Mathematik und Physik, Supplement zur hist.-lit. Abteilung, Jahrgang 34, 1890, S. 152.

[10] Wappler (Anm. 9), S. 167.

sten Grades zu lösen, aus der Feder von JOHANNES WIDMANN stammen.[11] Er hatte nämlich auch auf diese eben aufgeführten Schriften in zwei Notizen in Kodex Dresden C 80, am Vorsetzblatt und auf f. 349^v, verwiesen,[12] und sehr ähnlich verlaufende handschriftliche Aufzeichnungen im nämlichen Manuskript hinterlassen bzw. vorausgeschickt.[13]

Wie gesagt, alle diese Drucke erschienen anonym, alle im gleichen Format, und zu allen gibt es großenteils übereinstimmende Textstellen in Kodex C 80, wo sie JOHANNES WIDMANN zum Verfasser haben.

Quellen hiervon sind überlieferte Rechenanleitungen in indisch-arabischen Zahlen, also Algorithmen.

III.) Im Jahre 1489 erschien in Leipzig aus der Feder von JOHANNES WIDMANN das erste große deutsche Rechenbuch "Behende vnd hubsche Rechenung auff allen kauffmanschafft" für Rechenschüler, Kaufleute und Handwerker[14] in Oktav in einem Umfang von 236 Blättern. Es ist noch nicht

---

[11] Wappler (Anm. 9), faßt S. 167 die vorangegangenen Ergebnisse zusammen; man sehe auch Wimpina (Anm. 9), S. 50, wo die Algorithmen zusammengefaßt sind, die Johannes Widmann zugeschrieben werden. Es war leider durch Jahre hindurch nicht möglich, an ältere Ausgaben heranzukommen, etwa an Conrad Wimpina: Scriptorum insignium, qui in celeberrimis, praesertim Lipsiensi ..., Helmstedt 1660, angeblich vorhanden in der Bayerischen Staatsbibliothek München unter der Signatur 4 P. lat. 8. Siehe auch Wolfgang Meretz: Standortnachweise der Drucke von Johannes Widmann zu Eger. Maschinenschriftliches undatiertes Manuskript von 21 Seiten.

[12] Wappler (Anm. 3), S. 10, zitiert aus Kodex Dresden C 80, f. 349v: „Et si satis superque satis Adolescentes Ingenui prioribus nostris editionibus communia atque ut ita dicam rudimenta Arithmetice pertractata sint que licet ad communes rerum usus facilem quendam supputandi modum habeant ...“; entsprechend heißt es in C 80, Vorsetzblatt, gemäß Wappler (Anm. 9), S. 167: „Satis superque satis Adolescentes Ingenui prioribus nostris editionibus communia atque ut ita dicam rudimenta Arithmetice pertractata sint que licet ad communes rerum usus facilem quendam supputandi modum habeant ...“. Inwieweit freilich in diesen aus heutiger Sicht sehr trockenen „prioribus nostris editionibus“ die einführenden Grundlagen der Arithmetik leicht verständlich waren, muß dahingestellt bleiben.

[13] Man sehe hier die ausführlichen Aussagen bei Wappler (Anm. 9), die sich heute wegen der schlechten Lesbarkeit von C 80 freilich kaum mehr nachvollziehen lassen.

[14] Wimpina (Anm. 9), S. 50f.: „Summarium quoque totius Arithmeticae argutissime edidit, librum maiusculum, in quo omnes species, regulas, aenigmata, exempla in omni mercancia rerum obvenientia compendiose perstringit: cuius titulus vulgari lingua extat ad magistrum Sigismundum Altman. Claret adhuc apud Egrenses annos natus uno forte supra triginta, continue nova cudens. A.D. 1498. sub Maximiliano Romanorum rege.

paginiert, sondern nach Lagen zu je acht Blättern gegliedert, Lage a, b, c bis z, dann A, B bis F und drei Blätter von Lage G. Das Buch enthält noch kein Druckprivileg - vielleicht aufgrund von Raubdrucken eine Ursache dafür, daß schon kurz darauf sich die Autoren von Rechenbüchern um kaiserliche Schutzprivilegien bemühten und im Vorwort deutlich hierauf verwiesen - und ist gewidmet SIGMUND ALTMANN aus Schmidmühlen in der Oberpfalz, Professor in Leipzig.[15] Die "Behende vnd hubsche Rechenung" besteht aus drei Teilen:

1. *Kunst und Art der Zahl an sich*; dies umfaßt

1.a) die Grundrechenarten Numerieren, das ist Zahlen aussprechen und schreiben; Addieren; Subtrahieren; Duplieren, das ist Verdoppeln; Medieren, das ist Halbieren; Multiplizieren; Dividieren; Progressio, das ist arithmetische und geometrische Reihenlehre; Quadrat- und Kubikwurzelziehen

1.b) Bruchrechnen, und zwar Erläutern und Anwenden auf die Grundrechenarten

2. *Besprechen der sogenannten "limitierten Zahl"*

2.a) Zahlbeispiele

2.b) Kaufmannsrechnung, bei WIDMANN "zal geodiniret auff kaufmanschafft". In diesem Hauptteil des Buches stehen sehr viele Beispiele, die die ganze Waren- und Dienstleistungspalette von damals umfassen, die oft durch Überschriften und - wie in Italien üblich - durch Regelnamen für die

---

XXXIX. Miro modo neque Gesner, neque Simler, neque Jöcher, neque alii hunc Widemanum (Wit., Widm.) noscunt, quanquam memorabilis liber eiusdem exstat Behende und hübsche Rechnung etc. cfr. Fischer Typogr. Seltenh. II. p. 39. Hoc in libro legitur dedicatio, quae sic incipit: Joh. Widman von Eger, Meyster in den freyen kunsten tzu Leyptzick, entbeat Meyster Sigmunden von Sundmule Beyerischer Nacion Hegle unn unvordrossen willig Dienste. - Pro Sundmule Panzer legit Schmidmüle vel Schwidmule. ... Sigismundus Altman, qui hic commemoratur, magister formatus teste matricula facult. philos. 1490 ... 1504 rectoratum gessit. Fuit fortasse, qui post Widmanni decessum, in linguam latinam transtulit, supra memoratum nostri librum."- Die Druckfehler bei der Widmung stehen - wie hier aufgeführt - im Original von Wimpina (Anm. 9).
Ausführlich mit Johannes Widmanns Rechenbuch beschäftigt sich Moritz Wilhelm Drobisch: De Ioannis Widmanni Egerani compendio arithmeticae mercatorum, Leipzig 1840.

[15] Wegen weiterer Einzelheiten bezüglich Sigmund Altmann sehe man z.B. Wolfgang Kaunzner: Über Johannes Widmann von Eger. Veröffentlichungen des Forschungsinstituts des Deutschen Museums für die Geschichte der Naturwissenschaften und der Technik, Reihe C, Nr. 7, München 1968, S.2 Fußn. 8.

Berechnung gegeneinander abgegrenzt sind. Ebenso werden viele Fachwörter aus dem Italienischen übernommen. Hier erscheinen auch erstmals unsere
Zeichen für Plus und Minus gedruckt; sie werden auf f. 88ʳ nur angekündigt:
"was - ist dz ist minus" und "das + das ist mer". Eine Fragestellung zur Gesellschaftsrechnung auf f. 184ʳ-185ᵛ lautet wie folgt (Abb. 4):

*Abb. 4: Ein Beispiel aus Johannes Widmanns Rechenbuch von 1489, f.
184ʳ-185ᵛ: Drei Leute treten auf ein Jahr in eine Gesellschaft ein.*

Einmal auf f. 115ʳ schreibt JOHANNES WIDMANN auch eine Gleichung an,
wohl die erste in einem deutschen Rechenbuch: "6 Eyer - 2 Pfennig pro 4
Pfennig + 1 ey", wobei das noch heute übliche Zeichen für Pfennige erscheint.

3. Geometrie

Hier versucht er einen Überblick über die damaligen Methoden zur Bestimmung der Größe ebener Flächen und des Inhalts von räumlichen Gebilden zu geben. Einerseits ist die Heronische Formel für die Dreiecksfläche aus gegebenen Seiten richtig (A = $\sqrt{s(s-a)(s-b)(s-c)}$ mit s = $\dfrac{a+b+c}{2}$) aufgeführt, andererseits werden selbst einfachste Flächen, etwa die des gleichseitigen Dreiecks, falsch angegeben. JOHANNES WIDMANN greift hier auf die römische Feldmessung zurück, wo manchmal mit groben Näherungsformeln umgegangen wurde, etwa A$_{\text{gleichs. } \Delta}$ = $\dfrac{a^2 + a}{2}$.

Die "Behende vnd hubsche Rechenung auff allen kauffmanschafft" erlebte vier weitere Auflagen: Pforzheim 1500, Pforzheim 1508, Hagenau[16] 1519, Augsburg 1526. Hierdurch ist nachgewiesen, daß JOHANNES WIDMANN auch in Kaufmannskreisen große Bedeutung erlangt hatte und zumindest eine Generation von zünftigen und zukünftigen Rechenmeistern nach seinem Werk unterwiesen wurde. Einer freilich äußerte sich nicht gerade schmeichelhaft über sein Buch:

Abb. 5: Beurteilung des Rechenbuches von Johannes Widmann durch Adam Ries in seiner handschriftlichen "Coß", S. 3, die im Erzgebirgsmuseum in Annaberg-Buchholz aufbewahrt wird.

---

[16] Der Adam-Ries-Bund Annaberg-Buchholz erhielt nach entsprechenden Bemühungen seines Vorsitzenden Dr. Rainer Gebhardt am 15. Dezember 1997 von der Deutschen Bank ein gut erhaltenes Exemplar der Auflage Hagenau 1519 geschenkt.

"Ferner Hatt mir eur achtparkeitt auch furgehaltenn Das Buchlein so Magister JOHANNES WIDMANN von Eger Zusamen gelesenn, Wie das selbig seltzam vnd wunderlich Zusamen getragenn vnd an wenigk orttenn rechte vnderweisung sey. Welches ich dan mit gantzem vleyß gelesenn vnd das selbig also befunden. Auch Das exemplar gesehn Darausß er die fragstugk Vnd anderß genumen" (Abb. 5);

so urteilte ADAM RIES (1492 - 1559) in seiner "Coß", S.3, gegenüber GEORG STORTZ (1490 - 1548) in Erfurt um 1520/1524.[17] Die Quelle, auf die hier angespielt wird, ist nach derzeitigem Wissen eine ehedem St. Emmeramer Handschrift aus Regensburg, jetzt Clm 14908 der Bayerischen Staatsbibliothek München.

Andere Quellen von JOHANNES WIDMANN sind die Bamberger Rechenbücher von 1482 und 1483 und die mittelalterliche Klosterliteratur.

Heute kennt man nach einer Umfrage von WOLFGANG MERETZ aus Berlin insgesamt noch etwa 45 Exemplare der Rechenbücher von JOHANNES WIDMANN auf der ganzen Erde; etliche hiervon sind beschädigt.[18] Im dritten Teil, in der Geometrie, f. 203^v-234^v, treten viele Abbildungen auf, die auch jetzt ein solches Zeugnis der Vergangenheit gerne zur Hand nehmen lassen.

*

Man nimmt an, daß JOHANNES WIDMANN bis um das Jahr 1495 in Leipzig tätig war. Anschließend verlor sich seine Spur, bis REINHART UNGER aus Annaberg vor etwa sechs Jahren herausfand, daß jener um 1500 in Archivalien in St. Annaberg erwähnt wird. Im ersten Häuserlehnbuch 1500/1505, f. 159a, heißt es: 1500, Sonnabend post Elisabeth,

"haben magister Johan Widman von Eger vnnd fritz lingke eine vereinigung irer beider hofstet halbn getroffen, der meynunge das fritz lingke dem magister vff seinen rawme die mawer zu setzen vorgonst dieselbige mawer sie dann zugleich fritz lingke ader were seine behaw-

---

[17] Adam Ries beurteilte dieses Buch also völlig anders als wir heute und als Wimpina (Anm. 9), S. 50: „Summarium quoque totius Arithmeticae argutissime edidit, librum maiusculum, in quo omnes species, regulas, aenigmata, exempla in omni mercancia rerum obvenientia compendiose perstringit", wie hier in Anm. 14 aufgeführt.

[18] Die derzeit wohl aktuelle Übersicht befindet sich bei Meretz (Anm. 11). Ulrich Reich aus Bretten listete demgegenüber vor etwa drei Jahren nur 17 bekannte Exemplare auf.

sunge Innenhat des gleichen des magisters gebrauchen. Des haben sie In stadtbuch zu zeichen erbetten act. vts."

Im Annaberger Archiv gibt es noch weitere Eintragungen.[19] Vielleicht war JOHANNES WIDMANN damals an einer dortigen Schule oder in der Bergwerksverwaltung tätig. Dann verliert sich seine Spur. Meiner Ansicht nach ging er entweder in die aufstrebende Bergstadt St. Joachimsthal in Böhmen oder zurück in seine Heimatstadt Eger.

In St. Annaberg hatte er die schon mehrfach erwähnten Teile aus dem jetzigen Kodex Dresden C 80 im Gepäck. Diese Handschrift ging über den bereits genannten GEORG STORTZ aus Annaberg, der schließlich Rektor der Universität Erfurt wurde, über in den Besitz von ADAM RIES, der von etwa 1518 bis 1522/1523 dort lebte. ADAM RIES brachte damals beim eifrigen Studium dieses algebraischen Manuskripts etliche Notizen im jetzigen Kodex Dresden C 80 an, so daß es sich hierbei um ein äußerst wertvolles Zeugnis aus der Frühzeit einer eigenständigen Algebra auf deutschem Boden handelt (Abb. 6).

*

JOHANNES WIDMANN wurde offensichtlich zu einem der Menschen, deren Leistungen heutzutage als alltägliches Allgemeingut angesehen werden, die uns folglich selbst dem Namen nach nicht mehr geläufig sind. In seiner Lebenszeit wurden jedoch erstmals dauerhafte mathematische Operationszeichen bzw. Symbole geschaffen, durch die ein Rechengang oder eine algebraische Gleichung schon vom Aussehen her sogleich als solche erkannt werden. Erstmals wurden in unserem Lebensraum damals durch den Buchdruck sowohl die Kaufmannsarithmetik als auch wissenschaftliche mathematische Abhandlungen in viel größerem Maß als früher in den einzelnen Landessprachen zugänglich, und hierdurch wurde nicht zuletzt gerade die deutsche Umgangssprache im Schriftlichen wesentlich gefestigt. Unsere heutigen Zahlzeichen, die indisch-arabischen Ziffern, erhielten schließlich in der Lebenszeit von JOHANNES WIDMANN - nach einem mehr als 600jährigen äußerst wechselvollen An- und Verlauf in Westeuropa - ihre endgültigen

---

[19] Nähere Auskünfte hierzu können wohl bei Reinhart Unger, Annaberg, eingeholt werden, bzw. sie finden sich bei Wolfgang Lorenz: Magister Johannes Widmann in Annaberg. Sonderdruck anläßlich der Übergabe des Rechenbuches von Magister Johannes Widmann aus Eger durch die Deutsche Bank AG an den Adam-Ries-Bund e.V., Annaberg-Buchholz am 15. Dezember 1997.

Formen, so wie sie uns seit ALBRECHT DÜRER (1471 - 1528) überliefert
sind. JOHANNES WIDMANN hatte an all dem Aufgeführten einen herausra-
genden Anteil.

Abb. 6: Im Kodex Dresden C 80, f. 298r, stammen zwei Randnotizen von
Adam Ries; die rechte lautet: "Das Exempel Wil keinen Wegk in Der
algobre haben Der halben Ist es hie her nicht dinstlich." Die kleinen Be-
merkungen am Rand wurden von Johannes Widmann angebracht, der hier
auf die Zugehörigkeit einzelner Beispiele zum ersten bzw. vierten der 24
Gleichungstypen verweist, die von ihm behandelt wurden.
(Manuskript zum Teil erheblich verblaßt und ausgewaschen)

Die Muslime, die Begründer der neuzeitlichen Algebra, hatten für die gesuchte Größe in einer Gleichung u.a. die Begriffe "Ding" oder "Sache" gewählt. In den lateinischen Übersetzungen des 12. Jahrhunderts sagte man
folglich "causa" oder "res" für unser x, die Italiener sagten "cosa", und so

bildete sich im Spätmittelalter das Wort "Coß" als Bezeichnung sowohl für die Unbekannte als auch für die Gleichungslehre heraus. In der Geschichte der Mathematik nennt man den Zeitabschnitt zwischen etwa 1460 und etwa 1550 die "deutsche Coß", weil es damals bei uns gelang, die Mathematik für die neue Zeit aufzubereiten. Die charakteristischen Merkmale der "deutschen Coß" sind Symbole für die Potenzen der algebraischen Unbekannten und für Wurzeln und die Zeichen + und -. Der bedeutendste Vertreter bezüglich dieser Zeichengebung ist nach derzeitigem Kenntnisstand JOHANNES WIDMANN aus Eger.

Wir können ihn, der lateinisch und deutsch schrieb, heute als einen einflußreichen Humanisten würdigen, weil er sich mit seinem Rechenbuch "Behende vnd hubsche Rechenung auff allen kauffmanschafft" von 1489 - drei Jahre vor der Entdeckung Amerikas - bleibendes Verdienst um die Entwicklung und um die Festigung seiner Muttersprache erwarb, denn gerade damals mußten in den westeuropäischen Landessprachen viele Fachwörter erst geschaffen werden. Es war noch ein ungeschliffenes Deutsch, doch ohne die Bemühungen dieser Menschen wie JOHANNES WIDMANN hätte es noch länger als bis zum 15./16. Jahrhundert gedauert, bis auch im Abendland zumindest einfaches Wissen in alle Volksschichten dringen konnte.

Prof. Dr. Wolfgang Kaunzner, Zoller Straße 9, 93053 Regensburg

Das Bamberger Rechenbuch des Ulrich Wagner von 1483

Eberhard Schröder

Dieser Beitrag vergleicht einige beispielhafte Aufgabenstellungen des Algorithmus Ratisbonensis (kurz: A.R.), des Bamberger mathematischen Manuskriptes von ca.1460 (kurz B.m.M.) und des Bamberger Rechenbuches von ULRICH WAGNER 1483 (kurz: B.R.) miteinander.

Die vergleichenden Betrachtungen beziehen sich auf Aufgaben, die
1. auf lineare Gleichungssysteme mit zwei und mehr Unbekannten führen,
2. die Anwendung des pythagoreischen Lehrsatzes erfordern,
3. Kreisquadratur oder Kreisrektifikation zum Inhalt haben,
4. die Summation von arithmetischen oder geometrischen Zahlenfolgen demonstrieren.

Gemeinsam ist für diese Auswahl, daß nicht Anliegen der kaufmännischen Praxis im Vordergrund stehen. Vielmehr sind die Aufgabenstellungen geeignet, Anregungen zu weiterführenden theoretischen Überlegungen zu bieten, z.B. Lineare Algebra, ebene Trigonometrie, Berechnung von Bogenlängen, Flächeninhalten und Volumina gekrümmter Linien, Flächen und Körper, Summation von Potenzreihen, Konvergenzbetrachtungen. Die Reihenfolge der Auflistung und Vergleiche wird im Sinne obiger Vorgaben durchgeführt.

1. Lineare Gleichungssysteme mit zwei und mehr Unbekannten

Im B.m.M. findet sich unter der Nummer 225 folgende Aufgabenstellung (verkürzt): Item es kauft einer 3 Ellen rotes Tuch und 7 Ellen weißes Tuch um 19 Gulden. Darnach kauft einer 7 Ellen rotes Tuch und 3 Ellen weißes Tuch um 31 Gulden. Wieviel kostet 1 Elle ? Der Lösungsweg ist nur angedeutet, die Rechnung nicht zu Ende geführt.

Im B.m.M. lautet Aufgabe 263: 3 Gesellen wollen 1 Pferd für 100 Gulden kaufen. Spricht der erste ... - Dies führt auf drei lineare Gleichungen mit 3 Unbekannten. Völlig gleichwertig ist im A.R. Aufgabe 180.

Im B.m.M. lautet Aufgabe 301: 3 Gesellen finden einen Beutel mit Pfennigen. Spricht der erste zu den anderen, hätt ich ... - Diese Fragestellung führt auf ein homogenes lineares Gleichungssystem von drei Gleichungen mit vier Unbekannten und ist nicht eindeutig lösbar.

Völlig analog sind die Aufgaben 113 und 227 im Algorithmus Ratisbonensis. LEONARDO VON PISAS Hinweis auf "De inventione bursarum" läßt auf einen Byzantinischen Ursprung dieser Aufgabe schließen.

Erwähnenswert ist in diesem Zusammenhang Aufgabe 362 im B.m.M.: Zwischen zwei Bechern liegt ein Deckel. Wenn ich den Deckel auf den ersten Becher lege, so ist er 9 mal schwerer als der andere [Becher]. Lege ich den Deckel auf den anderen Becher, so ist dieser 7 mal schwerer als der erste. Wie schwer sind Deckel und Becher? Das Resultat ist ein nicht eindeutig lösbares homogenes lineares Gleichungssystem von zwei Gleichungen mit drei Unbekannten. Eine äquivalente Aufgabe bietet der A.R. unter Nr. 78.

Aufgabe 366 im B.m.M. lautet: Jemand kauft für 40 Groschen 40 Vögel. Er bezahlt pro Gans 2 Groschen, pro Henne 1 Groschen und für 2 Tauben 1 Groschen. Wieviel Gänse, Hennen und Tauben werden gekauft? Die Lösung erfolgt mit zwei falschen Ansätzen. Es lassen sich 13 Tripel von natürlichen Zahlen angeben, die den Bedingungen genügen.

Aufgabe 329 im B.m.M.: 3 Gesellen wollen ein Pferd kaufen. Spricht der erste ... Man erhält ein nicht eindeutig lösbares homogenes lineares Gleichungssystem von drei Gleichungen mit vier Unbekannten. Äquivalent dazu ist die Aufgabe Nr. 224 im A.R..

Aufgabe 215 im B.m.M.: Item es seien 4 Gesellen, und die drei, hintangesetzt dem ersten haben 60 Gulden. Und aber(mals) drei, hintangesetzt dem zweiten haben 80 Gulden. Und aber drei, hintangesetzt dem dritten haben 90 Gulden. Und drei, hintangesetzt dem vierten haben 100 Gulden. - Addiere die vier (Gleichungen) Zahlen miteinander. Dividiere dann das Ergebnis (330) durch 3 ... - Das Eliminationsverfahren ist bereits richtig angedeutet. Lösung: $(a,b,c,d) = (50,30,20,10)$. Das B.R. enthält keine Aufgaben, die auf die Lösung von lin. Gleichungssystemen rückführbar sind [s. Abb. S. 154].

2. Anwendung des pythagoreischen Lehrsatzes

Im B.m.M. lautet Aufg. 326: Ein Turm, welcher 50 Ellen hoch ist, wird von einem 30 Ellen breiten Graben umschlossen. Wenn man vom Turm bis zum

Boden eine Seil spannt, wie lang müßte das Seil sein, damit man über den Graben gelangt? (1 =58,309579 Ellen). Die Lösung der Aufgabe erfordert die Anwendung des pythagoreischen Lehrsatzes. Eine äquivalente Aufgabe bietet der A.R. unter Nr 68.

Eine weitere Aufgabe findet sich im B.m.M. unter Nr. 338: Item 1 Turm ist 60 Ellen hoch, der andere 50. Sie stehen 100 Ellen voneinander entfernt. Auf jedem sitzt ein Falke. Problemstellung: Wohin ist zwischen beiden Türmen ein Luder (Lockvogel) zu legen, so daß beide Falken den gleichen Flugweg haben. Die Lösung der Aufgabe erfordert wiederum die Anwendung des pythagoreischen Lehrsatzes. Eine konstruktiv-geometrische Lösung ist gleichfalls möglich. Eine völlig äquivalente Aufgabe dazu findet sich im A.R. unter Nr.166.

Als weiteres Beispiel hierzu Aufgabe 344 im B.m.M.: Item ein Baum ist 40 Schuh hoch und steht an einem Gewässer. Dieses ist vom Baum gemessen 30 Schuh breit. Wie weit ist es vom Gipfel des Baumes über das Wasser bis zur Erde? Ganz analog lautet Aufgabe 163 im A.R.

Weitere Beispiele für Anwendungen des pythagoreischen Lehrsatzes bietet der Umgang mit Leitern. Aus dem B.m.M. sei Aufgabe 345 angeführt: Item 1 Leiter ist 50 Ellen hoch und lehnt an einer Mauer. Diese ist auch 50 Ellen hoch. Wenn man die Leiter am Boden 30 Ellen wegrückt, wieviel ist sie dann von oben herabgerutscht? Entsprechendes bietet der A.R. unter Nr. 164.

Ferner ist in diesem Zusammenhang eine Aufgabe aus dem A.R. unter Nr. 160 erwähnenswert. Sie lautet: Ein Viereck (Rechteck) soll man in ein (inhaltsgleiches) Quadrat bringen. Die Lösung erfolgt konstruktiv über den Höhensatz im rechtwinkligen Dreieck. Im B.R. finden sich keine Aufgaben, die eine Anwendung des Lehrsatzes von Pythagoras erfordern.

3. Kreisquadratur oder Kreisrektifikation

Anwendungen zur Kreislehre finden sich vor allem im Bauwesen. Im B.m.M. lautet Aufgabe 315: Ein Brunnen ist 7 Ellen tief und 2 Ellen weit. Ein zweiter Brunnen soll 13 Ellen tief werden und so weit sein, daß der erste dreimal in ihn hineingeht. Wie weit muß der zweite Brunnen sein? (Für π wird die Zahl 3 als Näherungswert benutzt). Im A.R. findet sich nichts Entsprechendes.

Rein abstrakt ist dagegen die Aufgabe 319 im B.m.M.: Item ein Diameter in einem Kreis hat 7 Ellen. Welchen Umfang hat der Kreis? Die Antwort lautet 22 Ellen. Aequivalent dazu ist Aufgabe 162 im A.R..

Dem Bauwesen entlehnt ist Aufgabe 343 des B.m.M.. Sie lautet: Eine ummauerte Burg ist umgeben von einem Graben. Dieser ist außen herum 2200 Ellen lang. Von der Mauer über den Graben sind es 35 Ellen. Die Mauer ist 3 ½ Ellen dick. Wie lang ist die Mauer (außen und innen)? Entsprechend lautet Aufgabe 165 im A.R..

Auch für Bewegungsaufgaben finden sich Anwendungen. So lautet Aufgabe 346 im B.m.M.: Ein 40 Ellen langer Baum liegt auf der Erde. Jemand möchte ihn aufrichten und schafft es, in einem Zug den Wipfel eine Elle hochzuheben. Wieviel Züge benötigt er, um ihn aufzurichten? Analoges bietet der A.R. unter Nr 161. Im B.R. finden sich keine Anwendungen zur Kreislehre.

4. Summation von arithmetischen oder geometrischen Zahlenfolgen

Die Aufgaben 126 - 130 des B.m.M. enthalten verschiedene numerische Beispiele zur Summation arithmetischer Zahlenfolgen. Allgemeine Formeln werden hingegen nicht aufgestellt. Im B.R. wird auf Seite 32 die Summation einer arithmetischen Zahlenfolge an einem Beispiel demonstriert. Der A.R. bringt kein Beispiel zum Aufsummieren einer *arithmetischen* Zahlenfolge.

Zur Summation von *geometrischen* Folgen bietet das B.m.M. unter den Aufgaben 131 bis 133 numerische Beispiele. Das B.R. hat auf Seite 32 (Reprint) einen eigenen Abschnitt zum Thema "Von etlichen Progressionen".

Anwendungsbezogene Problemstellungen mit einigem Unterhaltungswert bilden die Aufstellung eines Gewichtssatzes aus 4 Gewichten. Mittels der Gewichtseinheiten 1, 3, 9 und 27 lassen sich alle ganzzahligen Gewichte von 1 bis 40 herstellen [falls die ersten drei Gewichte zweifach vorhanden sind]. Dies ist Gegenstand der Aufgabe 213 im B.m.M. und der Aufgabe 127 des A.R..

Weitere Beispiele bietet der A.R. in Aufgabe 274 und 318 zu Pferden mit 32 Hufnägeln, in Aufgabe 317 zu einer Kuh mit 16 Klauen und in Aufgabe 319 mit der Verdoppelungsaufgabe an den 64 Feldern eines Schachbrettes. Dem König von Böhmerland erwächst auf Grund eines leichtfertig gegebenen Versprechens eine Schuld von $2^{64} - 1 = 18\ 446\ 744\ 073\ 709\ 551\ 615$ Heller.

Erwähnenswert ist ferner aus dem B.m.M. Aufgabe 381. Diese Problemstellung ist bereits der Zinseszinsrechnung zuzuordnen. Sie lautet: 20 Gulden machen in einem Jahr einen Gewinn. Dieser Betrag erhöht sich das zweite Jahr abermals durch einen Gewinn, so daß die Ausgangsgulden und die Gewinne nun 30 Gulden sind. Gefragt wird hierbei nach dem Zinsfuß (in moderner Ausdrucksweise). Die Rechnung erfolgt mit falschem Ansatz unter Weiterführung mittels der Regeldetri. Die Ausrechnung liefert: $p = 22,47449 \%$.

Abschließend sei noch erwähnt, daß in allen drei Zeugnissen frühbürgerlichen Rechnens die Aufgabe vom Glockenguß enthalten ist. Im B.m.M. steht unter Aufgabe 76: Eine gegossene Glocke ist 3 Zentner schwer und besteht aus 2 Teilen Messing, 3 Teilen Kupfer, 4 Teilen Blei, 5 Teilen Zinn, 7 Teilen Glockenspeis und 1 Teil Silber. Hierbei sollen die Gewichte der Anteile ausgerechnet werden. Ganz entsprechend lauten die Aufgaben 194 im A.R. und die im transkribierten Text des B.R. auf Seite 199.

Die vergleichende Betrachtung von Aufgaben aus drei schriftlichen Zeugnissen des 15. Jahrhunderts läßt eine erste Loslösung von vordergründig zweckgebundenen Problemstellungen erkennen.

Der sich im 16. Jahrhundert von städtischen Rechenschulen und Klöstern an Universitäten verlagernde mathematische Lehrbetrieb fand daher Anknüpfungspunkte vor, die künftige Entwicklungslinien der Mathematik bis in das 17. Jahrhundert hinein mit bestimmten.

Literatur

A.R.   Die Practica des *Algorismus Ratisbonensis*. Ein Rechenbuch des
         Klosters St. Emmeram aus der Mitte des 15. Jahrhunderts, herausgegeben und erläutert von Kurt Vogel. München C.H.Beck 1954.

B.m.M.   Ein *mathematisches Manuskript* aus dem 15. Jahrhundert. Staatsbibliothek *Bamberg*, Handschrift aus INC.TYP. ICI44, mit Transkription u. wiss. Bearbeitg. v. Eberhard Schröder. München 1995.

B.R.   Das *Bamberger Rechenbuch* des Ulrich Wagner von 1483, mit
         Transkription u. Nachwort von Eberhard Schröder, herausgegeben
         v. Krista Kirsten u. Kurt Zeisler, Berlin Akademie-Verlag 1988.

Dr. habil. Eberhard Schröder, Büttemer Weg 26, 69493 Hirschberg

Der 500. Geburtstag des Erfurter Mathematikers Heinrich Schreyber

Manfred Weidauer

1. Heinrich Schreyber - ein unbekannter bedeutender Mathematiker

Würdigungen von Persönlichkeiten oder bedeutenden Ereignissen sind immer dann gefragt, aber auch wichtig, wenn das Jubiläum mit einer markanten Zahl verbunden ist. Die Zahl 500 spielt dabei eine herausragende Rolle. Einige Beispiele sollen das belegen:
- 500. Wiederkehr der Entdeckung Amerikas durch KOLUMBUS - 1992
- 500. Geburtstag von ADAM RIES(E) - 1992
- 500. Geburtstag von JOHANN SCHEUBEL - 1994[1]
- 500. Geburtstag von GEORGIUS AGRICOLA, (24.03.1494) - 1994
- 500. Geburtstag von PETER APIAN (1495) - 1995
- 500. Geburtstag von PHILLIPP MELANCHTHON (14. 02.1497) - 1997

Es gibt eine Vielzahl bedeutender Persönlichkeiten, von denen konkrete Daten zur Lebensgeschichte fehlen. Hier nenne ich:
- JACOB KÖBEL - geboren zwischen 1460 und 1465
- JACOB SIMON – zirka 1510
- CHRISTOFF RUDOLFF – Ende des 15. Jahrhunderts
- MICHAEL STIFEL – um 1487
- JOHANNES WIDMANN – um 1462

Wie ist nun die Situation bezüglich der Lebensdaten von HEINRICH SCHREYBER? Die Quellenlage zur Biographie von SCHREYBER ist denkbar schlecht. Abhandlungen zum Lebenslauf der Persönlichkeit gibt es kaum. Die nach wie vor wichtigste Quelle mit Informationen zum Leben von GRAMMATEUS, wie sich SCHREYBER später nannte, stellt der Bericht von CHRISTIAN FRIEDRICH MÜLLER in der Jahresschrift des Gymnasiums Zwickau von 1896 dar: "HENRICUS GRAMMATEUS und sein Algorismus de integris" (Müller 1896).

---

[1] Gegenwärtig wird diskutiert, ob Scheubel am 13. oder 14. August geboren wurde.

Im Jahre 1970 analysierte WOLFGANG KAUNZNER seine mathematische Hauptschrift aus dem Jahr 1518, um die algebraischen Erkenntnisse von SCHREYBER bekannt zu machen (Kaunzner 1970). Lebensdaten übernahm KAUNZNER von MÜLLER. Ebenso übernahmen Autoren zur Wissenschaftsgeschichte biographische Angaben von der selben Quelle, zum Beispiel ERICH KLEINEIDAM (Kleineidam 1969) und JOHANNES BIEREYE (Biereye 1937).

Die noch existierenden Werke von SCHREYBER erfaßte WOLFGANG MERETZ 1976 in einer Bibliographie (Meretz 1976).

Wenn man die Schlußfolgerungen von MÜLLER zum Geburtsjahr von SCHREYBER anerkennt, war 1996 die letzte Möglichkeit, aktuell den 500. Geburtstag zu ehren. Fachwissenschaftler faßten deshalb die Erkenntnisse über die verschiedenen Seiten des Mathematikers und Cossisten HEINRICH SCHREYBER zusammen und gaben eine Festschrift heraus (Weidauer 1996). Die Stadt Erfurt würdigte mit einer Ausstellung ab Dezember 1996 den in Erfurt geborenen Wissenschaftler.

1496 spätestes Geburtsjahr (frühestens 1492)
1507 Student in Wien
1511 Eintragung als Baccalariand im Matrikel der Artistenfakultät, er war damit zur Promotion vorgeschlagen.
1514 Widmung für seine Schrift von 1514 mit "Krakow 22. Juni 1514" versehen, also bereits Aufenthalt in Krakow.
     Erste Schrift: *Algorithmus proportion-// vm vna cvm Monchordi// generalis Dyatonici compostione. Impressum Cracovie per Volfgangvm De argentina,* 1514
1515 Im Matrikel der Universität Krakow eingetragen.
1517 Zum Jahresende wieder in Wien eingetroffen.
1518 Akten der Fakultätssitzung von Wien im Monat Mai verweisen auf Magister Grammateus. Als Vertreter seiner Nation zum Procurator gewählt (mitverantwortlich für die Wahl des Rektors).
     Zweite Schrift: *Libellus de compositione regularum pro vasorum mensuratione. Deque arte ista tota theoreticae etpracticae, per Henricum Grammateum Erphordiensem ...,* 1518
1519 Zum Examinator der Baccalarianden seiner Fakultät gewählt.
1521 Dritte Schrift (Hauptwerk) erschien (spätester Termin):
     Ayn new kunstlich Buech// welches gar gewiß vnd behend// lernet nach der gemainen regel Detre/ welschen// practic/ regeln falsi vn etliche regeln Cosse ... Gemacht auff der löblichen hoen schul// zu Wien in Osterreich durch Henricu Gram=// mateum / oder schreyber von Erffurdt ...; gedruckt in Nürnberg, auf dem Titelblatt zum Zornal: 1521

1521	Pest wütete in Wien, Grammateus verließ die Stadt. Er versuchte in Nürnberg eine neue Existenz zu gründen und gab zwei Schriften in Druck. Vierte Schrift: *Behend vnnd khunstlich Rech=// nung nach der Regel vnd welhisch practic/ mit// samt zuberaittung der Visier ym quadrat vnd triangel ... Gedruckt vnd volendet zu Nuernberg durch Johannem Stuchs ym iar nach Christi// geburt. M.D.XX.I.* Fünfte Schrift: *Ein kunstreich vnd behendt Instrument// zu wissen am tag bey der Sonnen// vnd in der nacht durch die Stern// mancherley nutzberperkeit vn auf// gab in allen orten vn endt der welt ...*, gedruckt zu Nürnberg 1522
1521	Er reiste nach Erfurt weiter und traf auf den Kreis der Erfurter Humanisten. Sechste Schrift:
1523	*Eynn kurtz newe Rechenn vnnd Visyr buechleynn gemacht// durch Heinricum Schreyber vo// Erffurdt ... Gedruckt zu Erffurdt durch// Matthes Maler*, 1523 Siebente Schrift: *HOC IN LIBELLO// HEC CONTINENTVR AVCTORE// MAGISTRO HENRICO GRAM// MATEO ERPHORDIANO// Algorismus de integris ...*; Erfurt 1523
1524	Achte Schrift: *Tabula cognoscendorum secundum com=// munes & planetares horas humo- rum// per Henricum Grammateum.//* In: Bonae Valetvdinis con// setuandae praecepta ad Magnificum D.// Georgium Sturtiaden per Eobanum Hessum.// Erfurt 1524. (Eine medizinische Schrift mit einer Tabelle von Grammateus über Temperamente)
1525	Er kehrte nach Wien zurück und wurde erneut als Examinator der Baccalarian- den an der Wiener Universität gewählt, später Wiederwahl als Procurator. Tod

Übersicht 1: Leben und Wirken von HEINRICH SCHREYBER

2. Aus dem Leben von Heinrich Schreyber

Selbst die Schreibweise seines Namens führt bei heutigen Recherchen zu Unsicherheiten. Sein Name tritt in mindestens drei Varianten auf:

- HEINRICH SCHREYBER: So nannte er sich häufig selbst.
- HENRICUS SCRIPTORIS: Diese Form des Namens findet man in der er- sten Schrift von 1514. Die Matrikel der Universität Erfurt von 1470 führen Eintrag "Henricus Scriptoris de Herbsleben", und daraus schlußfolgerte MÜLLER über die Herkunft (Müller 1896, Seite 7).
- GRAMMATEUS: Diese gräzisierte Form ist heute noch der am häufig- sten genutzte Name. So ist er in mathematischen Fachkreisen bekannt. TROPFKE verwendet ausschließlich diesen Namen. In Bibliotheken sollte nach allen Schreibweisen gesucht werden.

Über den Geburtsort von HEINRICH SCHREYBER kann man ebenfalls nur mutmaßen. In allen seinen Schriften nannte er sich "... aus Erfurt." Eine Vermutung von MÜLLER (siehe Müller 1896, S. 7) zum Geburtsort Herbsleben bei Erfurt läßt sich heute nicht mehr nachvollziehen. Im Mittelalter spielte dieser Ort eine weitaus größere Rolle als in der Gegenwart, aber die vielen heute noch existierenden historischen Dokumente stellen zur These von MÜLLER keinen Bezug her (siehe Weidauer 1996, S. 111ff.).

Wichtige Aussagen zur Person findet man in seinen Schriften sowie in Universitätsakten von Wien und Krakow. Die Lebensdaten nach der Übersicht 1 hat MÜLLER vor etwa 100 Jahren zusammengetragen, sie wurden für diesen Beitrag neu geordnet.

Die früheste Würdigung von GRAMMATEUS stammt aus der Feder von ADAM RIES(E). In seiner handschriftlichen Coß formulierte er gegenüber seinem Förderer GEORG STORTZ, siehe dazu (Gebhardt 1994, S. 18):

> "Vber das alles habt ir mich ferner gebeten, Vber die Algorithmi so algebraß gesatzt, Zu schreiben, Dan die selbigenn bißher so schwer gesatzt in lateinischer berichtung, Das selten eyner darauß vorstand hett fassenn mugenn Des ich mich alleweg gewidertt vnd eur achtparkeitt geweysett an den wolerfarnen wolgelartenn Magistrum Henricum gramatheu(m) Mathematicum, der kurtzlich angefangen Zu schreybenn, auch etwas von der x (Coß) berurtt Der in lateinischer Zungen erfarnn Euclidis Vnd andere zur sach dinendtt gelesenn Aber eur achtparkeit Hatt mich solchs nichtt erlasen wolln sonder vormeltt wie berurtter Heinrich schreyber Mathematicus vnd magister ..."

In der bisher ausführlichsten Darstellung der Geschichte der Erfurter Universität schrieb KLEINEIDAM "Erfurts mathematisch begabtester Sohn ... studierte überhaupt nicht in seiner Heimatstadt" und führte als Leistung lediglich das unscheinbare in Latein geschriebene Rechenbüchlein von 12 Blatt an (Kleineidam 1969).

"Ain new kunstlich Buech// welches gar gewiß vnd behend//
lernet der gemainen regel Detre/ welschen//
practic/ regeln falsi vo etliche regeln Cosse ..."

Teil 1. Von mancherlei Rechnung, einschließlich Buechhalten ... 6
< *1.1 Einführung in das Rechnen* >
1.1.1 Von der Rechnung
Numeratio ("... Aussprechen der zal"), Addition,
Multiplikation ... 9
Subtraktion ... 17
Division ... 18
1.1.2 Rechnen auf den Linien ... 22
Numeratio ("... zur Bedeutung der linien") und
Grundrechenarten (wie oben)
1.1.3 "... über Gewicht, Maße, Münze und Zeit" ... 33
1.1.4 Regula detre in ganzen (Zahlen) ... 36
1.1.5 Von Brüchen in allgemeiner Unterrichtung ... 44
alle vier Grundrechenarten (wie oben)
1.1.6 Regula detre in Brüchen ... 51
< 1.1.7 Anwendungsbeispiele > ... 56
Aufgaben zu Wechsel-, Silber-, Goldrechnung
1.1.8 Welsche Practic auff alle Kauffmanßrechnung ... 67
1.2 Regula Falsi mit sambt etlichen regeln Cosse ... 90
1.2.1 Erklärung Regula Falsi (**Erklärung "+" und "-"**) ... 92
1.2.2 Einführung ("... vorrede")
1.2.3 Ain Algorithmus in ganzen / nutz den regeln Cosse ... 101
alle vier Grundrechenarten wie oben
Zu reduzieren prüche in kleinsten namen ... 113
1.2.4 Ain algorithmus in brüchen dienendt den regeln Cosse. ... 115
(alle vier Grundrechenarten wie oben)
1.2.5 Regula detre in ganzen und Regula detre in brüchen ... 118
1.2.6 Quadratwurzelziehen und Kubikwurzelziehen ... 120
1.2.7 Gleichungslehre ("Von der vorgleichung ...") ... 127
1.2.8 Folgen exempla durch die regel falsi und der Regel Cosse ... 137
1.3 Arithmetica applicirt oder gezogen auf ... Musica ... 169
1.4 Buechhalten durch Zornal Kaps und Schuldbuch... ... 187
Zornal (mit Angabe der Jahreszahl 1521) ... 193
Kaps (mit Angabe der Jahreszahl 1521) ... 203
Schuldt Buech (mit Angabe der Jahreszahl 1521) ... 209
2. Teil Kunstlich zuberaitung visier ruten ... 217
< **3. Nachworte** >
3.1 Nachwort an Leser ... 243
3.2 Kaiserliches Privileg (in Latein) ... 244
3.3 Kollofon mit Angaben zum Drucker und Wappen "H S" ... 247

Übersicht 2: Inhalt des Rechenbuchs von 1518/21

3. Zu den mathematischen Schriften von Grammateus

Die Titel der Schriften sind bereits in der Übersicht 1 in zeitlicher Reihenfolge aufgelistet. Sein mathematisches Hauptwerk stellte SCHREYBER 1518 fertig und versah es mit einer Widmung an JOHANNES TSCHERTE. Auf dem Titelblatt wurde der Hinweis auf das kaiserliche Privileg ergänzt (Abb. 1).

Mit fast 250 Seiten entstand ein Rechenbuch in einem Umfang, der für ein solches Vorhaben nicht üblich war. Im Sinne der damaligen Zeit finden wir eine Vermischung von Titel und Inhaltsverzeichnis. Das vom Verfasser dieses Beitrages erstellte Inhaltsverzeichnis nach Übersicht 2 enthält Seitenzahlen zum besseren Vergleich, die Originalschrift wurde vom Nürnberger Drucker JOHANN STÜCHS mit der damals üblichen Bogenzählung versehen. Interessant sind die ganzseitigen Holzschnitte zur optischen Trennung der einzelnen Buchabschnitte (siehe Abb. 3).

Das Buch enthält alles, was ein typisches Rechenbuch kennzeichnet. GRAMMATEUS begann:

Rechenoperationen für das schriftliche Rechnen mit
Numeratio - Addition - Multiplikation - Subtraktion - Division.

Er lehrte nicht Verdoppeln und Halbieren, eine knappe Begründung findet der Leser. Auffällig ist die obige Reihenfolge der Rechenoperationen, die die Multiplikation nach der Addition behandelte. Gleichfalls ungewohnt ist die Behandlung des "alten" Rechnens auf den Linien erst nach dem neuen Rechnen, dem schriftlichen Rechnen. In beiden Methoden erläuterte SCHREYBER die gleichen Rechenoperationen.

Für die damaligen und heutigen Leser und Löser der Aufgaben sind die Erklärungen zu den Maßen und ihren Umrechnungen mit der Überschrift "Ain kurtze vntherrichtung auff gewichte Maß Muntz / vnnd Zeit" wichtig und hilfreich. Der Leser erfährt zum Beispiel, ein Zentner besteht aus 100 Pfund und ein Pfund enthält 32 Lot.

Die darauf folgende Behandlung des Dreisatzes – "Regula detre" - mit den ganzen Zahlen und nach der Abhandlung über Brüche auch der Dreisatz mit Brüchen sind Standardteile der Rechenbücher. Als wichtige typische Anwendungen folgen Aufgaben zu Wechsel-, Silber- und Goldrechnung.

Erstmalig in einem in deutsch gedruckten Rechenbuch findet man die Abhandlung der *Welschen Practic*. Das ist eine aus Italien stammende Variante der Dreisatzaufgaben. Von der gegebenen Größe wird dabei nicht auf

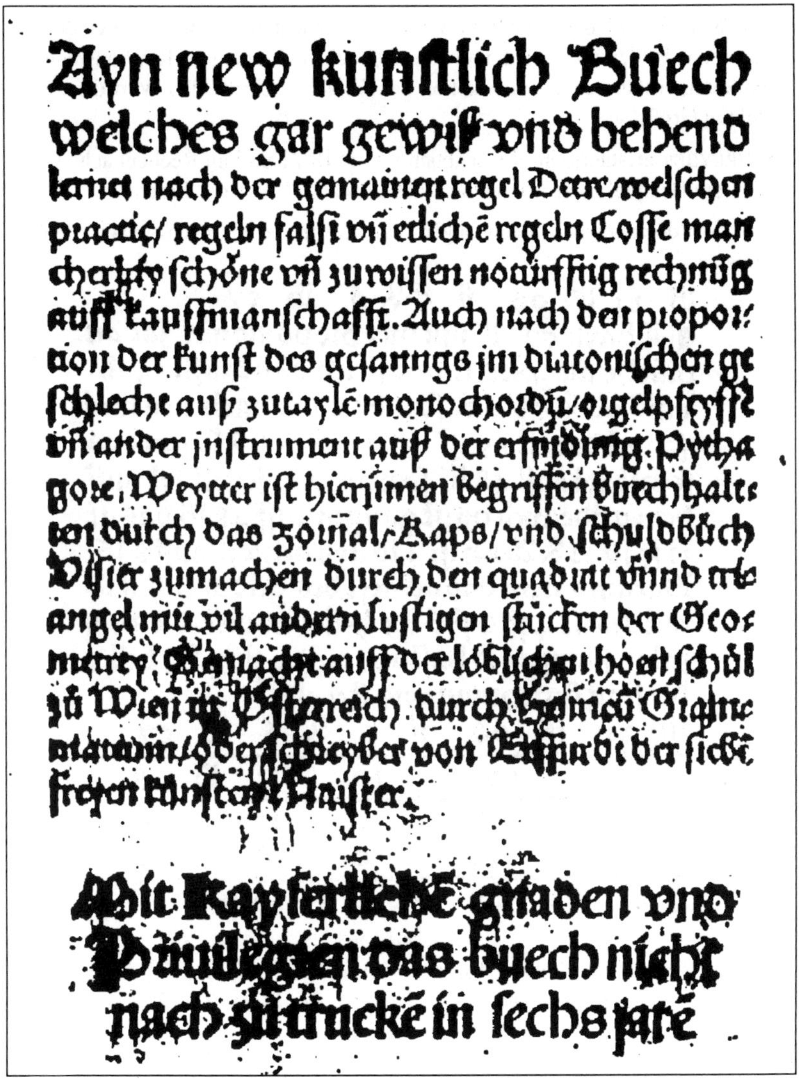

Ayn new kunstlich Buech
welches gar gewiß vnd behend
lernet nach der gemainen regel Detre/welschen
practic/ regeln falsi vñ etliche regeln Cosse man
cherlay schöne vñ zuwissen notdürfftig rechnũg
auff kauffmanschafft. Auch nach den proportion der kunst des gesanngs im diatonischen ge
schlecht auß zutaylẽ monochordũ/ orgelpfeyffẽ
vñ ander instrument auß der erfindung Pytha
gore. Weytter ist hierinnen begriffen buchhalte-
ten durch das Zornal/ Kaps/ vnd schuldbůch
Visier zumachen durch den quadrat vnnd triangel mit vil andern lustigen stucken der Geo-
metrey. Gemacht auff der löblichen hohen schůl
zů Wien in Osterreich durch Heinricũ Gramme
teum/ oder schreyber von Erffurdt der siebẽ
freyen künsten Mayster.

Mit Kayserlichẽ gnaden vnd
Priuilegien das buech nicht
nach zu truckẽ in sechs jaren

Abbildung 1: Ayn new kunstlich Buech ... Nürnberg 1518/21
Bildnachweis: München, SB Res. Math. P. 182m

den Wert 1 und dann auf den Wert der gesuchten Größe umgerechnet. Durch das Bilden von Teilen und von Vielfachen, die man im Kopf ausrechnen kann, erhält man durch Addition der Zwischenschritte den Wert der gesuchten Größe.

SCHREYBER erläuterte im Rechenbuch von 1518/21 und im Rechenbuch von 1521 am Beispiel nach Abbildung 2 das Lösen als "Welsche Practic".

Die nichtdezimalen Umrechnungen erschwerten die Lösung nach dem Dreisatz.

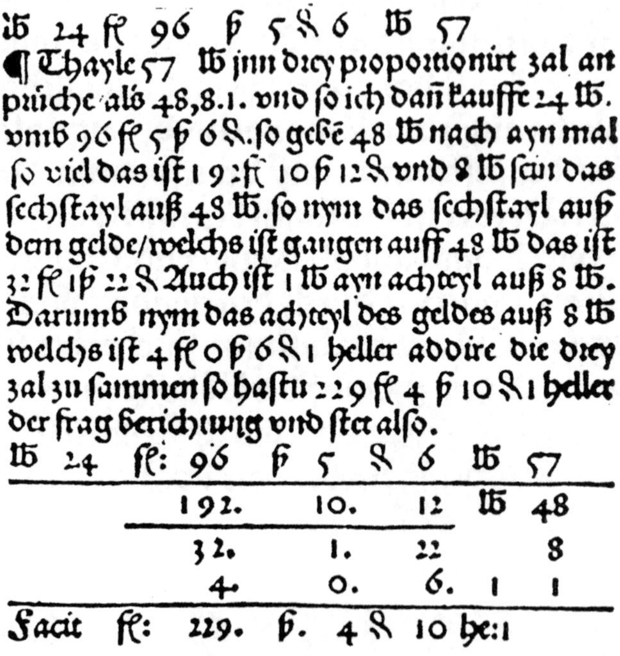
lb 24 fl 96 ß 5 ₰ 6 lb 57

¶ Thayle 57 lb jnn drey proportionirt zal an prüche als 48,8.1. vnd so ich dann kauffe 24 lb. vmb 96 fl 5 ß 6 ₰. so geben 48 lb nach ayn mal so viel das ist 192 fl 10 ß 12 ₰ vnd 8 lb sein das sechstayl auß 48 lb. so nym das sechstayl auß dem gelde/welchs ist gangen auff 48 lb das ist 32 fl 1 ß 22 ₰ Auch ist 1 lb ayn achtayl auß 8 lb. Darumb nym das achtayl des geldes auß 8 lb welchs ist 4 fl 0 ß 6 ₰ 1 heller addire die drey zal zu sammen so hastu 229 fl 4 ß 10 ₰ 1 heller der frag Berichtung vnd stet also.

lb 24 fl: 96	ß 5	₰ 6	lb	57
192.	10.	12	lb	48
32.	1.	22		8
4.	0.	6.	1	1
Facit fl: 229.	ß. 4	₰ 10	he:1	

Abbildung 2:
Beispiel zu "Welsche Practic", Rechenbuch 1518/21, Eij[v] und Eiij[r]
Bildnachweis: München, SB: Res Math. P. 182[m]

Die unterschiedlichen Größen und Einheiten dürften auch damals ein Problem gewesen sein. HEINRICH SCHREYBER brachte im Unterschied zu vielen Rechenbuch-Autoren eine ausführliche Übersicht wichtiger Größen und Einheiten.

In moderner Weise ergibt sich die heutige Darstellung der Aufgabe nach der Abbildung 2:

24 Pfund der Ware kosten 96 Gulden 5 Schilling 6 Pfennig. Wie teuer sind 57 Pfund?

24 ℔	96 ℔	5 ℔	6 ℔	
				Verdoppeln der gegebenen Menge:
48	192	10	12	Zeile 1. Ein Sechstel von Zeile 1:
8	32	1	22	Zeile 2. Ein Achtel von Zeile 2:
1	4	0	6	Zeile 3. Addition von Z.1 bis Z.3:
57	229	4	10	

Ergebnis: 57 Pfund der Ware kosten 229 Gulden 4 Schilling 10 Pfennig.

Das Kapitel mit der *Regula falsi* – das Lösen linearer Gleichungen durch Probieren – gehörte zum Standardstoff im 16. Jahrhundert.

GRAMMATEUS reicherte es mit einer entscheidenden Neuheit für den deutschsprachigen Raum in einem gedruckten Werk an. Er erklärte das algebraische Vorgehen zum Lösen von Gleichungen, damals mit *Coß* bezeichnet. Im Unterschied zu anderen Mathematikern mit 24 Gleichungstypen behandelte er statt 24 nur sieben Gleichungen und zwar der Form

$$B x^{n+1} = A x^n$$
$$C x^{n+2} = A x^n$$
$$D x^{n+3} = A x^n$$
$$C x^{n+2} + B x^{n+1} = A x^n$$
$$C x^{n+2} + A x^n = B x^{n+1}$$
$$B x^{n+1} + A x^n = C x^{n+2}$$
$$E x^{n+4} = A x^n$$

Für jeden Gleichungstyp rechnete SCHREYBER ein Beispiel vor. Er deutete an, zu einem späteren Zeitpunkt ausführlicher auf die Gleichungen einzugehen, und man kann vermuten, daß er die 24 Typen untersuchen wollte.

Die Einführung der cossischen Regeln erfolgte bei GRAMMATEUS durch Vergleich der Glieder der arithmetischen und geometrischen Folge. Er erkannte dabei bereits Gesetzmäßigkeiten, die später durch MICHAEL STIFEL zu den Logarithmen führen. In diesem Teil erklärte SCHREYBER auch die

Vorzeichen Plus (+) und Minus (-), die danach auch durchgängig als Vorzeichen benutzt werden.

Mit diesem Teil seines Rechenbuches ist GRAMMATEUS für immer in die
Geschichte der Mathematik eingegangen. Das Zeitalter der gedruckten Form
der deutschen Coß – der wissenschaftlichen Darstellung algebraischer Zusammenhänge - hat begonnen. SCHREYBER verwirklichte damit auch seine
erklärte Absicht, mathematische Zusammenhänge allen Interessierten zugänglich zu machen. Er wollte nicht, daß die Mathematik eine Geheimwis-
senschaft blieb.

Das Hauptwerk von SCHREYBER enthält in weiteren Abschnitten Anwendungen der Mathematik auf die *Musik*, eine ausführliche Darstellung zur Berechnung der Visierrute und des Visierens.

Abbildung 3: Ayn new kunstlich Buech..., Blatt M VIII^v und N.
Nürnberg 1518/21
Bildnachweis: München, SB Res. Math. P. 182^m

Ein letzter Abschnitt der Schrift stellt für die Geschichte der Mathematik erneut ein Novum dar. Erstmals fand der Leser in einem gedruckten deutschen Werk eine Abhandlung über das *Buchhalten*. Es wird immer wieder eine Beziehung zur zeitlich älteren italienischen Schrift zur Buchhaltung von LUCA PACIOLI vermutet, aber SCHREYBER selbst führt in seinen Schriften an, daß er die italienische Sprache nicht beherrschte. PACIOLI zeigte konsequent die doppelte Buchhaltung auf, SCHREYBER führte seine Überlegungen nicht bis zur doppelten Buchhaltung, zeigte aber wesentlich deutlicher die Niederschrift auf. Dabei wurden die Beispielseiten zum Journal, zum Kaps und zum Schuldbuch jeweils mit den Jahreszahlen 1521 versehen (vergleiche Abb. 3). Hieraus entspringt die heutige Vermutung, der Druck des Rechenbuches sei erst in diesem Jahr erfolgt. Aus Werbegründen wurden die Bücher mit aktuellen Angaben – hier die Jahreszahl - versehen, so sind sich viele Fachwissenschaftler einig. Die vielen inhaltlichen und drucktechnischen Besonderheiten bestärken diese Überlegungen.

Der Kaufmann als typischer Nutzer eines Rechenbuches wird kaum am gesamten Inhalt des Buches von SCHREYBER interessiert gewesen sein. Möglicherweise wollte GRAMMATEUS dieser Zielgruppe ein noch praktikableres Buch zur Verfügung stellen, denn bereits 1521 erschien beim gleichen Drucker ein stark gekürztes Rechenbuch.

Der erfolgreiche Drucker CHRISTIAN EGENOLFF aus Frankfurt a.M. muß allerdings den Nutzen des Hauptwerkes von SCHREYBER erkannt haben. Er druckte ab 1535 mehrere Auflagen, die heute noch relativ häufig in Fachbibliotheken zu finden sind.

Den Aufenthalt in Erfurt nutzte HEINRICH SCHREYBER zur Herausgabe von zwei weiteren Rechenbüchern. Beim Drucker MATHES MALER erschien ein Rechenbuch mit deutlich verändertem Inhalt (Abb. 4) gegenüber 1518. Es wurde nur das schriftliche Rechnen abgehandelt, die Einmaleins-Tafel erhielt eine modernere Darstellung, und die unsichere Probe mit der Neun wurde durch die Siebener Probe ersetzt. Außer den Erklärungen zu den Rechenoperationen und ihren üblichen Anwendungen beinhaltet das Buch noch ein Kapitel zum Bestimmen des Faßinhaltes mit der Visierrute.

Im gleichen Jahr ließ GRAMMATEUS beim Erfurter Drucker JOHANNES KNAPPUS ein in Latein geschriebenes Rechenbuch herausgeben. Der Inhalt war auf nur 12 Blatt gekürzt.

Abbildung 4: Newe Rechenn vnnd Visyr buechleynn ..., Titelblatt
Erfurt 1523
Bildnachweis: Dresden, Sächs. LB: 3A 8150 (angeb. 3)

4. Zu den wichtigen Leistungen von Heinrich Schreyber

HEINRICH SCHREYBER veränderte den konkreten Inhalt seiner Rechenbücher wiederholt und orientierte sich an den unterschiedlichen Leserwünschen. Er erreichte dadurch eine Vielzahl von Interessenten. Bedenkt man, daß er im Höchstfall 33 Jahre alt wurde (bei frühestem Geburtsjahr 1492), wahrscheinlich nur 29 Jahre (Geburtsjahr 1496), so zeugen die mathematischen und schriftstellerischen Leistungen von großem Können und Fleiß.

Welche Leistungen von HEINRICH SCHREYBER erwecken noch nach 500 Jahren unsere Aufmerksamkeit? Wichtige Fakten dazu enthält das Rechenbuch von 1518/21:

- Die Zeit der Druckschriften mit cossischem Inhalt im deutschsprachigen Raum begann mit SCHREYBERs Rechenbuch von 1518/21.

- Erstmalig erschien in deutscher Sprache eine Abhandlung zum Buchhalten.

- Er bereitete Gedanken der Potenzen und Logarithmen vor.

- Er erkannte bewußt negative Lösungen von Gleichungen an.

- Er verwandte Plus und Minus.

- Er benutzte Variable im heutigen Sinne.

- Er schrieb seine Bücher, um der bisherigen Geheimhaltung mathematischer Kenntnisse entgegenzutreten sowie um Interessierten und jungen Schülern zu neuem Wissen zu verhelfen.

Literatur

ARNOLD, WOLFGANG; WUßING, HANS (Hrsg.): Biographien bedeutender Mathematiker. Eine Sammlung von Biographien. Berlin 1975

BIEREYE, JOHANNES: Erfurt in seinen berühmten Persönlichkeiten. Sonderschriften der Akademie gemeinnütziger Wissenschaften zu Erfurt. Erfurt 1937

GEBHARDT, RAINER (Hrsg.): Einblicke in die Coss von Adam Ries. Schriftenreihe des Adam-Ries-Bundes, Band 4. Annaberg-Buchholz 1994

GOTTWALD, S.; ILGAUDS, H.-J.; SCHLOTE, K.-H. (Hrsg.): Lexikon bedeutender Mathematiker. Thun und Frankfurt a.M. 1990

KAUNZNER WOLFGANG: Über die Algebra bei Heinrich Schreyber. In: Verh. d. HV Oberpfalz. 110(1970), 227-239.

KLEINEIDAM, ERICH: Universitas Studii Erfordensis. Überblick über die Geschichte der Universität Erfurt im Mittelalter 1392 – 1521. Teil II: 1460 – 1521. Leipzig 1969

MERETZ, WOLFGANG: Standortnachweise der Drucke und Autographen von Heinrich Schreyber (= Grammateus, vor 1496 - 1525) Christoff Rudolff (1500? - 1545?) und Michael Stifel (1487 - 1567). Archiv für Geschichte des Buchwesen, Band 16, Lieferung 2, Frankfurt a.M. 1976

MERETZ, WOLFGANG: Nachtrag zu Standortnachweise der Drucke und Autographen von Heinrich Schreyber (= Grammateus, vor 1496 - 1525) Christoff Rudolff (1500? - 1545?) und Michael Stifel (1487? - 1567). Archiv für Geschichte des Buchwesen, Band 16, Lieferung 2, Frankfurt a.M. 1976

MÜLLER, CHRISTIAN FRIEDRICH: Henricus Grammateus und sein Algorismus de integris. Beilage zum Jahresbericht des Gymnasiums zu Zwickau. Zwickau 1896

SCHREYBER, HEINRICH: Algorithmus proportion-// vm vna cvm Monchordi// generalis Dyatonici compostione. Impressum Cracovie per Volfgangvm De argentina, 1514

SCHREYBER, HEINRICH: Libellus de compositione regularum pro vasorum mensuratione. Deque arte ista tota theoreticae etpracticae, per Henricum Grammateum Erphordiensem ..., 1518

SCHREYBER, HEINRICH: Ayn new kunstlich Buech// welches gar gewiß vnd behend// lernet nach der gemainen regel Detre/ welschen// practic / regeln falsi vn etliche regeln Cosse ... Gemacht auff der löblichen hoen schul// zu Wien in Osterreich durch Henricu Gram=// mateum / oder schreyber von Erffurdt ...; gedruckt in Nürnberg, auf dem Titelblatt zum Zornal: 1521

SCHREYBER, HEINRICH: Behend vnnd khunstlich Rech=// nung nach der Regel vnd welhisch practic/ mit// samt zuberaittung der Visier ym quadrat vnd triangel ... Gedruckt vnd volendet zu Nuernberg durch Johannem Stuchs ym iar nach Christi// geburt. M.D.xxj.

SCHREYBER, HEINRICH: Ein kunstreich vnd behendt Instrument// zu wissen am tag bey der Sonnen// vnd in der nacht durch die Stern// mancherley nutzberperkeit vn auf// gab in allen orten vn endt der welt ..., gedruckt zu Nürnberg 1522// geburt. M.D.XX.I.

SCHREYBER, HEINRICH: Eynn kurtz newe Rechenn vnnd Visyr buechleynn gemacht// durch Heinricum Schreyber vo// Erffurdt ... Gedruckt zu Erffurdt durch// Matthes Maler; 1523

SCHREYBER, HEINRICH: HOC IN LIBELLO// HEC CONTINENTVR AVCTORE// MAGISTRO HENRICO GRAM// MATEO ERPHOR-DIANO// Algorismus de integris ...; Erfurt 1523

SCHREYBER, HEINRICH: Tabula cognoscendorum secundum com=// munes & planetares horas humorum// per Henricum Grammateum.// In: Bonae Valetvdinis con// setuandae praecepta ad Magnificum D.// Georgium Sturtiaden per Eobanum Hessum.// Erfurt 1524

WEIDAUER, MANFRED (Hrsg.): Heinrich Schreyber aus Erfurt, genannt Grammateus. Festschrift zum 500. Geburtstag. Reihe Algorismus, H. 20 (Münchner Universitätsschriften), 1996

Manfred Weidauer, Schülerakademie Erfurt, Schottenstraße 7, 99084 Erfurt
eMail: weidauer@t-online.de

Johann Scheubel und sein Einfluß auf die Algebra

Ulrich Reich

Selbst in der Fachwelt wenig bekannt ist JOHANN SCHEUBEL, der auf die Entwicklung der Mathematik einen wesentlich größeren Einfluß als sein Zeitgenosse ADAM RIES genommen hat, als einer der ersten Gelehrten im Abendland über hundert Jahre vor BLAISE PASCAL das nach diesem benannte Dreieck gekannt und benützt hat und als erster drei Bücher der Elemente EUKLIDS in die deutsche Sprache übersetzt und veröffentlicht hat. Über JOHANN SCHEUBEL wurde die Algebra in Frankreich und auf der britischen Insel publik gemacht. SCHEUBEL befaßte sich auch mit den angrenzenden Wissenschaftsgebieten, und so dürfte er es sein, der die älteste ausführliche Landkarte Württembergs hergestellt hat.

In einer Aufzählung der bedeutendsten deutschsprachigen Algebraiker in der Ära der deutschen Coß bis zur Mitte des 16. Jahrhunderts sollten JOHANNES WIDMANN, HEINRICH SCHREYBER (HENRICUS GRAMMATEUS), CHRISTOFF RUDOLFF, MICHAEL STIFEL und auch ADAM RIES genannt werden. Bei diesen bedeutenden Algebraikern kann nur noch eine Persönlichkeit eingereiht werden: JOHANN SCHEUBEL!

1. Vita

Bevor auf die wissenschaftlichen Leistungen JOHANN SCHEUBELS eingegangen wird, soll sein Lebenslauf geschildert werden[1]. Einen nützlichen Ansatz

---

[1] Scheubels Lebensdaten hat der Autor an anderer Stelle bereits ausführlich beschrieben und zitiert. Siehe Ulrich Reich: 500 Jahre Johann Scheubel, in: Schriftenreihe des Stadtarchivs Kirchheim unter Teck, Band 18, 1994, S. 59 - 90.

zur Quellenforschung bietet HEINRICH PANTALEONS deutsches Heldenbuch.[2] Als einzige Persönlichkeit wird JOHANN SCHEUBEL als Geometer bezeichnet, dagegen werden als Mathematici 15 heute sehr unterschiedlich bekannte Männer aufgeführt. Zu den bekannteren gehören PETER APIAN, GEMMA FRISIUS, JAKOB KÖBEL, GERHARD MERCATOR, ERASMUS REINHOLD und JOHANNES STÖFFLER.

Als Geburtsdatum kann der 18. August 1494 zwar nicht als gesichert, aber zumindest das Jahr als recht verläßlich bezeichnet werden. Man kann vermuten, daß JOHANN SCHEUBEL kurz nach der Jahrhundertwende in seiner württembergischen Geburtsstadt Kirchheim unter TECK die Lateinschule besucht hat. Hier wurde der Grundstein gelegt für seine hervorragenden Kenntnisse der lateinischen und griechischen Sprache.

SCHEUBELS weitere Lebensstationen sind durch die Matrikel der besuchten Universitäten belegt. Zunächst findet man am 14. April 1513 die Matrikel des achtzehnjährigen "Joannes Scheybl ex Khirchaim" an der Universität Wien. Hier in Wien waren zu JOHANN SCHEUBELS Aufenthaltszeit sehr bekannte Mathematiker wie ANDREAS STÖBERL oder STIBORIUS (um 1470 - 1515), JOHANN STABIUS (gest. 1522), Georg TANNSTETTER oder COLLIMITIUS (1482 - 1535), der aus Heilbronn stammende JOHANNES VOEGELIN (gest. 1549)[3] und die bereits genannten HEINRICH SCHREYBER (Grammateus) und CHRISTOFF RUDOLFF tätig. Auch PETER APIAN (1495 - 1552) weilte bis 1523 in Wien. JOHANN SCHEUBEL war in der Artistenfakultät immatrikuliert. Wie lange er sich in Wien aufgehalten hat, ist nicht bekannt. SCHEUBEL hat sich sehr intensiv mit CHRISTOFF RUDOLFFS Algebrabuch auseinandergesetzt, vielleicht hat er RUDOLFF persönlich kennengelernt. Diverse Wiener Handschriften wie Cod. Vindob. 5273 und 5277 dürfte SCHEUBEL gekannt haben, auch wenn er nie erwähnt, wie er seine algebraischen Kenntnisse erworben hat.

Einige Zeit dürfte SCHEUBEL auch in Bayern verweilt haben. Es sprechen mehrere recht auffällige Indizien dafür, daß er in Augsburg in enger Beziehung den Fuggern gedient hat und in Ingolstadt mit PETER APIAN zusammengearbeitet hat.

---

[2] Heinrich Pantaleon: Der dritte vnd letzte Theil Teutscher Nation Heldenbuch. Basel 1570, S. 443f.

[3] Johannes Vögelein lehrte an der Schule in Augsburg und kam dann nach Wien zunächst an die Stephansschule. Ab 1528 bekam er eine Professorenstelle in Wien. Er schrieb ein Buch mit dem Titel "Elemente geometricum ex Euclidis geometria."

Die nächsten aktenkundigen Lebenszeichen SCHEUBELS sind in den Jahren 1532 und 1533 an der Universität Leipzig aufgeführt. Im Wintersemester 1532 hat "Ioannes Scheubel de Kirchhain" sechs Groschen bei der Einschreibung in der Artistenfakultät bezahlt. Nach einem Jahr wurde er am 18. September 1533 zum "Examen secundum baccalaureandorum" zugelassen, das er erfolgreich abschloß.

Alle weiteren Lebensdaten SCHEUBELS sind in Tübingen dokumentiert. Hier begann seine eigentliche Universitätslaufbahn. Zunächst findet man am 8. März 1535 die Immatrikulation des "Johannes Scheybel ex Kirchen sub Teckh"[4]. 1540 erwarb er den Titel eines Magisters:[5] Seit wann SCHEUBEL in Tübingen Vorlesungen gehalten hat, kann man nur indirekt Herzog ULRICHS Ordnung der Artistenfakultät[6] vom 20. Juli 1544 entnehmen: "Mit Maister JOHAN SCHEÜBLIN soll gehandlet werden, das er vmb ain bestimpte Besoldung Euclidem zu lesen, auch Arithmetices vnd Geometrie ler den Jungen einzbilden." Spätestens 1550 wurde SCHEUBEL zum Professor ernannt.

JOHANN SCHEUBEL war verheiratet. Seine erste Frau starb um 1556 an der Pest, SCHEUBEL heiratete ein zweites Mal. Über Nachkommen fehlen exakte Angaben. In Tübingen besaß er ein Wohnhaus in der Bursagasse (heutige Nr. 14). Über die Religion JOHANN SCHEUBELS fehlen Angaben, als Angehöriger des Lehrkörpers an der Tübinger Universität muß er Anhänger des lutherischen Glaubens gewesen sein. Am 20. Februar 1570 wurde JOHANN SCHEUBEL in Tübingen bestattet. Sein umfangreicher und wertvoller Bücher- und Schriftennachlaß ist in der Universitätsbibliothek Tübingen heute noch zum größten Teil vorhanden.

2. Buchbeschreibungen

Seine Schriftstellertätigkeit begann JOHANN SCHEUBEL mit einem Rechenbuch zur Arithmetik, in dem er noch keine mathematischen Symbole wie

---

[4] Heinrich Hermelink: Die Matrikeln der Universität Tübingen. Erster Band: Die Matrikeln von 1477 - 1600, Stuttgart 1906, S. 277

[5] Sammlung aller MAGISTER-Promotionen, Welche zu Tübingen von Anno 1477 - 1755. geschehen, ... gedruckt von Johann Nicolaus Stoll, Buchdrucker, Stuttgart Anno 1756, S. 16.

[6] Urkunden zur Geschichte der Universität Tübingen aus den Jahren 1476 bis 1550. Tübingen 1877.

Plus- und Minuszeichen, Wurzelhaken und Variablen gebrauchte. Das mit 255 Folien recht umfangreiche Buch führt den Titel "De numeris et diversis rationibus, seu regulis computationum opusculum" und befaßt sich mit ganzen Zahlen und mit Brüchen. Es wurde im Mai 1545 bei MICHAEL BLUM in Leipzig gedruckt und nochmals 1557 in Wittenberg aufgelegt. Mit der Formulierung "Non solum ad usum quendam vulgarem, sed etiam cognitionem et scientiam exquisitiorem arithmeticae accomodatum" auf der Titelseite zeigt SCHEUBEL an, daß er sein Buch nicht nur als Rechenbuch ansieht, das für den allgemeinen kaufmännischen Gebrauch wie die zahlreichen deutsch geschriebenen Bücher vieler Rechenmeister gedacht ist, sondern auch zur Wissenserweiterung und als Anreiz zu weiterer wissenschaftlicher Forschung.

Das Buch, in lateinischer Sprache geschrieben mit einigen wenigen griechischen Zitaten, zeichnet sich durch einige mathematische Besonderheiten aus, die für die damalige Zeit außergewöhnlich sind. Es behandelt im ersten Traktat mit der Überschrift "De numeris integris" das Rechnen mit ganzen Zahlen. Dabei ist aufschlußreich, daß SCHEUBEL zitiert: "Caeterum in propositionibus Euclidis citandis, scias nos ordinem Zamberti vel graeci exemplaris secutos esse." Danach lagen SCHEUBEL von EUKLIDS Elementen griechische Texte und Zambertis lateinische Übersetzung vor. In den Streit um die bessere Übersetzung zwischen den Campanus- und Zamberti-Anhängern mischte sich SCHEUBEL nicht ein. Im folgenden zitiert SCHEUBEL mehrfach die entsprechende Definition bzw. Proposition aus EUKLIDS Elementen, die im siebten bis neunten Buch die Theorie der natürlichen Zahlen behandeln.

Die einzelnen Kapitel des ersten Traktates behandeln die Grundrechenarten, Species genannt, in einer damals üblichen Reihenfolge. So befaßt sich SCHEUBEl erst mit dem Zählen, der Ordnung der Zahlen und auch der Sprechweise von Zahlen. Er führt auch noch zwölfstellige Zahlen auf, wobei er zunächst für 10 000 den griechischen Begriff der Myriaden gebraucht. Schließlich führt er das Wort Million ein: "Milliones, decies centema millia appellant." Dieses Wort erscheint in Deutschland erstmalig bei CHRISTOFF RUDOLFF in seinem zweiten Rechenbuch[7] und nun wieder bei JOHANN SCHEUBEL.

---

[7] Christoff Rudolff: Künstliche rechnung mit der Ziffer vnd mit den zal pfenningen. Wien 1526.

Bei der Multiplikation einstelliger Zahlen, die größer als 5 sind, gebraucht
SCHEUBEL eine Art der Multiplikation[8], die ebenfalls HEINRICH SCHREYBER,
CHRISTOFF RUDOLFF, PETER APIAN, ADAM RIES, GEMMA FRISIUS und später ROBERT RECORDE angewandt haben. Dann erst bringt SCHEUBEL unsere
gängige Methode bei der Multiplikation dreistelliger Zahlen. Beim Dividieren stellt Scheubel eine weitere verkürzte Darstellung [9] nach der Ankündigung "Alia divisionus formula" für das Überwärtsdividieren vor. Diese Darstellung ist dem Autor sonst nur bei RUDOLFF in seinem Arithmetikbuch [10]
bekannt. SCHEUBEL vermerkt, daß es nicht erforderlich ist, die Duplatio und
die Mediatio, d.h. die Verdopplung und Halbierung, extra darzustellen - wie
es vielfach in den Rechenbüchern des 16. Jahrhunderts geschehen ist -, da
sie in der Multiplikation und der Division enthalten seien. Hier kann man
einen Bezug zu SCHREYBER herstellen, der ebenfalls auf diese beiden Species verzichtet hat .[11]

Im Kapitel "De radicum extractione" widmet sich SCHEUBEL mit dem Wurzelziehen einem Thema, das man als eines seiner Lieblingsthemen bezeichnen kann. Gerade hier bezieht er sich mehrfach auf EUKLID ("in libro nono
propositione vero 8") und stellt geometrische Erläuterungen bei den Quadratwurzeln dar. Bei den Zahlen 7887, 9009, 798649, 7984605 und
98765056789 erhält man als Ergebnisse keine natürlichen Zahlen mehr.
SCHEUBEL stellt dies beim Extrahieren fest und gibt Brüche mit sehr großer
Genauigkeit an. Seine Ergebnisse sind 88   143/177, 94   173/189, 893
1200/1787, 2825   3980/5651 und 314269   52428/628539. Die Beispiele bei
den Kubikwurzeln stehen denen der Quadratwurzeln nicht nach. Zum guten
Schluß berechnet SCHEUBEL die Kubikwurzel aus der 17-stelligen Zahl
31038779155579537 und erhält die Zahl 314269   52428/296295955891.

Im umfangreichsten Traktat erläutert SCHEUBEL[12], warum er die Dreisatzre-
gel "Regula proportionum" nennt. Er führt sie auf den ersten Teil der 19.

---

[8] Johannes Tropfke: Geschichte der Elementarmathematik, 4. Auflage, Band 1, Arithmetik und Algebra. Berlin 1980, S. 220.

[9] Hugo Grosse: Die sog. österreichische Rechenmethode, in: Pädagogische Studien,
   Band XVIII, 1897, Teil 4, S. 177 - 197, hier S. 191.

[10] Rudolff, 1526, s. 7.

[11] Wolfgang Kaunzner: Über die Algebra bei Heinrich Schreyber. Veröffentlichungen des
   Forschungsinstitutes des Deutschen Museums für die Geschichte der Naturwissenschaften und der Technik. Reihe A. Kleine Mitteilungen. Nr. 82. München 1971.

[12] f. R3: "Haec regula quam vulgus simpliciter De tri vocant, nempe quod tres in ea po-
   nantur numeri, noti videlicet, Mercatorum quoque, ut quibus huius usus maxime con-

Proposition im siebten Buch der Elemente EUKLIDS zurück. Nun bringt er viele Beispiele, wie sie auch in den kaufmännischen deutschsprachigen Rechenbüchern aufgeführt werden. Sie handeln von Geldumrechnungen, Gewichtsumrechnungen, Gold- und Silberwährung, diversen Waren, Flächenumwandlungen als Anwendung der Regula Detri conversa und der Gesellschaftsrechnung. Um bei einer Aufgabe die Geldvermehrung innerhalb von vier Jahren bestimmen zu können, muß eine fünfte Wurzel berechnet werden.

So kommt SCHEUBEL wieder zu seinem Lieblingsthema Wurzelberechnung. Da dem Wurzelziehen der binomische Lehrsatz zugrunde liegt, ist das Radizieren eng mit der Form des Pascalschen Dreiecks[13] verbunden. Als Hilfsmittel stellt SCHEUBEL ein Pascalsches Dreieck bis zur 16. Zeile auf (*Abbildung 1*)[14], und das im Jahre 1545, über ein Jahrhundert vor Blaise Pascal (1623 - 1662)! Trotzdem war SCHEUBEL nicht der erste im Abendland. PETER APIAN war ihm mit dem Titelbild seines Rechenbuches[15] zuvorgekommen und hatte auch einige höhere Wurzeln ohne Erklärung berechnet. Erstaunlich ist, daß das Pascalsche Dreieck als nächste fast gleichzeitig, aber sicher unabhängig voneinander 1544 der aus Esslingen gebürtige MICHAEL STIFEL[16] und im Mai 1545 der aus dem nahen Kirchheim stammende JOHANN SCHEUBEL zur Veröffentlichung brachten.

Im Gegensatz zu einem sonst üblichen kommerziellen Rechenbuch, in dem die Regeln ohne Herleitung aufgestellt sind und viele Beipiele samt Ergebnis so gut wie ohne Darstellung des Rechenganges gebracht werden, zeigt Scheubel die Hintergründe und baut systematisch auf EUKLIDS Elementen mit der Theorie der natürlichen Zahlen seine Theorie auf, bevor er diese durch Beispiele untermauert. Um wirtschaftlich ein Erfolg werden zu können, war dieses Buch zu umfangreich, folglich zu teuer und außerdem im

---

veniat, appellata est. Aurea insuper dicta, quod per eam innumerabiles emtiones & venditiones atque contractus absolvantur. Nos tamen, omnibus modo aliis nominibus posthabitis, Proportionum regulam eam appellamus."

[13] Eine ausführliche Darstellung über die das Pascalsche Dreieck bietet Harald Gropp: "Über das (Pascalsche) arithmetische Dreieck aus Anlaß des 500. Geburtstags von Petrus Apianus". In: Mathematik im Wandel. Bd.1. Hildesheim 1998. S.143-154.

[14] In der Tabelle sind einige Druckfehler in den unteren Zeilen entstanden: 41 statt 14, 51 statt 15 und 105 statt 120.

[15] Peter Apian: Eyn Newe vnnd wolgegründte vnderweysung aller Kauffmanß Rechnung. Ingolstadt 1527, Titelbild

[16] Michael Stifel: Arithmetica integra. Nürnberg 1544, f. 44v

Vergleich zu anderen damaligen Werken der Arithmetik wesentlich anspruchsvoller.

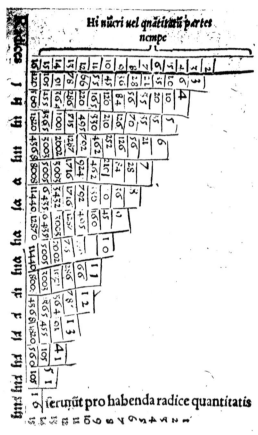

Abb. 1: Pascalsches Dreieck (f. b 2r), aus Johann Scheubel: De numeris et diversis rationibus. Leipzig 1545 (SLB Dresden, Sign. Math. 1028)

Die Schwächen seines ersten Buches erkannte JOHANN SCHEUBEL selber. So erstellte er als nächstes Werk eine deutlich knappere Beschreibung der Arithmetik mit dem (verkürzten) Titel "Compendium Arithmeticae Artis", das den Inhalt seines Buches "De numeris et diversis rationibus" in gestraffter Form aufweist. Gegenüber den 255 Folien seines Erstlingswerkes hatte sein zweites Buch nur noch 88 Oktavblätter. Der Druck wurde 1549 in Basel durch JACOBUS PARCUS und JOHANNES OPORINUS besorgt, die 1560 von diesem Kompendium eine zweite, wenig veränderte Ausgabe mit 193 Seiten herstellten.

Erst die nach diesen beiden arithmetischen Werken folgenden Bücher sollten SCHEUBEL zur Berühmtheit verhelfen. In ihnen wandte er sich der Algebra samt der euklidischen Geometrie zu. Sein drittes Werk erschien im September 1550 wieder in Basel, dieses Mal bei JOHANNES HERVAGIUS.

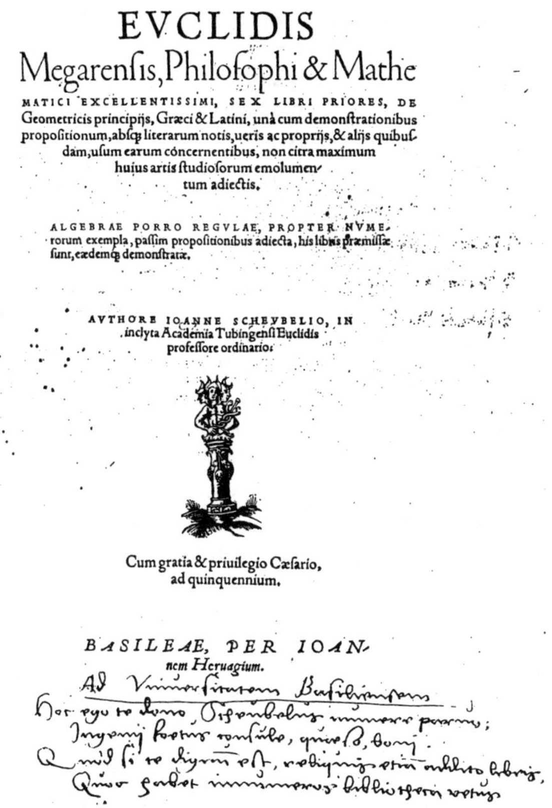

EVCLIDIS
Megarenſis, Philoſophi & Mathe

MATICI EXCELLENTISSIMI, SEX LIBRI PRIORES, DE Geometricis principijs, Græci & Latini, unà cum demonſtrationibus propoſitionum, abſᵭ literarum notis, ueris ac proprijs, & alijs quibuſ-dam, uſum earum cóncernentibus, non citra maximum huius artis ſtudioſorum emolumen-tum adiectis.

ALGEBRAE PORRO REGVLAE, PROPTER NVME-rorum exempla, paſſim propoſitionibus adiecta, his libris præmiſſæ ſunt, eædemᵭ demonſtratæ.

AVTHORE IOANNE SCHEVBELIO, IN inclyta Academia Tubingenſi Euclidis profeſſore ordinario.

Cum gratia & priuilegio Cæſario, ad quinquennium.

BASILEAE, PER IOAN-nem Heruagium.

Abb. 2: Titelblatt "Euclidis Megarensis sex libri priores" mit handschriftlicher Widmung Scheubels, Basel 1550 (UB Basel, Sign. K e I 10 no 1 fol)

Der lange Titel beginnt mit "Euclidis Megarensis, Philosophi & Mathematici excellentissimi, sex libri priores, de Geometricis principiis" (*Abbildung 2*). Einige Zeichnungen in diesem Buch steuerte der Kosmograph SEBASTIAN MÜNSTER (1488 - 1552) bei. SCHEUBEL beginnt sein Buch mit einer 76 Seiten langen "Brevis Regularum Algebrae Descriptio", bevor er in seinem insgesamt 315 Seiten umfassenden Werk die ersten sechs Bücher der Elemente EUKLIDS[17] beschreibt. Er befleißigt sich einer besonderen und außergewöhnlichen Darstellung, indem er konsequent jede Bezeichnung mit Buchstaben im Text und bei den Figuren vermeidet, d.h. daß beispielsweise Punkte, Geraden oder geometrische Figuren nicht als Kurzbezeichnung mit Buchstaben belegt werden dürfen. SCHEUBEL bezieht sich dabei auf EUKLID selber, der es (im Gegensatz zu seinen Übersetzern) im Wortlaut seiner Lehrsätze genauso halte. Und in den Beweisen sollte nichts eingeführt werden, was in den Lehrsätzen vermieden worden sei.

Der algebraische Vorspann in SCHEUBELS lateinischer Euklidausgabe fand rasch einen so großen Anklang, daß er 1551 und 1552 in Paris als eigenständiges Werk mit dem Titel "Algebrae compendiosa facilisque descriptio, qua depromuntur magna Arithmetices miracula" in zwei identischen Auflagen mit 52 Folien gedruckt wurde (*Abbildung 3*). Es dürfte recht hohe Auflagen erlebt haben, da auch heute noch zahlreiche Exemplare existieren. Hier benutzt SCHEUBEL unser heutiges Plus- und Minuszeichen und wie RUDOLFF den Wurzelhaken, und für die Variablen verwendet er die cossischen Zeichen für die Potenzen von x. Damit führt er für algebraische Ausdrücke Multiplikationen und Divisionen durch und behandelt unterschiedliche Gleichungstypen. Er behandelt die Gleichungen in Anlehnung an AL-HWARIZMI und an RUDOLFF, faßt aber in eigenständiger Form die verschiedenen Formen von Gleichungen in drei Typen zusammen [18].

---

[17] Nach Schreiber (Peter Schreiber: Euklid. Biographien hervorragender Naturwissenschaftler, Techniker und Mediziner, Band 87. Leipzig 1987, S. 34) behandelt Buch I die ebene Geometrie bis zum Satz des Pythagoras, Buch II die elementare geometrische Algebra, Buch III die Kreislehre, Buch IV dem Kreis ein- und umbeschriebene Vielecke, Buch V die Proportionenlehre und Buch VI Anwendungen von Buch V auf ebene Geometrie.

[18] Der Autor beabsichtigt eine eigenständige Veröffentlichung über dieses algebraische Hauptwerk Scheubels, das neben den Werken Rudolffs und Stifels das dritte bedeutende Algebrabuch des 16. Jahrhunderts darstellt.

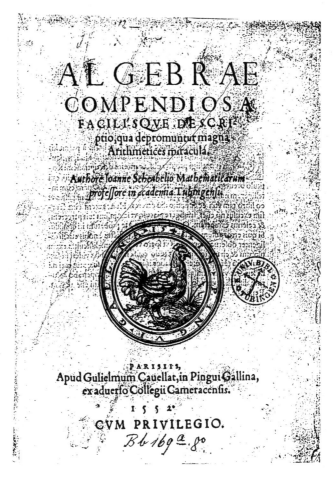

Abb. 3: Titelblatt des ältesten Algebrabuches in Frankreich, Paris 1551 / 52, (UB Tübingen, Sign. Bb 169a 8°)

Im Jahre 1555 bewerkstelligt JOHANN SCHEUBEL die erste [19] gedruckte deutsche Übersetzung eines Teils der Elemente EUKLIDS unter dem Titel "Das

---

[19] Bereits 1532 erscheint in Nürnberg unter dem Titel "Das erst Buch der Geometria" eine umfangreiche deutsche Einführung, die sich formal an das erste Buch der Elemente

sibend, acht vnd neunt buch des hochberuembten Mathematici Euclidis Megarensis". SCHEUBEL gibt an, daß er sie "auß dem latein ins teusch gebracht vnnd mit gemainen exemplen also illustrirt vnnd an tag geben, das sy ein yeder gemainer Rechner leichtlich verstehn vnnd jme nutz machen kan". Dieses Buch mit 234 Seiten wurde am 10. April 1555 durch VALENTIN OTTMAR in Augsburg gedruckt. In ihm ist SCHEUBELS Absicht erkennbar, daß er hier weniger an die Universitäten denkt, sondern hauptsächlich an Rechenschulen, in denen von Rechenmeistern beim kaufmännischen Rechnen unnötig viele Rechenregeln für Spezialfälle aufgestellt wurden, nicht aber der wissenschaftliche Hintergrund der Mathematik in Überlegungen miteinbezogen wurde. In diesem Sinne behandelt SCHEUBEL die Theorie der natürlichen Zahlen auf der Basis der genannten drei Bücher der Elemente EUKLIDS.

Zu erwähnen bleibt noch ein weiteres Buch von SCHEUBEL mit dem Titel "Jacobi Fabri Stapulensis in Arithmetica Boëthi epitome". Es wurde im August 1553 bei HENRICUS PETRUS in Basel gedruckt. Der im Titel genannte JACOBUS FABER STAPULENSIS (um 1455 - 1537), auch unter dem Namen JACQUES LEFÈVRE D'ÉTAPLES bekannt, veröffentlichte 1496 erstmalig und nochmals 1514 das theoretische arithmetische Werk "De elementis arismetice artis" von JORDANUS NEMORARIUS[20], der in der ersten Hälfte des 13. Jahrhunderts gelebt hatte.

3. Handschriften und kartographische Leistung

In der Columbia University New York befindet sich unter der Signatur X 512 ein 308 Seiten umfassendes Manuskript aus der Hand JOHANN SCHEUBELs. Die Handschrift, die auf etwa 1550 datiert ist, kann man in vier Teile aufgliedern. Die ersten 68 Seiten mit der Überschrift "Brevis ac dilucida regularum Algebrae descriptio" befassen sich mit der Algebra, wie sie auch in seinen Büchern von 1550 bzw. 1551 dargestellt ist. Diesen Teil hat

---

Euklids anlehnt, aber eine Eigenschöpfung des Bamberger Rechenmeisters Wolffgang Schmid ist.

[20] Hubertus L. L. Busard: Jordanus de Nemore. De elementis arithmetice artis. Boethius Band XXII, Part I and II. Stuttgart 1991, Part I, p. 11.

MARY S. DAY[21] in ihrem Buch abgedruckt und erläutert. Die nächsten beiden Teile, d.h. die Seiten 71 bis 122 mit dem Titel "Liber Algebrae et Almucabola, continens demonstrationes aequationum regularum Algebrae" und die Seiten 123 bis 157 mit dem Titel "Addita quaedam pro declaratione Algebrae", beziehen sich auf die algebraische Schrift des islamischen Mathematikers AL-HWARIZMI. LOUIS KARPINSKI[22] vergleicht in seinem Buch die beiden älteren lateinischen Übersetzungen Codex Vindobonensis 4770 (14. Jh.) und Codex Dresdensis C 80 (um 1480) mit dem SCHEUBEL-Manuskript. Der vierte Teil, der die Seiten 159 bis 308 umfaßt, hat "Liber Jordani Nemorarii de datis in quatuor partes digestus" zum Thema JOHANN SCHEUBEL dürfte diesen Teil in seinem 1553 erschienen Buch verwertet haben.

Eine weitere mathematische Handschrift SCHEUBELS, von ihm mit der Jahreszahl 1561 versehen, mit durchgehend griechischen Textabschnitten und lateinischer Übersetzung mit Kommentaren ist aus der Bibliothek ULRICH FUGGERS mit der Bibliotheca Palatina in den Vatikan gelangt. Es handelt sich bei diesen 183 Blättern um eine kommentierte Fassung SCHEUBELS zu den Büchern XI bis XV der Elemente EUKLIDS. Sie befindet sich unter der Signatur Palat. lat. 1350 im Vatikan[23].

In der Universitätsbibliothek Tübingen existieren weitere Schreiben und Manuskripte aus der Feder JOHANN SCHEUBELS. Von wissenschaftlichem Interesse sind die 188 Blatt umfassende astronomisch-astrologische Sammelhandschrift mit der Signatur Mc 64 und die 105 Blatt aufweisende Handschrift Mc 283 mit ähnlichem Inhalt.

Auf kartographischem Gebiet war JOHANN SCHEUBEL auch tätig. So erschien 1558 im Atlas von Ortelius eine von FRANS HOGENBERG gezeichnete Karte von Württemberg, als deren eigentlicher Verfasser auf der 1559 in separa-

---

[21] Mary Sarilda Day: Scheubel as an Algebraist. Columbia University, Contributions to Education. Teachers College Series, No. 219, New York 1926. Reprint 1972.

[22] Einiges von dem, was Karpinski 1915 geschrieben hat (Louis Charles Karpinski: Robert of Chester's Latin translation of the Algebra of Al-Khowarizmi, New York 1915), wurde zurechtgerückt von Hughes (Barnabas B. Hughes: Robert of Chester's Latin translation of al-Khwārizmi's al-Jabr. A new critical edition. Boethius, Texte und Abhandlungen zur Geschichte der exakten Wissenschaften. Stuttgart 1989).

[23] Universitätsbibliothek Heidelberg: Die Quadriviumshandschriften der Codices Palatini Latini in der Vatikanischen Bibliothek, beschrieben von Ludwig Schuba. Wiesbaden 1992, S. 136.

tem Druck erschienenen Ausfertigung SCHEUBEL zu identifizieren ist[24]. Diese Karte mit der Überschrift "Warhafftige vnd grundtliche Abconterpheung des loblichen Fürstenthumbs Württemberg" bezeichnet FRANZ GRENACHER[25] als das erste eigenschöpferische kartographische Denkmal Württembergs.

4. Versuch einer Würdigung

Im 16. Jahrhundert wurde JOHANN SCHEUBEL in Fachkreisen sehr geschätzt. Auffällig ist der Druckort Paris für die beiden in den Jahren 1551 und 1552 rasch aufeinander folgenden Auflagen seines algebraischen Kompendiums, was auf größeres Interesse an SCHEUBELS Werk in Frankreich hindeutet. Mit diesem Werk wurden erstmalig in Frankreich der Wurzelhaken, die cossischen Zeichen und wohl auch das Plus- und Minuszeichen eingeführt.

Der französische Humanist und Philosoph PETRUS RAMUS (1515 - 1572)[26] drückte aus, daß er von allen großen Mathematikern im ganzen die deutschen gegenüber den anderen bevorzugen würde und daß SCHEUBEL über allen seinen Zeitgenossen als der Stolz von Tübingen geehrt werden sollte. Und der walisische Arzt und Mathematiker ROBERT RECORDE (ca. 1510 - 1558) schrieb sein 1557 in London erschienes Werk "The whetstone of witte", die erste englische Ausgabe eines algebraischen Textes, das vor allem durch die Einführung des Gleichheitszeichens Berühmtheit erlangen sollte. Dieses Buch stellt weitgehend eine Wiederholung von SCHEUBELS Algebrabuch dar. Recorde zitiert SCHEUBEL wörtlich, als er drei Gleichungstypen zu zwei zusammenfaßt: "Now will I shewe you the varieties of equations, taught by Scheubelius, bicause you maie perceive, how thei bee cotteined in those 2 forms, named by me."[27]

---

[24] Otto Stochdorph: "... nach kosmographischer Art und Weise" - Philipp Apian am Schnittpunkt der Kartographiegeschichte der Herzogtümer Bayern und Württemberg. in Bayerische Staatsbibliothek. Ausstellungskataloge. 50.: Philipp Apian und die Kartographie der Renaissance, Weißenhorn 1989, S. 125-128.

[25] Franz Grenacher: Das Wiederauftauchen einer verloren geglaubten Karteninkunabel, in Karl-Heinz Meine (Hrsg.): Kartengeschichte und Kartenbearbeitung, Festschrift zum 80. Geburtstag von Wilhelm Bonacker. Bad Godesberg 1968, S. 63-65, hier S. 64.

[26] Petrus Ramus (Pierre de la Ramée): Scholarum mathematicarum libri unus et triginta. Basel 1569, S. 66.

[27] Robert Recorde: The whetstone of witte, London 1557, fol. F III r

WILHELM HOLTZMANN (1532 - 1576) von Augsburg und der aus Frauenfeld stammende KONRAD RAUCHFUSS (1531/32 - 1600), besser bekannt unter den Namen XYLANDER und DASYPODIUS, studierten um 1550 in Tübingen, als SCHEUBEL dort seine Vorlesungen über Arithmetik, EUKLID und Algebra hielt. XYLANDER veröffentlichte 1562 die sechs ersten Bücher der Elemente Euklids in deutscher Sprache gleichzeitig in Basel und Augsburg, DASY-PODIUS 1564 seine griechisch-lateinische Schulausgabe der Elemente und 1570 weitere Teile der Werke EUKLIDS in griechisch-lateinischer Sprache jeweils in Straßburg. SCHEUBELS Einfluß auf diese beiden ist noch nicht er-forscht.

SCHEUBELS Gesamtwerk ist recht umfangreich und mächtig, folglich an-spruchsvoll und wegen seiner Fülle auch abschreckend. Erst 1899 trug HERMANN STAIGMÜLLER[28] mit einem Aufsatz dazu bei, daß SCHEUBEL ent-sprechend seinen Leistungen gewürdigt wurde. Als einen glücklichen Um-stand kann man auch bezeichnen, daß eine algebraische Handschrift SCHEUBELS nach New York in die Bibliothek der Columbia University ge-langt ist. DAVID EUGENE SMITH gebührt das Verdienst, daß er MARY S. DAY und LOUIS CHARLES KARPINSKI veranlaßt hat, Teile der Handschrift zu un-tersuchen und zu veröffentlichen. SMITH selber hat SCHEUBEL sehr geschätzt und deshalb bei der Untersuchung von Rechenbüchern[29] gerne Scheubel zum Vergleich herangezogen.

Hier möchte der Autor seine persönliche Wertung vollziehen: JOHANN SCHEUBEL war ein ganz wichtiger Entwickler und Übermittler der Algebra. Er ist das Bindeglied von HEINRICH SCHREYBER und CHRISTOFF RUDOLFF in Wien nach Frankreich und zu ROBERT RECORDE in England. So hat er einen ganz wesentlichen Beitrag zur Europäisierung der Mathematik geleistet.

Bisher konnten 97 Exemplare von SCHEUBELS Werken in 39 verschiedenen Städten ausfindig gemacht werden. In deutschen Bibliotheken wurden bisher 44 Exemplare ermittelt. Der Autor ist für Hinweise auf weitere Exemplare dankbar.

---

[28] Hermann Staigmüller: Johannes Scheubel, ein deutscher Algebraiker des XVI. Jahr-hunderts, in: Abhandlungen zur Geschichte der Mathematik 9, 1899, S. 429-469, hier S. 450 f..

[29] David Eugene Smith: RARA ARITHMETICA, a catalogue of the arithmetics written before the year MDCI with a description of those in the Library of George Arthur Plimpton of New York, New York, 4. Auflage 1970, S. 329.

5. Dank

Für die in der Sache ertragsreiche Beratung und Unterstützung danke ich den Herren DR. GERHARD BETSCH, Weil im Schönbuch, THILO DINKEL, Kirchheim unter TECK, Prof. Dr. MENSO FOLKERTS, München, Prof. Dr. WOLFGANG KAUNZNER, Regensburg, und Frau Prof. Dr. KARIN REICH, Hamburg. Vielen Bibliotheken und Archiven verdanke ich wichtige Erkenntnisse. Der Dank für die Genehmigungen zur Veröffentlichung von Abbildungen gilt der UB Basel, der SLB Dresden und der UB Tübingen.

Literatur

Weitere Erkenntnisse entnahm ich neben den in den Anmerkungen zitierten Werken aus den folgenden (ohne Nachweis im einzelnen):

MORITZ CANTOR: Vorlesungen über Geschichte der Mathematik. Zweiter Band: Vom Jahre 1200 bis zum Jahre 1668. Nachdruck der 2. Auflage von 1900. Stuttgart 1965.

Catalogue Général des Livres Imprimés de la Bibliothèque Nationale, Auteurs, Tome CLXV, Paris 1943.

ERHARD CELLIUS: Imagines Professorum Tubingensium 1596, herausgegeben von Hansmartin Decker-Hauff und Wilfried Setzler, Band 1 und 2, Sigmaringen 1981.

GIOVANNA CIFOLETTI: Les algébristes français du XVIe siècle, leurs sources imprimées et leurs épigones représentés à la Bibliothèque Nationale, Paris 1991.

Codex dipl. Sax. Reg. Zweiter Hauptteil, XVI. Bd. Die Immatrikulationen von 1409 - 1559, s.d., S. 609.

MENSO FOLKERTS: "Boethius" Geometrie II, ein mathematisches Lehrbuch des Mittelalters. Wiesbaden 1970.

NORBERT HOFMANN: Die Artistenfakultät an der Universität Tübingen 1534 - 1601. Tübingen 1982.

WOLFGANG KAUNZNER: Über Christoff Rudolff und seine Coß. Veröffentlichungen des Forschungsinstitutes des Deutschen Museums für die Geschichte der Naturwissenschaften und der Technik. Reihe A. Kleine Mitteilungen. Nr. 67. München 1970.

CHRISTOFF RUDOLFF: Behend vnnd Hubsch Rechnung durch die kunstreichen regeln Algebre so gemeincklich die Coss genennt werden ... Zusamen bracht durch Christoffen Rudolff vom Jawer. Straßburg 1525.

LEO SANTIFALLER (Hrsg.): Publikationen des Institutes für österreichische Geschichtsforschung. Die Matrikel der Universität Wien , II. Band 1451 - 1518 / I, Graz / Köln 1959/1967, S. 399.

MAX STECK:: Bibliographia Euclidiana. Die Geisteslinien der Tradition in den Editionen der "Elemente". Nach dem Tode des Verfassers herausgeben von Menso Folkerts. arbor scientiarum, Reihe C: Bibliographien, Band I. Hildesheim 1981.

MICHAEL STIFEL: Die Coß Christoffs Rudolffs. Durch Michael Stifel gebessert und sehr gemehrt. Königsberg 1553.

HANS WUßING, Wolfgang Arnold: Biographien bedeutender Mathematiker, Köln 1978.

ANDREAS CHRISTOPH ZELLER: Ausführliche Merckwürdigkeiten der Hochfürstl. Würtembergischen Universität und Stadt Tübingen. Tübingen 1743.

Prof. Dr. Ulrich Reich, Fachbereich Wirtschaftsinformatik, Fachhochschule Karlsruhe, Moltkestraße 30, D-76133 Karlsruhe

Bartholomäus Pitiscus (1561-1613)
und seine kleine Trigonometrie

Martin Hellmann

Im Dezember 1995 tagte das mathematikhistorische Oberseminar der Pädagogischen Hochschule in Heidelberg unter dem Motto "400 Jahre Trigonometrie", angelehnt an den Druck der kleinen Trigonometrie von PITISCUS
im Jahre 1595. Das Büchlein markiert einen modernen Wendepunkt in der
Geschichte der Trigonometrie, deren eigentliche Anfänge natürlich viel
weiter zurückliegen. Die "Trigonometria" war aber lange Zeit das maßge-
bende Lehrbuch und ihr Titel – eine griechisch-lateinische Wortschöpfung
von PITISCUS – hat sich durchgesetzt. PITISCUS hat das Fachgebiet der Trigonometrie also in dem Sinne begründet, daß er ein didaktisch abgerundetes
Lehrgebäude mit diesem Namen geschaffen hat.

In diesem Zusammenhang gibt es einiges Interessante, aber heute kaum noch
Bekannte aus dem Leben des Autors zu berichten, in dem die Mathematik
eine eher nebensächliche Rolle zu spielen scheint. Berühmtheit zu Lebzeiten
erlangte er eher als Theologe. Daß er eine wichtige Persönlichkeit in der
Blütezeit des Pfälzischen Späthumanismus war, davon gibt seine Biographie
reichlich Zeugnis, die nur wenige Jahre nach seinem Tod in dem großen biographischen Corpus von MELCHIOR ADAM erschienen ist.[1] Die kleine "Vita
Pitisci" ist vom Dschungel der späteren Gelehrtenlexika überwuchert worden, obwohl alle Pitiscus-Artikel im wesentlichen auf MELCHIOR ADAM zu-
rückgehen. Adamus war nicht nur Heidelberger Zeitgenosse von PITISCUS,
er gehörte wie dieser zu der großen Gemeinde gelehrter Schlesier, die vor
allem aus konfessionellen Gründen in die calvinistische Pfalz kamen.

Der Lebensweg von PITISCUS ist in dieser Hinsicht beispielhaft. Er stammt
aus einem kleinen Dorf bei Grünberg in Schlesien. Den ersten Unterricht
erhält er von dem dortigen Dorfprediger, der auf ihn aufmerksam wird und
dafür sorgt, daß er die Schule in Grünberg besuchen kann. Auch dort fällt er
auf und wird nach Breslau geschickt. Nach einiger Zeit kann er dort die
Akademie besuchen und wird Theologe. Man erfährt zwar, daß er schon in

---

[1] Melchior Adam(us), Vitae Germanorum Theologorum, Heidelberg 1620, S. 833-841.

Breslau mit der mathematischen Literatur vertraut wird, entscheidend aber ist die Theologie und zwar in der orthodoxen Ausprägung ihrer Lehre, wobei orthodox schon hier calvinistisch heißt. Mit dieser geistigen Ausrichtung nimmt PITISCUS zugleich sein Leben in die Hand, und es ist kein Zufall, daß er 1583, mit 22 Jahren also, an das Gymnasium Illustre von Sachsen-Anhalt in Zerbst kommt[2] – damals eine von drei Hochschulen von reformiertem Bekenntnis – neben Bremen und dem Casimirianum im pfälzischen Neustadt.

Ein Jahr später sah alles schon völlig anders aus, und PITISCUS wechselte nach einem knappen Studienjahr von Zerbst nach Heidelberg.[3] 1583 starb nämlich Ludwig VI., der lutheranische Kurfürst von der Pfalz, und der Calvinist Pfalzgraf JOHANN CASIMIR wurde Vormund des gerade neunjährigen neuen Kurfürsten FRIEDRICH IV. Dieser erhält jetzt reformierte statt lutheranische Erzieher, und 1588 ist PITISCUS unter ihnen und wird einer der engsten, wenn nicht der engste Vertraute des Kurfürsten. Er sitzt also direkt an der konfessionellen Triebfeder der pfälzischen Politik.

Aber warum soll sich der Kurfürst nicht auch für Trigonometrie interessiert haben? Daß er das getan hat, glaubt man schon zu erkennen, wenn man sich den Grundriss von Mannheim anschaut, der 1606 von FRIEDRICH IV. gegründeten sogenannten Quadratestadt. Sie hat ja nicht nur Quadrate, sondern in den großen Ringstraßen auch Bögen und bietet daher reiches Anschauungsmaterial für die ebene Trigonometrie.

FRIEDRICH IV. ist übrigens nicht der einzige Schüler von PITISCUS, der bekannt geworden ist. Ein weiterer ist der Sandhäuser MARCUS WENDELINUS (1584-1652),[4] dessen Spezialität die Verbindung von Theologie und Naturwissenschaft wurde. Das würde uns kaum angehen, wenn WENDELINUS nicht der große Rektor der Zerbster Hochschule geworden wäre, der sie über 40 Jahre und über den 30-jährigen Krieg hinweg geleitet hat. Er gibt damit dem verlorenen Studienjahr von PITISCUS in Zerbst nachträglich eine gewisse Bedeutung.

---

[2] Reinhold Specht, Die Matrikel des Gymnasium Illustre zu Zerbst in Anhalt 1582-1797, Leipzig 1930, S.29.

[3] Gustav Toepke, Die Matrikel der Universität Heidelberg II, Heidelberg 1886, S. 110 und 550.

[4] Reinhart Staats, "Markus Friedrich Wendelin – ein Universalgelehrter aus Sandhausen" *In:* Heimatbuch der Gemeinde Sandhausen, Heidelberg 1986, S. 276-285.

Eine weitere schlesisch-pfälzische Parallelbiographie muß hier erwähnt werden – die des fünf Jahre jüngeren Grünbergers ABRAHAM SCULTETUS.[5] Dieser Schulfreund von PITISCUS folgt ihm im Abstand von ein Paar Jahren Richtung Heidelberg und wird ebenfalls Theologe. Auch die Trigonometrie ist mit seinem Namen verbunden, denn SCULTETUS hat 1595 in Heidelberg eine Sphärik, also ein astronomisches Büchlein, verfaßt, als deren Anhang sich die Trigonometrie von PITISCUS in ihrer ersten, kleinen Fassung findet. Der von PITISCUS eingeschobene Widmungsbrief, in dem er ABRAHAM SCULTETUS sogar als Auftraggeber der Trigonometrie nennt, ist an DAVID SCULTETUS gerichtet, einen Cousin von ABRAHAM und ebenfalls Grünberger.

Das Büchlein hat dem jüngeren ABRAHAM SCULTETUS immerhin einen Platz im "Dictionary of Scientific Biography" eingebracht – an der Seite seines berühmten Wittenberger Namenskollegen, des Astronomen BARTHOLOMÄUS SCULTETUS – sein Leben war aber nicht das eines Wissenschaftlers: Nach dem Tod von PITISCUS hatte er dessen Position als Hofprediger und Berater des Kurfürsten übernommen. SCULTETUS verfing sich in der Politik und ging schließlich mit FRIEDRICH V., dem "Winterkönig", im Jahr 1621 in Böhmen unter. PITISCUS hingegen entfaltete gerade in der Zeit von 1600 bis zu seinem Tode 1613 sein bedeutendes mathematisches Werk.

In der Vita Pitisci von MELCHIOR ADAM steht übrigens ausdrücklich, daß PITISCUS mathematischer Autodidakt war. Die Stelle lautet in deutscher Übersetzung: "Das muß wirklich bewundert werden, daß ein Mann der Theologie in den mathematischen Studien – mit keinem außer sich als Lehrer – so weit fortgeschritten ist, daß er mit seinen Schriften den großen Professoren der Mathematik den Ruhm für jene Lehre abgenommen hat." Und was noch wichtig ist für seinen zeitgenössischen Ruhm: MELCHIOR ADAM überliefert auf griechisch und lateinisch ein Grabgedicht von SIMON STENIUS, das vielleicht auf dem heute nicht mehr vorhandenen Grab in der Heidelberger Peterskirche stand. Es ist allerdings nicht in die Sammlung der Heidelberger Inschriften aufgenommen, die zu großen Teilen nur durch MELCHIOR ADAM und seinen biographischen Sammeleifer überliefert sind:

---

[5] Gustav Adolf Benrath, Die Selbstbiographie des Heidelberger Theologen und Hofpredigers Abraham Scultetus (1566-1624), Karlsruhe 1966.

"Ut Pauli pietas, sic Euclidea mathesis,
Hoc uno Pitisci occulitur tumulo."

"In dem einen Grab von Pitiscus verbirgt sich,
wie die Frömmigkeit von Paulus, so die Euklidische Mathematik."

Zur Trigonometrie selber und ihren verschiedenen Ausgaben: MELCHIOR ADAM spricht von einer kleinen und einer großen Trigonometrie. Die kleine ist die erwähnte von 1595 im Anhang zu SCULTETUS. Bei der großen handelt es sich eigentlich um drei verschiedene Ausgaben von 1600, 1608 und 1612. Mit der kleinen haben sie nicht mehr viel zu tun: Die große Trigonometrie wirkt im Vergleich zur kleinen wie ein Monumentalwerk. Erst mit ihr ist die weltweite Verbreitung der trigonometrischen Lehre möglich. Aber auch die kleine ist in der Lehre schon bedeutend: Die entscheidende Rezension ist offenbar die von TYCHO BRAHE in einem Brief an KONRAD ASLACH vom 19. Februar 1596, die unabhängig voneinander bei MELCHIOR ADAM und als Eintrag in das Züricher Exemplar der kleinen Trigonometrie überliefert ist.[6] Und 1597 schon hält MELCHIOR JÖSTEL in Wittenberg seine Vorlesung über die Trigonometrie von BARTHOLOMÄUS PITISCUS.[7]

Obwohl es der kleinen Fassung an Vollständigkeit und manchmal auch an Exaktheit fehlt, hat sie doch als Anfängerlehrbuch einige Vorzüge, auf die ich kurz eingehen möchte. Angefangen beim Widmungsbrief: Die Widmung ist ganz persönlich an seine alten Grünberger Freunde gerichtet und stellt die Trigonometrie als spielerisches Vergnügen dar. Der Würfel ist zwar noch kein mathematisches Werkzeug, dafür gehören Zirkel und Lineal ins Reich der Spiele. Das ist viel motivierender als die an den Kurfürsten gerichtete und umständlich hochstilisierte "Epistula nuncupatoria" der großen Fassungen, die Astronomie und Mathematik als Theologenpflicht verteidigt.[8]

---

[6] Tycho Brahe, Opera omnia VII, hrsg. v. John Louis E. Dreyer und Johannes Rader, Kopenhagen 1924, S. 377.

[7] Anton v. Braunmühl, Vorlesungen über Geschichte der Trigonometrie I, Leipzig 1900, S. 226.

[8] Dr. Breidert hat darauf hingewiesen, daß sich noch Johannes Leuneschloß, der im späteren 17. Jahrhundert die Mathematik an der Universität Heidelberg repräsentiert, in seinen "Mille De Quantitate Paradoxa Sive Admiranda" von 1658 auf diese Stelle beruft.

Die Thematik der "Trigonometria parva" ist schnell umrissen. Das Büchlein hat zwei Teile, von denen der erste auf Erläuterung und Beweis der sphärischen Sinus- und Kosinussätze hinausläuft – im Gewand der Proportionenlehre von EUKLID ausgedrückt. Diese Sätze gelten dann als die Axiome der Trigonometrie, so wie sie BARTHOLOMÄUS PITISCUS zunächst versteht. Der zweite Teil ist dann diese eigentliche Trigonometrie, nämlich die systematische Anwendung dieser Axiome auf die allgemeinen Fälle der sphärischen Dreiecksberechnung. Es kommt dabei auf zwei Dinge an:

(1) mit *einem* Rechenschritt ("unica ratiocinatione") auszukommen, d.h. – abgesehen vom Nachschlagen in einem trigonometrischen Tafelwerk – nur einen Dreisatz rechnen zu müssen,

(2) *allein* mit Sinustafeln auszukommen – wenn die damals ganz neuen Tangens- und Sekanstafeln aus irgendeinem Grund nicht vorhanden seien.

Ein kleiner Abschnitt zum Abschluß behandelt auch erstmals überhaupt allgemeine Fälle der ebenen Dreiecksberechnung, die auf sphärische Spezialfälle zurückgeführt werden. Ausführlich behandelt PITISCUS aber die ebene Trigonometrie, für die er vor allem durch die Bedürfnisse des Vermessungswesens bekannt geworden ist, erst in den großen Ausgaben. Was die späteren Ausgaben so groß macht, sind übrigens vor allem die vermessungstechnischen Übungsaufgaben.

Zur Terminologie der trigonometrischen Funktionen: In einer *Admonitio ad lectorem*, einer Anweisung für den Leser, zu Anfang der kleinen Trigonometrie, geht PITISCUS auf die damals gängigen trigonometrischen Tafeln ein. Auch vor PITISCUS war ja die Kurpfalz auf diesem Gebiet führend – durch das riesige, von RHETICUS angefangene Tafelwerk, aus dem unter OTHO das *Opus Palatinum* und schließlich 1613 im Todesjahr von PITISCUS sein *Thesaurus mathematicus* wurde. RHETICUS hatte eine eigenwillige Terminologie, die der große Mathematikhistoriker des ausgehenden 18. Jahrhunderts ABRAHAM GOTTHELF KÄSTNER folgendermaßen beurteilt: "Er wollte den Namen *Sinus* als barbarisch nicht brauchen und das Bestreben, Alles in zierlichem Lateine auszudrücken, führte ihn in eine Weitläuftigkeit, die wir uns sehr nützlich durch Barbarismen ersparen."[9]

RHETICUS drückt die trigonometrischen Funktionen als Dreiecksseiten aus: die größere Kathete heißt etwa "maius latus includentium angulum rectum",

---

[9] Abraham Gotthelf Kästner, Geschichte der Mathematik I, Göttingen 1796, S. 562.

die größere Seite der den rechten Winkel einschließenden. PITISCUS benützt aber schon 1595 *Sinus, Sinus versus* (nämlich 1-cos) und *Tangens*, ab 1600 die sechs auch heute noch üblichen trigonometrischen Funktionen, deren Durchsetzung zum großen Teil auf ihn zurückgeht, die er selbst aber von seinem Zeitgenossen THOMAS FINKE (Finckius) übernimmt, dessen *Geometria rotundi* von 1583 er an dieser Stelle wegen der Tafeln auch empfiehlt.[10]

Das Folgende ist zweitrangig, aber wenigstens in diesem Punkt scheint PITISCUS wirklich eine Lücke in der mathematischen Theorie geschlossen zu haben. Es ist der Beweis des sphärischen Winkelkosinussatzes. PITISCUS geht vom Seitenkosinussatz aus. Das Diagramm, aus dem man ihn ablesen kann, übernimmt er aus der *Triangulorum geometria* seines Zeitgenossen PHILIPP V. LAENSBERGH (Lansbergius) von 1591. Der Seitenkosinussatz (Axiom 4 der kleinen Trigonometrie) mit den Worten von PITISCUS, aus dem Lateinischen übersetzt:

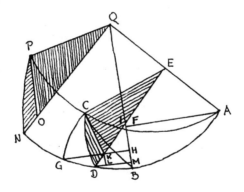

"Ich behaupte, daß die Radien QA und QN mit den *Sinus recti* AF und DE proportional zu den *Sinus versi* DK, KL und NO sind und daß insbesondere, wenn NO aus den Gegebenen AF, ED und KL gesucht werden soll, gilt:

I. wie AF zu AQ, so KL zu DK,

II. wie ED zu NQ, so DK zu NO,

---

[10] Siehe dazu: Mary Claudia Zeller, The Development of Trigonometry from Regiomontanus to Pitiscus, Diss. Ann Arbor (Michigan) 1944.

wenn aber umgekehrt BH aus den Gegebenen NO, ED und AF gesucht werden soll, gilt:

I. wie NQ zu ED, so NO zu DK,

II. wie AQ zu AF, so DK zu KL oder HM; wenn du diesem BM zufügst, ergibt sich BH.

Beweis. Die Dreiecke OPQ und KCE stimmen in ihren Winkeln überein, wegen Desselben bei Q und E und der Rechten bei O und K. Also haben sie zueinander proportionale Seiten, insbesondere gilt: wie PQ zu CE, so OQ zu KE. Und weil PQ und NQ ebenso wie CE und DE nach der vorausgehenden Konstruktion sich gleichen, gilt auch: wie NQ zu DE, so OQ zu KE, und so NO zu DK. Wenn nämlich gegolten habe: wie das Ganze zum Ganzen, so das Weggenommene zum Weggenommenen, gälte nach EUKLID VII.11 auch: wie der Rest zum Rest, so das Ganze zum Ganzen. Ferner stimmen die Dreiecke QAF und DKL in ihren Winkeln überein, denn DKL und DIM stimmen wegen des Gemeinsamen bei D und der Rechten bei L und M, ferner auch DIM und QIE wegen Desselben bei I und der Rechten bei M und E, und schließlich IQE und QFA wegen des Gemeinsamen bei Q und der Rechten bei F und E in ihren Winkeln überein. Also haben QFA und LKD zueinander proportionale Seiten, insbesondere wie FA zu AQ, so LK zu KD usw."

Den Übergang zum Winkelkosinussatz schafft PITISCUS in der kleinen Trigonometrie noch nicht:

"Dieselbe Überlegung gilt, wenn die Sinusse der Winkel für die Sinusse der Seiten und umgekehrt genommen werden. Warum aber für den stumpfen Winkel und die ihm gegenüberliegende Seite deren Komplemente zu Halbkreisen sowohl als Gegebene genommen werden müssen als auch gefunden werden, warum zugleich diese Verwandlung der Winkel in Seiten bei rein Spitzwinkligen (auch diejenigen, die zwei Stumpfe haben, werden auf Grund der zwei gegenüberliegenden Spitzen als solche eingeschätzt) nicht gelingt, werden dich die für solche Fälle angepaßten Schemata lehren, die du dir leicht selbst ausdenken kannst, wenn du das, was wir hier dargestellt haben, in der Tiefe erkannt und durchblickt hast."

Der Gedanke wird erst in der großen Trigonometrie ausgeführt, aber auch nicht so, wie der heutige Mathematiker es sich vorstellt. Der Winkelkosinussatz schafft nämlich den Sprung in den Rang eines Axioms – oder wie man heute sagen würde: eines Satzes – nicht ganz. Der entscheidende Gedankenschritt soll nur benutzt werden, um den Seitenkosinussatz im entsprechenden Sinne anzuwenden.[11] Dieser entscheidende Gedanke ist übrigens eine Konstruktion von VIETA, die PITISCUS folgendermaßen wiedergibt:[12]

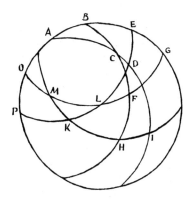

"Die Seiten eines sphärischen Dreiecks können in Winkel, und umgekehrt, umgetauscht werden, nachdem für die größte Seite und für den größten Winkel die Komplemente zum Halbkreis genommen wurden.

Sei das sphärische Dreieck ABC stumpfwinklig bei B. Das Maß des Winkels bei A sei DE. Das Maß des spitzen Winkels bei B (der das Komplement des stumpfen bei B und im gegebenen Dreieck größten Winkels ist) sei FG. Das Maß des Winkels bei C sei HI. Dem Bogen DE gleicht KL, denn KD und LE sind Viertelkreise, und ihr gemeinmeinsames Komplement ist LD. Dem Bogen FG gleicht LM, denn LG und FM sind Viertelkreise, und ihr gemeinsames Komplement ist LF. Dem Bogen HI gleicht KM, denn KI und MH sind Viertelkreise, und ihr gemeinsames Komplement ist KH. Also gleichen die Seiten des Dreiecks KLM den Winkeln des Dreiecks ABC, anstelle des größten Winkels ABC dessen Komplement FBG hinzugenommen. Mit gleicher Überlegung kann auch gezeigt werden, daß die Seiten des Dreiecks ABC den Winkeln des Dreiecks KLM gleich sind. Die Seite AC nämlich gleicht dem Bogen DI, dem Maß des Winkels DKI, dem Komplement des stumpfen MKL. Die Seite AB gleicht dem Bogen OP, dem Maß des Winkels MLK. Die Seite BC gleicht ferner dem Bogen FH, dem Maß des Winkels LMK. Es sind nämlich jeweils AD und CI, AP und OB, BF und CH Viertelkreise, und die gemeinsamen Komplemente je zweier CD, AO, CF. Also können eines sphärischen Dreiecks Seiten in Winkel umgetauscht werden, usw. q.e.d."

---

[11] Das geschieht in Axiom IV.4 der großen Trigonometrie (Augsburg 1600).
[12] Satz I.61 der großen Trigonometrie (Augsburg 1600).

Die Leistung von PITISCUS in diesem Zusammenhang ist strenggenommen also folgende: Er hat in der großen Trigonometrie – wie schon in der kleinen und wie übrigens auch schon LAENSBERGH – den sphärischen Winkelkosinussatz formuliert und neben den Seitenkosinussatz gestellt. Außerdem hat er die Überlegung von VIETA bereitgestellt, den Knackpunkt für einen Beweis.

Die eigentliche Bedeutung der Trigonometrie von PITISCUS liegt aber in anderen Dingen, die Bedeutung der kleinen Fassung in der Didaktik, die der großen in der Verbreitung der Lehre. Ich erwähne nur die Übersetzungen: Drei vollständige englische Ausgaben, bei denen allerdings die vermessungstechnischen Aufgaben auf die Nautik zugeschnitten sind, aus den Jahren 1614, 1630 und 1631. In französischer Sprache die trigonometrischen Tafeln von PITISCUS mit erläuternden Auszügen aus der Trigonometrie in zwei Ausgaben von 1619 und 1623.[13] Schließlich sogar chinesische Auszüge aus der Trigonometrie in dem kalendarischen Sammelwerk Chong-Zhen Lishu. Seine Entstehung hängt mit einer Kalenderreform in China in den Jahren 1631-1634 zusammen, an der der aus Köln stammende Jesuit und chinesische Astronom JOHANN ADAM SCHALL VON BELL maßgeblich beteiligt war. Der Hinweis darauf aus der inneren Mongolei kam von LI DI über ERHARD ANTHES und KLAUS VOLKERT zu mir und zeigt, daß in der Frage der Verbreitung der Trigonometrie noch vieles offen ist – gerade weil sie sich am Rand der Mathematik, wie z.B. in Astronomie und Vermessungswesen vollzieht.[14]

Martin Hellmann, Seminar für Lateinische Philologie des Mittelalters und der Neuzeit, Universität Heildelberg, Seminarstraße 3, 69117 Heidelberg

---

[13] Eine bibliographische Zusammenstellung findet sich bei: Raymond Clare Archibald, "Bartholomäus Pitiscus (1561-1613)". *In:* Mathematical Tables and Other Aids to Computation 3 (1949) S. 390-397.
[14] Eine ausführlichere Darstellung enthält Bd.4 (1997) der Mannheimer Geschichtsblätter.

Die Logarithmen, von der Rechenhilfe über Funktionalgleichungen zur Funktion

Detlef Gronau

0. Anfänge der Logarithmen

Spricht man von den Anfängen der Logarithmen als Rechenhilfe, so wie sie von JOHN NAPIER (1550 - 1617) und JOST BÜRGI (1552 - 1632) eingeführt wurden, so sollte man wohl auch die Vorläufer erwähnen:

0.1 Prostaphairesis

Aus dem Nachlaß von Regiomontanus schöpfte der Pfarrer und Liebhaberastronom JOHANNES WERNER aus Nürnberg (1468 - 1528) viel Wissen über Trigonometrie, und er verfaßte eigene Werke zur Trigonometrie. Dort findet man die Formel

$$\sin \alpha \sin \beta = 1/2 \ (\cos (\alpha - \beta) - \cos (\alpha + \beta))$$

(in unserer heutigen Terminologie ausgedrückt). Dadurch kann also die Multiplikation von zwei Sinuswerten auf Additionen und Subtraktionen zurückgeführt werden. Dieses Verfahren wurde im Laufe der Zeit verfeinert und zur sog. *Prostaphäretischen Rechenmethode* entwickelt, die bis in das 17.Jh. als Grundlage von astronomischen Rechenmethoden diente. Sie wurde auch von führenden Astronomen wie etwa TYCHO BRAHE (1546 - 1601) verwendet.

0.2 Potenzrechnen

Geschichtlich gesehen war im Bezug auf das Rechnen mit Logarithmen die wichtigste Erkenntnis die des Additionsgesetzes für Exponenten: $b^{u+v} = b^u \cdot b^v$. Potenztabellen, denn das sind ja die Logarithmentafeln, wurden bereits bei den Ägyptern und Babyloniern aufgestellt. Schon EUKLID formulierte im 9. Buch der *Elemente* Potenzgesetze, z.B. $a^n : a^m = a^{n-m}$ und geometrische Progressionen.

0.2.1 Michael Stifel (1487 - 1567)

Am anregendsten für die Entstehung der Logarithmentafeln war wohl MICHAEL STIFEL. NAPIER und BÜRGI, die Entdecker der Logarithmen, sind direkt oder indirekt von STIFEL angeregt worden. In seinem Buch *Arithmetica integra*, Nürnberg 1544, führt er Reihen von Potenzen von 2 an, sogar auch eine mit negativen Exponenten.

STIFEL schreibt: *„Man könnte ein ganz neues Buch über die wunderbaren Eigenschaften dieser Zahlen schreiben, aber ich muß mich an dieser Stelle bescheiden und mit geschlossenen Augen daran vorübergehen."* Und weiter: *„Addition in der arithmetischen Reihe entspricht der Multiplikation in der geometrischen Reihe, ebenso Subtraktion in jener der Division in dieser. Die einfache Multiplikation bei den arithmetischen Reihen wird zur Multiplikation in sich (d.h. Potenzierung) bei der geometrischen Reihe. Die Division in der arithmetischen Reihe ist dem Wurzelausziehen in der geometrischen Reihe zugeordnet, wie die Halbierung dem Quadratwurzelausziehen"* (siehe TROPFKE [10], p. 171 ff.).

0.2.2 Simon Jacob (1510? - 1564)

Ein New und Wolgegründt Rechenbuch auff den Linien wie Ziffern samt der Welschen Practic, Frankfurt am Main 1565, ist ein Rechenbuch, das von seinem Bruder PANGRATZ JACOB VON COBURG posthum herausgegeben wurde. Hier findet man die Begriffe arithmetische Progression und geometrische Progression. SIMON JACOB beruft sich dabei auf die *38. Proposition deß neundten Buchs Euclidis* und andere. Das 9. Buch EUKLIDS behandelt auch geometrische Progressionen, beinhaltet allerdings keine 38.Proposition.

Er führt auch auf (Seite 14 verso) ein Beispiel an:

$$
\begin{array}{ccccccccc}
0. & 1. & 2. & 3. & 4. & 5. & 6. & 7. & 8. \\
3. & 6. & 12. & 24. & 48. & 96. & 192. & 384. & 768.
\end{array}
$$

also die Folge $3 \cdot 2^n$, $n = 0,...,8$. Er erklärt auch (auf Seite 15) die Beziehung zwischen arithmetischer und geometrischer Progression:

„So merck nun / was in Geometrica *progreßione ist Multipliciern / das ist in* Arithmetica *progreßione Addiern / und was dort ist Dividiern / das ist hie Subtrahiern / und was dort mit sich ist Multipliciern / ist hie schlecht Mul-*

tipliciern / Letztlich was dort ist Radicem *extrahiern / das ist hie schlechtes Dividiern mit der zal die der* Radix *in Ordnung zeigt /... "*

Diese Formulierung findet man fast wortwörtlich dann auch in BÜRGIS *Gründlichem Unterricht,* wobei dieser sich auch auf SIMON JACOB beruft. Gerade die Form der oben angeführten geometrischen Progression, nämlich $z \cdot q^n$, $n = 0, 1, \dots$, wird bei BÜRGI und auch bei NAPIER verwendet.

0.2.3 Mauritius Zons

Ein new Wolgegründtes Kunst- und Artig Rechenbuch auff der Ziffer / von vielen nützlichen Kauffmans Regulen / ... Sampt einem angehengten gründlichen underrricht / ... Alles durch Mauritius Zons / Bürger und Rechenmeister in Cölln ... Gedruckt zu Cölln / bey Matthis Smitz / unter der Hagt / Anno 1616.

Auch hier werden Progressionen eingeführt: „*Wie vielerley sind Progressiones? Zweyerley / Nemlich Arithmetica und Geometrica.*" Es werden Umgang und Eigenschaften dieser Progressionen beschrieben. BÜRGI zitiert in seinem *Gründlichem Unterricht* auch MAURITIUS ZONS.

1. Die Logarithmen von BÜRGI und NAPIER

JOHN NAPIER (1550 - 1617) [1] und JOST BÜRGI (1552 - 1632),[2] werden allgemein als die „Entdecker der Logarithmen" anerkannt, wobei beiden zugestanden wird, daß sie ihre Entdeckung unabhängig voneinander gemacht haben. Beide Tafeln beruhen auf demselben mathematischen Prinzip, nämlich einer Tabelle bestehend aus zwei Reihen, einer *arithmetischen Reihe*:

$$x_n = n \cdot s, \quad n = 0, 1, \dots$$

und einer *geometrischen Reihe*:

$$y_n = z \cdot q^n, \quad n = 0, 1, \dots$$

---

[1] John Napier: Mirifici Logarithmorum canonis descriptio, Eiusque usus, in utraque Trigonometria, ut etiam in omni Logistica Mathematica, Authore ac Inventore, Ioanne Nepero, Barone Merchistonii, Edinburgi 1614.

[2] Jost Bürgi: Arithmetische und Geometrische Progreß Tabulen/ sambt gründlichem unterricht/ wie solche nützlich in allerley Rechnungen zugebrauchen/ und verstanden werden sol. Gedruckt/ In der Alten Stadt Prag/ bey Paul Sessen/ der Löblichen Universität Buchdruckern/Im Jahr/ 1620.

wobei s, z und q jeweils fest gewählte Konstanten sind. BÜRGI nimmt in seiner Tabelle die Konstanten $s = 10$, $z = 10^8$ und $q = 1 + 10^{-4}$,

NAPIER wählt $s = 1 + 0.5 \cdot 10^{-7}$, $z = 10^7$ und $q = 1 - 10^{-7}$. Beide nennen auch ihre Reihen *arithmetische Reihe* und *geometrische Reihe*. NAPIER nennt die Zahl x_n den „Logarithmus" von y_n, BÜRGI nennt x_n die „rote Zahl" von y_n. Bei ihm kommt das Wort *Logarithmus* nicht vor.

Die Funktion, die von NAPIER tabelliert wird, nennen wir sie $L_N (x)$, den „*Napierschen Logarithmus*", lautet in unserer Notation:

$$L_N(y) = 10^7 \cdot s \cdot \left[ln\left(\left(1 - 10^{-7}\right)^{10^7} \right) \right]^{-1} \cdot ln\frac{y}{10^7} \approx 10^7 \cdot ln\frac{10^7}{y},$$

wobei ln(x) der natürliche Logarithmus von x ist.

Der „*Bürgische Logarithmus*" lautet:

$$L_B(y) = 10^5 \cdot \left[ln\left(\left(1 + 10^{-4}\right)^{10000} \right) \right]^{-1} \cdot ln\frac{y}{10^8} = 10^5 \cdot ln\left(\frac{y}{10^8}\right).$$

Hier ist $a = (1 + 10^{-4})^{10000}$. Die Zahl $a = 2,71814595$ ist ungefähr gleich der Eulerschen Zahl $e = 2,7182818285$. Daher tabellieren BÜRGIS Progreß-Tabulen in etwa den natürlichen Logarithmus.

In der *Vorrede an den Treuherzigen Leser* schreibt er zunächst:

„*Betrachtendt derowegen die Aigenschafft und Correspondenz der Progressen als der Arithmetischen mit der Geometrischen, das was in der ist Multiplizieren ist in jener nur Addieren, und was ist in der dividieren, in Jehner Subtrahieren, und was in der ist Radicem quadratam Extrahieren, in Jener ist nur halbieren, Radicem Cubicam Extrahieren, nur in 3 dividieren, Radicem Zensi in 4 dividieren, Sursolidam in 5. Und also fort in Anderen quantitaten, so habe Ich nichts Nützlichres erachtet, dan dise Tabulen.*"

BÜRGI führt in seinem Bericht als Beispiel für die arithmetische und geometrische Reihe eine Tabelle von Zweierpotenzen an: „*... so wollen wir im Folgenden Begriff die Eigenschafft dieser zweien Progressen für Augen stellen und dieselben mit etlichen Exempeln erklären.*"

arithmetisch	0.	1.	2.	3.	4.	5.	6.	7.	8.	8.	10.	11.	12.
geometrisch	1.	2.	4.	8.	16.	32.	64.	128.	256.	512.	1024.	2048.	4096.

„Wir haben in der Vorrede Angeregt, wie auch von etlichen Arithmeticis SIMON JACOB, MORITIUS ZONS, *und Anderen ist berührt worden, das was in der* Geometrischen Progressen *oder in der Schwarzen Zahl* Multipliziert, *das selbig ist in der* Arithmetischen Progressen, *oder in der Rothen Zahl* Addiren."

In seinem Bericht beruft sich BÜRGI also auf „SIMON JACOB, MAURITIUS ZONS *und andere,*" jedoch nicht direkt auf M. STIFEL. Es ist hier zu vermerken, daß BÜRGI offenbar der lateinischen Sprache nicht mächtig war.

2. Die Logarithmen von JOHANNES KEPLER

Während BÜRGI und NAPIER „nur" ein Gesetz, nämlich das Additionsgesetz der Exponenten ausnützten, hat JOHANNES KEPLER (1571 - 1630) in seinen Logarithmischen Untersuchungen *Chilias Logarithmorum* Marpurgi M.DC.XXIV. und dem *Supplementum Chiliadis Logarithmorum*, Marpurgi M.DC.XXV., tatsächlich die logarithmische Funktionalgleichung

$$f(x \cdot y) = f(x) + f(y), \quad x, y \in (0, \infty) \qquad (1) \quad \text{behandelt.}$$

2.1 Keplers Chilias Logarithmorum

Die Entstehungsgeschichte von KEPLERS *Logarithmischen Schriften* hängt eng zusammen mit der langwierigen Entstehung der Rudolphinischen Tafeln, deren Verfassung JOHANNES KEPLER und TYCHO BRAHE im Jahre 1601 von KAISER RUDOLF in Auftrag bekamen. Die Arbeit dazu verzögerte sich aber immer wieder, nicht nur wegen der Erbstreitigkeiten mit den Nachkommen TYCHO BRAHES. JOHANNES KEPLER wurde sogar von den Ständen von Oberösterreich bedeutet, daß er die Arbeiten am Faßrechnen einstellen solle und wichtigere Dinge, wie die Rudolphinischen Tafeln und die Landmappen vollenden möge. Wohl im Gegenzug schrieb JOHANNES KEPLER in einem Bericht im Jahre 1616 an die Stände, daß er die Tafeln „in praxi" fertig habe. Dem war wohl nicht ganz so; denn es sollten sich der Fertigstellung ganz neue Hindernisse in den Weg stellen.

Die ursprüngliche Fassung der Rudolphinischen Tafeln waren auf der *prostaphairetischen Rechenmethode* aufgebaut. Inzwischen wurde das wesentlich einfachere Rechenverfahren mittels Logarithmen durch JOST BÜRGI und JOHN NAPIER entwickelt. JOHANNES KEPLER erfuhr im Frühjahr 1617 von

NAPIERS neuer Rechenmethode. Er pflegte zwar mit BÜRGI, mit dem er die Jahre 1605 bis 1612 gemeinsam in Prag verbrachte, nachweislich wissenschaftliche Kontakte. Wieviel er von BÜRGIS Methode und seinen Progreßtabulen gehört hat, ist unsicher. So schreibt er zwar in den Rudolphinischen Tafeln (1627), wo er die Napierschen Logarithmen preist, in Bezug auf diese: *„Diese logistischen Apices waren es auch, die JOST BÜRGI viele Jahre vor der Napierschen Publikation den Weg zu genau diesen Logarithmen gewiesen haben."* KEPLER fährt dann aber fort: *„Allerdings hat der Zauderer und Geheimtuer das neugeborene Kind verkommen lassen, statt es zum allgemeinen Nutzen groß zu ziehen."* ((siehe *[10], S. 48)*: *„qui etiam apices logistici IUSTO BYRGIO multis annis ante editionem Neperianam viam praeiverunt ad hos ipsissimos Logarithmos. Etsi homo cunctator et secretorum suorum custos foetum in partu destituit, non ad usus publicos educavit.")* Sonst nimmt aber KEPLER in den Rudolphinischen Tafeln keinen weiteren Bezug auf BÜRGIS Logarithmen und erwähnt auch nicht dessen Progreß-Tabulen.

KEPLER hatte zwar nie die persönliche Bekanntschaft mit NAPIER gemacht, jedoch die mit seinen Werken, zunächst mit seiner *Descriptio*, einer Art Benutzungsanleitung, in die er in den Jahren 1617 bis 1619 immer nur kurzen Einblick hatte. Weiter kam auch noch eine deutschsprachige Version der Napierschen Tabellen im Jahr 1618 auf den Markt, allerdings nur mit 5- statt mit 7-stelligen Tabellen. KEPLER muß nun einsehen, daß er nicht umhin kann, die Rudolphinischen Tafeln auf logarithmisches Rechnen umzuschreiben. Allerdings ist er genötigt, die Napierschen Tafeln für seinen Zweck umzuschreiben. Zunächst nur nach der Form, später auch in der Theorie, die ihm vorerst im Unklaren bleibt.

KEPLERS Lehrer MICHAEL MÄSTLIN aus Tübingen, mit dem KEPLER über all die Jahre regen Kontakt gepflegt hat, übt heftige Kritik an NAPIERS Logarithmen und daran, daß KEPLER sie einfach so übernehmen wolle. Er schreibt: *„Ich halte es unwürdig eines Mathematikers, mit fremden Augen sehen zu wollen und sich auf Beweise zu stützen oder als solche auszugeben, die er nicht verstehen kann. [...] Deshalb mache ich mir ein Kalkül nicht zu eigen, von dem ich glaube oder annehme, daß er bewiesen sei, sondern nur von einem, von dem ich es weiß."* Das Ergebnis all dieser Diskussionen ist jedoch nicht nur eine theoretische Begründung der Napierschen Logarithmen, sondern eine eigenständige Theorie der Funktion des „natürlichen Logarithmus" ln (x), wie er vorher nicht bekannt war.

2.1.1 Keplers Mensura

Die *Chilias Logarithmorum* sind enthalten in den Gesammelten Werken von JOHANNES KEPLER, herausgegeben von FRANZ HAMMER [8][9], und im Nachbericht von HAMMER [7] auch kommentiert. Eine französischsprachige Teilübersetzung bietet CHARLES NAUX [11].

Die *Chilias Logarithmorum* besteht aus:

- einer in Gedichtform gehaltenen Widmung an den LANDGRAF PHILIPP VON HESSEN, bei dem sich JOHANNES KEPLER für die dreißig Taler (Triginta expensis) bedankt und dafür dreißig Propositionen ankündigt.

- der theoretischen Begründung der Logarithmen (*Demonstratio Structurae Logarithmorum*), bestehend aus drei Postulaten, zwei Axiomen, den schon erwähnten dreißig Propositionen, einer Definition (des Logarithmus) und mehreren Korollaren zu den Propositionen.

- einer Kurzbeschreibung der Methode zur Erstellung der Logarithmentafel (*Methodus compendiosissima construendi chiliada Logarithmorum*).

- dem Tabellenwerk der *Chiliada Logarithmorum*.

Wir geben hier einen Teil wieder, wobei der Schwerpunkt auf KEPLERS Behandlung der logarithmischen Funktionalgleichung gelegt wird:

DEMONSTRATIO STRUCTURAE LOGARITHMORUM

Postulatum I

Omnes proportiones inter se aequales, quacunque varietate binorum unius, et binorum alterius terminorum, eadem quantitate metiri seu exprimere.

Postulat I

Alle Proportionen, die untereinander gleich sind, werden, wie auch immer ihre beiden Terme gestaltet sind, durch die gleiche Größe gemessen oder ausgedrückt.

Kommentar:

Hier ordnet JOHANNES KEPLER jeder Proportion, definiert durch zwei Größen, dem Zähler und dem Nenner, unabhängig von der jeweiligen Darstellung eine Zahl zu. Dies ist zunächst schon einmal revolutionär: Proportionen (also Verhältniszahlen) werden durch normale Zahlen, also was man heute unter dem Begriff reelle Zahlen versteht, miteinander verbunden. Er führt somit eine Funktion auf der Menge der positiven reellen Zahlen ein, von der sich herausstellen wird, daß sie bis auf einen Faktor einer 10-er Potenz der natürliche Logarithmus sein wird. Von KEPLER wird diese Funktion „mensura", also Maß genannt. Wir wollen dieses Maß einer Proportion $\frac{a}{b}$ mit $M\left(\frac{a}{b}\right)$ bezeichnen.

Axioma I

Si fuerint quantitates quotcunque ejusdem generis, quocunque ordine sibi invicem succedentes, ut si ordine magnitudinis sibi invicem succedant: proportio extremarum composita esse intelligitur ex omnibus proportionibus intermediis binarum, et binarum inter se vicinarum.

Seu, quod eodem redit, proportio minuitur aucto minori termino, vel diminuto majori; augetur rationibus contrariis.

Axiom I

Es seien Größen von beliebiger aber gleicher Art gegeben, in beliebiger Weise, etwa der Größe nach geordnet: man kann sich die Proportion der beiden extremen Terme aus allen Proportionen zusammengesetzt vorstellen, die man aus je zwei benachbarten Termen bilden kann. Oder, was dasgleiche ergibt, eine Proportion wird kleiner durch Vergrößerung des zweiten Termes oder auch durch Verringerung des ersten Termes; sie wird größer bei gegenteiligem Vorgang.

Kommentar:

Mathematisch gesehen bedeutet Axiom I: Seien positive relle Zahlen a, b, c, ..., x, y (in irgendeiner Anordnung gegeben). Dann gilt:

$$\frac{a}{y} = \frac{a}{b} \cdot \frac{b}{c} \cdot \ldots \cdot \frac{x}{y}.$$

Man muß aus diesem Text auch die Funktionalgleichung für das Maß:

$$M\left(\frac{a}{y}\right) = M\left(\frac{a}{b}\right) + M\left(\frac{b}{c}\right) + \ldots + M\left(\frac{x}{y}\right).$$

herauslesen. Rechnungen danach, sowie nachfolgende Texte, z.B. im Beweis zu Proposition XIX, zeigen, daß KEPLER dies so auffaßte.

I. Propositio

Medium proportionale inter duos terminos dividit proportionem terminorum in duas proportiones inter se aequales.

Nam si sunt duo termini, eorumque medium proportionale: est ergò inter tres quantitates Analogia seu Proportionalitas.

At Analogia definitur aequalitate τῶν λόγων proportionum: quare proportiones sectione constitutae, utpote partes proportionis totius, propositae sunt inter se aequales.

Proposition I

Das geometrische Mittel zweier Terme teilt die Proportion dieser Terme in zwei untereinander gleiche Proportionen.

Denn es seien zwei Terme gegeben und deren geometrisches Mittel: es besteht daher zwischen den drei Größen Analogie oder Vielfachheit.

Als Analogie wird die Gleichheit der Werte der Proportionen definiert: weshalb behauptet wird, daß die Proportionen dieser bestimmten Einteilung, nämlich die Teile der gesamten Proportion, untereinander gleich sind.

Kommentar:

Das geometrische Mittel c zweier Zahlen a und b ist durch $c^2 = a \cdot b$ definiert. Es sei also c das geometrische Mittel von a und b. Dann gilt:

$$\frac{a}{b} = \frac{a}{c} \cdot \frac{c}{d} \text{ mit } \frac{a}{c} = \frac{c}{b}.$$

Der anschließende Text (Beweis?) ist etwas unklar: „est ergò inter tres quantitates Analogia seu Proportionalitas". Größen sind a, b und c oder die Maße der daraus gebildeten Proportionen. Somit kann sich dieser Satz nur auf die Maße beziehen, nämlich:

$$M\left(\frac{a}{b}\right) = M\left(\frac{a}{c}\right) + M\left(\frac{c}{b}\right) = 2 \cdot M\left(\frac{a}{c}\right).$$

Das Maß erfüllt also die sog. „*eingeschränkte logarithmische Funktionalgleichung*:" $f(x^2) = 2 \cdot f(x).$ (2)

Sie entsteht aus der Cauchy'schen Funktionalgleichung (1) durch die Einschränkung y = x. Auch die Gleichung (2) besitzt den Logarithmus als einzige reguläre Lösung. KEPLER wird dies zeigen.

Axioma seu Notitia communis II

Si fuerint Quantitates quotcunque crescentes ordine: proportio extremarum divisa est per intermedias in partes unâ plures quàm sunt intermediae, divisionem facientes.

Sic quatuor interstitia digitorum arguunt quinque digitos. Sic quinque corpora regularia sibi invicem inserta ordine interpositis orbibus inscriptis et circumscriptis arguunt orbium talium sex esse.

Axiom (oder allgemeine Bekanntgabe) II

Es seien irgendwelche Größen in aufsteigender Ordnung gegeben: die Proportion der beiden äußeren Größen wird durch die der dazwischenliegenden in Teile aufgespaltet, deren Anzahl um eins mehr beträgt, als die Anzahl der Größen, die die Teilung bewirken.

So wie vier Zwischenräume fünf Finger nachweisen. So wie fünf reguläre Körper wechselseitig an deren Inkreisen und Umkreisen in und aneinandergefügt sechs solche Kreise nachweisen.

Kommentar:

Seien a, x_1, ... , x_n, b gegeben. Dann ist

$$\frac{a}{b} = \frac{a}{x_1} \cdot \frac{x_1}{x_2} \cdot \ldots \cdot \frac{x_n}{b}$$

Die Anzahl der Proportionen ist also n+1, um eines größer als die dazwischenliegenden Größen, die die Teilung bewirken. Interessant ist dabei der Hinweis auf die Anzahl der regulären Körper.

Postulatum II

Proportionem inter datos duos terminos quoscunque dividere in partes quotcunque (ut in partes numero continuè multiplici progressionis binariae) et eousque, donec partes oriantur minores quantitate proposita.

Proportio enim est etiam una ex quantitatibus continuis in infinitum dividuis.

Postulat II

Die Proportion zweier beliebig gegebener Terme kann in beliebige Teile aufgespaltet werden (wie etwa in Teile durch Zahlen einer fortgesetzten multiplikativen Progression), solange bis Teile entstehen, die kleiner sind als eine vorgegebene Größe. In der Tat wird eine Proportion auch aus Größen bis ins unendliche fortlaufend aufgeteilt.

Kommentar:

Hier bereitet KEPLER Schritte für die Approximation des Maßes vor. Er behauptet: es können Zahlen $x_1, ..., x_n$ wie im Kommentar zu Axiom II, gefunden werden, ja sogar in fortgesetzter multiplikativer Progression, das heißt:

$$\frac{a}{x_1} = \frac{x_1}{x_2} = \ldots = \frac{x_n}{b}$$

derart, daß die Differenzen jeweils benachbarter Zahlen beliebig klein ist. Hier wendet er die Indivisiblenmethode auf die Proportionen an. Anschließend kommt ein

Beispiel einer Aufteilung (Exemplum Sectionis):

Hier berechnet KEPLER das Maß der Proportion zwischen 10 und 7. Er teilt die Proposition zwischen $a = 10 \cdot 10^{19}$ und $z = 7 \cdot 10^{19}$ in 1073741824 (= 2^{30}) Teile ein, durch ebensoviele (minus einem) geometrische Mittel der dreißigsten Klasse, wobei hier aus einer beliebigen Klasse nur der größte Term und der dem größten Term der Proportion benachbarte ausgedrückt wird. D.h. KEPLER berechnet $x_1 = \sqrt{a \cdot z}$ und rekursiv $x_{i+1} = \sqrt{a \cdot x_i}$, i = 1,...,

29. Für das Maß gilt nun $M\left(\dfrac{a}{z}\right) = 2^{30} \cdot M\left(\dfrac{a}{x_{30}}\right)$.

Dann approximiert KEPLER: Da x_{30} zu a schon sehr nahe ist, setzt er, gemäß dem nachfolgenden *Postulat III* das Maß $M\left(\dfrac{a}{x_{30}}\right) = a - x_{30}$, das er mit 00000.00003.32179.43100 angibt. Dann multipliziert er diese Zahl mit 2^{30} und erhält $M\left(\dfrac{a}{z}\right) = 35667.49481.37222.14400$ als Maß von $\dfrac{a}{z} = \dfrac{10}{7}$, was den natürlichen Logarithmus von $\dfrac{10}{7}$ immerhin auf erstaunliche 8 Stellen wiedergibt. Und dies nur deshalb nicht noch genauer, weil KEPLER beim Wurzelziehen ungenau rechnet.

Postulatum III

Minimum proportionis elementum quantulum pro minimo placuerit, metiri seu signare per quantitatem quamcunque; ut per excessum terminorum hujus Elementi.

Postulat III

Das kleinste Element einer Proportion, wie klein wie es einem gefällt, wird durch eine beliebige Größe gemessen oder abgebildet; wie etwa durch die Differenz der Terme jenes Elementes.

Kommentar:

Postulat III fordert: Wenn nun x genügend nahe bei a liegt, setzen wir für $M\left(\frac{a}{x}\right)$ einen beliebigen Wert, etwa a-x. Damit kann man das Maß $M\left(\frac{a}{z}\right)$ für jedes z (bei festem a) berechnen. KEPLER postuliert also

$M\left(\frac{a}{z}\right) = \lim_{m\to\infty} m(a-(a/z)^{1/m})$. Im Grunde stellt er einen *Existenz- und Ein-*

deutigkeitssatz für die Lösungen der Funktionalgleichung (2) auf und beweist ihn mit den ihm zur Verfügung stehenden Mitteln.

Satz: Seien a,c $\in$ **R**. *Jede Lösung* f $(0, \infty) \to$ **R** *von* (2), *für die gilt*:

$\lim_{x\to a} \dfrac{f(a/x)}{a-x} = c$ *für* x $\in (0, \infty)$, *ist eindeutig bestimmt. Es ist dann*

$f(y) = c \cdot a \cdot \ln(y)$.

Beweis: Man kann diesen Beweis direkt von KEPLER übernehmen und mit den heute bekannten Tatsachen ergänzen. Es sei y$\in(0,\infty)$ gegeben, von der

Form y $= \dfrac{a}{z}$. Wir berechnen nun wie KEPLER $x_1 = \sqrt{a\cdot z}$ und rekursiv

$x_{i+1} = \sqrt{a\cdot x_i}$, i $= 1, \dots, n$. Damit gilt $\dfrac{a}{z} = \left(\dfrac{a}{x_n}\right)^{2^n}$. Für die Lösung f gilt nun

$$f\left(\frac{a}{z}\right) = 2^n \cdot f\left(\frac{a}{x_n}\right) = \frac{f(a/x_n)}{a-x_n}\cdot 2^n a\cdot\left(1-\frac{x_n}{a}\right) = \frac{f(a/x_n)}{a-x_n}\cdot 2^n a\cdot\left(1-\left(z/a\right)^{2^{-n}}\right).$$

: Gleichung (3). Es gilt $\lim_{m\to\infty} m\left(1-\sqrt[m]{b}\right) = -\ln b$, somit folgt mit der gegebenen Voraussetzung aus (3) durch Grenzübergang für n$\to\infty$:

$$f\left(\frac{a}{z}\right) = \lim_{n\to\infty} \frac{f(a/x_n)}{a-x_n}\cdot\frac{a\cdot\left(1-(z/a)^{2^{-n}}\right)}{2^{-n}} = c\cdot a\cdot\ln\left(\frac{a}{z}\right).$$

Es ist erstaunlich, wieweit KEPLER in diesem Beweis mitgegangen ist. KEPLER hat schon alle möglichen Kniffe verwendet, so wie sie heute bei der Lösung der sog. Cauchyschen Funktionalgleichungen angewendet werden. Auch in der Approximation geht er neue Wege, wenn er sich eine Proportion aus unendlich vielen Proportionen benachbarter Größen vorstellt, darüberhinaus aber auch noch die Anzahl der Schritte berechnet, die man ausführen muß, um das Maß bis auf eine bestimmte Genauigkeit zu erhalten. Nicht nur in der *Stereometria Doliorum*, auch hier zeigt er neue mathematische Ideen.

In den nachfolgenden Propositionen und Korollaren beweist KEPLER Abschätzungsformeln und Sätze über die Berechnung des Maßes. Wir wollen diese überspringen und verweisen auf den Nachbericht von HAMMER, [7] S. 475 und folgende Seiten.

In der folgenden Proposition verwendet KEPLER die Funktionalgleichung (1) erstmals (fast) uneingeschränkt und führt sie auch expressis verbis an.

XIX. Propositio

Cognita proportione numeri ad primum 1000: si duo alii in eâdem inter se proportione fuerint: eorum unius proportione ad 1000. cognitâ , noscetur etiam reliqui proportio ad eundem 1000.

Sit A 1000, et nota mensura proportionis A ad B. Sit verò ut A ad B, sic C ad D, et sit nota mensura proportionis A ad C. Dico, etiam innotescere mensuram proportionis A ad D. Quia enim nota est mensura ipsius A.B proportionis, nota etiam erit ipsius C.D proportionis, ut quae illi ponitur aequalis, per 1. Postul. Nota verò est etiam A.C, et A.D est composita ex A.C et C.D, per 1. Ax. quare etiam mensurâ ipsius A.D componetur ex mensurâ ipsius A.C, ut ex mensurâ ipsius C.D, id est, ipsius A.B.

Proposition XIX

Es sei die Proportion einer Zahl zur ersten (nämlich) 1000 bekannt: und die Proportion zweier anderer Zahlen sei dieser gleich: ist die Proportion der einen dieser Zahlen zu 1000 bekannt, dann erhält man auch die der anderen zu 1000.

Es sei A gleich 1000 und es sei das Maß der Proportion von A zu B bekannt. Weiter gelte, daß A zu B gleich wie C zu D ist, und das Maß der Proportion A zu C sei bekannt. Ich behaupte, daß auch das Maß der Proportion von A zu D erkannt werden kann. Weil ja das Maß der Proportion A.B bekannt ist, kennt man auch das von C.D, da diese nach Postulat 1 gleich gesetzt werden. Bekannt ist auch A.C, und A.D ist zusammengesetzt aus A.C und C.D, nach Axiom 1 wird daher auch das Maß von A.D zusammengesetzt aus dem Maß von A.C wie auch dem Maß von C.D welches gleich dem von A.B ist.

Kommentar:

Hier ist die Funktionalgleichung

$$M\left(\frac{A}{D}\right) = M\left(\frac{A}{C}\right) + M\left(\frac{C}{D}\right). \tag{4}$$

Nach zwei Korollaren zu Proposition XIX, Proposition XX und zwei Korollaren dazu, die sich alle mit der Berechnung des Maßes unter Verwendung von (4) befassen, erfolgt schlußendlich die

Definitio

Mensura cujuslibet proportionis inter 1000. et numerorum eo minorem, ut est definita in superioribus, expressa numero, apponatur ad hunc numerum minorem in Chiliade, dicaturque LOGARITHMVS ejus, hoc est, numerus (αριθμòς) indicans proportionem (λόγον) quam habet ad 1000. numerus ille, cui Logarithmus apponitur.

Definition

Das Maß einer beliebigen Proportion zwischen 1000 und einer dazu kleineren Zahl, wie es im vorhergehenden definiert wurde, ausgedrückt als Zahl und dieser kleineren Zahl in der Chilias zugeordnet, wird deren LOG-ARITHMUS genannt, das ist, die Zahl, die die Proportion anzeigt, welche jene Zahl zu 1000 hat, wird als deren Logarithmus zugeordnet.

Kommentar:

Der Kepler'sche Logarithmus L_K einer Zahl x wird durch

$$L_K(x) := M\left(\frac{1000}{x}\right)$$

definiert. Daß hier KEPLER nach unseren Begriffen so lange um den Brei herumredet, liegt wohl darin begründet, daß es, wie bereits erwähnt, revolutionär war, zwischen Proportionen und Zahlen eine Beziehung aufzustellen.

Nachdem das Maß M bis auf Zehnerpotenzen gleich dem natürlichen Logarithmus ist, kommt man zum *Keplerschen Logarithmus*

$$L_K(x) = a \cdot ln\left(\frac{a}{x}\right),$$

wobei hier $a = 1000$, und in den Tabellen dann $a = 10^7$ ist. Damit ist der Keplersche „Logarithmus" ungefähr gleich dem Napierschen Logarithmus.

Bezüglich des Inhaltes der weiteren Propositionen sei wieder auf HAMMER [7] verwiesen. Es sei nur noch erwähnt, daß KEPLER, obwohl er in der Definition des Logarithmus vom Argument gefordert hat, daß dieses kleiner als 1000 sei, in der abschließenden Proposition XXX auch den Logarithmus von Zahlen größer oder gleich 1000 bestimmt und feststellt, daß diese negative Vorzeichen haben, beziehungsweise der Logarithmus von 1000 gleich 0 ist.

Die Beweismethoden KEPLERS sind halbwegs exakt, oft äußerst kompliziert und zwar auf Grund der doch nicht so praktischen mathematischen Behandlung der exakten Größen durch die Proportionenlehre des Eudoxos in EUKLID, dem sich KEPLER ganz unterwirft und deren Kompliziertheit er auch erkennt. Man möchte zwar selbst beim Lesen der *Chilias* GULDINs Kritik, die er bei der STEREOMETRIA erhoben hat, (*„KEPLER habe zu wenig Gewicht auf geometrische Reinheit und Genauigkeit gelegt, habe sich auf Conjekturen und Analogien verlassen, nicht immer wissenschaftlich geschlossen und überdies Alles in dunkler Weise vorgestellt"* (Cantor [2], S. 841)) auch hier ausstoßen. Dies wäre aber einfach ungerecht. Denn KEPLER hat, ohne die richtigen Werkzeuge zu haben (wie etwa den Funktionsbegriff oder vollständige Induktion), hervorragende mathematische Ergebnisse erbracht. So jammert er selbst an einer Stelle im Anhang zu den *Chilias*: „In ungewohnten Situationen haben wir Mangel an Worten." (*„At cùm in re insolatâ laboremus penuria vocabulorum").*

3. Die weitere Entwicklung der Logarithmen

3.1 Die weitere Entwicklung der Logarithmentafeln

HENRY BRIGGS (1561 - 1630), Professor für Geometrie in London und Oxford, lernte die Napierschen Logarithmen um 1614/15 kennen. Er schlug Änderungen vor (nämlich daß der Logarithmus von 10 gleich 1 sein soll), die auf den Logarithmus zur Basis 10, auch **Briggscher Logarithmus** genannt, führten. Sie hatten den Vorteil, daß man die Umrechnung der Dezimalstellen und inbesondere die Reduktion der Zahlen auf den Tabellenbereich leichter durchführen kann.

KEPLER erhielt von seinem Freund GUNTHER ein Buch über die dekadischen Logarithmen. Er schrieb 1623 (die *Chilias* waren schon längst fertiggestellt aber noch nicht gedruckt) an GUNTHER (Tropfke [15], S. 317): „*Wenn es*

*mir möglich ist, will ich jedoch versuchen, die Heptacosias, die ein Be-
standteil der Rudolphinischen Tabellen werden soll, mit geringstem Ar-
beitsaufwand nach Euren* [dekadischen] *Logarithmen umzugestalten.*"
Doch schließlich, nachdem 1624 KEPLERS *Chilias* gedruckt vorlag, entschied sich KEPLER, doch auf die dekadischen Logarithmen zu verzichten.
So schreibt dann BRIGGS an KEPLER: *„Eurem soeben erschienenen Buch
über die Logarithmen anerkenne ich den Scharfsinn und lobe den Fleiß.
Hättet Ihr jedoch auf den Erfinder MERCHISTON gehört und wäret Ihr mir
gefolgt, dann hättet Ihr meiner Meinung nach denen, die am Gebrauch der
Logarithmen ihre Freude haben, einen besseren Dienst erwiesen.*"

Die auf Grundlage der Keplerschen Logarithmen berechneten Rudolphinischen Tafeln mit ihrer weitreichenden Bedeutung in der Astronomie bewirk-
ten ihrerseits, daß die ansonsten durch die dekadischen Logarithmen sehr
schnell veralteten Napierschen bzw. Keplerschen Logarithmen noch unver-
hältnismäßig lange weiterlebten. Sie wurden 1631 von KEPLERs Schwiegersohn JAKOB BARTSCH neu herausgegeben. Obwohl diese Ausgabe viele
Fehler enthielt, wurde sie mit Rücksicht auf die Benützbarkeit der Rudolphinischen Tafeln noch 1700 wieder aufgelegt.

An Logarithmentafeln möchte ich noch (aus Patriotismus) diejenigen von
GEORG FREIHERR VON VEGA (1756 - 1802, Major und Professor der Mathematik beim Kaiserl. königl. Bombardierkorps) erwähnen. Sie sind deshalb erwähnenswert, weil sie das einzige international beachtete Werk mit
mathematischem Inhalt sind, das in der Zeit nach KEPLER und GULDIN bis in
die Mitte des 19. Jh. (mit Ausnahme der von von J. BOLYAI und B.
BOLZANO) in der Österreichischen Monarchie, immerhin einem „Weltreich",
erschienen ist.

3.2 Die weitere Entwicklung der Logarithmen

Ab 1636 gelang PIERRE FERMAT (1601 - 1665) die Quadratur der höheren
Hyperbeln und Parabeln der Form

$$y = ax^m, y = \frac{a}{x^m} \text{ und } y^n = ax^m, m, n \in \mathbb{N}.$$

Er hat dabei in unserer Notation für $y = x^k$ die Formel $\int_0^x y^k dy = \frac{x^{k+1}}{k+1}$, wobei
k eine beliebige ganze oder auch gebrochene Zahl sein kann, entdeckt. Die-
se Formel versagt jedoch bei k = -1.

Für diesen Fall fand 1630 (veröffentlicht 1647) der Jesuitenpater GREGORIUS A SANTO VINCENTIO (1584 in Brügge - 1669 in Gent) eine Lösung (Naux [11], II, S. 21f.): *„Wenn die Abszissen einer Hyperbel in geometrischer Progression wachsen, dann bilden die Flächen eine arithmetische Progression.* Das führte auf die Logarithmen. GREGORIUS selbst scheint die Tragweite seiner Entdeckung aber nicht erkannt zu haben. Sein Freund und Mitbruder ALFONSO ANTON DE SARASA (1618 - 1667) erst nützte dieses Ergebnis aus, um Logarithmen zu berechnen: *„Unde hae superficies supplere possunt locum logarithmorum datorum"* (Daher können diese Flächen den Platz gegebener Logarithmen ausfüllen).

Auch CHRISTIAAN HUYGENS, (1629 Den Haag - 1695 Den Haag) verwendete in seinem Werk *Fundamentum regulae nostrae ad inveniendos logarithmos* (1661) die Hyperbelfläche zur Berechnung von Logarithmen. Aus der Darstellung der Hyperbel durch die Gleichung $y = \dfrac{1}{x+1}$ und deren Fläche als $\int_0^x \dfrac{dt}{1+t} = \ln(1+x)$, sowie $\dfrac{1}{1+t} = 1 - t + t^2 - t^3 + \dots$ folgt:

$$\ln(1+x) = \int_0^x \frac{dt}{1+t} = x - \frac{1}{2}x^2 + \frac{1}{3}x^3 - \frac{1}{4}x^4 + \dots \ .$$

(Die gliedweise Integration wurde allerdings erst später durchgeführt. Damals leitete man die Reihe durch Berechnung der Hyperbelsegmente unter Anwendung der *Indivisiblentheorie* von CAVALIERI her, siehe [5], S. 162). Dies ist die sogenannte „logarithmische Reihe". Sie wurde einerseits in Notizen von ISAAC NEWTON (1643 - 1727) von 1664 erwähnt, andererseits auch bei NICOLAUS MERCATOR (eigentlich Kauffmann, 1620 Eutin - 1687 Paris) in seiner *Logarithmotechnica, London* 1668. Noch weitere berühmte Mathematiker beschäftigten sich mit den Logarithmen. So diskutierten LEIBNIZ und JOHANN BERNOULLI um 1712/13 über die Logarithmen von negativen Zahlen.

Erst bei LEONHARD EULER (1707, Basel - 1783, St. Petersburg) und zwar in seiner *Introductio in Analysis Infinitorum*, 1748 findet man die Definition:

„Wenn $a^z = y$ ist, so heißt dieser Wert z, sofern er als Funktion von y betrachtet wird, der Logarithmus von y. Die Lehre von den Logarithmen setzt also voraus, daß eine bestimmte Konstante an der Stelle von a eingesetzt wird, die deshalb die Basis der Logarithmen heißt."

Mit dieser Definition lassen sich auch Logarithmen von komplexen Zahlen einführen. Damit konnte EULER das Problem von LEIBNIZ und BERNOULLI lösen: Zu jedem komplexen Numerus gibt es bei gegebener Basis unendlich viele komplexe Werte des Logarithmus.

3.2.1 Die Cauchyschen Funktionalgleichungen

Die logarithmische Funktionalgleichung wird dann von CAUCHY[3] systematisch behandelt. Sie ist eine der vier sogenannten Cauchyschen Funktionalgleichungen:

$$f(x + y) = f(x) + f(y) \qquad\qquad f(x + y) = f(x) \cdot f(y)$$
$$f(x \cdot y) = f(x) + f(y) \qquad\qquad f(x \cdot y) = f(x) \cdot f(y)$$

die weiterhin in der Theorie der Funktionalgleichungen (siehe z.B. [1] oder [12], speziell Seite 394) ausführlichst und in allen möglichen Verallgemeinerungen untersucht wurden.

4 Literaturverzeichnis

[1]   ACZÉL, JÁNOS: Lectures on Functional Equations and Their Applications. Academic Press, New York and London, 1966.

[2]   CANTOR, MORITZ: Geschichte der Mathematik. Bd. 1 - 4. Teubner Leipzig 1900.

[3]   CASPAR, MAX: BIBLIOGRAPHIA KEPLERIANA. Ein Führer durch das gedruckte Schrifttum von Johannes Kepler. C.H.Beck'sche Verlagsbuchhandlung, München MCMXXXVI.

[4]   CASPAR, MAX: Johannes Kepler. W. Kohlhammer Verlag, Stuttgart 1948/58.

---

[3] Augustin Louis Cauchy: * 21.8.1789 Paris, † 22.5.1857 Sceaux. In: Cours d'analyse de L'Ecole Polytechnique, Vol. 1, Analyse algébrique V, Paris 1821, (Œuvres, Ser. 2, Vol.3, pp 98-113 und 220, Paris 1897), in deutscher Übersetzung von C.L.B. Huzler: A.L. Cauchy's Lehrbuch der algebraischen Analysis, Verlag der Gebrüder Bornträger, Königsberg 1828.

[5] EDWARDS, C.H. JR.: The Historical Development of the Calculus. Springer-Verlag, New York etc. 1979 und 1982.

[6] GRONAU, DETLEF: Johannes Kepler und die Logarithmen. Ber. der math. statist. Sektion, Forschungsges. Joanneum, Nr. 284, Graz 1987.

[7] HAMMER, FRANZ: Nachbericht zu den logarithmischen Schriften von Johannes Kepler. In: Johannes Kepler, Gesammelte Werke Bd. 9, C.H. Beck'sche Verlagsbuchhandlung, München 1960, 461-483.

[8] KEPLER, JOHANNES: Chilias logarithmorum ad totidem numeros rotundos. Marburg 1624. In: Gesammelte Werke Bd. 9, C.H. Beck'sche Verlagsbuchhandlung, München 1960, 275-352.

[9] KEPLER, JOHANNES: Supplementum Chiliadis logarithmorum. Marburg 1625. In: Gesammelte Werke Bd. 9, C.H. Beck'sche Verlagsbuchhandlung, München 1960, 353-426.

[10] KEPLER, JOHANNES: Tabulae Rudolphinae. Ulm 1627. In: Gesammelte Werke Bd. 10, C.H. Beck'sche Verlagsbuchhandlung, München 1969.

[11] NAUX, CHARLES: Histoire des logarithmes de Neper à Euler. Tome 1, Librairie A. Blanchard, Paris 1966.

[12] KUCZMA, M., B. CHOCZEWSKI AND R. GER: Iterative functional equations. Cambridge University Press, Cambridge, New York, Port Chester, Melbourne, Sidney 1990.

[13] KEPLER, JOHANNES: Gesammelte Werke, Band IX, Mathemat. Schriften, bearbeitet von Franz Hammer, C.H.Beck'sche Verlagsbuchhandlung, München MCMLX.

[14] TROPFKE, JOHANNES: Geschichte der Elementarmathematik. 2. Aufl. Band 2: Allgemeine Arithmetik, W. de Gruyter Berlin - Leipzig 1921.

[15] TROPFKE, JOHANNES: Geschichte der Elementarmathematik. 4. Aufl. Band 1: Arithmetik und Algebra, W.de Gruyter Berlin-New York 1980.

Prof. Dr. Detlef Gronau, Institut für Mathematik, Universität Graz
Heinrichstraße 36, A-8010 Graz/Austria

Technischer Fortschritt und
geistige Differenzierung im Europa der Neuzeit

Tilman Krischer

Daß zwischen England und Frankreich Jahrhunderte hindurch nicht nur eine politische Rivalität bestand, sondern darüber hinaus ein sehr deutlicher Unterschied der Geisteshaltung, ist bekannt. Wie dieser Unterschied sich in ästhetischer Hinsicht geltend macht, hat LESSING im Laokoon beschrieben. Was die Philosophie anlangt, spricht man gerne von "Empirismus" und "Rationalismus" und führt dann als charakteristische Vertreter der beiden Richtungen FRANCIS BACON an und RENÉ DESCARTES. Daß Entsprechendes auch für die exakten Wissenschaften gilt, ist gleichfalls deutlich. VOLTAIRE hat in seinen "Lettres anglaises" seinen dadurch verursachten Empfindungen lebhaften Ausdruck verliehen.

Der fragliche Gegensatz wurde im neunzehnten Jahrhundert von den Franzosen womöglich noch stärker empfunden als im achtzehnten. Kam doch nun, bedingt durch die Erfindung der Dampfmaschine, die von England ausgehende Industrialisierung hinzu, durch die Frankreichs wirtschaftliche Position in Frage gestellt wurde. Hinzu kamen spektakuläre Erfolge auf dem Gebiet der Physik, die technischen Fortschritt versprachen und von den Franzosen als sehr fremdartig empfunden wurden. Es handelt sich um die Leistungen von LORD KELVIN und MAXWELL. Es war der große französische Wissenschaftshistoriker PIERRE DUHEM, der um die Jahrhundertwende in seinem Buch "Ziel und Struktur der physikalischen Theorien" diese Zusammenhänge zu erfassen suchte.[1] Grundlegend ist dabei das Verständnis der unterschiedlichen Einstellungen und Vorgehensweisen von Engländern und Franzosen. Dabei spricht er den Engländern "Weite" des Geistes zu, den Franzosen "Tiefe", und das erläutert er durch die Feststellung, daß ein englischer Physiker von einer Unmenge von Daten und Fakten auszugehen pflegt, deren Gesetzmäßigkeiten er schrittweise durch Beispielrechnung erfaßt,

---

[1] Originaltitel: P. Duhem: La théorie physique, son objet et sa structure. Wir zitieren nach der dt. Übersetzung, die 1978 im Verlag Meiner, Hamburg, erschienen ist.

während der Franzose sich an die Begriffe und Prinzipien hält, um eine in allen Entwicklungsschritten durchsichtige Theorie zu konstruieren. In dieser Einschätzung sieht er sich durch den großen Mathematiker HENRI POINCARÉ bestätigt, von dem er folgende Sätze zitiert:

> "Wenn ein Franzose zum ersten Mal das Werk von MAXWELL aufschlägt, so mischt sich in seine Bewunderung ein Gefühl des Unbehagens, ja oft sogar des Mißtrauens... Der englische Gelehrte sucht nicht ein einheitliches und wohlgeordnetes Gebäude zu errichten, es scheint vielmehr, als wolle er eine ganze Anzahl von vorläufigen und unzusammenhängenden Konstruktionen geben, zwischen denen die Verbindung schwierig, ja bisweilen unmöglich ist". [Duhem, p.109]

Was POINCARÉ vermißt, ist ein Aufbau der Theorie *more geometrico*. MAXWELL hingegen geht von den meßbaren Phänomenen aus, deren Beziehungen er schrittweise verallgemeinert und schließlich in vier Grundgleichungen zusammenfaßt. Diese gehören allemal zu den Spitzenleistungen der theoretischen Physik, und so spricht auch POINCARÉ von der "Bewunderung", die den Leser ergreift. Was er damit meint, geht aus einer Bemerkung hervor, die er an anderer Stelle macht: "und vielleicht wäre die Lektüre von MAXWELL weniger anregend, wenn sie uns nicht so viele und verschiedenartige Ausblicke eröffnet hätte" [Duhem, p.117]. Freilich wird auch aus diesen Worten deutlich, daß dieser Weg dem Autor fremd ist und daß er selbst den entgegengesetzten einzuschlagen pflegt, der von den Begriffen und Prinzipien ausgeht und sich an der Geometrie orientiert. Diese Vorgehensweise empfindet auch DUHEM als charakteristisch französisch, und um sie zu rechtfertigen, zitiert er einen anderen Zeitgenossen, der sich folgendermaßen äußert:

> "Wenn der menschliche Geist die Naturerscheinungen beobachtet, erkennt er neben vielen verworrenen Elementen, die er nicht ins Klare zu bringen vermag, ein deutliches Element, das durch seine Bestimmtheit zum Gegenstand wirklich wissenschaftlicher Erkenntnis geeignet ist. Das ist das geometrische Element" [Duhem, p.113 f.].

Die entgegengesetzte englische Vorgehensweise bringt der Autor mit der Industrialisierung in Zusammenhang, was z.B. aus folgender Äußerung deutlich wird:

> "Der Industrielle ist sehr oft ein weiter Geist. Die Notwendigkeit, Einrichtungen zu kombinieren, Geschäfte zu führen, Menschen zu be-

handeln, gewöhnen ihn früh daran, klar und schnell verwickelte Gruppierungen konkreter Dinge zu erfassen. Dafür ist er fast immer ein sehr schwacher Denker. Seine tägliche Beschäftigung hält ihn von den abstrakten Begriffen und allgemeinen Prinzipien fern" [Duhem, p.118].

DUHEM erklärt also die Charakteristika der englischen Vorgehensweise aus der Industrialisierung, und wenn man ihn nach den Wurzeln der französischen Denkweise befragt, so wird man auf die klassische Tradition verwiesen. Die Geometrie ist nun einmal griechisches Erbe. Doch das ist offenbar nur die halbe Wahrheit. Gerade in Frankreich wird die Geometrie immer wieder erneuert, und zwar im Hinblick auf die praktischen Anwendungen, während man in England weitaus stärker an der klassischen Tradition festhält und so bis ins 19. Jh. die Elementargeometrie "Euclid" nennt. Sehr schön kommt die französische Haltung in PASCALS "De l' esprit géométrique" zum Ausdruck, wo es u.a. heißt:

> "Il faut donc voir qu' il n y a rien de si inconnu, rien de plus difficile à pratiquer, et rien de plus utile et de plus universel" [Bibl. de la Pleiade 382].

Man vergleiche damit die Ausführungen des Oxforder Mathematikers CHARLES DODGSON, alias LEWIS CARROLL in seinem Buch "Euclid and his modern rivals".[2] Auf Einzelheiten können wir hier nicht eingehen; wir kehren zurück zu DUHEM. Bei aller Anerkennung, die seine Beschreibung des Gegensatzes verdient, die Ursachen der Eigenständigkeit hat er auch im Falle Englands nicht richtig eingeschätzt. Mag die industrielle Revolution gewisse Eigenarten englischer Geisteshaltung verstärkt haben, der Anfang der geistigen Differenzierung Europas liegt weiter zurück. Hier das Urteil von JOHN ROBERT SEELEY, der sich in seinem klassischen Buch über die Ausbreitung Englands folgendermaßen äußert:

> "Eben damals [d.h. zur Zeit von ELISABETH I.] machte sich zuerst der Einfluß der neuen Welt geltend, und es weist alles darauf hin, daß ihr das England von heute von Anfang an seine Eigenart und seine besondere Größe verdankt. Nicht das Wikingerblut machte uns zu Beherrschern der Meere, nicht dem angelsächsischen Geist betriebsamen Fleißes verdanken wir unsere Erfolge in Handel und Industrie, sondern einem besonderen Umstand, der erst zur Geltung kam, nachdem

---

[2] Erschienen unter dem Namen Lewis Carroll bei Dover Publications, New York (1973).

wir Jahrhunderte hindurch ein Volk von Ackerbauern und Hirten gewesen waren, im Kriege tapfer, aber ohne Neigung zur Seefahrt".[3]

Hier ist von den Beziehungen zur Neuen Welt die Rede, die England geprägt haben, und damit ist klar, daß hier die Navigation im Vordergrund steht und daß die Entdeckung des KOLUMBUS die historische Voraussetzung bildet. Doch davon später; wir wenden uns zunächst Frankreich zu und wählen für diese Betrachtung einen Ausgangspunkt, der nur scheinbar außerhalb des Gegenstandsbereiches liegt.

Im Jahre 1632 hat GALILEO GALILEI an seinen Kollegen Marsili in Bologna einen Brief geschrieben, in dem er sich bitter über einen gemeinsamen Bekannten beklagt. Dieser hatte kurz zuvor ein Buch veröffentlicht, in dem er ohne Erlaubnis einige Erkenntnisse GALILEIs zur Wurfparabel veröffentlichte. GALILEI bemerkt bei dieser Gelegenheit, daß er vierzig Jahre dafür gearbeitet hat und daß alle seine Arbeiten zur Bewegung von Anfang an auf das Ziel ausgerichtet waren, die Flugbahn eines Projektils zu beschreiben.[4] Auf alten Holzschnitten oder Kupferstichen kann man erkennen, wie sich die Menschen jener Zeit die Flugbahn vorstellten: eine schräg aufwärts führende gerade Linie wird durch ein Stück Kreisbogen in die senkrecht nach unten führende Gerade übergeleitet. Das entspricht der aristotelischen Vorstellung, wonach der Impuls der Kanone und der freie Fall nacheinander zur Wirkung kommen. GALILEI hingegen zeigt, daß die beiden Bewegungen sich überlagern und so die Wurfparabel erzeugen. Wenn er nun bemerkt, daß die Anfänge dieser Bemühungen 40 Jahre zurückliegen, so führt uns das in die 90er Jahre des 16. Jhs., in denen GALILEI an einem mathematischen Instrument für Artilleristen arbeitete, einem Proportionalzirkel, den er in eigener Werkstatt herstellen ließ und an Interessenten verkaufte. Die Gebrauchsanleitung hat er später unter dem Titel "Le operazioni del compasso geometrico e militare" als Buch veröffentlicht.[5] Zweifellos hätte GALILEI hier gerne auch die Wurfparabel eingearbeitet, aber so weit war er nocht nicht. Die Anregung zu dieser Themenstellung geht zweifellos auf TARTAGLIA zurück, der seit 1537 über dergleichen Fragen publizierte. Er hat untersucht, welche Menge Pulver

---

[3] Zitiert nach der deutschen Übersetzung, die 1954 im Fischer-Verlag Frankfurt erschienen ist. Vgl. dort S. 91.

[4] Der Brief ist im 14. Band der Edizione nazionale S. 386 publiziert.

[5] Das Buch wurde von Stillman Drake ins Englische übersetzt und mit einer erläuternden Einführung versehen: Operations of the Geometric and Military Compass (Smithsonian Institution Press, Washington 1978).

man bei gegebener Entfernung des Ziels und bei gegebenem Kaliber einfüllen muß und in welchem Elevationswinkel das Kanonenrohr aufgerichtet werden muß. Die von ihm aufgestellten praktischen Regeln wurden von den Artilleristen der Zeit fleißig benutzt.[6] Die genannten Regeln dienen nämlich der Kostenersparnis. Hätte man die genannten Werte jeweils durch Ausprobieren ermitteln wollen, so wäre das teuer zu stehen gekommen. Die Kugeln müssen genau in den Lauf passen und werden entweder aus Stein gemeißelt oder aus Eisen geschmiedet. Letztere sind teurer, haben aber dafür des höheren spezifischen Gewichts wegen die größere Zerstörungskraft. Auch das Pulver war teuer, und zwar wegen des hohen Anteils an Salpeter. Diesen konnte man noch nicht synthetisch herstellen, und Salpeterbergwerke gibt es in Europa nicht. Man mußte ihn in Kellern und Viehställen von den feuchten steinernen Wänden abkratzen. Das Pulver war daher nicht jederzeit in beliebigen Mengen verfügbar. Auch waren die Salpeterkratzer bei der Bevölkerung offenbar nicht beliebt, denn in der Französischen Revolution wurde ein Gesetz erlassen, wonach jeder Bürger Herr ist über seinen eigenen Salpeter.[7]

TARTAGLIA hat sich übrigens nicht nur mit den Fragen der Ballistik beschäftigt, sondern auch mit der Fortifikation. Er hat klar erkannt, daß es beim Festungsbau darauf ankommt, alle Mauern so auszurichten, daß die Wahrscheinlichkeit eines senkrechten Aufpralls von Projektilen so weit als möglich reduziert wird. Je spitzer der Winkel des Aufpralls, desto besser. Daher die schräg gestellten Mauern der neuzeitlichen Festungen, die spitz vorspringenden Bastionen u.s.w. Daß die mittelalterlichen Stadtbefestigungen mit ihren hohen, senkrechten Mauern dem Artilleriebeschuß nicht standhalten, wurde zum ersten Mal deutlich bei dem spektakulären Feldzug des französischen Königs KARL VIII nach Neapel, der 1494 begann, also ins gleiche Jahrzehnt gehört wie die großen Entdeckungsreisen des KOLUMBUS. Zum ersten Mal wurden damals auf fahrbaren Lafetten montierte Kanonen über weite Strecken mitgeführt, und das war eine Revolution des Kriegswesens. Die wichtigsten Zeitzeugen dieser Ereignisse sind PHILIPPE DE COMMYNES

---

[6] Eine gute Würdigung von Tartaglias wissenschaftlicher Leistung findet sich in der Geschichte der mechanischen Prinzipien von István Szabó (2. Aufl. Stuttgart 1979) S.199ff. Zum geschichtlichen Kontext vgl. F.L. Taylor: The Art of War in Italy 1494 - 1529 (London 1921).

[7] Hierzu vgl. André Guillerme: Les Temps de l' eau. In der englischen Übersetzung 'The Age of Water' (Texas U.P. 1988) finden sich die Ausführungen zur Salpetergewinnung S. 138 ff.

und FRANCESCO GUICCIARDINI. Geistige Folgen aber hatte diese Revolution nicht nur in Italien, sondern insbesondere auch im Ursprungsland der neuen Technik, Frankreich. Hier gehörten fortan Geometrie, Artillerie und Fortifikation zusammen und bildeten sozusagen das nationale Prestige. Hier einige Marksteine des geschichtlichen Weges: Einer der größten Architekten Frankreichs war der MARQUIS DE VAUBAN, Festungsbaumeister LUDWIGS XIV. Er hat im Lande dutzende von Festungen errichtet, die für ganz Europa Maßstäbe setzten. Sein Werk wurde fortgesetzt u.a. durch GASPARD MONGE, der an der Militärakademie von Mézière das entsprechende Fach unterrichtete. Er schuf das System der *Darstellenden Geometrie*, nicht zuletzt, weil es wegen der systematischen Vermeidung aller rechten Winkel den Handwerkern schwer fiel, die Baupläne richtig zu verstehen und korrekt umzusetzen. Ein Absolvent von Mézière war auch LAZARE CARNOT, der zunächst als Militäringenieur tätig war und dann durch seine von der Akademie in Dijon preisgekrönte Schrift "Eloge de Vauban" Aufsehen erregte und zum ersten Heeresminister der neuen Republik ernannt wurde.[8] Das Amt des Marineministers erhielt MONGE, der nun die École Polytechnique gründete. Deren anfangs rein militärische Ausrichtung ist bekannt, desgleichen die Tatsache, daß in ihrem Lehrplan die Geometrie den ersten Platz einnahm. Nach dem Urteil von FELIX KLEIN manifestiert sich darin der Geist ihres Gründers.[9] Man könnte indessen ebensogut vom "Geist Frankreichs" reden, denn in dieser Hinsicht ist kein Unterschied erkennbar. VICTOR PONCELET, ein Schüler von MONGE, hat als Artillerieoffizier an NAPOLEONS Rußlandfeldzug teilgenommen und wurde später zum General der Reserve ernannt. Vielsagend ist auch, daß NAPOLEON III. vor seiner Krönung, als PRINCE LOUIS, Bücher über Artillerie veröffentlicht hat; zunächst ein praktisches Handbuch "Manuel d' artillerie" und sodann eine geschichtliche Untersuchung: "Histoire du canon dans les armées modernes", Paris 1848.

Doch nun zu den Verhältnissen in England. Wie in Frankreich das Pulvergeschütz, so war in England der Magnetnadelkompaß die technische Voraussetzung der geistigen Entwicklung, und dieser stellt andere Anforderungen an die Intelligenz des Benutzers. Wer sich aus zeitgenössischen Quellen über die Probleme der Navigation informieren will, dem sei "A Regiment for

---

[8] Eine gute Würdigung des geschichtlichen Hintergrunds von Carnots Leistung bietet Charles C. Gillispie in seinem Buch Lazare Carnot Savant (Princeton U.P. 1971), S.3ff.

[9] Vgl. F. Klein, Vorlesungen über die Entwicklung der Mathematik im 19.Jh. (Berlin 1926), S.77ff.

the Sea" von WILLIAM BOURNE empfohlen, ein praktisches Handbuch, das
1574 erschienen ist.[10] Hier werden vielerlei Techniken der Orientierung erläutert, u.a. natürlich auch die Bestimmung der geographischen Koordinaten
Länge und Breite. Letztere bereitet keinerlei Schwierigkeiten, sie wird aus
der Höhe der Mittagssonne errechnet. In der Antike mußte man dazu die
Länge des kürzesten Mittagsschattens ermitteln, hat man einen Kompaß zur
Verfügung, kann man direkt ablesen, wann die Sonne genau im Süden steht.
Im übrigen war das Verfahren das gleiche. Für die Bestimmung der Länge
empfiehlt das Navigationsbuch, Kurs und Geschwindigkeit des Schiffes
möglichst regelmäßig zu messen und auf einer Karte aufzuzeichnen. Für die
Messung wird eine Boje ins Wasser geworfen, die an einer Leine befestigt
ist, deren Maßeinheiten durch Knoten markiert sind. So kann man mit Hilfe
einer Sanduhr Weg und Zeit verknüpfen. Daß dies Verfahren ungenau ist,
liegt auf der Hand, von der kartographischen Aufzeichnung ganz zu schweigen. Daher empfiehlt BOURNE außerdem die Benutzung von Landkarten, in
denen die Küstenformationen hinreichend genau aufgezeichnet sind, damit
man sich wenigstens bei Annäherung an eine Küste informieren kann.

WILLIAM BOURNE war kein Pionier der Navigation. Von Beruf Kneipwirt in
einem Dorf an der Themse, hat er sich mit den heimkehrenden Seeleuten
unterhalten und seine Informationen in dem Handbuch zusammengefaßt. Auf
die astronomischen Methoden zur Bestimmung der Länge geht er nicht näher ein, doch bringt er Almanache, in denen für bestimmte Jahre die wichtigsten Angaben gemacht werden.

Die Lösung des Problems bestand in der Schaffung einer Präzisionsuhr. Auf
diesem Wege ist CHRISTIAAN HUYGENS vorangegangen mit seiner mathematisch raffinierten Konstruktion der Pendeluhr, die, eigenen Angaben zufolge, den Zwecken der Navigation dienen sollte. Dieses Ziel hat sie indessen nicht erreicht. Offenbar war es zu schwierig, die Störungen zu eliminie-
ren, die die Pendelbewegung durch das Schwanken des Schiffes erfährt.
Man brauchte also eine Federuhr. Diese wiederum war anfällig gegen die
Temperaturschwankungen, die beim Überqueren des Atlantik zwangsläufig
auftreten. So hat denn das britische Parlament im Jahre 1714 einen unerhört

---

[10] Eine Neuausgabe des Werkes wurde 1963 von E.G. Taylor herausgebracht (Hakluyt
Society, Second Series vol. (XXII). Zur Bestimmung der geographischen Länge vgl. S.
238 ff.

hohen Preis ausgesetzt für die beste Lösung des Problems.[11] Die Bedingungen waren hart, denn der Preis sollte nur dann vergeben werden, wenn die Uhr nach der Überquerung des Atlantik nur ganz wenige Sekunden von der astronomisch gemessenen Zeit abwich. Nach mehr als fünfzigjähriger Bemühung hat der Uhrmacher JOHN HARRISON das Ziel erreicht. Man kann seine Leistung mit derjenigen von JAMES WATT vergleichen, der von Beruf Instrumentenbauer war und ein Leben lang an der technischen Verbesserung der Dampfmaschine gearbeitet hat. Auf beide paßt DUHEMs Beschreibung der englischen Geistesart vortrefflich.

Doch wir sind noch nicht am Ziel, sondern müssen noch einmal in die Frühzeit englischer Seefahrt zurückkehren und uns dem Kompaß zuwenden, genauer gesagt, einem mit ihm verknüpften physikalischen Problem, der sog. Mißweisung. Der Kompaß zeigt nämlich nicht genau nach Norden, sondern er richtet sich aus auf einen Punkt, der vom Nordpol ein beträchtliches Stück entfernt ist. In der Mittelmeer-Region und weiter südlich macht sich diese Abweichung praktisch nicht bemerkbar, aber in den nördlichen Meeren hat sie starke Auswirkungen und wird von den Kompaß-Herstellern entsprechend der Lage des Heimatlandes in die Windrose eingearbeitet. Wie erklärt sich das Phänomen? Es war WILLIAM GILBERT, von Beruf Arzt, der in seinem Buch *De magnete*, das im Jahre 1600 erschien, die Antwort geliefert hat. Durch mustergültige Experimente weist er nach, daß Eisenerz, wie es in den Gruben gefördert wird, magnetisch ist und daß eine Kugel, die aus solchem Erz gefertigt wird, stets zwei gegensätzliche Pole hat, die einander gegenüberliegen. Daraus schließt er, daß die Erde selbst ein großer Magnet ist und daß die Mißweisung durch eine Unregelmäßigkeit in der Erdkruste hervorgerufen wird. Letztere Erklärung ist freilich nicht ganz zutreffend. Die Unregelmäßigkeit kann er aufgrund der Notizen von Seeleuten und anhand von Kompassen aus unterschiedlichen Herkunftsländern genau lokalisieren. GILBERTs Buch liefert ein Musterbeispiel für jene Weite des Geistes, die DUHEM als typisch englisch bezeichnet. Ausgehend von einer sehr großen Zahl von Daten und Fakten dringt der Autor Schritt für Schritt zu einer Lösung vor, die allen Gegebenheiten gerecht wird.

Damit hat unsere Betrachtung ihr Ziel erreicht, und wir wollen lediglich noch ganz kurz auf einen möglichen Einwand eingehen. Man könnte doch

---

[11] Eine gute Darstellung der mit dieser Preisausschreibung verknüpften Ereignisse bringt Dava Sobel in ihrem Buch 'Longitude'. Eine deutsche Übersetzung unter dem Titel 'Längengrad' erschien 1996 in Berlin.

sagen, daß auch die Franzosen ihre Flotten besaßen und sogar Kolonien, andererseits aber die Engländer ihre Flotten mit Kanonen bestückt haben. Wo liegt der Unterschied? Zunächst also zu diesem zweiten Punkt: Englische Linienschiffe haben stets die Taktik verfolgt, in günstigem Winkel möglichst nah an den Gegner heranzufahren, sodann blitzartig eine Wendung zu machen und eine Breitseite abzufeuern, bestehend aus ca. 50 Kugeln mit einem Gesamtgewicht von ca. 10-15 Zentnern.[12] Dieses Vorgehen stellt andere Anforderungen als die Belagerung einer Festung. Andererseits haben die Engländer ihre Insel durch die Flotte geschützt und nicht durch Festungen. Was aber die Franzosen anlangt, so waren sie stets in die kontinentale Politik verwickelt, hier lagen die stärkeren Interessen.

Prof. Tilman Krischer, Fachbereich Altertumswissenschaften,
Institut für Griechische und Lateinische Philologie, Freie Universität Berlin,
14195 Berlin-Dahlem

---

[12] Zu diesem Fragenkomplex vgl. Jean Meyer/Martine Acerra Segelschiffe im Pulverdampf. Bielefeld 1996 S. 127 ff. Die französische Originalausgabe des Buches hat den Titel 'L' Empire des Mers'.

Item es seien 4 Gesellen, und die drei, hintangesetzt dem ersten haben 60 fl. Und aber 3, hintangesetzt dem anderen haben 80 fl. Und aber 3, hintangesetzt dem dritten haben 90 fl. Und aber drei, hintangesetzt dem 4. haben 100 fl. Nun ist die Frage, wieviel jeglicher fl. habe. Machs also: Addiere die vier (Gleichungen) Zahlen, facit 330. Und darum, daß du jeglichen 3 mal nimmst, darum dividier 330 mit 3, facit 110. Das haben sie alle 4. ...

Zu S. 83: Aufg. 215 des Bamberger math.Ms., fol. 41^r [B.m.M. 1995, S.91]

Dörffel, Newton, Halley und die Bahnen der Kometen

... this discussion about comets is the
most difficult in the whole book.
ISAAC NEWTON

Die Einordnung der Kometen in unser Weltbild war theologisch, mathematisch und astronomisch motiviert. Die spannende Geschichte von DÖRFFELS Beobachtung, NEWTONS Erklärung und HALLEYS Vorhersage ist ein Musterbeispiel naturwissenschaftlichen Erkenntnisgewinns. Überdies wirkte der Große Komet von 1680 damit wesentlich auf die Entstehung der *Principia* ein.

Prolog

Mit dem spektakulären Einschlag des Kometen D/1993 F2 (Shoemaker-Levy 9) auf dem Planeten Jupiter im Juli 1994 (siehe [10,16]) und den beiden Großen Kometen der Jahre 1996 und 1997, C/1996 B2 (Hyakutake) und C/1995 O1 (Hale-Bopp) (siehe [14]), sind diese seltenen Himmelserscheinungen wieder in das Bewußtsein der Öffentlichkeit getreten. Von alledem konnte ich noch nichts ahnen, als ich Ende des Jahres 1989 wegen der veränderten politischen Situation in Deutschland endlich einmal der Familie meines Vetters, des Superintendenten der evangelischen Kirche WERNER HINZ, in Weida/Thüringen einen spontanen Besuch abstatten konnte. Am Eingang zum Hof der Superintendentur fiel mir eine Plakette auf, deren Inschrift darauf hinweist, daß einer seiner Vorgänger, GEORG SAMUEL DÖRFFEL, einige Jahre vor ISAAC NEWTON die wahre Bahngestalt der Kometen gefunden habe. Dies machte mich natürlich neugierig, zumal mir der Name dieses vogtländischen Pfarrers, an den auch ein Epitaph in der Stadtkirche erinnert, nicht geläufig war. Auch die ersten paar zu Rate gezogenen Lexika brachten keine Aufschlüsse, und erst als ich eingeladen wurde, in Weida und bei einem wissenschaftlichen Kolloquium in Plauen (siehe [5]) aus Anlaß der 350sten Wiederkehr des Geburtstages von DÖRFFEL Vorträge zu halten, offenbarte sich mir in eingehenderen Studien eine wahrhaft exemplarische Geschichte des Werdens wissenschaftlicher Erkenntnis und unseres Weltbildes. Darüber soll nun berichtet werden. Dabei wird naturgemäß das Schaffen des Theologen DÖRFFEL im Mittelpunkt stehen, da die beiden anderen Protagonisten, der Mathematiker NEWTON und der Astronom HALLEY (siehe [19]), in der Literatur hinreichend, im Falle NEWTONs exzessiv, behandelt sind, wobei mir allerdings auch hier der Einfluß des Großen Kometen von 1680 auf beider Werk nicht genügend gewürdigt erscheint, der neben der Popularität des Halleyschen Kometen geradezu verblaßt.

Dörffel

Die frühen Lebensläufe DÖRFFELs und NEWTONs zeigen einige Gemeinsamkeiten. So fällt beider Geburtsjahr 1643 (wobei für NEWTON der Gregorianische Kalender zu verwenden ist, wie wir das aus Bequemlichkeit durchweg in diesem Artikel halten wollen; tatsächlich wurde ISAAC NEWTON am Weihnachtstag (25. Dezember) des Jahres 1642 in Woolsthorpe, England, geboren) in eine politisch schwere Zeit der Geschichte ihrer jeweiligen Länder. GEORG SAMUEL DÖRFFEL wird am 21. Oktober jenes Jahres in Plauen im Vogtlande in eine gutbürgerliche Familie geboren, deren väterliche Linie von protestantischen Pfarrern gebildet wurde. (Die ausführlichste bio- und bibliographische Quelle zu DÖRFFEL ist [13]; vgl. auch [1,4,11]. Daneben existiert ein biographischer Roman von einer Nachfahrin DÖRFFELs [9].) Auch die Herkunft der Mutter aus einer Ratsherrenfamilie wird dazu beigetragen haben, daß ihm, wie auch NEWTON durch Vermittlung seines Onkels WILLIAM AYSCOUGH, eine gute Grundausbildung ermöglicht wurde. Fast zeitgleich beziehen DÖRFFEL 1662 die Universität von Jena und NEWTON 1661 das Trinity College in Cambridge, wo sie mit ERHARD WEIGEL (1625-1699) bzw. ISAAC BARROW (1630-1677) unter den Einfluß zweier der bedeutendsten Lehrer der mathematischen Naturwissenschaften ihrer Zeit gerieten. WEIGEL, der auch GOTTFRIED WILHELM LEIBNIZ (1646-1716) zu seinen Studenten zählte und bei dem DÖRFFEL 1663 mit der Verteidigung der Schrift *De quantitate motus gravium* (Von der Beschleunigung des Falls) zum Magister der Philosophie abschloß, widmete sich vom Dach des Collegium Jenense oder seines über die Landesgrenzen hinaus berühmten Schönen Hauses *(tectum decussatum)* astronomischen Beobachtungen, insbesondere von Kometen (vgl. [15]). Hier lernte DÖRFFEL sowohl praktische Beobachtungstechniken als auch die mathematischen Werkzeuge seiner Zeit kennen und verwenden.

Insbesondere wurde er aber auch mit den aktuellen astronomischen Fragen konfrontiert, die sich in den Kometenerscheinungen quasi fokussierten. Zum einen war das mit dem wohl bedeutendsten Satz der Wissenschaftsgeschichte

In medio uero omnium residet Sol.

(In der Mitte des Ganzen jedoch residiert die Sonne.) genau einhundert Jahre vor DÖRFFELS und NEWTONS Geburt in der Schrift *De revolutionibus orbium cœlestium* (Von der Wiederholung der himmlischen Bahnen) begründete Weltbild des NICOLAUS COPERNICUS (1473-1543) aus ideologischen Gründen noch immer nicht allgemein akzeptiert. Zum anderen bildeten die hierauf basierenden Gesetze des JOHANNES KEPLER (1571-1630),

> (K1) Die Planeten bewegen sich auf Ellipsenbahnen, in deren einem Brennpunkt die Sonne steht.
>
> (K2) Der von der Sonne zu einem Planeten gezogene Strahl überstreicht in gleichen Zeiten gleiche Flächen.
>
> (K3) Die Quadrate der Umlaufzeiten zweier Planeten verhalten sich wie die Kuben der großen Halbachsen ihrer Bahnen.

veröffentlicht 1609 in *Astronomia nova* (Neue Astronomie) (K1 und K2), bzw. 1619 in *Harmonice mundi* (Weltenharmonie) (K3), eine wohl vollständige empirische Grundlage für die Bewegung der Planeten, die aber keine theoretische Erklärung besaß und in welche die Kometen sich nicht einzuordnen schienen. Zwar wußte man, daß sie keine rein irdischen Phänomene darstellen, da beobachtet worden war, wie man z.B. Darstellungen in *Practica auff dz. 1532 Jar. ...* des PETER APIAN (1495-1552) entnimmt, daß die Schweife der Kometen stets von der Sonne weggerichtet sind, und Bestimmungen der Parallaxe, z.B. des Großen Kometen von 1577 durch TYCHO BRAHE (1546-1601), hatten eine weit größere Entfernung als die des Mondes ergeben, doch sprach ihr unregelmäßiges Auftreten für eine transiente Erscheinung. So kam auch KEPLER selbst in seinem Werk *De cometis libelli tres* (Drei Bücher über Kometen) im Jahre 1617 zu dem Schluß, die wahre Bahn des Kometen von 1607, d.h. seine Bewegungslinie im heliozentrischen Modell im Gegensatz zur *scheinbaren* Bahn am Himmel, sei eine Gerade. Auch zu Herkunft und physikalischer Natur der Kometen gab es vielerlei Spekulationen, wie sie insbesondere in der Literatur zum Großen Kometen von 1664, den sicher auch DÖRFFEL und NEWTON beobachtet hatten, zum Ausdruck kamen (siehe [18; Kapitel 4]). Diese Ungewißheit ist auch der Nährboden für die Vorstellung von Kometen als Unheilsverkündern, wie sie zum Beispiel im Teppich von Bayeux (entstanden zwischen 1066 und 1082) sichtbar wird. In scharfem Kontrast dazu stehen allerdings die Darstellungen des Sterns voll Bethlehem als Komet, deren vielleicht schönstes Beispiel das Fresco in der Capella Scrovegni zu Padua, geschaffen von GIOTTO DI BONDONE (1266? - 1337), ist. Glaube und Aberglaube führten insbesondere im 17. Jahrhundert bei jedem Auftreten einer eindrucksvollen Kometenerscheinung zu einer Flut von Einblattdrucken und mehr oder (meist) weniger wissenschaftlichen Traktaten.

Herausragend unter den Werken über Kometen aus dieser Zeit ist die *Cometographia* des JOHANNES HEVELIUS (1611-1687) aus dem Jahr 1668. Das Titelblatt zeigt den Autor vor dem Hintergrund seiner Danziger Sternwarte, von der aus gerade ein Komet mit den damals zur Verfügung stehenden Instrumenten beobachtet und vermessen wird. ARISTOTELES (384 - 322 v.u.Z.) mit seinem sublunaren Kometenmodell die kalte Schulter zeigend, wehrt er mit der linken Hand auch die Keplersche Geradenbahn ab, um selbstbewußt mit dem Zeigefinger der Rechten auf sein eigenes Modell einer parabelförmig gekrümmten Kometenbahn zu weisen, die ihren Ausgang in der Saturnatmosphäre nimmt. Die Auseinandersetzung mit dieser Theorie sollte für DÖRFFEL, der inzwischen ein Studium der Theologie in Leipzig abgeschlossen hatte und in seine vogtländische Heimat zurückgekehrt war, um seinem Vater im Amt eines Landpfarrers zur Seite gestellt zu werden, Leitlinie und Motivation für die eigene wissenschaftliche Betätigung werden. Bis er 1672 die Aufgaben seines Vaters voll übernahm, scheint ihm für Beobachtungen und Auswertung genügend Zeit geblieben zu sein und das, obwohl er darüber hinaus einer großen Familie mit später insgesamt zehn Kindern vorstand.

Die erste von etwa zehn astronomischen Schriften DÖRFFELs (siehe die Liste im Anhang), wie die meisten nur mit den Initialen M.G.S.D. für MAGISTER GEORG SAMUEL DÖRFFEL versehen und in deutscher Sprache verfaßt, erschien 1672 [D1] und ist unterteilt in die Kapitel

I. Von des Cometens Beschaffenheit und Ansehen,

II. Von des Cometens Bedeutung und Absehen.

Hier spiegelt sich die kanonische Einteilung der Kometenschriften seiner Zeit in einen astronomischen und einen astrologischen Teil wider, und auch wenn im zweiten Kapitel davon die Rede ist, daß der Komet *etwas Neues, aber nichts gutes, bedeute* und sogar der populäre Spruch *Neue Cometen, böse Propheten* zitiert wird, weist DÖRFFEL doch darauf hin, daß es sich hierbei nur um *Muthmaßungen* handle. Der ausführlichere astronomische Teil kann aber ebenso wie die Schrift über den Kometen von 1677 [D2] wissenschaftlich nichts Neues erbringen. (Ein DÖRFFEL zugeschriebenes Pamphlet [D1a], das inhaltlich an [D1] anschließt, enthält ziemlich abergläubische Passagen und stammt höchstwahrscheinlich nicht von ihm, da im Anhang von einem MGSD in der dritten Person erzählt wird.) Diese Arbeiten kranken an einem grundsätzlichen Problem, das alle Kometenbeobachter in Europa behinderte, nämlich der im allgemeinen sehr kurzen, oft nur wenige Nächte umfassenden Beobachtungszeiträume, die noch dazu von ungünstigen Wetterbedingungen unterbrochen sein konnten. Wegen des Linearisierungseffekts sind daher allfällige Krümmungen der Bahn nur schwer nachweisbar. Auch wurden die schwächeren unter den Kometenerscheinungen meist nur von wenigen Observatorien aus wahrgenommen, geschweige denn vermessen, so daß das Datenmaterial dürftig war.

So ist es vielleicht nicht nur ein Zufall, daß der Durchbruch mit dem ersten mittels eines Fernrohrs aufgespürten Kometen kam. Am 14. November 1680 entdeckte GOTTFRIED KIRCH (1639-1710) in Coburg den Großen Kometen C/1680 (Kirch). Anfang Dezember beobachtete auch DÖRFFEL von Planen aus vier Nächte lang den *neulichsten grossen und ungemeinen Cometen* und hat *alsbald bey erstmahliger Betrachtung seines nechst der Sonnen-Strasse eingerichteten Lauffs gemuthmasset, er würde zweiffelsfrey in dieser Kunst-Lehre uns etwas neues an die Hand geben* ([D4; S.2f]). Eilfertig gab er die Schrift [D3] zu diesem Kometen heraus, in der er schloß, *weil er ietzo grösser und geschwinder als Anfangs sich bezeiget, und die Historien voriger Kometen beweisen, daß sie am Ende in diesen beyden Stücken vielmehr abzunehmen pflegen, daß dieser Komet nach kurtzer Zeit wiederumb heliace aufgehen werde* (zitiert nach [13; S.40]). Es ist bemerkenswert, mit welcher Selbstverständlichkeit DÖRFFEL hier von den beiden Teilstücken der scheinbaren Bahn der Kometen vor und nach der unbeobachtbaren Sonnennähe spricht, einer Erkenntnis, deren Fehlen andere Astronomen ins Hintertreffen geraten ließ. Und er sollte Recht behalten: Bereits am 21. Dezember 1680 beobachtete man in Plauen kurz nach Sonnenuntergang den Schweif eines Kometen, und DÖRFFEL konnte in der ungewöhnlich langen Zeit vom

28. Dezember 1680 bis zum 17. Februar 1681 in 22 Nächten mit bloßem Auge den Kometen C/1680 (Kirch) beobachten und seine scheinbare Bahn vermessen. Doch ist es, wie DÖRFFEL in [D4; S.3] schreibt, *dem nöthigen Vorzuge meiner ordentlichen Verrichtungen* zuzuschreiben, daß er erst später in 1681 *bey ietzigen Ernd-ferien, meine vormals aufgezeichnete geringfügige Observationes (indem ich in andern mir bekanten neuen Comet-Beschreibungen die hierzu nöthige Minuten-Messung nicht nach Wundsch gefunden) wiederumb vor mich genommen, welche dann, neben 5.daraus erwachsenen denckwürdigen Fragen, dem hochgeneigten Leser und Liebhaber solcher Kunst ich hiermit zu beliebiger Untersuchung wohlgemeint übergeben will:* Das Ergebnis dieser, wie er schreibt, *unpolierten Ausarbeitung,* die er *dem eilfertigen Antriebe des Verlegers zuschreibt,* ist sein Hauptwerk *Astronomische Betrachtung des Grossen Cometen ...* [D4], deren Inhalt nun dargestellt werden soll.

So unpoliert ist diese Schrift DÖRFFELs aber keineswegs: Sowohl vom Umfang (40 Seiten) als auch vom Aufbau her unterscheidet sie sich von den üblichen Druckerzeugnissen zum Kometen C/1680 (Kirch) deutlich. So beginnt DÖRFFEL mit einem kurzen historischen Überblick über die *Wissenschafft von den Comet-Sternen* [D4; S.1-3] und beklagt, daß man *bißhero zu einer genauern Kunstrichtigen und Gemüthsvergnügenden Erkundigung der Beschaffenheit derselben wunder-artigen Lauffs noch nicht gar gelangen* konnte. Zur Unterstützung wird der *Edle, Welt-berühmte, und zumahl hierinnen höchstgeübte Herr HEVELIUS zu Dantzig* zitiert: *Die Cometen-Kündigung sey fast das schwehrste Stück der gantzen Stern=Kunst, und gehöre sehr scharffe Subtilität, Mühe und Fleiß dazu.* Auch die *Hindernüsse* sind ihm *nicht unbekant,* schließlich *weiß man, wie tief die alte und nachmals den faulen Mönchen sehr bequeme Aristotelische Meinung eingewurtzelt* ist. DÖRFFEL beweist sodann seine guten Literaturkenntnisse, indem er darauf hinweist, daß *JOH. REGIOMONTANUS* (JOHANNES REGIOMONTANUS, 1436-1476) *(ein Francke, der mit seinem Zunahmen sonst Müller geheissen) der Erste gewesen* sei, *der Anno 1472. den damahligen Cometen mit Mathematischen Instrumenten zumessen sich unternommen* und daß *PETR.APIANUS (sonst Benewitz qenant, aus Meissen) ein berühmter Künstler und K. Carls des V. sehr beliebter Mathematicus, am ersten abgemerckt und wahrgenommen, daß die A. 1531. und folgende Jahre von ihm observirten und beschriebenen Cometen, die Schweiffe insgesambt der Sonnen gegenüber gewendet, und demnach hierinnen gewisse Leges beobachtet: Welches auch hernach bey allen sich also befunden.*

Weiter habe der *Hoch-Edle Dänische Atlas, TYCHO BRAHE, an dem Cometen A. 1577. am ersten und gewissesten aus der Parallax demonstriret, daß dessen Stelle nicht in unserer Lufft, sondern in der hohen œtherischen Himmels-Revier zusetzen* sei. Schließlich habe *Im ietzigen Seculo A.1618. JO. BAPT. CYSATUS* (es handelt sich um Johann B. CYSAT, 1588-1657; vgl. [17; S.68ff]) zu *Ingolstatt erstlich den damals vor 9. Jahren erfundenen Tubum Opticum oder Stern-Rohr auf den grossen Cometen gerichtet, und den schönen Nutzen mit Entdeckung der rechten Figur und ungleich-kernichten Materie dadurch gewiesen.* Mit dem Hinweis auf *des hochbelobten Herrn WEIGELII sinnreiche Schrifften wie auch oben wohlbesagten Herrn HEVELII herrliches Werck, die Cometographia,* sind die Quellen von DÖRFFELs Kenntnissen über Kometen, und damit im wesentlichen die seiner Zeitgenossen, vollständig aufgeführt, und er kann mit dem Kapitel I, der *Erzehlung der Observationen,* beginnen.

Hier [D4; S.3-13] führt DÖRFFEL Tag für Tag, so die Wetterbedingungen es erlaubten, Daten über Stellungen auf, so *gut solche zu benanter Zeit mit einem Radio* (gemeint ist ein Radius astronomicus, d.i. ein Stab mit Querstab und Visiereinrichtung) *(der von solcher Länge und Art, ob wohl weniger Kostbarkeit, ist, daß der Unterscheid von 1. oder 2. Minuten im Absehen gleich zumercken) am Himmel abgemessen worden,* und zwar durch Vergleich mit den aus *den Rudolphischen, Bullialdischen* (nach ISMAEL BOULLIAU, 1605-1694), *Wittenbergischen und Dänischen Tafeln* bekannten Örtern von Sternen, die *auf gegenwärtige Zeit corrigiret* wurden. Auch qualitative und quantitative Angaben über Kopf und Schweif des Kometen werden in diesem Kapitel verzeichnet.

Wir wollen uns aber konzentrieren auf die *Erörterung etlicher denckwürdigen Fragen* in Kapitel II, deren erste [D4; S.13-17], *Ob der Comet, so im Decemb. Abends sich sehen lassen, eben der vorige sey, der im November frühe erschienen, oder, ob man sie vor zweene unterschiedliche Cometen zu halten habe?* natürlich ganz im Sinne seiner Vorhersage positiv beantwortet wird und zwar nach ausführlicher Diskussion von Für und Wider mit dem Hinweis: *Derowegen wird man am sichersten auf dem, so genanten Philosophischen Pferde OCCAMI* (WILHELM VON OCKHAM, ca. 1300-1349/50) *bey diesem Zweifel-Streit durchkommen: Man soll ohne Noth aus einem Dinge nicht mehr machen.*

Damit stellt sich das Problem, die beiden Bahnäste in Einklang miteinander zu bringen. Es wird gelöst durch die Antwort auf die zweite Frage [D4;

S.17-27], der Kernfrage in DÖRFFELs Bericht, ja der Theologie, Mathematik und Astronomie seiner Zeit, *Ob und welcher Gestalt dieses Cometen sonderbarer Lauff und Erscheinungs-Arten, durch einen richtigen und Naturmäßigen Lehr-Satz zu salviren und fürzustellen*? Er diskutiert zunächst, ob der Kometen Lauf durch *Die schnur-gerade Trajectoria KEPLERI* dargestellt werden kann und stellt fest: *Alleine die Natur will nicht beystimmen.* So schickt er sich an, *Herrn HEVELII Hypothesis* zugrunde zu legen, das ist *der nicht nur gekrümte, sondern auch ungleich-geschwinde Cometen-Gang, in seiner Trajectoria.* Er übernimmt dabei HEVELIUS' physikalisches Modell, wonach scheibenförmige Kometenkörper in ihrem Lauf einem Äther ausgesetzt sind, verwirft aber, und zwar aufgrund der Beobachtungsdaten, dessen Annahme, der Ursprung der Kometen läge in den Atmosphären der Planeten und hält dem entgegen: *Dahero, weil auch der erste Ursprung der Cometen nicht so wohl in der Natur bloßhin zu suchen, sondern vielmehr vor ein ausserordentliches Werck des Allerhöchsten zu halten, so lassen wir Gottes Allmacht es anheim gestellet, wenn und wie Er Cometen aus seiner uns verborgenen hohen Schatzkammer, und darinnen habenden Vorrathe der hiezu bequemen sternichten Materie, lasse herfür kommen, und gleichwie dem ordentlichen Gestirne im Anfang der Schöpffung eine beständige, also diesen Neben-Sternen zu seiner Zeit eine kurtzwährende Bewegungs-Krafft mittheile; Gnug, daß wir nun ferner diesen einmal angefangenen und auff eine gewisse Gegend gerichteten Cometen-Gang, nach naturmäßigen Gesetzen, auch in gegenwärtigen Exempel, erklären können.* Abgesehen davon, daß wir uns seit PIERRE SIMON LAPLACE (1749-1827) der Hypothese "Gott" enthalten zu können glauben, stellt dieser Satz DÖRFFELs eine Zusammenfassung unserer aktuellen Vorstellung über die Herkunft der Kometen dar, wie sie prägnanter nicht sein könnte! Was er "Gottes verborgene hohe Schatzkammer" nennt, heißt heute Oortsche Wolke (nach JAN HENDRIK OORT (1900-1992), der sie 1950, also 270 Jahre nach DÖRFFEL, postulierte), die in einer Entfernung ("hoch" bei DÖRFFEL bedeutet "entfernt") von etwa einem Lichtjahr einen Vorrat kalter (und damit "verborgener") Materieansammlungen enthält, die aufgrund von Störungen durch die Schwerkraft vorbeikommender naher Sterne eine "kurzfristige Bewegungskraft mitgeteilt" bekommen, danach aber den "naturmäßigen" Schwerkraftgesetzen unseres Sonnensystems ausgesetzt sind und als Kometen in Erscheinung treten (siehe [2]).

Doch die Vorstellung von der Art und Größe der wirkenden Kraft konnte DÖRFFEL noch nicht haben und so trägt er in einem heliozentrischen Schema die aus seinen Messungen folgenden relativen Positionen von Erde, Sonne und C/1680 (Kirch) graphisch ein. Dabei muß er allerdings, da er ja die jeweilige relative Entfernung des Kometen nicht kennen kann, gewisse Annahmen machen, z.B. was die sich ändernde Geschwindigkeit desselben anbetrifft. Hierbei lehnt er sich eng an die Methoden in HEVELIUS' *Cometographia* an und unterscheidet insbesondere durchweg konsistent zwischen der wahren und der scheinbaren Bahn des Kometen. Aus der so entstandenen Zeichnung gelingt es ihm, *die sonderlichen, zu mahl bey der I. Frage in Bedencken gezogene, Apparentien, gar wohl zu erklären*, wie er es dann anhand von zehn Punkten unternimmt, zu denen auch die Erkenntnis gehört, daß die wahre Bahn des Kometen gegen die Ekliptik geneigt sein müsse.

Da er hiermit die Korrektheit seiner Skizze als belegt ansehen kann, wagt er auch, hieraus einen Schluß zu ziehen: *Bey dieser erstatteten Erklärung der fürnehmsten Eigenschafften, so dieser sonderbare Comet sonderlich gehabt, wodurch die in Zweiffel oder Verwunderung gezogene Möglichkeit, nach der Hevelischen Hypothesi mehr als nöthig erwiesen, könte mans zwar also bewenden lassen; Doch kan ich nicht umhin, den geneigten Leser meine neulichste (obwohl noch unreiffe) Erfindung, wodurch diese Hypothesis vielleicht zu verbessern und vollkommener zu machen, hierbey zu entdecken, und in Dessen beliebiges Bedencken zustellen, Ob nicht dieses (und der andern) Cometen Bewegungs-Linie eine solche Parabole sey, dero Focus in das Centrum der Sonnen zu setzen?* DÖRFFEL weist darauf hin, daß HEVELIUS zwar auch eine Parabel als Bahnform ins Auge gefaßt hatte, diese Hypothese aber wieder verwarf und in der *Cometographia* auch nicht von der Position des Brennpunkts die Rede war. Gleichwohl zeigt sich DÖRFFELS große Bewunderung für das Werk des Danziger Astronomen, wenn er ihn sofort ob dieser Nachlässigkeit entschuldigt durch Hinweis darauf, daß alle *übrigen Exempel* von Kometen *unbequem gewesen* seien, *den gewissen Situm Foci zu determiniren, so wohl der kurtzen Sichtbarkeit, als weiten Intervalli wegen von der Sonnen, da aus der wenigen Krümme, zumahl bey ungelegenen Erden-Stande, weder die Species curvitatis, noch das planum so deutlich heraus zu finden.* (HEVELIUS selbst konnte C/1680 (Kirch) nur unter erschwerten Bedingungen beobachten, da kurz zuvor seine Sternwarte abgebrannt und die meisten Instrumente zerstört waren.)

DÖRFFEL sieht sich am Ziel seines Wunsches, die Kometen von ihrem übernatürlichen Ansehen zu befreien und sie in das Gefüge des Sonnensystems einzubinden. Daß dieser Wunsch nicht nur naturwissenschaftlich, sondern vor allem theologisch begründet war, zeigt das Motto auf der Titelseite der Arbeit, das dem apokryphen Buch des Tobias entstammt (Kap. XII, Vers 8): *Der Könige und Fürsten Rath und Heimlichkeit soll man verschweigen, aber GOttes Werck soll man herrlich preisen und offenbahren.* Wieder zitiert er hierzu aus HEVELIUS' *Cometographia: Gleichwie alle andere ordentliche und gleichwährende Irr-Sterne oder Planeten, in ihrem Umblauffe sich nach der Sonnen unter gewissen Gesetzen richten; also wird auch von allen Cometen, als ausserordentlichen kurtzwährenden Planeten, in ihrer Durchfarth, der Sonnen, auf gewisse Weise Gehorsam geleistet. Daß die Planeten und Cometen eine verborgene Gleich-Artung mit einander haben, ist gar gewiß.* Dem fügt er nun als seine neue Erkenntnis hinzu, *deß beyderseits so wohl die Planeten als Cometen ihren Focum in Centro Solis haben, jene zwar halten wohlbekandter massen (nach KEPLERI nützlicher Erfindung) in einer umb und umb geschlossenen Ellipsi oder Ey-Linie ihren Umblauff, diese aber müssen sich mit der ausgehenden Parabole oder Brenn-Linie eine Zeitlang behelffen.* Diese seine Entdeckung gibt er sodann zur Diskussion frei, wenn er schreibt: *Welches alles aber ich ietzt dahin stellen, und Jedweden, dasselbe nach Befinden anzunehmen oder zu verwerffen oder auch eine bessere Erklärung auszusuchen, gerne verstatten will, als der ich dieses noch vor keine gantz ausgemachte Sache vorietzo ausgebe, nachdem ich den Versuch nur mechanicè gethan, und des weitläufftigen Calculi mich entbrechen müssen, wozu auch mehrere und schärffere Observationes nöthig wären, zugeschweigen, was vor Zeit dazugehöret, nach HORROCCII* (JEREMIAH HORROCKS, 1618-1641) *Ausspruche: Die Ausrechnung der Cometen nimt kein Ende.* DÖRFFEL bittet den Leser mit dem Satz

Ein Mathematicus lässet sein μανϑανειν, *Forschen, Ergründen und Lernen, sich nicht entgegen seyn.*

um Nachsicht für die fehlende Untermauerung seiner Hypothese und zitiert abschließend seinen *fürnehmen Gönner*, H. D. Leibnitz mit den Worten, die zeigen, daß er sich bei aller Bescheidenheit der Bedeutung seiner Entdeckung wohl bewußt ist: *Gedancken fallen offtmals auch nach Glücke, daß Diese über jenes, und wohl Geringere auff etwas sonderliches kommen.* Der Abschnitt zur zweiten Frage endet mit dem Spruch

Wann schwere Dinge nicht zu enden,
Ist doch das Wollen nicht zuschänden.

Mit der dritten Frage *Ob dieser und andere Cometen einen gewissen Beweiß geben können, daß die Erde sich bewege, und die Sonne stille stehe?* [D4; S.27-31] begibt sich DÖRFFEL, insbesondere wegen seines geistlichen Standes, auf ein gefährliches Terrain. Er stellt auch hier Für und Wider gegenüber, kann jedoch keinen stichhaltigen Beweis erkennen und stellt fest: *Man wird demnach (so lange es an einer besseren und richtigen Demonstration annoch ermangelt) Die jenigen billich dabey lassen müssen, welche, mit fürnehmen Theologis, bey dem eigentlichen Wort-Verstande der H. Schrifft (von welchem, ohne offenbare Nothwendigkeit, nach der sichersten Auslegungs-Regel, nirgends abzuweichen) einfältig bleiben.* Er betont ausdrücklich, daß man ihn nicht für einen Kopernikaner halten sollte, *weil in der Figur, die Sonne in der Mitte, die Erde aber im Orbe magno als beweglich entworfen: Denn indem man hier nur alleine des Cometen eigne Bewegungs-Linie umb die Sonne zu betrachten vorhabens ist, so wird billich die Sonne mit ihrem Himmel indessen als stillhaltend vorstellig gemacht; Wiewohl zufälliger Weise, indem der Comet seitwerts auf der Erden observiret worden, zur Ausmessung auch derselben unterschiedlicher Stand gegen die Sonne und den Cometen, mit beyzubringen nöthig gewesen, und also selbe hinwiederumb gleichsam fortrückend müssen betrachtet werden. Welches denn allhier so wenig, als in der Planeten-Rechnung, da heutiges Tages eben diese Bequemlichkeit bey den allerbestgebräuchlichsten Rudolphischen Tafeln eingeführet ist, mit Verstande kan getadelt werden.* Die Verwendung des kopernikanischen Modells in DÖRFFELs graphischer Darstellung der Kometenbahn wird also als Bequemlichkeit abgetan. Immerhin fällt die Verwendung des Begriffs "orbis magnus" für die Erdbahn in dieser Tafel auf, während KEPLER in seinem Bild der Bahn des Kometen von 1607 ganz selbstverständlich "Sphæra Tellur(is)" schreibt. (Übrigens wird auch NEWTON auf den Ausdruck "orbis magnus" zurückgreifen.)

DÖRFFELs abschließende Erörterung der vierten und fünften Fragen *Ob und wie ferne des Cometen sichtbarer Lauff am Firmament, einem grossen Himmels-Circkel gleich oder nahe komme?* [D4; S.31-35] bzw. *Ob und welcher massen von des Cometen Höhe über dem Erdboden, wie auch Grösse und Geschwindigkeit des Lauffes etwas gewisses zuschliessen und zu wissen sey?* [D4; S.35-40] bringen keine neuen Erkenntnisse, in letzterem Fall natürlich bedingt durch die Schwierigkeit der Festlegung von Entfernungen ("Höhen") im Sonnensystem. Ich werde es daher halten wie DÖRFFEL selbst: *Vor dieses mahl muß ich mehrere Weitläufftigkeit verhü-*

ten, und zum Ende eilen. Dort entledigt sich der Autor mit nur einem Satz der Erwartung des gemeinen Lesers seiner Zeit (oder vielleicht doch aller Zeiten?), wenn er abschließend schreibt: *Was uns in übrigen dieser himlische Herold vor Bedeutung ankündige, ist zwar sonst die allergemeinste und fast erste Frage, alleine der gegenwartigen Astronomischen Betrachtung (so nunmehro ihr fürgestecktes Ziel erreichet) wird man die darauf gehörige Beantwortung nicht zumuthen noch auffbürden.*

Mit diesen Worten endet DÖRFFELs zentrale Arbeit, die mit der präzisen Erläuterung seiner Methode, der Hervorhebung der Natur als alleiniger Autorität, selbst gegenüber der Heiligen Schrift, und der klaren Formulierung einer durch Beobachtung nachprüfbaren allgemeinen Aussage trotz seiner beschränkten Arbeitsmöglichkeiten ein Musterbeispiel naturwissenschaftlicher Präsentation darstellt. Bedingt durch seine dienstlichen Aufgaben, 1684 wird DÖRFFEL Superintendent in Weida, müssen die astronomischen Arbeiten in der Folgezeit zurückstecken. So gehört er zwar zu den Erstentdeckern des Kometen von 1682, kann diesem Ereignis aber nur eine *Eilfertige Nachricht ...* [D5] widmen und übersieht so, daß es sich um den nachmals berühmtesten von allen Kometen handeln wird! Auch wenn GEORG SAMUEL DÖRFFEL, der noch einige Arbeiten aus der Mondforschung [D6-8], sowie eine Schrift über Entfernungsmessung in *Acta Eruditorum* [D9/10] veröffentlichte, bevor er bereits 1688 starb, derjenige war, dem es gelang, die Kometen in das Sonnensystem einzuordnen, wird der Ruhm der endgültigen Erklärung und des unumstößlichen Beweises den englischen Kollegen vorbehalten bleiben.

Newton und Halley

Die überwältigende Erscheinung des Kometen C/1680 (Kirch) stellt auch das Bindeglied zwischen dem astronomischen Schaffen DÖRFFELs und dem wissenschaftlichen Werk ISAAC NEWTONs dar. Während jener nach Beendigung seiner Studien dem Brotberuf des Pfarrers nachgehen mußte, folgte beinahe zur gleichen Zeit, im Jahre 1669, dieser seinem Lehrer BARROW auf den Lucasischen Lehrstuhl der Universität Cambridge, wo er seinen weitgefächerten naturwissenschaftlichen Interessen nachgehen konnte. Daß hierzu auch die Astronomie gehörte, zeigt sich an seiner Konstruktion eines Spiegelfernrohrs, die ihm bereits im Jahre 1672 die Aufnahme in die Royal Society bescherte. Die große praktische Bedeutung der Astronomie in jenen

Tagen wird auch belegt durch die Gründung des Royal Observatory in Greenwich im Jahre 1675, dessen erster Astronomer Royal JOHN FLAMSTEED (1646-1719) wurde. Dieser versorgte NEWTON auch, zusätzlich zu dessen eigenen Beobachtungen, mit Daten zum Großen Kometen von 1680, von denen allerdings einige fehlerhaft waren, zum Beispiel auch solche, die vom Kontinent stammten und deren im Gregorianischen Kalender angegebenen Werte falsch umgerechnet worden waren. Auf der Basis dieses Datenmaterials war NEWTON zunächst, im Gegensatz zu FLAMSTEED, Anhänger der Zwei-Kometen-Theorie, die DÖRFFEL ja in der Beantwortung seiner ersten Frage so eindeutig verworfen hatte.

Begierig sammelte NEWTON daher die Daten zu dem neuen Kometen des Jahres 1682, der wiederum sein Werk mit der Person des EDMOND HALLEY verbinden sollte. HALLEY wurde am 8. November 1656 in Haggerston bei London in eine wohlhabende Familie geboren; seine Biographie ist allerdings bis heute recht lückenhaft (vgl. [8; S.173f]). Nach dem Studium in Oxford wurde er bereits 1678 in die Royal Society aufgenommen und zeichnete sich durch eine große Bandbreite von wissenschaftlichen Interessen aus. Ausgedehnte Reisen führten ihn u.a. 1679 zu HEVELIUS nach Danzig und ein Jahr später zu JEAN DOMINIQUE CASSINI (1625-1712), dem Direktor der 1672 eröffneten Sternwarte von Paris, wo C/1680 (Kirch) ebenfalls in aller Wissenschaftler Munde war. Doch erst von dem weit weniger augenfälligen Kometen des Jahres 1682 konnte HALLEY, wie FLAMSTEED in Greenwich und NEWTON in Cambridge, mit seinem neu erbauten privaten Observatorium in Islington (heute einem Teil Londons) eigene Beobachtungsdaten festhalten. Diese führten möglicherweise zu einem ersten Treffen mit NEWTON (vgl. [8; S.40]), bei dem die Erfahrungen mit den Kometen der letzten Zeit diskutiert wurden. Das Problem, sie in KEPLERs Welt einzuordnen, erschien aber zunächst unangreifbar.

HALLEY war wohl davon überzeugt, daß diese Frage nur durch eine theoretische Erklärung der Keplerschen Gesetze gelöst werden konnte. Die Wirkung einer zentralen, von der Sonne ausgehenden und mit dem Abstand abnehmenden Anziehungskraft auf die Planeten, war schon länger, zum Beispiel von ROBERT HOOKE (1635-1703), dem langjährigen Kurator für die Experimente an der Royal Society, vorgeschlagen worden. Dieser behauptete in einem Gespräch mit HALLEY und CHRISTOPHER WREN (1632-1723) Anfang 1684 sogar, ein quantitatives Kraftgesetz beweisen zu können, blieb den Nachweis aber schuldig. So beschloß HALLEY, sich an NEWTON in

Cambridge mit der Frage zu wenden, welche Bahnkurve sich für einen Planeten ergäbe, der einer proportional dem Quadrat der Entfernung abnehmenden Anziehungskraft durch die Sonne ausgesetzt sei. Dieses Gespräch mit der spontanen Antwort NEWTONs, er habe bereits früher ausgerechnet, daß dies eine Ellipse sei, wird in der Literatur einhellig als Geburtsstunde von NEWTONs Meisterwerk *Philosophiæ naturalis principia mathematica* (Die mathematischen Grundlagen der Naturwissenschaft) gefeiert, doch ausgerechnet der Beweis dieser Aussage fehlt darin (zur Diskussion dieses Punktes siehe [12]), und es sollte noch fast drei Jahre dauern, bis das Monumentalwerk in London erscheinen konnte. Zwar gab NEWTON recht bald die kurze Schrift *De motu corporum in gyrum* (Über die Bewegung von Körpern in der Umlaufbahn) heraus, doch drängte HALLEY ihn zu einer ausführlicheren Darstellung seiner mechanischen Theorie.

Grundlage dieser Theorie sind die drei Newtonschen Bewegungsgesetze und die Vorstellung der *Gravitation* als einer anziehenden Zentralkraft, die zwei Körper wechselseitig und in Richtung ihrer Verbindungslinie aufeinander ausüben. Wir geben nun im folgenden eine Darstellung, die von der NEWTONs abweicht und auf eine Idee des englischen Mathematikers HARRY HART (1848-1920) [6] zurückgeht (vgl. auch [7]). Sie verwendet aber nur Mittel, die NEWTON zur Verfügung standen, nämlich die in einem Anhang zum *Discours de la méthode* (1637) des RENÉ DESCARTES (1596-1650) eingeführte analytische Geometrie (dieses Buch stellte für NEWTON dar, was die *Cometographia* für DÖRFFEL bedeutete) und elementare Aussagen der Infinitesimalrechnung, die von NEWTON mitbegründet, in den *Principia* aber nicht explizit verwendet wurde, wohl um nicht zur gleichen Zeit eine neue Methode in der Physik und in der Mathematik einzuführen.

Sei $x(t) \in \mathbf{R}^3$ der Ort eines Körpers der Masse $m > 0$ zum Zeitpunkt $t \in \mathbf{R}$, der sich unter dem alleinigen Einfluß der Schwerkraft eines im Ursprung festsitzenden Attraktors bewegt. Dann gilt nach HOOKE und NEWTON mit einer Konstanten $\gamma > 0$:

$$x''(t) = -\gamma \frac{x(t)}{|x(t)|^3} \ . \qquad (N)$$

Da der Abstand $r := |x| = \sqrt{x_1^2 + x_2^2 + x_3^2}$ für jede stabile Bahn ein Minimum besitzen muß, wo $r' = \frac{1}{r} x \cdot x' = 0$ ist, können wir das Koordinatensystem und den Zeitpunkt 0 so wählen, daß

$$x(0) = (r_o, 0, 0), \quad x'(0) = (0, v_o, 0), \quad r_o > 0, \; v_o \neq 0,$$

gilt; der Fall $v_o = 0$ kann dabei außer Betracht bleiben, da hier wegen der zentralen Wirkung der Kraft der Körper auf gerader Bahn in endlicher Zeit ins Zentrum stürzen würde. Nun macht man folgende Beobachtungen:

(a) Das Vektorprodukt $x \times x'$ ist (zeitlich) konstant gleich $(0, 0, r_0 v_0)$ (das entspricht dem *Drehimpulserhaltungssatz* $J := x \times mx' = $ konstant):

Es ist $(x \times x')_1 = x_2 x_3' - x_3 x_2'$, also

$$\left(x \times x'\right)_1' = x_2' x_3' + x_2 x_3'' - x_3' x_2' - x_3 x_2'' = x_2\left(-\gamma \frac{x_3}{|x|^3}\right) - x_3\left(-\gamma \frac{x_2}{|x|^3}\right) = 0;$$

entsprechend für die beiden anderen Komponenten. Einsetzen bei $t = 0$ ergibt die Behauptung.

(b) $\forall \, t \in \mathbf{R}: x_3 \, (t) = 0$ (d.h. die Bewegung verläuft in der Ebene durch 0 und $x(0)$ und senkrecht zu J), denn wäre $x_3 \, (t) \neq 0$, so wegen (a):

$$x_2'(t) = \frac{x_3'(t)}{x_3(t)} x_2(t), \quad x_1'(t) = \frac{x_3'(t)}{x_3(t)} x_1(t) \quad \text{und damit}$$

$r_0 v_0 = x_1(t) x_2'(t) - x_2(t) x_1'(t) = 0$, im Widerspruch zu $r_0 > 0$ und $v_0 \neq 0$.

(c) Wegen (b) ist $r = \sqrt{x_1^2 + x_2^2}$, also $r' = \frac{x_1 x_1' + x_2 x_2'}{r}$ und daher mit (a) und (N):

$$\left(\frac{x_i}{r}\right)' = \frac{x_i' r^2 - x_i\left(x_1 x_1' + x_2 x_2'\right)}{r^3} = (-1)^j \frac{x_j}{r^3} r_0 v_0 = (-1)^j \frac{r_0 v_0}{\gamma} x_j'',$$

für $i, j \in \{1, 2\}$, $i \neq j$. Integration von 0 bis t ergibt für $(i, j) = (1, 2)$ bzw. $(2, 1)$:

$$\frac{x_1(t)}{r(t)} - 1 = \frac{r_0 v_0}{\gamma}\left(x_2'(t) - v_0\right), \quad \frac{x_2(t)}{r(t)} = -\frac{r_0 v_0}{\gamma} x_1'(t),$$

also, indem man die erste Gleichung mit x_1 die zweite mit x_2 multipliziert und addiert:

$$\frac{r_0^2 v_0^2}{\gamma} = \frac{r_0 v_0}{\gamma}\left(x_1 x_2' - x_2 x_1'\right) = \left(\frac{r_0 v_0^2}{\gamma} - 1\right) x_1 + \frac{x_1^2 + x_2^2}{r},$$

d. h. mit $\rho := \frac{r_0^2 v_0^2}{\gamma}$ und $\varepsilon := \left(\frac{r_0 v_0^2}{\gamma} - 1\right)$ gilt:

$\exists\,\varepsilon > -1\;\;\exists\,p > 0\;\;\forall\,t \in \mathbf{R} : r(t) = p - \varepsilon \cdot x_1(t)$ (K1)

Das ist die, wohl zuerst von PAPPOS VON ALEXANDRIA, (fl. 300-350) im Buch VII seiner *Synagoge* (ca. 320) angegebene, *Brennpunktgleichung* eines zur x_1-Achse symmetrischen Kegelschnitts in der (x_1,x_2)-Ebene mit *Brennpunkt* in 0, *Exzentrizität* $|\varepsilon|$ und *absoluter Brennpunktordinate* p (2p heißt auch *Parameter (latus rectum)* des Kegelschnitts).

Führt man Polarkoordinaten r und φ ein, so daß

$x_1 = r \cdot cos\,(\varphi)$ und $x_2 = r \cdot sin\,(\varphi)$ sind, so erhält man durch Ableiten und Einsetzen in $x_1x_2' - x_2x_1' = r_0v_0$ (vgl. (a)) mit $c := \dfrac{r_0v_0}{2}$:

$$\exists\,c \neq 0 : \;\;\tfrac{1}{2}\,r^2 \cdot \varphi' = c\,; \text{(K2)}$$

das entspricht dem Zweiten Keplerschen Gesetz.

Die Aussagen von (b) und (c) beinhalten somit insbesondere für $|\varepsilon| < 1$ (Ellipse) das Erste Keplersche Gesetz, da die Fälle $\varepsilon = 1$ (Parabel) und $\varepsilon > 1$ (Hyperbel) wegen der aus (K2) folgenden Monotonie von φ nicht zu periodischen Bahnen führen. (Der Fall $-1 < \varepsilon < 0$ tritt ein, wenn sich der Körper zum Zeitpunkt $t = 0$ im *Apozentrum,* dem maximal vom Gravitationszentrum entfernten Punkt seiner Bahn, befindet und stellt somit eine Wurfbahn dar, $\varepsilon = 0$ ist der Grenzfall einer Kreisbahn; für alle anderen Werte von ε startet der Körper von seinem *Perizentrum* aus.)

Für den Fall der Ellipse mit *großer Halbachse* $a > 0$ ist die Fläche gleich

$$\pi\,a^{3/2}\,p^{1/2} = \int_0^\tau |\frac{1}{2}\,r(t)^2 \cdot \varphi'(t)|\;dt = |c|\;\tau\,,$$

wenn eine periodische Bewegung mit Periode $\tau > 0$ vorliegt. Es ist dann

$$\tau^2 = \frac{\pi^2}{c^2}\,p \cdot a^3 = \frac{4\pi^2}{\gamma}\,a^3;$$

das ist das Dritte Keplersche Gesetz

$$\exists\,K > 0 : \tau^2 = K\,a^3 \text{ (K3)}$$

mit einem für alle Körper gleichen, nur von γ abhängigen K.

Mit denselben Überlegungen gelingt es auch umgekehrt, aus den Keplerschen Gesetzen (K1), (K2) und (K3) auf das Hooke-Newtonsche Kraftgesetz (N) zu schließen. Dazu kombiniert man zunächst (K2) und (K3) zu

$$\exists K > 0 : \frac{\pi^2 p}{c^2} = K. \quad \text{(K3')}$$

Differentiation von (K1) ergibt

$$r\varepsilon\, x_1' = -(x_1 x_1' + x_2 x_2'). \quad (1)$$

Aus (K2) folgt wie oben durch Ableiten und Einsetzen:

$$x_1 x_2' - x_2 x_1' = 2c. \quad (2)$$

(1) und (2) führen zu

$$x_1 r\varepsilon\, x_1' = -x_1^2 x_1' - x_2 \cdot 2c - x_2^2 x_1',$$

also mit (K1) zu

$$x_1' = -\frac{2c}{p}\frac{x_2}{r}. \quad (3)$$

Wieder mit (1) folgt hieraus

$$x_2 x_2' = -x_1'(x_1 + r\varepsilon) = \frac{2c}{p}\left(\frac{x_1}{r} + \varepsilon\right)x_2,$$

so daß für $x_2 \neq 0$ gilt:

$$x_2' = \frac{2c}{p}\left(\frac{x_1}{r} + \varepsilon\right); \quad (4)$$

für $x_2 = 0$ erhält man (4) aus (2) und (K1), da dann $x_1 \neq 0$ und $r^2 = x_1^2$ ist.

Leitet man (3) und (4) ab, so ergibt sich für $i \neq j$, noch einmal mit (2):

$$x_j'' = (-1)^j \cdot \frac{2c}{p}\left(\frac{x_i}{r}\right)' = (-1)^j \cdot \frac{2c}{p}\frac{x_i' r^2 - x_i(x_1 x_1' + x_2 x_2')}{r^3} = -\frac{4c^2}{p}\frac{x_j}{r^3}.$$

Mit (K3') ist also

$$x'' = -\frac{4\pi^2}{K}\frac{x}{r^3},$$

so daß die Kraft, die eine Bewegung der Masse $m > 0$ gemäß den Keplerschen Gesetzen hervorruft, nach dem Zweiten Newtonschen Gesetz durch

$$F = -m\frac{4\pi^2}{K}\frac{x}{r^3}$$

gegeben ist. Nimmt man an, daß K nur von der Masse $M > 0$ des Zentralgestirns abhängt, daß also ein reines *Gravitationsgesetz* vorliegt, so folgt aus dem Dritten Newtonschen Gesetz, daß $\gamma := \dfrac{4\pi^2}{K} = G \cdot M$ mit der universellen *Gravitationskonstanten* G ist, die sich experimentell zu etwa $6{,}674 \cdot 10^{-11}\,\dfrac{m^3}{kg \cdot s^2}$ bestimmen läßt.

Die soeben bewiesene Äquivalenz des Gravitationsgesetzes mit den Keplerschen Gesetzen ist, wie erwähnt bis auf den Schluß von (N) auf (K1), in Buch 1 der *Principia* enthalten. HALLEY war während der Abfassung des Werkes ständiger Ansprechpartner - vielleicht auch seinerzeit der einzige, der NEWTONs Ausführungen zu folgen in der Lage war. Hauptgrund für die Verzögerung des Erscheinens war NEWTONs, und wohl auch HALLEYs, Wunsch, die Bahnbestimmung der Kometen mit einzubeziehen. Es scheint als ob NEWTON die Universalität seines Gesetzes (N) nicht an dem legendären Apfel testen wollte, sondern an C/1680 (KIRCH)! In Buch III der *Principia*, das dem *Weltsystem* gewidmet ist, kommt er in Proposition XL, Theorem XX zu dem Schluß ***Cometas in sectionibus conicis umbilicos in centro solis habentibus moveri*** (Kometen bewegen sich in Kegelschnitten, die ihre Brennpunkte im Zentrum der Sonne haben) und folgert hieraus, daß sie, sollten sie zurückkehren, den Keplerschen Gesetzen genügen. Er stellt aber auch fest, daß ihre Exzentrizitäten dem Wert 1 sehr nahe kommen und daher die Annahme einer Parabelbahn keine merklichen Fehler erzeugt. In Proposition XLI, Problem XXI, stellt er sich die Aufgabe, die Elemente dieser Parabelbahn aus nur drei Beobachtungen zu bestimmen und führt die resultierende Methode am Beispiel des Kometen C/1680 (Kirch) vor.

Im Gegensatz zu DÖRFFEL, der ja die quantitative Parameterabhängigkeit der Bahnform z.B. von der Anfangsgeschwindigkeit v_0 nicht kannte, war sich NEWTON darüber im Klaren, daß die Parabel als Grenzfall zwischen Ellipse und Hyperbel in der Natur nicht realisierbar ist. Und doch fielen beide auf C/1680 (Kirch) herein, dessen Exzentrizität heute auf etwa 0,999985 geschätzt wird, so daß mit den ihnen zugänglichen Meßinstrumenten eine Abweichung von der Parabelform der Bahn überhaupt nicht feststellbar war. Doch auch die Daten zu dem weniger exzentrischen Kometen von 1682 waren nicht umfangreich und genau genug, um eine direkte Bahnbestimmung durchführen zu können. Hier trat nun HALLEY, der nach seinem Einsatz zur Fertigstellung der *Principia* auch noch deren Druckkosten übernahm, hervor, der NEWTONs Methode zur Festlegung der Parabelbahnelemente auf 24 besonders gut dokumentierte Kometenerscheinungen der Vergangenheit anwandte, mit dem Ergebnis, daß die Kometen von 1531, 1607 und 1682 fast identische Parameter aufwiesen. Das führte ihn zu dem kühnen Schluß, verkündet 1705 in seinem Werk *A synopsis of the astronomy of comets* (Eine Zusammenschau der Astronomie der Kometen) (hier zitiert nach [3; S.17]): *I may, therefore, with confidence, predict its return in the year 1758. If this prediction is fulfilled, there is no reason to doubt that the other comets will return.* (Ich kann daher, mit Zuversicht, seine Rückkehr im Jahre 1758 voraussagen. Wenn diese Vorhersage erfüllt ist, gibt es keinen Grund daran zu zweifeln, daß die anderen Kometen zurückkehren werden.) Es ist dies das bemerkenswerteste Beispiel in der Wissenschaftsgeschichte, wie aus einem an sich falschen, nur näherungsweise gültigen Modell, nämlich dem der eine Wiederkehr ausschließenden Parabelbahn, auf das richtige Modell geschlossen wird. (Ein anderes Beispiel ergibt sich im Zusammenhang mit der obigen Herleitung des Gravitationsgesetzes aus den Keplerschen Gesetzen: Läßt man die Annahme der Unbeweglichkeit des Zentralkörpers der Masse M fallen und setzt $x_M \in \mathbf{R}^3$ für dessen Ort und $x_m \in \mathbf{R}^3$ für den des Körpers der Masse m, so muß aufgrund des Dritten Newtonschen Gesetzes für die Kräfte F auf die Körper gelten:

$$F = \pm \frac{G M m}{r^3} x,$$

worin $x = x_m - x_M$, $r = |x|$ sind. Also ist

$$M x_M'' = \frac{G M m}{r^3} x, \quad m x_m'' = -\frac{G M m}{r^3} x, \quad (5)$$

so daß $M x_M'' + m x_m'' = 0$, bzw. nach Integration

$$M x_M'(t) + m x_m'(t) = M x_M'(0) + m x_m'(0).$$

Das ist der *Impulserhaltungssatz*, der bedeutet, daß für den *Schwerpunkt*

$$s := \frac{M x_M + m x_m}{M + m}$$ gilt: s' = const. (Das folgt natürlich auch aus dem Ersten Newtonschen Gesetz, da auf das Gesamtsystem keine äußere Kraft einwirkt.)

Aus (5) erhält man

$$x'' = -\left(\frac{1}{m} + \frac{1}{M} \right) \frac{G M m}{r^3} x = -\frac{G(M + m)}{r^3} x,$$

so daß die obigen Überlegungen streng genommen nur für die *Relativbewe-gung* der beiden Körper gelten, wobei M durch $M + m$ *zu* ersetzen ist. Ins-besondere lautet das Dritte Keplersche Gesetz damit

$$\tau^2 = \frac{4\pi^2}{G\,(M+m)}\,a^3.$$

Weder HALLEY, der 1720 zum zweiten Astronomer Royal wurde und 1743 starb, noch NEWTON, von 1703 bis zu seinem Tod im Jahre 1727 Präsident der Royal Society und der in den weiteren Auflagen der *Principia* "seinen Freund HALLEY" für dessen Entdeckung lobt, konnten die Bestätigung seiner Vorhersage miterleben, die ausgerechnet am Weihnachtstag des Jahres 1758 JOHANN GEORG PALITZSCH (1723-1788) in Sachsen gelang. So stellte sich also heraus, daß der auf dem Teppich von Bayeux und auf GIOTTOs *Anbe-tung* dargestellte, von APIAN und KEPLER beobachtete und von DÖRFFEL wiederentdeckte Komet ein und denselben Kern besitzt, den die Raumsonde *Giotto* bei seiner bislang letzten Wiederkehr fotografieren konnte. Den er-sten als (relativ kurz)periodisch erkannten Kometen und den Entdecker die-ser Tatsache zu ehren, lautet seine heutige Bezeichnung Pl (Halley). Nach-dem DÖRFFEL und NEWTON den Kometen ihren Platz in der physikalischen Welt gewiesen hatten, waren sie durch NEWTON und HALLEY sogar bere-chenbar geworden.

Epilog

Am 14. November 1680 war der Menschheit in Gestalt des Kometen C/1680 (Kirch) ein Licht aufgegangen, welches in kurzer Zeit zu einem Weltmodell führte, das durch die Wiederentdeckung von Pl (Halley) im Jah-re 1758 seine Bestätigung fand. Da sich die Wissenschaftsgeschichte zu sehr auf "Genies" konzentriert, haben es die beiden anderen Lichtgestalten DÖRFFEL und HALLEY schwer, neben der Sonne NEWTON aufzufallen. Im-merhin ist HALLEY durch "seinen" Kometen verewigt und auch DÖRFFELs haben seine Astronomenkollegen bei der Benennung eines Kraters in der Nähe des Südpols des Mondes und des Kleinplaneten 4076 gedacht. Doch ist das astronomische Werk insbesondere DÖRFFELs und sein möglicher Einfluß in England bis heute nicht vollständig aufgearbeitet worden und das, obwohl K. WURM 1954 darauf hinwies, daß sich unter den *weit über hun-dert Druckschriften* über den Kometen C/1680 (Kirch) *aus den Jahren nach 1680* nur *einige wenige Titel von großem Belang* befinden, nämlich J.

NEWTON, Prinzipia Philosophia Naturalis, Buch III; E. HALLEY, Synopsis Astronomiae Cometicae; G. DÖRFEL, Astronomische Betrachtung des gro-ßen Kometen.

Auch der Einfluß der Kometen, allen voran C/1680 (Kirch) und P1 (Halley), auf die Herausbildung unseres Weltbildes wird meines Erachtens in der Wissenschaftsgeschichtsschreibung stark vernachlässigt. Das könnte damit zusammenhängen, daß sich auch die Forschungsthemen der Astronomie heutzutage in den Weiten des Alls verlieren. Doch sollten uns sowohl harmlose Erscheinungen wie die der auf Kometenreste zurückgehenden Meteorströme, deren einer, die von P1 (Halley) stammenden Orioniden, all-jährlich zu DÖRFFELs Geburtstag seine maximale Aktivität entfaltet, wie auch die spektakulären im Prolog erwähnten Ereignisse und neuere Theorien über massenhaftes Artensterben und die Katastrophe an der Steinigen Tun-guska im Jahre 1908, daran erinnern, uns auch um unsere "nähere" Umge-bung zu kümmern. Sonst könnte, worauf der Mitentdecker von D/1993 F2 (Shoemaker-Levy 9) EUGENE SHOEMAKER (1928-1997) hinwies, einer der Kometen dem alten Image gerecht werden und für das Leben auf der Erde zum Des-Aster werden.

Danksagungen. Ich danke H. Kalf (München) für den Hinweis auf den Arti-kel [6] und K. M. Schmidt (München) für seine philologische Unterstützung. Das Original von [D4] konnte ich während eines Forschungsaufenthaltes am King's College London (EPSRC grant n° GR/K10362) in der British Library einsehen; ich danke E. B. Davies FRS für seine Gastfreundschaft.

Literatur

Astronomische Schriften Dörffels

D1. Warhafftiger Bericht von dem Cometen, welcher im Mertzen dieses 1672. Jahres erschienen: Dessen Lauf, Art und Beschaffenheit, sambt der Bedeutung, hiermit fürgestellet wird, von M.G.S.D., Johann Christian Meyße, Plauen im Voigtland, 1672.

D1a. Bericht von dem neulichsten im Mertzen dieses 1672. Jahres erschienenem Cometen, Auss einem zu Plauen gedrucktem Bedencken wiederholet und vermeh-ret, 1672.

D2. Extract eines Schreibens aus Plauen im Voigtland an einen guten Freund, von dem neuen Cometen, Welcher im April dieses 1677. Jahrs am Himmel erschienen, Johann Christian Meyße, Plauen, 1677.

D3. Neuer Comet-Stern Welcher im November des 1680sten Jahres erschienen, Und zu Plauen im Voigtlande dergestalt observiret worden, Sampt dessen kurtzer Beschreibung, und darüber habenden Gedancken, Johann Christian Meise, Plauen, 1680.

D4. Astronomische Betrachtung des Grossen Cometen, Welcher im ausgehenden 1680. und angehenden 1681. Jahre höchstverwunderlich und entsetzlich erschienen: Dessen zu Plauen im Voigtlande angestellte tägliche Observationes, Nebenst etlichen sonderbahren Fragen und neuen Denckwürdigkeiten, sonderlich von Verbesserung der Hevelischen Theoriæ Cometarum, ans Liecht stellet M.G.S.D., Johann Christian Meise, Plauen, 1681.

D5. Eilfertige Nachricht, von dem itzund am Himmel stehenden neuen Cometen, welcher am 15. Augusti dieses 1682sten Jahres zum erstenmahl, zu Plauen im Voigtlande ist gesehen worden, J. Chr. Meise, Plauen 1682.

D6. Observatio Eclipseos lunae totalis, d. XI. Febr. A. 1682 a M.G.S. Dörffelio, Symmista Plav. in Variscia, instituta et cum novissimi tabb. Horroccio-Flamstedianis, vix sensibiliter discrepantibus, collata, in: Gottfried Kirch, Ephemeridum motuum coelestium annus III., Leipzig, 1683.

D7. Neues Mond-Wunder, Wie solches den 24. Jenner dieses angehenden 1684. Jahres, zu Plauen im Voigtlande gesehen worden: Neben einem kurtzen Bedencken, was hier von zu halten sey. Entworfen von M.G.S.D., Joh. Christian Meise, Plauen, 1684.

D8. Calculus Eclipseos Lunaris penumbratilis A. 1684 d. 17.(27.) Jun. ex Tabb. Flamstedianis, in: Gottfried Kirch, Ephemeridum motuum coelestium annus IV., Leipzig, 1684.

D9. Methodus nova phaenomenorum coelestium intervalla a terris facillime determinandi, non variata statione seu loco observationis neque captis eorundem altitudine vel azimutho, communicata a G. S. D., Acta Eruditorum 1685, 571-580.

D10. Methodus nova phaenomenorum coelestium intervalla a Terra determinandi, non mutato loco observationis sive altitudine et azimutho, Leipzig, 1686.

Darüber hinaus Briefwechsel mit Gottfried Kirch, Erhard Weigel, Johannes Hevelius (?) und Joh. Abraham Ihle.

Weitere Literatur

1. Armitage, A.: Master Georg Samuel Dörffel and the rise of cometary astronomy. Ann. of Sci. 7 (1951) 303-315.

2. Bailey, M.E., Clube, S.V.M., Napier, W.M.: The Origin of Comets. Pergamon Press Oxford 1990.

3. Brandt, J.C., Chapman, R.D.: Introduction to Comets. Cambridge University Press Cambridge 1981.

4. Dorschner, J., Möller, R.: Georg Samuel Dörffel - ein fast vergessener Astronom des 17.Jhs. Die Sterne 59 (1983) 259-269.

5. Georg Samuel Dörffel (1643-1688) Theologe und Astronom. Vogtland-Verlag Plauen 1994.

6. Hart, H.: Integration of the rectangular equations of motion in the case of a central force varying inversely as the square of the distance. Messenger of Math. 9 (1879/80) 131-132.

7. Hyman, A.T.: The Mathematical Relationship Between Kepler's Laws and Newton's Laws. Amer. Math. Monthly 100 (1993) 932-936.

8. Lancaster-Brown, P.: Halley & his comet. Blandford Press Poole 1985.

9. Lenk-Hahnebach, E.: Die wahre Bahn, Magister Georg Samuel Dörffels Lebensweg. Evangelische Verlagsanstalt Berlin 1963.

10. Levy, D.H.: Impact Jupiter. The Crash of Comet Shoemaker-Levy 9. Plenum Press New York 1995.

11. Pfitzner, E.: Georg Samuel Dörffel und der große Komet von 1680/81. Die Sterne 59 (1983) 270-279.

12. Pourciau, B.: Reading the Master: Newton and the Birth of Celestial Mechanics. Amer. Math. Monthly 104 (1997) 1-19.

13. Reinhardt, C.: Magister Georg Samuel Dörffel. Mitteilungen des Altertumsvereins zu Plauen i. V. 2 (1882) 1-77.

14. Schaaf, F.: Comet of the Century, From Halley to Hale-Bopp. Copernicus New York 1997.

15. Schielicke, R.: Astronomie in Jena. Historische Streifzüge von den mittelalterlichen Sonnenuhren zum Universarium. Jena-Information Jena 1988.

16. Spencer, J.R., Mitton, J. (Eds.): The Great Comet Crash. The impact of Comet Shoemaker-Levy 9 on Jupiter. Cambridge University Press Cambridge 1995.

17. Toepell, M.: Mathematiker und Mathematik an der Universität München - 500 Jahre Lehre und Forschung. Institut für Geschichte der Naturwissenschaften München 1996.

18. Yeomans, D.K.: Comets - A Chronological History of Observation, Science, Myth, and Folklore. John Wiley & Sons New York 1991.

Das folgende Buch erschien nach Fertigstellung des vorliegenden Artikels:

19. Cook, A.: Edmond Halley, Charting the Heavens and the Seas. Clarendon Press Oxford 1998.

Prof. Dr. Andreas Hinz, Mathematisches Institut, Universität München, Theresienstraße 39, D-80333 München
e-mail: hinz@rz.mathematik.uni-muenchen.de

Johann Bernoulli und das inverse Zentralkraftproblem

Sibylle Ohly

1. Einleitung

NEWTONS *Philosophiae Naturalis Principia Mathematica* sind 1687 erschienen und gelten als die wesentliche Schrift zur Begründung der neuzeitlichen Mechanik. NEWTON stellt darin eine universelle Gravitationstheorie
auf, die davon ausgeht, daß sich Massen allgemein mit einer Kraft anziehen,
die umgekehrt proportional zum Quadrat der Entfernung der Massen ist.

Die von NEWTON verwendeten mathematischen Methoden sind dabei
überwiegend synthetisch-geometrisch mit Einflüssen aus der Fluxionsrech-
nung, nämlich der Theorie der ersten und letzten Verhältnisse[1], die NEWTON
im ersten Abschnitt der *Principia* ausführlich darstellt.

Die Engländer sind dieser geometrischen Sichtweise noch bis Mitte des 18.
Jahrhunderts gefolgt, während auf dem Kontinent die LEIBNIZsche Schule,
also vor allem die Brüder BERNOULLI, JAKOB HERMANN sowie PIERRE
VARIGNON, die analytische Differentialrechnung durch Anwendung auf
praktische mechanische Probleme wesentlich ausbaute. Die Interessen der
kontinentalen Mathematiker lagen dabei vor allem im mathematischen Bereich und weniger im Bereich der Astronomie, anders als bei den Engländern. Die Grundlagen der *Principia*, nämlich die Theorie einer allgemeinen
Gravitation, waren auf dem Kontinent lange nicht anerkannt, in der Him-
melsmechanik wurde die DESCARTESsche Wirbeltheorie bevorzugt.[2]

Unabhängig davon erwies sich jedoch die LEIBNIZsche Differentialrechnung
als äußerst erfolgreich bei der Lösung mechanischer Einzelprobleme, so daß
sich diese mathematische Methode schließlich durchsetzte.

Diese Arbeiten wurden später von EULER und LAGRANGE zur analytischen
Mechanik zusammengefaßt.

---

[1] Vgl. z.B. De Gandt, François: Le style mathématique des Principia de Newton. In: Revue d'Histoire des Sciences, 39, 1986, S. 196-222, hier S. 198.
[2] Vgl. Guicciardini, Niccolò: Johann Bernoulli, John Keill and the Inverse Problem of
Central Forces. In: *Annals of Science*, 52, 1995, S. 537-575.

Im ersten Buch der *Principia* befaßt sich NEWTON mit der Bewegung von Körpern unter verschiedenen Bedingungen, von denen eine die Zentralkraftbewegung ist. Darunter versteht man die Bewegung eines Körpers unter dem Einfluß einer Kraft, die längs der von einem Kraftzentrum ausgehenden radialen Strahlen gerichtet ist. Das Kraftzentrum wird meist als Ursprung des Koordinatensystems verwendet.

NEWTON behandelt vor allem das Einkörperproblem, also die Bewegung eines einzelnen Körpers, der von einem festen Kraftzentrum angezogen oder abgestoßen wird, und zwar sowohl das direkte als auch das inverse Problem. Dabei verstand man um 1700 unter dem direkten Zentralkraftproblem die Frage, aus einer gegebenen Bahn eines Körpers die Kraft zu bestimmen, mit der er von einem gegebenen Kraftzentrum angezogen bzw. abgestoßen wird.[3] Das führt wegen $F = m\dfrac{d^2r}{dt^2}$, mit $r = r(t)$, wenn F die Kraft, m die Masse, r der radiale Abstand und t die Zeit ist, zu einer Differentiationsaufgabe.

Das inverse Zentralkraftproblem ist dann entsprechend die Aufgabe, aus einer gegebenen Kraft mit gegebenen Kraftzentrum die von einem Körper unter Einfluß dieser Kraft beschriebene Bahn zu bestimmen.

Die Terminologie zum Zentralkraftproblem ist heute umgekehrt, man versteht unter dem Zentralkraftproblem die Bestimmung der Bahn aus dem gegebenen Kraftgesetz und unter dem inversen Problem die Bestimmung des Kraftgesetzes aus der Bahn. Hier wird in der Folge die Terminologie des 18. Jahrhunderts verwendet.

Das inverse Zentralkraftproblem ist mathematisch wesentlich schwieriger zu behandeln als das direkte, da ein unbekanntes geometrisches Objekt zu konstruieren bzw. eine Differentialgleichung zu lösen ist. Das Zentralkraftproblem stellt sich in der Astronomie: Nachdem KEPLER die Natur der Planetenbewegung in seinen drei empirischen Gesetzen beschrieben hatte, war das Hauptproblem der theoretischen Astronomie die Bestimmung der Kräfte, die die Planeten auf solche Bahnen zwingen.[4] Besonders wichtig ist dabei die Bewegung auf Ellipsen bzw. allgemein auf Kegelschnitten, weil KEPLER behauptet hatte, daß die Planeten sich auf Ellipsen bewegen, in deren einem Brennpunkt die Sonne steht. Diese Annahme ist jedoch keineswegs zwin-

---

[3] Vgl. z.B. Aiton, Eric J.: The Inverse Problem of Central Forces. In: *Annals of Science*, 20, 1964, S. 81-99, hier S. 81.
[4] Vgl. ebd.

gend, und tatsächlich wurde von praktischen Astronomen nach anderen, leichter anwendbaren Hypothesen gesucht. So stellte beispielsweise BOULLIAU 1645 eine rein geometrische Theorie auf, in der er die KEPLERsche Ellipse beibehielt, aber das zweite KEPLERsche Gesetz, den Flächensatz, ablehnte. Diese Theorie wurde auch von WARD übernommen. CASSINI ersetzte die Ellipse durch ein "Oval", in dem das Produkt der Abstände von den Brennpunkten konstant ist.[5]

NEWTON war 1687 der erste, der das direkte Zentralkraftproblem löste, und zwar in der geometrischen Methode seiner *Principia*.[6] Seine Lösung war jedoch umstritten. Einer der ersten, der versuchte, die *Principia* in der Sprache der Differentialrechnung umzuinterpretieren, war PIERRE VARIGNON. Er behandelte ab 1700 vor allem das direkte Problem und versuchte, es auf mehrere Kraftzentren zu verallgemeinern. JOHN KEILL gab 1708 eine weitere geometrische Lösung für das inverse Zentralkraftproblem an, die einen anderen Ansatz als NEWTON verwendet und dabei die Ergebnisse der NEWTONianer zur Krümmung von Kurven zusammengefaßt. JAKOB HERMANN behandelte 1710 das inverse Problem systematisch mit Hilfe der Differentialrechnung, eine vollständige Lösung stammt von JOHANN BERNOULLI (ebenfalls 1710), der sich auf Anregung durch VARIGNON damit befaßte.[7]

2. NEWTONs Lösung

NEWTON behandelt das Zentralkraftproblem im ersten Buch seiner *Principia*, das nach der Aufstellung der allgemeinsten Grundsätze der Bewegungslehre der Bewegung der Körper im Vakuum gewidmet ist. Im zweiten Buch behandelt NEWTON die Bewegung der Körper im widerstehenden Mittel und in dem Zusammenhang auch die Mechanik der Flüssigkeiten. Im dritten Buch stellt er ein allgemeines Weltsystem auf.

Das erste Buch gliedert sich in 14 Abschnitte. Der erste dient der Vorstellung der Methode der ersten und letzten Verhältnisse, auf der die Beweise des folgenden fußen. Mit ihrer Hilfe befaßt sich NEWTON mit der Bewegung

---

[5] Vgl. ebd., S. 85.
[6] Vgl. dazu Guicciardini, N.: Johann Bernoulli..., sowie Speiser, David: The Kepler Problem from Newton to Johann Bernoulli. In: *Archive for History of Exact Sciences*, 50, 1996, S. 103-116.
[7] Vgl. ebd.

von Körpern unter verschiedenen Bedingungen, von denen eine die Zentral-
bewegung ist.

NEWTON widmet sich zunächst ganz allgemeinen Aussagen über die Bestimmung der Zentralkräfte, die er als Zentripetalkräfte bezeichnet
(Abschnitt II), und zwar für einen punktförmigen Körper von Einheitsmasse.
In den Abschnitten III bis V behandelt er die Bewegung der Körper auf exzentrischen Kegelschnitten. Abschnitt VI dient der Bestimmung der Bewe-
gung in gegebenen Bahnen, Abschnitt VII der geradlinigen Steig- und Fall-
bewegung unter Einfluß einer Zentralkraft. In Abschnitt VIII verallgemeinert
NEWTON auf beliebige Zentripetalkräfte. In Abschnitt IX behandelt er Stör-
probleme wie die Bewegung auf beweglichen Bahnen und die Bewegung der
Apsiden, in Abschnitt X die Bewegung auf gegebenen Oberflächen und das
Pendel. Die Abschnitte XI bis XIV behandeln die Bewegung ausgedehnter
Körper.

NEWTON behandelt vor allem das Einkörperproblem, also die Bewegung
eines einzelnen Körpers, der von einem feststehenden Kraftzentrum angezogen oder abgestoßen wird. Er untersucht sowohl das direkte als auch das
inverse Zentralkraftproblem.

In den Propositionen 1 und 2 beweist NEWTON zunächst, daß die Eigenschaft einer Kraft, Zentralkraft zu sein, äquivalent ist zum KEPLERschen Flächensatz, der besagt, daß der Fahrstrahl vom Kraftzentrum zum sich bewegenden Körper in gleichen Zeiten gleiche Flächen überstreicht.[8] Das erlaubt
die geometrische Darstellung der Zeit als vom Radiusvektor überstrichene
Fläche. Proposition 6 liefert eine geometrische Darstellung der Kraft für das
allgemeine direkte Problem.[9] In Proposition 9 untersucht NEWTON das direkte Problem für die logarithmische Spirale mit dem Ergebnis, daß die Kraft
umgekehrt proportional zur dritten Potenz des Abstandes vom Brennpunkt
ist.[10] In den Propositionen 11 bis 13 wendet NEWTON die allgemeine Formel
aus Proposition 6 auf die speziellen Fälle der Bewegung auf einer kegel-
schnittförmigen Bahn an - Proposition 11: Ellipse, Proposition 12: Hyperbel,
Proposition 13: Parabel - und erhält in allen drei Fällen, daß die Kraft, die

---

[8] Vgl. Newton, Isaac: Isaac Newton's *Philosophiae Naturalis Principia Mathematica.*
The third edition (1726) with variant readings assembled and edited by Alexander Koyré and I. Bernard Cohen. Cambridge/ Mass.: Harvard University Press, 1972, Band I,
S. 88 ff. bzw. 92 f.
[9] Vgl. ebd., S. 102 ff.
[10] Vgl. ebd., S. 113 f.

die Bewegung hervorruft, umgekehrt proportional zum Quadrat des Abstandes vom Brennpunkt ist.[11]

Aus dieser Lösung des direkten Problems für zu $\frac{1}{r^2}$ (r: Abstand vom Kraftzentrum) proportionale Kräfte schließt NEWTON als Corollar 1 ohne weiteren Beweis nun folgendes:

> "Aus den letzten drei Sätzen folgt, daß, wenn ein beliebiger Körper P längs einer beliebigen geraden Linie PR mit einer beliebigen Geschwindigkeit vom Ort P ausgeht, und die Zentripetalkraft, die umgekehrt proportional zum Quadrat des Abstandes vom Zentrum sei, ebenso angreift; daß dieser Körper sich auf irgendeinem der Kegelschnitte bewegen wird, die ihren Brennpunkt im Zentrum der Kräfte haben, und umgekehrt."[12]

(Vgl. Abb.)

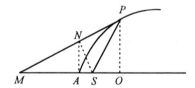

Das bedeutet, daß das inverse Zentralkraftproblem für das $\frac{1}{r^2}$- Kraftgesetz bei gegebenen Anfangsbedingungen - Anfangstangente und -geschwindigkeit, d.h. Anfangsgeschwindigkeit in Größe und Richtung - sofort aus dem direkten Problem folgt. Dieser Satz ohne Beweis wurde von JOHANN BERNOULLI und anderen Zeitgenossen heftig kritisiert.[13] NEWTON selbst erkannte die Verbesserungsbedürftigkeit des Satzes und gab 1709 ROGER COTES, der die zweite Auflage der *Principia* vorbereiten sollte, Anweisun-

---

[11] Vgl. ebd., S. 118-125.

[12] "Ex tribus novissimis propositionibus consequens est, quod si corpus quodvis P secundum lineam quamvis rectam PR quacunque cum velocitate exeat de loco P, & vi centripeta, quae sit reciproce proportionalis quadrato distantiae locorum a centro, simul agitetur; movebitur hoc corpus in aliqua sectionum conicarum umbilicum habente in centro virium; & contra". Vgl. ebd., S. 125.

[13] Vgl. Guicciardini, N.: Johann Bernoulli..., S. 542 und 553.

gen, wie der Satz zu verbessern sei.[14] In der zweiten Auflage von 1713 erscheint dann der folgende Beweis:

> "Denn wenn der Brennpunkt und der Berührungspunkt und die Position der Tangente gegeben sind, kann ein Kegelschnitt beschrieben werden, der in jedem Punkt eine gegebene Krümmung hat. Die Krümmung aber wird aus der gegebenen Zentripetalkraft gegeben, und der Geschwindigkeit des Körpers, und zwei sich gegenseitig berührende Bahnen können mit derselben Zenripetalkraft und derselben Geschwindigkeit nicht gegeben werden."[15]

Das bedeutet, wenn ein Teilchen sich unter Einfluß einer Zentralkraft in Richtung S bewegt, dann ist es möglich, für jeden Punkt P der Bahn einen Kegelschnitt zu konstruieren, der eine Tangente mit der Bahn in P teilt und S als einen Brennpunkt hat und dieselbe Krümmung in P besitzt wie die Bahn. Für ein gegebenes Kraftgesetz ist die Bahn eindeutig durch die Anfangsbedingungen bestimmt. Damit ist das inverse Zentralkraftproblem gelöst.

In Proposition 17 beschäftigt sich NEWTON mit dem Anfangswertproblem, nämlich aus gegebenem Anfangsort, -geschwindigkeit und -richtung die Bahn für eine zu $\frac{1}{r^2}$ proportionale Kraft konkret zu bestimmen, also unter der Annahme, daß die Bahn kegelschnittförmig ist, den konkret durchlaufenen Kegelschnitt zu bestimmen.[16]

Er greift das inverse Zentralkraftproblem in den Propositionen 39 bis 41 wieder auf und behandelt es allgemeiner für beliebige Kräfte. Dabei führt er es auf die Quadratur von Kurven zurück, d.h., er setzt voraus, daß gewisse "Integrationen" durchführbar sind.

Proposition 39 liefert für einen Körper, der sich geradlinig auf das Zentrum einer beliebigen Zentralkraft zubewegt, die Geschwindigkeiten an den ein-

---

[14] Vgl. Weinstock, Robert: Dismantling a Centuries-Old Myth: Newton's *Principia* and Inverse-Square Orbits. In: *American Journal of Physics*, 50, 1982, S. 610-617, hier S. 611.

[15] "Nam datis umbilico, & puncto contactus, & positione tangentis, describi potest sectio conica, quae curvaturam datam ad punctum illud habebit. Datur autem curvatura ex data vi centripeta, & velocitate corporis: & orbes duo se mutuo tangentes eadem vi centripeta eademque velocitate describi non possunt." Vgl. Newton, Isaac: *Principia*, Band I, S. 125.

[16] Vgl. ebd., S. 130 ff.

zelnen Orten.[17] Proposition 40 liefert die Ausdehnung auf krummlinige Bahnen.[18] Das Ergebnis ist, daß v^2 proportional ist zu einer Fläche, die $\int F dx$ entspricht. Dieses Integral entspricht der geleisteten Arbeit, so daß der Satz eine Form des Energieerhaltungssatzes darstellt. NEWTON hat allerdings noch keinen Energiebegriff. In Proposition 41 konstruiert NEWTON für gegebene beliebige Zentralkräfte die Kurven, auf denen die Körper sich bewegen, und dann die Zeit der Bewegungen auf den gefundenen Kurven.[19]

Aus diesen drei Sätzen ergibt sich eine Methode zur Bestimmung der Bahn unter Wirkung einer beliebigen Kraft, aber kein Hinweis für die Anwendung auf den physikalisch wichtigsten Fall, nämlich den des zu $\frac{1}{r^2}$ proportionalen Gravitationsgesetzes. Als illustrierendes Anwendungsbeispiel behandelt NEWTON stattdessen das inverse Problem für die zu $\frac{1}{r^3}$ proportionale Kraft für den - sehr speziellen - Fall, daß der Anfangsradius und die Anfangsgeschwindigkeit aufeinander senkrecht stehen. Mit diesen Anfangsbedingungen erhält man nur zwei der fünf möglichen Kurven. Daß die Lösung nicht erschöpfend ist, erkennt man bereits aus Proposition 9: dort wird das direkte Problem für die logarithmische Spirale mit $F \sim \frac{1}{r^3}$ beantwortet[20], diese Kurve kommt hier jedoch nicht vor.

3.   Kritik der Zeitgenossen

NEWTONs Beweis des inversen Zentralkraftproblems wurde von seinen Zeitgenossen, vor allem von JOHANN BERNOULLI und PIERRE VARIGNON, heftig kritisiert.

3.1 Varignon

PIERRE VARIGNON (1654-1722) war einer der ersten kontinentalen Mathematiker, der NEWTONs Werk in Ausdrücken der LEIBNIZschen Differential-

---

[17] Vgl. ebd., S. 211 ff.
[18] Vgl. ebd., S. 216 ff.
[19] Vgl. ebd., S. 218 ff.
[20] Vgl. ebd., S. 113 f.

rechnung adaptierte. Ab 1700 begann er, den neuen Kalkül auf mechanische Probleme anzuwenden. Er ignorierte dabei gänzlich das Problem der physikalischen Erklärung und konzentrierte sich auf das rein mathematische.[21]

Zunächst drückte er die Beziehungen zwischen Kraft und Geschwindigkeit aus den NEWTONschen Propositionen 39 bis 41 in analytischer Form aus:

$$2 \int F dx = v^2 \text{ bzw. } F = \frac{-v dv}{dx}$$

(F: Kraft, x: Abstand, v: Geschwindigkeit)

Diese Formeln wandte er dann auf das direkte Problem für verschiedene Bahnen an, beispielsweise auch auf konische Bahnen mit dem Kraftzentrum im Brennpunkt.

VARIGNON versuchte, auch die Hypothesen von CASSINI und BOULLIAU zur Plantenbewegung mit einzubeziehen, um zu zeigen, daß es keine Hypothese gibt, auf die die allgemeine Theorie nicht angewandt werden kann. Das bedeutet, daß man auch dann schon Behandlungsgrundlagen hat, wenn die Planetenbahnen keine KEPLERellipsen sind. VARIGNON sah jedoch die KEPLERsche Hypothese als die "physikalischste" ('la plus physique') an.[22]

Ab 1704 drückte VARIGNON gegenüber JOHANN BERNOULLI die Idee einer neuen Theorie der Zentralkraft aus. BERNOULLI ging jedoch zunächst nicht darauf ein, aber ab etwa 1707 bis 1714 ist das inverse Zentralkraftproblem ein Hauptthema im Briefwechsel zwischen VARIGNON und BERNOULLI.

3.2 Johann Bernoulli

3.2.1 *JOHANN BERNOULLIs Beschäftigung mit Mechanik*

JOHANN BERNOULLI beschäftigte sich ab 1710 selbst mit angewandter Mathematik, vor allem mit theoretischer Mechanik. 1710/11 stellte er eine analytische Theorie der Zentralkräfte auf und kritisierte die synthetische Theorie derselben in NEWTONs Principia. 1713 wurde er in den Prioritätsstreit zwischen LEIBNIZ und NEWTON um die Erfindung der Infinitesimalrechnung hineingezogen. Er kämpfte in der Folge vehement auf LEIBNIZ' Seite und

---

[21] Vgl. Guicciardini, N.: Johann Bernoulli..., S. 551.
[22] Vgl. Aiton, E. J.: The Inverse Problem, S. 88.

wurde nach dessen Tod 1716 zum Hauptvertreter der LEIBNIZschen Infini-
tesimalmathematik. 1714 stellte er eine neue Theorie der Schiffsbewegungen
auf, was ihm die Gelegenheit gab, den Kraftbegriff der Cartesianer zu kritisieren. Das führte zur Formulierung des Prinzips der virtuellen Geschwindigkeiten analytisch aus dem Energiesatz, den er als grundlegendes Prinzip
der Mechanik betrachtete. 1715 bis 1725 trat er in Wettstreit mit den englischen Mathematikern, insbesondere TAYLOR, um die Integration von Differentialgleichungen beim Trajektorien- und ballistischen Problem im Anschluß an den Prioritätsstreit. Dabei fand er 1719 unter anderem die Lösung
für ballistische Kurven im widerstehenden Mittel für ein allgemeines Wi-
derstandsgesetz $R = av^n$, mit R: Widerstand, $a = const.$, $n \in \mathbb{N}$.

BERNOULLI war ein Anhänger der DESCARTESschen Wirbeltheorie, mit deren Hilfe er 1730 die Bewegung der Planeten im Aphel und 1735 die Ursache der Inklination der Planetenbahnen gegenüber dem Sonnenäquator behandelte. Beide Arbeiten wurden von der Pariser Akademie preisgekrönt.[23]

3.2.2 BERNOULLIs Kritik an NEWTON und seine eigene Lösung des Problems

BERNOULLI kritisiert NEWTONs Lösung, er wirft ihm logische Fehler vor,
nämlich daß NEWTON aus dem direkten Problem seine Umkehrung folgert,
denn im allgemeinen Fall folge die Umkehrung des Satzes nicht direkt aus
dem Satz selbst. Als Gegenbeispiel gibt BERNOULLI den Fall der zu $\frac{1}{r^3}$ proportionalen Kraft an: Aus der logarithmischen Spirale ergibt sich im direkten
Zentralkraftproblem ein $\frac{1}{r^3}$- Kraftgesetz, aber das umgekehrte gilt nicht,
denn die Lösung für das $\frac{1}{r^3}$- Kraftgesetz ist keineswegs eindeutig. Es geht
also vor allem um den fehlenden Eindeutigkeitsnachweis, aber auch um fehlende Allgemeinheit der Methoden. Für die allgemeine Behandlung ist ein
allgemeines Kraftgesetz nötig.

BERNOULLI behandelt das inverse Zentralkraftproblem in einer Abhandlung
von 1710 als Antwort auf einen Brief von JAKOB HERMANN.[24] JAKOB

---

[23] Vgl. Fellmann, Emil A. & Fleckenstein, Joachim O.: "Bernoulli, Johann (Jean) I". In:
Dictionary of Scientific Biography, II, S. 51-55, Hier S. 54.

[24] Vgl. Bernoulli, Johann: Extrait de la réponse de Monsieur Bernoulli à Monsieur
HERMAN, datée de Basle le 7 octobre 1710. In: *JOHANNIS BERNOULLI Opera Omnia*

HERMANN ist der erste, der das inverse Problem aus NEWTONs Proposition 41 für eine einzelne Zentralkraft proportional zu $\frac{1}{r^2}$ systematisch analytisch behandelt. Er erhält eine Differentialgleichung zweiter Ordnung und nach zweifacher Integration die allgemeine Gleichung eines Kegelschnitts.

BERNOULLI benutzt für seine rein mathematische Behandlung des Problems diese Lösung als Ausgangspunkt, indem er sie zunächst kritisiert. Seine Kritikpunkte sind, daß es sich um eine a-posteriori-Lösung handele, man könne nämlich das Integral nur deshalb lösen, weil man die Lösung schon vorher kenne, da die Variablen nicht getrennt und auch ncht trennbar sind. Weiterhin sei die Gleichung nur auf den speziellen Fall ausgerichtet, sollte aber auch auf allgemeine Kraftgestze anwendbar sein. Schließlich führe die von HERMANN begangene Auslassung der Integrationskonstanten in der ersten Integration zu einer Nichtbeantwortung der Frage nach der Eindeutigkeit der Lösungen.

BERNOULLI korrigiert HERMANNs Lösung, indem er eine Integrationskonstante zusätzlich einführt, wodurch er im wesentlichen dasselbe Ergebnis wie HERMANN erhält, nämlich die allgemeine Gleichung eines Kegelschnitts. Er gibt dann zwei eigene Lösungen zu dem Problem an. Die erste eigene Lösung entspricht im wesentlichen NEWTONs allgemeiner Lösung in seinen Propositionen 39 bis 41 in der Sprache der Differentialrechnung. BERNOULLI benötigt ein Lemma, das aussagt, daß in gleichen Abständen von einem Kraftzentrum auf verschiedenen Bahnen auch gleiche Geschwindigkeiten vorliegen, also die Propositionen 39 bzw. 40 von NEWTON, die er hier analytisch beweist, wobei er auf die Formel $v \sim \sqrt{\int F dx}$ kommt. Dies ist der Energieerhaltungssatz. Mit Hilfe dieses Lemmas kommt BERNOULLI in Polarkoordinaten $x = r$, $z = \theta \cdot a$ nach mehreren Substitutionen zu der Differentialgleichung erster Ordnung

$$ dz = \frac{a^2 c dx}{\sqrt{abx^4 - x^4 \int F dx - a^2 c^2 x^2}} $$

tam antea sparsim edita, quam hactenus inedita. Curavit J. E. HOFMANN. Hildesheim 1968, Reprografischer Nachdruck der Ausgabe Lausanne & Genf 1742, Band I, S. 470-480.

Diese stellt bereits die allgemeine Lösung des inversen Problems dar, nämlich die Rückführung auf eine Quadratur, die für Annahme eines speziellen
Kraftgesetzes ausgeführt werden kann. Daß es sich nur um eine Differentialgleichung erster Ordnung handelt, liegt daran, daß außer dem KEPLER-
schen Flächensatz, also dem Drehimpulserhaltungssatz, auch der Energieerhaltungssatz eingeht. Die Integration für den Spezialfall eines zu $\frac{1}{r^2}$ proportionalen Kraftgesetzes liefert die allgemeine Gleichung eines Kegelschnittes.
BERNOULLI erhält also eine analytische Gleichung für die gesamte Bahn, im
Unterschied zu NEWTON, der zwar sagen kann, wo sich der Körper nach
einer gewissen Zeit befindet, aber damit noch nichts über die globale Form
der Bahn und die Rolle der Konstanten aussagen kann.

BERNOULLIs zweite Lösung ist eine eigene. Sie beruht auf einem Satz, den
er bereits 1705 mit DE MOIVRE diskutiert hat und der die Abhängigkeit der
Zentripetalkraft vom Krümmungsradius ausdrückt, nämlich $\phi = \frac{x}{p^3 r}$ in
BERNOULLIs Terminologie, wobei f die Kraft, x den Abstand des Körpers
zum Kraftzentrum, p die Senkrechte auf die Tangente und r den Krüm-
mungsdurchmesser darstellen (vgl. Abb.):

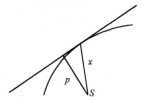

Durch Einsetzen der Ausdrücke für p und r erhält man eine Differentialgleichung zweiter Ordnung, die man durch Integration auf die Differentialgleichung erster Ordnung aus der ersten Lösung zurückführen kann.

4.   Allgemeiner Kontext

Nach 1687 wurde NEWTON die führende Figur in England, die Engländer
sahen seine Dynamik der universellen Gravitation als Antwort auf die Probleme der KEPLERschen Astronomie an: Der wahre Grund für die Planetenbewegung ist eine zu $\frac{1}{r^2}$ proportionale Kraft.

JOHN KEILL faßte 1708 die Ergebnisse der NEWTONianer zusammen. In der Folge entwickelte sich eine Kontroverse zwischen ihm und JOHANN BERNOULLI, in der es vor allem um die Frage der Priorität bezüglich des inversen Zentralkraftproblems ging, und auch um die Frage, ob BERNOULLIs Lösung äquivalent zu den NEWTONschen Sätzen 39 bis 41 sei.[25]

Der Streit um das inverse Zentralkraftproblem endete mit einem Brief von BERNOULLI an NEWTON von 1719, in dem er NEWTONs Corollar 1 zu den Propositionen 11 bis 13 als gültigen Beweis anerkannte. Dennoch wurde deutlich, daß er nach wie vor NEWTONs Beweis als a-posteriori-Beweis ablehnte, da NEWTON seiner Ansicht nach in dem Corollar 1 und Proposition 17 lediglich untersucht hatte, ob die in den Propositionen 11 bis 13 untersuchten Bahnen tatsächlich den Bewegungsgleichungen genügen, also das inverse Zentralkraftproblem nur aufgrund seiner vorherigen Kenntnis der gesuchten Bahn lösen konnte.

Die kontinentalen Mathematiker entwickelten zunehmend analytische Methoden für die Dynamik.[26] EULER beispielsweise war der Ansicht, die geometrischen Methoden seien nicht allgemein genug, da sie immer auf das Einzelproblem zugeschnitten seien, aber nicht die Einsicht in das Problem förderten, die hingegen durch die analytische Behandlung bedeutend vermehrt werde.[27]

Bei NEWTONs Nachfolgern wie COTES und TAYLOR wurden zwar auch analytische Methoden angewandt, aber immer mit Bezug zur Geometrie, da analytische Methoden nur als heuristisches Mittel akzeptiert wurden. Der geometrische Stil wurde als kürzer und eleganter betrachtet. Die Geometrie der ersten und letzten Verhältnisse ist außerdem physikalische und unmittelbarer mit der Intuition von Bewegung, Geschwindigkeit und Zeit verbunden, während die NEWTONschen Sätze bei der Übersetzung in Differentialgleichungen ihre unmittelbare Anschaulichkeit verlieren. Andererseits können BERNOULLI Differentialgleichungen auch ohne diese Anschaulichkeit rechnerisch behandelt werden.

---

[25] Vgl. Guicciardini, N.: Johann Bernoulli..., S. 554 ff.

[26] Vgl. ebd., S. 567.

[27] Vgl. Euler, Leonhard: *Mechanica sive motus scientia analytice exposita*, ed. Paul Stäckel. Lipsiae et Berolini: Teubneri, MCMXII. *Leonhardi Euleri Opera Omnia* II, 1, S. 7 ff.

Die KEPLERbahnen der Planeten sind infolge der universellen Gravitation gestört. Zur Behandlung dieser Störungen als Mehrkörperprobleme waren die analytischen Verfahren zunächst noch nicht ausgereift genug, daher waren geometrische und qualitative Approximationen notwendig, um mit deren Hilfe zumindest qualitative Aussagen über die Bahnen machen zu können.[28]

Die kontinentalen Mathematiker hingegen konzentrierten sich weniger auf die Planetenastronomie, sondern sie wendeten die Differentialrechnung statt auf diese komplizierten Probleme zunächst auf eine größere und weniger komplizierte Gruppe von Problemen an, wie beispielsweise die Dynamik ausgedehnter Körper und die Mechanik der Flüssigkeiten. Die Differentialgleichungen und die Integrationsmethoden zu ihrer Lösung wurden weiterentwickelt und ausgedehnt auf Gleichungen in mehreren Variablen, partielle Differentialgleichungen und Darstellungen rotierender Achsen. So entwickelte sich durch EULER, CLAIRAUT und D'ALEMBERT eine neue Differentialrechnung, die frei war von geometrischen Veranschaulichungen und nur auf dem abstrakten Funktionskonzept beruhte. Dadurch waren schließlich die kontinentalen Mathematiker um 1750 ebenfalls in der Lage, komplizierte Probleme zu lösen.[29]

5. Literaturverzeichnis

5.1 Quellen

BERNOULLI, JOHANN: Extrait de la réponse de Monsieur BERNOULLI à Monsieur HERMAN, datée de Basle le 7 octobre 1710. In: *JOHANNis BERNOULLI Opera Omnia tam antea sparsim edita, quam hactenus inedita*. Curavit J. E. HOFMANN. Hildesheim: Olms, 1968. Reprografischer Nachdruck der Ausgabe Lausanne & Genf 1742, Band I, S. 470-480.

EULER, Leonhard: *Mechanica sive motus scientia analytice exposita*, ed. PAUL STÄCKEL. Lipsiae et BEROLINI: TEUBNERI, MCMXII. *LEONHARDI EULERI Opera Omnia* II, 1.

---

[28] Vgl. Guicciardini, N.: Johann Bernoulli..., S. 570 ff.
[29] Vgl. ebd., S. 574.

NEWTON, Isaac: *Isaac NEWTON's Philosophiae Naturalis Principia Mathematica*. The third edition (1726) with variant readings assembled and edited by ALEXANDER KOYRÉ and I. BERNARD COHEN. With the Assistance of ANNE WHITMAN. Cambridge/ Mass.: Harvard University Press, 1972. Band I.

5.2 Sekundärliteratur

AITON, ERIC J.: The Inverse Problem of Central Forces. In: *Annals of Science*, 20, 1964, S. 81-99.

DE GANDT, FRANÇOIS: Le style mathématique des *Principia* de NEWTON. In: *Revue d'Histoire des Sciences*, 39, 1986, S. 196-222.

FELLMANN, EMIL A. & FLECKENSTEIN, JOACHIM O.: BERNOULLI, JOHANN (JEAN) I. In: *Dictionary of Scienctific Biography*, II, S. 51-55.

GUICCIARDINI, NICCOLÒ: JOHANN BERNOULLI, JOHN KEILL and the Inverse Problem of Central Forces. In: *Annals of Science*, 52, 1995, S. 537-575.

SPEISER, DAVID: The KEPLER Problem from NEWTON to JOHANN BERNOULLI. In: *Archive for History of Exact Sciences*, 50, 1996, S. 103-116.

WEINSTOCK, ROBERT: Dismantling a Centuries-Old Myth: NEWTON's Principia and Inverse-Square Orbits. In: *American Journal of Physics*, 50, 1982, S. 610-617.

Sibylle Ohly, Universität Bielefeld, Institut für Didaktik der Mathematik
Postfach 100131, 33501 Bielefeld

Montmort muß man korrigieren. Newton auch?

Rudolf Haller

1. Teil: Montmort und das Spiel der Wilden

Die im November 1702 erschienenen beiden Bände *Nouveaux Voyages de M*. *Le Baron de Lahontan dans l'Amérique Septentrionale* und *Mémoires de l'Amérique Septentrionale ou La Suite des Voyages de M*. *Le Baron de Lahontan* (Den Haag 1703) des LOUIS-ARMAND DE LOM D'ARCE, BARON DE LAHONTAN (9.6.1666 Lahontan/Béarn – 21.4.1716 Hannover) "zerreißen den dichten und schweren Schleier, hinter dem die Bücher der Missionare die Welt verborgen haben."[1] Auf Seite 111 der *Mémoires* berichtet LAHON-TAN von einem Glücksspiel der Indianer. Eine Dame erzählt davon dem Pariser Kanoniker PIERRE RÉMOND DE MONTMORT (27.10.1678 Paris – 7.10. 1719 ebd.), der das Spiel so interessant findet, daß er es in seinen anonym erscheinenden *Essay d'Analyse sur les Jeux de Hazard* (Paris 1708, S. 153ff., [2]1713, S. 213ff.) aufnimmt. Zu seiner Verblüffung – oder Ärger – lieferte ihm die Dame fast aus dem Stegreif gleich die Lösung mit für das

"Problem über das Spiel der Wilden, genannt das Spiel mit den Kernen."

"Man spielt dort mit acht Kernen, die auf einer Seite schwarz und auf der anderen weiß sind. Man wirft die Kerne in die Höhe. Wenn dann die schwarzen in ungerader Zahl fallen, dann gewinnt derjenige, der die Kerne geworfen hat, das, was der andere Spieler eingesetzt hat. Fallen nur schwar-ze oder nur weiße, dann gewinnt er das Doppelte dieses Einsatzes. In allen anderen Fällen verliert er seinen Einsatz."[2]

---

[1] JULES MICHELET: *Histoire de France au dix-huitième siècle. La Régence*. Paris 1863, S. 178

[2] *Montmort* gibt *Lahontan* nicht wörtlich wieder. Im übrigen benützt er die textlich und inhaltlich veränderte 2. Auflage von 1705 (Amsterdam) – daher sein Verweis auf »Seite 113« statt auf Seite 111 –, die *Lahontan* in *Histoire des Ouvrages des Savans* (September 1705) mißbilligt. Der Edition von 1705 folgt die 1709 in Hamburg erschie-nene Übersetzung: *Des Berühmten Herrn Baron de Lahontan Neueste Reisen nach Nord-Indien Oder dem Mitternächtischen America. Mit vielen besondern und bey kei-nem Scribenten befindlichen Curiositaeten. Aus dem Französischen übersetzt Von M. Vischer*. (Siehe *Lahontan: Œuvres complètes* [Montréal 1990])

Eigenartig ist, daß der Nichtwerfende nach geleistetem Einsatz in zwei Fällen denselben Betrag nachschießen muß. MONTMORT stellt nun die Aufgabe: "Welcher der beiden Spieler hat einen Vorteil, falls beide den gleichen Einsatz leisten?" (Unter "Vorteil" [*avantage*] versteht er einen positiven Erwartungswert des Gewinns.)

MONTMORT führt das Problem auf ein Spiel mit acht zweiflächigen Würfeln zurück, nimmt also die Gleichwahrscheinlichkeit von schwarz und weiß an, und bestimmt die Anzahl z der Treffer mit Hilfe des Arithmetischen Dreiecks, von ihm *Table de M. Pascal pour les combinaisons* genannt. (Heutzutage sagt man, daß die Anzahl der Treffer binomial nach B(8; ½) verteilt ist.)

Nennen wir den Werfenden im Vorgriff auf das nachfolgende Problem PETER, den anderen Spieler PAUL, sei ferner der Einsatz von PETER = α, der Einsatz von Paul = β, der Gesamteinsatz $\alpha + \beta$ = A, und sei schließlich die Zufallsgröße X = "PETERs Gewinn", dann erhält man

Anzahl z der schwarzen Kerne	0	1	2	3	4	5	6	7	8
Anzahl der Fälle	1	8	28	56	70	56	28	8	1
PETERs Gewinn $X(z)$	2β	β	$-\alpha$	β	$-\alpha$	β	$-\alpha$	β	2β

$$E(X) = \frac{2}{256} \cdot 2\beta + \frac{128}{256} \cdot \beta + \frac{126}{256} \cdot (-\alpha) = \frac{132\beta - 126\alpha}{256}$$

Aus der Annahme $\alpha = \beta$ erhält man $E(X) = \frac{6}{256}\alpha = \frac{3}{256}A$, d. h., *Peter*, der Werfende, ist im Vorteil. MONTMORT gibt für PETERs Vorteil nur den vor A stehenden Bruch $\frac{3}{256}$ an. Außerdem stellt er noch fest:

Das Spiel wird fair, wenn $\alpha : \beta$ = 22 : 21, was sich aus E(X) = 0 $\Leftrightarrow$ 132β − 126α = 0 ergibt.

Die Tatsache, daß die Wilden ein nicht faires Spiel spielen, hat Montmort offensichtlich überrascht. Denn er schreibt:

"Man kann feststellen, daß das Nicht-fair-Sein dieses Spiels diesen Spielern aus der anderen Welt keinen Schaden bringt, da sie nur um Dinge spielen, die Gemeinschaftseigentum sind, also gegenüber Gewinn und Verlust ziemlich gleichgültig sein müssen. Die Geringschätzung, die diese Völker für das haben, was wir am meisten schätzen, ist eine Art von Widersinnigkeit, die man keineswegs ohne Nachweis in einem Buch wie diesem vorbringen darf. Hier ist er, dem Baron DE LA HONTAN entnommen: *Überdies*, sagt dieser angenehme Reisende, *veranstalten sie diese Spiele für Mahlzeiten und andere geringe Sachen; denn man muß wissen, daß sie, weil sie Geld hassen, niemals um Geld spielen. Ebenso kann man sagen, daß der Eigennutz nie Zwietracht unter ihnen hervorgebracht hat.*"

Dann gibt MONTMORT seine Quelle preis, fährt aber ziemlich rüde fort:

"Ich glaube hinzufügen zu müssen, daß mir dieses Problem von einer Dame gestellt wurde, die mir nahezu aus dem Stegreif eine äußerst zutreffende Lösung geboten hat, indem sie sich der Tafel [des Herrn Pascal] bediente.[3] Aber diese ist hier nur zufällig von Nutzen. Würden die Kerne nämlich statt zweier Flächen mehr Flächen haben, z. B. vier, dann käme man mit dieser Tafel nicht weiter, und das Problem wäre wesentlich schwieriger als das vorhergehende, wie man aus der folgenden Aufgabe ersehen kann.

Man nehme an, daß jeder der acht Kerne vier Flächen habe, und zwar eine weiße, eine schwarze, eine grüne und eine rote. PETER sei derjenige, der die Kerne wirft, PAUL der andere Spieler."

Und nun folgt die *Spielregel*:

"Die Kerne werden auf gut Glück geworfen. Wenn vier Farben fallen, dann gibt PAUL β dem PETER. Wenn nur drei Farben fallen, dann gibt PAUL 3β dem PETER, und wenn nur eine Farbe fällt, [...] dann gibt ihm PAUL 4β; schließlich, wenn zwei Farben fallen, gibt PETER 2α dem PAUL.

Das angenommen, fragt man, auf welcher Seite der Vorteil und wie groß dieser Vorteil ist, wobei α und β in einem beliebigen Verhältnis stehen können."[4]

Ich interpretiere diese Spielregel so, daß Peter den Einsatz α und Paul den Einsatz β leistet. Übersichtlich lautet Montmorts Spielregel: Es fallen

alle 4 Farben: PAUL zahlt β an PETER;   genau 3 Farben: PAUL zahlt 3β an PETER;

genau 2 Farben: PETER zahlt 2α an PAUL;   genau 1 Farbe: PAUL zahlt 4β an PETER.

---

[3] ISAAC TODHUNTER: *A History of the Mathematical Theory of Probability* (Cambridge 1865, S. 95): MONTMORT hätte den Namen der einzigen Dame, die einen Beitrag zur Wahrscheinlichkeitstheorie geleistet hat, überliefern sollen.

[4] MONTMORT verwendet an Stelle von α und β die Buchstaben *A* bzw. *B*, was zur Verwechslung Anlaß gibt; denn beim »Spiel der Wilden« bedeutete *A* den Gesamteinsatz.

MONTMORT behauptet dann, ohne die Rechnung auszuführen, daß man mit Hilfe von Satz 30 (1708) bzw. den Artikeln 29 und 42 (1713) findet:[5]

1) Falls $\beta = \alpha$ ist, hat PAUL einen Vorteil, und zwar $\dfrac{233}{16384}$; Bezugsgröße muß wie oben der Gesamteinsatz A sein. PETER, der Werfende ist also im Nachteil, anders als beim Spiel der Wilden!

2) Für ein faires Spiel muß $\beta = \dfrac{11592}{11359} \alpha$ sein, d. h., "PETER müßte 11552 [sic!, MONTMORT schreibt sogar in Worten *onze mil cinq cens cinquante-deux*] einsetzen gegen PAUL 11359."

Bereits die letzte Aussage ist ein Widerspruch! Wenn nämlich PAUL bei gleichen Einsätzen im Vorteil ist, dann kann das Spiel nur fair werden, wenn er mehr einsetzt als PETER.

Die Überprüfung der weiteren Behauptungen MONTMORTS ist aufwendig.

Für das zugrundeliegende Zufallsexperiment (Ω, P) eignet sich als Ergebnisraum Ω die Menge der 8-Tupel mit Wiederholungen aus der 4-Menge {w, s, g, r}, wobei die Buchstaben die Anfangsbuchstaben der vier Farben weiß, schwarz, grün und rot sind. Es ist $|\Omega| = 4^8 = 65536$, und P ist eine Multinomialverteilung. Die Mächtigkeiten der vier auf Grund der Spielregel interessierenden Ereignisse erhält man mit Hilfe des Multinomialsatzes[6]

---

[5] Artikel 29 ist ein Hinweis auf das Multinomialtheorem, »ein neuer und sehr wichtiger Satz«, der MONTMORT also 1708 noch nicht bekannt war. Artikel 42 stimmt im wesentlichen mit Satz 30 überein, dessen Formel jedoch fehlerhaft ist. Außerdem verzichtet MONTMORT 1708, nicht jedoch 1713, auf den Beweis mit den Worten: »Ich will überhaupt keinen Beweis für diese Formel geben, denn dieser würde nur überaus lang und abstrakt sein, und er würde nur von denjenigen verstanden, die fähig sind, sie selbst zu finden.«

[6] Aufgestellt und bewiesen hat das Multinomialtheorem (das fälschlicherweise auch Polynomialtheorem genannt wird) 1695 ABRAHAM DE MOIVRE (1667–1754), veröffentlicht als *A Method of raising an infinite Multinomial to any given Power, or Extracting any given Root of the same* in den *Philosophical Transactions* 19, Nr. 230, Juli 1697. DE MOIVRE legt seiner Abhandlung statt eines endlichen Multinoms $a + b + \ldots + z$ eine unendliche Potenzreihe $az + bz^2 + cz^3 + \ldots$ zugrunde, die er potenziert. Gefunden hatte das Multinomialtheorem schon einige Zeit vor ihm GOTTFRIED WILHELM LEIBNIZ (1646–1716), wie er am 16.5.1695 an JOHANN I BERNOULLI (1687–1748) schreibt, ohne jedoch die Formel anzugeben! JOHANN fühlt sich herausgefordert, findet die Formel und teilt sie LEIBNIZ am 18.6.1695 mit. LEIBNIZ selbst veröffentlicht eine Anwendung allerdings erst 1700 in den *Acta Eruditorum*.

$$(w + s + g + r)^8 = \sum_{\substack{0 \le i,j,k,l \le 8 \\ i+j+k+l=8}} \frac{8!}{i!\,j!\,k!\,l!}\, w^i s^j g^k r^l.$$

Dabei gibt z. B. der Koeffizient von $w^3 s^0 g^4 r^1$ an, auf wie viele Arten drei weiße, keine schwarze, vier grüne und eine rote Fläche fallen können. Der Rechenaufwand ist erheblich. Hat doch die rechte Seite insgesamt $\binom{8+4-1}{4-1} =$ $\binom{11}{3} = 165$ Glieder. Auf Grund der hier nicht wiedergegebenen Rechnung[7] ergeben sich die Mächtigkeiten für

alle 4 Farben: 40824;   genau 3 Farben: 23184;

genau 2 Farben: 1524;   genau 1 Farbe: 4.

Die Summe liefert 65536 = $|\Omega|$.

Für den Erwartungswert von PAULs Gewinn Y erhält man damit:

Anzahl z der Farben	4	3	2	1
PAULs Gewinn $Y(z) = y$	$-\beta$	-3β	2α	-4β
$65536 \cdot W(y)$	40824	23184	1524	4

$65536 \cdot E(Y)$ $= -\beta\,(40824 + 3\cdot 23184 + 4\cdot 4) + 2\alpha\cdot 1524 =$

$= -\beta\,(40824 + 69552 + 16) + 3048\alpha =$

$= -110392\beta + 3048\alpha$, was für $\alpha = \beta$ ergibt:

$65536 \cdot E(Y)$ $= -107344\alpha$.

Das wäre ein *désavantage* für PAUL, und somit PAUL bestimmt nicht im Vorteil.

Ich ändere die *Spielregel*, und zwar so, daß ich die Bedingungen für 2 und 3 Farben gegeneinander austausche. Meine *Spielregel* lautet dann folgender-maßen: Es fallen

alle 4 Farben: PAUL zahlt β an PETER;   genau 3 Farben: PETER zahlt 2α an PAUL;

genau 2 Farben: PAUL zahlt 3β an PETER;   genau 1 Farbe: PAUL zahlt 4β an PETER.

Mit dieser *Spielregel* gilt:

---

[7] Für die ausführliche Rechnung siehe Rudolf Haller: "Das Spiel der Wilden." *Praxis der Mathematik* **40**(1998) 49-53.

Anzahl z der Farben	4	3	2	1
PAULs Gewinn $Y(z) = y$	$-\beta$	2α	-3β	-4β
$65536 \cdot W(y)$	40824	23184	1524	4

$$65536 \cdot E(Y) = -\beta(40824 + 3 \cdot 1524 + 4 \cdot 4) + 2\alpha \cdot 23184 =$$
$$= -\beta(40824 + 4572 + 16) + 46368\alpha = -45412\beta + 46368\alpha.$$

Für $\alpha = \beta$ erhält man dann: $E(Y) = \dfrac{956}{65536}\alpha = \dfrac{239}{16384}\alpha = \dfrac{239}{32768}A.$

In MONTMORTs Art, den Vorteil lediglich durch Angabe des Bruchteils des Gesamteinsatzes A auszudrücken, ergäbe sich für PAULs Vorteil der Wert $\dfrac{239}{32768}$. PAUL ist, wie MONTMORT behauptet, im Vorteil und PETER, der Werfende, im Nachteil! Das Spiel wird fair, wenn

$$E(Y) = 0 \iff \beta = \frac{46368}{45412} = \frac{11592}{11353}\alpha, \text{ d. h. } \alpha : \beta = 11353 : 11592.$$

PETER, der im Nachteil ist, muß – wie es richtig ist –, weniger einsetzen als PAUL, der im Vorteil ist.

Fazit: Statt MONTMORTs 233 erhalte ich 239, MONTMORTs Nenner 16384 ist außerdem zu 32768 zu verdoppeln, und statt MONTMORTs 11359 erhalte ich 11353, so daß ich annehmen darf: MONTMORTs *Spielregel* und die gezogene Folgerung hinsichtlich der Einsätze sind falsch, zwei Zahlen sind verdruckt, und ein Nenner ist falsch; meine *Spielregel* und meine Ergebnisse treffen zu.

2. Teil: Pepys und Newton

SAMUEL PEPYS (23.2.1633 London – 26.5.1703 ebd.) ist in London eine hohe Wette um 10 £ eingegangen – Brief PEPYS' vom 14. Februar 1694 an GEORGE TOLLET (†1719) –, scheut sich aber, seinen guten Bekannten ISAAC NEWTON (4.1.1643 [n.S.] Woolsthrope – 31.3.1727 [n.S.] Kensington) in Cambridge selbst um Rat zu fragen. Er läßt daher am 22. November 1693 JOHN SMITH einen Brief schreiben, den dieser nach Cambridge bringen muß, und an dessen Ende das Wettproblem – *The Question* – steht:

A – hat 6 Würfel in einer Schachtel, mit denen er eine Sechs werfen soll.

B - hat in einer anderen Schachtel 12 Würfel, mit denen er 2 Sechsen werfen soll.

C - hat in einer anderen Schachtel 18 Würfel, mit denen er 3 Sechsen werfen soll.

Q - Ob B und C eine nicht so leichte Aufgabe haben wie A bei gleichem Glück?

NEWTON antwortet sofort am 26. November 1693. Er merkt, daß SMITH nur vorgeschoben ist, prüft die Aufgabe und stellt als erstes fest, daß sie schlecht formuliert sei. Auf Rückfrage habe SMITH behauptet, "die Frage sei gleichbedeutend mit: A spiele mit sechs Würfeln, bis er eine Sechs wirft, dann werfe B genausooft mit 12 und C mit 18 Würfeln – der eine um doppelt soviel, der andere um dreimal soviel Sechsen."[8]

He put the case of the question the same as if A plaid with six dyes till he threw a six and then B threw as often wth 12 and C wth 18 – the one for twice as many, the other for thrice as many sixes.

NEWTON fährt dann fort, daß er zur Überprüfung das Problem vereinfacht habe:

"Um festzustellen, wer im Vorteil ist, nahm ich den Fall, daß A mit einem Würfel wirft und B mit zweien, der erstere, bis er eine Sechs wirft, der letztere genausooft um zwei Sechsen, und ich fand, daß A im Vorteil ist."

To examin who had the advantage, I tooke the case of A throwing with one dye and B with two, the former till he threw a six, the latter as often for two sixes, and found that A had the advantage.

Ob A auch noch im Vorteil ist, wenn er beginnt und mit sechs Würfeln wirft, könne er nicht sagen, da die Anzahl der Würfel das Verhältnis der Chancen erheblich verändern könne und er dies nicht durchgerechnet habe, da es sehr schwierig sei. Bei nochmaligen Durchlesen der Frage "habe ich gefunden, daß diese Fälle nicht in Betracht kommen. Denn hier ist dem A dadurch ein Vorteil gegeben, daß er als erster werfen darf, bis er eine Sechs erzielt, wohingegen die Frage erfordert, daß sie mit gleichem Glück werfen, und folglich niemand dadurch einen Vorteil haben darf, daß er als erster wirft."

I found that these cases do not come within the question. For here an advantage is given to A by his throwing first till he throws a six; whereas the

---

[8] Zur Überprüfung der entscheidenden Stellen bringe ich den Originaltext NEWTONs nach TURNBULL: *The Correspondance of Isaac Newton* III (Cambridge 1961)

Question requires that they throw upon equal luck, and by consequence that no advantage be given to any one by throwing first.

NEWTON gibt für seine Behauptung, daß A im Vorteil ist, wenn er als erster werfen kann, keinen Beweis. Genausowenig FLORENCE N. DAVID in ihrem Artikel *Mr. Newton, Mr. Pepys & Dyse: A Historical Note* in: *Annals of Science* 13 (1957), wenn sie auf Seite 139 schreibt: "*because in such a situation A will have an advantage by throwing first – which is true –* ".

Mir ist es nicht gelungen, einen Nachweis für die Richtigkeit von NEWTONS Behauptung zu führen. Ich mußte im Gegenteil feststellen, daß A stets im Vorteil ist, unabhängig davon, ob *er* mit dem Werfen beginnt oder ob B beginnt.

Ich präzisiere NEWTONs Text so: A beginnt und wirft so lange, bis beim n-ten Wurf die erste Sechs fällt; damit ist die Wurfzahl n bestimmt. Nun darf B genausooft wie A, also n-mal werfen, muß aber bei diesen n "Doppelwürfen" mindestens zweimal eine Sechs erzielen. A ist im Vorteil bedeutet für mich: Die Wahrscheinlichkeit, daß B bei diesen durch A festgelegten n "Doppelwürfen" keine zweite Sechs wirft, muß größer als 50% sein. Wegen der Unabhängigkeit des Werfens von A und B gilt für diese Wahrscheinlichkeit

$$\sum_{n=1}^{\infty} \text{P("A wirft die erste Sechs beim } n\text{-ten Wurf, und B wirft bis dahin keine}$$

$$\text{zweite Sechs")} = \sum_{n=1}^{\infty} \left[\frac{1}{6}\left(\frac{5}{6}\right)^{n-1} \right] \cdot \left[\left(\frac{25}{36}\right)^n + \binom{n}{1}\frac{10}{36}\left(\frac{25}{36}\right)^{n-1} \right] =$$

$$= \frac{1}{5}\sum_{n=1}^{\infty}\left(\frac{125}{216}\right)^n\left(1+\frac{2}{5}n\right) = \frac{4435}{8281} = 53{,}6\%.$$

A ist tatsächlich im Vorteil. – Lassen wir aber nun B mit dem Werfen beginnen. Dann ist NEWTON zufolge zu erwarten, daß A nicht mehr im Vorteil ist, da er ja nicht beginnt und B die Wurfzahl n durch seinen Erfolg festlegt. Die Wahrscheinlichkeit, daß B genau beim n-ten Doppelwurf die zweite Sechs wirft, ist etwas schwieriger zu bestimmen:

P("B wirft genau beim n-ten Wurf die zweite Sechs") =

= P("B wirft genau beim n-ten Wurf eine Doppelsechs und vorher höchstens *eine* Sechs" ODER "B wirft bei den $n-1$ ersten Doppelwürfen genau eine Sechs und beim n-ten Doppelwurf die zweite Sechs").

Wegen der Unvereinbarkeit der beiden Ereignisse erhält man dafür den Wert

$$\frac{1}{36}\left[\left(\frac{25}{36}\right)^{n-1} + \binom{n-1}{1}\frac{10}{36}\left(\frac{25}{36}\right)^{n-2}\right] + \left[\binom{n-1}{1}\frac{10}{36}\left(\frac{25}{36}\right)^{n-2}\cdot\frac{10}{36}\right] =$$

$$= \frac{1}{125}\left(\frac{5}{6}\right)^{2n}(22n - 17).$$

Die Wahrscheinlichkeit, daß B gewinnt, wenn er beginnen darf, ist dann

$$\sum_{n=1}^{\infty} P(\text{"B wirft genau beim } n\text{-ten Wurf die zweite Sechs, und A wirft bei } n$$

Würfen keine Sechs") =

$$= \sum_{n=1}^{\infty}\frac{1}{125}\left(\frac{5}{6}\right)^{2n}(22n - 17)\cdot\left(\frac{5}{6}\right)^{n} = \frac{3205}{8281} = 38,7\,\%.$$

Man könnte meinen, A ist noch stärker im Vorteil, wenn B beginnt!

Die fehlenden 7,7% = $\dfrac{641}{8281}$ sind die Wahrscheinlichkeit für ein Unentschieden, d. h. für den Fall, daß A und B genau beim n-ten Wurf Erfolg haben; sie errechnen sich auch aus

$$\sum_{n=1}^{\infty}\frac{1}{125}\left(\frac{5}{6}\right)^{2n}(22n - 17)\cdot\frac{1}{6}\left(\frac{5}{6}\right)^{n-1} = \frac{1}{625}\sum_{n=1}^{\infty}\left(\frac{5}{6}\right)^{3n}(22n - 17).$$

Ergebnis: A gewinnt mit der Wahrscheinlichkeit 53,6 % , B mit der Wahrscheinlichkeit 38,7 %, und ein Unentschieden stelt sich mit der Wahrscheinlichkeit 7,7 % ein.

Lassen wir A und B unabhängig voneinander werfen, dann wird A mit der Wahrscheinlichkeit 53,6 % eher seine erste Sechs mit einem Würfel als B seine zweite Sechs mit zwei Würfeln werfen. A ist also *stets* im Vorteil gegenüber B, unabhängig davon, ob er beginnt oder nicht.

Ich meine, auch NEWTON ist zu korrigieren.

OStD a.D. Rudolf Haller, Nederlinger Straße 32 a, 80638 München

Einige Probleme,
die Philipp Matthäus Hahn (1739 - 1790)
mit seiner Rechenmaschine löste

Erhard Anthes

1. Hahns Rechenmaschine

PHILIPP MATTHÄUS HAHN hat neben seiner hauptberuflichen Tätigkeit als evangelischer Pfarrer in Kornwestheim und Echterdingen (Nachbarstädte von Stuttgart) eine feinmechanische Werkstatt zur Herstellung von astronomischen Maschinen, Standuhren, Tischuhren und Taschenuhren betrieben. Von seinen Konstruktionen sind eine Vielzahl in öffentlichen und privaten Sammlungen vorhanden (siehe Väterlein [1989], Band 1). Vor allem die astronomischen Maschinen und Uhren mit den mechanisch angetriebenen Planetensystemen erforderten eine Vielzahl von Berechnungen zur Ermittlung der Zahnradgetriebe. Diese Berechnungen lösten bei HAHN den drängenden Wunsch nach einer Rechenmaschine aus, mit der er vor allem Multiplikationen und Divisionen mit vielziffrigen Zahlen auszuführen gedachte. Von 1770 bis 1777 konstruierte er an seiner zylindrischen Rechenmaschine, die er von seinen Gesellen in der eigenen Werkstatt herstellen ließ (siehe Paulus [1973], Anthes [1989]).

Die Rechenmaschine (Abb. 1) besteht aus einem feststehenden Teil mit dem Einstellwerk und einem drehbaren inneren Teil mit dem kreisförmig angeordneten Hauptzählwerk und dem konzentrischen Umdrehungszählwerk. Die Kurbelachse verläuft durch die Mittelpunkte der Kreise.

Das Einstellwerk besteht aus den Einstellschiebern und den daran befestigten Staffelwalzen, die sich mit den Einstellschiebern nach oben oder nach unten bewegen; sie nehmen dabei eine Position ein, die der einzustellenden Ziffer entspricht. Die Staffelwalzen werden durch die Kurbel über das Zahnsegment 8 gedreht, wobei das gegenüberliegende Zahnrad a um eine entsprechende Anzahl Zähne mitgedreht wird. Es erfolgt bei mehrfachen Umdrehungen der Kurbel eine Aufsummierung der eingestellten Zahlen im Hauptzählwerk, dessen Inhalt durch emaillierte Zahlenscheiben (größerer Durchmesser) auf der Oberseite der Maschine angezeigt wird. Die kleineren

Abb.1: Rechenmaschine von Hahn (Zeichnung Werner Lange, Hamburg)[1]

Zahlenscheiben gehören zum Umdrehungszählwerk, das bei jeder Kurbe-
lumdrehung über den Zahn 14 um eine Einheit weitergeschaltet wird. Eine
zeitsparende Multiplikation wird möglich durch Drehen des inneren Teils
um eine oder mehrere Positionen der Zählwerke, was einer Multiplikation
der eingestellten Zahl mit einer entsprechenden Zehnerpotenz entspricht.
Subtraktion und Division werden durch rote Ziffern auf den Anzeigeschei-
ben ermöglicht, dabei wird im wesentlichen das Rechnen mit dem arithmetischen Komplement ausgenutzt. Von besonderer Bedeutung für die Nützlichkeit einer Rechenmaschine ist die sichere Funktionsweise der Zehnerübertragung. Hier hat HAHN eine Idee von LEIBNIZ zur funktionssicheren Vollendung gebracht, die zweistufige Zehnerübertragung (Abb. 2).

---

[1] Besten Dank an Herrn Dr. Chr. Väterlein (Württ. Landesmuseum Stuttgart) für die
Erlaubnis, die Abb.1 und 2 abdrucken zu dürfen.

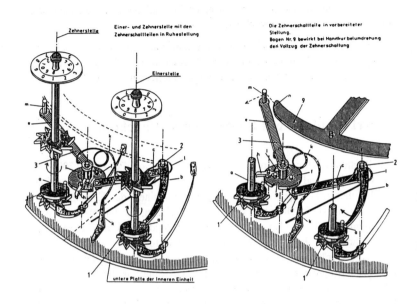

Abb.2: Zehnerübertragung (Zeichnung: Werner Lange, Hamburg)

1. Stufe: Vorbereitung der Zehnerschaltung

Beim Übergang von 9 auf 10 lenkt der Stift a den Arm b mit dem Hebel c nach rechts aus, wobei der Stift d die unter Federzug stehende Scheibe f freigibt. Die Scheibe f mit dem Zehnerschaltzahn h dreht nach links.

2. Stufe: Ausführung der Zehnerschaltung

Beim Weiterdrehen der Kurbel wird der Kreisbogen g mit der Flanke n an den Stift m stoßen und diesen mit dem Hebel e wieder in die Ruhelage drük-ken. Dabei dreht der Zehnerschaltzahn h über den Stift a die Anzeige der nächsthöheren Stelle um eine Teilung ("Eins") weiter. Die zylindrische Bauweise ermöglichte auf einfache Weise die zeitlich aufeinanderfolgenden Zehnerüberträge und zwar so, daß auch ein sekundärer Zehnerübertrag (das

ist ein ZÜ, der durch den Vollzug eines ZÜ auf der rechts benachbarten
Stelle ausgelöst wird) ausgeführt werden kann.

Die Rechenmaschine von HAHN war die erste funktionstüchtige Rechenmaschine, die darüber hinaus zum ersten Mal ein mehrstelliges Umdrehungszählwerk zur vollständigen Darstellung von Quotienten aufwies.

2. Drei Probleme aus Hahns Werkstattbüchern

Die Rechenmaschinen von LEIBNIZ (ca. 1694), von POLENI (1709), von
BRAUN (1727) und von LEUPOLD (1727) sind ebenfalls Vierspeziesrechner,
d.h. bei diesen läßt sich - wie bei HAHNS Maschine - das Einstellwerk gegenüber dem Hauptzählwerk stellenweise verlegen, so daß man mit ihnen
sehr schnell große Zahlen multiplizieren und dividieren kann. Diese technische Einrichtung haben die Maschinen von SCHICKARD und von PASCAL
nicht; die Geräte von MORLAND sind nicht einmal mit einer automatischen
Zehnerübertragung ausgerüstet. Aber nur HAHN hat uns durch seine Werkstattbücher sehr konkrete Hinweise dazu gegeben, welche Art von Rechen-
problemen er mit der Maschine tatsächlich auch bearbeitet hat und in welchem Zusammenhang diese aufgetreten sind.

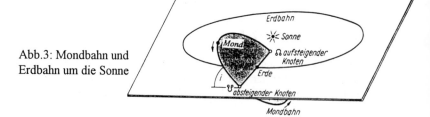

Abb.3: Mondbahn und
Erdbahn um die Sonne

Erstes Beispiel [Hahn: Werkstattbuch WStB III, S. 200, ca. 1780]

Das hier zu diskutierende Problem ergibt sich, wenn durch ein Tellurium
(Sonne-/Erd-/Mond-System) die Mondfinsternisse über einen langen Zeitraum in exakter Weise vorausbestimmt werden sollen. Mondfinsternisse
treten relativ häufig auf, und sie sind - bei geeigneten Wetterverhältnissen -
auch sehr leicht zu beobachten. Dabei werden zeitliche Ungenauigkeiten der
Vorhersage sofort deutlich. HAHN setzte nun seinen Ehrgeiz daran, die

Triebwerke so exakt zu berechnen, daß ein Abweichen der Vorhersage der Maschine erst nach einem sehr langen Zeitraum, z. B. 8000 Jahre, spürbar werden sollte. Nun ist die Bewegung des Mondes ein theoretisch recht schwieriges Problem. Neben der Überlagerung der Mondbewegung um die Erde und der Erdbewegung um die Sonne ist auch noch die Rotation der Mondknoten zu berücksichtigen. HAHN hatte ferner die unterschiedlichen Zeitbegriffe zu beachten, die von der Wahl des Koordinatensystems abhängig waren (synodische Zeit, relativ zur Sonne; siderische Zeit, relativ zu den Fixsternen).

Um in seinem Tellurium eine korrekte Position des Mondes bezüglich Erde und Sonne zu erhalten, mußte HAHN die Zeit berechnen, die zwischen zwei zur Sonne identisch ausgerichteten Positionen der Knotenlinie vergeht. Als Beispiel betrachte man die spezielle Lage der Knotenlinie, die durch das Sonnenzentrum geht. Beim weiteren Lauf der Erde um die Sonne dreht sich die Knotenlinie aus dieser Lage heraus; die Knotenlinie bleibt nicht raumfest. Nach welcher Zeit weist sie wieder genau auf das Sonnenzentrum? Dieser Zeitraum ist Teil eines synodischen Jahres; HAHN nannte es *Drachenjahr*.

Für eine exakte Berechnung hatte HAHN drei Bewegungen unterschiedlicher Perioden zu berücksichtigen (d Tage, h Stunden, m Minuten, s Sekunden):
- die Erddrehung um die Sonne: ein Jahr = 525 949 m (*Erdlauf*);
- die Mondrotation um die Erde: 27 d 7 h 43 m 5 s;
- die Drehung der Knotenlinie des Mondes in der Ekliptik:
  18,61 Jahre = 9 783 660 m (*Knotenlauf*).

Er benutzte dazu die bekannten astronomischen Konstanten, wie er sie in den Büchern von LALANDE, HELL oder RÖHL gefunden hatte. Er rechnete diese um in Minuten oder gar in Sekunden, um die entstandenen vielstelligen Zahlen rechnerisch zu verarbeiten. HAHN machte folgenden Ansatz: Während der Bewegung von Erde und Mond um die Sonne dreht sich die Knotenlinie des Mondes mit entgegengesetzter Orientierung. Als Ausgangsdaten verwendete er die obigen Werte in Minuten. Gesucht wird das "Knotenjahr", d.h. die Zeit zwischen zwei identischen Ausrichtungen der Knotenlinie zur Sonne. Dafür stellte er die Verhältnisgleichung auf:

Knotenlauf : (Knotenlauf - Erdlauf) = Erdlauf : Knotenjahr

Für das Knotenjahr x erhielt er so:

x = (9 783 660 - 525949) : 9 783 660 * 525 949 = 345 d 14 h 35,09 m

Mit einem modernen mechanischen Rechner (CURTA, gebaut ab 1948) erhält man exakt dasselbe Ergebnis, wofür man etwa 3 Minuten benötigt.
HAHN hatte mit seiner Maschine allerdings ein wesentliches Handicap zu
beachten: Wenn er versehentlich bei seiner Rechnung eine Kurbelumdre-
hung zu viel gemacht hatte, dann konnte er nicht einfach auf Subtraktion
schalten, um zu korrigieren (so wird man es bei der Curta machen), sondern
er mußte entweder das arithmetische Komplement der benutzten Zahl im
Einstellwerk neu einstellen und die Korrekturdrehung machen oder besser
gleich alles von vorne berechnen.

Zweites Beispiel (WStB II, S.222, ca. 1772/73)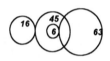

Dieses Beispiel ist exemplarisch für einen ganzen
Typ von Berechnungen, die HAHN bei der Konstruktion astronomischer Maschinen durchführen mußte:

Von einem mit festgelegter Umdrehungszahl rotierenden Zahnrad sollte eine
spezielle Rotation abgeleitet werden. So sollte etwa die Mondbewegung um
die Erde aus der täglichen Erddrehung erzeugt werden. Ein Getriebe mit
den Zahnverhältnissen (45:16) · (63:6) leistet das gewünschte:

$$1440 \text{ m} \cdot (45{:}16) \cdot (63{:}6) = 42\,525 \text{ m} = 29 \text{ d } 12 \text{ h } 45 \text{ m}$$

HAHN schrieb in eines seiner Werkstattbücher in unmittelbare Nähe zu einem Berechnungsproblem "probirt mit Rechenmachine und Rechnung"
[WStB II, S.222], und diese Notiz läßt sich auf ca. Anfang 1773 datieren.
HAHN stellte sich dabei die Aufgabe, ein Zahnradgetriebe zu finden, das die
Mondbewegung auf der Umlaufbahn um die Erde in synodischer Zeit aus
einem Antrieb erzeugt, der die tägliche Erddrehung in siderischer Zeit aus-
führte. Die folgenden Daten waren gegeben:

- synodische Mondumlaufzeit: 29 d 12h 45 m = 42 525 m;

- ein synodischer Tag: 1 d = 1440 m;

- ein Tag in siderischer Zeit   3 h 56 m = 1436 m.

Die Lösung des Problems fand er in dem Zahnradgetriebe (86:21) · (94:13) ,
und er berechnete:

$$1436 \text{ m} \cdot (86{:}21) \cdot (94{:}21) = 29 \text{ d } 12 \text{ h } 44 \text{ m } 26 \text{ s } 35''' .$$

Sodann überprüfte er die Genauigkeit seines Getriebes, wobei er einen Fehler von einem Tag auf 360 Jahren berechnete. (35''' bedeutet 35/60 s.)

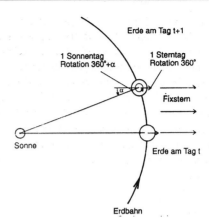

Abb.4:

Veranschaulichung des
Unterschieds zwischen
Sterntag und Sonnentag

Drittes Beispiel (WStB II, S.117, April/Mai 1773)

Hierbei bestand die Aufgabe darin, die tägliche Retardation (Zurückbleiben)
der Sonne in siderischer Zeit auszudrücken. Gegeben war:

- das Jahr relativ zur Sonne: 525 949 m;
- ein Tag relativ zur Sonne: 1 440 m.

Hahn stellte die Verhältnisgleichung auf:

$$525\ 949 : 1440 = 1440 : x$$

und berechnete daraus in siderischer Zeit:

$$x = 3' \ 56" \ 33''' \ 1'''' \ 48,5'''''$$

$$1'''' = 1/(60 \cdot 60)\ s \quad , \quad 1''''' = 1/(60 \cdot 60 \cdot 60)\ s$$

Mit einem elektronischen Taschenrechner (10/12-stellig) erhält man:

$$x = 3,942587589' = 3' \ 56" \ 33''' \ 18,9''''$$

und die Differenz zu HAHNs Ergebnis beträgt nur 17''''.

Das umgekehrte Problem war die Berechnung der Acceleration
(Beschleunigung/Vorlauf) des siderischen Tages bzgl. des Sonnentages:

$$527\ 389 : 1440 = 1440 : y \quad (\text{HAHNS Proportion})$$

$y = 3,93182262'$ (elektronischer Taschenrechner)

$\quad = 3' \ 55" \ 54''' \ 33'''' \ 41''''' \ 9,7''''''$ (elektronischer Taschenrechner)

$\quad = 3' \ 55" \ 54''' \ 33'''' \ 41''''' \ 10''''''$ (HAHN)

Mit diesen Beispielen sollte gezeigt werden, welche arithmetischen Probleme PHILIPP MATTHÄUS HAHN mit seiner Rechenmaschine bearbeitet hat. HAHNS große Hoffnung, mit dieser Maschine ein starkes Hilfsmittel für seine umfangreichen Berechnungen bei der Konstruktion astronomischer Maschinen zu haben, ging nur teilweise in Erfüllung, insbesondere auch deshalb, weil die angestrebte Zuverlässigkeit der Rechenmaschine erst um 1777 erreicht war. Es gibt in seinen Werkstattbüchern zwar nur äußerst spärliche Hinweise auf den Einsatz der Rechenmaschine, aber er war der erste Konstrukteur einer mechanischen (Vierspezies-) Rechenmaschine, der exakte Informationen über die Rechenprobleme gab, die er mit seiner Maschine bearbeitet hat.

Literatur

ANTHES, ERHARD [1989], Die Rechenmaschinen von Philipp Matthäus Hahn. In: Väterlein [1989], Bd. 2, S.457-478

ANTHES, ERHARD [1995], Some examples of problems, which Philipp Matthäus Hahn (1739 - 1790) solved with his calculating machine. In: Proceedings of the Cultural History of Mathematics, Vol. 5, p.83-91

HAHN, PH. M. [1987], Werkstattbuch II 1771-1773, cod.hist. 8° 108-7 der WLB, Nachdruck und Transkription, Württ. Landesmuseum Stuttgart

HAHN, PH. M. [1988], Werkstattbuch IV 1786-1790, cod.math. 8° 26 der WLB, Nachdruck und Transkription, Württ. Landesmuseum Stuttgart

HAHN, PH. M. [1989], Werkstattbuch III 1774-1784, cod.hist. 8° 108-6 der WLB, Nachdruck und Transkription, Württ. Landesmuseum Stuttgart

HAHN, PH. M. [1994], Werkstattbuch I 1756-1774, cod.math. 8° 24 der WLB, Nachdruck und Transkription, Württ. Landesmuseum Stuttgart

PAULUS, RUDOLF F. [1973], Philipp Matthäus Hahn und die mechanische Rechenmaschine. In: Technikgeschichte 40, S.58-73

VÄTERLEIN, CHR. [1989], Philipp Matthäus Hahn 1739 - 1790 - Pfarrer, Astronom, Ingenieur, Unternehmer. Bd. 1: Katalog, Bd. 2: Aufsätze. Württ. Landesmuseum Stuttgart

Prof. Erhard Anthes, Institut für Mathematik und Information der Pädagogischen Hochschule Ludwigsburg, Reuteallee 46, D-71634 Ludwigsburg

Einschreibebücher -
ihre Bedeutung für Untersuchungen zum
Rechenunterricht des 18. und frühen 19. Jahrhunderts

Gerhard Becker

1. Art der Dokumente

Die in einem längerfristig angelegten Forschungsprojekt analysierten Quellen zur Untersuchung des mathematischen Unterrichts sind Reinschriftbücher von Personen, die Unterricht im elementaren Rechnen, in der Geometrie, in der Buchstabenalgebra, soweit erkennbar, nach gedruckten Vorlagen, erhalten haben. In die Einschreibebücher wurden die Ausrechnungen - meist ausführlich und nach einem fest vorgegebenem Schema eingetragen.

Die untersuchten Einschreibebücher gehören zum größten Teil öffentlichen Einrichtungen: vor allem die umfangreiche Sammlung des *Freilichtmuseums Museumsdorf Cloppenburg* war der Ausgangspunkt für mein Projekt; dazu kommen andere öffentliche Institutionen wie das *Braunschweigische Landesmuseum*, Bibliotheken, vereinzelt auch private Besitzer; hier konnte ich in den letzten Jahren durch Besuche bei Besitzern einzelne Dokumente einsehen.

Zu den nachfolgend wiedergegebenen Textbelegen aus Einschreibebüchern wird pauschal auf die Veröffentlichung BECKER 1994 und die dort angegebene Liste der Originaldokumente hingewiesen (zu der inzwischen weitere Objekte hinzugekommen sind).

Die untersuchten Dokumente sind zum Teil bereits Ende des 17. Jahrhunderts geschrieben, die Anzahl der erhalten gebliebenen Einschreibebücher aus dem 18. und 19. Jahrhundert nimmt bis zum ersten Drittel des 19. Jahrhunderts zu, dann endet recht abrupt ihr Gebrauch. Wir wissen, daß der Unterricht in den genannten Inhalten bis zum Ende des 18. Jahrhunderts, in entlegeneren ländlichen Gegenden wohl noch etwas länger, privat erteilt wurde, von Personen, die bedingt durch eigene berufliche Tätigkeit solche Techniken beherrschten, oder im Lauf ihres Lebens Anlaß hatten, sich mit solchen Themen zu beschäftigen, und die dann auch dazu in der Lage waren, sie zu unterrichten. Bei weitem waren nicht alle Lehrer in den Elementarschulen, sofern dort überhaupt das ganze Jahr hindurch Unterricht erteilt wurde, im Rechnen versiert. In der betrachteten Zeitspanne wurde das Rechnen üblicherweise außerhalb des allen Kindern erteilten Unterrichts vermittelt und war gesondert zu bezahlen.

Über das Alter der Schreiber ist nur in Einzelfällen ausdrücklich etwas zu erfahren. Die meistens sehr ausgeschriebene, flüssig wirkende Schrift läßt die begründete Vermutung zu, daß die Schreiber eher junge Erwachsene als Kinder waren, die nur in rechnerischen Fertigkeiten Anfänger waren.

Bestimmte Details lassen die Rekonstruktion methodischer Aspekte von Unterrichtssituationen zu, bevor die Reformen des "pädagogischen Jahrhunderts" allgemein Anerkennung fanden, und ergänzen unsere Kenntnis über Unterricht im untersuchten Zeitraum. So lassen gewisse Fehler in Zwischenrechnungen, bei richtigem Endergebnis, offensichtliche Hörfehler beim Diktieren des Textes, Formulierungen, die auf eine Anrede schließen lassen, sich als Indizien für einen Unterricht werten, der nicht als Einzelbelehrung, sondern in einer Gruppe erteilt wurde.

Zunehmender staatlicher Einfluß, insbesondere die staatliche Kontrolle über die Schulen, ermöglichte Sanktionen gegen Verweigerung des Schulbesuchs und dürfte zunehmendes Vertrauen in das sich entwickelnde öffentliche Schulwesen zur Folge gehabt haben. Diese Veränderungen machen plausibel, daß zum Ende des ersten Drittels des 19. Jahrhunderts fast schlagartig das Führen von Einschreibebüchern abbricht.

Bis dahin läßt sich eine erstaunliche Kontinuität in vielen inhaltlichen Einzelheiten zu den gedruckten Aufgabensammlungen bis zurück ins frühe 16. Jahrhundert, teilweise sogar noch ihrer Vorläufer, nachweisen. Möglicherweise lassen sich daraus Verallgemeinerungen aus nachgewiesenen Erscheinungen im Sinne von Vermutungen ziehen, die unser Bild über die Praxis der Erteilung von Unterricht um weitere Details ergänzen. Sicher sind voreilige Verallgemeinerungen angesichts der Quellenlage unangemessen. Gleichwohl kann die Untersuchung von Einschreibebüchern auf offene Fragen aufmerksam machen, deren Beantwortung unsere spärlichen Kenntnisse über die Praxis des Rechenunterrichts in der untersuchten Zeitspanne erweitern würden.

2. Besitzereintragungen und persönliche Eintragungen in den Einschreibebüchern

Offensichtlich einem Zeitgeschmack entsprechend enthalten die untersuchten Einschreibebücher zu einem großen Teil Besitzereintragungen mit der Bitte um Rückgabe des Buches an den Finder, für den Fall, daß es verloren gehen sollte:

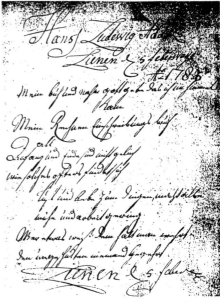

WERNKE RIBBERMAN zu Sevelten d 12 ten März 1818. Hört Dies Buch zu. Weres viend der gebees Mier wieder weres viend den ist nich bliend.
(BECKER 1994, S. 27 - 29; s. a. Abb. 1: *Hans Ludewig Addicks, Lienen den 5 feberwaje Ao 1783*)

Auch in der Art der Wiedergabe des Wohnortes, in Sprüchen und Motti, gelegentlich oder regelmäßig in den Rechentext und die Ausrechnungen eingefügt, sowie der Bevorzugung bestimmter Aufgabensituationen, drückt sich der Zeitgeschmack aus:

PAULINE ASCHENBECK bin ich genant mein Glück steht in Gotes Hand
zu Dötlingen bin ich wohlbekant Zur Aschenbeck ist mein Vaterland
(BECKER 1994, S. 28).

Abb. 1

Diese Formulierung für den Wohnort ist durchaus nicht einmalig: Beispielsweise befindet sich in der bekannten Bibliothek von GEORGE ARTHUR PLIMPTON in New York ein 1561 gedrucktes Rechenbuch mit einem Besitzervermerk:

JOHANNES KELLER ANNO 1590 Jahr Vonn Kitzingen ist mein Varterlandt (SMITH 1970, S. 301)

Die kalligraphische Ausgestaltung von Seiten mit Kapitelanfängen oder von Abschnittüberschriften, die Einfügung von Segenswünschen oder Gebeten auf den Titelseiten, machen deutlich, daß das Rechenbuch von seinem Besitzer, vergleichbar anderen Gegenständen des täglichen Gebrauchs, trotz der weitgehenden inhaltlichen Normierung, die dem Zweck seines Gebrauches entsprach, mit persönlichen Ausdrucksmitteln als ein Gebrauchsgegenstand gestaltet wurde, der für eine begrenzte Zeitspanne in der individuellen Biographie bestimmend war, und daß es eher als ungewöhnlich und als Besonderheit empfunden werden konnte, wenn der Schreiber im Rechnen und verwandten Inhalten unterwiesen wurde.

Die zunächst nicht mehr für Rechentext benötigten und daher freigebliebenen Seiten der Einschreibebücher, die später beschrieben wurden, meist mit Listen von Einkünften beispielweise aus Landverpachtung oder Verträgen, aus unselbständiger Arbeit, gelegentlich eingestreute Notizen privaten Charakters, mittel- oder längerfristig eingetretenen Veränderungen der Handschrift lassen Vermutungen über die persönliche Situation der Schreiber zu. Hoferben (bei mehreren Einschreibebüchern aus Hofarchiven nachweisbar), Personen mit technischen Berufen (Deichbeauftragte, wenn man eine Häufung entsprechender Aufgaben über Erdaushub usw. im Sinne beruflicher Vorbereitung deutet), sind als Schreiber zu vermuten oder nachgewiesen; auch Frauen (entsprechenden Hofarchiven zufolge Hoferbinnen, - vermutlich - einen Wirtschaftsbetrieb führende Frauen), Eintragungen auf zunächst unbeschriebenen Seiten zufolge auch Personen in unselbständiger Stellung (Heuerling) kommen als Schreiber vor.

3. Zur Datierung der Einschreibebücher

Sofern nicht die Titelseiten von Einschreibebüchern oder einzelne Aufgabenlösungen mit Daten versehen sind, ermöglicht gelegentlich mittelbar eine Aufgabenlösung die Datierung der Einschreibebücher, z.B. bei Aufgaben der

Art "Wie lange ist es her?"; "Wie viele Jahre sind seitdem vergangen?". Dabei kommt es vor, daß zwei (oder drei) unterschiedliche Jahreszahlen der Entstehung sich ergeben, und zwar nicht immer konsekutiv; offensichtlich sind auch handgeschriebene Bücher, wenn sie als Vorlage für Unterricht dienten, wieder abgeschrieben worden, und dann wurde nicht immer der zeitliche Abstand zu einem Ereignis auf das aktuelle Jahr korrigiert.

Anlaß für eine Dateneintragung kann beispielsweise eine erfolgreiche Aufgabenlösung unter Anwendung einer Technik sein, die als schwer gilt (Welsche Praktik). Eintragungen von Tagesdaten neben oder unter gelösten Aufgaben sind dann wohl als eine Art von Selbstbestätigung oder Ermunterung zu verstehen.

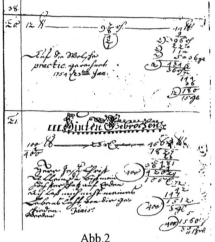

Abb.2

Beispielsweise versieht ein Schreiber mehrere Seiten, die nahe beieinaner liegen, mit dem Zusatz
Auf die Welsche practic gerechnet 1754 den 23 ten Jan. oder *Practice Calculirt.* (BECKER 1994, S. 117; s.a. Abb. 2)

4. Zur zeitlichen Verteilung des Unterrichts oder der "Pensen"

Manche Schulordnungen aus dem 18. Jahrhundert geben Anweisungen, zum Teil sogar recht detailliert, beispielsweise wie im Unterricht zu verfahren sei, ob und gegebenfalls welches (gedruckte) Rechenbuch zu benutzen sei, wie viele "Rechenexempel" in den entsprechenden Unterrichtsstunden zu bestimmten Zeiten zu bewältigen seien. Verlangt wird dabei auch gelegentlich das Führen eines Einschreibebuches (VORMBAUM 1864, S. 116-167; S. 469-484).

Während die Handschriften zum größten Teil durch ihren Umfang von einigen hundert Seiten ein beachtliches Maß an Ausdauer bei der beharrlichen Durcharbeit einer gedruckten Vorlage in sorgfältiger Schrift belegen, findet in anderen die Beendigung nach einigen Seiten ihren Ausdruck, gelegentlich ist zunehmende Lustlosigkeit schon vorher an zunehmend nachlässiger werdender Ausführung der Ausrechnung erkennbar, bis das Buch dann plötzlich abbricht.

Nicht selten weisen inhaltliche Brüche (disfunktionale Wiederholungen von Inhalten, anderer Stil der Aufgabenlösung) auf Unterbrechungen in der Erteilung des Unterrichts hin. Die Vermutung, daß vorrangig in den Wintermonaten Unterricht erteilt wurde, dagegen die Sommermonate von Unterricht freigehalten wurden (wegen der Arbeit in der Landwirtschaft), läßt sich auf Grund vorliegender Dokumente nicht bestätigen.

Regelmäßige oder hinreichend dichte Eintragungen von Daten lassen Rückschlüsse auf Pensen zu; hier kommt in Einzelfällen eine unerwartet dichte Unterweisung vor. (BECKER 1994, S. 31-32)

5. Inhaltliche Schwerpunkte

Wie die gedruckten Vorlagen, die im wesentlichen Aufgabensammlungen ("Exempelbücher") sind (Aufgabendidaktik !), ist der inhaltliche Aufbau der Einschreibebücher weitestgehend festgelegt durch die Abfolge: natürliche Zahlen ("ganze Zahlen", gemäß den Überschriften in gedruckten Vorlagen), mit den Grundrechenarten, vereinzelt noch beginnend mit dem Numerieren (Abb. 3), also dem Schreiben von Zahlen mit Ziffern und Aussprechen von Zahlwörtern zu mit Ziffern geschriebenen Zahlen, Bruchrechnung, ebenfalls mit den Grundrechenarten und gelegentlich beginnend mit Aussprechen. Dem folgt ein umfangreicher Teil zur "Regula de tri" (Dreisatz), teilweise für jede Zahlenart getrennt, anschließend an Aufgaben zur Proportionalität solche zur Antiproportionalität ("Regula de tri conversa", "umgekehrter Dreisatz"), "zusammengesetzter Dreisatz" (Regula de quinque, mehrere Größen in einem

Abb. 3

proportionalen oder antiproportionalen Zusammenhang). Dem Vorgehen in gedruckten Vorlagen entspricht das in den Einschreibebüchern: Voranstellen eines Musterexempels, das in vielen Fällen bis in die Details des Aufschreibens von Zwischenschritten und Nebenrechnungen mit der Vorlage übereinstimmt, teilweise in anderer Schrift (zweifellos derjenigen der unterrichtenden Person) und offensichtlich Nachmachen (s. Abb.4). Gelegentlich eingestreut oder an die Kerninhalte angeschlossen kommen Unterhaltungsaufgaben vor (Abb. 4), zu denen insbesondere, wie schon in den ältesten gedruckten Rechenbüchern, "Progressionen" (arithmetische und geometrische Folgen und Reihen) gehören.

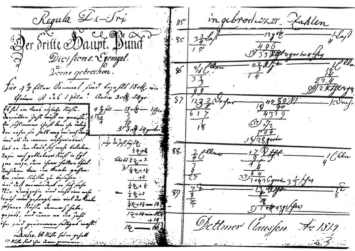

Abb. 4

Uneinheitlich ist die Art der Ausführung von Aufgaben, die nach dem Dreisatzschema gelöst werden. Hier finden sich neben der "Standardanordnung" der drei gegebenen Größen in einer Zeile (die für den "Dreisatz" namengebend war) und der Auflösung nach der rezeptartigen Anweisung der Art *Die letzten zwey multiplicire; was kömmt, durchs erste dividire* (PESCHECK 1797, S. 359) oder ähnlich formulierten Auflösungen solche, die der *Reesschen Regel* oder sogar der *Welschen Praktik* entsprechen, durch deren Beherrschung Könnerschaft dokumentiert werden konnte. Im einzelnen zeigen sich auch bei Anwendung im Sinne der zitierten Anweisung Abweichungen hinsichtlich der Stelle, an der die Ausrechnung erfolgte, also unter der vorderen, mittleren oder hinten stehenden Größe, und zwar sowohl von Handschrift zu Handschrift, als auch gelegentlich innerhalb eines und desselben Dokumentes.

Die Null in Abhebung von den "bedeutlichen" Ziffern, bestimmte Schlüsselwörter zur Kennzeichnung der Grundrechenarten und ihre Hervorhebung, die Art des "Ansetzens" der Aufgaben, zu deren Lösung das Dreisatzschema verwendet wird, sowie deren "Auflösung" zeigen das lange Weiterwirken von Traditionen, die sich seit der Einführung und Etablierung der indisch-arabischen Zahlzeichen und der Behandlung elementarer Rechentechniken mit diesen im deutschen Sprachraum etablieren konnten. Einschreibebücher belegen beispielsweise, daß die überwärtige Division noch bis zum Beginn des 19. Jhs. im Gebrauch war (Abb. 5).

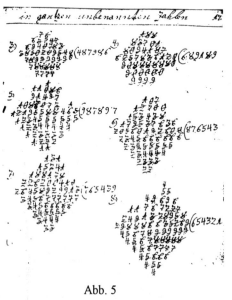

Abb. 5

Stellt der Bereich der elementaren Arithmetik den Hauptteil oder einzigen Teil der schriftlich festgehaltenen Inhalte, die unterrichtet wurden, dar, so finden wir, wie ebenfalls in gedruckten Vorlagen, eingestreute Inhalte, die der rechnerischen *Geometrie* zuzuordnen sind, wie Flächenberechnungen oder Anwendungen des Satzes von Pythagoras. Einige der vorliegenden Einschreibebücher enthalten sogar umfangreichere Teile zur Geometrie: außer "eingestreuten" Aufgaben deutlich inhaltlich getrennte Teile oder ausschließlich geometrische Inhalte.

Insgesamt überwiegen "anwendungsnahe" Themen, in einem Fall eine Häufung von offensichtlich nach einem bestimmten Schema zusammenkonstruierte Aufgaben über die Größe der Dachflächen oder Außenflächen von Gebäuden mit soundso vielen Türen, Fenstern usw. Näherungsweise Kreis- und Volumenberechnung sind, wenn sie überhaupt auftreten, meist ausführlicher behandelte Themen.

Ein beachtenswertes Dokument aus England (1788) enthält neben vielen anderen interessanten Einzelheiten geometrische Näherungsverfahren von überraschender (näherungsweisen) Genauigkeit, darunter ein auf CHRISTIAN HUYGENS (1654) zurückgehendes Verfahren zur Rektifikation von Kreisbögen. (BECKER 1997)

Buchstabenalgebra und Wurzelziehen, auch kubische Wurzeln, kommen, wie ja auch in einigen gedruckten Vorlagen, als Themen gleichfalls vor.

6. Gedruckte Vorlagen

In vielen Fällen ist es möglich, eine oder mehrere gedruckte Vorlagen für Einschreibebücher zu identifizieren. Dann läßt sich feststellen, wie eng sich der Unterricht an solche Vorlagen gehalten hat.

Bei den Aufgaben zum Dreisatz sind schon beispielsweise in den Rechenbüchern von ADAM RIES die drei Aufgabentypen hervorgehoben, die heute unter den Stichwörtern etikettiert werden: Schluß von der Einheit auf die Mehrheit, Schluß von der Mehrheit auf die Einheit, Schluß von einer Mehrheit auf eine andere Mehrheit. Sie werden dort anders umschrieben und danach klassifiziert, ob die Einheit vorn, hinten oder in der Mitte des Dreisatzschemas steht. Im Verlauf des 16. und 17. Jahrhunderts erfolgt eine zunehmende Differenzierung von Aufgabentypen, je nach der Kompliziertheit der Aufgaben, die durch Auftreten mehrerer Benennungen oder auch von Brüchen innerhalb einer bzw. mehrerer der drei gegebenen Größen bedingt ist. Die Maß- und Münzsysteme mit ihren nicht dezimalen Unterteilungen und die besonderen Schwierigkeiten der Bruchrechnung stellen Erschwerungen rechentechnischer Art dar. Die aus gedruckten Vorlagen übernommenen

Differenzierungen von Dreisatzaufgaben finden sich in Überschriften, zum Teil kalligraphisch ausgestaltet, nicht selten mehrfarbig (Abb. 2 und 4).

Die Frage nach gedruckten Vorlagen ist nicht zuletzt aufschlußreich für die Kenntnis der Verbreitung gedruckter Rechenbücher. Diese ist selbstverständlich regional spezifisch, sofern sich überhaupt eine solche identifizieren läßt. Für den nordwestdeutschen Raum ist bemerkenswert, daß sich nicht nur ein Rechenbuch mit dem Titel *Die Bremer Münze* (Verfasser PETER KOSTER), das von 1664 bis mindestens 1831 gedruckt wurde, vor allem im Oldenburger Münsterland als häufige Vorlage nachweisen läßt, sondern der Ausdruck "Bremer Münze" im Einflußbereich des Bremer Währungssystems geradezu zu einem Synonym für elementares Rechnen geworden ist: Mit *Dies ist meine Bremer Münze* beschreiben mehrere Personen den Inhalt ihres Einschreibebuches (HASE 1994, S. 11).

Daneben belegen Einschreibebücher für das 18. Jahrhundert die offensichtlich weite Verbreitung der Rechenbücher von JOHANN HEMELING (Schreib- und Rechenmeister in Hannover im 17. Jahrhundert) und von CHRISTIAN PESCHECK (zuletzt, in der ersten Hälfte des 18. Jahrhunderts, Lehrer der mathematischen Wissenschaften am Gymnasium in Zittau), letztere vor allem im Südosten des deutschen Sprachgebietes.

In einem Fall (Anonym, 1744) läßt sich nachweisen, daß die erste Ausgabe des Zweiten Rechenbuches von ADAM RIES, *Rechnen auf Linien und Ziffern*, mehr als 200 Jahre nach ihrem Erscheinen noch benutzt worden war - an Hand der mitabgedruckten Lösung zu einer Aufgabe, die von der zweiten Ausgabe der gedruckten Vorlage (ab 1525) abgeändert war.

Literatur

BECKER, GERHARD: Damit mußten sie rechnen. Rechenkultur auf dem Lande. "Schul-Einschreibebücher" aus Niedersachsen. Materialien zur Volkskultur nordwestliches Niedersachsen, Hrsg. Helmut Ottenjann, Heft 21. Cloppenburg: Museumsdorf Cloppenburg. Niedersächsisches Freilichtmuseum 1994.

BECKER, GERHARD: Das Rechnen mit Münze, Maß und Gewicht. Schuleinschreibebücher aus Niedersachsen. Materialien und Studien zur Alltagsgeschichte und Volkskultur Niedersachsens, Hrsg. Helmut Ot-

tenjann. Heft 22. Materialband. Cloppenburg: Museumsdorf Cloppenburg. Niedersächsisches Freilichtmuseum. In Vorbereitung

BECKER, GERHARD: Geometrische Näherungsverfahren in Einschreibebüchern des 18. Jahrhunderts.Erscheint in: Beiträge zum Mathematikunterricht 1997.

HASE, WOLFGANG: Zur regionalen Kulturgeschichte des Rechnens. In:
Wolfgang Hase und Gerd Dethlefs, Damit mußten sie rechnen ... auch
auf dem Lande. Zur Alltagsgeschichte des Rechnens mit Münze, Maß
und Gewicht. Hrsg. Helmut Ottenjann. Cloppenburg: Museumsdorf
Cloppenburg. 1994. S. 10 - 96

KOSTER, PETER: Die (so genandte) Bremer-Müntze / Das ist: Eine kurtze;
doch gruendliche Anweisung zu der fuertreflichen Rechen-Kunst / auff
Lienien und Zieffern; so wohl nach der Practic als gemeinen Ahrt / zu
gebrauchen. ... Bremen: Hermann Brauer 1674.

PESCHECK, CHRISTIAN: Allgemeine Deutsche Rechenstunden ... Zittau,
Leipzig: Johann David Schöps. Zum 2. Mal verb. und gemehrt 1797.

RIES, ADAM (1522): Rechenung auff der linihen vnd federn in zal / maß vnd
gewicht auff allerley handierung / gemacht vnnd zu samen gelesen
durch Adam Riesen von Staffelstein Rechenmeyster zu Erffurdt im
1522 Jar.

RIES, ADAM (1525): Rechnung auff der Linien vnnd Federn / Auff allerley
Handtierung / Gemacht durch Adam Rysen. ... Zu Franckfurt, Bei
Christian Egenolph.<auf der letzten Seite> ... Datum auff Sanct Anna-
berg / ... im Jar M.D.XXV

SMITH, DAVID EUGENE: Rara arithmetica. New York: Chelsea Publishing
Comp. 4 th Ed. 1970.

VORMBAUM, REINHOLD: Evangelische Schulordnungen des 18. Jahrhunderts. Gütersloh: Bertelsmann 1864.

Prof. Dr. Gerhard Becker, Fachbereich Mathematik der Universität Bremen,
Bibliothekstraße 1, D-28359 Bremen

Carl Gustav Reuschle (1812-1875) - ein Stuttgarter Gymnasialprofessor für Mathematik, Physik und Geographie

Olaf Neumann
in Zusammenarbeit mit Menso Folkerts

CARL GUSTAV REUSCHLE gehört zu jenen Gelehrten des vorigen Jahrhunderts, die als Gymnasiallehrer eine erstaunliche schriftstellerische Produktivität zeigten (vgl. Abschnitt 2) und die damals aktuellen Fragen der Wissenschaft auch als Forscher bearbeiteten. Leider war es ihm nicht vergönnt, eine Stellung an einer Universität zu erlangen.

Seine Liebe zur Zahlentheorie und seine Neigung zur Anlage von Tabellen brachten ihn in Kontakt zu CARL GUSTAV JACOB JACOBI (1804-1857) und ERNST EDUARD KUMMER (1810-1893), zwei der bedeutendsten Mathematiker ihrer Zeit. (Vgl. [B].)

Angeregt durch JACOBIs *Canon arithmeticus* (1839), unternahm er seit 1842 umfangreiche Rechnungen, die mit JACOBIs Tafelwerk zusammenhingen und JACOBIs Anerkennung fanden.

1856 nahm REUSCHLE in Wien an der Versammlung der deutschen Naturforscher und Ärzte teil. Dort traf er mit KUMMER zusammen. Es entspann sich ein Briefwechsel zwischen beiden, der bis zu REUSCHLEs Tode andauerte. Erhalten sind 53 Briefe von KUMMER und 8 Briefe oder Briefentwürfe von REUSCHLE. 53 Briefe müssen als verschollen gelten.

Vermutlich alle Briefe, die KUMMER an REUSCHLE schrieb, und einige Briefe bzw. Briefentwürfe von REUSCHLE an KUMMER befinden sich im Institut für Geschichte der Naturwissenschaften an der Ludwig-Maximilians-Universität München. Sie stammen aus dem Nachlaß des Mathematikhistorikers JOSEPH E. HOFMANN (1900-1973). Wie sie in seinen Besitz gelangten, ist nicht bekannt. Trotz verschiedener Bemühungen gelang es nicht, die in der Sammlung fehlenden Gegenbriefe von REUSCHLE an KUMMER aufzufinden.

Der Briefwechsel beleuchtet über fast 20 Jahre hinweg das Entstehen der zahlentheoretischen Tafelwerke von REUSCHLE und ist ein in dieser Hinsicht einzigartiges Dokument der Mathematikgeschichte.

Er ist im Detail mathematisch anspruchsvoll. Der Hauptgegenstand ist KUMMERs Theorie der "idealen complexen Zahlen". Diese Theorie war seit 1856 völlig gesichert, lag jedoch bis 1871/72 nur in den Originalarbeiten KUMMERs vor. Es spricht für die Qualitäten des Mathematikers REUSCHLE, daß dieser sich unter KUMMERs brieflicher Anleitung in jene Theorie einarbeitete und ein offensichtlich bis heute brauchbares Tabellenwerk anfertigen konnte.

Die Korrespondenz zwischen KUMMER und REUSCHLE dokumentiert nicht nur die Entstehung dieses Tabellenwerks, sondern auch die besonderen Beziehungen zwischen zwei - formal ungleichen - Mathematikern: dem Universitätsprofessor KUMMER, der an der vordersten Front der Forschung stand, und dem Schullehrer REUSCHLE, der KUMMERs Ideen verstand und bereit war, die nötigen umfangreichen Rechnungen durchzuführen. Man erkennt die gegenseitige Wertschätzung, mit denen sich beide begegneten. KUMMER behandelte in seinen Briefen aber neben mathematischen Fragen auch andere Themen: seine Arbeit an der Universität und der Akademie, die Tagespolitik und familiäre Angelegenheiten. Insofern ist der Briefwechsel auch ein einzigartiges Dokument über den Menschen KUMMER.

Der vorliegende Beitrag gibt einen Überblick über REUSCHLEs Leben und Werk mit besonderer Rücksicht auf die in Vorbereitung befindliche Edition [F/N] des Briefwechsels REUSCHLE-KUMMER.

1. Biographische Daten

1812: Geboren im Pfarrhaus von Mehrstetten im Oberamt Münsingen (Württemberg).
Bis zum 12. Lebensjahr Unterricht durch den Vater (Pfarrer in M.).

1824-26: Lateinschule in Blaubeuren.

1826-30: Seminar in Urach (heute: Bad Urach). Erwachendes Interesse an der Mathematik.

1830-34: Tübinger Stift. Studium der Theologie und Philosophie. Abschluß mit dem theologischen Examen. Danach Studium der Mathematik, Astronomie und Mechanik bei Christian Nörrenberg (1787-1862), Prof. in Tübingen.

1835-36: Einjähriger Studienaufenthalt in Paris.

1836-37: Studienaufenthalt in Berlin.
(Beide Male Stipendium d. Königs v. Württemberg.)

1837-38: Repetent am Seminar in Schönthal (heute: Schöntal).

1838-39: Repetent am Stift zu Tübingen.

1839-75: Gymnasium Stuttgart (ab 1840 Dauerstelle): Lehrer für Mathematik, Physik und Geographie.

1875: Tod an den Folgen eines Unfalls in seinem Haus.

REUSCHLE war seit 1846 verheiratet und hatte einen Sohn und zwei Töchter. Der Sohn Karl (1847-1909) wurde 1886 a.o. und 1893 o. Prof. für Geometrie am Polytechnikum Stuttgart.

2. Publikationen von REUSCHLE

Außerordentlich zahlreiche Publikationen

a) in

- Schulprogrammen des Gymnasiums Stuttgart
- Journal für die reine und angewandte Mathematik
- Archiv der Mathematik und Physik
- Monatsberichte Kgl. Preuß. Akad. D. Wiss. zu Berlin (erschienen 1860 und 1861 je 2 Titel)
- Zeitschrift für Mathematik und Physik
- weiteren (z. T. regionalen) Periodika

(nach unvollständigen Angaben mindestens 35 Abhandlungen);

b) als Lehrbücher, Handbücher und Atlanten (hauptsächlich zur Geographie, Astronomie und Mathematik) bzw. weiteren Büchern und Broschüren (insgesamt etwa 15 Titel mit z. T. vier Auflagen).

(Recherche: M. Folkerts.)

3. Mathematische Hauptschriften REUSCHLES

[R 1856]: "Mathematische Abhandlung: Neue zahlentheoretische Tabellen sammt einer dieselben betreffenden Correspondenz mit dem verewigten C. G. J. JACOBI." Schulprogr. Gymnasium Stuttgart 1856, 61 S.

[R 1860 I]: "Tafel der aus fünften Einheitswurzeln zusammengesetzten primären complexen Primfaktoren aller reellen Primzahlen von der Form $5\mu +1$, in der ersten Viertelmyriade", in: Monatsberichte Kgl. Preuss. Akad. Wiss. 1859, Berlin 1869, S. 488-491.

[R 1860 II, 1861]: Drei weitere Tafeln mit ähnlicher Themenstellung, bezogen auf die siebenten, elften und dreizehnten Einheitswurzeln. Monatsberichte Kgl. Preuss. Akad. Wiss. 1859, Berlin 1860, S. 694-697; ibidem 1860, Berlin 1861, S. 190-199.

[R 1875]: "Tafeln complexer Primzahlen, welche aus Wurzeln der Einheit gebildet sind. Auf dem Grund der KUMMERschen Theorie der complexen Zahlen berechnet (...)". Buchdruckerei der Kgl. Akad. d. Wiss. Berlin 1875. VII, 671 S.

4. REUSCHLES Weg von der elementaren zur höheren Zahlentheorie

- Welche Länge hat die Periode eines Dezimalbruchs?

Antwort für den typischen Fall:
Der Nenner sei die Potenz p^m einer Primzahl $p \neq 2, 5$. Dann ist die Länge gleich dem kleinsten positiven Exponenten t mit $10^t \equiv 1$ mod. p^m.

REUSCHLE hat Tabellen für diese Exponenten angelegt ([R 1856]).

- Die zentrale Frage der elementaren Theorie der Potenzreste:

Gegeben seien eine ganzrationale Zahl a und ein Exponent n. Welche der unendlich vielen Primzahlen p haben die Eigenschaft, daß die Kongruenz $x^n \equiv a$ mod. p lösbar ist?

Diese Frage wurde zuerst für den Exponenten $n = 2$ gestellt und beantwortet, als man den Wertevorrat von binären quadratischen Formen $Ax^2 + Bxy + Cy^2$ untersuchte (L. Euler (1707-1783), J.-L. Lagrange (1736-1813), A. M. Legendre (1752-1833), C. F. Gauß (1777-1855)).

Die Antwort lautet (wenn man die Primteiler von $2a$ wegläßt):
Die in Frage kommenden Primzahlen p sind genau diejenigen, die in bestimmten, genau angebbaren primen Restklassen modulo $4a$ liegen (Reziprozitätsgesetz der quadratischen Reste). Diese Restklassen bilden eine multiplikative Gruppe.

Für Exponenten $n \geq 3$ führt die elementare Behandlung auf die Primzahlen p mit $p \equiv 1$ mod. n zurück. Ohne höhere Hilfsmittel (Verlassen des Zahlbereichs $\mathbf{Z}$) gelangt man jedoch in eine Sackgasse. Man muß nach Gauß die n-ten Einheitswurzeln adjungieren.

REUSCHLE kannte diese Problematik schon 1856 nach Studium der einschlägigen Schriften von GAUß und JACOBI (vgl. [R 1856]).

REUSCHLEs Vermutung 1856:
Wenn die gegebene Zahl a nicht selbst eine n-te oder d-te Potenz mit einem Teiler d von n $(d > 1)$ ist , dann beträgt der Anteil derjenigen Primzahlen p, die der Bedingung $p \equiv 1$ mod. n genügen und für die $x^n \equiv a$ mod. p lösbar ist, asymptotisch $1/n \, \varphi(n)$.

Diese Vermutung konnte KUMMER nicht beweisen, er prüfte jedoch mit heuristischen Argumenten ihre Plausibilität. Die Richtigkeit der Vermutung folgte erst aus Überlegungen von L. KRONECKER (1823-1891) und G. FROBENIUS (1849-1917).

- REUSCHLEs Hinwendung zur höheren Zahlentheorie wird sehr klar durch seine Programmschrift [R 1856] markiert. Seine dort veröffentlichten Tabellen sieht er in engstem Zusammenhang

> "mit dem wichtigsten und umfangreichen Capitel der Zahlentheorie
> (...), welches die Theorie der Potenzreste betrifft, und dieses wiederum mit der Kreistheilung oder, rein arithmetisch ausgedrückt, mit der
> Theorie der imaginären Einheitswurzeln. Bei der Untersuchung, ob
> eine Zahl a (z.B. 10) nach einer Primzahl p Rest $n$ter Potenz sey oder
> nicht, kommt es nämlich im Allgemeinen darauf an, die Primzahl p in
> imaginären Factoren zu zerlegen, welche aus $n$ten Einheitswurzeln
> und reellen Coefficienten zusammengesetzt sind, und in diesen Coefficienten stecken die geheimsten und interessantesten Beziehungen
> der Zahlen zu einander."

REUSCHLE hatte also schon einen wichtigen Schritt über die elementare Zahlentheorie hinaus vollzogen, nämlich den Übergang zur Arithmetik der "aus Wurzeln der Einheit gebildeten complexen Zahlen". Damit folgte er dem Weg, den in der Theorie der Potenzreste GAUß, JACOBI und A.-L. CAUCHY (1789-1857) gewiesen hatten.

- KUMMER hatte durch seine "idealen Zahlen" die Situation in der höheren Zahlentheorie grundlegend geändert. Er übersandte REUSCHLE 1856 seine einschlägigen Arbeiten. REUSCHLE berichtete 1859 in einem Brief freimütig über seinen "wahren Enthusiasmus für die Sache", aber auch über seine beträchtlichen Schwierigkeiten:

> "(...) wie ist 2, wie sind überhaupt Primzahlen, welche nicht die Form $5\mu + 1$ haben, (...) zu behandeln? (...) treten hier ideale Primfactoren ein?
>
> Die Idee dieser idealen Primzahlen hat mich wahrhaft electrisirt, ich glaub die Theorie im Allgemeinen zu begreiffen, aber um damit etwas specielles anzugreifen, dazu steht sie mir noch zu abstract gegenüber."

Jedoch bezeugen schon die noch im gleichen Jahr gewechselten Briefe, daß sich REUSCHLE bald die Theorie der "idealen Zahlen" so weit angeeignet hatte, daß er die Tafeln [R 1860 I, R 1860 II] anfertigen konnte.

5. Die "Tafeln complexer Primzahlen ..."

Die Tafeln [R 1875], eine "Frucht einer zwölfjährigen Arbeit", umfassen 671 Druckseiten. KUMMER sagt von diesem Tabellenwerk in einem Brief an REUSCHLE,

> "daß es zu einer zahlentheoretischen Arbeit von mir in dem Verhältnisse eines Lexicons zu einer Grammatik steht, bei welchem aber die einzelnen Vokabeln nicht aus einem vorhandenem Sprachschatz zu sammeln, sondern nach den Regeln der Sprache, oder der Grammatik, selbständig zu bilden sind".

Entsprechend der "Grammatik" ist der oberste Gesichtspunkt der Gliederung die Ordnung n der darin eingehenden primitiven Einheitswurzeln. Dementsprechend zerfallen die Tafeln in fünf Abteilungen, die folgendermaßen abgegrenzt sind:

I. n ist eine ungerade Primzahl < 100 (dies sind 24 Werte);

II. n ist eine Potenz einer ungeraden Primzahl, $n < 100$, also $n = 9, 25, 27, 49, 81$;

III. n ist eine zusammengesetzte ungerade Zahl ≤ 105 (dies sind 21 Werte);
IV. n ist eine Potenz von 2, $n \leq 128$;
V. n enthält mindestens einen ungeraden Primfaktor, n ist durch 4 teilbar, $n \leq 100$ oder $n = 120$ (dies sind 21 Werte).

Zu jeder Zahl n werden weiterhin jeweils sämtliche Primzahlen unter 1000 betrachtet (mit Ausnahme der Primteiler von n, deren Behandlung sich leicht unmittelbar aus [Ku] ergibt). Diese Primzahlen werden nach ihren Exponenten modulo n gruppiert.

Sodann berechnet REUSCHLE auf der Grundlage von [Ku] die KUMMERschen "idealen Primfaktoren" der ausgewählten Primzahlen.

Ende 1871 hatte REUSCHLE die Reinschrift des Manuskripts abgeschlossen, und 1872 begann die Drucklegung des Werkes auf Kosten der Berliner Akademie. Erst 1875, kurz vor REUSCHLEs Tod, war der Druck beendet.

In der Partnerschaft zwischen KUMMER und REUSCHLE war KUMMER der überlegene Theoretiker, während sich REUSCHLE als der kongeniale Rechner und lernbegierige Adept der Zahlentheorie erwies.

KRONECKER kennzeichnete das REUSCHLEsche Tabellenwerk vor der Berliner Akademie als "eine werthvolle Sammlung von Rechnungsresultaten, welche für die Erforschung der Theorie der complexen [d.h. der algebraischen. O. N.] Zahlen von Wichtigkeit sein können." ([Kr])

In den folgenden Jahrzehnten wurden die Tafeln oft zitiert. Das darin behandelte Thema der "Kreisteilungszahlen" erfreut sich bis heute eines unverminderten Interesses. Allerdings sind nunmehr Ergänzungen und Erweiterungen dringend wünschenswert, die in der Tat seit den fünfziger Jahren verstärkt in Angriff genommen wurden.

Die zum Druck vorbereitete Edition des Briefwechsels [F/N] wird den Leser ausführlich mit Leben und Werk REUSCHLEs bekanntmachen.

6. Literatur

[B]   BIERMANN, KURT-R.: Die Mathematik und ihre Dozenten an der Berliner Universität 1810-1933. Stationen auf dem Wege eines mathematischen Zentrums von Weltgeltung. Berlin 1988

[F/N] Der Briefwechsel zwischen KUMMER und REUSCHLE. Ein Beitrag zur Geschichte der algebraischen Zahlentheorie. Herausgegeben von

MENSO FOLKERTS und OLAF NEUMANN. Algorismus, Heft **. Institut für Geschichte der Naturwissenschaften, München. (In Vorbereitung)

[Kr] KRONECKER, LEOPOLD: Einige Bemerkungen über das Werk des Hrn. REUSCHLE. In: Monatsberichte Kgl. Preuss. Akad. Wiss. zu Berlin 1875. Berlin 1876. S. 236-238. (Werke 5, S. 449-450, u. d. Titel: Bemerkungen zu REUSCHLE's Tafeln complexer Primzahlen.)

[Ku] KUMMER, ERNST EDUARD: Theorie der idealen Primfactoren der complexen Zahlen, welche aus den Wurzeln der Gleichung $\omega^n = 1$ gebildet sind, wenn n eine zusammengesetzte Zahl ist. In: Mathem. Abhandl. Kgl. Akad. Wiss. zu Berlin 1856, S. 1-47. (Collected Papers I, Berlin/Heidelberg/New York 1975, S. 583-629.)

[R] REUSCHLE, Carl Gustav: <siehe Abschnitt 3.>

Prof. Dr. Olaf Neumann, Friedrich-Schiller-Universität Jena
Mathematisches Institut, Ernst-Abbe-Platz 1-4, D-07740 Jena
e-mail: neumann@minet.uni-jena.de

Baden als Wegbereiter:
Marie Gernet (1865-1924) erste Doktorandin in Mathematik und Lehrerin am ersten Mädchengymnasium

Renate Tobies

"Aller Männerkultur, allen Weiberkörpern und Balletts zum Trotz" widmen wir uns der Mathematik und den Naturwissenschaften, schrieb im Jahre 1912 eine aus dem katholischen Emsland stammende promovierte Mathematikerin [Vaerting 1912, 172]. Ihre Äußerung verdeutlicht, was es damals für eine Frau bedeutete, sich einem als Männerdomäne geltendem Gebiet zuzuwenden.

Bisher wurde weithin angenommen, daß EMMY NOETHER (1882-1935) - die nach wie vor wohl als die bedeutendste Mathematikerin gelten kann - die erste war, die als in Deutschland geborene Frau mit einer mathematischen Dissertation promovierte. Vor ihr nahmen jedoch bereits zwei andere Frauen diese Hürde, die bisher völlig unbekannt geblieben sind. Die in Thüringen geborene ANNIE REINECK, verheiratet LEUCH, (1880-1978) erwarb 1907 den Doktorgrad an der Universität Bern[1] und nahm schließlich eine dominante Position in der Schweizer Frauenbewegung ein [Leuch-Reineck 1928]. Die andere ist MARIE GERNET, die hier im Mittelpunkt stehen soll und die eine Vorreiterrolle spielte, Herkunft, Studium, Promotion sowie Berufstätigkeit gleichermaßen betreffend.

Herkunft

Die in Ettlingen, südlich von Karlsruhe, am 1. Oktober 1865 geborene MARIE GERNET war *die erste Katholikin*, die Mathematik studierte und in diesem Gebiet promovierte. Sie entsprang als erstes Kind der Ehe, die CARL GERNET (1837-1908) und die Heidelberger Bürgerstochter JULIE OTTEN im Jahre 1864 geschlossen hatten. CARL GERNET hatte in Heidelberg Medizin

---

[1] Sie promovierte mit dem Thema "Die Verwandtschaft zwischen Kugelfunktionen und Besselschen Funktionen" bei Johann Heinrich Graf von Wildberg (1852-1918), der sich selbst ausführlich mit den Besselschen Funktionen befaßt hatte.

studiert und brachte es als Militärarzt bis zum Generaloberstabsarzt [Vgl. hierzu Kaller 1995]. MARIE wurde in eine katholische Familie geboren und gehörte damit einer Konfession an, deren Repräsentanten im allgemeinen nur zögerlich bereit waren, das überkommene Rollenbild der Frau aufzugeben. Was es bedeutete, hier auszubrechen, drückte die schon eingangs erwähnte, aus dem katholischen Emsland stammende promovierte Mathematikerin MARIE VAERTING (1880-1964) in ihrem autobiographischen Roman "Haßkamps Anna" aus. Sie ließ in ihrem Roman den alten katholischen Pastor, einen generellen Gegner des Frauenstudiums, sterben und legte dem neuen Pastor folgende Gedanken nahe:

> "Er war ja eigentlich gar nicht dafür, daß katholische Mädchen studierten. Denn Mädchen gehörten doch ins Haus. Es war nur das! Die protestantischen Mädchen, wie sie unverschämterweise nun einmal sind, kümmerten sich nicht um die katholischen. Sie studierten los. Und so hieß es denn nicht mehr: Wollen wir unsere braven katholischen Mädchen durchs Studium verderben? Es hieß einfach: Wir müssen ... Selbst, wenn wir nicht wollen. Denn die Andersgläubigen sind infam genug, nicht abzuwarten, ob wir aus der alleinseligmachenden Kirche auch einverstanden sind. Der einzige Ruf, der Katholiken aufzujagen vermag, erschallte auch hier: Wir kommen ins Hintertreffen! Hintertreffen! Und darum, Frauen, so leid wie's uns um euch tut: Los!" [Vaerting 1912]

Die Entscheidung für ein Studium erforderte, Konventionen zu durchbrechen. Den Schulweg hatte MARIE GERNET durchaus zunächst konventionell durchlaufen. Sie besuchte von 1871 bis 1880 die Höhere Töchterschule in Karlsruhe und trat danach in das Lehrerinnenseminar Prinzessin-Wilhelm-Stift ein. Im Sommer 1883 absolvierte sie die Abschlußprüfung für Lehrerinnen für mittlere und höhere Mädchenschulen, die auch sechs Aufgaben aus der Arithmetik und zwei aus der Geometrie umfaßte. In der Arithmetik ging das Niveau über Bruch-, Zins- und Prozentrechnung sowie Proportionen nicht hinaus. Die geometrischen Aufgaben erforderten die Berechnung einer Kreisfläche und die des Volumens eines Zylinders.[2] Höhere Mathematik wurde an den Lehrerinnenseminaren damals nicht gelehrt. Dennoch interessierte sich MARIE GERNET gerade dafür und nahm ein dreijähriges Privatstudium auf; sie war zu diesem Zeitpunkt 18 Jahre alt. MARIE GERNET ging

---

[2] Der Wortlaut der Aufgaben ist abgedruckt bei Kaller (1995, 96f.).

nicht den üblichen Weg der Lehrerin an einer badischen Schule, sondern bewarb sich als Hörerin an einer Hochschule.

Studium

MARIE GERNET *nahm* im Jahre 1888 *als erste in Deutschland geborene Frau ein Mathematik-Studium auf.* Sie bewarb sich dazu an der Technischen Hochschule in Karlsruhe. Sie erlangte die Zulassung noch vor jeder offiziellen Regelung. International gesehen, waren die deutschen Frauen im Nachzug. Die Russin SOFJA KOWALEWSKAJA (1850-1891) hatte 1869 bereits die Erlaubnis erhalten, an der Heidelberger Universität mathematische Lehrveranstaltungen zu besuchen. Ein genereller Erlaß des badischen Ministeriums existierte jedoch nicht. Baden ließ Frauen schließlich mit einem Ministerialerlaß vom 28. Februar 1900 als erstes deutsches Land zur Immatrikulation zu. MARIE GERNETs Anträge, die vor diesem Erlaß lagen, veranlaßten das badische Ministerium zu Sonderregelungen. Im Juni 1886 hatte das Ministerium verfügt, daß Frauen an der Technischen Hochschule allgemeinbildende Lehrveranstaltungen (Kunstgeschichte, Literaturgeschichte, Nationalökonomie) besuchen können. Anknüpfend an diese Verfügung suchte die Direktion der Technischen Hochschule in Karlsruhe zu erreichen, daß auch der Zugang zu mathematisch-naturwissenschaftlichen Lehrveranstaltungen eröffnet werde. Dabei bildete das Gesuch MARIE GERNETs den Ausgangspunkt für einen grundlegenden Antrag. Am 27. Oktober 1888 schrieb die Direktion an das Ministerium:

> "In dem einen Falle, welcher den Verhandlungen zugrunde lag, handelt es sich um die schriftliche Eingabe einer jungen Dame (Tochter des hiesigen Oberstabs- und Regimentsarztes GERNET) und den darin ausgesprochenen Wunsch, die noch nötigen Kenntnisse in Physik, Chemie und der höheren Mathematik (nach dreijährigem Privatunterricht in verschiedenen mathematischen Disziplinen) durch Zulassung zum Unterricht in diesen Fächern und durch Befähigung zu dem Examen zu erlangen, welche die Reallehrer behufs Erteilung des mathematischen Unterrichts an höheren Schulen abzulegen haben. Es stellt sich somit in unserem Ansuchen ein ernstes wissenschaftliches Streben dar und die persönlichen und die Familienverhältnisse der Bittstellerin bürgen dafür, daß die bisherigen anhaltenden Studien, welche

sich an das bestandene Lehrerinnen-Examen anschlossen, durch weitere Studien auf eine volle wissenschaftliche Ausbildung gesteigert
werden möchte" [nach Kaller 1995, 98].[3]

Das Ministerium bewilligte den Antrag bereits am 31. Oktober 1888 und
zwar nicht nur für MARIE GERNET, sondern für alle evtl. weiterhin eingehenden entsprechenden Gesuche.

An der Technischen Hochschule in Karlsruhe war die Anzahl der Studierenden in Mathematik zu dieser Zeit gering; in manchen Semestern waren weniger als zehn eingeschrieben, während die Ingenieurdisziplinen besser belegt waren (für Maschinenbau ca. 200). MARIE GERNET folgte weitgehend
dem Studienplan der Abteilung für Mathematik und Naturwissenschaften,
der Kurse über Differential- und Integralrechnung bei ERNST SCHRÖDER
(1841-1902)[4] sowie Physik bei HEINRICH HERTZ (1857-1894) vorsah. Im
Lebenslauf, den MARIE GERNET mit der Dissertationsschrift publizierte, gab
sie an, daß sie "Vorlesungen und einige praktische Übungen über Mathematik, Physik, Chemie und Botanik" besucht habe [Gernet 1895, 41].

Da die Technischen Hochschulen noch kein Promotionsrecht besaßen,
wechselte MARIE GERNET nach drei Jahren an die Universität Heidelberg
mit dem Ziel, dort den Doktorgrad zu erwerben. Es war ihrem Gesuch zu
verdanken, daß die naturwissenschaftlich-mathematische Fakultät der Universität Heidelberg am 29. Oktober 1891 einen allgemeinen Antrag an das
badische Ministerium richtete, Frauen zum Besuch von Vorlesungen und
Übungen zuzulassen. Das Ministerium stimmte dem Antrag der Fakultät zu,
obwohl der Senat der Universität sich dagegen wandte [vgl. Kaller 1995, 99].
Wie GERNET selbst angab, hörte sie zwei Jahre lang "Vorträge über Mathematik und Physik", wohnte den "mathematischen Seminarien" bei und nahm
ein Semester lang an den physikalischen Übungen teil [Gernet 1895, 41].

Promotion

MARIE GERNET *promovierte als erste in Deutschland geborene Frau im
Fach Mathematik.* Ihr Doktorvater war der Mathematiker LEO KOENIGS-

---

[3] Kaller wertete die Akten des Generallandesarchivs in Karlsuhe aus.
[4] Vor allem bekannt durch seine Arbeiten auf dem Gebiet der Algebra der Logik (vgl.
Peckhaus 1997).

BERGER (1837-1921)[5], der bereits SOFJA KOWALEWSKAJA 1869 zu seinen Lehrveranstaltungen zugelassen hatte. KOENIGSBERGER war der erste Schüler von KARL WEIERSTRAß (1815-1897), der KOWALEWSKAJA schließlich 1874 zur Promotion geführt hatte [vgl. bes. Tollmien 1997].[6] Als MARIE GERNET im Jahre 1891 nach Heidelberg kam, war KOENIGSBERGER 54 Jahre alt. Er betreute ihre Dissertation, hatte aber wohl versäumt, seine Kandidatin ausreichend auf die für sie neue - und für eine Frau erstmalige - Situation vorzubereiten, eine mündliche Prüfung in Mathematik und zwei weiteren Fächern ablegen zu müssen, wie das Verfahren zeigen sollte.

MARIE GERNET reichte das Gesuch, zur Promotion zugelassen zu werden, am 30. Oktober 1894 ein, zwanzig Jahre nach KOWALEWSKAJA die nächste Mathematikerin an einer deutschen Universität. KOWALEWSKAJA war 24 Jahre alt gewesen; GERNET hatte inzwischen ein Alter von 29 Jahren erreicht und war damit älter als der Durchschnitt der 98 Frauen (darunter neun Ausländerinnen)[7], die bis 1933 den Doktorgrad in Mathematik an einer deutschen Hochschule erwerben sollten.

Die Dissertation trug den Titel "Über Reduktion hyperelliptischer Integrale" [Gernet 1895].

Ein hyperelliptisches Integral ist ein Integral $\int R(z,w)\,dz$, dessen Integrand eine rationale Funktion von z und w darstellt, wobei $w = \sqrt{P(z)}$ bedeutet und $P(z)$ ein Polynom (ohne mehrfache Nullstellen) in z bezeichnet, dessen Grad größer als 4 ist. Funktionen, die Umkehrungen dieser Integrale darstellen, heißen hyperelliptische Funktionen. Die durch $w = \sqrt{P(z)}$ definierte Riemannsche Fläche ist zweiblättrig und vom Geschlecht p, wenn das Polynom $P(z)$ vom Grade $2p+1$ oder $2p+2$ ist [Vgl. Naas/Schmid 1972, Bd. 1, 775].

MARIE GERNET knüpfte in ihrer Dissertation an Untersuchungen ihres Doktorvaters an. Sie begann ihre Arbeit mit dem Verweis auf Untersuchungen KOENIGSBERGERs, die sie als methodische Grundlage verwendete:

---

[5] Hier wird die Schreibweise "Koenigsberger" benutzt, da sich der Mathematiker selbst so schrieb (Handschrift in der Promotionsakte von Marie Gernet). - Kaller (1995, 99, Fußnote 13) schreibt, daß "der die Arbeit betreuende Hochschullehrer ... weder in der Arbeit selbst noch im Verzeichnis der Hochschulschriften genannt" wird. Er benutzte nicht die Promotionsakten des Universitätsarchivs Heidelberg.
[6] Hier sind die Promotionsunterlagen erstmals vollständig ediert.
[7] Vgl. hierzu (Tobies 1997).

"Zum Zwecke der Herleitung solcher hyperelliptischer Integrale, welche sich durch rationale Substitutionen auf elliptische Integrale oder auf hyperelliptische Integrale niedrigerer Ordnung zurückführen lassen, geht Herr Geheime[r] Rat Professor Dr. KÖNIGSBERGER[8] in seinen 'Allgemeinen Untersuchungen aus der Theorie der Differentialgleichungen' von folgendem allgemeinen Transformationssatze aus:

Wenn zwischen ABEL'schen Integralen erster Gattung eine Transformationsgleichung besteht von der Form:

$$\frac{F_1(H_1)\,dH_1}{\sqrt[n]{R_1(H_1)}} + \frac{F_1(H_2)\,dH_2}{\sqrt[n]{R_1(H_2)}} + \ldots + \frac{F_1(H_p)\,dH_p}{\sqrt[n]{R_1(H_p)}} = \frac{n \cdot f(x)\,dx}{\sqrt[n]{R(x)}}$$

in welcher H_1, H_2, ... , H_p die Lösungen einer Gleichung p^{ten} Grades sind:

$$H^p + w_1(x)\,H^{p-1} + \ldots + w_p(x) = 0,$$

deren Coefficienten rational von x abhängen, so sind die diesen Lösungen zugehörigen, algebraischen Irrationalitäten eine rationale Funktion dieser Lösungen und der Grösse x, multipliciert mit der Irrationalität $\sqrt[n]{R(x)}$ "
[Gernet 1895, 3].

Nach Beschreibung dieser und weiterer Beziehungen zwischen elliptischen und hyperelliptischen Integralen, ausgehend von der allgemeinen Transformationstheorie elliptischer Integrale, wandte GERNET die Methode KÖNIGSBERGERs an, um hyperelliptische Integrale durch geeignete Transformation auf einfachere, zu lösende Integrale zurückzuführen. Sie beendete ihre Dissertationsschrift mit den Worten:

"Die von Herrn KÖNIGSBERGER aufgestellten Methoden sind also, um es zum Schlusse noch einmal kurz zusammenzufassen, angewandt worden:

erstens zur Reduktion hyperelliptischer Integrale erster, zweiter und dritter Ordnung auf respektive zwei, drei oder vier zur gleichen Irrationalität gehörige elliptische Integrale und zur Reduktion eines hyperelliptischen Integrales beliebiger Ordnung auf ein solches niedriger Ordnung mittelst Substitution von der Form $y = \dfrac{f(x)}{\xi(x)}$,

---

[8] Marie Gernet verwendete diese Schreibweise für den Namen ihres Doktorvaters.

zweitens zur Reduktion hyperelliptischer Integrale $(p-1)^{\text{ter}}$, aber höchstens vierter Ordnung auf eine Summe von $(p-1)$ solchen Integralen nächstniedrigerer Ordnung vermöge einer Transformationsgleichung : $f_0 (x) y^{p-1} + f_1 (x) y^{p-2} + \cdots + f_{p-1} (x) = 0$, und endlich zur Reduktion hyperelliptischer Integrale beliebiger Ordnung auf eine Summe von zwei solchen Integralen erster Ordnung und zur allgemeinen Transformation hyperelliptischer Integrale erster Ordnung vermöge einer Substitution von der Form
$f_0 (x) y^2 + f_1 (x) y + \cdots + f_2 (x) = 0$ " [Gernet 1895, 39f.].

MARIE GERNETs Dissertation lag in einem Gebiet, mit dem sich nicht nur KOENIGSBERGER intensiv befaßt hatte, sondern das insgesamt ein Forschungsschwerpunkt der Mathematik des 19. Jahrhunderts darstellte [vgl. Cooke 1994]. CARL GUSTAV JACOB JACOBI (1804-1851) war bei dem Versuch, die Umkehrfunktionen hyperelliptischer Integrale zu betrachten, auf vierfach periodische Funktionen gestoßen, die erst mit dem Begriff der mehrblättrigen Fläche BERNHARD RIEMANNS (1826-1866) deutbar wurden [vgl. u.a. Klein 1926, 110f.]. Das "Jacobische Umkehrproblem" war sowohl für RIEMANN als auch für WEIERSTRAß ein maßgeblicher Ausgangspunkt bei den Untersuchungen zur Theorie komplexwertiger Funktionen gewesen.

Die Aufgabe, die MARIE GERNET mit ihrer Dissertation zu lösen hatte, fußte auf vorhandenen Methoden und konnte keine grundsätzlich neuen Ergebnisse bringen. Ihre Ergebnisse bestanden darin, die gegebenen Methoden auf spezielle Fälle anzuwenden. So formulierte KOENIGSBERGER im Gutachten zur Dissertation:

"Die Arbeit beschäftigt sich mit dem schon vielfach behandelten Problem der Reduktion hyperelliptischer Integrale auf elliptische oder auch hyperelliptische Integrale höherer auf solche niederer Ordnung. Es mag gleich von vornherein hervorgehoben werden, dass die Arbeit principiell Neues zur Behandlung dieser Frage nicht beibringt, was aber wohl in der Natur der Sache liegt, da die Principien für die Untersuchung derartiger Probleme nach dem jetzigen Standpunkte der Analysis ein für allemal festgelegt sind. Aber die Anwendung all' dieser allgemein entwickelten Methoden führt in bestimmten Fällen stets auf Schwierigkeiten theils principieller theils rechnender Natur, und daher ist es immer nützlich, die allgemeinen analytischen Betrachtungen auf specielle Beispiele anzuwenden. Dies hat Frl. GERNET gethan und zu den von Legendre, JACOBI, HERMITE und andern Mathematikern durch Kunstgriffe aufgefundenen speciellen Fällen neue hinzugefügt, welche auf Grund der im Laufe der Entwicklung der allgemeinen Theorie aufgestellten Methoden hergeleitet theils durch ihre Leistung selbst theils aber auch als Anwendungen allgemeiner Principien ein gewisses Interesse haben. Ich glaube daher der Fakultät die Annahme der Arbeit als Doktordissertation empfehlen zu dürfen." [UAH III 7a Nr.6b]

Mit der Entwicklung des algorithmischen Denkens und der Ausarbeitung geeigneter Näherungsverfahren (RUNGE-KUTTA) wurden die damals benutzten Methoden zur Bestimmung hyperelliptischer Integrale kaum mehr verwendet. Heute würden entsprechende Näherungslösungen mit dem Computer bestimmt werden. Für das Arbeitsgebiet, das MARIE GERNET in ihrer Dissertation mit einigen Ergebnissen bereicherte, trifft zu, was FELIX KLEIN während der Zeit des ersten Weltkrieges in seinen Vorlesungen über die Entwicklung der Mathematik im 19. Jahrhundert über die ABELschen Funktionen schrieb:

"Als ich studierte, galten die ABELschen Funktionen - in Nachwirkung der JACOBIschen Tradition - als der unbestrittene Gipfel der Mathematik, und jeder von uns hatte den selbstverständlichen Ehrgeiz, hier weiterzukommen. Und jetzt? Die junge Generation kennt die ABELschen Funktionen kaum mehr" [Klein 1926, 312].

Mit dem Einreichen der Dissertationsschrift war die Hürde für MARIE GERNET noch nicht genommen. Wie schon oben angedeutet, sollte die mündliche Doktorprüfung, die am 8. November 1894 stattfand, nicht so glatt vonstatten gehen. Das Prüfungsprotokoll weist aus:

"I Mathematik   nur zum Theil befriedigend.   KOENIGSBERGER.

II^a Physik.   Größtentheils befriedigend   QUINCKE[9]

II^b Mechanik.   Ungenügend   KOENIGSBERGER.

Die Fakultät beschliesst, die Candidatin nicht zu promovieren." [UAH, Prom.-Akten III, 7a, Nr. 6b]

Prüfungsgegenstände sind im Protokoll nicht formuliert. Etwas ungewöhnlich ist, daß KOENIGSBERGER nicht nur im Hauptfach Mathematik, sondern auch in einem Nebenfach, Mechanik, prüfte, und die Kandidatin seine Fragen nur ungenügend beantworten konnte. Indirekt läßt sich aus Briefen, die

---

[9] Es prüfte der Physiker Georg Hermann Quincke (1834-1924).

sich in den weiteren Promotionsunterlagen befinden, erschließen, daß
MARIE GERNET mit der für sie ungewohnten Prüfungssituation wohl nicht
zurecht gekommen war. Sie blieb jedoch hartnäckig. Der Brief, den sie am
6. Juni 1985 an ihren Doktorvater richtete, drückt ihren festen Willen aus,
das Promotionsverfahren zu einem positiven Abschluß zu bringen [UAH,
Prom.-Akten 1895-1896, III 7a, Nr. 9a]:

> "Hochverehrter Herr Geheimer Rat,
>
> da gegen Ende des Sommersemesters die statutenmäßige Frist wohl
> verstrichen sein dürfte, so habe ich die Absicht für diese Zeit um
> Wiederzulassung zum Examen einzukommen.
>
> Allerdings hat man mir davon durch dritte und vierte Hand abraten
> und mir mitteilen lassen, daß Sie hochverehrter Herr Geheimer Rat
> und die anderen Herren der Fakultät mich überhaupt für unfähig zu ei-
> nem Examen erklärt haben. Da jedoch bei einer so unbestimmten
> Mitteilung auf Umwegen ein Mißverständnis nicht unwahrscheinlich
> ist, ich vielmehr in Ihrem Sinne zu handeln glaube, wenn ich solange
> an meinem Ziele festhalte, bis ich es erreicht habe, so wage ich es
> trotzdem, Sie zu bitten, mir Ihre gütige Fürsprache bei meinem Gesu-
> che nicht zu versagen. Auch diejenigen meiner hiesigen Herren Leh-
> rer, welche mehrfach und in letzter Zeit Gelegenheit hatten, meine
> Fähigkeiten zu prüfen, ermutigen mich dazu.
>
> Ich habe den Winter zur Festigung meiner Kenntnisse sowie zu weite-
> ren [Studien] in der Richtung meiner Arbeit verwendet, und hoffe, das
> Unglück vom vorigen Jahr wieder gut machen zu können.
>
> Aus der Prüfungsordnung geht nicht hervor, ob ich meine Arbeit dem
> Gesuche nochmals beilegen und gleichzeitig die Gebühren einzahlen
> muß. Daher wäre ich Ihnen, hoch verehrter Herr Geheimer Rat, sehr
> dankbar für gütigen Rat.
>
> Empfangen Sie im voraus besten Dank für freundliche Antwort von
> Ihrer
>
> hochachtungsvoll ergebenen
> M. GERNET"

KOENIGSBERGER antwortete bereits einen Tag später, am 7. Juni 1895:

> "Liebes Fräulein,
>
> In Beantwortung Ihres gestern erhaltenen Briefes erlaube ich mir zu
> bemerken, dass sich mir im Laufe der leider unglücklich ausgefallenen

Prüfung in der That die Überzeugung aufdrängte, dass Ihnen zur Zeit die Befähigung abging, Ihr Wissen zum Ausdruck zu bringen und selbst das, was Sie meiner Überzeugung nach durchaus klar in Ihrem Kopfe hatten, nur einigermaßen deutlich aussprechen zu können. In wie weit dies mit der einer jungen Dame fremdartigen Situation einer Prüfung oder mit noch nicht hinreichend festen Kenntnissen zusammenhing, ob im Laufe des Winters eine weitere mathematische Beschäftigung Ihnen mehr Ruhe, Zuversicht und Selbstvertrauen gegeben hat, bin ich ausser Stande zu beurtheilen. Über alle übrigen Einzelheiten bitte ich Sie bei dem Dekan, Herrn Geheimrat ROSENBUSCH, Erkundigungen einzuzuziehen.

Ergebenst

L.K." [UAH 1895-1896 III 7a Nr. 9a]

Die Wiederholungsprüfung fand am 18. Juli 1895 bei den gleichen Prüfern statt, wobei in allen Teilprüfungen die Note IV (genügend) erteilt wurde (ebd.). Der Verlauf des Promotionsverfahrens erklärt, warum davon in einer breiteren Öffentlichkeit nichts bekannt wurde. Ein weiterer Weg in der Wissenschaft war mit diesem Ergebnis indiskutabel. MARIE GERNET hatte jedoch eine wichtige Hürde in ihrem Leben genommen.

Berufstätigkeit

MARIE GERNET entschied sich nach bestandener Promotion für den Beruf der Lehrerin. Sie wirkte ab 1897 bis zu ihrem Tode als *erste promovierte Mathematiklehrerin am ersten Mädchengymnasium Deutschlands*, das am 16. September 1893 durch den "Verein Frauenbildungsreform" in KARLsruhe errichtet worden war.

Es sei hier erwähnt, daß die Entscheidung für den Beruf zu diesem Zeitpunkt zugleich eine Entscheidung gegen eine eigene Familie bedeutete. Das bis zur Weimarer Reichsverfassung 1919 bestehende Zölibat für Lehrerinnen - wie für eine Tätigkeit von Frauen im Staatsdienst überhaupt - hätte es ihr nicht ermöglicht, Beruf und Familie zu vereinbaren [vgl. Deutscher Juristinnenbund 1984, 76f].

In Verbindung mit einer Reform des Mädchengymnasiums[10] , übernahm die Stadt Karlsruhe 1897 die Schule als städtische Einrichtung. MARIE GERNET, deren erste Bewerbung an der Schule zunächst gescheitert war, hatte sich maßgeblich an der Reorganisation beteiligt und erlangte im Herbst 1897 eine Anstellung, die schließlich ab 1. Oktober 1901 in eine etatmäßige Position verwandelt wurde [vgl. Kaller 1992, Reichenberger 1918].

In Karlsruhe zog MARIE GERNET in eine gemeinsame Wohnung mit ihrem Vater, der sie offensichtlich in ihren beruflichen Bestrebungen sehr unterstützte. Sie trat bereits vor 1900 dem "Verein badischer Lehrerinnen" bei, dem auch ihr Vater als außerordentliches Mitglied angehörte.[11] MARIE GERNET wurde im Jahre 1911 in den Vorstand des Vereins gewählt und leitete die Gruppe der Lehrerinnen an höheren Mädchenschulen. Sie wurde als "Reallehrerin" geführt. Für die Rubrik "wissenschaftlich gebildete Lehrerin" hätte sie eine zusätzliche pädagogische Prüfung ablegen müssen, was nicht geschehen war [vgl. Kaller 1995, 101].

Der Schwerpunkt des Unterrichts am Mädchengymnasium lag insgesamt bei den alten Sprachen (8 Wochenstunden); danach folgten Mathematik mit vier Wochenstunden sowie Deutsche und Geschichte mit je drei. MARIE GERNET unterrichtete alle Klassen, außer der Oberprima, in Mathematik und Naturkunde. Sie war bis zu ihrem Tode unermüdlich tätig. Nur einmal mußte sie ihre Tätigkeit aus gesundheitlichen Gründen für längere Zeit unterbrechen. Nachdem ihr Vater am 17. November 1908 verstorben, mußte sie sich von Februar bis September 1909 einer längeren medizinischen Behandlung unterziehen (vgl. ebd.).

MARIE GERNET starb am 10. Februar 1912. Der Direktor des Karlsruher Mädchengymnasiums, HEINRICH DÜRR, würdigte sie in einer veröffentlichten Erklärung:

> "Die Reallehrerin Fräulein Dr. MARIE GERNET ist am Sonntag den 10. Februar an einem Herzschlag gestorben. Am Samstag noch hat sie ihren Unterricht gegeben, wie sie überhaupt, trotz des schweren Herzleidens, das ihr seit Jahren Sorge machte, stets pflichtgetreu und arbeitsfreudig, keinen Tag ausgesetzt hat" [nach Kaller 1995, 102].

---

[10] Das heutige Lessing-Gymnasium, vgl. (Lessing-Gymnasium Karlsruhe 1981).
[11] Die Anzahl der männlichen außerordentlichen Mitglieder betrug ca. 10% (Kaller 1995, 100).

MARIE GERNET war als promovierte Mathematikerin als Lehrerin tätig, so wie schließlich ca. 73% der deutschen Frauen, die bis 1933 den Doktorgrad in Mathematik erwerben sollten [vgl. Tobies 1997b, 153]. Ihre mathematischen Forschungsleistungen waren nicht so herausragend gewesen; und die notwendigen zwei Anläufe beim Rigorosum verhinderten wohl, daß dieses Promotionsverfahren in die breite Öffentlichkeit drang. Als FELIX KLEIN im Jahre 1896 mit der wissenschaftlichen Leistungsfähigkeit ausländischer Mathematikerinnen argumentierend auf die deutsche Frau schloß, war ihm der Name MARIE GERNET noch kein Begriff [vgl. Kirchhoff 1897, 241]. In der Hochphase der preußischen Mädchenschulreform, als KLEIN einen Artikel zum Thema Frauen und Mathematik veranlaßte [vgl. Lorey 1909], war die Vorreiterrolle MARIE GERNETs in das zeitgenössische Bewußtsein gelangt. KLEIN schrieb am 10. Februar 1909 an WILHELM LOREY (1873-1955):

"L.[ieber] Hr. Kollege! Mir kam der Gedanke, dass Sie in Ihrem Aufsatze doch auch der Damen gedenken möchten, die jetzt den Oberlehrer in Mathematik abgelegt haben. Es ist dies vor allem Frl. Freytag (Mädchengymnasium Bonn), die vor drei Jahren als erste die ganzen Schwierigkeiten (in Berlin) durchgekämpft hat. Dann Frl. Dr. Turnau[12] (Mädchengymn. Cöln), Frl. Meissner (Mg. Hamburg), Frl. Dr. Reck (Mädchenschule Celle), Frl. Dr. GERNET (Mädchengymnasium Karlsruhe). Das Nähere müssten Sie freilich von den Damen selbst zu erfahren suchen. Ihr erg. KLEIN" (Nachlaß Lorey Nachtrag; zitiert in [Tobies 1997a, 20f.]).

Bibliographie

(UAH) Universitätsarchiv Heidelberg, Naturw.-math. Fak., Promotionsakten III, 7a, Nr. 6b; 1895-1896, III 7a, Nr. 9a.

Nachtrag LOREY) Senckenberg-Bibliothek, Frankfurt a.M.: Nachlaß WILHELM LOREY B.1.1 Nr. 55, Nachtrag.

---

[12] Die aus Wien stammende Helene Turnau hatte am 3.9.1904 in Zürich mit der Dissertation "Beiträge zur Theorie der Entwicklungen nach Normalfunktionen" (32 S.) promoviert.

COOKE, ROGER (1994), "Elliptic integrals and functions", in: I. Grattan-Guinness (ed.), *Companion Encyclopedia of the History and Philosophy of the Mathematical Sciences*, Vol 1, London und New York, S. 529-539.

Deutscher Juristinnenbund (Hg.) (1984), *Juristinnen in Deutschland. Eine Dokumentation (1900-1984)*, München.

GERNET, MARIE (1895), *Über Reduktion hyperelliptischer Integrale*, Karlsruhe: Druck von Friedrich Gutsch (40 S.).

KALLER, GERHARD (1992), "Mädchenbildung und Frauenstudium. Die Gründung des ersten deutschen Mädchengymnasiums in Karlsruhe und die Anfänge des Frauenstudiums an den badischen Universitäten (1890-1910)", in: *Zeitschrift für die Geschichte des Oberrheins* 140 (NF 101), S.361-375.

— (1995), "Dr. MARIE GERNET (1865-1924) und Dr. CAROLA PROSKAUER (1884-1927), zwei Lehrerinnen aus der Frühzeit des Lessing-Gymnasiums", in: *karlsruher pädagogische beiträge* 35, S. 94-104.

KIRCHHOFF, ARTHUR (Hg.) (1897), *Die Akademische Frau. Gutachten hervorragender Universitätsprofessoren, Frauenlehrer und Schriftsteller über die Befähigung der Frau zum wissenschaftlichen Studium und Berufe*, Berlin.

KLEIN, FELIX (1926/27), *Vorlesungen über die Entwicklung der Mathematik im 19. Jahrhundert*, Teil I, Berlin 1926, Teil II, 1927. Reprint: Berlin, Heidelberg, New York 1979.

LEUCH-REINECK, ANNIE (1928), *Die Frauenbewegung in der Schweiz, ihr Werden, ihr Wirken, ihr Wollen*, Zürich und Leipzig.

Lessing-Gymnasium Karlsruhe (Hg.) (1981), *Festschrift zum 70jährigen Jubiläum*, Karlsruhe.

Lorey, Wilhelm (1909), "Die mathematischen Wissenschaften und die Frauen. Bemerkungen zur Reform der höheren Mädchenschule", in: *Frauenbildung* 8, S. 161-178.

NAAS, JOSEF; SCHMID, HERMANN LUDWIG (Hg.) (1972), *Mathematisches Wörterbuch: mit Einbeziehung der theoretischen Physik, 2 Bde.* (Nachdruck der 3. Auflage), Berlin, Stuttgart.

PECKHAUS, VOLKER (1997), *Logik, Mathesis universalis, allgemeine Wissenschaft. Leibniz und die Wiederentdeckung der formalen Logik im 19. Jahrhundert* (Habilitationsschrift), Berlin.

REICHENBERGER, SIGMUND (1918), *Das Karlsruher Mädchengymnasium inseinen ersten 25 Jahren*, Karlsruhe.

TOBIES, RENATE (1997a), "Einführung: Einflußfaktoren auf die Karriere von Frauen in Mathematik und Naturwissenschaften", in: R. TOBIES (Hg.), *"Aller Männerkultur zum Trotz" Frauen in Mathematik und Naturwissenschaften*, Frankfurt a.M., New York, S. 17-67.

— (1997b), "Mathematikerinnen und ihre Doktorväter", in: R. TOBIES (Hg.), *"Aller Männerkultur zum Trotz" Frauen in Mathematik und Naturwissenschaften*, Frankfurt a.M. und New York, S. 131-158.

TOLLMIEN, CORDULA (1997), "Zwei erste Promotionen: Die Mathematikerin SOFJA KOWALEWSKAJA und die Chemikerin JULIA LERMONTOWA", in: R. TOBIES (Hg.), *"Aller Männerkultur zum Trotz" Frauen in Mathematik und Naturwissenschaften*, Frankfurt a.M. und New York, S. 83-129.

VAERTING, MARIE (1912), *Haßkamps Anna.* (Roman), München.

Dr. habil. Renate Tobies, FB Mathematik, Universität Kaiserslautern, Erwin-Schrödinger-Straße, 67663 Kaiserslautern

Eugen Dühring und die Rezeption moderner mathematischer Konzepte im Kaiserreich

Maria Reményi

Einführung

EUGEN DÜHRING (1833-1921) war in verschiedener Hinsicht eine schillernde und vieldiskutierte Persönlichkeit des Berliner wissenschaftlichen Lebens im ausgehenden 19. Jahrhundert. Gegenwärtig findet er überwiegend im Zusammenhang mit dem sogenannten Engelsschen Anti-Dühring[1] Erwähnung, einer wichtigen erkenntnistheoretischen Schrift FRIEDRICH ENGELS', die als Reaktion auf DÜHRINGS damals außerordentlich populäre philosophische und nationalökonomische Positionen entstanden war.

Ende der siebziger Jahren des vorigen Jahrhunderts war DÜHRING im Zuge seiner Kontroverse mit der Berliner Universität und HERRMANN VON HELMHOLTZ, die schließlich seine, DÜHRINGS, Remotion[2] zur Folge hatte, geraume Zeit Gegenstand öffentlichen Interesses. Als Philosoph hat er in philosophiehistorische Werke des 19. und des 20. Jahrhunderts als bekannter Vertreter des deutschen Positivismus Eingang gefunden.[3]

An dieser Stelle soll ein spezieller Aspekt seiner vielfältigen und umfassend rezipierten publizistischen Tätigkeit untersucht werden: Während DÜHRINGS

---

[1] Friedrich Engels: Herrn Eugen Dührings Umwälzung der Wissenschaft. Berlin 1878. Vorab in Aufsätzen veröffentlicht im "Vorwärts" im Zeitraum 1/1877 bis 7/1878. Seither ist eine unübersehbare Anzahl weiterer Ausgaben erschienen.

[2] Aktenstücke in der Angelegenheit des Privatdocenten Dr. Dühring veröffentlicht durch die philosophische Fakultät zu Berlin. Berlin 1877.

[3] Vgl. etwa H. Vaihinger: Hartmann Dühring und Lange. Zur Geschichte der deutschen Philosophie im 19. Jahrhundert. Iserlohn 1876. S. Poggi/W. Röd: Die Philosophie der Neuzeit 4. Positivismus, Sozialismus und Spiritualismus im 19. Jh., München 1989

Hauptwirkungszeit - etwa 1863 bis 1880 - setzte das ein, was man die "Popularisierung der Nichteuklidischen Geometrie"[4] nennen könnte. Dies meint eine weitgefächerte und ausgedehnte Diskussion, in die Mathematiker und Philosophen, aber auch Lehrer und eine größere, wissenschaftlich interessierte Öffentlichkeit involviert waren.[5]

Die Entstehung einer derartigen Diskussion war insbesondere von der Tatsache beeinflußt, daß sich in diesem Zeitraum, bedingt etwa durch Disziplinenbildung und Etablierung des Berufsbildes "Wissenschaftler", sich die an wissenschaftlichen Fragestellungen interessierte gesellschaftliche Gruppe neu strukturierte.

Unter den aktiven Mathematikern war die Diskussion gegen Ende der siebziger Jahre im wesentlichen abgeschlossen. Außerhalb dieser Gruppe dauerte es jedoch sehr viel länger, bis eine allgemeine Akzeptanz der neuen Konzepte erreicht war.

Ein großer Teil der Auseinandersetzungen beschäftigte sich mit epistemologischen Fragestellungen; aber auch die ontologische Frage, welche Objekte oder Strukturen in der Mathematik als existent zuzulassen seien, wurde thematisiert.

Aktiv an der Auseinandersetzung um diesen Themenkomplex beteiligt war auch EUGEN DÜHRING, der mit seiner, durch allgemein-philosophische Bedenken begründeten, extrem ablehnenden Haltung auf ein breites Publikum stieß.

Die weitreichende Rezeption seiner Schriften schloß auch Mathematiker wie KLEIN und CANTOR[6] ein, die, obwohl seine Argumente für den Fachwissenschaftler nicht akzeptabel waren, Schwierigkeiten hatten, ihn als Ignoranten abzutun.

---

[4] Dieser Begriff umfaßt im folgenden sowohl hyperbolische und elliptische Geometrien, als auch beliebige Geometrien auf Räumen der Dimension größer 3.

[5] Vgl. hierzu etwa: J.C. Becker: Abhandlungen aus dem Grenzgebiete der Mathematik und Philosophie. Zürich 1870; H. Helmholtz: Über den Ursprung und die Bedeutung der geometrischen Axiome. Vortrag Heidelberg 1870, in: H. Helmholtz: Über Geometrie. Darmst. 1968, S.1-31; O.Liebmann: Zur Analysis der Wirklichkeit. Straßbg. 1875.

[6] F. Klein: Nichteuklidische Geometrie I, Vorlesung Göttingen WS 1889-90, ausgearbeitet von Fr. Schilling. Zweiter Abdruck, Göttingen 1893. S.275-285. G. Cantor: Grundlagen einer allgemeinen Mannigfaltigkeitslehre. Leipzig 1883, in: Abhandlungen mathematischen und philosophischen Inhalts, hrsg. von E. Zermelo. Berlin 1932. S.165-200, zu Dühring vgl. S. 206.

1. Biographie und Werke

EUGEN DÜHRING (1833-1921) stammte aus einer kleinbürgerlichen Berliner Familie und hat die nähere Umgebung seiner Geburtsstadt nie verlassen. Erzieherisch war er durch den Vater geprägt, der aufgrund eigener Interessen für eine gute mathematisch-naturwissenschaftliche Ausbildung seines Sohnes sorgte. Trotz weitreichender naturwissenschaftlicher Interessen entschloß sich DÜHRING zu einem Jura-Studium. Nach dem Assessorexamen machte es ihm allerdings eine chronische Erkrankung des Sehnerves unmöglich, die juristische Laufbahn einzuschlagen. Unabhängig davon hatte er sich schon gegen Ende der juristischen Ausbildung wieder verstärkt der Mathematik und den Naturwissenschaften zugewandt.

Zur Sicherung des Lebensunterhaltes entschloß er sich zur Promotion in Philosophie, um danach als freier Schriftsteller arbeiten zu können. Kurz nach Einreichen der Dissertation 1861 erblindete DÜHRING vollständig.

Die Dissertation[7] war philosophisch-mathematischen Inhalts: DÜHRING kritisierte die Arithmetisierung des "unendlich kleinen" und die Abkehr von geometrischen Vorstellungen, Auffassungen, die er auch in seinen späteren Publikationen immer wieder vertreten hat. EDUARD KUMMER bescheinigte DÜHRING als Zweitgutachter seiner Arbeit sowohl in Philosophie als auch in Mathematik einen großen Kenntnisreichtum und ein scharfes Denkvermögen. Als mathematische Forschungsarbeit hielt er die Arbeit jedoch für wertlos.[8]

Zur Verbesserung der Konkurrenzfähigkeit als Schriftsteller und der in Aussicht stehenden zusätzlichen Einnahmequellen als Privatdozent folgten 1863 die Habilitationen in Nationalökonomie und Philosophie.

Schon Dührings Studienzeit charakterisierte eine scharfe Kritik an der Institution Universität und der sogenannten "etablierten Gelehrtenschaft". Diese Kritik betraf sowohl organisatorische als auch inhaltliche Aspekte; sie wurde mit der Zeit immer polemischer und richtete sich auch gegen Einzelpersonen.

---

[7] E. Dühring: De tempore, spatio, causalitate atque de analysis infinitesimalis logica. Dissertatio Inauguralis. Berlin, Universitätsschriften, 1861.

[8] Vgl. hierzu K. Biermann: Die Mathematik und ihre Dozenten an der Berliner Universität 1810-1920. Berlin 1973.

Wie es offiziell hieß, aufgrund seiner Behinderung, aber indirekt sicher auch wegen seiner kritischen Einstellung, die er sowohl schriftlich als auch mündlich in seinen meist gut besuchten Vorlesungen äußerte, wurde ihm eine Professur an der Universität Berlin verweigert.

Das Jahr 1877 brachte für DÜHRING nach seiner Erblindung das zweite einschneidende Ereignis seiner Biographie: den Verlust der für die Sicherung seines Lebensunterhaltes (er war mittlerweile Familienvater geworden) so wichtigen Privatdozenturen in Nationalökonomie und Philosophie. Das Remotionsverfahren war durch kritische und polemische Äußerungen DÜHRINGS über Angehörige der Berliner Universität ausgelöst worden und wurde von großem öffentlichen Aufsehen begleitet.

Es gab verschiedene Gründe dafür, daß das Verfahren über Monate hinweg in der Öffentlichkeit, insbesondere in der Tagespresse, ausgiebig diskutiert wurde. Zum einen waren prominente Personen des Berliner wissenschaftlichen Lebens direkt betroffen: HELMHOLTZ und WEIERSTRAß waren Ziele Dühringscher Kritik und Polemik. Allerdings erhielt DÜHRING auch große Unterstützung durch einen Teil der Öffentlichkeit. Manchem erschien die Reaktion der Universität übertrieben gegenüber "einem armen blinden Privatdozenten". Des weiteren entfachte der "Fall DÜHRING" eine allgemeine Diskussion über die Freiheit wissenschaftlicher Diskurse. DÜHRING wurde zum Zeitpunkt der Remotion der deutschen Sozialdemokratie zugeordnet, weshalb dem Kultusministerium politische Voreingenommenheit vorgeworfen wurde.[9]

Nach der Remotion zog sich DÜHRING zum Teil aus der Öffentlichkeit zurück, jedoch entfaltete er weiterhin - natürlich auch aus finanziellen Gründen - eine umfangreiche Publikations- und Vortragstätigkeit. Im Laufe der Jahre erfolgte eine fortschreitende Isolation, und sein Wirkungskreis beschränkte sich schließlich auf eine kleine Anzahl bedingungsloser Anhänger. Die Zeitschrift "Personalist und Emancipator"[10] war in erster Linie ein Sprachrohr für DÜHRINGS Anhänger, die einen regelrechten Personenkult betrieben. Im

---

[9] Eine zeitnahe und ausführliche, allerdings polemische Schilderung des "Falles Dühring" findet sich in K.-F. Zöllner: Beiträge zur deutschen Judenfrage mit akademischen Arabesken als Unterlagen zu einer Reform der deutschen Universitäten. Leipzig 1894. S.538-707.

[10] 1894-1899 zunächst erschienen unter dem Titel "Der moderne Völkergeist. Organ des Socialitären Bundes." Nach dem Tod Dührings 1921 noch bis 1929 herausgegeben von seinem Sohn Ulrich Dühring.

Dritten Reich erlebten DÜHRINGS Werke wegen ihres pseudowissenschaft-
lich begründeten und insbesondere im Spätwerk scharf geäußerten Antisemitismus eine Renaissance.

Zu Beginn seiner Laufbahn entwickelte sich DÜHRING innerhalb von zwei
Jahren zu einem erfolgreichen Schriftsteller mit hohen Auflagen. Auch seine
zahlreichen Vorlesungen waren gut besucht und stießen verbreitet auf viel
Interesse.

Bis etwa 1872 publizierte er vorwiegend über philosophische, volkswirt-
schaftliche und soziale Themen, während er sich später verstärkt mit Wissenschaftsgeschichte (im damaligen Sinne) und konkreten wissenschaftlichen Fragestellungen auseinandersetzte. Ab etwa 1885 überwog die anti-
semitsche Polemik neben diffusen naturwissenschaftlichen Beiträgen.

Hier seien nur einige repräsentative Beispiele seiner umfangreichen Bibliographie genannt. Der erste buchhändlerische Erfolg war die 1869 erschienene "Kritische Geschichte der Philosophie"[11]. Schon einige Jahre früher
(1865) veröffentlichte er mit der "Natürlichen Dialektik" eines seiner wichtigsten philosophischen Werke, mit dem er sich auch in damaligen Fachkreisen einen Namen machte. In diesem Zeitraum entstanden auch die "Kritische
Geschichte der Nationalökonomie"[12] und das sozialpolitische Werk "Capital
und Arbeit"[13].

1872 war das Publikationsjahr der Erstauflage der "Kritischen Geschichte
der Prinzipien der Mechanik"[14], dem deshalb besondere Bedeutung zukam,
weil es einerseits mit dem damals renommierten Beneke-Preis der Universität Göttingen ausgezeichnet wurde, andererseits aber wegen der in den spä-

---

[11] Die vierte und letzte Auflage erschien 1894.
[12] 1.Aufl.: Berlin 1871; 2., theilweise umgearbeitete Aufl.: Berlin 1875; 3., theilweise
umgearb. Aufl.: Leipzig 1879; 4., neubearb. u. vermehrte Aufl.: Kritische Geschichte
der Nationalökonomie und des Socialismus von ihren Anfängen bis zur Gegenwart.
Leipzig 1900.
[13] 2.Aufl.: Waffen, Capital und Arbeit. Leipzig 1906. 3., vermehrte Aufl.: Waffen, Capital und Arbeit, hrsg. von U. Dühring. Leipzig 1924.
[14] 2., theilweise umgearb. und mit einer Anleitung zum Studium der Mathematik vermehrte Aufl.: Leipzig 1876. 3., wiederum erweiterte und theilweise umgearb. Aufl.:
Kritische Geschichte der allgemeinen Principien der Mechanik. Nebst einer Anleitung
zum Studium mathematischer Wissenschaften. Leipzig 1887. Nachdruck der 3.Aufl.:
Wiesbaden 1970.

teren, insbesondere der zweiten Auflage hinzugefügten scharfen Kritik an Helmholtz und Weierstraß auch Auslöser des Remotionsverfahrens[15] war.

1875 beziehungsweise 1878 erschienen der "Cursus der Philosophie" und die "Logik und Wissenschaftstheorie"[16], die insbesondere verantwortlich waren für seine Beurteilung als einer der wichtigsten Vertreter des Positivismus in Deutschland.

Anzeichen für die zunehmende Isolation von der akademischen Umgebung und den aktuellen wissenschaftlichen Problemen waren die - vermeintlichen - Forschungsbeiträge zur Mathematik, Physik und Chemie im Verlauf der 80er Jahre, die trotz ihres diffusen Charakters in den 90ern neue Auflagen erlebten. Dies weist darauf hin, wie populär DÜHRING in der außeruniversitären Öffentlichkeit immer noch war, obwohl, oder vielleicht gerade, weil diese Werke gekennzeichnet waren von der verbitterten Polemik eines Außenseiters.

2. Dührings Wissenschaftsphilosophie und Wissenschaftskritik

DÜHRINGS philsophische Grundhaltung, die sich während seiner Tätigkeit als Publizist sicher gewandelt hat, läßt sich dennoch zusammenfassend mit drei Begriffen charakterisieren, welche auch die in seinen frühen philosophischen Werken entwickelten Standpunkte adequat umreißen: erkenntnistheoretisch, metaphysisch (im Sinne von ganzheitlich) und positivistisch.

Die erkenntnistheoretische Prägung manifestiert sich im Postulat der absoluten Souveränität des Verstandes und der Existenz von absoluten Wahrheiten, die durch den Verstand erkennbar sind. Konsequenterweise kommt der Wissenschaft somit ein hoher Stellenwert zu, insbesondere der Mathematik, die als erstrangige Quelle für absolute Wahrheiten fungiert. Gleichzeitig hat

---

[15] Begründet wurde die Aufnahme des Verfahrens auch durch die kritisch-polemischen Äußerungen Dührings in einem Vortrag, der in schriftlicher Form 1877 unter dem Titel "Der Weg zur höheren Berufsbildung der Frauen und die Lehrweise an den Universitäten" erschien. Vgl. hierzu auch M. Reményi: Der Fall Eugen Dühring und die Diskussion um das Frauenstudium in Berlin. In: Geschlechterverhältnisse in Medizin, Naturwissenschaft und Technik, hrsg. von Chr. Meinel und M. Renneberg. Stuttgart 1996. S.270-279.

[16] 2., durchgearb. u. vermehrte Aufl.: Leipzig 1905.

DÜHRING einen hohen metaphysischen, das heißt ganzheitlichen Anspruch: Ein vollständiges Erkennen der Wirklichkeit ermöglicht die aktuelle Realisierung einer besseren und freieren Gesellschaft. Dazu bedarf es einer entsprechend entwickelten Wissenschaft, die insbesondere als Instrument zur Verbesserung und Fortentwicklung der sozialen und gesellschaftlichen Verhältnisse zu dienen hat. Ganzheitlich bedeutet also in diesem Zusammenhang die "Einheit von Wissenschaft und Leben".

Der positivistische Charakter von DÜHRINGS Philosophie zeigt sich darin, daß in ihr als herausragende und wichtigste Quelle von Erkenntnis die sinnliche Wahrnehmung gilt, die im Erkenntnisprozess folgende Rolle spielt: Sie bildet die Realität ab, allerdings nicht im Sinne eines naiven Realismus. Menschliche sinnliche Wahrnehmung erschafft Realität neu, so wie ein Maler die Natur in seinen Bildern. In der ständigen Wechselwirkung zwischen Denken und Sein wirkt der Geist zugleich als Interpret und Katalysator, um so ein möglichst klares Bild von Wirklichkeit, die nach DÜHRING objektiv existiert, zu erhalten.

Programmatisch bezeichnet DÜHRING sein wissenschaftsphilosophisches Konzept als "Wirklichkeitsphilosophie", da das Erkennen von Wirklichkeit möglich und notwendig ist, um die Lebenswelt des Menschen zu verbessern.

In diesem Kontext entwickelt DÜHRING auch seine Vorstellungen von Zeit und Raum. Beide Konzepte können nur subjektiv als unendlich gedacht werden, objektiv macht das Attribut Unendlich im Zusammenhang mit Raum und Zeit keinen Sinn (vgl. hierzu auch Abschnitt 3).

Im folgenden soll unter Verwendung von DÜHRINGS Begriffsapparat der Zusammenhang zwischen Philosophie, Leben und Wissenschaft noch etwas konkretisiert werden.

Die Basis bilden sogenannte "einfache Grundwahrheiten", wie etwa verbindliche, unveränderliche Aussagen über Begriffe wie Freiheit, Grund, Ursache. Dies ist eine Art Minimalkonsens, der auch im sozialen Leben existieren muß, um die zwei, nach DÜHRING die Wirklichkeit konstituierenden Kategorien "Leben und Wissenschaft", darauf aufbauen zu können.

Von zentraler Bedeutung in DÜHRINGS System ist die permanente Wechselwirkung zwischen "Denken" und "Sein". Dies geschieht auf zwei Ebenen. Zum einen gibt es eine Korrespondenz zwischen "Leben" und "Wissenschaft" vermittels Denkprozessen. Zum anderen werden ebenfalls über Denkprozesse den Kategorien "Leben" und "Wissenschaft" die abstrakteren und systematischeren Einheiten "System Leben" und "System Wissenschaft" zugeordnet. Diese beiden Einheiten wiederum führen vermittels dem sogenannten "universellen Denken", daß eine Synthese von allgemeiner und spezieller Erkenntnis meint, zu einem "Weltsystem", dem DÜHRING die Bezeichnung "Wirklichkeitslehre" oder "Wirklichkeitssystem" zuordnet.

Im Rahmen seiner Wissenschaftstheorie entwickelt DÜHRING Richtlinien, nach denen relevante Fragestellungen innerhalb seines hierarchisch strukturierten Wissenschaftsbildes, in welches auch die soziale Welt hinein gehört, aufzufinden sind.

Die Bewertung der Tätigkeitsfelder in nachfolgender Aufzählung geschieht bezüglich eines maximal möglichen Erkenntnisgewinns. Dies bedeutet, daß Kategorien von niedriger Stufe nicht notwendigerweise einen geringen Stellenwert im Sinne menschlichen Handelns haben. Zwischen den einzelnen Hierarchiestufen bestehen eine Reihe von Abhängigkeit, auf die später noch eingegangen wird.

DÜHRINGS Erkenntnispyramide stellt sich folgendermaßen dar:

---

1. Denken überhaupt
2. "Seinsschematik", d.h. Strukturierung von Sein durch universelles Denken
3. Logik
4. Mathematik
5. Physik und "verwandte Zweige der höheren Naturwissenschaft",
etwa Physik, Biologie, Chemie und Physiologie
6. "Beschreibende Naturwissenschaften", also Naturgeschichte
7. Soziale Welt des Menschen
8. Nationalökonomie

Innerhalb der einzelnen Stufen dieser Hierarchie gibt es ebenso Grundwahrheiten oder "Naturgesetze", die ohne Beweis erkennbar sind, wie für das Gesamtsystem Leben und Wissenschaft. Insbesondere gilt dies auch für die soziale Welt, in der etwa Gerechtigkeit oder "gute Sitte" als allgemein zu akzeptierende Grundpfeiler anzusehen sind. Des weiteren müssen in jeder Hierachiestufe die Naturgesetze der jeweils anderen Kategorien, auch wenn sie von niederem Stellenwert sind, respektiert werden. Aus diesen Prämissen ergibt sich etwa die normative Forderung an Wissenschaft, nicht gegen "gute

Sitte" und soziale Gerechtigkeit zu verstoßen, und zudem einem möglichst hohen Anteil der Bevölkerung zugänglich und verständlich zu sein.

Die enge Verflechtung und gegenseitige Abhängigkeit von Wissenschaft und sozialer Welt zieht sich durch DÜHRINGS gesamtes Werk, sie äußert sich auch in manchen sprachlichen Topoi, wie etwa "exacte Gerechtigkeit", wobei Ansprüche und Normen des einen Bereiches in den jeweils anderen übertragen werden.

DÜHRING vertritt an verschiedenen Stellen die Auffassung, daß die Relevanz von (in seinem Sinne) wissenschaftlichen Fragestellungen historischer Veränderung unterliegt. In diesem Zusammenhang ist DÜHRING Erkenntnispyramide kein statisches, sondern ein zeitliche dynamisches Objekt, denn je nach aktueller historisch-politischer Situation können sich vorübergehend die Prioritäten ändern.

Historisches Wissen und Reflexion ist für DÜHRING auch deshalb von so großer Bedeutung, weil sie Voraussetzung ist für das Erkennen der für die einzelnen Wissensbereiche relevanten Grundwahrheiten. Kenntnis und korrekte Bewertung dieser Grundlagen hat auch deshalb einen hohen Stellenwert, weil nach DÜHRING der wissenschaftliche Entwicklungsprozess in aller Regel ohne größere Umwälzungen oder Revolutionen vor sich geht. Neues Wissen entsteht aus den ein für allemal feststehenden Grundwahrheiten durch Isolierung des "Negativen".

Im Rahmen der von DÜHRING geforderten Einheit von Wissenschaft und Leben, ist seine zentrale Forderung an die Grundwahrheiten der einzelnen Kategorien und des Gesamtsystems die *Vermittelbarkeit* an ein möglichst großes Publikum. Diese garantiere zum einen die erwünschte Wirklichkeitsnähe, zum anderen sei auf diese Weise am schnellsten gesellschaftliche Fortentwicklung und eine Verbesserung allgemeiner Lebensumstände durch Instrumentalisierung von Wissenschaft zu erwarten. Denn Vermittelbarkeit sichere den Vorrang der Erkenntnis globaler Zusammenhänge vor allzu starker Spezialisierung und Disziplinenbildung, die die Gefahr der Auseinandersetzung mit irrelevanten, unwesentlichen Problemkomplexen in sich bergen.

Dührings wissenschaftsphilosophische Konzeption spiegelt sich auch in seiner konkreten Kritik an der etablierten Wissenschaftlergemeinschaft und den zugehörigen Institutionen, sowie in seinen Reformvorschlägen wider, in der meist Inhaltliches mit Instituionellem und Personenbezogenem verflochten ist; ein Vorgehen, welches dem hochgesteckten, ganzheitlichen Anspruch DÜHRINGS entspricht.

DÜHRING fordert einen historischen Zugang zu Forschung und Lehre zum besseren Verständnis der Grundlagen, auf die immer wieder zurückgegriffen und aufmerksam gemacht werden soll, um so die Güte von neuem Wissen zu überprüfen.

Methodisch ist die Wiederbelebung des freien wissenschaftlichen Diskurses erwünscht, sowohl bei innerwissenschaftlichen Fragestellungen, als auch bei der Vermittlung von schon Bekanntem. Dem üblichen Vorlesungsbetrieb ist das Studium von *Originalliteratur* und die Diskussion dieser Inhalte in Seminaren vorzuziehen: Dieses Vorgehen sichert die notwendige Historizität, schult das Denkvermögen, fördert die Kritik- und Diskussionsfähigkeit und führt zu einem besseren Verständnis von Leben und Wissenschaft über die Einzeldisziplin hinaus.

Im Rahmen dieser Aufhebung der Verschulung des Universitätsbetriebes fordert DÜHRING auch eine entsprechende Anpassung der Prüfungspraxis. Es soll nicht unkritisch erlerntes Wissen abgefragt, sondern vielmehr Kreativität und Denkfähigkeit anhand konkret gestellter Probleme getestet werden.

Das System Universität scheint DÜHRING auch als soziale Institution überlebt, da sie einer sich neu konstituierenden sozialen Schicht, der sogenannten "etablierten Gelehrtenschaft" einen Freiraum schafft, der letztendlich aus DÜHRINGS Sicht nicht dem Fortschritt von Wissenschaft, sondern der Verbesserung des Sozialstatus und des persönlichen Erfolges von Einzelpersonen oder Gruppen dient.

3. Die Rolle der Mathematik

Aus Abschnitt 2 ist ersichtlich, daß Mathematik für DÜHRING die Funktion einer Leitwissenschaft hatte. Die Tatsache, daß gerade die Mathematik in der zweiten Hälfte des 19. Jahrhunderts Neuentwicklungen hervorbrachte, die eine Reihe kontrovers diskutierter philosophischer Probleme aufwarf, erklärt, wieso DÜHRING sich sehr häufig mit mathematischen Themen auseinandersetzte.

DÜHRINGS negative Einschätzung[17] der umwälzend neuen mathematischen Konzepte seiner Zeit sind direkt aus seiner Wissenschaftsphilosophie und Wissenschaftskritik ableitbar.

DÜHRING prägt in seiner Wissenschaftstheorie den Begriff der "mathematischen Fantasie"[18], dieser steht im wesentlichen für ein hohes Maß an kreativer Freiheit, die virtuell nahezu jedes Gedankenspiel zuläßt. In diesem Rahmen ist es auch möglich (vgl. Abschnitt 2), subjektiv Raum und Zeit als unendliche Entitäten zu denken. Doch daraus folgt für DÜHRING keineswegs die objektive Existenz. Bestandteil des endgültigen Corpus von Wissenschaft, insbesondere auch von Mathematik, dürfen aber nur objektive, sinnlich wahrnehmbare Begrifflichkeiten sein. In diesem Sinne gehören die zwei wichtigsten und umstrittensten Konzepte der Mathematik des 19. Jahrhunderts, nämlich die *Nichteuklidische Geometrie* und die Etablierung des *aktual Unendlichen*, für DÜHRING eindeutig in das Reich der "mathematischen Fantasie".

Im einzelnen begründet DÜHRING die Ablehnung dieser Konzepte durch folgende wesentliche Elemente seiner Wissenschaftsphilosophie:

1. Durch die Einführung nichteuklidischer Geometrien werden die zentralen Grundwahrheiten der Mathematik, wie sie aus DÜHRINGS Sicht in der Euklidischen Geometrie verankert sind, fundamental verletzt. Für DÜHRING ist die Euklidische Geometrie das Paradebeispiel einer historisch gewachsenen Wissenschaft, die sich in einer langen Tradition bewährt hat, logisch streng ist, und dabei anschaulich die reale Wahrnehmung widerspiegelt. Die Nichteuklidische Geometrie ist eine überflüssige und durch ihren revolutionären Charakter ohnehin fragwürdige Neuentwicklung.

2. Das aktual Unendliche und die Nichteuklidische Geometrie sind Konzepte, die, auch wenn sie teilweise veranschaulicht werden können, an ein allgemein gebildetes Publikum nicht vermittelbar sind. Diese Art der Forschung führt zu einer Abgrenzung der Wissenschaftler untereinander und

---

[17] Insbesondere in seiner "Logik und Wissenschaftstheorie" (VI.Abschnitt, Cap.I., §14) macht Dühring seine rundweg ablehnende Haltung gegenüber der Nichteuklidischen Geometrie ausführlich deutlich.

[18] "Sie (die mathematische Fantasie) ist als Ganzes eine Art Inbegriff der formalen Möglichkeiten und ergibt mit Rückgriff auf die rein realen Elemente schliesslich auch die letzten Notwendigkeiten." In: Cursus der Philosophie. Leipzig 1875. S.45.

von anderen Teilen der Gesellschaft. Die Ganzheitlichkeit von Naturwissenschaft innerhalb ihrer verschiedenen Disziplinen und die Einheit von Wissenschaft und Leben gehen dadurch verloren.

3. Eine Erneuerung der Geometrie ist nach DÜHRINGS Relevanzkriterien keine vorrangige Fragestellung. Wichtige Probleme seiner Zeit, die einer schnellen Lösung bedürfen, stehen für DÜHRING in engem Zusammenhang mit den sozialen Lebensbedingungen der Menschen.

Diese, für die Fachwissenschaftler damals wie heute befremdliche Stellungnahme zu den inhaltlich tiefgreifenden Forschungsergebnissen der damaligen Zeit, traf außerhalb des engen Kreises der Fachleute auf große Resonanz. DÜHRING hatte in der wissenschaftlichen interessierten Öffentlichkeit, also in erster Linie im Bildungsbürgertum, zu dem auch die Lehrer gehörten, ein großes Publikum, welches seine, DÜHRINGS Interpretation gerne aufnahm. Die Gründe dafür sind vielfältig. Inhaltlich gesehen bot DÜHRINGS Philosophie in einer Zeit rasanter naturwissenschaftler Entwicklung, die neben Fortschrittseuphorie durchaus auch zu Verunsicherung und Zivilisationskritik Anlaß gab ein stabiles Schwarz-Weiß-Schema dessen an, was als falsch und richtig, gut oder schlecht einzustufen sei. Das Postulat der Existenz absoluter Wahrheiten und die definitiv existierende Möglichkeit zum Erkennen derselben durch eine "richtige" Wissenschaft versprach einfache Rezepte zur Verbesserung von Leben und Wissenschaft, und zwar ausdrücklich ohne schwer nachvollziehbare revolutionäre Neuerungen. Historizität gepaart mit Fortschrittsglauben und die zentrale normative Forderung von Vermittelbarkeit an Ergebnisse des wissenschaftlichen Erkenntnisprozesses waren gut dazu geeignet, die zunehmend größer werdende inhaltliche und soziale Kluft zwischen Fachwissenschaftlern und wissenschaftlich interessierter Öffentlichkeit, zwischen Universität und Schule scheinbar zu überwinden. Dabei war DÜHRING auf Grund seines persönlichen Schicksals und seiner auf das wissenschaftliche Establishment bezogenen Außenseiterposition als Identifikationsfigur besonders gut geeignet.

4. Dühring und die öffentliche Diskussion um die Nichteuklidische Geometrie

Einer der wichtigsten Hindernisse zur Akzeptanz der Nichteuklidischen Geometrie außerhalb des Kreises der Fachwissenschaftler war deren mangelnde Anschaulichkeit.[19] Bis weit in das 19. Jahrhundert hinein war ein anschauliches Modell zur Existenzsicherung mathematischer Objekte gefordert. Die zunächst weitgehend auf Ablehnung stoßende Idee der komplexen Zahlen etwa erhielt ihre Existenzberechtigung durch die sinnlich faßbare Darstellung von GAUSS (1831).

Die Nichteuklidische Geometrie verschloß sich zunächst völlig einer sinnlichen Wahrnehmung. Die sich mit der Zeit etablierenden Modelle waren für einen über den ganz engen Kreis der Fachleute hinausführendes Publikum durchaus hilfreich, um dem Phänomen näher zu kommen. Doch den Grad an Anschaulichkeit, wie man ihn sonst von geometrischen Objekten gewöhnt war, und der gerade die Geometrie den Laien relativ zugänglich machte, konnte naturgemäß nicht erreicht werden. Eben dieser scheinbare "Mangel" führte zu einer paradigmatischen Veränderung des Existenzkriteriums für mathematische Objekte, indem statt der anschaulichen die logische Existenz relevant wurde. Insbesondere diese fundamental neue Sicht beschleunigte die Entwicklung dessen, was man heute moderne Mathematik nennen mag.

Der Vorschlag von VOLKERT[20] in diesem Kontext zu einer Strukturierung der Diskussion der siebziger Jahre um die Nichteuklidische Geometrie gründet sich auf genau diese konzeptionelle Neuentwicklung. Die Standpunkte werden im wesentlichen danach sortiert, inwieweit die Nichteuklidische Geometrie als anschaulich und/oder logisch möglich eingeschätzt, ob sie als erfahrungsbedingt oder apriorisch eingestuft wird.[21]

Für eine umfassende Analyse der populären Diskussion um die Nichteuklidischen Geometrie bedarf es wohl zusätzlich zu diesem wichtigen mathematisch-philosophischen Aspekt auch einer sozialhistorischen Dimension, welche neben der wissenschaftlich-inhaltlich Entwicklung auch die wissenschaftspolitischen und wissenschaftssoziologischen Besonderheiten der Bismarck-Zeit berücksichtigt.[22]

---

[19] Vgl. K. Volkert: Die Krise der Anschauung. Göttingen 1986.

[20] K. Volkert: Auswirkungen der und Reaktionen auf die nichteuklidische Revolution 1860-1880. Preprint Heidelberg 1993.

[21] Helmholtz war einer der wenigen, die der Nichteuklidischen Geometrie auch eine anschauliche Existenz zuerkannten.

[22] Eine, sozialhistorische Aspekte berücksichtigende Studie der Diskussion um die Nichteuklidische Geometrie, wie etwa die Monographie von J.L. Richards ("Mathematical Visions". Boston 1988), die dieses Phänomen in England untersucht, existiert für den deutschsprachigen Raum bislang nicht.

EUGEN DÜHRINGS Beitrag läßt sich mit Hilfe rein inhaltlicher Kategorien infolge der engen Verflechtung von Wissenschaft und sozialen Gegebenheiten, die sowohl seine Wissenschaftsphilosophie, als auch seine eigene Position innerhalb des gesellschaftlichen Umfeldes seiner Zeit prägten, sicher nicht einordnen. Obwohl er im Grunde die Nichteuklidische Geometrie als Produkt der von ihm durchaus hoch eingeschätzten "mathematischen Fantasie" für logisch möglich ansah, lehnte er sie nicht nur wegen ihrer relativen Unanschaulichkeit, sondern in erster Linie aufgrund der mangelnden Vermittelbarkeit - auch der anschaulichen Modelle - an ein hinreichend großes, nichtwissenschaftliches Publikum strikt ab.

Dr. Maria Reményi, Adalbert-Stifter-Straße 3, 69221 Dossenheim

Zu S. 256: Titelblatt des ersten Jahrgangs der Zeitschrift ZMNU (1870)

Die ersten dreißig Jahre ZMNU -
Probleme und Inhalte zum Mathematikunterricht

Kurt Richter

In letzter Zeit ist der Mathematikunterricht an den deutschen Schulen in den Blickpunkt und in die Kritik der Öffentlichkeit geraten. Es erscheint daher sinnvoll, interessant und reizvoll, zu ergründen, welche Probleme in vergangener Zeit im Mathematikunterricht gesehen wurden, welche dieser Probleme bis heute relevant geblieben sind, was sich überholt hat. Zu diesem Zweck wurden die ersten dreißig Jahrgänge der "Zeitschrift für mathematischen und naturwissenschaftlichen Unterricht" (kurz ZMNU) untersucht und einige der dort behandelten Schwerpunkte in den Ansichten zum Mathematikunterricht herausgehoben. Es zeigt sich dabei, daß die Inhalte der Zeitschrift geschichtliche Zeugen der Herausbildung unseres heutigen Verständnisses für Inhalt und Bedeutung der mathematisch-naturwissenschaftlichen Unterrichtsfächer sind, auf die in der Diskussion um eine Neugestaltung des Mathematikunterrichts nicht verzichtet werden sollte.

Die erste Nummer der Zeitschrift mit dem Untertitel: "Ein Organ für Methodik, Bildungsgehalt und Organisation der exacten Unterrichtsfächer an Gymnasien, Realschulen, Lehrerseminarien und höheren Bürgerschulen" erschien im Jahre 1870 [Titelblatt s. S. 255, d. Hrsg.].

Die Entstehungsgeschichte der Zeitschrift ist schnell skizziert. Ein Studium mit dem Berufsziel eines Lehrers an höheren Schulen war im 19. Jahrhundert ausschließlich fachlich ausgerichtet, didaktisches Wissen wurde an den Universitäten nicht gelehrt. Die Lehrer fühlten sich als Mitglieder der wissenschaftlichen Gemeinschaft, sie setzten vielfach auch in ihrem Berufsleben fachliche Forschungen fort und publizierten darüber in den Fachzeitschriften; meist im "Archiv der Mathematik und Physik" (seit 1841) oder in der "Zeitschrift für Mathematik und Physik" (seit 1856) sowie in Beiträgen zu den Schulprogrammen. Eine Behandlung von didaktischen Fragen findet man dort kaum.

Die Notwendigkeit, sich über bestimmte didaktische Probleme einer speziellen Fächergruppe der höheren Schule zu verständigen, wuchs nur langsam in der zweiten Hälfte des 19. Jahrhunderts. Besonders deutlich erkannte dies

IMMANUEL CARL VOLKMAR HOFFMANN (1825-1905).[1] Er hatte bereits am Ende der 60er Jahre des vorigen Jahrhunderts mehrere Anläufe zur Gründung einer didaktischen Fachzeitschrift für die mathematisch-naturwissenschaftlichen Unterrichtsfächer unternommen, die aber zunächst alle scheiterten. Nach längeren Verhandlungen mit dem Teubner-Verlag Leipzig wurde ein Prospekt und eine Subskriptionsliste für eine neue Zeitschrift entworfen, allerdings ohne Erfolg, da sich nur ein einziger Subskribent meldete. Trotzdem entschloß sich der Verlag zur Herausgabe eines Probejahrgangs. Es gelang HOFFMANN, viele bekannte Schulmänner seiner Zeit zur Mitarbeit zu bewegen, so daß die Zeitschrift sofort ein hohes Niveau erreichte und großen Anklang fand. So wurde ohne weitere Diskussion aus dem Probejahrgang eine dauerhafte Einrichtung. Die erklärte Absicht von HOFFMANN war, ein Organ zu schaffen,

> "in welchem die Lehrer der genannten Unterrichtsfächer, theils über die Unterrichtsmethode sich verständigen beziehungsweise sie weiter ausbilden, theils diesen Lehrobjekten selbst, durch Darlegung ihres Bildungsgehaltes und Bildungswerthes... mehr zu Recht und Geltung verhelfen sollten" [ZMNU Jg. 10, S.1].[2]

HOFFMANN blieb bis 1901 Herausgeber und verantwortlicher Redakteur, er hat durch zahlreiche Beiträge und viele Anmerkungen Zielrichtung und Inhalt der Zeitschrift außerordentlich stark beeinflußt. Bald bildete sich ein fester Kanon im Aufbau der Zeitschrift heraus, der über die Jahre beibehalten wurde:

1. Jedes Heft enthielt ein bis zwei längere Abhandlungen, die durch kürzere Artikel und Bemerkungen ergänzt wurden. Dabei zeigt sich, daß in allen Jahrgängen Fragen des Mathematikunterrichts gegenüber solchen der Naturwissenschaften dominierten. HOFFMANN wies immer wieder darauf hin, daß sich die eingereichten Artikel auf schulische Belange beziehen müssen, jedoch kommen auch immer einmal wieder Aufsätze vor, deren Inhalt über den Schulstoff hinausgehen. Einen steten Kampf führte HOFFMANN gegen Autoren, die sich erneut zu Fragen äußern, die bereits erschöpfend behandelt worden waren.

---

[1] Zur Person von J.C.V. Hoffmann siehe [Lietzmann] u. [Richter]. Auf die Initiative von Hoffmann gehen auch die Vorarbeiten zur Gründung des "Vereins zur Förderung des Unterrichts in der Mathematik und den Naturwissenschaften" zurück. (Siehe dazu ZMNU Jg. 10, S. 1; Jg. 21, S. 389-395).

[2] Die angegebenen Zitate stammen sämtlich aus entsprechenden Jahrgängen der ZMNU.

2. Ein Aufgaben-Repertorium war ursprünglich dazu gedacht, Aufgaben für
   interessierte Schüler anzugeben, aber bald wurden die Aufgaben ausschließlich von Lehrern gestellt und gelöst. Dabei überwiegen schwierige Kon-
   struktionsaufgaben. HOFFMANN äußerte sich dazu: "Es ist die meist... auf
   das Theoretische gerichtete wissenschaftliche Ausbildung der Mathematiker..., welche unsere Hochschulen gewähren, eine Richtung, welche alles,
   was nur nach Praxis riecht, wie die Pest zu fliehen scheint" [Jg. 15, S.443].

3. Ein wesentlicher Teil der Zeitschrift war der Rezension der überaus zahlreich erscheinenden neuen Lehrbücher gewidmet, oft sehr umfangreich und
   auch polemisch. So liest man in einer Besprechung eines Schulbuchs: "Wenn
   man dieses Buch auch nur flüchtig durchsieht, so kann man sich des Ein-
   drucks nicht erwehren, als seien dem Verfasser die ersten Elemente völlig
   fremd, als sei ihm durch eine äußere Gewalt die Feder in die Hand gedrückt
   worden, um, ehe er auch nur die Zeit gehabt, irgend einen Leitfaden ordent-
   lich zu studieren, selber ein Lehrbuch zu schreiben" [Jg. 6, S.466].

   Solche Äußerungen riefen natürlich Widerspruch hervor, bald häuften sich
   Meinungen und Gegenmeinungen, so daß etwa im Jahrgang 8 nur noch 28
   Artikel, aber 54 Rezensionen und Einsprüche dagegen auftreten. Es bedurfte
   offensichtlich großer Anstrengungen und Mahnungen auf faire Behandlung
   durch HOFFMANN, bis ein einigermaßen ausgewogenes Verhältnis zu den
   Artikeln auftrat (siehe z.B. Jg. 14, S.293).

4. Neben der umfangreichen Rubrik Rezensionen wurden unter dem Stichwort
   "Literarische Berichte" weiter angegeben: eine kurze Charakterisierung neu
   erschienener Schulprogramme mit mathematisch-naturwissenschaftlichem
   Inhalt, eine Zeitschriftenschau und eine Bibliographie eingegangener Bücher.

5. In einer weiteren Rubrik "Pädagogische Zeitung", die manchmal recht umfangreich war, wurde zusammengefaßt: Versammlungsberichte und Schul-
   gesetzgebung, Auszüge aus anderen Zeitschriften, Einladungen zu Tagungen, ein Fragekasten mit individuellen Anfragen zu bestimmten Problemen,
   ein Briefkasten mit Mitteilungen der Redaktion.

   Gerade dieser Teil der Zeitschrift ist für eine eingehende Untersuchung der
   Aktivitäten verschiedener Gremien zu Fragen des mathematisch-naturwissenschaftlichen Unterrichts sehr wertvoll.

Es sei nun auf eine kurze Betrachtung einiger Fragen aus der Zeitschrift eingegangen, wobei eine Beschränkung auf mathematische Themen erfolgt.

1. Zum Bildungswert der Mathematik

Der Streit um Stellung und Bildungswert der Unterrichtsfächer, insbesondere die Frage, ob überhaupt, und wenn ja, welchen Bildungswert die Mathematik und die Naturwissenschaften besitzen, durchzieht das ganze Jahrhundert. Noch 1885 wird der Ausspruch eines Gymnasialdirektors in der ZMNU folgendermaßen zitiert:

> "Leider befindet sich unter den Lehrfächern eines, welches das Konzept einer harmonischen Gesamtreife oft durch seine Disharmonien stört, die Mathematik" [Jg. 16, S.467].

Damals wie heute wieder war auch die Frage des Umfangs des Mathematikunterrichts aktuell. Das Stettiner Provinzialkollegium hatte gerade gefordert, Mathematik und Physik für die meisten Schüler in der Sekunda abzuschließen (Jg. 1, S.12).

Demgegenüber verlangte der bekannte Mathematiklehrer BUCHBINDER in mehreren Artikeln:"Ohne die Wichtigkeit klassischer Studien zu verkennen, sind ihre Grenzen soweit abzurunden, daß die Erlangung der vorgeschriebenen Reife in Mathematik und in den Naturwissenschaften ... ermöglicht werde" [Jg.1, S.11]. Er wendet sich gegen solche Aussagen, daß man wählen muß "zwischen der Erkenntnis des in der Geschichte und Sprache lebendig strömenden Geistes und zwischen der Kenntnis des in der Natur erstarrten Geistes" [Jg.1, S.13], und er hebt hervor, daß zu einer allgemeinen Bildung Mathematik und Naturwissenschaften einen unverzichtbaren Beitrag zu leisten haben. Das Charakteristische des Mathematikunterrichts ist nicht nur in der Verstandesbildung zu sehen, sondern er hat auch Phantasie, Selbstbetätigung, Selbstkontrolle, ja auch Sprachgewandtheit herauszubilden. Gerade die sprachliche Schulung ist eine Domäne des Mathematikunterrichts. Die führt die Schüler zu einer besseren Ausdrucksfähigkeit, einer präzisen Gedankenführung; zu Leistungen, wozu der Sprachunterricht nie in der Lage ist. Seine Ausführungen münden in die These: "Die altklassischen Sprachen bilden die Grundlage des Gymnasialunterrichtes, indessen müssen Mathematik und Naturwissenschaften mehr als bisher als gleichberechtigte Bildungs-Elemente anerkannt werden" [Jg. 1, S.32]. Gerade diese These wurde auf der Versammlung der Pädagogischen Sektion der Philologen und Schulmänner 1869 angegriffen und abgeschwächt.

MÜLLER verteidigt bald darauf die wichtige Rolle des Mathematikunterrichts. Er schreibt: "Die Mathematik bilde eine Gymnastik des Geistes, welche die Denkkraft übt, indem sie die Fruchtbarkeit eines streng methodischen Verfahrens zum Bewußtsein bringt, ..." [Jg. 2, S.192]. Durch diese Entwicklung des jugendlichen Verstandes sei die Mathematik unerläßlich zur Erziehung praktischer und wissenschaftlicher Befähigungen und unter den ausschließlich formalen Bildungsmitteln das wichtigste. Die Übung in streng logischem Denken verstärkt den Sinn für Gerechtigkeit und Wahrheit; denn die Fähigkeit, richtig Gedachtes von Falschem zu trennen, bringt auch den Wunsch nach dem Rechten im Leben hervor. Außerdem bilde die Mathematik die einzige Möglichkeit unter den Bildungselementen, Anschauungs- und Raumvorstellungsvermögen zu entwickeln. Da zunehmend jede Wissenschaft auf Veranschaulichung angewiesen sei, ist gerade dies ein wichtiges Element jeglicher Vorbildung.

Immer wieder wird in den folgenden Jahrgängen auf die Bedeutung der Mathematik, auf ihre bildende und auch auf ihre praxiswirksame Rolle hingewiesen, um die Anerkennung des Bildungswertes der Mathematik und der Naturwissenschaften gerungen. Nicht alle haben Verständnis für solche Diskussionen gehabt, ein Schweizer wird sogar poetisch, und er dichtet über diese endlosen Auseinandersetzungen: "Nein, Freund, den Deutschen wirst du nicht bekehren! Er hört's, bedenkt's, und läßt sich weiter scheren!" [Jg. 17, S.229]

2. Zu Fragen der Didaktik

Fragen der Methode des Unterrichts allgemein und Überlegungen zur Behandlung bestimmter Stoffgebiete bestimmen besonders in den ersten Jahrgängen den Charakter der Zeitschrift. Oft wird betont, welch großen Nachholebedarf gerade die Lehrer höherer Lehranstalten in solchen Fragen haben. Immer noch treten solche Meinungen auf wie diese:"Wie gelehrt werden solle, darüber kann man sich kurz fassen, ... für die Mathematik ist der Lehrer die Methode." [Jg. 16, S.69] oder: "Jeder Lehrer müsse seine Methode selbst finden, sie kann ihm nicht aufgedrückt werden." [Jg. 8, S.549]

Zur Abschreckung solcher Vorstellungen wird folgendes Verfahren aus einem Lehrbuch zitiert: "Der Lehrer spreche die Aufgabe aus und die Schüler schreiben die Auflösung nieder und lesen dieselbe vom Lehrer aufgefordert vor; die Geübteren sprechen vor, die Schwächeren sprechen dasselbe buchstäblich nach, bis alle die Fähigkeit vorzusprechen erlangt haben, ..." [Jg. 5, S.262]

Dagegen setzt HOFFMANN den Satz "Eine Lehrweise jedoch, welche mündlich oder schriftlich lediglich die dogmatische Methode in der alten ... Form befolgt, müssen wir nach dem gegenwärtigen Stand der Didaktik verurteilen" [Jg. 1, S.220]. Er formuliert seine Grundregel der Didaktik: "Errege bei allen Abschnitten einer Disziplin schon vorläufig das Interesse des Lernenden durch angemessene Probleme und nimm dieselben nicht eher vor, bis alle Bedingungen zu ihrem Verständnis vorhanden sind. Befestige dann die gewonnenen Lehren durch vielseitigen Übungsstoff" [Jg. 4, S.278].[3]

Betrachtet man allerdings die behandelten Stoffgebiete, so halten sie fast alle an dem oft genannten Grundsatz fest, der z.b. auf der Versammlung deutscher Philologen und Schulmänner 1864 als Beschluß so formuliert wurde: "In der mathematischen Sektion hat sich allseitig die Überzeugung ausgesprochen, daß der mathematische Unterricht auf Gymnasien sich auf das Gebiet der niederen Mathematik zu beschränken und den auf dem Begriff der Veränderlichen beruhenden Theil der Wissenschaft (die höhere Mathematik) gänzlich auszuschließen habe ..." [Jg. 10, S.70/71].

In der Geometrie geht es vorrangig um die Überwindung der formalen, dogmatischen Methode strenger Wissenschaftlichkeit, die auf EUKLID fußt; Fragen der Propädeutik, der Begriffsbildung im Geometrieunterricht werden behandelt, z.B. ein lang geführter Streit über den Winkelbegriff, über Fragen der Trigonometrie wird geschrieben; in Arithmetik geht es um Bruchrechnung, Proportionen, die Durchsetzung vierstelliger Logarithmentafeln, um die Behandlung von Gleichungen und Ungleichungen.

Immer wieder werden dabei Fragen der Lehrbücher und Aufgabensammlungen diskutiert. So wurde trotz der riesigen Fülle der Lehrbuchproduktion ermittelt, daß 90 % aller mathematischen Lehrbücher nur an höchstens 10 Lehranstalten

---

[3] Besonders aussagekräftig sind verschiedene Artikel von Fr. Reidt, dem Verfasser der ersten "Anleitung zum mathematischen Unterricht an höheren Schulen". So formuliert er beispielsweise [Jg. 7, S.1-12] didaktische Grundsätze für den Mathematikunterricht, die sehr modern klingen:
a) Ein fortschreitender Unterricht soll auf dem vorhergehenden aufbauen und ihn auf höherer Stufe fortsetzen;
b) Der Unterricht soll besonders am Anfang eines Stoffgebiets möglichst anschaulich sein;
c) Unter den verschiedenen Wegen der Behandlung sollte der gewählt werden, welcher die Schüler am besten zu selbständiger denkender Tätigkeit anregt.
Wie engstirnig andererseits mancher Lehrer gewesen ist, zeigt ein Zitat über eine Ausstellung mathematischer Modelle auf der Philologen-Versammlung 1897 in Dresden. "Wir Lehrer der Mathematik pp haben doch nicht Buchbinder- bzw. Galanteriearbeiter heranzubilden. Unseres Erachtens gehören solche Beschäftigungen in den Handfertigkeitsunterricht, an welchem die Schüler nur dann teilnehmen dürften, wenn sie ihren übrigen Pflichten genügt haben" [Jg. 30, S.264].

genutzt werden (Jg. 11, S.184-187). Über die Notwendigkeit, neben dem Lehrbuch auch Aufgabensammlungen zu verwenden, fand man grundsätzlich Einigung, umstritten blieb aber die Frage, ob bei einzelnen schwierigen Aufgaben
Lösungshinweise gegeben werden sollten. Gegen die Meinung, daß dadurch
gerade der bildende Wert solcher Aufgaben, die Entwicklung von Phantasie und
Denkleistung negiert werde, wendet sich HOFFMANN und schreibt:

> "Leider scheint es noch immer Leute zu geben, welche eine Anleitung
> zum Lösen von Konstruktionsaufgaben für unnötig halten und die ih-
> ren Schülern zumuten, Eigenschaften einer Figur selbständig aufzufin-
> den, die einen FEUERBACH unsterblich gemacht haben" [Jg.22, S.179].

Auf die Anfrage an einen österreichischen Verlag, warum in den dortigen Aufgabensammlungen keine Lösungen angegeben sind, erhielt man die salomoni-
sche Antwort: dies sei nicht notwendig, "es zeige sich ja die Richtigkeit der von
den Schülern gefundenen Resultate in der Übereinstimmung derselben" [Jg.5,
S.134].

Bei der Einschätzung der didaktischen Artikel etwa ab 1890 bekommt man den
Eindruck, daß überwiegend die Lehrer zu Wort kommen, die noch der weitgehend formalen Bildung im Mathematikunterricht anhängen, während in anderen
Gremien bereits verstärkt über den Anwendungscharakter der Mathematik und
die Einbeziehung des funktionalen Denkens diskutiert wird.

3. Zu einigen fachlichen Fragen

In den einzelnen Jahrgängen der Zeitschrift findet man eine ganze Reihe fachlich exakter Artikel zum Schulstoff und zu anderen mathematischen Themen.[4]
Daneben aber gibt es auch hart umkämpfte, erbittert verteidigte Streitpunkte, die

---

[4] Als Beispiel könnten die Artikel herangezogen werden, die Friedrich Karl Meyer in den
Jahrgängen 15 bis 18 verfaßt hat. Meyer wird in der Literatur zu G. Cantor immer erwähnt,
weil er in seinem Buch "Elemente der Arithmetik und Algebra" (2. Aufl. 1885) versucht
habe, den Schulunterricht auf mengentheoretische Betrachtungen zu gründen. Meyer selbst
schreibt dazu: "Den ersten Versuch, eine korrekte und widerspruchsfreie Darstellung der
Irrationalzahlen zu geben für die Zwecke der Schule, habe ich ... wenn auch schüchtern ge-
wagt in meinem Buche 'Elemente der Arithmetik und Algebra' ... Ich habe hierbei viel mehr
an den Lehrer wie an den Schüler gedacht, weil es mir notwendig erschien, daß man selbst
unterrichtet sei, bevor man andere unterrichtet, und ferner, weil nur ein mit dem Wesen der
Sache völlig vertrauter Mann das für den jeweiligen Standpunkt des Schülers Ungeeignete
fortlassen ... kann" [Jg. 17, S.100].

uns heute mit einem gewissen Erstaunen erfüllen. Solche Kämpfe beginnen bereits bei der Auffassung der Gesetzmäßigkeiten der Multiplikation, insbesondere bei negativen Zahlen und bei Größen. So wird von einem Verfasser die Meinung vertreten, daß man zwar 7 m · 5, aber nicht 5 · 7 m berechnen kann, und erst recht nicht 7 m · 5 m, denn dann müsse auch gelten

(7 kg Zucker) · (5 kg Erbsen) = 35 kg^2 Zuckererbsen [Jg. 15, S. 341].

Ähnlich wird bei (-5) · 3 und 3 · (-5) argumentiert und lange, nebulöse Erläuterungen dazu gegeben.

Die Unklarheiten setzen sich fort bei der Frage der Mehrdeutigkeit von Quadratwurzeln, über die lange diskutiert wird unter der Federführung des bekannten Autors von Aufgabensammlungen BARDEY. "Daß es noch Mathematiker gibt, die das Zeichen der Quadratwurzeln für eindeutig halten, hätte ich nicht gedacht" [Jg. 17, S.344], und so wird heiß gestritten, wie manche Ungereimtheit bei der Wurzelrechnung dann zu deuten sei. Gravierender sind schon Auffassungen zu Fragen der projektiven Geometrie. In eigenartiger, oft philosophisch verbrämter Form wird z.B. zu zeigen versucht, daß die Aussage, jede Gerade besitzt einen unendlich fernen Punkt, nicht richtig sein kann. Noch widerspruchsvoller und umfassender sind die Auffassungen über die Unmöglichkeit der Existenz von n-dimensionaler und nichteuklidischer Geometrie. HOFFMANN formuliert anfangs noch gemäßigt:

"Gegen solche Untersuchungen, deren Fruchtbarkeit für die Praxis der Wissenschaft dahingestellt bleibe, wird Niemand etwas einwenden. Wer Geschmack daran findet, möge sie führen, es muß auch solche Leute geben. Nur möge man den anderen nüchteren Jüngern der Wissenschaft nicht zumuthen, den Boden der Anschauung zu verlassen, die in unserer geistigen Natur und in den ewig wahren und bleibenden Eigenschaften des Raumes wurzelt" [Jg. 3, S.140].

Später werden dann die Attacken immer massiver. So liest man bei GILLES:

"Die Mathematik unserer Tage hat den zweifelhaften Ruhm, das Reich der Phantasie überboten zu haben, indem sie in Welten eingetreten ist, wohin die kühnste Phantasie niemals zu folgen vermag" [Jg. 11, S.13].

Daß es einen n-dimensionalen Raum gäbe, in dem Gleichungen aufgestellt werden können, darauf ist nur zu antworten: "Mathematiker sind Bahnbrecher des Aberglaubens geworden" [Jg. 11, S.14].

Besonders intensiv wendet sich PIETZKER gegen die nichteuklidische Geometrie.

> "Jedenfalls muß ich meine Ansicht, daß die absolute Geometrie auf
> unbewiesenen oder vielmehr geradezu unrichtigen Grundlagen beruht,
> ... durchaus aufrecht erhalten" [Jg. 8, S.306].

In der Rezension seines Buches 'Die Gestaltung des Raumes' wird polemisiert:

> "Das Buch ist zunächst denjenigen zu empfehlen, welche das Studium
> der nichteuklidischen Geometrie beginnen wollen. Sie dürften durch
> dasselbe abgehalten werden, ihre Kräfte nutzlos aufzureiben an
> Theorien, die auf Wahngebilden aufgebaut sind. Aber auch für die
> Anhänger der nichteuklidischen Geometrie ist das Buch nützlich. Sie
> könnten daran die Haltlosigkeit der Grundlagen der nichteuklidischen
> Geometrie besser erkennen. Möge die mutige Arbeit des Verfassers
> das unumgängliche Schicksal der nichteuklidischen Geometrie, im
> Sande spur- und nutzlos zu verlaufen, beschleunigen" [Jg. 23, S.63].

Betrachtet man solche Auffassungen, so wird eines wohl klar. Die älteren Mathematiklehrer sahen sich auf Grund ihres, wenn auch länger zurückliegenden
Studiums als kompetent in fachlichen Fragen an, daß aber in der Zwischenzeit
die Forschung rasante Fortschritte erzielte, ist an manchem vorübergegangen.
Solche Ansichten führten zu der reservierten Haltung von Mathematikern gegen
die Vertreter der Lehrergemeinschaft. Dieses historische Beispiel zeigt aber
wohl zwangsläufig auf, daß für jeden Lehrer eine ständige Weiterbildung auch
in fachlichen Fragen lebensnotwendig ist, wenn ihn die Entwicklung nicht über-
rollen soll und er zum Fossil überwundener Auffassungen wird.

Im 30. Jahrgang der Zeitschrift wird nun Bilanz über die bisherige Arbeit gezogen. Im Rückblick weist HOFFMANN stolz auf die vollbrachte Leistung hin:

> "Welche Fülle gegenseitiger Anregung, Belehrung, Kritiken, Berichte
> geeignet zur Abfassung einer späteren Geschichte des mathematisch-
> naturwissenschaftlichen Unterrichts enthalten die Jahrgänge der Zeit-
> schrift" [Jg. 29, S.82].[5]

---

[5] Daß nicht alle den Intensionen Hoffmanns folgten, zeigt ein Brief von H. Schubert an G.
Cantor vom 29.8.1890 aus der Vorbereitungsphase der Gründung der DMV. Zu dem Vorschlag von Cantor, Gymnasiallehrer in die DMV einzubeziehen, schreibt er: "Hätten Sie die
sogenannten mathematischen Pädagogen soviel erlebt, wie ich, hätten Sie vor allem den
schrecklichen Hoffmann kennengelernt, sowie die gemeine Polemik seiner Zeitschrift studiert, Sie würden auf solche Gedanken gewiss nicht gekommen sein." (Archiv der DMV
Freiburg, mitgeteilt von Frau Dr. Tobies)

Er sieht aber auch, daß sich die Zeitschrift in Zukunft den Fragen der Veränderung des Schulwesens verstärkt widmen muß.

"Denn... durch die Fortschritte der Naturwissenschaft überhaupt und der Technik insbesondere ist die allzu große Herrschaft der Theorie gebrochen, und die Anwendungen, von der Theorie bisher schnöde vernachlässigt, beginnen ihr Recht zu fordern; und dies muß ihnen werden, soll anders unser Volk im Wettbewerb der Nationen nicht untergehen" [Jg. 30, S. 2].

Und er schließt seinen Rückblick:

"So möge denn unser Werk auf's neue sich selbst empfehlen und weiter fördern" [Jg. 30, S. 3].

Literatur

LIETZMANN, W.: Fünfzig Jahre mathematischer Unterricht. In: ZMNU, 50 (1919) S. 1-7.

RICHTER, K.: Leben und Wirken von J.C.V. Hoffmann. In: Wiss. Z. Ernst-Moritz-Arndt-Univers. Greifswald Math.-nat.wiss. Reihe 38 (1989) 4.

Dr. Kurt Richter, FB Mathematik u. Informatik, Institut für Algebra u. Geometrie, Martin-Luther-Universität, 06099 Halle (Saale)

Drei Heidelberger Mathematikhistoriker:
Arneth, Cantor, Bopp

Klaus Volkert

Die nachfolgenden Ausführungen geben einen Überblick zu den Anfängen der Heidelberger Mathematikgeschichtsschreibung, beginnend mit ARTHUR ARNETH (1802 - 1858) über den mit Abstand bekanntesten Heidelberger Historiographen der Mathematik, MORITZ CANTOR (1829 - 1920), bis hin zu dessen Schüler KARL BOPP (1877 - 1934). Selbstredend konnte ich hier keine Vollständigkeit insbesondere in biographischer und bibliographischer Hinsicht anstreben, sondern mußte mich mit einigen Bemerkungen begnügen. Versucht habe ich dabei vor allem, auf einige allgemeinere Zusammenhänge, vor allem der Disziplingenese, einzugehen.

1. Die Mathematikgeschichtsschreibung in der zweiten Hälfte des 19. Jahrhunderts

Auffallend ist der Aufschwung sowohl in quantitativer als auch in qualitativer Hinsicht, den die mathematikhistorische Forschung in der zweiten Hälfte des 19. Jahrhunderts erfuhr. An diesem waren auch zwei Heidelberger Mathematikhistoriker beteiligt, nämlich ARNETH und CANTOR. Im folgenden werde ich kurz auf die Hintergründe und Bedingungen dieser Entwicklung eingehen.

Die Mathematik erfuhr wie viele Wissenschaften im 19. Jahrhundert einen beträchtlichen Aufschwung, parallel zu diesem ging eine zunehmende Spezialisierung der einzelnen Forscher einher. Einen Überblick über das Ganze zu bewahren, möglichst noch unter Einschluß der historischen Entwicklung, wurde immer schwieriger, wenn nicht gar unmöglich. So heißt es etwa bei S. GÜNTHER in seinem Hauptvortrag bei der Versammlung Deutscher Ärzte und Naturforscher[1] zu Graz 1875:

> "Um das Jahr 1775 mochte es noch Polyhistoren geben, welche eine ganze Anzahl von Wissenschaften nach damaligem Zuschnitt, Vergangenheit und Gegenwart in Einem Kopfe unterzubringen im Stande waren - diese Zeit ist unwiederbringlich dahin. Mit Recht kann man sagen, dass nur das Bewältigen des momentanen Status quo für unsere Epoche die Arbeitskraft des Einzelnen hinlänglich absorbire, dass selbst bei Specialfächern von mässigem Umfang, der so immens vertiefte Inhalt mit Aufgebot aller Kräfte gewonnen werden wolle" [Günther 1875, 131].

War es bis weit ins 19. Jahrhundert hinein noch üblich, daß eine Dissertation einen ausführlichen Überblick zur Geschichte ihres Gegenstandes gab - man denke etwa an GAUßens Arbeit zum Fundamentalsatz der Algebra (1799) oder RIEMANNs Abhandlung zur Funktionentheorie (1851) - so brauchte man nach der Jahrhundertmitte zunehmend den Spezialisten, um das Wissen um die Mathematikgeschichte nicht dem Vergessen anheimfallen zu lassen.[2] Neben diesem disziplininternen Aspekt kam extern noch hinzu, daß sich im Laufe des 19. Jahrhunderts ein größeres Publikum von nicht professionellen Mathematikwissenschaftlern zu formieren begann, allen voran der Stand des Gymnasiallehrers. Da der pädagogische Nutzen der Mathematikgeschichte für deren schulischen Unterricht auf der Hand lag[3] und da weiterhin sich hier

---

[1] Dieser Vortrag mit dem Titel *Die Ziele und Resultate der neueren mathematikhistorischen Forschung* stellt ein interessantes Dokument zur Formierung der Historiographie der Mathematik im deutschsprachigen Raum dar. Ihm folgte zwei Jahre später in München eine Fortsetzung, die schon von einem gestiegenen Selbstbewußtsein der neuen Disziplin zeugte. Zur Situation der Mathematikgeschichte in den Versammlungen Deutscher Naturforscher und Ärzte vergleiche man Tobies/Volkert 1998.

[2] Hiermit soll natürlich nicht geleugnet werden, daß es schon früher Gesamtdarstellungen der Mathematikgeschichte gegeben habe; man denke nur an Montucla und an Bossut, in gewisser Weise auch an Kästner. Einen Überblick zur Mathematikgeschichtsschreibung vor 1799 gibt Günther 1908.

[3] Der bereits zitierte S. Günther, der lange Zeit selbst als Gymnasiallehrer (hauptsächlich in Ansbach) gewirkt hat, schreibt hierzu: "Die Mathematik hat mit den übrigen inductiven Wissenschaften - ... - das gemein, dass sie, ganz abgesehen von allen sachlichen Vortheilen, einen direkten pädagogischen Nutzen aus der geschichtlichen Forschung

breite Möglichkeiten für Forschungen auch für Lehrer auftaten[4], erstaunt es nicht, eine ganze Reihe von Lehrern als Mathematikhistoriker anzutreffen. Ich nenne nur (neben GÜNTHER und ARNETH, auf den ich in 3. eingehen werde) SUTER, BRETSCHNEIDER, GERHARD, WEISSENBORN, TREUTLEIN, TROPFKE. Hier entstand also ein reiches Potential an Interessenten und Aktivisten.

Schließllich sei noch ein dritter Aspekt erwähnt: Im 19. Jahrhundert formierten sich neue Wissenschaftsdisziplinen, etwa die Orientalistik und die Ägyptologie, mit denen eine professionelle Historiographie der Mathematik zusammenarbeiten konnte. Man denke etwa an A. EISENLOHR und seine Bearbeitung des Papyrus Rhind oder an WOEPKE und seine Forschungen zur Entwicklung unseres Zahldarstellungssystems - beides Fragen, deren Klärung seinerzeit für Aufsehen in der Mathematikgeschichte sorgte.[5]

So haben wir drei Aspekte kennengelernt, welche den Aufschwung der Mathematikgeschichte im 19. Jahrhundert ganz allgemein begünstigten. Wir kommen nun zu den Rahmenbedingungen, welche das Fach Mathematik, das die Historiographie derselben ja in der Regel beheimatet, im 19. Jahrhundert in Heidelberg vorfand.[6]

2. Die Mathematik an der Universität Heidelberg im 19. Jahrhundert

Die alte Universitätsstruktur mit ihren "höheren" Fakultäten Medizin, Jurisprudenz und Theologie und der diesen vorgeordneten gewissermaßen propädeutischen philosophischen Fakultät die sich um die sieben freien Künste gruppierte, brachte der Mathematik wenig Wertschätzung entgegen.

---

ziehen kann" [Günther 1875, 131]. Als Belege für seine These führt er eine historisch adäquate Behandlung des Satzes des Pythagoras an sowie die Differential- und Integralrechnung, die "selbst bei Neulingen ein ganz anderes Ansehen gewinnen, wenn ihnen zuvor in kurzen Zügen die Maximumsprobleme des siebzehnten Jahrhunderts und die metrischen Bestreben des Achimedes vorgeführt werden" [Günther 1875, 131].

[4] Zum Thema Wissenschaft und Mathematiklehrer vergleiche man Baptist 1992.

[5] Dies wird etwa in den beiden bereits genannten Vorträgen von Günther deutlich.

[6] Als Standardwerk zum Thema "Mathematik an deutschen Universitäten im 19. Jahrhundert" sei auf Lorey 1916 verwiesen; für die Situation in Heidelberg speziell sind Christmann 1924, Kern 1992 und Puppe 1986 zu nennen.

Die Ausbildung in Geometrie und Arithmetik wurde von Mitgliedern der letztgenannten Fakultät geleistet, welche oftmals keinerlei Verdienste noch weitergehende Kenntnisse auf diesen Gebieten vorzuweisen hatten. Aus der Sicht der Mathematik als Glücksfall sollte sich die Verlegung der kurfürstlichen Kameralhochschule von Kaiserslautern nach Heidelberg nebst nachfolgender Integration in die dortige Universität erweisen.[7] Da diese Hochschule seit Anbeginn einen Lehrstuhl für Mathematik kannte, fiel somit der Universität Heidelberg eine Professur für Mathematik zu, welche dann später der Philosophischen Fakultät zugeordnet wurde. Dennoch blieben Serviceleistungen für Kameralisten eine wichtige Aufgabe für die Heidelberger Mathematiker, eine Tatsache, die später MORITZ CANTOR zunutzen werden sollte (vgl. unten 4). Die fragliche Professur wurde nach der großen Universitätsreform 1806 mit KARL VON LANGSDORFF besetzt, der allerdings in den 20er Jahren zunehmend für Aufgabe im Salinenwesen herangezogen wurde. So konnte der seit 1810 in Heidelberg als Privatdozent und später als Extraordinarius tätige FRANZ FERDINAND SCHWEINS (1810 - 1856) 1827 zum Ordinarius aufrücken und bis zu seinem Tode 1856 das Fach Mathematik vertreten.[8] Um seine Nachfolge ergab sich schon zu seinen Lebzeiten[9] ein heftiges Gerangel, das schließlich seitens des Ministiums durch die Berufung[10] von L. O. HESSE entschieden wurde. HESSE muß ein ungewöhnlich erfolgreicher akademischer Lehrer gewesen sein, was allein schon die impo-

---

[7] Eine ausführliche Darstellung dieser Geschichte gibt Lessing 1986.

[8] Zu Schweins vergleiche man die Ausführungen von M. Cantor, der diesen noch als Student gehört hat und dessen Doktorvater er auch gewesen ist: Cantor 1903. Die von Schweins vertretene kombinatorische Schule hat in den letzten Jahren wieder verstärkt Beachtung gefunden.

[9] Ein Ordinarius konnte ja seinerzeit nur dann seine Versetzung in den Ruhestand betreiben, wenn er selbst für einen Nachfolger gesorgt hatte. Da Schweins aber nur Vertreter der kombinatorischen Schule vorzuschlagen hatte (u.a. auch A. Arneth vor allem aber Raabe [Zürich]), während vor allem A. Jolly, seinerzeit der Physiker der Philosophischen Fakultät, diese in den 1850iger Jahren sicher schon überholte Richtung strikt ablehnte, kam keine Einigung zustande und Schweins starb gewissermaßen in Ausübung seines Amtes. Vgl. die Darstellung bei Kern 1993, 12 - 20.

[10] Die Umstände dieser Berufung, die man im Nachhinein sicherlich als eine sehr kluge Entscheidung des Ministeriums bezeichnen wird, sind bis heute nicht vollständig geklärt [vgl. Kern 1993, 17 - 20]; es liegt nahe, eine (nicht bewiesene) Einflußnahme seitens Kirchhoff zu vermuten, der ja als Gymnasiast in Königsberg Schüler von Hesse gewesen ist und seit 1854 den physikalischen Lehrstuhl der Universität Heidelberg als Nachfolger Jollys innehatte.

sante Reihe seiner Habilitanden belegt.[11] Unter seine Ägide, die bis 1868 währte, fiel der Anfang der Karriere von M. CANTOR. Für letzteren am bedeutsamsten war wohl HESSES Nachfolger LEO KÖNIGSBERGER, der in Heidelberg von 1869 bis 1874 und wieder von 1884 bis 1914 wirkte.[12] Das Interregnum von 1875 bis 1884 füllte Königsbergers Freund und früherer Hauslehrer LAZARUS FUCHS aus, dessen Wirksamkeit in Heidelberg soweit nachvollziehbar weitgehend auf seine eigenen Forschungen beschränkt blieb. Erst 1912 gelang es Königsberger die Einrichtung eines zweiten mathematischen Ordinates durchzusetzen, das mit P. STÄCKEL aus Karlsruhe besetzt wurde. Dieser rückte nach der Emeritierung Königsbergers ins erste Ordinariat auf, das zweite erhielt O. PERRON. STÄCKELS Nachfolger wurde nach dessen Tode 1920 H. LIEBMANN[13], als PERRONS Nachfolger wurde 1922 ARTHUR ROSENTHAL berufen. LIEBMANN und ROSENTHAL blieben bis 1935 im Amt, aus dem sie aus rassischen Gründen verdrängt wurden. Dieses Jahr brachte auch für die Mathematikgeschichte in Heidelberg nach dem Tod von K. BOPP im Dezember 1934 einen Einschnitt mit sich, weshalb unsere Darstellung hier abbricht. Es fällt jedenfalls auf, daß neben Königsberger auch STÄCKEL und LIEBMANN mit Arbeiten zur Mathematikgeschichte hervorgetreten sind[14], weshalb man schließen wird, daß das Klima für derar-

---

[11] Man vergleiche zu diesem Thema auch die Schilderungen, die H. Weber in Lorey 1916 passim von seinem Lehrer gibt. Die bekannten Vorlesungsausarbeiten von Hesse (*Vorlesungen über die analytische Geometrie des Raumes insbesondere der Oberflächen 2ter Ordnung* [1861] und *Vorlesungen aus der analytischen Geometrie der geraden Linie, des Punktes und des Kreises in der Ebene* [1865]) gehen auf dessen Heidelberger Zeit zurück. Aktuell im Gange ist die Edition einer von P. Treutlein mitgeschriebenen Heidelberger Vorlesung Hesses über Differential- und Integralrechnung durch Frau Dr. M. Reményi.

[12] Vergleiche dessen Autobiographie Königsberger 1919; im Ersten Weltkrieg wurde Königsberger notgedrungen noch einmal als akademischer Lehrer aktiv, da seine Nachfolger Stäckel und Perron zum Militär eingezogen worden waren. Königsberger war sicherlich an Mathematikgeschichte stark interessiert, es sei nur an seine Helmholtz- und an seine Jacobi-Biographie erinnert. Genauere Ausführungen hierzu: [Bopp 1923].

[13] Um diese Nachfolge kam es übrigens zu einem heftigen Streit zwischen Perron und Blaschke, der ursprünglich als Nachfolger Stäckels vorgesehen war. Dabei ging es um die von dem ersteren betriebene Habilitation von W. Sternberg, welche letzterer nicht mittragen wollte. Diesen Hinweis verdanke ich Frau Prof. Reich (Hamburg).

[14] Im Falle Stäckels wird man wohl aus heutiger Sicht sagen, daß seine bleibenden Verdienste gerade auf dem Gebiet der Historiographie der Mathematik, insbesondere im Bereich der nichteuklidischen Geometrie, liegen. Glanzstücke seine Tätigkeit in dieser Hinsicht sind natürlich auch die Auffindung des wissenschaftlichen Tagebuchs von

tige Forschungen in Heidelberg zwischen 1868 und 1935 günstig gewesen sein dürfte.

Übersicht 1:

Habilitationen und Extraordinarien Heidelberg 1800 - 1935

Habilitationen und Extraordinarien

Eisenlohr, Friedrich (H 1854, a.o. 1872 - 1904)
Zehfuß, Georg (H 1859)
Du Bois-Reymond, Paul (H 1865, a.o. 1868 - 1870)
Weber, Heinrich (H 1866, a.o. 1869 - 70)
Lüroth, Jacob (H 1867)
Noether, Max (H 1870, a.o. 1874 - 75)
Krause, Martin (H 1875)
Köhler, Karl (H 1882, a.o. 1888 - 1905)
Schapira, Hermann (H 1887, a.o. 1887 - 1898)
Landsberg, Georg (H 1893, a.o. 1897 - 1904)
Boehm, Karl (H 1900, a.o. 1904 - 1913)
Hertz, Paul (H 1909)
Sternberg, Wolfgang (H 1920)
Müller, Max (H 1928)

etatmäßige Extraordinarien

Köhler, Karl (1905 - 1914)
Vogt, Wolfgang Wilhelm (1914 - 1916)
Pfeiffer, Friedrich Georg (1917 - 1922)

remunerierter Lehrauftrag

Rummer, Friedrich (1863 - 1882)
Cantor, Moritz (1882 - 1913)
Bopp, Karl (1919 - 1935)

Gauß und des Stundenbuchs von J. H. Lambert. Bezüglich Liebmann sei unter anderem verwiesen auf dessen Bearbeitung von Lobatschefskij.

3. Die Anfänge: Arthur Arneth

Über Leben und Werk von ARTHUR ARNETH ist recht wenig bekannt (siehe Übersicht); sein Wirken als Gymnasiallehrer am Heidelberger Lyzeum (dem heutigen Kurfürst Friedrich Gymnasium, das sich seinerzeit inmitten der Altstadt auf dem Gelände der heutigen Neuen Universität befand) hat sein Schüler HEINRICH WEBER folgendermaßen beschrieben:

> "Darunter gedenke ich meines Lehres am Gymnasium, Arneth, der an der Universität als Privatdozent habilitiert war. Vorlesungen habe ich bei ihm nicht gehört, weiß auch nicht einmal, ob er in der Zeit überhaupt gelesen hat, aber noch heute nach 50 Jahren gedenke ich in Dankbarkeit seines Unterrichts am Gymnasium. Das Gros der Schüler, bei denen er kein mathematisches Verständnis fand, ließ er laufen und ziemlich ohne Mathematik aufwachsen. Dagegen wirkte er äußerst anregend auf die wenigen, die Sinn für sein feines Empfinden für mathematische und physikalische Weisheiten hatten"[Lorey 1916,75].

Die von WEBER angesprochene Habilitation erfolgte im Jahre 1828 mit einer differentialgeometrischen Arbeit *De liniis rectis in spatii situs*; die weiteren Publikationen ARNETHS, unter ihnen zwei Schulprogramme, behandelten Themen der kombinatorischen Analysis sowie den Aufbau der Geometrie.[15] Als Mathematikhistoriker hervorgetreten ist ARNETH erst spät, nämlich im Jahre 1852 mit seiner *Geschichte der reinen Mathematik in ihrer Beziehung zur Geschichte des menschlichen Geistes*; andere historische Publikationen Arneths habe ich nicht gefunden.[16] ARNETHS Mathematikgeschichte war Bestandteil der *Neuen Enzyklopädie für Wissenschaften und Künste*, welche der Franckhsche Verlag herausgab, richtete sich also eher an den gebildeten Laien denn an den mathematischen Fachmann. Der Titel von ARNETHS Werk war ihm Programm, wie die folgende Inhaltsübersicht belegen mag:

---

[15] Das *System der Geometrie* (1840 in zwei Teilen) wird von M. Cantor gelobt: "Das letztgenannte Werk gehört unbedingt zu den interessanten Erscheinungen auf diesem Felde der mathematische Literatur" [Cantor 1875]. Dennoch ist es vollständig vergessen worden.

[16] In der Vorrede zu seinem Werk führt Arneth aus, daß es eine in Playfairs *Miscellaneous works* enthaltene Abhandlung über die Mathematik der Inder gewesen sei, die ihn in Erkenntnis "der großen Verschiedenheit zwischen griechischer und indischer Mathematik" zu einer Reihe von "nicht planmäßigen und nicht vorsätzlichen Studien" veranlaßt habe [Arneth 1852, III]. Der rote Faden in diesen sei ihm erst durch das Studium von Röths *Geschichte der Philosophie* klar geworden, ein Werk übrigens, das auch M. Cantor beeinflußt hat [vgl. Bopp 1920 oder Bopp 1930].

Grundlegend für die Geschichte, die in ARNETHS Darstellung mit der Entstehung des Sonnensystems anhebt, ist das oben genannte Gesetz des Dualismus, des Zusammenspiels von Materie und Geist, von bindenden und befreienden Kräften. Wie alle geistigen Produktionen ist auch die Mathematik geprägt vom Lebensraum und damit von der Rasse; mit diesem Ansatz versucht ARNETH etwa die Unterschiede zwischen griechischer und indischer Mathematik zu erklären:

"Die griechische Welt war klein, war sehr beschränkt, das vielgetheilte Land gleichsam geschaffen, einer vielgetheilten Bevölkerung eine unabhängige, eigenthümliche Entwickelung zu gewähren; das schöne, aber doch nicht überreiche Land gewährte nur nach Anstrengungen die nothwendigen Bedürfnisse; alles vereinigte sich, den Körper kräftig und den Geist nüchtern zu erhalten. Die indische Welt war dagegen unermeßlich zu nennen, das höchst fruchtbare, überreiche Land brachte ohne Anstrengung nicht bloß das Nothwendige, sondern einen Ueberfluß von Dingen hervor, welche zum schwelgerischen Lebensgenusse dienten. Unthätigkeit bei leichtem Lebensgenusse und die Beschauung einer in jeder Beziehung großartigen Natur weckte das Nachdenken der Inder und gab ihren geistigen Erzeugnissen eine eigenthümliche Richtung. Solche Verhältnisse sind aber nur fördernd, keineswegs erzeugend." [Arneth 1852, 140f] Und zusammenfassend heißt es später: "So werden wir denn wohl jedem Volke sein geistiges Eigenthum lassen müssen, dem Griechen die Geometrie, dem Inder die Arithmetik, ..." [Arneth 1852, 182].

Diese Auffassungen, die für uns heute mehr als bedenklich erscheinen, müssen natürlich im Kontext beurteilt werden. Sie führen jedenfalls dazu, daß ARNETH sich gegen die zu seiner Zeit weitverbreitete Überschätzung der Antike wendet, etwa in der vieldiskutierten Frage nach der Herkunft unseres

Dezimalssystem und seiner Ziffern[17] und anderen Kulturkreisen einen breiten Raum in seiner Darstellung widmet. Letzteres gilt insbesondere für die Inder, deren Mathematik ARNETH auf immerhin 43 Seiten behandelt, während er für die gesamte neuere Mathematik nach den Arabern ganze 84 Seiten braucht. Dies macht sein Buch zu einer auch heute noch sehr lesenswerten Quelle zur indischen Mathematik[18], verursacht aber andererseits eine massive Unausgewogenheit.[19]

Methodisch ist zu sagen, daß ARNETH selten auf Originalquellen zurückgeht und daß er kaum Hinweise gibt, woher genau er sein Wissen beziegt. Insofern darf man sicher sagen, daß bei ihm die wissenschaftliche Historiographie der Mathematik noch in den Kinderschuhen steckt; wegweisend für die Heidelberger (und nicht nur für diese) blieb aber sein kulturhistorischer Ansatz, den S. GÜNTHER in seinem bereits zitierten Vortrag von 1875 so charakterisierte:

> "Eine bekannte und von Jedermann anerkannte Thatsache ist es, dass der Stand, welche die Wissenschaften im Allgemeinen, in irgend einem Zeitalter behaupten, ein vorzügliches Mittel zur Erkenntnis des damals herrschenden geistigen Lebens darbietet, dass die engste Beziehung zwischen wissenschaftlicher und Culturgeschichte obwaltet. Darauf aber scheint weniger geachtet worden zu sein, dass nicht eine Sparte so gut zu diesem Dienste sich eignet, wie diese oder jene andere; was wir behaupten ist, dass aus dem Studium früherer Phasen keiner anderen Wissenschaft so reiche Streiflichter auf die Geschichte des menschlichen Geistes selbst fallen, als aus der Mathematik, eingerechnet ihren Kreis von Unter-Disziplinen." [Günther 1875, 131].

---

[17] "Wir werden von Jugend an so daran gewöhnt, Alles auf die Griechen zurückzuführen, daß, wenn wir bei andern Völkern etwas Beachtenswerthes finden, wir gleich geneigt sind, dazu in Griechenland die Quellen zu suchen;umgekehrt weisen wir aber jeden Einfluß des Auslandes auf die Griechen zurück und sehen sie nur als die alleinigen Urheber von Allem an, was je die Menschen Großes geleistet haben" [Arneth 1852, 179]. Parallelen zu den Diskussionen, die heute in der sogenannten Ethnomathematik geführt werden, sind nicht zu übersehen.

[18] Günther nennt diesen Teil den "anerkannt wertvollsten Bestandteil des Geschichtswerkes von A. Arneth" [Günther 1908, 21].

[19] Diese wurde beispielsweise von M. Cantor in Cantor 1875 scharf kritisiert. Ein schönes Beispiel für den Wert der Arnethschen Darstellung liefern dessen Ausführungen über die Behandlung der Viereckslehre bei Brahmagupta, deren durchaus interessanter Gehalt heute fast vollständig dem Vergessen anheim gefallen ist [vgl. Arneth 1852, 145 - 149; vgl. auch Volkert 1998].

Folgt man dieser Auffassung, so übersteigt der Wert des Mathematikge-schichtsschreibung bei weitem den engen Rahmen der Fachwissenschaft; sie wird vielmehr zu einem Mittel - und zwar einem besonders ausgezeichneten - der Selbsterkenntnis menschlichen Geistes schlechthin.

Übersicht 2: Arthur Arneth

* 19.9.1802 Heidelberg; + 17.10.1858 Heidelberg

1821 Lehrer für Mathematik und Physik in Hofwyl (Kanton Bern)

1828 Habilitation für Mathematik in Heidelberg

     Hält Vorlesungen unter anderem über analytische Geometrie

1834 Gesuch um Beförderung zum Extraordinarius scheitert

1838 Professor am Lyzeum Heidelberg

Werke: *De liniis rectis in spatii situs* (1828)

       System der Geometrie (2 Teile, 1840)

       Verwandlung der Combinationen mit und ohne

       Wiederholungen (Schulprogramm 1843)

       Zur Theorie der Zahlen und der Auflösung der unbestimmten

       Gleichungen (Schulprogramm 1853)

Lit.: Cantor 1875

---

4. Moritz Cantor, der Universalhistoriker

Zweifellos gehört MORITZ CANTOR auch heute noch zu den bekanntesten Mathematikhistorikern überhaupt, seine an Materialfülle und Vollständigkeit unübertroffenen *Vorlesungen zur Geschichte der Mathematik* in vier Bän-den werden nach wie vor häufig herangezogen, selbst wenn ihnen J. E. HOFMANN nicht zu Unrecht und doch beckmesserisch Überholtheit in Me-thode und Detail bescheinigt.[20] Diese Vorlesungen zeigen deutlich das her-ausragende Merkmal des Mathematikhistorikers CANTOR: seine Universali-tät. Oder wie sein Schüler K. BOPP es in seiner Gedenkrede anläßlich des 100. Geburtstages von M. CANTOR formulierte:

    "Ein weites Gebiet der Geistesgeschichte hat Moritz Cantor durch-dacht in seinen kulturhistorischen und entwicklungsgeschichtlichen

---

[20] Vgl. dessen Artikel im DSB über M. Cantor.

Zusammenhängen; mit feinem nacherlebendem Verständnis und aus dem Reichtum seiner schöpferischen Kraft hat er die Gedankengänge der großen Mathematiker von der Antike bis in die Epoche von Gauß überschaut" [Bopp 1930].

Übersicht 3: Moritz Benedikt Cantor

* 28.8.1829 Mannheim; + 9.4.1920 Heidelberg
Schulbesuch in Franfurt a. M. und Mannheim
1848 Studium der Mathematik, Physik und Chemie in Heidelberg
1849 Aufenthalt in Göttingen (hört bei Gauß über die Methode der kleinsten Quadrate)
5.5.1851 Promotion in Heidelberg; Dissertation *Ueber ein wenig gebräuchliches Coordinatensystem*
SS 1852 Aufenthalt in Berlin (Dirichlet, Steiner)
April 1853 Habilitation für Mathematik in Heidelberg (kumulativ)
1856 erste mathematikhistorische Veröffentlichung *Ueber die Einführung unserer gegenwärtigen Ziffern in Europa*
1860 erste Ankündigung einer Vorlesung über Geschichte der Mathematik
1863 Ernennung zum Extraordinarius
1877 Professor honorarius
1872 Übernahme des Rummerschen Lehrauftrages: erlangt erstmals ein geregeltes Einkommen
1880 erster Band der *Vorlesungen über Geschichte der Mathematik*
1894 Hofrath
1902 geheimer Hofrath
1908 ordentlicher Honorarprofessor (persönlicher Ordinarius)
1913 Aufgabe der Lehrtätigkeit (nach 60 Jahren!)

Werke: *Grundzüge der Elementarmathematik als Leitfaden zu akademischen Vorträgen* (1855)
Mathematische Beiträge zum Kulturleben der Völker (1863)
Euklid und sein Jahrhundert (1867)
Die römischen Agrimensoren und ihre Stellung in der Geschichte der Feldmeßkunst (1875)
Vorlesungen über Geschichte der Mathematik. 3 Bände (1880 - 1893); 4. Band 1908 unter Mitarbeit von Bobynin, von Braunmühl, Cajori, Günther, Kommerell, Loria, Netto, Vivanti, Wallner.

> *Politische Arithmetik oder Arithmetik des tägl. Lebens* (1898)
> zahlreiche Aufsätze, Rezensionen und Biographien; ausgedehnte
> Herausgebertätigkeit [vgl. Curtze 1899]
>
> Dissertationen bei Cantor:
>
> Bopp, K. *Antoine Arnauld, der große Arnauld, als Mathematiker* (1902)
> Carlebach, J. *Levi Ben Gerson als Mathematiker* (1909)
>
> Habilitationen bei Cantor:
>
> Bopp, K. *Die Kegelschnitte der Gregorius a Vinzentio in vergleichender Darstellung* (1906)
>
> Lit. Bopp 1920, Bopp 1930, NDB, DSB

CANTOR begann seine wissenschaftliche Laufbahn als Mathematiker, wobei er allerdings mancherlei Widerstände zu überwinden hatte: So bestand er das Doktorexamen nur mit der Note cum laude, weshalb er sich bei der Habilitation neben dem üblichen Probevortrag noch einer mündlichen Prüfung unterziehen mußte. Die Gutachten von SCHWEINS sind eher zurückhaltend und lassen darauf schließen, daß dieser von CANTORS Leistungen wenig angetan war [vgl. Kern 1993, 57f]. Wann CANTOR sich zur Mathematikgeschichte entschlossen hat, konnte ich nicht feststellen; jedenfalls muß dies schon früh der Fall gewesen sein, da ja erste Veröffentlichungen zu diesem Thema bereits aus dem Jahre 1856 vorliegen.[21] CANTOR hat sich aber immer wieder auch als Mathematiker betätigt mit Veröffentlichungen wie *Ueber den Werth von 0^0* (1856), *Ueber eine Eigenschaft der Binomialcoefficienten* (1857), *Zur Theorie paralleler Curven* (1860), ..., *Ueber eine Proportion aus der elementaren Steoreometrie* (1888) [genauere Angaben bei Curtze 1899]. Vom institutionellen Rahmen her gesehen war CANTOR somit ein Mathematiker mit etwas ausgefallenen Interessen; seine Stellung als Extraordinarius brachte es allerdings mit sich, daß seine akademischen Rechte bescheiden waren; so bedurfte es noch einer Ausnahmegenehmigung, um CANTOR die Begutachtung der Boppschen Dissertation (1902) zu ermöglichen [vgl. Kern 1993, 109]. Das lag allerdings an der Stellung des Extraor-

---

[21] Neben dem bereits erwähnten Einfluß der Philosophiegeschichte Röths (vgl. Anmerkung 16) nennt Bopp als mögliches Motiv für die Hinwendung Cantors zur Mathematikgeschichte einen Parisaufenthalt in den 50er Jahren, wo Cantor mit Chasles, damals Nestor der französischen Mathematikgeschichtsschreibung, in Kontakt kam [vgl. Bopp 1920, 6 oder Bopp 1930].

dinarius, nicht an CANTORS Arbeitsgebiet und hätte jeden anderen Mathematiker in gleicher Position genauso getroffen.

Es kann hier nicht der Versuch unternommen werden, das riesige Opus von
CANTOR zu würdigen; ich möchte mich vielmehr auf einige charakteristische
Züge desselben beschränken. Cantors Augenmerk galt früh schon Fragen der
Überlieferung mathematischen Wissens durch verschiedene Kulturen und
Epochen hindurch. Dies wird deutlich an zwei frühen Themen: der Entwicklung unseres Zahldarstellungssystems zum einen und der Tradierung geometrischen Wissens im Rahmen der Feldmeßkunst zum andern. Ähnlich wie
ARNETH bettet auch CANTOR seine Betrachtungen ein in den breiten Rahmen der Geistesgeschichte, zeigt aber im Vergleich zu jenem ein ganz deutlich gestiegenes methodologisches Bewußtsein, etwa was Quellenangaben
und die Auswertung von Primärquellen anbelangt. Hier zeigt sich der wissenschaftliche Anspruch des Autors, dem K. BOPP "souveräne Beherrschung
der Quellen, rastlosen Fleiß, ruhige Geduld und plastische Vorstellungs-
kraft" bescheinigte, dem "überhaupt die Urkunde als der Ausgangspunkt aller historischen Forschung heilig war" [Bopp 1930]. Mit CANTOR wird die
Historiographie der Mathematik zu einer wissenschaftlichen Disziplin. Allerdings ist CANTOR von unserer modernen Warte aus gesehen oft bereit,
schnell gar vorschnell zu urteilen und zu bewerten; nicht selten nahm er
später Behauptungen zurück. Charakteristisch für ihn ist auch eine breite
Zusammenarbeit mit Wissenschaftlern aus anderen Fachgebieten; das wichtigste Beispiel hierfür ist wohl AUGUST EISENLOHR und dessen Edition des
Papyrus Rhind.[22]

CANTOR suchte schon früh ein breites Publikum für seine Forschungen zu
interessieren, etwa durch seine Vorträge auf der Versammlung Deutscher
Naturforscher und Ärzte [vgl. Tobies/Volkert 1998] und im medicinisch-
naturhistorischen Verein zu Heidelberg. Dessen Gegenstück, den philoso-
phisch-historischen Verein zu Heidelberg begründete CANTOR mit [vgl.
Bopp 1930]. Ebenfalls mitbegründet hat CANTOR die *Kritische Zeitschrift
für Chemie, Physik und Mathematik*, die es allerdings auf nur einen Band
brachte. Später wirkte CANTOR als Herausgeber der *Zeitschrift für Mathematik und Physik*, insbesondere von deren seit 1875 erscheinenden historisch - literarischen Beilage, sowie der *Abhandlungen zur Geschichte der*

---

[22] Weitere Beispiele nennt Bopp 1930: die Galilei-Forschung (Wohlwill), Kopernikus-
Edition (Menzer), den Assyriologen Bezold.

mathematischen Wissenschaften mit Einschluß ihrer Anwendungen (ab 1877); für die *Allgemeine Deutsche Biographie* verfaßte er zwischen 1875 und 1898 mehr als hundert Mathematikerbiographien. Mit der *Beilage*, die die Möglichkeit bot, kleinere mathematikhistorische Mitteilungen zu publizieren, und den *Abhandlungen*, die die analoge Möglichkeit für größere Arbeiten boten, standen der Mathematikgeschichtsschreibung erstmals in Deutschland eigenständige Publikationsorgane zur Verfügung.

CANTOR wurde so etwas wie das Schuloberhaupt der kulturhistorischen Schule; als solches wurde er vor allem von dem schwedischen Mathematikhistoriker G. ENESTRÖM heftig kritisiert. Mit seiner Liebe zum Detail und seiner Wertschätzung für größte Präzision verkörperte der gelernte Bibliothekar ENESTRÖM, dessen bekannteste mathematikhistorische Leistung das bis heute sehr nützliche Werkverzeichnis L. EULERS gewesen ist, in gewisser Weise das direkte Gegenteil von CANTOR; die von ihm herausgegebene Zeitschrift *Bibliotheca mathematica* veröffentlichte in schöner Regelmäßigkeit Fehlerverzeichnisse zu den gerade erschienenen Bände von CANTORS *Vorlesungen*. Dies mag man - wie seitens der CANTOR-Anhänger gerne geschehen [vgl. etwa Bopp 1920, 11 oder deutlicher noch Bopp 1930] - als beckmesserische Kritik abtun, verkennen sollte man aber nicht die prinzipielle Wichtigkeit der Auseinandersetzung CANTOR /ENESTRÖM als der ersten breiteren methodologischen Diskussion in der neuentstandenen Disziplin Geschichte der Mathematik.[23] Die Quintessenz des kulturhistorischen Ansatzes faßte ENESTRÖM in vier Thesen zusammen [Eneström 1910, 1f]:

1. Die Aufgabe der mathematischen Geschichtsschreibung ist nicht nur, über Tatsachen Auskunft zu geben, sondern auch diese zu erklären und ihre Bedeutung als Kulturfaktoren anzugeben.

2. Nur wenn man die allgemeine Kulturgeschichte heranzieht, ist es möglich, die mathematisch-historischen Tatsachen befriedigend zu erklären.

3. Folglich ist die kulturhistorische Behandlung der Geschichte der Mathematik dringlich zu empfehlen.

4. Diese Behandlungsart ist von maßgebender Seite fast einstimmig empfohlen und sogar angewandt worden.

---

[23] Vergleiche folgende Bemerkung Bopps: "Die Geschichte der Mathematik hatte sich an Cantors großem Werk orientierend zu einer selbständigen Fachwissenschaft entwickelt" [Bopp 1920, 12].

Dem setzt er dann seine eigene Position gegenüber, die ENESTRÖM in Gestalt von vier Gegenthesen resümiert:

A. *Durch Heranziehen der Kulturgeschichte kann nur ein verhältnismäßig geringer Teil der mathematisch - historischen Tatsachen befriedigend erklärt werden; in betreff der Geschichte der mathematischen Theorien sind Erklärungen dieser Art im allgemeinen minderwertig, und es ist darum irreleitend, wenn es sich um dieses Thema handelt, die kulturhistorische Geschichtsschreibung "höher" zu nennen.*

B. *Die kulturhistorische Behandlung der anderen Arten von Geschichte der Mathematik ist bis zum einem gewissen Grade zu empfehlen; aber auch wenn diese Behandlung theoretisch berechtigt ist, setzt sie oft Kenntnisse voraus, die ein Mathematiker sich nur selten verschaffen kann.*

C. *Dagegen ist die mathematisch - historische Behandlung der Geschichte der Mathematik unter allen Umständen zu empfehlen, vorausgesetzt, daß die nötige Sachkunde vorhanden ist. Erzielt man dadurch nicht ein endgültiges Ergebnis, so hat man jedenfalls den Fachgenossen ein wertvolles Material zur Verfügung gestellt.*

D. *Umfassende Kenntnisse auf verschiedenen Gebieten sind bei mathematisch - historischen Forschungen immer nützlich, zuweilen sogar notwendig. Allein, in erster Linie muß man Mathematik verstehen, wenn man sich mit der Entwickelungsgeschichte der Wissenschaft, die diesen Namen trägt, beschäftigen will.*

Ich möchte an dieser Stelle nicht näher auf die hier nur schlagwortartig zusammengefaßte Diskussion, in die für CANTOR auch Forscher wie G. LORIA in Italien und H. BOSMANS in Belgien Partei ergriffen, eingehen; zu prüfen wäre natürlich zuerst einmal, wieweit die Schilderung der Cantorschen Position durch ENESTRÖM überhaupt zutrifft;[24] in Sonderheit wäre zu klären, wie sich die Einordnung der Mathematikgeschichte in die Kulturgeschichte verhält zur (kausalen) Erklärung mathematikhistorischer Fakten aus der Kulturgeschichte. Verblüffend sind auch die Parallelen zu modernen Dis-

---

[24] Als Beispiel einer kulturhistorischen Erklärung setzt sich Eneström im Anschluß an Loria, der diese als ein Beleg für die Notwendigkeit kulturhistorischer Betrachtungen angeführt hatte, mit Cantors These, die Schärfe des Prioritätsstreites Newton/Leibniz sei durch politische Gründe (Newton als fanatischer Tory, Leibniz als Berater des Thronkandidaten der Whigs [vgl. Eneström 1910, 6]) entstanden, auseinander, die er als "höchst unsicher" bezeichnet.

kussionen um Wert und Unwert instrinsischer und extrinsischer Historiographie der Mathematik. Festzuhalten bleibt jedensfalls, daß auch in dieser Hinsicht CANTORS Werk entscheidend zur Disziplingenese der Mathematikgeschichtsschreibung, insbesondere durch seine *Vorlesungen* als Referenztext, beigetragen hat.

5. Karl Friedrich Bopp: der Spezialist

Die Lehrtätigkeit CANTORS[25] auf dem Gebiet der Mathematikgeschichte hat einige spätere Forscher auf diesem Gebiet beeinflußt, so etwa den bereits genannten S. GÜNTHER, aber auch A. VON BRAUNMÜHL und P. TREUTLEIN.[26] Während die meisten der genannten nur kurze Zeit in Heidelberg blieben oder, wie TREUTLEIN, in den gymnasialen Lehrberuf gingen und dort CANTORS Anregungen weiterpflegten, wurde KARL BOPP die Aufgabe zuteil, *als ein treuer Schüler MORITZ CANTORs* [Lorey 1935, 126] dessen Werk an der Universität Heidelberg fortzuführen.

Schon rein äußerlich unterscheidet sich BOPPS Laufbahn von der seines Lehrers insofern BOPP mathematikhistorische Vorlesungen bei CANTOR hörte, also eine fachliche Ausbildung erhielt, und später nur im Bereich der Mathematikgeschichte arbeitete und publizierte - deutliche Hinweise darauf, daß sich die Disziplin Mathematikgeschichte weitgehend etabliert hatte. Anläßlich der Habilitation von BOPP im Fach Mathematik sah sich L. KÖNIGSBER-

---

[25] Hierbei hatte Cantor durchaus mit Anfangsschwierigkeiten zu kämpfen, denn sein erstes Vorlesungsangebot 1860 stieß wie die Quästurakten zeigen auf keine Resonanz [vgl. Kern 1993, 59]. Später allerdings entwickelten sich die Zuhörerzahlen recht positiv: WS 74/75 ein Hörer, WS 82/83 elf Hörer [vgl. Kern 1993, 59], wobei damals die Anzahl der Hauptfachstudenten im Fach Mathematik in Heidelberg bei etwa 15 lag [vgl. Heffter 1932, 9]. Ab 1875 hielt Cantor seine Geschichtsvorlesung als dreisemestrigen Zyklus, und zwar bis zu seinem Ausscheiden insgesamt siebenmal [vgl. Bopp 1930].

[26] Vgl. auch die folgende Aussage von Treutlein in seinem Vortrag *Ueber das geschichtliche Element im mathematischen Unterricht der höheren Lehranstalten*: "Noch selten (oder nie?) sei dieser Stoff behandelt, und doch sei es angezeigt, denselben durchzusprechen, zumal hier in Heidelberg, wo Prof. Cantor seit einem Vierteljahrhundert einzig an einer deutschen Hochschule stets über Geschichte der Mathematik Vorlesungen halte" [Treutlein 1889]. Das erste etatmäßige Extraordinariat für Mathematikgeschichte in Deutschland wurde erst 1908 für Max Simon in Straßburg eingerichtet [vgl. Volkert 1994, 74]

Übersicht 4: Karl Friedrich Bopp

* 28.3.1877 Rastatt; + 5.12.1934 Heidelberg

1895 Studium in Straßburg (u.a. H. Weber) und Heidelberg (Königsberger, Cantor, Quincke, Kuno Fischer)

1902 Promotion in Heidelberg *Antoine Arnauld, der große Arnauld, als Mathematiker;* 1906 Habilitation für Mathematik in Heidelberg *Die Kegelschnitte des Gregorius a San Vinzentio in vergleichender Darstellung*

1915 Ernennung zum Extraordinarius

1919 remunerierter Lehrauftrag für Geschichte der Mathematik

Weitere Arbeiten (Auswahl):

Johann Heinrich Lamberts Abhandlung vom Kriterium veritatis (Kantstudien Erg.heft 1915)

Johann Heinrich Lambert: Über die Methode der Metaphysik .. (Kantstudien Erg.heft 1918)

Johann Heinrich Lamberts Monatsbuch (Abhandlungen der Bayrischen Akademie der Wissenschaften 1916)

Drei Untersuchungen zur Geschichte der Mathematik (Schriften der wissenschaftlichen Gesellschaft zu Straßburg in Heidelberg 1929)

Leonhard Eulers & Johann Heinrich Lamberts Briefwechsel (Abhandlungen der Preußischen Akademie der Wissenschaften 1925)

Dissertationen bei Bopp (Auswahl):

Christmann *Studien zur Geschcihte der Mathematik und des mathematischen Unterrichts in Heidelberg von der Gründung der Universität bis zur kombinatorischen Schule* (1924)

Rupp *Johann Heinrich Lamberts Stellung zum Imaginären unter Berücksichtigung neuerer Quellen* (WS 1929/30)

Mehta *Die arabischen Kommentatoren Euclids* (WS 1929/30)

Wollenschläger *Der mathematische Briefwechsel Johann I. Bernoullis auf physikalischem Gebiet* (SS 1932)

Schlosser *Die Rezensionstätigkeit von Leibniz auf mathematischem und physikalischem Gebiet* (SS 1932)

Rebel *Der Briefwechsel von Johann I. Bernoulli und dem Marquis de l'Hopitâl in erläuternder Darstellung* (1932)

Leibowitz, Grete *Die Visierkunst im Mittelalter* (1933)

Zimmermann *Arbogast als Mathematiker und Historiker der Mathematik* (1934)

GER allerdings noch genötigt, die Legitimität dieses Schrittes ausdrücklich zu begründen:

> "Da der Verfasser in den letzten Jahren seiner Studien in Straßburg Kenntnisse in den modernen Wissenschaften sich zu erwerben bemüht war, ferner durch einen größeren Vortrag im hiesigen mathematischen Oberseminar sowie durch sein abgelegtes Doktorexamen ein genügendes Wissen auch in der höheren Mathematik bekundet hat, so nehme ich keinen Anstand - wenn auch wissenschaftliche Leistungen anderer als historischer Natur nicht vorliegen - der Facultät den Antrag zu unterbreiten, Herrn Dr. BOPP zur Habilitation für das Fach Mathematik zuzulassen" [Kern 1993, 111].

BOPP war also der erste reine Fachvertreter in Heidelberg auf dem Gebiet der Mathematikgeschichte; mit ihm wird deren Disziplinbildung augenfällig; Einordnungs- sowie Abgrenzungsprobleme werden damit unvermeidlich.

Anders als ARNETH und CANTOR arbeitete BOPP in seiner Disziplin als Spezialist: Sein Arbeitsgebiet blieb von wenigen Ausnahmen abgesehen relativ eng beschränkt auf das 17. und 18. Jahrhundert, wobei die Wendung zu LAMBERT (vgl. Übersicht 4) wohl durch P. STÄCKEL beeinflußt war. Methodologisch kann man bei BOPP nichts mehr aussetzen; er beherrschte sein Handwerkszeug souverän. Vielleicht zu souverän, denn auf der Seite der Auswertung lassen seine Arbeiten doch manchmal zu wünschen übrig. Das wird etwa in der von M. CANTOR angeregten Habilitationsschrift über GREGORIUS deutlich, wo BOPP im wesentlichen eine kommentierte Ausgabe der Bücher vier bis sechs des *Opus geometricum* (1647) vorlegte, welche aber relativ wenig zu größeren Zusammenhängen oder mathematischen Begründungen zu sagen hat. Diese Schwäche haben wohl schon BOPPs Zeitgenossen empfunden, wie das nachfolgende Zitat seines Nekrologen W. LOREY vermuten läßt: "Bopps Arbeiten sind stilistisch an manchen Stellen etwas schwerfällig; sie spiegeln dadurch aber das Wesen des fleißigen und sehr gründlichen Forschers wieder" [Lorey 1935, 116]. Vom geistesgeschichtlichen Ansatz eines CANTORS oder eines ARNETHS ist bei BOPP nicht mehr viel zu finden; seine Untersuchungen sind - wie wir heute sagen würden - typische Beispiele sehr solider intrinsischer Mathematikgeschichtsschreibung zu denen auch wichtige editorische Arbeiten hinzukommen.

Als akademischer Lehrer fand BOPP andere Bedingungen vor als CANTOR insofern zu seiner Zeit auch im Fach Mathematik größere Studentenzahlen erreicht wurden, unter ihnen nicht wenige Staatsexamenskandidaten. Die

Tätigkeitsberichte der mathematischen Fachschaft (4 Hefte von 1930 bis 1933) belegen, daß BOPP zahlreiche Themen für Staatsexamensarbeiten vergeben konnte; auch die Anzahl der mir bekannten Dissertationen unter Bopp ist beachtlich (siehe Übersicht).[27]

Dennoch gelang es auch BOPP nicht, die vollständige institutionelle Anerkennung seines Fachgebietes in Heidelberg in dem Sinne durchzusetzen, daß hierfür eine etatmäßige Professur errichtet worden wäre. Die Fakultät versagte ihm allerdings nicht die nötige immaterielle Anerkennung; so heißt es in der Würdigung des Wirkens BOPPS anläßlich von dessen 50. Geburtag seitens der Fakultät:

> "Er hat auf dem Gebiete der Geschichte der Mathematik eine im In- und Ausland - wo er als "der Nachfolger M. Cantors auf dem Heidelberger Lehrstuhl für Geschichte der Mathematik" gilt - anerkannte Forschertätigkeit entfaltet" [zitiert nach Kern 1993, 112].

BOPPS früher Tod fiel zeitlich fast zusammen mit dem erzwungenen Ausscheiden von LIEBMANN und ROSENTHAL - eine tiefgreifende Zäsur in der Entwicklung des Faches Mathematik, welche die Frage nach einer eventuellen Etablierung der Mathematikgeschichte vorübergehend marginalisierte. In der Auf- und Ausbauphase der 50er und 60er Jahre war sie dann längst vergessen, und ein Anknüpfen an die große Heidelberger Tradition der Mathematikgeschichtsschreibung unterblieb vollständig.

Literatur

BAPTIST, P.: Die Entwicklung der neueren Dreiecksgeometrie (Mannheim u.a., 1992).

BOPP. K.: Leo Königsberger als Historiker der mathematischen Wissenschaften (Jahresbericht der Deutschen Mathematiker Vereinigung 33 (1923), 104 - 112).

---

[27] Diese Übersicht stützt sich weitgehend auf die Tätigkeitsberichte der Fachschaft; Hinweise findet man aber auch bei Lorey 1935. In der bereits erwähnten Würdigung Bopps durch die Fakultät wird dessen Lehrtätigkeit positiv hervorgehoben [vgl. Kern 1993, 112].

BOPP, K.: Moritz Cantor. Gedächtnisrede gehalten im Mathematischen Verein zu Heidelberg am 19. 6. 1920 Sitzungsberichte der Heidelberger Akademie der Wissenschaften. Stiftung Lanz. Mathematisch - naturwissenschaftliche Klasse. Abteilung A. Mathematisch - physikalische Wissenschaften 14. Abhandlung (1920), 16 Seiten).

BOPP, K.: Gedenkrede gehalten zur hundersten Wiederkehr des Geburtstages von Moritz Cantor im Mathematischen Institut der Universität Heidelberg (Tätigkeitsbericht der mathematischen Fachschaft an der Universität Heidelberg 1930 [7 Seiten, ohne Paginierung]).

CANTOR, M.: Arthur Arneth (ADB Band 1 [Leipzig, 1875]).

CANTOR, M.: Ferdinand Schweins und Otto Hesse. In: Heidelberger Professoren aus dem neunzehnten Jahrhundert. Festschrift der Universität zur Zentenarfeier ihrer Erneuerung durch Karl Friedrich (Heidelberg, 1903), 223 - 242.

CHRISTMANN, E.: Studien zur Geschichte der Mathematik und des mathematischen Unterrichtes in Heidelberg (Dissertation Heidelberg, 1924).

CURTZE, M.: Verzeichnis der mathematischen Werke, Abhandlungen und Recensionen des Hofrat Professor Dr. Moritz Cantor (Abhandlungen zur Geschichte der Mathematik. Neuntes Heft (1899) = Supplement zur Zeitschrift für Mathematik und Physik 44 (1899), 625 - 640)

ENESTRÖM, G.: Zur Frage der verschiedenen Arten mathematischer Geschichtsschreibung (Bibliotheca mathematica (3.Serie) 3 (1910), 1 1-4).

GÜNTHER, S.: Die Ziele und Resultate der neueren mathematisch - historischen Forschung. In: Tageblatt der 48. Versammlung Deutscher Naturforscher und Ärzte in Graz 1875, 130 - 134.

GÜNTHER, S.: Ueber die neuesten Forschungen auf mathematisch - historischem Gebiete. In: Tageblatt der 50. Versammlung Deutscher Naturforscher und Ärzte in München 1877, 83 - 89.

GÜNTHER, S.: Geschichte der Mathematik. In: M. Cantor. Vorlesungen über Geschichte der Mathematik. Vierter Band 1759 - 1799 (Leipzig 1908), 1 - 36.

HEFFTER, L.: Carl Koehler zum Gedächtnis (Tätigkeitsbericht der Mathematischen Fachschaft an der Universität Heidelberg 1932, 7 - 15).

KERN, G.: Die Entwicklung des Faches Mathematik an der Universität Heidelberg 1835 - 1914 (Staatsexamensarbeit im Fach Geschichte, Heidelberg 1993).

KÖNIGSBERGER, L.: Mein Leben (Heidelberg, 1919).

LESSING, H. - E.: Technologen an der Universität Heidelberg. In. Semper apertus. Sechshundert Jahre Ruprecht-Karls-Universität Heidelberg 1386 - 1986. Band II. Das neunzehnte Jahrhundert 1803 - 1918, hg. von W. Doerr u.a. (Berlin u.a., 1986), 105 - 131.

LOBATSCHEFSKIJ, N. J.: Imaginäre Geometrie und Anwendung der imaginären Geometrie auf einige Integrale. Aus dem Russischen übersetzt und mit Anmerkungen herausgegeben von H. Liebmann (Leipzig, 1904).

LOREY, W.: Das Studium der Mathematik an den deutschen Universitäten seit Anfang des 19. Jahrhunderts (Leipzig und Berlin, 1916).

LOREY, W.: Karl Bopp (Jahresbericht der Deutschen Mathematiker Vereinigung 45 (1935), 116 - 119).

PUPPE, D.: Manuskript zur Geschichte des Faches Mathematik an der Universität Heidelberg

TOBIES, R./VOLKERT, K.: Die Mathematik in der Versammlung deutscher Naturforscher und Ärzte 1843 - 1890. (Schriftenreihe der Gesellschaft Deutscher Naturforscher und Ärzte 1998).

TREUTLEIN, P.: Das geschichtliche Element im mathematischen Unterricht der höheren Lehranstalten (Tageblatt der Versammlung Deutscher Naturforscher und Ärzte Heidelberg 1889, 711).

VOLKERT, K.: Max Simon als Historiker und Didaktiker der Mathematik. In. Der Wandel im Lehren und Lernen von Mathematik und Naturwissenschaften. Band I: Mathematik, hg. von J. Schönbeck, H. Struve und K. Volkert (Weinheim, 1994), 73 - 88.

VOLKERT, K.: Über Kreisvierecke (Praxis der Mathematik 1998).

ADB: Allgemeine Deutsche Biographie
NDB: Neue Deutsche Biographie
DSB: Dictionary of Scientific Biography

Dr.habil. Klaus Volkert, Fakultät III Mathematik, PH Heidelberg,
Im Neuenheimer Feld 561, D-69120 Heidelberg

Die Configurationen von Theodor Reye
in Straßburg nach 1876

Harald Gropp

Zusammenfassung

Diese Arbeit besteht aus zwei Teilen. Im ersten wird berichtet über die Situation der Mathematik in den ersten Jahren der Kaiser-Wilhelm-Universität in Straßburg nach 1872. Dort spielte sich u.a. der Beginn der Forschung über Configurationen ab. Dies sind zunächst endliche geometrische Strukturen in der Ebene. Im zweiten Teil dieser Arbeit wird dargestellt, wie sich innerhalb weniger Jahre die Auffassung von Configurationen wandelt und diese als rein kombinatorische Strukturen angesehen und untersucht werden.

Somit wendet sich diese Arbeit einerseits an diejenigen, die an der Situation der Mathematik und der Wissenschaft in Straßburg und im Elsaß nach 1872 im speziellen und an den deutsch-französischen Wissenschaftsbeziehungen im allgemeinen interessiert sind. Auf der anderen Seite will sie einen weiteren Mosaikstein in das Bild der Entwicklung der Geometrie des 19. Jahrhunderts einfügen, indem sie die Beschäftigung mit Configurationen unter dem Blickwinkel endlicher axiomatischer Geometrie diskutiert.

1. Einleitung

In ihrer Übersicht über die letzten 450 Jahre Mathematik in Strasbourg (Straßburg) und im Elsaß charakterisieren J.-P. FRIEDELMEYER und A. FUCHS [Friedelmeyer] den nach 1872 in Straßburg tätigen Mathematiker Theodor REYE als ausgezeichneten Geometer, der sich mit der Geometrie der Lage beschäftigt habe und eine Configuration gefunden habe, die nach ihm benannt werde.

"Th. REYE fut un géomètre distingué qui s'occupa de ce qu'on appelle la géométrie de situation (Geometrie der Lage); il inventa une configuration à laquelle son nom est resté attaché."

Sicher spielt die nach REYE benannte Configuration eine gewisse Rolle. Viel wichtiger aber ist, daß Theodor REYE Configurationen als eigenständige mathematische Objekte definierte. In seinem Buch *Geometrie der Lage* [Reye

1867] erwähnt REYE zunächst den Satz von Desargues. Eine Zeichnung der dabei auftretenden Desargues-Configuration ist in Figur 1 zu sehen. Diese ist nicht identisch mit der in REYEs Buch vorkommenden Fig.3.

"Von Sätzen über das Dreieck will ich nur den folgenden nennen: Liegen zwei Dreiecke ABC und $A_1B_1C_1$ so (Fig.3), daß die Verbindungslinien AA_1, BB_1 und CC_1 gleichnamiger Eckpunkte sich in einem und demselben Punkte S schneiden, so begegnen sich die gleichnamigen Seiten AB und A_1B_1, BC und $B_1 C_1$, CA und $C_1 A_1$ in drei Punkten C_2, A_2, B_2 einer Geraden, und umgekehrt."

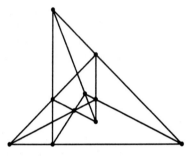

Fig.1.Die Desargues-Configuration 10_3

Anschließend erfolgt in einem in der ersten Auflage noch nicht vorhandenem Absatz die erste Definition einer Configuration als eigenständiger mathematischer Struktur wie folgt:

"Die den Satz erläuternde Figur verdient Beachtung als Repräsentant einer Gattung von merkwürdigen, durch eine gewisse Regelmässigkeit ausgezeichneten Configurationen. Sie besteht aus 10 Punkten und 10 Geraden; auf jeder der Geraden liegen drei von den 10 Punkten, und durch jeden dieser Punkte gehen drei von den 10 Geraden."

Im folgenden wird im ersten Teil die Situation der Mathematik an der 1872 neugegründeten Kaiser-Wilhelm-Universität in Straßburg diskutiert werden. Diese scheint nicht sehr bekannt zu sein, obwohl sie ein ganz besonderes Kapitel in der deutschen Universitäts- und Wissenschaftsgeschichte im damals neugebildeten Reichsland Elsaß-Lothringen darstellt.

Im zweiten Teil wird die Untersuchung von Configurationen in ihren ersten Jahren im Mittelpunkt stehen. Als eine der ersten in Kombinatorik und Geometrie durch Axiome definierten endlichen Strukturen kommt den Configurationen eine Schlüsselstellung in der Entwicklung des 19. Jahrhunderts zu, in dem verschiedene Modelle von nicht euklidischer Geometrie die Mathematik bereicherten, u.a. die nichteuklidische Geometrie, aber auch die hier diskutierte endliche Inzidenzgeometrie.

Die genaue Schilderung der Forschung über Configurationen in Straßburg um 1880 muß einer späteren Arbeit vorbehalten bleiben, da sie noch viele Detailuntersuchungen erfordert.

Der an weiteren Einzelheiten über Configurationen interessierte Leser sei auf die folgende Literatur hingewiesen. Der Forschungsstand des Jahres 1996 ist in einem kurzen Handbuchartikel [Gropp 1996] zusammengefaßt, der auch weitere Literaturhinweise enthält. Allgemeine Hinweise zur Geschichte der Configurationen finden sich in [Gropp 1990] und [Gropp 1995a].

Einen Überblick über Configurationen zwischen Geometrie und Kombinatorik, der einige Zitate der hier vorliegenden Arbeit auf englisch kommentiert und dieses Problem in einem größeren mathematischen Kontext darstellt, findet man in [Gropp einger.]. In zwei weiteren Artikeln wird das Problem des Zeichnens von Configurationen [Gropp 1995b] und das der Realisation von Configurationen [Gropp 1997] behandelt. Dies ist sozusagen die geometrische bzw. algebraische Diskussion der kombinatorischen Configurationen am Ende des 20. Jahrhunderts im Hinblick auf ihre Geschichte, die bis ins 19. Jahrhundert zurückreicht.

2. Die Kaiser-Wilhelm-Universität in Straßburg

2.1 Die ersten mathematischen Jahre

Nach dem Ende des preußisch-französischen Krieges von 1870/71, der daraufhin erfolgten Gründung des Deutschen Reiches und der damit verbundenen Annexion von Alsace und Teilen von Lorraine wurde das direkt dem Kaiser in Berlin unterstellte Reichsland Elsaß-Lothringen geschaffen. Anfang Mai des Jahres 1872 nahm die neugegründete Kaiser-Wilhelm-Universität in Straßburg ihren Vorlesungsbetrieb auf.

Mathematische Vorlesungen wurden gehalten von Prof. CHRISTOFFEL, Prof. REYE und dem Prof. extraordinarius Georg ROTH. Im Gegensatz zu den beiden aus Deutschland (Berlin) bzw. der Schweiz (Zürich) berufenen CHRISTOFFEL und REYE wurde ROTH, der 1845 in Hohenfrankenheim im Département Bas-Rhin geborene einheimische Lehrer des Gymnasiums Jean Sturm in Strasbourg, als einer der wenigen Elsässer in der Universität beschäftigt und vor allem mit Anfängervorlesungen beauftragt.

Im Sommersemester 1872 kündigte ROTH eine 2-stündige Vorlesung in französischer Sprache *Calcul différentiel* an. Wie lange diese auf französisch gehalten wurde, ist mir nicht bekannt. Es war jedenfalls ROTHs erste und auch letzte solche Ankündigung in französischer Sprache. Im WS 72/73 las er *Algebraische Analysis* und *Analytische Geometrie*.

Für die Entwicklung der Kombinatorik spielten die folgenden weiteren Namen eine wichtige Rolle. Von 1879 bis 1882 war der 1846 geborene Eugen NETTO in Straßburg. Wohl etwa ein Jahr hielt sich Seligmann KANTOR dort auf, im Sommersemester 1879 ist er als Gasthörer in Straßburg nachgewiesen. SCHÖNFLIES war für einige Jahre Lehrer am Gymnasium in Colmar. Schließlich studierte der 1888 in Mülhausen geborene Friedrich Wilhelm LEVI von 1907 bis 1911 in Straßburg. Genauere biographische Details folgen im nächsten Abschnitt.

2.2 Die späteren Jahre

Die Anfangssituation mit wenigen Studenten und Professoren im Jahre 1872 wich bald einer personell besser ausgebauten Lage. Stellvertretend sei hier das Wintersemester 1879/80 genannt mit je 3 Veranstaltungen von ROTH, NETTO und REYE sowie 2 von CHRISTOFFEL im Vorlesungsverzeichnis.

Auch die bauliche Situation wurde bald verbessert. Während am Anfang der Unterricht in den verschiedensten Notgebäuden stattfinden mußte, wurde bis 1884 ein großer Gebäudekomplex mit dem Hauptgebäude, naturwissenschaftlichen Instituten, der Bibliothek und dem astronomischen Observatorium fertiggestellt.

So entwickelte sich die Universität von einer exotischen *Randuniversität*, die kaum die ansässigen Studenten anzog, mit der Zeit zu einer *Schaufensteruniversität*, an der auch Studenten aus dem Rest des Deutschen Reiches und auch relativ viele Ausländer studierten.

Weit ausführlicher und allgemeiner als dies hier für diesen speziellen Zweck geschehen konnte, wird die Situation von Staßburg, seiner Universität und dem Reichsland Elsaß-Lothringen zwischen 1871 und 1918 in vielen Büchern dargestellt. Dem Leser seien hier stellvertretend eins in französischer Sprache [Jonas] und eins in deutscher Sprache [Nohlen] empfohlen. Die spezielle Situation der Mathematik an der Universität Straßburg wird in [Wollmershäuser] ausführlich dargestellt.

3. Einige biographische Details

Im folgenden sind einige kurze biographische Informationen der wichtigsten Personen gesammelt, die im Zusammenhang mit dieser Arbeit eine Rolle spielen, geordnet nach dem Geburtsjahr.

3.1 Heinrich Eduard Schröter (1829-1892)

H. E. SCHRÖTER wurde am 8.1.1829 in Königsberg (heute Kaliningrad in Rußland) geboren und starb am 3.1.1892 in Breslau (heute Wroclaw in Polen). Nach seinem Studium in Königsberg und Berlin wirkte er in Breslau, wo er von 1858 bis 1892 Professor für Geometrie war.

3.2 Theodor Reye (1838-1919)

Th. REYE wurde am 20.6.1838 in Ritzebüttel bei Cuxhaven geboren und starb am 2.7.1919 in Würzburg. Nach seinem Studium in Hannover, Zürich und Göttingen lehrte er von 1863 bis 1870 in Zürich mathematische Physik, wandte sein Interesse aber schon bald der Geometrie zu. Er veröffentlichte 1867 das bedeutende Lehrbuch über die *Geometrie der Lage*. Nach zwei Jahren in Aachen erhielt er 1872 den Lehrstuhl für Geometrie in Straßburg, den er bis 1909 innehatte.

3.3 Eugen Netto (1846-1919)

E. NETTO wurde am 30.6.1846 in Halle an der Saale geboren und starb am 13.5.1919 in Gießen. nach dem Studium in Berlin war NETTO von 1872 bis 1879 als Lehrer an einem Gymnasium in Berlin tätig. Nach seiner Zeit in

Straßburg von 1879 bis 1882 und 6 Jahren in Berlin wurde er 1888 ordentlicher Professor in Gießen, wo er bis zu seinem Ruhestand im Jahre 1913
wirkte. NETTO war u.a. einer der ersten frühen Kombinatoriker in Deutschland und veröffentlichte 1901 sein *Lehrbuch der Combinatorik*. Eine ausführliche Biographie des Mathematikers und Menschen Eugen NETTO findet
der Leser in der Zulassungsarbeit von Britta Jung [Jung].

3.4 Arthur Moritz Schönflies (1853-1928)

A.M. SCHÖNFLIES wurde am 17.4.1853 in Landsberg an der Warthe (heute
Gorzow in Polen) geboren und starb am 27.5.1928 in Frankfurt am Main. Er
studierte in Berlin und unterrichtete zunächst an einer Schule in Berlin. Von
1880 bis 1884 unterrichtete er an einer Schule in Colmar im Elsaß und
könnte dabei in Kontakt mit den Mathematikern an der Universität in Straßburg gekommen sein. Später lehrte SCHÖNFLIES an den Universitäten Göttingen, Königsberg und Frankfurt. SCHÖNFLIES veröffentlichte mehrere Arbeiten über Configurationen.

3.5 Seligmann Kantor (geb. 1857)

S. KANTOR wurde am 6.12.1857 in Soborten bei Teplitz in Böhmen (heute
Teplice in der Tschechischen Republik) geboren. Er studierte in Wien, Ro-
ma, Straßburg und Paris. Von 1881 bis 1886 lehrte er in Prag und verließ
dann die Hochschullaufbahn. über sein weiteres Leben in Italien ist nichts
Näheres bekannt.

3.6 Vittorio Martinetti (1859-1936):

V. MARTINETTI wurde am 11.8.1859 in Scorzalo bei Mantova geboren und
starb am 2.11.1936 in Milano. Er wurde 1887 Professor in Messina, im selben Jahr, als er die unten diskutierte Arbeit veröffentlichte. Zwischen 1908
und 1913 wirkte er wegen des Erdbebens von 1908 in Palermo.

3.7 Friedrich Wilhelm Levi (1888-1966):

F.W. LEVI wurde am 6.2.1888 in Mülhausen im Elsaß geboren und starb am
1.1.1966 in Freiburg. LEVI studierte in Würzburg und Straßburg. Von 1919
bis 1935 war er Privatdozent und Professor in Leipzig. Im Jahre 1929 veröf-

fentlichte er das bis heute einzige Lehrbuch über Configurationen [Levi]. 1935 mußte er aus Deutschland emigrieren und wirkte bis 1952 in Calcutta und Bombay. Dabei wirkte er wesentlich mit am Aufbau einer neuen Theorie, der Designtheorie. Nach 1952 wirkte er in West-Berlin und Freiburg.

4. Zwischenbemerkungen

4.1 Mathematik und Politik

Theodor REYE lebte nach seiner Emeritierung im Jahre 1909 bis zum Ende des 1. Weltkriegs in Straßburg und lebte das letzte halbe Jahr seines Lebens bei seiner Tochter in Würzburg, wo er am 2.7.1919 verstarb. Zur Illustration, wie man die allgemeine politische Lage damals sah, ist im folgenden eine Passage des Nachrufs von TIMERDING [Timerding] aus dem Jahresbericht der DMV wiedergegeben:

"Nach der Besetzung Straßburgs durch die Franzosen wurde REYE des Landes verwiesen ... .

Welcher Schmerz für den Achtzigjährigen, der einst in der Vollkraft der Jahre, in Deutschlands glanzvollster Zeit, hier eingezogen war, diesen Ausgang zu erleben! Er hatte zu den Männern gehört, die bei der Gründung der Straßburger Universität 1872 in das wiedergewonnene Land kamen, um es auch geistig wieder dem deutschen Wesen zuzuführen."

Diese Charakterisierung durch einen Zeitgenossen und vor allem die dabei benutzten Vokabeln beschreiben vielleicht am besten, in welcher regional-politischen Situation sich die hier geschilderte Mathematikgeschichte abspielte. Diese konnte hier nur kurz gestreift werden. Es sei darauf aufmerksam gemacht, daß sich seit einigen Jahren in Strasbourg die Arbeitsgruppe HISA (Histoire des Institutions Scientifiques en Alsace) gebildet hat, die die Geschichte der wissenschaftlichen Institutionen in Alsace (Elsaß) zwischen 1871 und 1945 genauer untersucht.

Nach der Schließung der Kaiser-Wilhelm-Universität wurde in Strasbourg eine französische Université gegründet, die während des 2. Weltkrieges nach Clermont-Ferrand emigrierte. Zwischen 1941 und 1944 bestand eine sogenannte Reichsuniversität Straßburg, die aber weitgehend auf dem Papier bzw. als Propagandauniversität existierte.

Auch auf der weltpolitischen mathematischen Bühne wirkte sich die neue Situation sofort aus. Die Serie der Internationalen Mathematik-Kongresse, begonnen 1897 in Zürich und fortgesetzt 1900 in Paris (Frankreich) und 1904 in Heidelberg (Deutschland), fand 1920 zum sechsten Male statt. Der Austragungsort war zum zweiten Mal in Frankreich, nämlich in Strasbourg. Der zweite ICM in Deutschland soll 1998 in Berlin stattfinden.

4.2 Tische, Stühle und Bierseidel

Um vom ersten Teil dieser Arbeit, der sich eher mit der Diskussion von Mathematikern und Institutionen beschäftigte, zum zweiten Teil überzuleiten, der die spezielle Entwicklung der Struktur *Configuration* zum Inhalt haben wird, sei noch kurz darauf hingewiesen, daß diese meiner Meinung nach in einem interessanten Zusammenhang zur generellen Geschichte der Geometrie und Mathematik im letzten Jahrhundert steht.

Es ist schon vielfach untersucht worden, in welchem Zusammenhang HILBERTs Interesse an der Geometrie, die in seinem Buch *Grundlagen der Geometrie* einen ersten Abschluß findet, mit der allgemeinen Entwicklung sowohl der Geometrie als auch der Grundlagenforschung im 19. Jahrhundert steht. Als Lektüre sei das Buch von M. TOEPELL [Toepell] empfohlen.

Dabei spielt eine nicht unwichtige Rolle ein Ereignis des Jahres 1891, über das meines Wissens leider erst viele Jahre später als Episode bei O. BLU-MENTHAL [Blumenthal] erstmals schriftlich berichtet wird. Auf der Rückfahrt von der DMV-Tagung 1891 in Halle an der Saale nach Königsberg fällt in einem Berliner Wartesaal der oft zitierte Ausspruch von HILBERT:

"Man muß jederzeit an Stelle von *Punkte, Geraden, Ebenen Tische, Stühle, Bierseidel* sagen können." ([Blumenthal], S. 403)

Dieser Schlüsselsatz wird oft als das erste Anzeichen für HILBERTs spezielles Interesse an der Geometrie und ihren Grundlagen angesehen. Leider ist nicht bekannt, wann HILBERT sich zum ersten Mal genauer für Configurationen interessiert hat. Sein Buch *Anschauliche Geometrie* [Hilbert], das sehr viel später erschien, im Kern aber wohl schon 1919 als Vorlegungsmanuskript vorlag, enthält jedenfalls ein ganzes Kapitel mit etwa 70 Seiten über Configurationen.

Einer der im Berliner Wartesaal anwesenden Mathematiker war A. SCHÖNFLIES, der vielleicht als Lehrer in Colmar für Configurationen interessiert wurde, auf jeden Fall aber mehrere Artikel über Configurationen veröffentlicht hat. Meiner Meinung sollte weiter untersucht werden, welche Rolle die Entwicklung der Configurationen im letzten Viertel des 19. Jahrhunderts für die Entwicklung der Geometrie und ihre Grundlagen gespielt hat.

Im folgenden soll nun dargestellt werden, wie sich die Configurationen innerhalb weniger Jahre zu endlichen, axiomatisch definierten kombinatorischen Strukturen entwickelt haben und wie die beteiligten Mathematiker nach anfänglichen Schwierigkeiten schon vor 1990 damit recht problemlos umgehen konnten.

Der Leser mag sich vielleicht schon gewundert haben, warum meine Schreibweise des Wortes *Configuration* nicht der üblichen Orthographie entspricht. Es ist mein Bestreben, zumindest auf deutsch heute diese Schreibweise zu benutzen, um die *echten* Configurationen abzugrenzen von den vielen Konfigurationen, die im Laufe unseres Jahrhunderts in der Kombinatorik *aufgetaucht* sind, aber meistens nichts zu tun haben mit den vor über 120 Jahren definierten Configurationen.

Auch wenn dieser Versuch vielleicht zum Scheitern verurteilt ist, sei er mir hier gestattet. In den meisten Sprachen, z.B. auf englisch, wird das Wort sowieso *configuration* geschrieben.

5. Configurationen

5.1 Geometrische Configurationen

Einige Jahre nach der besonderen Erwähnung von Configurationen in seinem Buch gibt REYE [Reye 1882] die erste formale Definition für Configurationen in der Ebene wie folgt.

"Eine Configuration n_i in der Ebene besteht aus n Punkten und n Geraden in solcher Lage, dass jede der n Geraden i von den n Punkten enthält und durch jeden der n Punkte i von den n Geraden gehen."

Hier diskutiert REYE weiterhin Configurationen zwar als endliche geometrische Strukturen, aber immer noch eingebettet in die Ebene. Dies wird besonders klar, wenn er sich zur Existenz von Configurationen n_3 für kleine Werte von n äußert:

"Reelle Configurationen 8_3 existiren nicht; dagegen hat Herr S. KANTOR drei verschiedenartige Configurationen 9_3 und zehn verschiedene 10_3 nachgewiesen."

Für n = 8 gibt es genau eine Configuration, die aber nicht über den reellen Zahlen realisierbar ist. Zu den von KANTOR konstruierten Configurationen siehe unten. In derselben Arbeit beschreibt REYE das Problem der Configurationen wie folgt:

"Das Problem der Configurationen nun verlangt, daß alle verschiedenartigen, zu den Zahlen n und i gehörigen Configurationen n_i ermittelt und daß ihre wichtigsten Eigenschaften aufgesucht werden."

Schon ein Jahr vorher hatte KANTOR [Kantor] alle 10 Configurationen 10_3 konstruiert. Alle diese haben dieselben Parameter wie die Desargues-Configuration, aber sind paarweise nichtisomorph. Die Konstruktion von KANTOR ist rein kombinatorisch, und geometrische Eigenschaften werden überhaupt nicht berücksichtigt. Trotzdem finden sich am Ende dieser Arbeit Zeichnungen aller dieser 10 Configurationen in der Ebene.

Allerdings ist eine dieser Zeichnungen falsch, d.h. eine der 10 Geraden ist nicht gerade. Die Zeichnung von KANTOR ist in Figur 2 rekonstruiert.

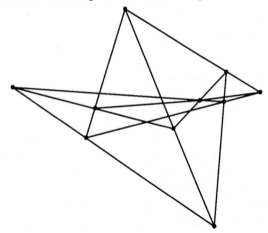

Fig.2.Die nichtrealisierbare Configuration 10_3

Einige Jahre später beweist SCHRÖTER (siehe unten), daß genau eine von diesen 10 Configurationen nicht in der Ebene zu zeichnen ist. Aber für KANTOR scheint der Unterschied zwischen einer kombinatorisch konstruierten Configuration und ihrer geometrischen Realisation nicht vorhanden zu sein. Es bleibt leider unbekannt, ob er sich des Fehlers in seiner Zeichnung bewußt war oder nicht.

Im folgenden Zitat sieht man, daß KANTOR noch nicht die von REYE eingeführte Standardnotation benutzt. Die für n = 11 angekündigte Arbeit ist wohl nie erschienen.

"In dieser und einer folgenden Abhandlung werde ich die sämmtlichen möglichen Formen der ebenen Configurationen (3,3) aus 10, respective 11 Geraden und Punkten geben. ... Es wird sich im Verlaufe unserer Raisonnements ergeben, daß es 10 essentiell verschiedene Gestalten der $(3,3)_{10}$ gibt, von denen bisher überhaupt nur eine bekannt war."

In diesen ersten Jahren ist also der Unterschied zwischen einer kombinatorischen und einer geometrischen Configuration unbekannt. Selbst REYE hat wohl, wenn man dem obigen Zitat folgt, gedacht, es gebe 10 reelle Configurationen in der Ebene.

5.2 Kombinatorische Configurationen

Ob REYE weiterhin an Configurationen interessiert blieb, ist nicht bekannt. KANTOR verließ die Universität und zog nach Italien um. In Deutschland verlagerte sich das Interesse für Configurationen nach Breslau. Den entscheidenden Durchbruch schaffte V. MARTINETTI in Italien.

In seiner Arbeit von 1887 [Martinetti] ist klar, daß MARTINETTI Configurationen nur vom kombinatorischen Standpunkt aus betrachtet:

"In questa Nota mi propongo di far conoscere un metodo per dedurre tutte le forme possibili di Configurazioni μ_3, quando si conoscano tutte le Cfz. $(\mu-1)_3$. Applicherò in fine questo metodo per dedurre dalle note Cfz. 10_3 tutte le Cfz. 11_3 che, io credo, non furono ancora indicate."

MARTINETTI findet eine rekursive Konstruktionsmethode, um alle Configurationen n_3 zu bestimmen, wenn alle Configurationen $(n-1)_3$ bekannt sind. Er wendet diese Methode an, um alle 31 Configurationen 11_3 zu konstruieren.

Seine Methode berücksichtigt geometrische Eigenschaften überhaupt nicht. Selbst die Sprache ändert sich, wie das folgende Zitat zeigt:

"Coi numeri progressivi dall' 1 al μ indicheremo i punti della Cfz. μ_3 e rappresenteremo la Cfz. stessa scrivendo in colonne successive i numeri rappresentanti le terne di punti in linea retta, come ad es."

Anstelle von Punkten und Geraden benutzt MARTINETTI die Begriffe Zahlen (*numeri*) und Spalten (*colonne*).

Die Tatsache, daß MARTINETTI in seiner Arbeit überhaupt nicht auf den geometrischen Kontext der Configurationen eingeht, bringt SCHRÖTER [Schröter 1888] in Breslau 1888 dazu, folgendes zu bemerken:

"Da die von mir am Schluß zu gebende allgemeine Konstruction der Konfiguration n_3 erst für n > 9 Gültigkeit hat, so gestatten Sie mir, die vorhergehenden einfachsten Konfigurationen besonders zu behandeln, wobei sich denn Ihre Figuren, sowie die von Hrn. MARTINETTI theoretisch nachgewiesenen Konfigurationen ergeben, deren wirkliche Herstellung eben von mir vermißt wurde."

SCHRÖTER also vermißt die *wirkliche Herstellung* der *theoretisch nachgewiesenen* Configurationen und bearbeitet in einer weiteren Arbeit [Schröter 1889] dieses Problem für n = 10, wobei er auf KANTORs Konstruktionen von 1881 verweist:

"Für n = 10 hat Herr S. KANTOR ... zuerst die sämmtlichen wesentlich von einander verschiedenen zehn Gestalten der Kfg. 10_3 aufgestellt, ...

Das Studium der zweiten inhaltreichen Abhandlung des Herrn S. KANTOR führte mich dazu, die verschiedenen geometrischen Constructionen, aus welchen derselbe zu dem vollständigen Systeme der zehn Kfg. 10_3 gelangt, rücksichtlich ihrer wirklichen Ausführbarkeit zu prüfen und (die kombinatorische Bildungsweise der Kfg. vorausgesetzt) ihre geometrische Construction aufzusuchen; dabei zeigte sich die eigenthümliche und unerwartete Erscheinung, daß nur neun Kfg. 10_3 geometrisch konstruirbar sind, dagegen die zehnte (bei KANTOR C) obwohl kombinatorisch zulässig, doch geometrisch unausführbar ist."

Wie schon oben erwähnt beweist SCHRÖTER, daß nur neun der zehn Configurationen 10_3 *geometrisch konstruierbar* sind. Es ist bemerkenswert, daß auch er dieses Ergebnis als *eigentümlich* und *unerwartet* charakterisiert. Spätestens jetzt aber ist vollkommen klar, daß es einen Unterschied gibt zwischen einer *kombinatorisch zulässigen* und einer *geometrisch unausführbaren* Configuration.

Am Ende seiner Arbeit gibt SCHRÖTER eine Definition einer Configuration in einer von der Geometrie unabhängigen Sprache, indem er die Begriffe *Element* und *Kolonne* benutzt (vgl. oben MARTINETTIs *numeri* und *colonne*):

"Eine Konfiguration 10_3 ist eine derartige Gruppirung von zehn Elementen in zehn Kolonnen zu je dreien, daß jedes Element in drei und nur in drei Kolonnen auftritt, keine Kolonne zwei gleiche Elemente enthält und keine zwei Kolonnen mehr als ein gleiches Element enthalten.

Man kleidet diese rein kombinatorische Aufgabe der Bildungsweise einer Kfg. 10_3 in ein geometrisches Gewand, wenn man für die Elemente Punkte und für die Kolonnen Gerade setzt, also eine Figur von zehn Punkten und zehn Geraden aufsucht, die so liegen, daß auf jeder der zehn Geraden drei der zehn Punkte sich befinden und durch jeden der zehn Punkte drei der zehn Geraden gehen."

Mit diesem Paragraph aus SCHRÖTERs Arbeit von 1889 ist 13 Jahre nach ihrer ersten Definition die *rein kombinatorische* Eigenschaft von Configurationen klar herausgearbeitet. Natürlich wurden auch weiter die Begriffe *Punkt* und *Gerade* benutzt, aber dies wurde jetzt als *geometrisches Gewand* erkannt.

6. Schlußbemerkung

In dieser Arbeit sollten in zwei Schwerpunkten dargestellt werden, wie sich aufgrund der Entwicklung der Mathematik in Straßburg nach 1872 Configurationen von geometrischen Strukturen in der Ebene zu rein kombinatorischen Strukturen entwickelt haben. Der Bericht über die weitere Entwicklung wird hier abgebrochen, und der Leser wird auf die schon angegebene Literatur verwiesen. Lassen Sie mich schließen mit dem berühmten Zitat aus dem schon erwähnten Buch von HILBERT und COHN-VOSSEN [Hilbert], das deren Standpunkt des Jahres 1932 darstellt:

"Es sei erwähnt, daß eine Zeitlang die Konfigurationen als das wichtigste Gebiet der ganzen Geometrie angesehen wurden."

Literatur

BLUMENTHAL, O.: Lebensgeschichte, in: Hilberts Ges. Abh. 3 (1935), 388-429.

FRIEDELMEYER, J.-P.; FUCHS, A.: L'activité mathématique à Strasbourg et en Alsace de 1538 à nos jours, in: Les Sciences en Alsace, 1538-1988, Strasbourg (1989).

GROPP, H.: Configurations, in: C.J. Colbourn, J.H. Dinitz (hrsg.), The CRC Handbook of Combinatorial Designs, Boca Raton (1996), 253-255.

GROPP, H.: On the history of configurations, in: A.Díez, J.Echeverría, A.Ibarra (hrsg.), Internat. Symposium on Structures in mathematical theories, Bilbao (1990), 263-268.

GROPP, H. (1995a): On the history of configurations II - Austria and the rest of the world, IV. Österreichisches Symp. zur Geschichte der Mathematik, Neuhofen/Ybbs (1995), 21-25.

GROPP, H. (1995b): The drawing of configurations, in: F.J. Brandenburg (hrsg.), Graph Drawing GD'95 Proceedings, Berlin-Heidelberg-New York (1995), 267-276.

GROPP, H.: Configurations and their realization, Discrete Math. 174 (1997), 137-151.

GROPP, H.: Configurations between geometry and combinatorics (zur Publikation eingereicht).

HILBERT, D.; COHN-VOSSEN, S.: Anschauliche Geometrie, Berlin (1932, 2. Aufl. 1996).

JONAS, S.; GERARD, A.; DENIS, M.-N.; WEIDMANN, F.: Strasbourg, capitale du Reichsland Alsace-Lorraine et sa nouvelle université 1871-1918, Strasbourg (1995).

JUNG, B.: Der Gießener Mathematiker Eugen Netto, Ansätze zur Darstellung seines Lebens und Werkes, Gießen (1994).

KANTOR, S.: Die Configurationen $(3,3)_{10}$, Sitzungsber. Akad. Wiss. Wien, math.-nat. Kl. 84 (1881), 1291-1314.

LEVI, F.W.: Geometrische Konfigurationen, Leipzig (1929).

MARTINETTI, V.: Sulle configurazioni piane μ_3, Annali di mat. pura ed applicata 15 (1887), 1-26.

NOHLEN, K.: Baupolitik im Reichsland Elsaß-Lothringen 1871-1918, Berlin (1982).

REYE, Th.: Geometrie der Lage I, Hannover (1867, 2. Aufl. 1876).

REYE, Th.: Das Problem der Configurationen, Acta mathematica 1 (1882), 93-96.

SCHRÖTER, H.: Ueber lineare Constructionen zur Herstellung der Configurationen n_3, Göttinger Nachrichten (1888), 237-253.

SCHRÖTER, H.: Ueber die Bildungsweise und geometrische Construction der Configurationen 10_3, Göttinger Nachrichten (1889), 193-236.

TIMERDING, H.E.: Theodor Reye, Jahresber. d. DMV 31 (1922), 185-203.

TOEPELL, M.-M.: Über die Entstehung von David Hilberts *Grundlagen der Geometrie*, Diss. Mchn., Göttingen (1986).

WOLLMERSHÄUSER, F.R.: Das mathematische Seminar der Universität Strassburg 1872-1900, in: P.L. Butzer, E. Fehér (hrsg.), E.B. Christoffel, The influence of his work on mathematics and the physical sciences, Basel-Boston-Stuttgart (1981), 52-70.

Dr. Harald Gropp, Mühlingstr. 19, 69121 Heidelberg

Georg Cantor und die Gründung der Deutschen Mathematiker-Vereinigung

Ulf Hashagen

Einleitung: Georg Cantor als *der* Gründer der Deutschen Mathematiker-Vereinigung

GEORG CANTOR (1845-1919) gehört ohne Zweifel zu den bedeutendsten Mathematikern des 19. Jahrhunderts. Die von ihm begründete Mengenlehre ist wohl die für die Gesamtentwicklung der modernen Mathematik folgenreichste mathematische Theorie; die heutige Mathematik ist ohne das Begriffssystem der Mengenlehre nicht mehr vorstellbar.[1] Zum mathematischen Werk CANTORS sowie zu seinem tragisch überschatteten Leben liegt eine sehr große Anzahl von mathematikhistorischen Untersuchungen vor.[2] Neben seinen mathematischen Leistungen wird CANTORS Name vor allem mit der Gründung der *Deutschen Mathematiker-Vereinigung (DMV)* verbunden. Obwohl CANTOR erster Vorsitzender der *DMV* war und als *der* Gründer der *DMV* gilt, ist dieser Teil der Biographie CANTORS bisher relativ wenig untersucht worden.

Zum ersten Mal wurde die Geschichte der *DMV* 1904 von AUGUST GUTZMER aufgezeichnet. Obwohl GUTZMER als zweiter Schriftführer der *DMV* Zugang zu dem umfangreichen Archiv der *DMV* hatte, ist seine Darstellung der Gründungsgeschichte (bis zu CANTORS Rücktritt aus dem Vorstand im Jahr 1893) nur eine relativ kurze Chronik, in der einige Mathematiker lobend hervorgehoben wurden. Zu CANTOR heißt es dort:

> "Insbesondere hat sich GEORG CANTOR dadurch ein bleibendes Verdienst erworben, daß er den Plan der Deutschen Mathematiker-Vereinigung mündlich und brieflich aufs allereifrigste erörtert und gefördert hat; seinen unablässigen Bemühungen ist es gelungen, auch die

---

[1] Vgl. z. B. Joseph W. Dauben, *Georg Cantor: His Mathematics and Philosophy of the Infinite.* Cambridge, Mass., 1979; Peter Schreiber, Mengenlehre – Vom Himmel Cantors zur Theoria prima inter pares. *NTM, Neue Serie* 4 (1996), 129-143.

[2] Für einen Zugang zu der umfangreichen Literatur vgl. Walter Purkert und Hans-Joachim Ilgauds, *Georg Cantor 1845-1918.* Basel/Boston/Stuttgart 1987.

Widerstrebenden von dem Nutzen einer Organisation der Fachgenossen zu überzeugen und in alle Kreise die Erkenntnis zu tragen, daß es eine Fülle von Fragen gibt, die nur in gemeinschaftlicher Betätigung erledigt werden können."[3]

GUTZMER war zum Historiker wenig geeignet, weil er Rücksicht auf andere Mathematiker zu nehmen hatte und sicherlich kein Interesse hatte, die heftigen Auseinandersetzungen zwischen führenden deutschen Mathematikern bei der Gründung der *DMV* sowie die erheblichen Spannungen innerhalb des Vorstandes der *DMV* darzustellen.

Bei diesem Kenntnisstand über die Gründungsgeschichte der *DMV* blieb es, bis 1987 die CANTOR-Biographie von WALTER PURKERT und HANS-JOACHIM ILGAUDS erschien. Dort wurde eine Reihe von Briefen aus den Nachlässen GEORG CANTORS und FELIX KLEINS veröffentlicht, die einige Schlaglichter auf die Diskussionen über die Aufgaben der *DMV* im Vorfeld der Gründungsversammlung sowie auf die Konflikte im Vorstand der *DMV* warfen. Insgesamt wurden der Gründungsgeschichte der *DMV* aber nur wenige Seiten gewidmet und dabei das schon zitierte Urteil GUTZMERS über die Rolle CANTORS bei der Gründung der *DMV* übernommen.[4] In einem 1991 von RENATE TOBIES veröffentlichten Artikel zur Gründung der *DMV* wurde dagegen der Anteil FELIX KLEINS bei der Gründung der *DMV* außerordentlich stark betont, wobei als Quellengrundlage fast ausschließlich Briefe von und an KLEIN genutzt wurden.[5]

Da es mir 1991 gelungen ist, Zugang zu den umfangreichen Gründungsakten der *DMV* zu bekommen[6], in denen der größte Teil der Korrespondenzen

---

[3] August Gutzmer, *Geschichte der Deutschen Mathematiker-Vereinigung von ihrer Begründung bis zur Gegenwart.* Leipzig 1904.

[4] Purkert u. Ilgauds, *Georg Cantor* (wie Anm. 2). Siehe auch: Helmuth Gericke, Aus der Chronik der Deutschen Mathematikervereinigung. *Jahresbericht der Deutschen Mathematiker-Vereinigung* 68 (1966), S. 46-74.

[5] Renate Tobies, Warum wurde die Deutsche Mathematiker-Vereinigung innerhalb der Gesellschaft deutscher Naturforscher und Ärzte gegründet? Mathematiker-Briefe zur Gründungsgeschichte der DMV. *Jahresbericht der Deutschen Mathematiker-Vereinigung* 93 (1991), S. 30-47.

[6] Für die Unterstützung beim Auffinden der Gründungsakten der *DMV* bzw. für den Zugang zu diesen Akten danke ich Herrn Prof. Dr. Menso Folkerts und Herrn Prof. Dr. Martin Barner. Die Akten der *DMV* sind inzwischen an das Universitätsarchiv Freiburg übergeben worden; vgl. Martin Kneser, Moritz Epple und Dieter Speck, Die Akten der alten DMV. Eine Übersicht über die im Universitätsarchiv Freiburg vorliegenden Bestände. *Mitteilungen der Deutschen Mathematiker-Vereinigung* 1997, No.1, S. 50-53.

aufgehoben wurde, läßt sich die Gründungsgeschichte der *DMV* auf der
Grundlage dieser ausgezeichneten Quellenlage heute vollkommen anders
interpretieren. Die Gründungsgeschichte der *DMV* erscheint nun als Geschichte eines Außenseiters in der deutschen Mathematikergemeinde
(GEORG CANTOR), der in einer kritischen Phase eines seit zwei Jahrzehnten
andauernden Kampfes von zwei Mathematikergruppen (FELIX KLEIN und
die Clebsch-Schule gegen die Berliner Mathematiker) um Macht und Einfluß
in der deutschen Mathematik die Gründung einer Vereinigung der deutschen
Mathematiker betrieb. Dabei spielt neben CANTOR ein relativ junger, aber
organisatorisch äußerst fähiger Mathematiker (WALTHER DYCK) eine wichtige Rolle, da dieser nicht nur durch seine Aktivitäten den Gründungsprozeß
entscheidend mit vorantrieb, sondern auch als erster Schriftführer der *DMV*
die Weichen für eine zukunftsweisende organisatorische Struktur der *DMV*
stellte.[7]

Die Gründungsphase der *DMV* war durch den doppelten Antagonismus zwischen der Clebsch-Schule und den Berliner Mathematikern sowie zwischen
CANTOR und DYCK geprägt. Entsprechend dieser These wird die Gründungsgeschichte der *DMV* hier als Geschichte dieser Antagonismen erzählt;
dabei kann aus Platzgründen nicht auf alle wichtigen Aspekte eingegangen
werden.[8]

Die Tagung der Gesellschaft Deutscher Naturforscher und Ärzte in Heidelberg

Im September 1889 regte der Hallenser Mathematiker GEORG CANTOR auf
der Tagung der *Gesellschaft deutscher Naturforscher und Ärzte (GDNuÄ)*
in Heidelberg an, die Möglichkeit einer "engeren Vereinigung der deutschen

---

[7] Dyck stimmte sich dabei zwar in vielen grundlegenden Fragen mit seinem im Hintergrund wirkenden Lehrer Klein ab, der eine Kontrolle der DMV sowie der deutschen
Mathematik durch die Berliner Mathematiker befürchtete, aber sonst spielte Dyck eine
sehr eigenständige Rolle.

[8] Dieser Artikel beruht auf zwei Vorträgen, die von mir am 27. Februar 1997 am Institut
für Geschichte der Naturwissenschaften der Ludwig-Maximilians-Universität München
bzw. am 1. Juni 1997 auf der Tagung der Fachsektion Geschichte der Mathematik der
DMV in Calw gehalten wurden. Eine ausführliche Publikation über die Gründungsgeschichte der *DMV* ist in Vorbereitung. Ich danke Herrn Prof. Dr. Joachim Fischer und
Herrn Dr. Gert Schubring für ihre konstruktive Kritik an diesem Artikel.

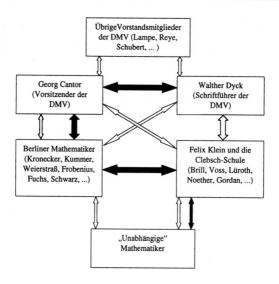

Abbildung 1:
Das Beziehungsgeflecht der deutschen Mathematiker in den 1890er Jahren
(Weiße Pfeile stehen für freundschaftliche Beziehungen, schwarze Pfeile für
Feindschaften; die Stärke der Pfeile weist auf die Intensität der Beziehung hin.)

Mathematiker" zu beraten.[9] Die 1822 gegründete *GDNuÄ* hielt jährlich Versammlungen an wechselnden Orten ab. Seit 1843 gab es auf den Jahresversammlungen Sektionen für Mathematik, die meist zusammen mit Astronomie, oft auch mit Geodäsie und Physik abgehalten wurden. An der Besprechung der von CANTOR angeregten Frage nahmen 15 Mathematiker teil –
darunter auch die Münchener Mathematiker LUDWIG BURMESTER, WAL-
THER DYCK, AUREL VOSS und ALFRED PRINGSHEIM. Der Heidelberger Mathematiker LEO KÖNIGSBERGER wurde zum Vorsitzenden der Zusammen-
kunft gewählt. Der 34jährige Mathematikprofessor WALTHER DYCK von der
TH München wurde mit der Führung des Protokolls beauftragt.[10]

---

[9] Cantor hatte sich an den Versuchen der Gründung einer Mathematikervereinigung in
den 1870er Jahren bewußt nicht beteiligt, war aber Gründungsmitglied des Berliner
Mathematischen Vereins gewesen.
[10] Gutzmer, *Geschichte* (wie Anm. 3), S. 24.

Die anwesenden Mathematiker hielten eine "engere Vereinigung" der deutschen Mathematiker für wünschenswert: Die Anregung zur Aufnahme "gemeinsamer Arbeitsprobleme", wissenschaftliche Referate über neuere Forschungsgebiete und vor allem der gegenseitige persönliche und wissenschaftliche Kontakt wurden als Aufgaben der neuen Vereinigung genannt. Es wurde beschlossen, zunächst noch weitere Kreise für die Sache zu interessieren, und daher ein gemeinsames, von zwanzig anwesenden Mathematikern unterzeichnetes Zirkular (*Heidelberger Aufruf*) verfaßt, in dem die deutschen Mathematiker zum Besuch der nächsten Naturforscherversammlung in Bremen aufgefordert wurden; dort sollte über die Gründung einer Vereinigung deutscher Mathematiker beraten werden. CANTOR wurde mit der Versendung des Rundschreibens beauftragt.[11] Der Protokollführer DYCK hatte es übernommen, vom Protokoll und Zirkular Abschriften anzufertigen sowie ein Verzeichnis der Mathematiker an den deutschen Hochschulen zusammenzustellen.[12]

Der Gedanke einer Vereinigung der deutschen Mathematiker war nicht neu. Im April 1873 hatte zum ersten Mal eine Mathematikerversammlung in Göttingen stattgefunden, an der 52 Personen teilgenommen hatten.[13] Diese Versammlung war maßgeblich von FELIX KLEIN geplant und organisiert worden. Die Vorbereitung dieser Versammlung hatte unter dem Zeichen von Streitigkeiten zwischen der Mathematikergruppe um die in Deutschland führenden Berliner Mathematiker LEOPOLD KRONECKER, ERNST EDUARD KUMMER sowie KARL WEIERSTRAß und der Mathematikergruppe um den Göttinger Mathematiker ALFRED CLEBSCH gestanden – die Berliner Mathematiker lehnten die von CLEBSCH angewandten geometrisch-anschaulichen Methoden ab und bezweifelten die mathematische Exaktheit seiner Arbeiten. Nach dem Tod von CLEBSCH im Jahr 1872 wurde dies kritische Urteil vor allem auf dessen Schüler KLEIN übertragen, der bald die führende Rolle unter den Schülern CLEBSCHS übernommen hatte, und es entwickelte sich ein mit großer Verbissenheit geführter Kampf um die wissenschaftliche Vorherrschaft in der deutschen Mathematik sowie um den mathematischen Publikations-

[11] Für den *Heidelberger Aufruf* vgl. Gutzmer, *Geschichte* (wie Anm. 3), S. 24ff.

[12] Archiv der Deutschen Mathematiker-Vereinigung (im folgenden DMVA): W. Dyck an G. Cantor, 23.9.1889. Die Gründungsakten der DMV sind inzwischen an das Universitätsarchiv Freiburg übergegangen und haben die Signatur E4/1.

[13] Gutzmer, *Geschichte* (wie Anm. 3), S. 19ff.

und Stellenmarkt.[14] Diese Streitigkeiten hatten auch dazu geführt, daß KLEINS ambitionierter Plan einer Mathematikervereinigung in den 1870er Jahren gescheitert war und die nächste für 1875 geplante Mathematikerversammlung in Würzburg 1874 von KLEIN und dem Leipziger Mathematiker ADOLPH MAYER abgesagt werden mußte.[15]

Nach der Heidelberger Tagung reiste DYCK nach Göttingen, wo er mit seinem ehemaligen Lehrer KLEIN zusammentraf. DYCK hatte nicht nur an der TH München und an der Universität Leipzig bei KLEIN studiert, sondern war mehrere Jahre sein Assistent gewesen. KLEIN hatte die organisatorischen Fähigkeiten seines Schülers und Assistenten DYCK außerordentlich schätzen gelernt, als dieser ihn 1882/83 nach einem gesundheitlichen Zusammenbruch bei der Leitung des Mathematischen Instituts in Leipzig vertreten hatte. KLEIN konnte nach DYCKS Berufung an die TH München im Jahr 1884 nicht lange auf dessen Unterstützung für seine weitreichenden organisatorischen Pläne verzichten – und so war DYCK 1887 in die Redaktion der *Mathematischen Annalen* aufgenommen worden, um KLEIN bei der Redaktionsarbeit zu entlasten.[16]

Bei DYCKS und KLEINS Zusammentreffen in Göttingen kamen natürlich auch die Heidelberger Beratungen zur Sprache. KLEIN hatte zu dem Vorschlag CANTORS, eine Mathematikervereinigung zu gründen, ein gespaltenes Verhältnis. Einerseits machte er im Gespräch mit DYCK Vorschläge zu den Aufgaben der Vereinigung[17], andererseits war er wegen seines gescheiterten Versuchs, in den 1870er Jahren selbst eine Mathematikervereinigung zu gründen, sehr skeptisch. Außerdem befürchtete KLEIN, daß auf der Naturforscherversammlung in Bremen durch den Einfluß der Berliner Mathematiker Beschlüsse gefaßt würden, die eine "unheilvolle Concentration unserer Wissenschaft bezwecken" könnten. Er drängte daher darauf, daß alle Ma-

---

[14] Felix Klein, *Vorlesungen über die Entwicklung der Mathematik im 19. Jahrhundert, Teil 1.* Berlin 1926, S. 297. Vgl. auch Gert Schubring, *Königsberger vs. Berliner Schule: Kämpfe um Gauß' Lehrstuhl in Göttingen.* Unpubliziertes Manuskript.

[15] Die (für 1875) projectirte Mathematikerversammlung in Würzburg. *Zeitschrift für mathematisch-naturwissenschaftlichen Unterricht* 6 (1875), S. 428.

[16] Für eine Biographie über Walther (von) Dyck, die seine Rolle als einer der einflußreichsten bayerischen Wissenschaftsorganisatoren beleuchtet, vgl. Ulf Hashagen, *Walther von Dyck (1856-1934). Mathematik, Technik und Wissenschaftsorganisation an der TH München.* Dissertation Ludwig-Maximilians-Universität München, in Vorbereitung.

[17] DMVA: W. Dyck an G. Cantor, 12.10.1889.

thematiker der CLEBSCH-Schule nach Bremen reisen sollten, um durch ihre "bloße Zahl" derartige Beschlüsse zu verhindern.[18]

Nachdem CANTOR den *Heidelberger Aufruf* an die an deutschen Hochschulen tätigen Mathematiker versandt hatte, passierte zunächst nicht sehr viel. Im April 1890 versandte CANTOR auch das in Heidelberg verfaßte Protokoll[19], und im Mai 1890 forderte er die Unterzeichner des *Heidelberger Aufrufs* auf, ihre Auffassungen über die Aufgaben, Ziele und Organisation der Mathematikervereinigung darzulegen. Der Tenor der Antwortbriefe war für CANTOR, der mit der von ihm geplanten Vereinigung weitreichende internationale Pläne verfolgte, insgesamt wenig ermutigend.

Nach Ansicht von KÖNIGSBERGER, des Vorsitzenden der Heidelberger Versammlung, sollte der Sache in keiner Weise vorgegriffen werden, sondern alles der mündlichen Besprechung in Bremen überlassen werden. Von den meisten anderen Unterzeichnern des *Heidelberger Aufrufs* kamen entweder gar keine Antwortbriefe oder aber Zusagen ohne weitere Vorschläge für die zu gründende Mathematikervereinigung.[20] Ausführliche Antworten erhielt CANTOR bis Mitte Juni nur von MAX NOETHER (Erlangen), THEODOR REYE (Straßburg) und ERNST SCHRÖDER (Karlsruhe) und von den vier Münchener Mathematikern BURMESTER, DYCK, PRINGSHEIM UND VOSS. NOETHER und REYE waren auf jeden Fall gegen eine Trennung der Mathematikervereinigung von der *GDNuÄ* und wollten über die persönliche und wissenschaftliche Bekanntschaft der einzelnen Mathematiker hinaus für ein attraktiveres Programm auf den Naturforscherversammlungen sorgen.[21] SCHRÖDER forderte ein mathematisches "Auskunftbureau" und die Gründung einer mathematischen "Universalbibliothek".[22]

Eine Ausnahme unter den Reaktionen der Unterzeichner des *Heidelberger Aufrufs* bildete der gemeinsame Brief der vier Münchener Mathematiker, der auf Initiative DYCKS entstanden war und in dem ausführlich zu Organisation, Zielen und Aufgaben der Vereinigung Stellung genommen wurde: Die Mathematikerversammlung sollte nicht von der *GDNuÄ* getrennt werden, aber

---

[18] Renate Tobies u. David E. Rowe (Hrsg.), *Korrespondenz Felix Klein — Adolph Mayer: Auswahl aus den Jahren 1871-1907.* Leipzig, 1990, S. 175f.

[19] Purkert u. Ilgauds, *Georg Cantor* (wie Anm. 2), S. 211.

[20] DMVA: C. Köhler an G. Cantor, 12.5.1890; L. Heffter an G. Cantor, 13.5.1890; G. Cantor an W. Dyck, 15.6.1890.

[21] DMVA: M. Noether an G. Cantor, 12.5.1890. T. Reye an G. Cantor, 30.5.1890.

[22] DMVA: E. Schröder an G. Cantor, 19.5.1890.

in Bremen sollte diskutiert werden, ob die Vereinigung nicht nach Art der *Société mathématique de France* einen "allgemeineren Charakter" erhalten sollte. Der Schwerpunkt der Mathematikerversammlungen sollte im "gegenseitigen Sichkennenlernen" liegen. Weiter sollten die Sitzungen der mathematischen Sektion durch Überblicksvorträge eine Bereicherung erfahren, während Vorträge über Spezialgebiete reduziert werden sollten. Zusätzlich wurde noch die Unterstützung des *Jahrbuchs über die Fortschritte der Mathematik*, die Ausarbeitung von Vorschlägen für eine gemeinsame Examensordnung der Mathematiker, die Publikation der auf den Versammlungen vorgetragenen Überblicksdarstellungen und die Beteiligung ausländischer Mathematiker genannt.[23] Der Münchener Vorschlag spielte bei den folgenden Diskussionen eine maßgebliche Rolle, da CANTOR diese Vorschläge anderen Mathematikern mitteilte und zur Diskussion stellte.[24] Außerdem hatte DYCK an KLEIN eine Abschrift gesandt.[25]

KLEIN selbst war seit April 1890 sehr aktiv und versuchte mit ihm befreundete Mathematiker zu überzeugen, möglichst zahlreich nach Bremen zu kommen[26], bemühte sich dabei aber, möglichst im Hintergrund zu bleiben. Seit Mai 1890 korrespondierte er auch mit CANTOR über die mathematische Vereinigung. KLEIN verfolgte eher die vorsichtige Politik und hatte nur das Ziel, "etwas mehr Zusammenhalt" unter die deutschen Mathematiker zu bringen: Man solle zunächst keine "großen Organisationspläne" beraten, sondern auf eine gut besuchte Bremer Versammlung hinarbeiten. Statt sich sofort von der Naturforscherversammlung abzulösen, wollte KLEIN in Bremen ein Komitee wählen, welches die Versammlung 1891 in Halle möglichst selbständig vorbereiten könnte. KLEINS Gedanken kreisten vor allem um die "Personenfrage", da er befürchtete, daß in Bremen alles zum "grösseren Ruhm Berlins zurecht geschnitten" würde. Daher schlug er für den Vorstand CANTOR, KRONECKER, den Hamburger Mathematiklehrer HERMANN CÄSAR HANNIBAL SCHUBERT, DYCK, KÖNIGSBERGER sowie den zur CLEBSCH-Schule zählenden Freiburger Mathematiker JAKOB LÜROTH

---

[23] DMVA: W. Dyck, L. Burmester, A. Voss und A. Pringsheim an G. Cantor, 6.6.1890.

[24] DMVA: L. Königsberger an G. Cantor, 16.6.1890. E. Lampe an G. Cantor, 25.6. 1890. F. Klein an G. Cantor, 12.6.1890.

[25] Niedersächsische Staats- und Universitätsbibliothek Göttingen (im folgenden NSUB) Nachlaß F. Klein VIII, Nr. 680: W. Dyck an F. Klein, 7.6.1890.

[26] NSUB Nachlaß F. Klein XII, Nr. 494: F. Klein an P. Gordan, 24.4.1890. NSUB Math. Arch. 77, Nr. 206: F. Klein an A. Hurwitz, 16.5.1890. NSUB Nachlaß F. Klein VIII, Nr. 680: W. Dyck an F. Klein, 7.6.1890.

vor. Damit plante KLEIN, den Einfluß der Berliner Mathematiker stark zu
beschränken, denn nur KRONECKER und KÖNIGSBERGER gehörten zu dieser
Gruppe.[27]
Die Berliner Mathematiker zeigten wenig Interesse an der Mathematikerversammlung und verhielten sich fast gänzlich "zurückhaltend und zwei-
felnd"[28] – der Zeitpunkt der Naturforscherversammlung zur besten Urlaubs-
zeit im Süden, wie auch die ungünstige geographische Lage Bremens wurden als Entschuldigungen für die Absagen angegeben.[29] Auch von anderen
Mathematikern, die CANTOR anschrieb, erhielt er fast ausschließlich Absagen, obwohl die Mathematikervereinigung teilweise positiv gesehen wurde.[30]

Im Sommer 1890 war CANTOR so sehr entmutigt über die Reaktion der Teil-
nehmer der Heidelberger Naturforscherversammlung, daß er die ganze Angelegenheit sogar aufgeben wollte.[31] DYCK versuchte in der Folge CANTOR
sowie die ebenfalls zweifelnden Münchener Mathematiker zu überzeugen,
daß man das Unternehmen auf jeden Fall durchführen müsse. Er wandte sich
mit Erfolg an verschiedene Mathematiker und bat sie, sich schriftlich über
die geplante Mathematikervereinigung zu äußern.[32]

DYCK argumentierte gegenüber CANTOR, daß es zunächst besser sei, sich
der Naturforscherversammlung anzuschließen, weil die Vorbereitungen für
die Zusammenkünfte dadurch wesentlich vereinfacht würden. Außerdem
betonte DYCK, daß die Mathematiker nur auf den Naturforscherversammlungen in wissenschaftlichen und persönlichen Kontakt zu den Physikern
kommen könnten – ein Punkt, auf den DYCK sehr viel Wert legte. Allerdings
sollte man sich in zwei Punkten von der Naturforscherversammlung trennen:
Erstens sollten alle Mathematiker, unabhängig vom Besuch der jeweiligen
Jahresversammlung, an der Sektion beziehungsweise Vereinigung beteiligt
werden; zweitens sollten die wissenschaftlichen Referate in einer eigenen
Fachzeitschrift veröffentlicht werden. DYCK dachte hier vor allem taktisch,
da er es für aussichtslos hielt, sofort eine unabhängige mathematische Vereinigung zu gründen:

---

[27] DMVA: F. Klein an G. Cantor, 14.5.1890, 6.6.1890, 12.6.1890 und 18.6.1890.

[28] DMVA: E. Lampe an G. Cantor, 3.6.1890.

[29] DMVA: G. Hettner an G. Cantor, 18.7.1890. L. Kronecker an G. Cantor, 27.6.1890.

[30] DMVA: A. Brill an G. Cantor, 27.7.1890. J. Lüroth an G. Cantor, 20.7.1890.

[31] NSUB Nachlaß F. Klein VIII, Nr. 681 bis 682a: W. Dyck an F. Klein, 22.6.1890,
30.6.1890 u. 20.7.1890.

[32] DMVA: W. Dyck an G. Cantor, 29.7.1890. DMVA: E. Papperitz an G. Cantor,
25.8.1890. J. M. Krause an G. Cantor, 4.9.1890.

"Ob aber diese Gründe mit der Zeit die Herbeiführung einer völlig für sich bestehenden 'Deutschen mathematischen Gesellschaft' mit eigener Zeitschrift als das zu Erstrebende erscheinen laßen, wird sich wol erst aus der nächstfolgenden Entwicklung der ganzen Sache, der zustimmenden, ablehnenden, indolenten Haltungen der einzelnen Gruppen entscheiden laßen."[33]

Trotzdem befand sich DYCK wegen der Bremer Versammlung in "großer Depression", zu der vor allem Gespräche mit seinem Münchener Kollegen VOSS beigetragen hatten, der eine "neue Spaltung der deutschen Mathematik" und ein "Fiasco der ganzen Unternehmung" befürchtete. DYCK selber sah zwar nicht so schwarz, aber er betonte Mitte August gegenüber KLEIN, daß es wesentlich darauf ankommen würde, wer in die Kommission zur Vorbereitung der nächsten Tagung in Halle gewählt werden würde.[34]

Bis zum Beginn der Bremer Versammlung versuchte CANTOR, DYCK immer wieder von seinen weitergehenden Plänen zu überzeugen, während DYCK immer wieder vorbrachte, daß man sich wegen des Desinteresses der meisten Mathematiker und wegen der Gefahr des Scheiterns zunächst einmal an die Naturforscherversammlung anlehnen sollte, um erst später eine selbständige Vereinigung zu gründen.[35]

Die Gründungstagung der DMV in Bremen

Der Besuch der Bremer Naturforscherversammlung im September 1890 durch Mathematiker fiel relativ bescheiden aus. Nur 37 Mitglieder schrieben sich für die Sektion für Mathematik und Astronomie ein,[36] von denen 33 während der Versammlung die *Bremer Beschlüsse* zur Gründung einer deutschen Mathematikervereinigung unterzeichneten. Analysiert man die Liste der Unterzeichner, so stellt sich heraus, daß nicht nur die Anzahl der Unterzeichner enttäuschend war: Von den zwanzig Unterzeichnern des *Heidelberger Aufrufs* waren nur sechs nach Bremen gekommen. Von den zwanzig deutschen Universitäten waren nur fünf durch einen Ordinarius für Mathe-

---

[33] DMVA: W. Dyck an G. Cantor, 29.7.1890.

[34] NSUB Nachlaß F. Klein VIII, Nr. 684: W. Dyck an F. Klein, 13.8.1890.

[35] DMVA: W. Dyck an G. Cantor, 16.8.1890, 28.8.1890 u. 3.9.1890. Vgl. auch NSUB Nachlaß F. Klein VIII, Nr. 685: W. Dyck an F. Klein, 28.8.1890.

[36] DMVA: Protokoll der Sektion für Mathematik und Astronomie der 63. Naturforscher-Versammlung.

matik vertreten – GEORG CANTOR (Halle), PAUL GORDAN (Erlangen), FELIX
KLEIN (Göttingen), ADOLPH MAYER (Leipzig) und HEINRICH WEBER
(Marburg). Von der führenden Berliner Universität war nur der schon über
siebzigjährige Titularprofessor REINHOLD HOPPE gekommen, während
WEIERSTRAß durch Krankheit, sowie KRONECKER und weitere Kollegen
durch Ferienreisen verhindert waren.[37] Von den Universitäten besuchten
noch ein außerordentlicher Professor sowie sechs Privatdozenten die Naturforscherversammlung in Bremen – auch hierunter war keiner von der Berliner Universität. Dagegen waren fast alle Technischen Hochschulen, die Ber-
gakademie in Freiberg und die Akademie in Münster durch insgesamt drei-
zehn Professoren auf der Versammlung vertreten. Die übrigen sieben Unterzeichner waren ein Astronom und sechs Lehrer von höheren Lehranstalten.[38]
Positiv war demgegenüber, daß eine größere Zahl von Mathematikern, die
nicht in Bremen waren, der Gründung einer mathematischen Vereinigung
positiv gegenüberstanden: So hatte auch KRONECKER vom Gardasee ein
Telegramm an die mathematische Sektion gesandt.[39]

Auf der ersten Sektionssitzung berichtete CANTOR über den *Heidelberger
Aufruf* und verlas Briefe von REYE, NOETHER, LÜROTH, KRAUSE,
KRONECKER und WEIERSTRAß.[40] Während einer weiteren Sitzung wurden
CANTOR, DYCK und KLEIN in die Kommission zur Beratung von definitiven
Organisationsvorschlägen gewählt.[41] DYCK verfaßte das Protokoll über die
in der Sitzung angenommenen Vorschläge *(Bremer Beschlüsse)*. In den
Vorstand wurden CANTOR, DYCK, EMIL LAMPE (TH Berlin), SCHUBERT
sowie der in Bremen nicht anwesende REYE gewählt.[42]

---

[37] DMVA: K. Weierstraß an G. Cantor, 6.9.1890 u. 14.9.1890.

[38] R. Tobies hat die These aufgestellt, daß die Gründung der *DMV* „von den bedeutendsten deutschen Mathematikern getragen wurde", weil mit F. Klein, H. Weber, D. Hilbert, H. Minkowski und C. Runge „maßgebliche Vertreter der Göttinger Schule„ in
Bremen anwesend waren (Tobies, *Mathematiker-Vereinigung* (wie Anm. 5), S. 41);
dies scheint aus heutiger Sicht zwar zunächst richtig, berücksichtigt aber nicht, daß diese Mathematiker zum größten Teil noch junge Privatdozenten waren bzw. zu dieser
Zeit keine führende Stellung innerhalb der deutschen Mathematikerschaft hatten.

[39] DMVA: Telegramm von L. Kronecker.

[40] DMVA: Protokoll der 1. Sitzung der Sektion für Mathematik und Astronomie,
15.9.1890.

[41] DMVA: Protokoll der 3. Sitzung der Sektion für Mathematik und Astronomie,
16.9.1890.

[42] DMVA: Protokoll der 5. Sitzung der Sektion für Mathematik und Astronomie,
18.9.1890.

Die *Bremer Beschlüsse* lehnten sich stark an die von DYCK, KLEIN und auch anderen Mathematikern geäußerten Vorstellungen an. Man hatte beschlossen, den Plan einer "Vereinigung der deutschen Mathematiker" im Anschluß an die *GDNuÄ* zu verwirklichen. Die Jahresversammlungen sollten wissenschaftlich eingehender vorbereitet werden; auf der Jahresversammlung sollten eine Eröffnungsrede und Überblicksreferate gehalten werden.[43]

Nach der Tagung in Bremen übernahm DYCK durch eine Verabredung mit CANTOR die Kasse, das Archiv und das Amt des Schriftführers der mathematischen Vereinigung.[44] DYCKS Initiative und Organisationstalent ließen ihn bald zu einer der führenden Persönlichkeiten im Vorstand der mathematischen Vereinigung werden.

DYCK hatte die Aussichten der mathematischen Vereinigung schon Mitte Oktober 1890 als sehr gut eingeschätzt. Dazu hatte vor allem beigetragen, daß sich sogar die führenden deutschen Mathematiker, deren Ablehnung man gefürchtet hatte, sehr positiv zu der mathematischen Vereinigung gestellt hatten: So hatte KRONECKER DYCK auf der Rückreise vom Gardasee in München besucht und sich sehr befriedigt über die Pläne zur Gründung einer mathematischen Vereinigung geäußert, und auch der Leipziger Mathematiker CARL NEUMANN war nach einem Besuch von CANTOR der Vereinigung beigetreten.[45]

Ende Dezember 1890 begann DYCK ein von CANTOR entworfenes Zirkular zu versenden, um möglichst viele deutsche Mathematiker zum Beitritt zur *DMV* zu bewegen.[46] DYCK hatte die undankbare Aufgabe übernommen, eine Liste aller deutschen Mathematiker und der zugehörigen Adressen zusammenzustellen; im ganzen wurden ungefähr 500 Personen angeschrieben.[47] Im Juni 1891 waren mehr als 200 Mitglieder der *DMV* beigetreten, zu denen mit FROBENIUS, FUCHS, KRONECKER und WEIERSTRAẞ auch führende Vertreter der Berliner Schule gehörten.[48]

---

[43] Zitiert nach den *Bremer Beschlüssen*; vgl. Gutzmer, *Geschichte* (wie Anm. 3), S. 26ff..

[44] DMVA: W. Dyck an Vorstandsmitglieder, 4.10.1890.

[45] NSUB Nachlaß F. Klein VIII, Nr. 687: W. Dyck an F. Klein, 12. u. 14.10.1890.

[46] NSUB Nachlaß F. Klein VIII, Nr. 692: W. Dyck an F. Klein, 26.12.1890.

[47] Universitätsbibliothek Leipzig Nachlaß A. Mayer: W. Dyck an A. Mayer, 17.1.1891.

[48] Mitglieder-Verzeichnis der Deutschen Mathematiker-Vereingung nach dem Stande vom 1. Juni 1891. *Jahresbericht der Deutschen Mathematiker-Vereinigung* 1 (1892), S. 15-20. Vgl. dazu auch Michael Toepell, *Mitgliedergesamtverzeichnis der Deutschen Mathematiker-Vereinigung 1890-1990*. München 1991.

Nach der Versendung der Zirkulare war der Vorstand vor allem mit der Vorbereitung der Tagung in Halle beschäftigt. Ende Februar 1891 schlug CANTOR seinen Vorstandskollegen vor, KRONECKER die Eröffnungsrede anzutragen sowie KLEIN, FRANZ MEYER (Freiberg) und SCHUBERT um ein Überblicksreferat zu bitten.[49] KLEIN war sich allerdings nicht sicher, ob er tatsächlich in Halle vortragen sollte, da er fürchtete, eine "*zu* hervorragende Beteiligung" an der *DMV* erkennen zu lassen.[50] Die Erinnerungen an das gescheiterte Projekt einer mathematischen Vereinigung in den 1870er Jahren sowie der Gegensatz zwischen den Berliner Mathematikern und der CLEBSCH-Schule scheinen aber nicht nur KLEINS Denken bestimmt zu haben: So lehnte es MAX NOETHER aus "politischen" Gründen ab, einen Übersichtsvortrag zu halten.[51]

Bei dem Vorschlag CANTORS, KRONECKER die Eröffnungsrede halten zu lassen, scheinen bei CANTOR sowohl taktische Gründe als auch persönliche Motive eine Rolle gespielt zu haben. Es war natürlich unabdingbar, die Berliner Mathematiker in die mathematische Vereinigung einzubinden, da sie unzweifelhaft die führende Rolle unter den Mathematikern Deutschlands spielten. Im Rundschreiben an die Vorstandsmitglieder nannte CANTOR neben KRONECKER auch WEIERSTRAß und NEUMANN als mögliche Vertreter der Mathematiker im Vorstand der *GDNuÄ*.[52] Da das Verhältnis zwischen CANTOR und KRONECKER sehr gespannt war, und CANTOR sich durch KRONECKER in seiner wissenschaftlichen Stellung geschädigt fühlte, hatte CANTOR gehofft, daß sich sein Verhältnis zu KRONECKER verbessern würde und daß KRONECKER die Angriffe gegen seine mathematischen Arbeiten einstellen würde. Als KRONECKER dies dann nicht tat, war CANTOR äußerst erbittert.[53]

DYCK opponierte gegen die Idee, KRONECKER allein die Eröffnungsrede halten zu lassen: Er sei zwar dafür, KRONECKER um einen Vortrag über ein "allgemein intereßantes Thema" zu bitten, aber CANTOR müsse mit einer

---

[49] DMVA: G. Cantor an Vorstandsmitglieder, 24.2.1891.

[50] NSUB Nachlaß F. Klein VIII, Nr. 695: W. Dyck an F. Klein, 31.1.1891.

[51] NSUB Nachlaß F. Klein VIII, Nr. 702: W. Dyck an F. Klein: 30.3.1891. DMVA: M. Noether an W. Dyck, 26.3.1891 u. 27.3.1891 sowie G. Cantor an Vorstandsmitglieder, 24.3.1891.

[52] DMVA: G. Cantor an Vorstandsmitglieder, 24.2.1891.

[53] Purkert u. Ilgauds: *Georg Cantor* (wie Anm. 2), S. 216f.; vgl. auch NSUB Nachlaß G. Cantor, Nr. 17, S. 74f.: G. Cantor an G. Mittag-Leffler, 5.9.1891.

einleitenden Rede beginnen, die insbesondere "speciell die Ziele, Wünsche und bisherigen Unternehmungen" einer Mathematikervereinigung behandeln solle. Dieser "Stiftungsrede" könne sich dann die Rede von KRONECKER direkt anschließen.[54]

CANTOR bestand trotzdem darauf, KRONECKER die Eröffnungsrede anzutragen, auch wenn er DYCK das Zugeständnis machte, vor der Rede KRONECKERS selbst eine "mehr geschäftliche Rede" zu halten.[55] KRONECKER sagte zwar zu, die Eröffnungsrede zu halten, konnte dann aber wegen des Todes seiner Frau nicht kommen.[56] Er schickte CANTOR auf dessen Bitte einen Brief mit seinen Ansichten über die Mathematikervereinigung, den CANTOR auf der Versammlung in Halle verlas.[57]

Neben der Vorbereitung der Tagung in Halle war der Vorstand der mathematischen Vereinigung noch sehr intensiv mit anderen organisatorischen Problemen beschäftigt. Bei diesen Problemen griff im Vorstand der Vereinigung hauptsächlich DYCK energisch ein, der über diese Fragen ausführlich mit KLEIN korrespondierte.

Auf die Initiative von DYCK ging es zurück, daß die mathematische Vereinigung auf ihrer Versammlung in Halle Statuten verabschiedete und damit eine selbständige *Deutsche Mathematiker-Vereinigung* konstituierte. DYCK hatte sich schon im Oktober 1890 ausführlich mit dem Problem befaßt, ob man der mathematischen Vereinigung eine feste Organisation und Statuten geben sollte.[58] Er setzte dies gegen den Widerstand der meisten anderen Vorstandsmitglieder durch und schuf mit seinem Entwurf für die Statuten die für die Zukunft wesentlichen formalen Grundlagen für das Bestehen und die Entwicklung der *DMV*.[59]

---

[54] DMVA: G. Cantor an Vorstandsmitglieder, 24.2.1891.

[55] DMVA: G. Cantor an Vorstandsmitglieder, 7.3.1891.

[56] NSUB Nachlaß G. Cantor Nr. 17, S. 131-132: G. Cantor an L. Kronecker, 24.8.1891.

[57] Leopold Kronecker, Auszug aus einem Briefe von L. Kronecker an Herrn Prof. G. Cantor. *Jahresbericht der Deutschen Mathematiker-Vereinigung* 1 (1892), S. 23-25. DMVA: Protokoll der Abteilung für Mathematik der Gesellschaft deutscher Naturforscher und Ärzte, 22.9.1891. NSUB Nachlaß G. Cantor Nr. 17, S. 85f.: G. Cantor an L. Kronecker, 20.9.1891.

[58] NSUB Nachlaß F. Klein VIII, Nr. 688: W. Dyck an F. Klein, 1.11.1890.

[59] DMVA: G. Cantor an Vorstandsmitglieder, 24.3.1891, 17.4.1891 u. 31.5.1891. W. Dyck an Vorstandsmitglieder, 11.4.1891.

Die Tagung der *DMV* in Halle

Die Mathematikervereinigung wurde vom Berliner Establishment weiterhin mit Mißtrauen beobachtet, und KLEIN wurde verdächtigt, doch wieder hinter diesem Unternehmen zu stecken. So schrieb der Greifswalder Mathematiker WILHELM THOMÉ an CANTOR, daß er aus Abneigung gegen die "KLEINsche Mache" nicht zur Versammlung in Halle kommen würde.[60] Auch DYCK scheint vor der Versammlung in Halle befürchtet zu haben, daß ein nach außen hin zu sichtbarer Kontakt zu KLEIN für seine Stellung in der Mathematikervereinigung schädlich sein könnte. Als KLEIN ihn einlud, vor der Versammlung in Halle nach Göttingen zu kommen, um sich über das gemeinsame Vorgehen in Halle abzusprechen, antwortete er KLEIN:

> "Ist es nicht vielleicht beßer, wenn man weiß, daß wir *nicht* vorher persönlichen Bezug in den Hallenser Angelegenheiten genommen haben? Wir verständigen uns glaube ich ziemlich von selbst oder doch mit wenigen Worten über die wünschenswerten Punkte."[61]

Trotz dieser schlechten Vorzeichen verlief die Versammlung in Halle glänzend, und sowohl KLEIN als auch DYCK waren mit dem Verlauf der Versammlung und der weiteren Entwicklung der Vereinigung äußerst zufrieden.[62]

Die Beteiligung an der Versammlung in Halle war fast doppelt so hoch wie die an der Bremer Versammlung im letzten Jahr. CANTOR hielt in der ersten Sitzung der ersten Sektion der *GDNuÄ* vor sechzig Mathematikern und Astronomen seine Eröffnungsrede. Zu Beginn der zweiten Sitzung berichtete CANTOR über eingegangene Arbeiten von nicht anwesenden Mathematikern und las Teile aus dem Brief von KRONECKER vor. Neben den Überblicksreferaten von KLEIN und MEYER wurde noch eine größere Zahl wissenschaftlicher Spezialvorträge gehalten. [63]

Auch die geschäftlichen Verhandlungen der mathematischen Vereinigung verliefen ohne größere Probleme. Die vom Vorstand ausgearbeiteten Statu-

---

[60] Purkert u. Ilgauds, *Georg Cantor* (wie Anm. 2), S. 126.
[61] NSUB Nachlaß F. Klein VIII, Nr. 712: W. Dyck an F. Klein, 17.8.1891.
[62] NSUB Math. Arch. 77, Nr. 220: F. Klein an A. Hurwitz, 29.9.1891. Universitätsbibliothek Leipzig, Nachlaß A. Mayer: W. Dyck an A. Mayer, 3.10.1891.
[63] DMVA: Protokolle der Sitzungen der Abteilung für Mathematik und Astronomie der 64. Versammlung der GDNuÄ, 21. bis 24.9.1891.

ten und die Geschäftsordnung wurden mit einigen Änderungen, deren Formulierung aber dem Vorstand überlassen blieb, angenommen, so daß schließlich eine selbständige *Deutsche Mathematiker-Vereinigung* konstituiert wurde, die jährlich zusammen mit der ersten Sektion der *GDNuÄ* tagte.[64]

Der Vorstand der Vereinigung erklärte nach Abschluß dieser geschäftlichen Verhandlungen seinen Rücktritt und nannte der Versammlung für die Neuwahlen KRONECKER und GORDAN. In den vorher beschlossenen Statuten war festgelegt, daß auf der Jahresversammlung ein Vorstand von sechs Mitgliedern zu wählen sei, die drei Jahre im Amt bleiben sollten und von denen alljährlich zwei ausscheiden sollten. KLEIN schlug – wie zufällig – der Versammlung vor, den alten Vorstand unter Hinzufügung von KRONECKER und GORDAN neu zu wählen. Da REYE, wie CANTOR der Versammlung mitteilte, nicht wieder gewählt werden wollte, standen gerade sechs Kandidaten zur Wahl, die alle gewählt wurden.[65] Der neu gewählte Vorstand wählte wiederum CANTOR zum Vorsitzenden und DYCK zum Schriftführer der *DMV*.

Alles war ungewöhnlich glatt verlaufen – und mit ziemlicher Sicherheit von KLEIN und DYCK abgesprochen und gesteuert worden. Die Wahl von KRONECKER war natürlich ein wesentlicher Fortschritt für die Vereinigung, da man damit einen der beiden führenden Berliner Mathematiker in die Arbeit der *DMV* einband. KLEIN konnte mit dem neuen Vorstand sehr zufrieden sein, da neben seinem Schüler DYCK mit GORDAN auch ein Mitglied der CLEBSCH-Schule im Vorstand saß.

Die nächste Versammlung sollte zusammen mit der ersten Sektion der *GDNuÄ* 1892 in Nürnberg abgehalten werden. Für die Tagung wurden auf Initiative von KLEIN und DYCK verschiedene Referate über angewandte bzw. reine Mathematik vorgeschlagen; DYCK machte weiterhin den Vorschlag, mit der Tagung in Nürnberg eine Modellausstellung zu verbinden.

---

[64] Statuten und Geschäftsordnung der Deutschen Mathematiker-Vereinigung. *Jahresbericht der Deutschen Mathematiker-Vereinigung* 1 (1892), S. 12-14.
[65] DMVA: Protokoll der geschäftlichen Sitzung der Deutschen Mathematiker-Vereinigung, 24.9.1891.

Vorsitzender gegen Schriftführer: Die Absage der Nürnberger Versammlung

Nach der Tagung in Halle kam auf den wiedergewählten Schriftführer DYCK sofort wieder neue Organisationsarbeit zu. Er war damit beschäftigt, die Protokolle der geschäftlichen Sitzungen in Halle, die Statuten und die Geschäftsordnung für den Vorstand auszuarbeiten und sich um die Vorbereitung der Modellausstellung zu kümmern.[66] Während CANTOR und die übrigen Vorstandsmitglieder der *DMV* keinerlei Interesse an der von DYCK vorgeschlagenen Ausstellung zeigten[67], war DYCK bald fast nur noch mit der mühevollen Planung und Organisation der Ausstellung beschäftigt.

DYCK plante eine Modellausstellung im größeren Rahmen, aber seine Hoffnungen auf eine allseitige Beteiligung der deutschen Mathematiker wurden enttäuscht, da der zur Gruppe der Berliner Mathematiker gehörende Direktor des Göttinger Mathematischen Instituts, HERMANN AMANDUS SCHWARZ, eine Beteiligung an der Ausstellung ausschlug. SCHWARZ stand der *DMV* ablehnend gegenüber und war im Gegensatz zu anderen führenden Vertretern der Berliner Schule bisher nicht Mitglied geworden.[68] Die Situation wurde sicherlich dadurch erschwert, daß nach dem Tod von Kronecker im Dezember 1891 keiner der Berliner Mathematiker im Vorstand der *DMV* war. Der Vorstand ergänzte sich im März 1892 auf Vorschlag von DYCK durch die Wahl von REYE.[69]

Ende August 1892 wurde die für September geplante Naturforscherversammlung in Nürnberg in Frage gestellt, weil in Deutschland eine Choleraepidemie drohte.[70] Am 29. August 1892 schrieb DYCK an die Vorstandsmitglieder der *DMV* sowie an KLEIN, daß er auch bei einer Absage der Naturforscherversammlung dafür sei, die Tagung der *DMV* abzuhalten. DYCK dachte dabei auch an seine Ausstellung, die man wegen der großen Anzahl an Leihgaben aus dem In- und Ausland nicht so einfach verschieben konnte, und für die erhebliche Geldmittel eingesetzt worden waren.[71] CANTOR, der sich in der Schweiz in Interlaken befand, hatte daraufhin an DYCK geschrie-

---

[66] DMVA: W. Dyck an Vorstandsmitglieder, 5.10.1891.
[67] DMVA: W. Dyck an Vorstandsmitglieder, 14.3.1892.
[68] DMVA: G. Cantor an Vorstandsmitglieder, 27.11.1892.
[69] DMVA: W. Dyck an Vorstandsmitglieder, 14.3.1892.
[70] Walter Krehnke, *Der Gang der Cholera in Deutschland seit ihrem ersten Auftreten bis heute.* Berlin, 1937.
[71] NSUB Nachlaß F. Klein VIII, Nr. 736: W. Dyck an F. Klein, 29.8.1892.

ben, daß man die Versammlung der *DMV* auf jeden Fall abhalten sollte. CANTOR schrieb außerdem an DYCK, daß er erst am Abend des 1. September wieder in Flims erreichbar sei.[72]

Die Naturforscherversammlung wurde tatsächlich abgesagt, und DYCK telegraphierte deswegen am 31. August an GORDAN, KLEIN, LAMPE und CANTOR und bat sie um ihre Meinung. CANTOR, der sich inzwischen in Zürich aufhielt, versicherte am gleichen Tag den Züricher Mathematikern, daß die Versammlung der *DMV* stattfinden würde, ohne von dem Telegramm DYCKS zu wissen, das in Flims auf ihn wartete.[73] Am Morgen des 1. Septembers 1891 entschied DYCK sich "schweren Herzens" für die Absage der Versammlung und Ausstellung und telegraphierte dies an die anderen Vorstandsmitglieder[74], ohne die Antwort CANTORS auf sein erstes Telegramm abzuwarten.[75] DYCK hatte zuvor in Nürnberg telegraphisch angefragt, ob man dort damit einverstanden sei, die Versammlung der *DMV* und die Ausstellung trotzdem abzuhalten, woraufhin man ihm geantwortet hatte, daß man keine Versammlung der *DMV* wünsche.[76]

CANTOR ärgerte sich, daß die Absage der Versammlung ohne sein Wissen und gegen seinen Willen getroffen worden war, und fühlte sich durch DYCK gegenüber den übrigen Vorstandsmitgliedern und den Züricher Mathematikern bloßgestellt. Er schrieb an DYCK, daß die Züricher Mathematiker den Eindruck erhalten haben müßten, daß er im Vorstand der *DMV* "eine Null repräsentire, über deren Kopf hinweg die wichtigsten Entschlüsse gefaßt werden".[77] Der äußerst verärgerte DYCK sah das Verhalten CANTORS als eine der vielen Rücksichtslosigkeiten gegenüber ihm an und schrieb in großer Erregung an KLEIN:

> "Schließlich aber glaubt man sich berechtigt auch noch zu schimpfen, wenn ich mich hier über alles Maaß abhetze & abmühe & man unterdeßen sich in der Schweiz mit großen Posen herumtreibt! Ich kannte doch die Verhältniße die zur Absage gezwungen haben beßer als ir-

---

[72] NSUB Nachlaß F. Klein VIII, Nr. 740: W. Dyck an F. Klein, 7.9.1892.

[73] Purkert u. Ilgauds, *Georg Cantor* (wie Anm. 2), S. 217ff.

[74] NSUB Nachlaß F. Klein VIII, Nr. 737: W. Dyck an F. Klein, 1.9.1892.

[75] G. Cantor an W. Dyck, 7.9.1892, zitiert nach Purkert u. Ilgauds, *Georg Cantor* (wie Anm. 2), S. 217ff.

[76] NSUB Nachlaß F. Klein VIII, Nr. 740: W. Dyck an F. Klein, 7.9.1892.

[77] G. Cantor an W. Dyck, 7.9.1892, zitiert nach Purkert u. Ilgauds, *Georg Cantor* (wie Anm. 2), S. 217ff.

gend jemand anderer & bin gewiß nicht leicht darauf eingegangen, da
ich ja die ganze Arbeit verliere, nicht CANTOR etc."[78]

Auf DYCKS Vorschlag einigte sich der Vorstand der *DMV* schließlich darauf, die nächste Jahresversammlung zusammen mit der Modellausstellung
im September 1893 in München abzuhalten und getrennt von der Naturforscherversammlung zu tagen.[79] CANTOR und DYCK hatten sich Ende September 1892 zu einer Aussprache getroffen und DYCK hatte CANTOR überzeugen können, daß die Absage der Nürnberger Versammlung durch die Weige-
rung des Nürnberger Lokalkomitees verursacht worden war.[80]

Cantors Rücktritt aus dem Vorstand und die Jahresversammlung in München

Neben der für den September geplanten Ausstellung in München übernahm
DYCK im Herbst 1892 noch die Aufgabe, eine mathematische Ausstellung
für die deutsche Unterrichtsausstellung auf der Weltausstellung in Chicago
1893 vorzubereiten. Als DYCK dies den übrigen Vorstandsmitgliedern der
DMV Ende Dezember 1892 mitteilte, schrieb CANTOR an seine Vorstandskollegen, daß es ihm lieber gewesen wäre, wenn DYCK diesen Auftrag nicht
übernommen hätte: "So lange wir noch mit unseren eigenen Angelegenheiten
vollauf zu thun haben, lege ich auf die Betheiligung an fremden keinen
Werth." Diese Anmaßung CANTORS gegenüber DYCK ging aber den Vorstandsmitgliedern SCHUBERT und LAMPE zu weit und wurde sehr deutlich
zurückgewiesen.[81]

Wenig später kam es im Vorstand der *DMV* wieder zu Auseinandersetzungen zwischen CANTOR und DYCK. Der Streitpunkt war diesmal ein von
CANTOR geforderter Unterstützungsfonds für den Hallenser Mathematikprofessor EDUARD WILTHEIß, der nach einer Tumoroperation halbseitig gelähmt
und sprechunfähig war. CANTOR wollte im Rahmen der *DMV* einen Unter-

---

[78] NSUB Nachlaß F. Klein VIII, Nr. 740: W. Dyck an F. Klein, 7.9.1892.
[79] NSUB Nachlaß F. Klein VIII, Nr. 742: W. Dyck an F. Klein, 30.9.1892.
[80] DMVA: G. Cantor an Vorstandsmitglieder, 19.11.1892. Die bisher in der Literatur
geäußerte These (Purkert u. Ilgauds, *Georg Cantor* (wie Anm. 2), S. 126), es sei wegen der Auseinandersetzungen um die Absage der Nürnberger Versammlung zum
Rücktritt Cantors vom Vorsitz der *DMV* gekommen, ist nicht haltbar.
[81] DMVA: Rundschreiben von W. Dyck an Vorstandsmitglieder, 25.2.1892.

stützungsfonds für bedürftige Mathematiker gründen und dafür den Jahres-
beitrag erheblich erhöhen.[82] DYCK opponierte heftig gegen diesen Plan, der
sich seiner Meinung nach nicht in die Ziele der *DMV* einordnen würde und
den er in dieser Weise für undurchführbar hielt.[83]

Im Juni 1893 mußte DYCK den übrigen Vorstandsmitgliedern mitteilen, daß
er ihnen zwei Briefe von CANTOR vorzulegen habe, aus denen hervorgehen
würde, daß CANTOR "im Intereße seiner Gesundheit" aus dem Vorstand austreten und auch die Münchener Versammlung nicht mehr besuchen wolle:

> "Sogleich nach Empfang des ersten Briefes richtete ich an unseren
> Collegen die Bitte, doch noch bis zum Ende dieses Jahres den Vorsitz
> behalten zu wollen. Es tut mir sehr leid, daß ich, wie aus dem zweiten
> Briefe hervorgeht, den Entschluß unseres Collegen nicht zu ändern
> vermochte."[84]

DYCK schlug dann vor, "wenigstens nach Außen hin" bis zur Münchener
Versammlung nichts an der gegenwärtigen Zusammensetzung des Vorstandes zu ändern, womit sich die anderen Vorstandsmitglieder einverstanden
erklärten. Neben CANTOR erklärte auch SCHUBERT, daß er aus dem Vorstand der *DMV* austreten wolle, weil er keinen Urlaub nehmen könne, um
die nächsten Versammlungen zu besuchen.[85]

Aus den Dokumenten geht nicht hervor, was die tatsächlichen Beweggründe
CANTORS für seinen Rücktritt waren. Zwar scheint CANTOR, der seit 1884
an einer schubweise auftretenden manisch-depressiven Erkrankung litt[86], tatsächlich erkrankt gewesen zu sein, aber die Art und Schwere der Krankheit
lassen sich aus den Dokumenten nicht ablesen.[87] Im August 1893 befand
sich CANTOR in Friedrichroda und schrieb – nach einer nochmaligen Auffor-
derung DYCKS an der Versammlung in München teilzunehmen[88] – an die
Vorstandsmitglieder der *DMV*, daß er zwar mit dem Erfolg seiner Bade- und

---

[82] DMVA: Rundschreiben vom 13.11.1892, 27.11.1892 u. 5.12.1892.

[83] DMVA: W. Dyck an Vorstandsmitglieder, 12. u. 14.12.1892.

[84] DMVA: W. Dyck an Vorstandsmitglieder, 21.-24.6.1893.

[85] DMVA: Rundschreiben von W. Dyck an Vorstandsmitglieder, 21.-24.6.1893.

[86] Zu Cantors Krankheit vgl. Purkert u. Ilgauds, *Georg Cantor* (wie Anm. 2); Nathalie
Charraud, *Infini et inconscient: essai sur Georg Cantor*. Paris 1994.

[87] Cantor war schon einmal durch ein „fortgesetztes Unwohlsein" gehindert gewesen, die
geschäftlichen Verhandlungen der *DMV* zu leiten, und hatte sich dann auf eine Erho-
lungsreise begeben (DMVA: W. Dyck an Vorstandsmitglieder, 14.3.1892.).

[88] DMVA: W. Dyck an Vorstandsmitglieder, 19.8.1893.

Luftkur "den Umständen nach recht zufrieden sein" könne, aber an seinem Entschluß, nicht nach München zu kommen, festhalten würde. Als Grund gab CANTOR die Bitten seiner Familie und den plötzlichen Tod eines Schwagers an.[89] Auf der anderen Seite waren die Spannungen im Vorstand der *DMV* unübersehbar, und DYCK schrieb an KLEIN, daß er CANTORS Rücktritt nicht bedauern würde. Dagegen versuchte er SCHUBERT davon abzuhalten, aus dem Vorstand der *DMV* zurückzutreten.[90]

Die Jahresversammlung der *DMV* fand im September 1893 in der TH München statt, während die *GDNuÄ* eine Woche später in Nürnberg tagte. An der Münchener Versammlung nahmen 105 Mathematiker teil, von denen ein Fünftel aus dem Ausland kam.[91] Die Berliner Mathematiker hatten die Versammlung in München zum größten Teil boykottiert, aber auch viele der mit KLEIN und DYCK befreundeten Mathematiker (WEBER, LÜROTH, MAYER, LINDEMANN) waren nicht nach München gekommen.[92] REYE begrüßte an Stelle des "leider durch Krankheit am Erscheinen verhinderten" Vorsitzenden CANTOR die Versammlung und gab einen Überblick über die Tätigkeit der *DMV* in den letzten zwei Jahren.[93]

Nach zwei Jahren ohne Vorstandswahlen hätten eigentlich vier Vorstandsmitglieder ausscheiden müssen, aber man beschloß auf der Münchener Versammlung, daß das Jahr 1892 "für die Berechnung des Verweilens in der Vorstandschaft nicht in Betracht" käme. Da mit CANTOR und SCHUBERT schon zwei Vorstandsmitglieder ihren Rücktritt erklärt hatten, konnten die übrigen vier Vorstandsmitglieder DYCK, REYE, LAMPE und GORDAN alle ein weiteres Jahr im Vorstand bleiben. Bei der Wahl der neuen Vorstandsmitglieder waren nur 25 Mathematiker anwesend, die jeder zwei Stimmen hatten. Die Stimmenauszählung ergab 25 Stimmen für WEBER, 16 Stimmen für FROBENIUS, 7 Stimmen für HILBERT und jeweils eine Stimme für zwei weitere Mathematiker.[94] Damit waren – wie zufällig – genau die Mathematiker

---

[89] DMVA: Notiz von G. Cantor vom 22.8.1893 auf Rundschreiben von W. Dyck an Vorstandsmitglieder, 19.8.1893.

[90] NSUB Nachlaß F. Klein VIII, Nr. 771: W. Dyck an F. Klein, 28.7.1893. Zu Schuberts Reaktion vgl. DMVA: H. Schubert an Vorstandsmitglieder, o. D.

[91] Geschäftlicher Bericht. *Jahresbericht der Deutschen Mathematiker-Vereinigung* 3 (1894), S. 8-11.

[92] NSUB Nachlaß F. Klein VIII, Nr. 772: W. Dyck an F. Klein, 9.11.1893.

[93] Bericht über die Jahresversammlung zu München. 5.-9. September 1893. *Jahresbericht der Deutschen Mathematiker-Vereinigung* 3 (1894), S. 3-7.

[94] DMVA: Protokoll der geschäftlichen Sitzung vom 7.9.1893.

in den Vorstand gewählt worden, die KLEIN im August 1893 auch gegenüber HILBERT für die Wahl in den Vorstand vorgeschlagen hatte,[95] aber weder KLEIN, noch WEBER und FROBENIUS waren auf der Münchener Versammlung anwesend.

Der von KLEIN vorgesehene neue Vorstand der *DMV* kam aber dann doch nicht zustande, weil FROBENIUS die Wahl in den Vorstand ablehnte.[96] Der Schriftführer DYCK schrieb daraufhin einen privaten Brief an FROBENIUS und berichtete seinen Vorstandskollegen Mitte Oktober 1893:

> "Aus der Antwort läßt sich entnehmen, daß die Berliner Universitätsmathematiker die Tätigkeit der deutschen Mathematiker-Vereinigung bisher als eine schädliche erachten."[97]

Die Hintergründe der Absage von FROBENIUS wurden etwas deutlicher, als CANTOR im November 1893 die Berliner Mathematiker besuchte. Die treibende Kraft in Berlin scheint HERMANN AMANDUS SCHWARZ gewesen zu sein, der bis 1892 noch zusammen mit KLEIN in Göttingen gewirkt hatte. Als CANTOR mit SCHWARZ zusammentraf, teilte ihm dieser triumphierend und unter Sticheleien mit, daß er die Absage von FROBENIUS für einen "ungeheuren Stoß" gegen die *DMV* und die an ihr führend beteiligten Mathematiker halten würde. Daraufhin hatte CANTOR WEIERSTRAß aufgesucht und den Eindruck erhalten, daß es SCHWARZ gelungen sei, den früher positiv gegenüber der *DMV* eingestellten WEIERSTRAß umzustimmen, was zur Absage von FROBENIUS geführt hätte. CANTOR meinte dazu gegenüber DYCK:

> "In Folge des Streikes unserer Berliner Collegen, kann es sich also doch wohl nur darum handeln, ob wir schon in diesem oder erst im nächsten Jahre auffliegen werden!!! O arme 'D.M.V.'."[98]

CANTORS Pessimismus sollte allerdings nicht in Erfüllung gehen (auch weil die Berliner Mathematikergruppe in den nächsten Jahren an Einfluß verlor) und die *DMV* überlebte nicht nur die nächsten beiden Jahre.

Ulf Hashagen, Forschungsinstitut des Deutschen Museums, 80306 München

---

[95] F. Klein an D. Hilbert, 5.8.1893; zitiert nach Günther Frei (Hrsg.), *Der Briefwechsel David Hilbert – Felix Klein (1886 - 1918)*. Göttingen, 1985, S. 94.

[96] *Geschäftlicher Bericht* (wie Anm. 91), S. 11.

[97] DMVA: Rundschreiben von W. Dyck an Vorstandsmitglieder, 16.10.1893.

[98] Bayerische Staatsbibliothek, Nachlaß W. Dyck, Kasten 2: G. Cantor an W. Dyck, 13.11.1893.

Wilhelm Killing - Leben und Werk

Wolfgang Hein

Am 10. Mai 1997 jährte sich zum 150. Mal der Geburtstag des Mathematikers WILHELM KILLING. Es gibt eine Reihe guter Gründe, sich dieser Persönlichkeit zu erinnern - einer Persönlichkeit, die nicht nur als Wissenschaftler, sondern auch als Mensch und akademischer Lehrer beeindruckt.

Im Mittelpunkt von KILLINGS mathematischem Schaffen stehen seine Beiträge zur Theorie der LIEschen Gruppen und ihre Anwendung auf die Geometrie. Seine wichtigste Publikation auf diesem Gebiet erschien 1888 bis 1890 in vier Teilen unter dem Titel „Die Zusammensetzung der stetigen endlichen Transformationsgruppen" in den Mathematischen Annalen.[1] Den zweiten Teil, in dem die halbeinfachen Lie-Algebren klassifiziert werden, hat J. COLEMAN als „the greatest mathematical paper of all time" gepriesen.[2] Aber auch, wenn man solch enthusiastischen Urteilen reserviert gegenüber steht, bleibt doch unstrittig, daß KILLING nicht nur damals völlig unerwartete, ja unangreifbar scheinende Probleme gelöst, sondern auch völlig neue Methoden geschaffen hat, die weit über das ursprüngliche Ziel hinaus wirksam geworden sind.

ÉLIE CARTAN hat in seiner Dissertation[3] KILLINGS Strukturuntersuchungen in überarbeiteter und erweiterter Form neu dargestellt. Die KILLINGschen Arbeiten traten dadurch mehr und mehr in den Hintergrund. Sie wurden kaum noch gelesen und - wenn überhaupt - nur noch in Verbindung mit CARTANS Dissertation zitiert. Dem Mathematikhistoriker THOMAS HAWKINS ist es in erster Linie zu verdanken, die bis dahin gängigen Beurteilungen, die weder KILLING noch CARTAN gerecht werden, zu hinterfragen und KILLINGS tatsächliche Bedeutung für den Ausbau der LIEschen Gruppentheorie und ihre weitere Entwicklung neu zu bewerten.[4]

---

[1] Math. Annalen Bd. 31 (1888) 252-290; Bd. 33 (1888) 1-48; Bd. 34 (1889) 57-122 und Bd. 36 (1890), 423-432

[2] Coleman, J.: The greatest mathematical paper of all time, The Math. Intelligencer 11.3 (1989), 29-38

[3] Cartan, E.: Sur la structure des groupes de transformation finis et continus, Oeuvres complètes, Bd. I, 137-292

[4] Hawkins, Th.: Non-euclidian Geometry and Weierstrassian Mathematics: The background to Killing's work on Lie Algebras, Hist. Math. 7 (1980), 289-342 und: Wilhelm

Der 150. Geburtstag KILLINGS ist eine angemessene Gelegenheit, diesen Faden wieder aufzugreifen und seine Verdienste, die er sich in unermüdlicher Arbeit für Forschung und Lehre erworben hat, durch ein - wenn auch sehr unvollständiges - Porträt zu ehren.[5]

Nimmt man zunächst die Biographie KILLINGS ins Blickfeld, so stellt man bald fest, daß die Quellen nicht sehr reichhaltig sind. Abgesehen von zwei Nachrufen, einem von SOPHUS LIES langjährigen Mitarbeiter FRIEDRICH ENGEL[6] und einem weiteren von KILLINGS Kollegen REINHOLD VON LILIENTHAL in Münster[7] (auf den ENGEL sich bei seinem Nachruf vielfach bezieht) sowie verschiedenen Schriften des Franziskanerpaters OELLERS[8] ist es vor allem der ausgedehnte Briefwechsel KILLINGS mit ENGEL[9], der hier von Bedeutung ist. Aus diesen Quellen ergibt sich - kurz gefaßt - etwa das folgendes Bild.

Kindheit und Studienzeit

Elternhaus

WILHELM KILLINGS Vorfahren väterlicherseits stammen aus dem Sauerland. Die Steinbrüche, in deren Besitz die Familie war, gingen unter dem Großvater verloren. WILHELMS VATER FRANZ JOSEPH KILLING erlernte den Beruf des Gerichtssekretärs. Seine erste Anstellung fand er in Burbach im Siegerland, dem südlichsten Zipfel der damaligen preußischen Provinz Westfalen.

Killing and the Structure of Lie Algebras, Archive for Hist. Exact Sc. 26 (1982), 126-192; s. auch Fußnoten 8 und 9.

[5] Die folgende Darstellung basiert (mit einer Reihe von Kürzungen und Änderungen) auf meinem Aufsatz „Wilhelm Killing - Leben und Werk" in der Edition des Briefwechsels Killing - Engel; vgl. Fußnote 9

[6] Engel, F.: Wilhelm Killing, Jber. der DMV 39 (1930), 140-154

[7] von Lilienthal, R.: Nachruf für Killing, maschinenschriftl. Fassung der Gedächtnisrede, geh. in der Math. Gesellschaft Münster am 24.2.1923, Math. Inst. der U. Gießen, Nachlaß F. Engel

[8] Oellers, P.: Wilhelm Killing, Ein Universitätsprofessor im Tertiarenkleide, Werl 1925 und: Wilhelm Killing, ein modernes Gelehrtenleben mit Christus, Düsseldorf 1927. Was diese und einige andere Schriften von Oellers an relevanten Informationen bieten, ist bereits in dem genannten Nachruf von F. Engel enthalten.

[9] Hein, W. (Hg.): Wilhelm Killing, Briefwechsel mit Friedrich Engel, Dokumente zur Geschichte der Mathematik Bd. 9 (DMV), Braunschweig/Wiesbaden: Vieweg 1997

Hier heiratete der Vater die Apothekerstochter ANNA CATHARINA KORTEN-
BACH, und hier wurde am 10. Mai 1847 der älteste Sohn WILHELM CARL
JOSEPH geboren; später folgten noch eine Tochter und ein weiterer Sohn.

Als WILHELM drei Jahre alt war, wurde ein Wechsel des Wohnsitzes notwendig, da der Vater im sauerländischen Medebach Bürgermeister wurde.
Einige Jahre später übernahm er dieses Amt im benachbarten Winterberg
und schließlich im vierzig Kilometer weiter nördlich gelegenen Rüthen. Über
seinen Vater schreibt KILLING später: „Wer unseren Vater nur oberflächlich
kennenlernte, mußte in ihm das Urbild eines preußischen Beamten vom alten
Schlage erblicken." Diese Anlagen sind nicht spurlos an dem Sohn vorbei-
gegangen und haben auch dessen Charakter geprägt. Über allem aber stand
eine tiefe und echte Religiosität, die besonders im lebenslangen sozialen Engagement KILLINGS ihren sichtbaren Ausdruck fand. Neben der Treue zum
Staat stand gleichrangig eine unverbrüchliche Liebe zur Kirche. Die Rivalitäten zwischen diesen beiden Obrigkeiten stürzten die Familie zur Zeit des
Kulturkampfes nach 1871 in schwere Konflikte.

Gymnasium

1860 wurde KILLING in die Obertertia des Gymnasiums in Brilon (zwischen
Medebach und Rüthen) eingeschult. Hier galt seine Liebe zunächst ganz den
alten Sprachen Griechisch, Latein und Hebräisch. Ein aufmerksamer Lehrer
erkannte aber bald die außergewöhnliche Begabung WILHELMS für Mathematik und förderte sie nach Kräften, so daß für KILLING schon in der Unter-
sekunda feststand, daß die Mathematik zum Beruf werden sollte. In der
Oberprima ermunterte derselbe Lehrer seinen Schüler, da er im Unterricht
nichts mehr lernen könne, EULERS „Introductio" und andere Klassiker zu
studieren, die er KILLING aus seiner Privatbibliothek zur Verfügung stellte.
1865 beendete KILLING die Schulzeit mit „ganz vorzüglichen" Noten und
bezog zum Wintersemester 1865/66 die

Universität Münster,

damals Königliche Akademie. Hier erhielt seine Begeisterung für die Mathematik alsbald einige Dämpfer: Der einzige Professor für Mathematik
widmete sich ganz überwiegend der Astronomie und bot in Mathematik nur
das allernotwendigste. Die Studenten schien das im allgemeinen nicht zu
stören, denn, wie KILLING später berichtet, „zeigten diese keinerlei wissen-

schaftliches Interesse, sie studierten nur (mit ganz wenigen Ausnahmen), was sie fürs Examen brauchten." Wieder war KILLING auf Selbststudium angewiesen. Mit besonderer Vorliebe widmete er sich nun den PLÜCKER-schen Arbeiten über Geometrie. Diese Studien haben einen starken Einfluß auf KILLINGS gesamtes mathematisches Werk ausgeübt, dessen Mitte immer die Geometrie gewesen ist.

KILLING entschloß sich, die seinen Ambitionen nicht entsprechende Situation zu ändern. Zum Wintersemester 1867/68 verließ er die Akademie und immatrikulierte sich an der

Universität Berlin.

Hier „regierten" zu dieser Zeit in der Mathematik die beiden Ordinarien ERNST EDUARD KUMMER und KARL WEIERSTRAß. KILLING schloß sich WEIERSTRAß an. Dessen Schüler gewesen zu sein erfüllte ihn zeitlebens mit dem größten Stolz. Aber auch HELMHOLTZ zählte zu seinen Lehren, was nicht ohne Einfluß auf seine geometrischen Vorstellungen geblieben ist. In der Diskussion um die RIEMANNsche und die HELMHOLTZsche Auffassung über die Grundlagen der Geometrie - als Ausgangspunkt diente dem einen eine Metrik, dem anderen die freie Beweglichkeit eines starren Körpers - schlug KILLING sich auf die Seite von HELMHOLTZ. Später, als LIE in diese Fragen eingriff, wandte er sich entschieden dessen gruppentheoretischem Standpunkt zu.

1870/71 unterbrach KILLING, einer Bitte seines Vaters folgend, sein Studium, um an der Schule in Rüthen, wo KILLINGS Vater Bürgermeister war, zu unterrichten. Diese Schule scheint auf Grund der Kriegswirren von der Schließung bedroht gewesen zu sein.

Bald nach der Wiederaufnahme seines Studiums begann KILLING unter der Leitung von WEIERSTRAß die Arbeit an seiner Dissertation. Es war aber nicht - wie man vielleicht erwarten würde - die Funktionentheorie, die ihn an Weierstraß band. KILLING erwähnt später wiederholt „die vielfältigen Anregungen, die WEIERSTRAß in seinem Seminar gab, in dem er alle Zweige der Mathematik in den Kreis seiner Besprechungen zog". Ihn interessierten vor allem geometrische Themen. 1872 schlug er WEIERSTRAß gleich zwei Arbeiten als Dissertation vor, von denen die mit dem Titel „Der Flächenbüschel zweiter Ordnung" ausgewählt wurde. Mit dieser Arbeit, die auf WEI-ERSTRAß' Untersuchungen über quadratische Formen basierte, erwarb

KILLING Kenntnisse algebraischer und geometrischer Methoden, die sich als wirkungsvolle Hilfsmittel für die spätere Klassifikation der LIE-Algebren erweisen sollten.

Lehrer am Gymnasium

Berlin

Ein halbes Jahr nach der Promotion legte KILLING das Staatsexamen ab. Nachdem er das pädagogische Probejahr absolviert hatte, unterrichtete er bis 1878 am katholischen Progymnasium in Berlin. Während dieser Zeit heiratete er ANNA COMMER, Tochter eines Musikwissenschaftlers. Aus der Ehe gingen vier Söhne und drei Töchter hervor. Nur zwei Töchter überlebten die Eltern: Zwei Söhne und eine Tochter starben im Kindesalter, der dritte Sohn kurz vor Vollendung seiner Habilitationsschrift über ein musikwissenschaftliches Thema, der vierte erkrankte in einem Militärlager und starb kurz vor Ende des Krieges 1918. Seinen Schmerz über Krankheit und Tod der Kinder bringt KILLING mehrmals in seinen Briefen an ENGEL mit bewegenden Worten zum Ausdruck.

Brilon

1878 wechselte KILLING an das Gymnasium in Brilon, an dem er einst Schüler gewesen war. Während dieser Jahre als Gymnasiallehrer und der damit verbundenen umfangreichen Lehrtätigkeit beteiligte sich KILLING an den aktuellen Untersuchungen zur Nicht-Euklidischen Geometrie.[10]

Gleichzeitig begann er mit den Arbeiten an einem Forschungsprogramm, das er seit den Tagen im WEIERSTRAß-Seminar nicht mehr aus den Augen verloren hatte: einer axiomatischen Begründung der Geometrie, die die Nicht-EUKLIDischen Geometrien mit einschließt.

Die ersten Ergebnisse in dieser Richtung erschienen 1880 unter dem Titel „Grundbegriffe und Grundsätze der Geometrie" als Programmschrift des

---

[10] Vgl. Rossana Tazzioli: Rudolf Lipschitz's Work on Differential Geometry and Mechanics, in: The History of Modern Mathematics, vol. III, Academic Press 1994, wo Killings Arbeit „Mechanik in den Nicht-Euklidischen Raumformen" in Zusammenhang mit den diesbezüglichen Arbeiten von Lipschitz und Beltrami gestellt wird. Frau Karin Reich danke ich für den Hinweis auf diese und weitere Arbeiten von R. Tazzioli.

Gymnasiums in Brilon. Diese Veröffentlichungen fanden offenbar die Anerkennung von WEIERSTRAß, denn auf dessen Veranlassung erhielt KILLING 1882 einen Ruf an die Katholische Akademie in Braunsberg an der Passarge in Ostpreußen, dem heutigen Braniewo in Polen.

Professor in Braunsberg

Diese alte Hochschule war 1568 von STANISLAUS HOSIUS, Bischof des Ermlandes, zur Ausbildung des Klerus und zur Abwehr des sich auch im Ermland ausbreitenden Protestantismus gegründet worden. Bis zu ihrer Schließung 1773 wurde sie von Jesuiten geleitet. Aus ihr entwickelte sich von Beginn des neunzehnten Jahrhunderts an eine den Landesuniversitäten gleichgestellte Hochschule, das „Lyceum Hosianum", das 1912 in Königliche, 1919 in Staatliche Akademie umbenannt wurde. Am Ende des zweiten Weltkrieges wurde sie endgültig geschlossen.

Die Arbeitsbedingungen an KILLINGs neuer Wirkungsstätte waren nicht gerade rosig. So beklagte er gelegentlich, daß die mathematische Bibliothek völlig unzureichend sei. „Auch hatte er dort niemanden, bei dem er auf dem Gebiete seiner Wissenschaft Anregung hätte finden können", schreibt ENGEL in seinem Nachruf.[11] Außerdem war er, wie man den Vorlesungsverzeichnissen entnehmen kann, mit umfangreichen Lehrverpflichtungen belastet. Außer Mathematik las er über Physik, Chemie, populäre Astronomie, und in regelmäßigen Abständen „Über die Übereinstimmung der göttlichen Offenbarung und der Naturgesetze".

Überdies war er Dekan und mehrere Jahre Rektor. Daneben übernahm er immer wieder Aufgaben im politisch-öffentlichen und im kirchlich-sozialen Bereich. Unter anderem war er mehrere Jahre Stadtverordneter und wurde wiederholt zum Geschworenen gewählt. Ein elternloses Pflegekind fand in

---

[11] Herr Toepell hat mich freundlicherweise darauf aufmerksam gemacht, daß Killing 1890 (in Anwesenheit von Hilbert) an einer Sitzung des mathematischen Seminars in Königsberg teilgenommen hat, wo Fragen zu den Grundlagen der Geometrie besprochen wurden. Ob Killing häufiger in Königsberg gewesen ist, ist mir nicht bekannt, halte ich aber eher für unwahrscheinlich. Jedenfalls haben seine zahlreichen Arbeiten über Nicht-Euklidische Geometrie und über die Grundlagen der Geometrie weite Verbreitung gefunden; Hilbert z.B. zitiert an verschiedenen Stellen Killings Beiträge. Vgl. M.-M. Toepell, Über die Entstehung von David Hilberts „Grundlagen der Geometrie", Göttingen 1986; hier: S. 15

seiner Familie Aufnahme, ein weiteres wurde in einer befreundeten Familie untergebracht. Fünfzehn Jahre war KILLING Vorsteher des Armenvereins (VINZENZ-JOSEPH-Verein) und viele Jahre in der Verwaltung des Braunsberger Armenspitals tätig. Mit seiner Frau trat er dem „Dritten Orden", der Laiengemeinschaft des Franziskanerordens bei und übernahm auch hier Leitungsfunktionen. Eine schwere Belastung waren die häufig auftretenden Krankheiten in der Famile. Wie schon erwähnt starben in dieser Zeit drei Kinder in den ersten Lebensjahren, Frau KILLING konnte selten ohne Medikamente auskommen.

Trotz allem waren die zehn Braunsberger Jahre in wissenschaftlicher Hinsicht die produktivsten in KILLINGs Leben. Hier entwickelten sich seine Ideen zur Klassifikation der LIE-Algebren als Grundlage für die Bestimmung der Raumformen bis zur Publikationsreife. Der schon genannte Briefwechsel mit FRIEDRICH ENGEL, der diese Phase von KILLINGs Arbeit in einzigartiger Weise dokumentiert, fällt ebenfalls in diese Zeit.

Wie schon erwähnt, hatte KILLING den durch WEIERSTRAß angeregten Plan gefaßt, Zahlenmannigfaltigkeiten ohne die Annahme einer Metrik axiomatisch zu begründen. Ein solches Axiomensystem, das auf dem Begriff der Bewegung eines starren Körpers basiert, hatte er schon 1880 in der oben genannten Programmschrift „Grundbegriffe und Grundsätze der Geometrie" vorgelegt.

In der Braunsberger Programmschrift „Erweiterung des Raumbegriffs" von 1884[12] wird aus dem Bewegungsbegriff das Konzept der „unendlich kleinen Bewegung" entwickelt. Mit ihrer Hilfe werden Koordinaten eingeführt, wodurch die Raumform zu einer „stetigen reellen Zahlenmannigfaltigkeit" wird. Sodann werden die (synthetisch definierten) unendlich kleinen Bewegungen (die später - wohl in Anlehnung an die LIEsche Terminologie - auch infinitesimale Transformationen genannt werden) analytisch beschreiben. An diesem Punkt der Entwicklung treten zum ersten Mal bei KILLING Lie-Algebren auf, und zwar als „Systeme von unendlich kleinen Bewegungen".[13]

---

[12] Zusammen mit der Braunsberger Programmschrift „Zur Theorie der Lie'schen Transformations-Gruppen" als Faksimile in: Killing, Briefwechsel mit Friedrich Engel; vgl. Fußnote 9.

[13] Nachdem Killing auf Vermittlung von Felix Klein und Friedrich Engel mit einigen Publikationen von Lie bekannt geworden war, übernahm er alsbald die Bezeichnung „stetige endliche Transformationsgrupe". Der Name „Lie'sche Transformations-Gruppe" stammt von Killing.

Dieser Begriff wird im folgenden kurz skizziert, da er an der Schnittstelle zwischen den geometrischen und den rein algebraischen Arbeiten zur Klassifikation der Lie-Algebren liegt.[14]

Eine infinitesimale Transformation wird analytisch beschrieben als

$$(x_1, ..., x_n) \mapsto (x_1 + dx_1, ..., x_n + dx_n)$$

mit $\qquad\qquad\qquad x_i = u^{(i)} (x_1, ..., x_n) \, dt \, ,$

kurz $\qquad\quad x \mapsto x + u(x) \, dt \, , \, u(x) = (u^{(1)}(x), ..., u^{(n)}(x))$

Die u_i sind stetige Funktionen der rellen Veränderlichen x_i , die - je nach Bedarf - als hinreichend oft differenzierbar angenommen werden. Diese infinitesimalen Transformationen bilden einen - in heutiger Terminologie - reellen Vektorraum. Die entscheidende Beobachtung ist nun: Sind zwei infinitesimale Transformationen

$$x \mapsto x + u_k(x) \, dt \, , \qquad\qquad x \mapsto x + u_l(x) \, dt$$

einer Raumform gegeben, so ist auch $\qquad x \mapsto x + U_{kl}(x) \, dt$

eine infinitesimale Transformation der Raumform, wobei U_{kl} definiert ist

durch $\qquad U_{kl}^{(i)} = \sum_{j=1}^{n} \left(u_k^{(j)} \frac{\partial u_l^{(i)}}{\partial x_j} - u_l^{(j)} \frac{\partial u_k^{(i)}}{\partial x_j} \right).$

Warum das so ist, geht aus KILLINGs Ausführungen nicht klar hervor. Vermutlich folgt er hier seiner geometrischen Intuition, von der er sich so oft leiten läßt, ohne sie in eine exakte Form zu bringen. „Sie werden übrigens wohl selbst bemerkt haben, daß die Arbeit weiter nichts ist als die dem Verzeichnis der Vorlesungen für das Sommer-Semester vorgesetzte Abhandlung. Ich würde eine so unvollständige Arbeit nicht selbständig publiziert haben", schreibt KILLING an ENGEL.[15] Eine „selbständige Publikation" ist leider nie erfolgt.

Nach Hawkins[16] könnte Killings Gedankengang folgendermaßen verlaufen

---

[14] Zu den folgenden Entwicklungen siehe „Erweiterung des Raumbegriffs", S. 10 ff.; vgl Fußnote 12.

[15] Brief 8 vom 23. 2. 1886 in: Killing, Briefwechsel mit Friedrich Engel; vgl. Fußnote 9. Diese Bemerkung bezieht sich zwar auf die Programmschrift „Zur Theorie der Lie'schen Transformationsgruppen" von 1886, gilt aber wohl ebenso für die Programmschrift „Erweiterung des Raumbegriffs".

[16] Hawkins 1980, S. 306; s. Fußnote 4

sein: Führt man zunächst die durch u_k gegebene infinitesimale Transformation aus, danach die durch u_l gegebene, so erhält man

$$x \mapsto y\colon = x + u_k(x)\ dt\ ,\ y \mapsto y + u_l(y)\ dt = x + u_k(x)\ dt + u_l(x + u_k(x)dt)\ dt\ .$$

Entwicklung von $u_l^{(i)}$ in eine Taylorreihe und Vernachlässigung der Terme höherer als erster Ordnung ergibt die infinitesimale Transformation

$$x \mapsto x + (u_k \cdot u_l)(x)\ ,$$

wobei
$$(u_k \cdot u_l)^{(i)} = u_k^{(i)} + u_l^{(i)} + \sum_{j=1}^{n} u_k^{(j)} \frac{\partial u_l^{(i)}}{\partial x_j} dt\ .$$

Analog erhält man durch Vertauschung von k und l

$$(u_l \cdot u_k)^{(i)} = u_l^{(i)} + u_k^{(i)} + \sum_{j=1}^{n} u_l^{(j)} \frac{\partial u_k^{(i)}}{\partial x_j} dt\ .$$

Im allgemeinen definiert weder $u_k \cdot u_l$ noch $u_l \cdot u_k$ eine infinitesimale Transformation der gegebenen Raumform. Führt man aber zuerst die Transformation $x \mapsto x + (u_k \cdot u_l)(x)dt$ aus und anschließend die Umkehrung der Transformation $x \mapsto x + (u_l \cdot u_k)(x)dt$, d.h. $x \mapsto x - (u_l \cdot u_k)(x)dt$, so erhält man schließlich eine infinitesimale Transformation der gegebenen Raumform, nämlich $x \mapsto x + [u_k, u_l](x)dt$

mit
$$[u_k, u_l]^{(i)} = \sum_{j=1}^{n} \left(u_k^{(j)} \frac{\partial u_l^{(i)}}{\partial x_j} - u_l^{(j)} \frac{\partial u_k^{(i)}}{\partial x_j} \right),$$

und dies ist die oben genannte Transformation $U_{kl}^{(i)}$.

Zu einer Basis $u_1, \ldots, u_m$ des Vektorraumes der infinitesimalen Transformation der gegebenen Raumform gibt es nun eindeutig bestimmte reelle

„Strukturkonstanten" $a_{j,kl}$, so daß $[u_k, u_l] = \sum_{j=1}^{m} a_{j,kl}\ u_j$.

Für diesen „Kommutator" wird die JACOBI-Identität

$$\left[[u_k, u_l], u_m \right] + \left[[u_l, u_m], u_k \right] + \left[[u_m, u_k], u_l \right] = 0$$

durch Gleichungen in den Strukturkonstanten ausgedrückt und bewiesen. Damit hat KILLING gezeigt, daß für jede Raumform das zugehörige „System unendlich kleiner Bewegungen" eine reelle LIE-Algebra ist. Die Zahl m, also die Dimension der LIE-Algebra, heißt aus plausiblen Gründen „Grad der Beweglichkeit" der zugrunde liegenden Raumform.

Professor in Münster

1892 erhielt KILLING einen Ruf an die Königliche Akademie in Münster auf den später sogenannten ersten Lehrstuhl für Mathematik (den 1875 eingerichteten zweiten Lehrstuhl hatte der schon erwähnte REINHOLD VON LILIENTHAL von 1891 bis 1925 inne).

Nachdem KILLING nun „endlich die ihm gebührende Stellung zuteil wurde", so ENGEL in seinem Nachruf, wandte sich KILLING ganz überwiegend der Lehre zu. Aus seiner Liebe zum akademischen Unterricht und seinem Verantwortungsgefühl für eine Ausbildung der angehenden Lehrer, die die Bezeichnung wissenschaftlich verdient, ging das „Lehrbuch der Analytischen Geometrie in homogenen Koordinaten" hervor; aus seiner Sorge um einen anspruchsvollen Gymnasialunterricht das zweibändige Werk „Handbuch des mathematischen Unterrichts", das er zusammen mit dem Gymnasialprofessor HOVESTADT verfaßte. Weil die Leistungen, die die Staatsexamenskandidaten vorzuweisen hatten, ihm häufig unbefriedigend erschienen, hielt er abendliche Repetitorien in einer Gastwirtschaft ab.

Aber auch an den aktuellen Forschungen beteiligte er sich weiterhin, wovon neben einer Reihe von Zeitschriftenartikeln die beiden Bände „Einführung in die Grundlagen der Geometrie" (1893/1898) zeugen. Dieses Werk widmete er „der Physiko-mathematischen Gesellschaft in Kasan zur hundertjährigen Gedächtnisfeier des Geburtstages von N. J. LOBATSCHEWSKY". Im Jahr 1900 wurde ihm von dieser Gesellschaft der LOBATSCHEWSKY-Preis zuerkannt, der zum ersten Mal 1897 an LIE gegangen war. Das Gutachten hierüber hatte FRIEDRICH ENGEL verfaßt. Wie ENGEL darin hervorhebt, waren es aber nicht KILLINGs Verdienste um die Nicht-EUKLIDische Geometrie, die er für preiswürdig hielt, sondern seine Arbeiten über die Zusammensetzung der Transformationsgruppen. KILLINGs Freude über diese Ehrung kann nicht besser zum Ausdruck gebracht werden als mit seinen eigenen Worten: „Eine solche Anerkennung meiner Arbeiten, deren Mängel ich selbst nur zu deutlich erkenne, hätte ich bisher nicht für möglich gehalten. Bedeutet die Verleihung des LOBATSCHEWSKY-Preises an sich schon eine hohe Ehrung, so ist diese Bedeutung noch außerordentlich erhöht durch die Würdigung, die Sie meinen Arbeiten haben zuteil werden lassen. Der Wunsch meiner Jugend, daß mein Leben nicht ganz unfruchtbar für die Mathematik sein möge, kann ja wohl als erfüllt betrachtet werden; denn ein so kompetenter Beurteiler wie Sie hat es in der bestimmtesten Weise erklärt. Ich habe den weiteren

Wunsch, daß es mir auch fernerhin gelingen möge, ein Kleines zum Weiterbau unserer Wissenschaft beizutragen."[17]

Wie in Braunsberg engagierte KILLING sich in Münster in verschiedenen
akademischen Gremien und in wissenschaftlichen Gesellschaften (u. a. war
er Vorsitzender der Görres-Gesellschaft). Überdies war er weiterhin im
kirchlich-caritativen Bereich tätig. Im akademischen Jahr 1897/98 wurde er
zum Rektor der Akademie gewählt. Seine Rede zur Übernahme des Rekto-
rats war eine Laudatio auf seinen Lehrer WEIERSTRAß, der 1839-1841 bei
GUDERMANN in Münster studiert hatte. Der Schluß dieser sehr persönlich
gefärbten Rede demonstriert deutlich KILLINGs engagierte Einstellung zu
Forschung und Lehre:

„Unsere Akademie muß darnach streben, allen ihren Studierenden [...] das
zu werden, was sie WEIERSTRAß geworden ist. Das kann nur geschehen,
wenn alle ihre Lehrer mit voller Kraft am Weiterbau ihrer Wissenschaft mit-
arbeiten; denn nur am wissenschaftlichen Eifer der Docenten kann sich der
Wissensdrang der Zuhörer entzünden. Zugleich muß das Bestreben der Lehrer dahin gerichtet sein, ihre Fächer gründlich und allseitig zu vertreten.
Endlich aber muß der Docent nicht bloß seine Lehre, sondern auch sein
Herz schenken; er muß nicht einzig ihr kalter Lehrer, sondern zugleich be-
reitwilligst ihr liebevoller Berater sein. Wenn so alle Mitglieder ihres Lehrkörpers in edlem Wettstreit sich in der Pflege der Wissenschaft, in der
Gründlichkeit der Vorlesungen, in der Fürsorge für die Studierenden zu
übertreffen suchen, so wird unsere Akademie auch in Zukunft segensreich
wirken zur eigenen Befriedigung der Lehrer, zum Besten ihrer Studenten,
zum Heil für Staat und Kirche."

Obwohl 1919 emeritiert (mit 72 Jahren!), unterrichtete er noch vier weitere
Semester. Seine letzten Jahre waren durch ein schweres Magenleiden ge-
trübt. WILHELM KILLING starb am 11. Februar 1923. Zusammen mit seiner
Frau ANNA, den Söhnen JOSEPH und MAX sowie den Töchtern MARIA und
ANKA ruht er in der Familiengruft auf dem Zentralfriedhof in Münster.

Prof. Dr. Wolfgang Hein, Fachbereich Mathematik, Universität GHS Siegen,
Hölderlinstraße 3, 57068 Siegen

---

[17] Brief 80 in: Wilhelm Killing, Briefwechsel mit Friedrich Engel; vgl. Fußnote 9

"Mein Glaubensbekenntnis"

Leonard Nelsons Brief an David Hilbert

Volker Peckhaus

1. Einleitung

"Lieber, verehrter Herr Hilbert!

Ihrem Wunsch, ich möchte die Gedankengänge, in denen sich unsere letzten Unterhaltungen bewegten, schriftlich niederlegen und, darüber hinaus, die für die Gestaltung meiner wissenschaftlichen Bestrebungen wesentlichen Gesichtspunkte im Zusammenhang darlegen, entspreche ich um so lieber, als mir Ihre Anregung Gelegenheit gibt, von den im Laufe meiner wissenschaftlichen Arbeit und Lehrtätigkeit gemachten Erfahrungen etwas zu fixieren und einige allgemeine Gedanken zu äussern, wofür ich sonst nicht so leicht die Ruhe finde, wenn kein besonderer Anlass mich dazu nötigt, am wenigsten in der gegenwärtigen Zeit."

So beginnt ein Brief, den der Göttinger Philosoph LEONARD NELSON am 29. Dezember 1916 aus dem Weihnachtsurlaub, den er bei seinen Eltern im Westen Berlins verbrachte, an DAVID HILBERT schrieb. Aus diesem ersten Abschnitt können wir entnehmen, daß der Brief offenbar auf eine Anregung des Mathematikers zurückging, der junge Philosoph möge Rechenschaft über sein Lebenswerk ablegen, das bereits vollbrachte und das noch angestrebe. NELSON kam dieser Anregung in sehr weitgehender Form nach, immerhin wuchs ihm der Brief auf einen Umfang von 47 Seiten an. Der Brief wird mit dem HILBERT-Nachlaß in der Staats- und Universitätsbibliothek Göttingen verwahrt.[1] Er trägt auf dem Rand der zweiten Seite einen handschriftlichen Vermerk "Mein Glaubensbekenntnis."

LEONARD NELSON stammte aus einer angesehenen Berliner jüdischen Rechtsanwaltsfamilie, über seine Mutter verwandt mit den Familien LEJEUNE-DIRICHLET, MENDELSSOHN-BARTHOLDY, DU BOIS-REYMOND und HENSEL. NELSON stellte seine Philosophie in die Tradition des Jenenser Mathematikers, Physikers und Philosophen JAKOB FRIEDRICH FRIES (1773–1843), der eine von der Kantschen Transzendentalphilosophie ausgehende anthropologische Vernunftkritik gegen den Idealismus z.B. seines Zeitgenossen und Konkurrenten HEGEL setzte. Auch wenn er heute nicht zu den "kanonischen" Philosophen gezählt wird, haben seine Ansichten insbesondere zur praktischen Philosophie und zur sokratischen Methode noch zahlreiche Anhänger, z.B. in der Philosophisch-politischen Akademie in Frankfurt a.Main.

Der Brief gibt eine philosophiehistorisch sehr wichtige Selbsteinschätzung NELSONS über seine philosophischen Zielvorstellungen, die von ihm verfolgten Methoden und ihre kritische Einordnung in das, was er als den damaligen Stand der Philosophie in Deutschland ansah. Eine Analyse der Selbstdarstellung kann in diesem Kreis nicht Gegenstand meines Vortrages sein. Ich werde mich auch aus zeitlichen Gründen auf drei mathematikgeschichtlich relevante Aspekte des Briefes beschränken müssen.[2] Ich werde

1. auf den Kontext dieses Briefes eingehen, der uns Hinweise auf die institutionellen Hintergründe geben wird, die HILBERT veranlaßten, eine solche Darstellung von NELSON anzufordern.
2. Ich werde auf die Bezüge eingehen, die NELSON selbst zwischen seinem philosophischen Programm und der Hilbertschen Mathematik hergestellt hat. Dies führt mich dazu,
3. abschließend kurz auf die Hilbertschen Visionen von der Rolle der Philosophie bei der Verwirklichung des Programms, der Göttinger Mathematik Weltgeltung zu verschaffen, einzugehen.

---

[1] Staats- und Universitätsbibliothek (SUB) Göttingen, Cod. Ms. D. Hilbert 482, Nr. 20a

[2] Vgl. für eine ausführliche Darlegung der hier berichteten Vorgänge mein Buch *Hilbertprogramm und Kritische Philosophie* [Peckhaus *1990*].

2. Der Kontext

Der Brief NELSONS an HILBERT wurde in einer stürmischen Phase der Entwicklung der Göttinger Philosophischen Fakultät verfaßt, als diese in den Kämpfen um die Besetzung frei gewordener philosophischer Professuren kurz vor ihrer Spaltung stand. HILBERT und seinen Verbündeten ging es gegen die "Mehrheitsmeinung" der Fakultät darum, dem inzwischen 34 Jahre alten Privatdozenten NELSON eine Professur in Göttingen zu verschaffen. Es war der vorläufige Höhepunkt von Streitereien um die Person NELSONS, die schon 12 Jahre zuvor begonnen hatten und sich in einem hinhaltenden Widerstand der philosophischen Fachkollegen gegen das charismatische Genie äußerten.

2.1 Dissertation

Die Streitereien begannen, als NELSON zum Wintersemester 1903/04 in seinem sechsten Studiensemester von Berlin nach Göttingen wechselte. Kaum dort angekommen, reichte er seine Schrift "Die kritische Methode und das Verhältnis der Psychologie zur Philosophie" [*1904b*] als Dissertation bei dem Philosophieordinarius JULIUS BAUMANN ein. BAUMANN wies die Arbeit zurück, vor allem deshalb, weil sie, wie er in seinem Gutachten schrieb, keine selbständige Leistung sei, sondern vor allem Friessche Gedanken vertrete.[3] NELSON sah dies in der Retrospektive anders, vielleicht nicht ganz unberechtigt. In seinem Brief an HILBERT schrieb er [*1916*, 20f.]:

> "Meine Schrift über die 'kritische Methode', die ich als Dissertation eingereicht hatte, wurde zurückgewiesen, weil man erstens nicht eine Darstellung eigener Ueberzeugungen von mir wünschte, es zweitens überhaupt übel nahm, dass ich eine eigene Ueberzeugung hatte, und weil drittens die Arbeit kein so dickes Buch darstellte, dass man ihr wissenschaftliches Gewicht hätte zuerkennen können."

Die bereits ein halbes Jahr später eingereichte neue Untersuchung *JAKOB FRIEDRICH FRIES und seine jüngsten Kritiker* [*1904a*] wurde dagegen von BAUMANN sehr wohlwollend aufgenommen. Die Doktorprüfung in den Fächern Philosophie, Theoretische Physik und Psychologie bestand NELSON im Juli 1904.

---

[3] Baumann erwähnt die Ablehnung der ersten Schrift in seinem Gutachten über die zweite eingereichte Dissertation in der Promotionsakte, Universitätsarchiv (UA) Göttingen, Az. Philos. Nr. 1904 b I, Nr. 30.

2.2 Habilitation

Die Vorgänge um die Promotion NELSONS wirkten bei der schon eineinhalb Jahre später, im Januar 1906, angestrebten, sich dann aber bis 1909 hinziehenden Habilitation nach. NELSON berichtet an HILBERT [*1916*, 20]:

> "Sie selbst wissen am besten, welche Hindernisse überwunden werden mussten, um mir auch nur meine jetzige Stellung [als Privatdozent] zu erkämpfen. Unter dem Vorwand, ich sei zu jung, ist meine Habilitation um Jahre aufgehalten worden, und ich hätte auch später nicht einmal dies Ziel erreicht, wenn nicht Sie mir damals Ihre Hilfe hätten zu Teil werden lassen. In Wahrheit wollte man mich nicht zulassen, weil ich mir erlaubt hatte, an einigen viel bewunderten Würdenträgern freimütig Kritik zu üben."

Wenn NELSON hier von "freimütiger Kritik" schrieb, so bezog er sich auf die ihm eigene scharfe Polemik, die ihm viel Ärger eingebracht hatte, und von der er gleich nach seiner Promotion eine Kostprobe gab, als er die *Logik der reinen Erkenntnis* [*1902*] von HERMANN COHEN, dem Haupt der Marburger Neukantianer, in den *Göttingischen gelehrten Anzeigen* verriß [NELSON *1905*] und damit dem renommierten Referateorgan ein "Kuckucksei" ins Nest legte, wie er selbst an HILBERT schrieb. Während die Göttinger Philosophen der "Anmaßung" des frisch promovierten Rezensenten ablehnend gegenüberstanden, kam die Besprechung bei den Göttinger Mathematikern gut an, war doch die mathematische Relevanz insofern gegeben, als COHEN in seiner Logik den Begriffen des Infinitesimalen und der "Infinitesimalmethode" eine zentrale Rolle zugedachte.

Eine erste Anfrage NELSONS im Januar 1906 bezüglich einer Zulassung zur Habilitation wurde abschlägig beantwortet, mit der Begründung, daß noch nicht zwei Jahre seit Erhalt des Doktordiploms vergangen seien. Mitte April aber reichte NELSON dann doch den Antrag auf Zulassung ein. Es zeugt von einer gewissen Unverfrorenheit, daß er, auf dem Höhepunkt seiner Kontroverse mit den Neukantianern, als Habilitationsschrift die Abhandlung einreichte, die zwei Jahre zuvor bei seinem ersten Promotionsversuch als nicht originell durchgefallen war. BAUMANN, der damals dieses Urteil gefällt hatte, stellte nun "grosse Kenntnisse, energisches Denken" fest und bemerkte schließlich, daß sie "obwohl Friesisch, nicht blos nachgesprochen" sei.[4]

---

[4] UA Göttingen, Phil. Fak., Personalakte Nelson, Bll. 13f.

BAUMANN konnte sich mit seiner positiven Beurteilung allerdings nicht durchsetzen. Der Philosoph und experimentelle Psychologe GEORG ELIAS MÜLLER verfaßte ein umfangreiches Gegengutachten, in dem er nicht vergaß, darauf hinzuweisen, daß diese Arbeit schon einmal als Doktordissertation abgelehnt worden sei. Außerdem geißelte er scharf die darin enthaltenen "persönlichen Ausfälle", die "nicht unter der Firma unserer Fakultät" erscheinen dürften.[5]

Schon damals traten KLEIN und HILBERT für NELSON ein. Sie stellten die Bedeutung einer philosophischen Begründung der Mathematik fest und betonten die Kompetenz NELSONS, "der eine erfreuliche und gerade bei den jüngeren Philosophen keineswegs immer vorhandene Kenntnis der neueren Mathematik" besitze.[6] Der Einsatz der Mathematiker war fruchtlos, NELSON mußte sein Habilitationsgesuch zurückziehen. Erst ein zweiter Versuch führte 1909 zum Erfolg.

2.3 Extraordinariat

NELSON blieb fortan der Hecht im Karpfenteich der Göttinger Philosophen. Er hatte seine Hausmacht bei den Mathematikern und befand sich damit in einer Situation, die derjenigen EDMUND HUSSERLs nicht unähnlich war, mit dessen akademischem Schicksal sein eigenes auf ihm unangenehme Weise verknüpft war. Der Vergleich seiner Situation mit der HUSSERLS nimmt im Brief an HILBERT immerhin sieben Seiten ein. Auch HUSSERL hatte es trotz seiner schulbildenden Kraft nicht vermocht, sich in Göttingen zu etablieren. 1901 war er gegen den Willen der Göttinger Philosophen auf ein Extraordinariat berufen worden. Die Philosophieordinarien BAUMANN und MÜLLER opponierten auch gegen die 1906 erfolgte Beförderung HUSSERLS zum persönlichen Ordinarius. HILBERT setzte sich vehement für HUSSERL ein, der ja *1891* den ersten (und einzigen) Band einer *Philosophie der Arithmetik* vorgelegt hatte. Dieses Engagement trug HILBERT die persönliche Feindschaft von GEORG ELIAS MÜLLER ein.

1908 kam es zum nächsten Eklat, als ein Philosophieordinariat zu besetzen war, auf das HILBERT HUSSERL berufen lassen wollte, um diesen mit einem etatmäßigen Ordinariat dauerhaft an Göttingen zu binden. Auch mit dieser

---

[5] Ebd., Gutachten vom 23.6.1906, Bll. 15–18.
[6] Ebd., Bll. 19f.

Initiative konnte HILBERT sich nicht durchsetzen. HILBERT sah sich in seinen schlimmsten Befürchtungen bestätigt, als HUSSERL 1916 einen Ruf nach Freiburg annahm.

NELSONS Brief an HILBERT ist im Zusammenhang mit den Verhandlungen um die Nachfolge HUSSERLS zu sehen. HILBERT brauchte Argumente für seinen Versuch, NELSON das die Stelle Husserls ersetzende Extraordinariat zukommen zu lassen. In dem Votum der Minorität wurde die direkte Aufnahme der Kantschen Vernunftkritik durch NELSON hervorgehoben, seine Behandlung der großen philosophischen Probleme, von denen einige durch die moderne Mathematik bloßgelegt worden seien. Das Extraordinariat sollte einem Mann eingeräumt werden,

> "der ausschließlich dieser früher allein herrschenden Richtung der Philosophie seine Arbeitskraft widmet und wegen der parallelen Entwicklung der Mathematik nirgends einen besseren Boden zur Verwirklichung seiner Bestrebungen findet als hier."[7]

Die Initiative für NELSON führte nicht zum Erfolg.

Neue Bewegung kam in die Geschichte, als HEINRICH MAIER, der 1908 statt HUSSERL berufene Philosophiehistoriker, 1918 nach Heidelberg ging. Die Bemühungen um die Wiederbesetzung seiner Stelle führten zu einer Zerreißprobe in der Fakultät, da die philologisch-historische Abteilung die ihr zugehörige Professur unter Umgehung der mathematisch-naturwissenschaftlichen Abteilung besetzen wollte. In den Streitereien ging es um Abgrenzungsprobleme zwischen den Abteilungen, die insofern vom Ministerium salomonisch gelöst wurden, als die mathematisch-naturwissenschaftliche Abteilung ein durch sie zu besetzendes Extraordinariat für Naturphilosophie zugesprochen bekam, auf das 1919 NELSON berufen werden konnte.

3. Hilbert und die Kritische Philosophie

Gab es philosophische Gründe für die Unterstützung, die HILBERT NELSON zukommen ließ? Oder, anders gefragt, warum engagierte sich HILBERT in dieser Form für Philosophen, die sich Themen aus der Philosophie der Ma-

---

[7] Dat. 1.3.1917, ebd., Bll. 161f.

thematik widmeten? Sehen wir uns die Lage in der mathematischen Grundlagenforschung in den Jahren nach 1903 an, dem Jahr, in dem NELSON nach Göttingen kam! HILBERT hatte *1899* in seinen *Grundlagen der Geometrie* eine axiomatische Begründung der Euklidischen Geometrie vorgelegt, mit der vordergründig die erkenntnistheoretischen Probleme beseitigt wurden, die sich aus der vorher üblichen anschaulichen Begründung der Mathematik ergeben hatten. Zugleich wurden aber die Fragen nach der Natur mathematischer Objekte und nach dem Wesen mathematischer Wahrheit neu gestellt, zumal HILBERT nicht vom Descartes-Leibnizschen Modell der *mathesis universalis* abging, also der Mathematik eine herausgehobene Funktion bei der Schaffung einer allgemeinen Wissenschaft, einer für alle Wissenschaften geltenden Wissenschaftstheorie, zuerkennen wollte. Antworten auf diese Fragen suchte HILBERT im Konzept der Widerspruchsfreiheit zu finden. Die Widerspruchsfreiheit der Axiome der Euklidischen Geometrie hatte er nur unter der Voraussetzung der Widerspruchsfreiheit der Arithmetik beweisen können. Letztere nun zu zeigen, erwies sich rasch als nicht trivial; Grund genug den Widerspruchsfreiheitsbeweis für die Axiome der Arithmetik als zweites unter seine berühmten, dem Zweiten Internationalen Mathematiker-Kongreß in Paris im August 1900 vorgelegten "Mathematischen Probleme" [HILBERT *1900*] aufzunehmen. Die Bemühungen, diesen "harten Kern" des axiomatischen Programms zu bewältigen, erhielten 1903 durch das Bekanntwerden der logisch-mengentheoretischen Antinomien einen Rückschlag. Die von RUSSELL gefundene mengentheoretische Variante war zunächst nicht weiter beunruhigend, da ähnliche Antinomien von den Göttingern schon selbst gefunden worden waren und die CANTORsche Mengenlehre ohnehin als Konkurrenzprogramm zur Axiomatisierung angesehen wurde. Der Nachweis aber, daß sich die Antinomie auch in dem damals am weitesten ausgearbeiteten mathematisch-logischen System, den *Grundgesetzen der Arithmetik* von GOTTLOB FREGE [*1893/1903*], ableiten ließ, konnte nicht ohne Auswirkungen bleiben, denn Konsistenzbeweise lassen sich bekanntlich nicht mit Hilfe einer als inkonsistent erwiesenen Logik führen. 1904/05 begann in Göttingen die Arbeit an der Revision des Hilbertschen Programms: Mengenlehre und Logik wurden nun als selbst zu axiomatisierende Disziplinen in das Programm aufgenommen, wobei nur ausgesprochene Optimisten hoffen konnten, daß man sich damit nicht neue Probleme einhandeln würde. Zumindest dürfte ein rein logischer Widerspruchsbeweis für die Logik Zirkularitätsvorwürfe provozieren.

In dieser Lage bot NELSON den Göttinger Mathematikern eine philosophische Begründung mathematischer Axiome an, die das eben genannte Begründungsproblem berücksichtigte und zudem den Weltbezug mathematischer Systeme gewahrt hätte. In seinem Brief an HILBERT ist NELSON so vorsichtig, nicht die Abhängigkeit der axiomatischen Mathematik von seiner philosophischen Begründung zu behaupten. Dort spricht er von dem Vorbild, das die Göttinger Mathematik für seinen Versuch, eine wissenschaftliche Philosophie zu formulieren, abgab. Sein "ganzes Sinnen und Streben", so schreibt er [*1916*, 21f.], sei darauf ausgerichtet gewesen, eine Methode des Philosophierens ausfindig zu machen, die mathematischen Anforderungen der Strenge standhielte, zugleich aber dem spezifischen Charakter philosophischer Erkenntnis entspräche. HILBERTS axiomatische Methode sei auch für die Philosophie tauglich, nur müßte der in der Mathematik wegen des Vorliegens evidenter Prinzipien übliche "dogmatische Gedankengang" umgekehrt werden [*1916*, 22]. Die von NELSON propagierte "kritische Methode" besteht "in der Zergliederung der Voraussetzungen, die gewissen tatsächlichen Urteilen zu Grunde liegen, und ist von FRIES treffend als die *regressive* bezeichnet worden, im Gegensatz zum progressiven, von den Prinzipien ausgehenden Verfahren" [*1916*, 23]. Daß NELSON diese kritische Methode aber auch auf die Mathematik ausgedehnt sehen wollte, geht aus einigen Veröffentlichungen hervor. Die Disziplin, die es zu schaffen galt, hieß "Kritische Mathematik", ein Terminus, den der Geometer GERHARD HESSENBERG, NELSONS Freund und Lehrer noch aus Berliner Schülertagen, schon 1904 eingeführt hatte [HESSENBERG *1904*]. Für NELSON bestand die Kritische Mathematik aus zwei Teilen: die Aufweisung der Axiome und die Untersuchung des Axiomensystems selbst rechnete er zur mathematischen Seite der Kritischen Mathematik. Auf der philosophischen Seite ging es um Fragen des Ursprungs und der Geltung der Axiome. Philosophen suchen nach der Erkenntnisquelle der mathematischen Axiome und damit der mathematischen Wahrheiten überhaupt.[8]

---

[8] Diese Gedanken hat Nelson u.a. in seinem Aufsatz "Bemerkungen über die Nicht-Euklidische Geometrie und den Ursprung der mathematischen Gewissheit" [1905–06], in der populären Fassung dieses Aufsatzes "Kant und die Nicht-Euklidische Geometrie" [*1906*], aber auch noch im Jahr seines Todes in dem Vortrag "Kritische Philosophie und mathematische Gewißheit" [*1928*] entwickelt.

4. Hilberts Vision

NELSON propagierte seine Kritische Philosophie als Paradigma für eine Philosophie, die als Wissenschaft auftreten kann. Er bot sie als Ausweg an aus der "tiefsten Not", in der er die Philosophie seiner Zeit sah, verursacht durch ihre Polarisierung in Experimental-Psychologie und Philosophiegeschichte mit ihrer Ignoranz gegenüber systematischen Ansätzen. Dieses Plädoyer für systematische Philosophie wurde von HILBERT aufgenommen. Der Grund liegt m.E. in HILBERTS Bestreben, die Weltgeltung der Göttinger Mathematik durch Engagement für mathematische Randgebiete weiter zu festigen. KLEIN hatte dies durch seine Aktivitäten im Bereich der angewandten Mathematik und der Mathematik-Didaktik vorgemacht, HILBERT setzte dies durch seinen Einsatz für die theoretische Physik und die Philosophie der Mathematik fort. Letztere hatte sich durch die breites Aufsehen erregende Antinomiendiskussion Gehör verschafft, und Göttingen hatte ja wegen der von ERNST ZERMELO 1908 vorgelegten Axiomatisierung der Mengenlehre einen Ruf zu wahren. Was fehlte, war philosophische Kompetenz: HILBERT mußte also versuchen, auf diesen Gebieten ausgewiesene Philosophen, und das waren für ihn HUSSERL und NELSON, an Göttingen zu binden. In einem Privatbrief an den Ministerialrat CARL HEINRICH BECKER vom 30. Juli 1918 drückte er seine Überzeugung aus, daß Mathematik, Physik und Philosophie einen zusammenhängenden Wissenskomplex bildeten,

> "und insbesondere den Zusammenhang zwischen Mathematik und Philosophie zu pflegen, darin habe ich von jeher einen Teil meiner Lebensaufgabe erblickt. Unter den Philosophen, die nicht vorwiegend Historiker oder Experimentalpsychologen sind, erscheinen mir Husserl und Nelson als die markantesten Persönlichkeiten, und es ist für mich kein Zufall, dass sich diese beiden auf dem mathematischen Boden Göttingens eingefunden hatten."[9]

Mit welcher persönlichen Betroffenheit HILBERT sich einsetzte, geht aus folgendem Zitat hervor. In einer Materialsammlung mit Argumenten für eine Berufung NELSONS aus dem Sommer 1918 mit der Überschrift "Für den Minister" schrieb HILBERT:

---

[9] Hilbert an Becker, dat. Göttingen, 30.7.1918, Geheimes Staatsarchiv Preußischer Kulturbesitz, Berlin, Rep. 76 Va Sekt. 6 Tit. IV Nr. 1, Bd. 25, Bl. 451.

"Seit 15 Jahren kämpfe ich für die Philosophie. Althoff stampfte ein Ordinariat aus dem Boden [Ordinariat Maier]. Hier nur ein kleines Extraord[inariat] nach meinem Wunsch[,] wo ich so Grosses verspreche: erster Centralort für Philosophie. Das geht nirgends oder in Göttingen, so dass Niemand von hier nach Freiburg [wie Husserl] und Heidelberg [wie Maier] geht. Kulturfrage ersten Ranges steht auf dem Spiel. Ausland! [...] Ich kann ein[en] wichtigen Teil meines Lebensprogramms nicht durchführen ohne N[elson]. N[elson] ist der Sauerteig[,] er wird hier eine Ausschlag gebende, auf feste Principien gerichtete Schule vertreten: Seine Berufung ist Kulturtat 1sten Ranges: Reformation des Geistes des Professorentums. Ohne N[elson] bin ich Nichts in der Fakultät.[10]

Ich kann nun hier nicht schließen, sondern muß noch einmal auf meinen Titel zurückkommen. In einem Antrag an die Fakultät, man möge NELSON auf Platz eins der Liste für die HUSSERL-Nachfolge setzen, kritisierte HILBERT im Frühjahr 1917 im Nelsonschen Sinne die Geringschätzung der systematischen Philosophie. Diese Kritik bezeichnet er als "mein wissenschaftliches Glaubensbekenntnis überhaupt", das "nicht jetzt entstanden und nie von irgend jemand auch nur beeinflusst worden sei".[11]

Diese Bemerkung habe ich zum Anlaß genommen mir die Handschrift des Schriftzuges "Mein Glaubensbekenntnis" noch einmal genauer anzusehen. Handschriftliche Zeugnisse von NELSON, der schon sehr früh Maschinenschrift bevorzugte, sind selten. Sie zeigen eine Schrift, die keine Ähnlichkeit mit dem Schriftzug hat. Überraschendes zeigt sich jedoch beim Vergleich mit HILBERTS Handschrift. Der ganze Eindruck, vor allem aber das charakteristische "M" machen es offensichtlich, daß diese Annotation von HILBERTS eigener Hand ist. NELSONS Brief wurde also von HILBERT als sein eigenes Glaubensbekenntnis angesehen, wohl in dem Sinne, daß HILBERT seine eigenen Überzeugungen in perfekter Form von NELSON ausgedrückt sah.

Ich hoffe mit meinem Vortrag etwas Licht auf den bemerkenswerten Umstand geworfen zu haben, daß das Glaubensbekenntnis des schon damals weltberühmten Mathematikers DAVID HILBERT den Zustand der Philosophie betraf und warum er es ausweislich anderer Dokumente, als "gewaltige

---

[10] SUB Göttingen, Cod. Ms. D. Hilbert 482, Bl. 15.
[11] SUB Göttingen, Cod. Ms. D. Hilbert 482, Bl. 1/1–3.

Kulturaufgabe" bezeichnet hat,[12] Göttingen zu einer "Centralstelle für systematische Philosophie"[13], zum "ersten Centralort für Philosophie in Deutschland",[14] aufzuwerten.

Literatur

COHEN, HERMANN *1902: System der Philosophie*, Tl. 1: *Logik der reinen Erkenntnis*, Berlin.

FREGE, GOTTLOB *1893/1903: Grundgesetze der Arithmetik. Begriffsschriftlich abgeleitet*, 2 Bde., Hermann Pohle: Jena, Repr. Olms: Hildesheim 1962.

HESSENBERG, GERHARD *1904:* "Über die kritische Mathematik", *Sitzungsberichte der Berliner Mathematischen Gesellschaft* **3**, 21–28, 20. Sitzung v. 25. November 1903, Anhang zu: *Archiv der Mathematik und Physik* (3) **7**.

HILBERT, DAVID *1899:* "Grundlagen der Geometrie", in: *Festschrift zur Feier der Enthüllung des Gauss-Weber-Denkmals in Göttingen*, hrg. v. d. Fest-Comitee, Leipzig, 1–92 [separat paginiert]. (Teubner, Leipzig: 14. Aufl. 1999)

— *1900:* "Mathematische Probleme. Vortrag, gehalten auf dem internationalen Mathematiker-Kongreß zu Paris 1900", *Nachrichten von der königl. Gesellschaft der Wissenschaften zu Göttingen. Mathematisch-physikalische Klasse aus dem Jahre 1900*, 253–297.

HUSSERL, EDMUND *1891: Philosophie der Arithmetik. Logische und psychologische Untersuchungen*, Bd. 1, C.E.M. Pfeffer (Robert Stricker): Halle a.S.; kritische Ausgabe: *Husserliana. Edmund Husserl, Gesammelte Werke*, Bd. 12, hg. v. Lothar Eley, Martinus Nijhoff: Den Haag 1970.

---

[12] Materialsammlung gegen das Gutachten der Fakultätsmehrheit vom 3.8.1918, SUB Göttingen, Cod. Ms. D. Hilbert 482, Bl. 6/1–9; Zit. 6/1.

[13] Hilbert an Becker, dat. Göttingen, 30.7.1918, Geheimes Staatsarchiv Preußischer Kulturbesitz, Berlin, Rep. 76 Va Sekt. 6 Tit. IV Nr. 1, Bd. 25, Bl. 451.

[14] "Für den Minister", SUB Göttingen, Cod. Ms. D. Hilbert 482, Bl. 15.

NELSON, LEONARD *1904a: Jakob Friedrich Fries und seine jüngsten Kritiker*, Diss. Göttingen; Neudruck in den *Abhandlungen der Fries'schen Schule* N.F. **1**, H. 2 (1905), 233–319

— *1904b:* "Die kritische Methode und das Verhältnis der Psychologie zur Philosophie. Ein Kapitel aus der Methodenlehre", *Abhandlungen der Fries'schen Schule* N.F. **1**, Heft 1, 1–88.

— *1905:* [Rez. v.] "System der Philosophie. 1. Teil. Logik der reinen Erkenntnis. Von Hermann Cohen. Berlin, Bruno Cassirer, 1902. XVII, 520 S.", *Göttingische gelehrte Anzeigen* **167**, 610–630.

— *1905–06:* "Bemerkungen über die Nicht-Euklidische Geometrie und den Ursprung der mathematischen Gewissheit", *Abhandlungen der Fries'schen Schule* N.F. **1**, H.2 (1905), 373–392, Heft 3 (1906), 393–430.

— *1906:* "Kant und die Nicht-Euklidische Geometrie", *Das Weltall* **6**, 147–155, 174–182, 186–193.

— *1916:* Brief an David Hilbert, dat. Westend, Berlin, 29.12.1916, Staats- und Universitätsbibliothek Göttingen, Handschriftenabteilung, Cod. Ms. D. Hilbert 482, 20a.

— *1928:* "Kritische Philosophie und mathematische Axiomatik", *Unterrichtsblätter für Mathematik und Naturwissenschaften* **34**, 108–142.

PECKHAUS, VOLKER *1990 Hilbertprogramm und Kritische Philosophie. Das Göttinger Modell interdisziplinärer Zusammenarbeit zwischen Mathematik und Philosophie*, Vandenhoeck & Ruprecht: Göttingen (*Studien zur Wissenschafts-, Sozial- und Bildungsgeschichte der Mathematik*; 7).

Priv.-Doz. Dr. Volker Peckhaus, Institut für Philosophie der Universität Erlangen-Nürnberg, Bismarckstraße 1, D-91054 Erlangen

E-mail: vrpeckha@phil.uni-erlangen.de

Leben und Werk von Matyáš Lerch*

Štefan Porubský

1. Prolog

MATYÁŠ LERCH (1860-1922) ist einer der bedeutendsten tschechischen Mathematiker. Neben EDUARD ČECH ist LERCHs Name als des einzigen tschechischen Mathematikers auch in der Klassifikation (1991) der Amerikanischen Mathematischen Gesellschaft unter dem Punkt 11M35 *HURWITZ und LERCH zeta functions* zu finden. LERCHs Name ist heute mit mehreren wichtigen Formeln und Funktionen aus dem Gebiet der speziellen Funktionen, der Analysis und der Zahlentheorie verbunden.

LERCHs bedeutendster Schüler in Brünn, O. BORŮVKA[1], hat über ihn an der Gedenktagung anläßlich des 100. Jahrestages von LERCHs Geburtstag geschrieben [Bor61, S. 359]: *MATYÁŠ LERCH ist ein hervorragender Vertreter der Mathematik um die Jahrhundertwende. Sein Werk zeigt neben der tiefen Kenntnis und der Sorgfalt in der inhaltlichen und stylistischen Durcharbeitung eine hervorragende Intuition und kombinatorische Fähigkeiten. LERCH begibt sich oft in fesselnde Abenteuer bei seinen Überlegungen - dabei bleibt er immer Herr der Situation, die er bis zum Abschluß beherrscht. Nicht selten treten solche Situationen auf, wenn er einfache oder hoffnungslos aussehende Ausdrücke, voller unendlicher Reihen und uneigentlicher Integrale, weiter verkompliziert, z.b. dadurch, daß er die Reihen und Integrale zu Doppelreihen oder -integralen umformt, um daraufhin eine wesentliche Vereinfachung und schließlich kurzerhand elegante Resulate zu erreichen. Bei MATYÁŠ LERCH hängt alles zusammen. ... Die seinen Untersuchungen zugrunde liegenden Voraussetzungen hat er in der Regel klar formuliert. Und wenn sich LERCH kühnen Spekulationen hingibt, wodurch er zu neuen Fragen vordringt, kommt er unmittelbar darauf an sei-*

---

* Die Arbeit wurde teilweise von der Grantagentur der Tschechischen Republik, mittels des Grants # 201/97/0433 unterstützt.

[1] Otakar Borůvka (1899-1995) 1934 außerordentlicher Professor (ao.Prof.) an der Universität Brünn, 1946 ordentlicher Professor (o.Prof.), 1953 korr. Mitglied, 1956 ordentliches Mitglied der Tschechoslowakischen Akademie der Wissenschaften.

*nen Ausgangspunkt zurück, und geht weiterhin behutsam und unter stren-
gen Voraussetzungen vor. Seine Kreativität und sein Scharfsinn sind be-
wunderungswert. "... Il est extrêmement ingénieux et je fais grand cas de
son talent ..."* schreibt Cн. HERMITE *über* LERCH *in einem seiner Briefe an
den Astronomen und Mathematiker* STIELTJES[2]. *Dabei sind* LERCHs *Resultate keineswegs zufällig, sondern drücken meist gesuchte Verhältnisse zwischen diskutierten Funktionen aus, schildern die Natur dieser Funktionen,
oder bilden Hilfsmittel zu numerischen Berechnungen oder anderen Anwendungen, z. B. zahlentheoretischen oder praktischen.* LERCH *hält sich
immer an den Kern der Sache. Er arbeitet mit Begriffen und nicht mit Formeln. Diese werden durch jene ausgedrückt. In seinem Werk finden wir
keine formalen ... Betrachtungen.* LERCHs *allgemeine Lehrsätze sind keine
Gedankenkonstruktionen ohne bekannte Realisierungen - abstrakte Beschreibungen rechnerischer Erfahrungen. In seinen Arbeiten nutzt* LERCH
*ausgiebig die Resultate der Klassiker, an zahlreichen Stellen leitet er sie
mit neuen Methoden her, oder nutzt sie als Ausgangspunkt oder Hilfsmittel
zur Herleitung neuer Ergebnisse. Eine ganze Reihe von* LERCHs *Resultaten
tragen heute in der Weltliteratur seinen Namen. Im Licht dieser Tatsachen
und besonders auch seiner Bestrebungen für die Anwendbarkeit seiner Ide-
en zum inneren Ausbau einzelnen Theorien oder zu äußeren praktischen
Zwecken kann* MATYÁŠ LERCH *in die Klassiker der Mathematik eingereiht
werden ...*

2. Die Schuljahre

MATYÁŠ LERCH stammt aus sehr armen Verhältnissen. Sein Lebenslauf ist
ein Musterbeispiel für den Sieg des Geistes über bis zum äußersten Maß
ungünstige materielle Verhältnisse [Čup23, S. 306]. Die Zähigkeit erbte er
wahrscheinlich von seinem Vater. Dieser hatte z.B., weil er nur die Kur-
rentschrift beherrschte, als Vierzigjähriger einen Selbsthilfekreis aus
Nachbarn gebildet, um die lateinische Schrift zu erlernen. Sein Unterneh-
mergeist ließ ihn für seine Familie nach und nach zwei Häuser bauen, die er
jedoch wieder verkaufte. Im dritten Haus, das er 1880 baute, ist er 1911 gestorben [Fra53, S. 120].

---

[2] Brief vom 28.7.1893 [Her05, Bd. II, S. 326] – Š. P.

MATYÁŠ LERCH wurde am 20. Februar 1860 in Milínov, im Bauernhof genannten Češkoje dvur, in einer tschechischen und sehr frommen katholischen Landarbeiternfamilie geboren. Die Familie lebte in dieser Zeit eigentlich in einer unweit gelegenen Ortschaft Hlavňovice; in Milínov lebten die Eltern der Mutter. Milínov liegt neben Schüttenhofen (Sušice) am Fuße des Böhmerwaldes. Die LERCHs hatten insgesamt zwei Söhne und drei Töchter. Der älteste Sohn VOJTĚCH starb früh und die Tochter Marie kam tragisch als Drei- bis Vierjährige um, als sie in einem Wasserreservoir am Bauerngut im Stachy (südostlich von Schüttenhofen), wo der Vater LERCH arbeitete, ertrank. Ein paar Jahre später, als Sechsjähriger erlitt der junge MATYÁŠ auf demselben Bauernhof einen schweren Unfall, der ihn für sein Leben gezeichnet hat. In einem unbeobachteten Augenblick ist er aus dem Dachraum einer Scheune auf ein landwirtschaftliches Gerät gefallen. Infolge dessen verlor er die Kniescheibe des linken Beines. Seitdem konnte er sich nur mit Krücken bewegen. Aufgrund dieses Unfalls und der anschließend langen ärztlichen Behandlung wurde er nicht rechtzeitig eingeschult. Wie in solch entlegenen Gegenden häufig der Fall, besuchte auch der junge LERCH die Schule nur sehr selten regelmäßig. Bis ein gewisser Herr TICHÝ (später der Bürgermeister von Schüttenhofen) die in dem "Nichtsnutz" schlummernden Fähigkeiten entdeckte, und die Eltern veranlaßte, MATYÁŠ doch zur Schule zu schicken.

Drei Jahre älter als seine Mitschüler zeigte sich schnell seine Begabung (1869-1874 besuchte er die Grundschule). Auch auf der damals sogenannten Bürgerschule (1874-1877) war er einer der besten. In der zweiten Klasse hat in Lokalkreisen Wellen geschlagen, daß er seinen Lehrer JAN KRATOCHVÍL bei der Vorführung der Lösung einer mathematischen Aufgabe an der Tafel korrigiert hat. In der dritten Klasse hat er für sich eine Theorie der Brüche entwickelt[3]. Mit seinem Fachlehrer EMIL SEIFERT, der ihm hier die ersten Grundlagen der Mathematik und Französisch beigebracht hat, hat er bis SEIFERTS Tod schriftlichen Kontakt gehalten[4].

---

[3] L'Enseignement mathématiques, 7 (1905), S. 389

[4] Emil Seifert war nur vier Jahre älter als Lerch. Nach den bis 1890 gültigen Vorschriften gewährleistete - nach Absolvierung der Realschule - das dreijährige Studium auf der TH die Lehrbefähigung für die Realschule. Das war auch bei Emil Seifert der Fall. Entsprechend gingen die Abiturienten der Gymnasien damals an die Universität und erhielten dort nach dreijährigem Studium die Lehrbefähigung für Gymnasien.

Nach der Bürgerschule beschlossen die Eltern, MATYÁŠ sollte das Hand-
werk des Schneiders erlernen. Jedoch hat der Schüttenhofener Mäzen und
Inhaber der örtlichen Zündholzfabrik, F. SCHEINOST, dem jungen LERCH
wegen seiner rechnerischen Fähigkeiten das verlockende Angebot gemacht,
ihn als Buchhalter für sein Unternehmen ausbilden zu lassen. LERCH begann
tatsächlich in der Fabrik zu praktizieren, hat sich aber am Ende der Sommerferien definitiv für das weitere Studium entschieden.

Mit immerhin achtzehn Jahren meldet er sich an der Realschule in Pilsen an.
Er bittet darum, sofort in die fünfte Klasse aufgenommen zu werden, um so
die verlorenen Jahre mindestens teilweise kompensieren zu können. Obwohl
das eigentlich nicht erlaubt war, wurde es ihm wegen der guten Ergebnisse
bei der Aufnahmeprüfung sogar mit einer Sonderprämie von drei Gulden für
den Einkauf von Büchern gewährt.

Auch hier an der Realschule war LERCH ein guter Schüler. Doch begannen
sich auch einige negative Züge seiner Natur zu zeigen. Wegen eines Streites
mit dem Kathecheten verlegten ihn die ihn unterstützenden Lehrer auf die
Realschule in Rakonitz (Rakovník).

Weil LERCH darüber nie gesprochen hat, sind die Einzelheiten dieses Streites nicht bekannt. Das ganze Leben lang war er ein gläubiger Mensch und
die Vermutungen, daß es um einen Streit mit religiösem Hintergrund ging,
sind weniger wahrscheinlich, wenn auch nicht unmöglich. Sein Mitschüler PETŘÍK schreibt später [Pet20]: *Dein freidenkender, mathematisch begabter Geist mußte in den Widerspruch mit der asketischen Gesinnung des
Herrn Pater geraten, und so war es kein Wunder, daß Du mit ihm auf
Kriegsfuß gestanden bist, auch in den höheren Klassen als wir dann keine
Religionstunden mehr hatten. Wir alle haben hinter Dir gestanden - bis es
eines Tages krachte. Der weise Direktor ČÁSTEK und der menschenfreund-
liche Professor ČIPERA hatten sich Deiner angenommen und Dich so vor
dem religiösen Konzil der Realschule, das den Stab über Dich brechen
sollte, gerettet.*

Im Zusammenhang mit dieser Angelegenheit findet man über LERCHs Natur
folgendes [Fra53, s. 124]: *... generell kann man sagen, daß das alles mit
LERCHs Freisinn und mit seiner unverhüllten Nichtübereinstimmung mit
der gültigen Rechtsordnung und gesellschaftlichen Formen [zusammen-
hing], was sicherlich auch in gewisser Beziehung zu seiner Entwicklung
stand.*

So kam er in der Septima nach Rakonitz, wo er am 13.7.1880 das Abitur mit ausgezeichnetem Erfolg ablegte. Sein Reifezeugnis lautete: Mathematik vorzüglich, darstellende Geometrie, Physik und tschechische Sprache ausgezeichnet, Französisch, Geschichte, Länderkunde, Chemie und Naturgeschichte lobenswert, Religion, Deutsch und Zeichnen gut.

Aus Geldmangel mußte er auch hier von Nachhilfestunden leben. Das Geld, das er so verdiente, hat er aber wie immer auch für mathematische Lehrbücher ausgegeben, weil ihm solche Bücher ein *Wohlgefühl* verschafften, wie er seinem ehemaligen Lehrer SEIFERT schrieb. Als Quintaner schreibt er am 16.5.1878 an SEIFERT: *Was meine Aktivität für die Weiterbildung meines Geistes betrifft, muß ich Ihnen mitteilen, daß ich das praktische, aber nicht sehr klassische Werk "Elementarbuch der Differential- und Integralrechnung von FRIEDRICH AUTENHEIMER, Rektor der Gewerbeschule in Basel" studiere ... Es gefällt mir aber nicht, daß er alles geometrisch und wieder geometrisch darstellt ... Weiter hat das Buch den Nachteil, daß es die partiellen Differentialverhältnisse mit demselben Symbol unpraktisch bezeichnet wie das Differenzial überhaupt:* $\dfrac{df(x,y)}{dx}$ *statt* $\dfrac{\partial f(x,y)}{\partial x}$.

WEYRS[5] "Základové vyšší geometrie" (= Grundlagen der höheren Geometrie) *habe ich bis zu der Konvolution gelesen ... Ich denke, daß ich jetzt "Základové vyšší mathematiky"* (= Grundlagen der höheren Mathematik)

---

[5] Ein Mitglied der bekannten Prager Familie Weyr. Der Vater, František Weyr (1820-1889), war ein unehelicher Sohn des Bäckermeisters Jan Weyr aus Náchod. Auf seinen Gymnasiumszeugnissen steht "Franciscus Weyr Bohemus Nachodensis". Seit 1848 lehrte er Mathematik länger als 40 Jahre auf der ältesten deutschen Oberrealschule in Prag (Nikolanderstr. 134/5). Von seinen zehn Kindern waren zwei Mathematiker. Der Sohn Emil (1848-1894) war seit 1871 ao.Prof. an der TH Prag und seit 1875 Prof. an der Universität Wien. Der Sohn Eduard (1852-1903) war seit 1881 Prof. an der TH Prag. 1878 stand Eduard Weyr an erster Stelle auf der Liste der zur Professur an der Universität Innsbruck vorgeschlagenen Personen. Es ist nicht bekannt, warum er nicht auch ernannt wurde. In diesem Jahr wurde er korrespondierendes Mitglied der *Société des sciences physiques et naturelles de Bordeaux*. Emil war seit 1870 außerordentliches Mitglied der *königlich böhmischen Gesellschaft für Wissenschaften*, seit 1890 der neugegründeten Tschechischen Akademie, der Akademien in Mailand (1872), Wien (korrespondierendes Mitglied 1875, ordentliches 1882), der wissenschaftlichen Gesellschaften in Bordeaux und Lüttich, mathematischen Gesellschaften in Paris (1874), Moskau und Charkow. Im 1893 wurde er zum Hofrat ernannt, wohl als einer der jüngsten Träger dieses Titels. Die oben erwähnte Geometrie wurde von beiden Brüder verfaßt, und erschien in drei Bänden 1871, 1874 und 1878. Der erste Band war das erste tschechische Lehrbuch der projektiven Geometrie.

von Studnička[6] *bestellen kann.* ... [Fra53, S. 123] Seine Anmerkungen zu den im Nachlaß gefundenen tschechischen Büchern zeigen [Čup23, S.301], daß er mit deren Methodik und Inhalt nicht sonderlich zufrieden war.

3. Die Jahre in Prag

1880 schrieb sich LERCH an der Prager tschechischen Technischen Hochschule (TH)[7] als Hörer des Bauingenieurwesens ein. Er wollte das erwähnte Triennium mit der Prüfung zur Lehrbefähigung für Mittelschulen beenden. Später erfuhr er aber, daß er wegen des körperlichen Gebrechens die notwendige ärztliche Begutachtung nicht bekommen würde. So entschied er sich für die akademische Laufbahn.

Im Studienjahr 1880/81 besuchte er folgende Vorlesungen: Mathematik, darstellende Geometrie und Physik; entsprechend 1881/82: Mathematik, höhere Geometrie, Geometrie der Lage, analytische Mechanik, Statik und Dynamik, Festigkeits- und Elastizitätslehre, Hydraulik; 1882/83: Mathematik, Geometrie der Lage, organische Geometrie der Form und Physik. Im Wintersemester 1882/83 schrieb er sich auch als außerordentlicher Hörer an der tschechischen Universität und der deutschen TH in Prag ein. Im Sommersemester 1883 besuchte er an der tschechischen TH keine Physik mehr. Er hat sich so nur der Mathematik und Geometrie gewidmet. Mathematische Vorlesungen besuchte er hauptsächlich bei EDUARD WEYR, GABRIEL BLAŽEK[8]

---

[6] František Josef Studnička (1836-1903), Prof. der Mathematik an der TH Prag seit 1866 und seit Dezember 1871 an der Universität Prag, war einer der führenden Protagonisten der tschechischen Emanzipation in der 2.Hälfte des 19.Jhs., ein Mitbegründer des Vereins der tschechischen Mathematiker im Jahr 1869 und seit 1872 der erste Herausgeber der Zeitschrift *Časopis pro pěstování matematiky a fyzíky.* Sowohl der Verein als auch die Zeitschrift existieren noch heute.

[7] Der Name der TH in Prag hat sich oft geändert: Sie war 1803 die *Königlich Böhmischständische Technische Lehranstalt,* später das *Ständisch-polytechnische Institut zu Prag.* Im Jahr 1869, dem Jahr der Teilung in tschechische und deutsche Institutionen, wurde es zum *Böhmischen Polytechnischen Landesinstitut des Königreichs Böhmen.* Seit 1875 trug es den Namen *K.k. Böhmisches Polytechnisches Institut in Prag,* und seit 1879 *K.k. Böhmische Technische Hochschule in Prag.* Unabhängig davon werden wir die Bezeichnung TH verwenden.

[8] Gabriel Blažek (1842-1910) war bis Studničkas Berufung (1871) an die Univ. ao. Prof. an der TH, seitdem o.Prof., ab 1887 Reichsabgeordneter für die Prager Altstadt.

und die geometrischen bei WEYR und FRANTIŠEK TILŠER[9]. An der deutschen TH besuchte er Vorlesungen bei GRÜNWALD.

Im Studienjahr 1883/84 war er nur außerordentlicher Hörer an der tschechischen Universität, wo er in jedem Semester fünf Stunden Vorlesungen bei STUDNIČKA in Algebra, Analysis und Zahlentheorie hörte. Er hatte an STUDNIČKAS Vorlesungen schon ein Jahr zuvor teilgenommen, aber wie es scheint, war er von dessen Vorlesungen enttäuscht und nicht sehr zufrieden. Trotzdem entwickelte sich in dieser Phase ein sehr gutes Verhältnis zwischen den beiden.

Ungeachtet der sehr schlechten materiellen Situation widmete er sich ausschließlich der Mathematik. Er gab keine Nachhilfestunden und lebte hauptsächlich von öffentlichen Fonds und Stiftungen.

Trotz der starken Konzentration auf das Studium hat er bereits 1881 eine erste einfache Arbeit publiziert, über die Theorie der Kegelschnitte. 1882 publizierte er zwei und 1883 drei weitere Arbeiten. Auch wenn sie nicht von großer Bedeutung waren, so hat er damit doch Talent bewiesen. Und seine Lehrer begannen ihn zu unterstützen.

Im Mai 1884 erfuhr er, daß sein Ansuchen an das Ministerium für Kultus und Unterricht um ein Stipendium für eine Studienreise nach Berlin positiv entschieden wurde. Es bestehen keine Zweifel, daß dabei auch ein wohlmeinendes Gutachten von STUDNIČKA eine Rolle spielte. Das Stipendium betrug 800 Gulden und übertraf damit das damalige Gehalt eines Hochschulassistenten im ersten Dienstjahr um 200 Gulden.

Daß LERCH sich für Berlin entschied, hing allem Anschein nach auch mit EDUARD WEYR zusammen. Dieser hat ihn zu Beginn seiner wissenschaftlichen Laufbahn sicherlich stark beeinflußt, wie auch die geometrischen Arbeiten zeigen. Später, im Wintersemester 1885/86, war auch ED. WEYR in Berlin. Wahrscheinlich hatte ihn dazu L. KRAUS[10] angeregt, der in Berlin

---

[9] František Tilšer (1825-1913) unterrichtete zuerst als Offizier die darstellende Geometrie an einer Militärakademie. Seinen Abschied von der Armee hat Erzherzog Josef mit den Worten "Für ein paar gemachte Böhmen verlieren Sie eine glänzende Militärkarriere" kommentiert. Ursprünglich schrieb er sich Tilscher. Ab 1864 war er Prof. der darstellenden Geometrie an der TH Prag. Angeblich hat er die Berufung nach Hönigs Tod an die Universität Wien abgelehnt [LH78, S. 138]. Als tschechischer Abgeordneter war er auch politisch tätig [LH78, S. 141].

[10] Ludvik Kraus (1857-1885) studierte nach der Realschule ein Semester an der TH Wien. Nach dem Abitur ging er an die Prager Universität gerade zu der Zeit, als Edu-

vier Semester lang Vorlesungen von WEIERSTRAß, KRONECKER und FUCHS gehört hatte [Beč95, S. 39].

Der zweite Impuls für die Entscheidung nach Berlin zu fahren entstand aus LERCHs Abwendung von der Geometrie hin zur Analysis. Er begann die Werke von STOLZ, THOMAE und LAURENT zu studieren. Aber auch hier, wie er später sagte, war er mit den Ausführungen dieser Autoren nicht recht zufrieden, so daß er gezwungen war, die Grundlagen für sich selbst auszuarbeiten [Čup23, S. 302].

In Berlin hat er sich am 10.10.1884 an der philosophischen Fakultät eingeschrieben, und verbrachte hier das ganze Studienjahr 1884/85. Die Stadt allein schien ihm fad, zu groß (große Entfernungen, die er überwinden mußte, waren für ihm anstrengend) und sehr teuer. Er lernte viele junge Mathematiker kennen (u.a. HEFFTER, KÖHLER, RUNGE). Jeder Hörer hatte in den Vorlesungen einen festgelegten Sitzplatz, der im Index der Vorlesungen aufgeschrieben und alphabetisch zugeordnet wurde. LERCH hat neben der WEIERSTRAß-Schülerin KOWALESKAJA[11] gesessen [Fra53, S. 129]. Er besuchte Vorlesungen von WEIERSTRAß, KRONECKER, FUCHS und RUNGE, und zwar:

- bei WEIERSTRAß
  - Einführung in die Theorie der analytischen Gleichungen
  - Theorie der elliptischen Funktionen
- bei KRONECKER
  - Theorie der algebraischen Gleichungen
  - Einfache und mehrfache Integrale
- bei FUCHS
  - Grundzüge der Theorie der unendlichen Reihen
  - Integration der Differenzialgleichungen

  - Theorie der linearen Differenzialgleichungen
  - Invarianten

---

ard Weyr hier die Vorlesungen zu halten begann. 1878 wurde er Doktor der Philosophie in Prag. Dann studierte er weiter in München (bei Felix Klein) und in Berlin. Im 1881 habilitierte er sich an der Prager Universität und nach ihrer Teilung hielt er vier Semester (1882-84) Vorlesungen über Funktionentheorie und Algebra im tschechischen Bereich. Kraus hat mit großer Wahrscheinlichkeit Eduard Weyrs Interesse an Algebra geweckt. Im Mai 1884 wurde Kraus zum ao.Prof. vorgeschlagen; er starb jedoch schon am 1.1.1885.

[11] Sie war schon damals Professorin in Stockholm.

- bei RUNGE:
  - Numerische Lösung der Gleichungen
  - Über Konvergenz, Stetigkeit und Ableitung der analytischen Ausdrücke

Er ging nach Berlin hauptsächlich um WEIERSTRAß zu hören, kehrte aber nach Prag als ein Schüler von KRONECKER zurück. KRONECKER schrieb ihm später nach Prag, er möge "... *sich nur mit konkreten Problemen beschäftigen*." Später hat er sich sogar von seinen eigenen Existenzbeweisen abgewandt. Er bevorzugte konstruktive Beweise. Z. B. seinen eigenen Beweis[12] des bekannten WEIERSTRAßSCHEN Satzes über die Approximation stetiger Funktionen mit gleichmäßig konvergenten Polynomen hat er später mit den Worten kommentiert: *Ich würde gern mindestens einmal eine solche Folge tatsächlich sehen.*

Nach der Rückkehr nach Prag 1885 begann die schöpferischste Periode seines Lebens. Innerhalb von elf Jahren hat er 110 Arbeiten veröffentlicht. Seine Arbeiten erschienen u.a. im *Bulletin de la Société math. France, Comptes rendus, Giornale di matematiche, Acta Mathematica, Journal für reine und angewandte Mathematik* oder *Zeitschrift für Mathematik und Physik.* Am Ende dieser Periode enthält die Liste der europäischen oder amerikanischen Mathematiker, denen er regelmäßig seine Arbeiten zugeschickt hat, mehr als hundert Namen [Fra53, S. 131]. Es ist schwer, alle Resultate zu konkretisieren oder charakterisieren. Stellvertretend nennen wir seine Variante[13] der Herleitung der RAABESCHEN Formel für $\int_0^1 \log \Gamma(x)\,dx$, die HERMITE sofort in seine Vorlesungen[14] mit dem Kommentar übernommen hat: ... *Voice pour y parvenir la méthode ingénieuse et élégante de Mr. MATYAŠ LERCH, docent à l'École Polytéchnique Tchèque de Prague.*

Am 14.9.1886 wurde LERCH zum Privatdozenten der Prager TH ernannt[15]. Der Titel seiner Habilitation ist nicht überliefert. Im Jahr 1890 wurde er korrespondierendes Mitglied der *Société royale des Sciences.* Am 29.10.1890 wurde er korrespondierendes Mitglied, im Jahr 1893 außerordentliches

---

[12] Rozpravy České Akademie **1** (1982), Heft 33, 1-7.

[13] *Démonstration élémentaire d'une formule de* Raabe. *Giornale di matematiche,* pubbl. per G. Battaglini, Napoli **26** (1888), 39-40

[14] Cours de M. Hermite, Rédigé en 1882 par M. Andoyer (Quatrième édition, revue et augmentée), A. Hermann, Paris 1891, S.129

[15] Seine Urkunde enthält die Klausel: "Mit dem Verzicht auf Vorlage eines Hochschuldiploms." Der Grund dafür lag in der Tatsache, daß ihm, weil er die Universität nicht absolviert hatte, die Promotion verwehrt war. Die TH hatte kein Promotionsrecht.

Mitglied der Königlich böhmischen Akademie der Wissenschaften und Künste (gegr. 1890). Am 2.12.1893 wurde LERCH zum außerordentlichen Mitglied der Königlichen böhmischen Gesellschaft für Wissenschaften (gegr. 1773) gewählt.

Das alles schien anzudeuten, daß LERCH eine ruhige und glänzende akademische Kariere vor sich hatte. Doch dieser Schein trog.

Im Schuljahr 1885/86 war er Ersatzassistent bei ED. WEYR am II. Mathematischen Lehrstuhl der Prager TH mit einem Lohn von 500 Gulden pro Jahr. Im nächsten Jahr 1886/87 wurde er zwar nicht zum Assistenten ernannt, doch als Privatdozent hielt er Vorlesungen über analytische Funktionen und über Geometrie der rationalen Kurven.

In dieser schweren Situation bekam er 500 Gulden vom Prager Stadtrat als Reisestipendium für das Jahr 1886 und eine Unterstützung in gleicher Höhe für das nächste Jahr. Er sollte ein Lehrbuch über Differential- und Integralrechnung schreiben. Er unternahm keine Reise und schrieb auch kein Buch. Den Betrag zahlte er 1901 von dem Geld zurück, das er mit dem Preis der Pariser Akademie bekommen hatte.

Im folgenden Jahr 1887/88 war er wieder Assistent bei WEYR und ab 1.10.1888 ging er an den I. Lehrstuhl der Mathematik, den G. BLAŽEK inne hatte, mit einem Lohn von 700 Gulden jährlich. Auf dieser Stelle war er bis zum Ende des Schuljahres 1895/96 tätig. Er hielt als Privatdozent Vorlesungen und in den Jahren 1882-92, als BLAŽEK Abgeordneter des Reichsrates und im Landtag des Tschechischen Königreichs war, hat er die Vorlesungen von BLAŽEK übernommen. In den Jahren 1895-96 war er auch als Mathematiker an einem Landesversicherungsfond und in der Firma FRIČ (optische Geräte) tätig. In dieser Zeit ging die maximal zulässige zehnjährige Frist, in der er Assistent sein konnte, zu Ende, wobei keine feste Professorenstelle in Aussicht stand.

Eine für die weitere Entwicklung entscheidende Rolle spielte der französische Mathematiker CH. HERMITE. HERMITE war von Anfang an ein großer Mäzen und Fürsprecher von MATYÁS LERCH.

HERMITES Kontakte mit den tschechischen Mathematikern gehen auf EDUARD WEYRs Aufenthalt[16] in Paris im Jahr 1873 zurück. HERMITE hat

---

[16] Über Weyr schreibt Hermite in seinen Briefen an Stieltjes von 19.2.1892, 11.1.1894 und 25.10.1894 [Her05].

später WEYRs Arbeiten der Pariser Akademie vorgelegt, aus ihrem späteren Briefwechsel entstanden auch gemeinsame Arbeiten [Beč95, S. 49]. 1892 wurde HERMITE zum Ehrenmitglied des Vereines der tschechischen Mathematiker und 1893 zum ausländischen Mitglied der Tschechischen Akademie gewählt.

HERMITE hat sich sicherlich bei WEYR dafür eingesetzt, LERCH eine entsprechende Stelle in Prag zu ermöglichen. Doch hat WEYR offenbar nichts unternommen, wie auch noch spätere Belege zeigen. So kann man in einem Brief von LERCH an E. BABÁK[17] von 5.6.1907 [Beč95, S. 57] lesen: *Kurz vor seinem Tod, Anfang des Jahres 1901, hat mein verewigter Freund, der geniale französische Mathematiker KARL HERMITE dem seligen ED. WEYR einen Brief geschrieben, in dem er ihm ans Herz gelegt hat, für meine Rückkehr in die Heimat zu sorgen; das war in der Zeit, als mir die Pariser Akademie den Hauptpreis verliehen hat. ... Natürlich ist es WEYR nie eingefallen, im Sinne dieses Briefes zu handeln, und die bekannte Clique sorgte dafür, daß zu diesem wichtigen Zeitpunkt (bei der Besetzung der Stelle nach Studnička) über mich alle möglichen Gerüchte verbreitet wurden, nur nicht die anerkennenden. Würde Ihnen dieser Brief vorliegen, würde dies Licht auf ein Stück meiner Lebensgeschichte werfen.*

Die Frage ist: Wodurch wurde das alles verursacht?

In der eben beschriebenen Zwischenzeit hat sich auch LERCHs Verhältnis zu den Professoren WEYR, STUDNIČKA und BLAŽEK deutlich verschlechtert. Noch nach der Rückkehr aus Berlin hatte LERCH zwei seiner Arbeiten über STUDNIČKA in den Abhandlungen der Königlichen Tschechischen Gesellschaft für Wissenschaften veröffentlicht [Fra53, S. 130]. Im Jahr 1883 begann der tschechische Verleger OTTO[18] die Ausgabe seiner Enzyklopädie vorzubereiten. Auf ED. WEYRS Vorschlag war für die Mathematik LERCH vorgesehen[19], der die einzelnen Stichwörter festgelegt hatte und dafür entsprechende Autoren vorschlagen sollte [Beč95, S. 40].

---

[17] Eduard Babák (1873-1926), tschechischer Physiologe; o.Prof. in Prag und Brünn, Mitbegründer und der erste Rektor der Universität in Brünn.

[18] Jan Otto (1841-1916), Inhaber des größten tschechischen Verlags (gegr.1871), hat mehrere bekannte tschechische Zeitschriften, belehrende Bücher, Noten und Belletristik herausgegeben. In den Jahren 1888-1909 erschienen 27 + 6 Bände des Enzyklopädischen Wörterbuchs von Otto (Eine der besten Enzyklopädien, die ich je in der Hand hatte. – Š. P.).

[19] Nach [LH78, S.290-291,297] war der Leiter der mathematischen Abteilung in der Enzyklopädie A. Pánek.

Das sind beinahe die letzten positiven Spuren der guten Beziehungen bzw. Anerkennungen. Ein Teil der Schuld ist aber auch LERCH zuzuschreiben. Die Verantwortlichen sollten jedoch global denken und lokal großzügiger handeln, auch im Interesse der tschechischen Mathematik. Daß sie kurzsichtig gehandelt haben, wurde ihnen wahrscheinlich später klar, aber dazu gibt es keine sichtbaren Spuren in Prag. Von den späteren Zeugen dieser Ereignisse in Prag enthält der von K. PETR geschriebene Nekrolog [Pet23] manches Interessante, jedoch bemerkte BORŮVKA in einer Rezension einmal höflich: ... *ist etwas übereilt geschrieben.* Selbst HERMITE hat LERCH später mitgeteilt: *Doch bin ich gegen Böhmen eingenommen, es sollte Sie im Sinne seiner eigenen Ehre bewahren und schon längst die Wichtigkeit der Arbeiten erkennen, die Sie angehäuft haben, und die Ihnen eine angesehene Stelle unter den zeitgenössischen Mathematikern einräumen ...*

Daß LERCH sich der Analysis zugewandt hat, ist, wie er später oft schilderte [Čup23, S. 302], auch *ein Verdienst der Brüder WEYR, die fürchteten, daß ich ihnen ein gefährlicher Rivale sein könnte und mich daher von den geometrischen Problemem wegführten.* Es ist heute nicht leicht, den genauen Ablauf der Beziehungen zwischen LERCH und seinen Lehrern zu rekonstruieren. EMIL WEYRS Sohn FRANTIŠEK kommentierte diese Beschuldigungen mit [Beč95, S. 52] *LERCHs Mutmaßung ist ganz gewiß aus seinem generellen Verfolgungswahn entstanden.*

Auch seine 14. Arbeit[20] aus der enumerativen Geometrie aus dem Jahr 1885, in welcher er die Resultate einer vorherigen Arbeit[21] von EMIL WEYR verallgemeinerte, begleitete er später mit provokativen Erklärungen der Art: *Ich wollte ihn damit nur ein wenig necken.*

Es muß gesagt werden, daß LERCH von geradsinniger, freimütiger bis sarkastischer Natur war. So hat er oft auch kein Blatt vor den Mund genommen. Teilweise auch aufgrund seiner schlechten Lage entrüstet, hat er seinem Herzen durch verschiedene öffentliche Äußerungen sogar bei Vorlesungen Luft gemacht, z. B.: *Es gibt keinen Unterschied zwischen meinem linken[22] Bein und Herrn Hofrat STROUHAL, beide möchten nichts tun, aber*

---

[20] Bestimmung der Anzahl merkwürdiger Gruppen einer allgemeinen Involution n-ter Ordnung k-ter Stufe, Sitzungsberichte königl.-böhm. Gesellschaft der Wissenschaften, 1885, 597-600. Die Arbeit wurde öfter zitiert, z.B. Deruyts, Zeuthen.

[21] Über Involutionen n-ten Grades und k-ter Stufe, Sitzungsbericht kais. Akad. Wiss. in Wien, 17. April 1879. Beiträge zur Curvenlehre, Wien 1880.

[22] d.h. sein lahmes Bein

überall einen Vorrang haben. Na ja, es gibt zwei Arten von Menschen, die einen, die gute Anekdoten erzählen und die anderen, die ein gutes Gedächtnis haben [Čup23, S. 307].

ČUPR[23] schreibt weiter [S.311]: *Angelegenheiten, die er außerhalb der Mathematik beachten mußte, verarbeitete er auf eigene Weise. Einsprüche gegen seine Auffassungen hörte er ungern und wußte sie schroff abzulehnen. Es ist kein Wunder, daß jeder von vornherein auf die Diskussion verzichtete, was ihm wieder die Richtigkeit seiner Ansichten bestätigte, deren Richtigkeit er - von seinen geliebten Problemen und nur wenigen Personen umgeben - keineswegs verifizieren konnte. Die Schroffheit und die Verschlossenheit wurde legendär und damit noch verstärkt. In Wirklichkeit konnte LERCH - insbesondere in Damengesellschaft - sehr witzig und liebenswürdig sein und war es auch. Um seine Nichte und seine Neffen kümmerte er sich liebevoll und ermöglichte diesen das Studium auf verschiedenste Weise. - Gegenüber wissenschaftlichen Feinden konnte LERCH jedoch schauderhaft sein ...*

Abgesehen von der sich eindeutig anbahnenden Überlegenheit LERCHs auf wissenschaftlichem Feld über die "herrschende" Professorenschicht, gibt es auch Anzeichen, daß er in dieser Zeit der blühenden nationalen Aktivität der tschechischen Intelligenz in deren Augen nicht genügend nationalorientiert war.

Diese Beschuldigungen, wenn sie wirklich im Hintergrund eine Rolle spielten, waren ungerecht, wie im folgenden gezeigt wird. In den Jahren 1882-83 entfaltete LERCH seine Tätigkeit auch im Rahmen des *Vereins der südböhmischen Akademiker* "ŠTÍTNÝ" (Schild), der als das tschechische Pendant des deutschen Schulvereins in der Region tätig war. 1883 trug LERCH dazu bei, daß die Tagung dieses Vereines von 11. bis 13.8. in Schüttenhofen stattfand. Bei der Gelegenheit wurde eine öffentliche Bibliothek in Schüttenhofen mit 265 Bücherbänden eröffnet. LERCH wirkte als Bibliothekar, und obwohl er nicht viel Geld hatte, kaufte er auf eigene Kosten Bücher für die Bibliothek. Dies war allerdings seine einzige öffentliche Funktion, die er je ausgeübt hat [Fra53, S. 128]. Die Indizien, daß die nationale Bewegung der letzten Jahrzehnte um die Jahrhundertwende und später doch eine Rolle bei der Vergabe von Professuren in Prag gespielt haben kann, untermauern auch folgende Worte von ČUPR [Čup23, S. 312]: *Ich möchte mich noch zu*

---

[23] Karel Čupr war Lerchs Assistent und enger Mitarbeiter in Brünn.

LERCHs Tschechentum und Patriotismus äußern, die oft in Zweifel gezogen wurden, weil LERCH sich kernig über alles äußern konnte, dem die anderen - zu Recht oder Unrecht - huldigten. Patriotismus war für LERCH kein sentimentaler Enthusiasmus oder fanatischer Hochmut, sondern eine schwere und verantwortungsvolle Pflicht ... Ich werde nie den Vormittag am 29.10.1918 vergessen - in Brünn hatten wir die Befreiungsfreude einen Tag später erlebt -, als ich ihn strahlend mit der schon lange vorbereiteten und gebügelten Trikolore auf dem Weg zur feierlichen Sitzung des Kollegiums auf dem Getreidemarkt traf. Schließlich träumte er auch auf dem Höhepunkt seiner internationalen Anerkennung in Freiburg immer davon, eines Tages wieder heimzukehren.

Über LERCH schreibt BORŮVKA [Bor61, S. 355]: *MATYÁŠ LERCH war nicht nur von sehr komplizierter und verschlossener Natur. Nur wenigen und sehr engen Mitarbeitern offenbarte er sein Innerstes. Heutige Studenten begreifen wahrscheinlich nur schwer, daß uns - seinen Schülern - nach vierjährigem Besuch seiner Vorlesungen seine menschliche Seite, die wir Unerfahrenen nur sehr dunkel ahnen konnten, hinter einigen seiner evidenten Seltsamkeiten und der Glorie des wissenschaftlichen Ruhmes verschwand. Leider ist die authentische Quelle, die in dieser Hinsicht manches aufhellen könnte, verloren gegangen. In Brünn wurden alle Briefe gesammelt, die LERCH an CH. HERMITE geschrieben hatte, und gleichzeitig HERMITS Antworten an LERCH. Ich hatte die Gelegenheit, diese Briefe einzusehen, und ich erinnere mich daran, daß sie viele Details aus LERCHs Leben enthielten, die nun unbekannt bleiben. Diese wertvolle Sammlung wurde bei der Bombardierung von Brünn im letzten Abschnitt des vergangenen Krieges vernichtet.*

In einem Schreiben vom 24.7.1890 an das Ministerium hat F. STUDNIČKA einen zweiten Lehrstuhl der Mathematik an der tschechischen Universität beantragt. Das Ministerium hat zwar den Antrag aus finanziellen Gründen abgelehnt, jedoch die Mittel für die Vorlesungen, die EDUARD WEYR halten sollte, freigegeben [Beč95, S. 56]. So besaß EDUARD WEYR seit 1890 bis zu seinem Tod eigentlich zwei Stellen gerade zu der Zeit, als sich LERCH um eine Dauerstelle bemühte.

BLAŽEK schrieb in einem Brief von 27.1.1890 an F. STUDNIČKA [S. 57]: *Was die Kandidaten betrifft, darf man nicht vergessen, daß wir den lang-*

jährigen Dozenten PÁNEK [24] *haben, der wissenschaftliche Tätigkeit aufweist und ein ausgezeichneter Lehrer ist. Es wäre nicht gerecht, wenn wir ihn ignorieren würden, und schon aus diesem Grund bin ich nicht der Meinung, daß* LERCH *als einziger auf die frei gewordene Stelle vorgeschlagen werden sollte, insbesondere wenn man seine bisherige kleinere pädagogische Befähigung berücksichtigt. Sollte man mit Hilfe von* WEYR *der Ernennung* LERCHs *nützen, würde ich meinen, die Aktion später zu beginnen und vielleicht in einem Jahr* LERCH *die Gelegenheit zu geben, mit der Supplementierung meines Lehrstuhls sich weiter pädagogisch zu vervollkommen*[25].

Am 7.11.1875 wurde EMIL WEYR zum Ehrenmitglied des Vereines der tschechischen Mathematiker ernannt. Auf Vorschlag von Prof. STUDNIČKA richtete man den sogenannten *WEYRSCHEN Preis* ein, der alle fünf Jahre für die besten Resultate in der neueren Geometrie verliehen werden sollte. Das zweite Mal wurde dieser Preis 1887 an den Mittelschullehrer J.S. VANĚČEK (1848-1922) verliehen (im Preisgericht saß auch EDUARD WEYR). J.S. VANĚČEK hat sich im 1884 vergeblich um eine Habilitation an der Universität bemüht, und später bewarb er sich ebenfalls erfolglos um eine Stelle als Mittelschullehrer in Prag. Sein Verhältnis - wie auch das seines Bruders M. N. VANĚČEK - zu den Brüdern WEYR und zum Verein der tschechischen Mathematiker war gespannt. In seinem Werk *Über die Geschichte der Geometrie* (Pardubitz 1882) finden sich folgende Anspielungen [Beč95, S. 58]: ... *die tschechischen systematischen Abhandlungen auf dem Gebiet der Geometrie sollte man aus offensichtlichen Gründen lieber stillschweigend übergehen* [S.40] und über den französischen Mathematiker M.

---

[24] Augustin Pánek (1843-1908) war zuerst der Lehrer der Oberen Mittelschule an der Prager Kleinseite, seit 1872 Privatdozent und später honorierter (d.h. bezahlter) Dozent an der tschechischen TH und ab 1896 außerordentlicher Prof. [Beč95, S.63].

[25] Daß Lerch auch später ein nicht ganz exzellenter Vorlesender war, beweist folgendes aus Borůvkas Erinnerungen [TSP95, S. 34]: *Es wurde allgemein tradiert, daß Professor Lerch zwar wesentlich graduierterer Mathematiker als Professor Vojtěch ist (damals 1918 waren Lerch und Vojtěch die einzigen Professoren der Mathematik an der Brünner Technischen Universität. – Š.P.), andererseits aber kein sehr guter Lehrer. Seine Vorlesungen waren, was den Inthalt betrifft, hervorragend, aber formell sehr wenig attraktiv. Er sprach mit ziemlich schwacher Stimme, meistens mit dem Gesicht zur Tafel gewandt, ... andererseits aber hat ... Professor Lerch in seinen Vorlesungen die Resultate eigener wissenschaftlicher Arbeit dargelegt, so daß ich dabei Dinge entdeckt habe, von denen ich früher nie gehört hatte. Die Ironie ist, daß wahrscheinlich auch Studnička kein guter Pädagoge war* [FN69].

CHASLES: *Er unterstützte alle jungen Gelehrten, die sich an ihn um Hilfe oder Rat gewandt hatten. Wie unterschied er sich von denen, die in jedem einen Rivalen sahen und diesem alle möglichen Hindernisse in den Weg legten, obwohl sie allein nur von solchen Charakteren wie CHASLES gefördert worden waren* [S. 36]. Die Frage, wer damit gemeint war, wird nicht explizit beantwortet.

Seit 1872 gab der Verein der tschechischen Mathematiker die Zeitschrift *Časopis pro pěstování matematiky a fysiky*[26] heraus. Die ersten zehn Jahre wurde die Zeitschrift von STUDNIČKA redigiert, dann zwei Jahre von EDUARD WEYR und nach ihm von AUGUSTIN PÁNEK. Im 13. Jahrgang konnten die Leser einen Meinungsaustausch verfolgen, ausgelöst durch eine nicht ganz positive Rezension des Buches *Analytische Geometrie in der Ebene*, das 1883 von Professor KAREL ZAHRADNÍK[27], Universität Agram, verfaßt worden war. Der Streit wurde schließlich mit einer von EDUARD WEYR geschriebenen sehr scharfen Rezension beendet, die im *Athenaeum*[28] veröffentlicht wurde. Das Resultat war, daß ZAHRADNÍK nie Professor der Prager Universität wurde, obwohl er sich das wünschte. Es gibt Vermutungen, daß die Rezension ein Teil der schon angedeuteten "Globalpolitik" war, die mit der Besetzung der Lehrstühle an der tschechischen Universität und Hochschule zusammenhing [Beč95, S. 53].

Die Personen um WEYR haben sich immer nur positiv über WEYR geäußert. So schrieb z. B. K. PETR [Beč95, S. 45]: *Von Natur aus war WEYR, mit übereinstimmendem Zeugnis derer, die mit ihm lebten, direkt und vetrauensvoll, im Umgang freundlich, in der Beurteilung der anderen liberal, in der Gesellschaft heiter und ein Mann von Geist ... Dem Hörer war er ein freundlicher Berater, bei der Kritik der wissenschaftlichen Leistungen sehr mild, aber nicht in dem Ausmaß, das dem öffentlichen Interesse schaden könnte.* Oder*: Daß er lebensfroh war und unter Freunden gern die tägliche Mühsal vergaß bezeugt die Tatsache, daß er ein eifriges Mitglied der lusti-*

---

[26] Zeitschrift für das Weiterpflegen der Mathematik und Physik, die bis heute allerdings nun unter dem Titel *Mathematica Bohemica* erscheint.

[27] Karel Zahradník (1848-1916) war seit 1870/71 Assistent bei Blažek, dann besetzte er die Stelle an der Agramer Universität, welche Ed. Weyr angeboten worden war, und blieb hier bis 1899, als er an die TH Brünn berufen wurde [Beč95, S. 49].

[28] Athenaeum war eine tschechische Zeitschrift, gegründet und redigiert vom T. G. Masaryk. Sie ist in den Jahren 1884-93 erschienen und war Artikeln und Rezensionen der Fachliteratur aus allen Bereichen gewidmet.

gen Gesellschaft "embouchure" war, die sich regelmäßig ganzabendlich im Lokal "Zum Pinkas[29]*" traf.*

Daß die Beteiligten nicht immer klar Stellung bezogen haben, zeigt folgende Passage aus dem Brief von ED. WEYR an B. RAÝMAN[30] vom 5.6.1902 [Beč95, S. 60]: *Versprechende Talente unter der jüngeren mathem. Generation sind Herr Dr. ARNOŠT DITTRICH und JAN VOJTĚCH*[31] *wie deren in unserer Zeitschrift abgedruckte Seminararbeiten zeigen. Über andere, nicht am Seminar Mitwirkende kann ich das nicht mit Sicherheit behaupten ... Von den älteren halte ich PROF. DR. PETR in Brünn für eine tüchtige Kraft, welche unserer Fakultät zur Ehre gereichen könnte, ganz zu schweigen von LERCH, der als Laureat des Instituts wohl hors concourt in jeder Hinsicht ein Prachtkerl ist*[32].

Rekapitulieren wir die Geschehnisse bei den Besetzungen der freigewordenen Professorenstellen an den tschechischen Hochschulen zu dieser Zeit. Es gab eigentlich nicht viele Möglichkeiten. Die Person, die seit den siebziger Jahren die Besetzung der Stellen an den Mittel- und Hochschulen maßgebend beeinflußte, war STUDNIČKA [Beč95, S. 49].

Ende der achtziger Jahre hat ED. WEYR versucht, an die Prager Universität zu wechseln. Ein entsprechender Vorschlag geht auf STUDNIČKA zurück, aber zur Ernennung ist es nie gekommen. Statt dessen war WEYR mindestens seit 1890 - wie bereits erwähnt - auch supplementierender Professor der tschechischen Universität [Beč95, 40, 56] - mit einem Honorar von 600 Gulden jährlich (ab 1899 dann 800 Gulden). Mit Hilfe von STUDNIČKA wurde später vereinbart, ED. WEYR ab 1.10.1903 zum Professor der Universität zu ernennen. Doch WEYR starb bereits am 22.7.1903 [Beč95, S. 43] und inzwischen auch STUDNIČKA selbst.

---

[29] Auf dem Photo einer anderen, seit der Hälfte der siebziger Jahre existierenden und an demselben Ort sich treffenden Gesellschaft sind Emil Weyr und A. Pánek zu erkennen [Beč95, S. 63].

[30] Bohuslav Raýman (1852-1910) studierte an der TH Prag, dann in Bonn und Paris. Habilitation 1877, seit 1890 ao.Prof., und seit 1897 o.Prof. der Chemie der Univ. Prag.

[31] Jan Vojtěch (1879-1953), seit 1918 Professor an der tschechischen TH Brünn und seit 1923 an der tschechischen TH Prag.

[32] Nur zum Vergleich lassen wir Borůvka über Vojtěch sagen [TSP95, S. 34]: *Demgegenüber war Professor Vojtěch in der Weltmathematik nicht überragend, jedoch war er ein ausgezeichneter Pädagoge und Lehrer. Er hat ein beachtenswertes Lehrbuch geschrieben, das zwar nicht von originalen Ideen strotzt, aber den Studenten eine gute Übersicht über den Stoff ermöglicht ...*

1884 war L. KRAUS für eine außerordentliche Professur vorgeschlagen worden. Da war LERCH sicher noch "wissenschaftlich" zu jung (wenn auch nur drei Jahre jünger als KRAUS; allerdings konnte man das Handikap, daß er später in die Schule eingetreten war, bereits hier spüren). Als ED. WEYR 1881 zum ordentlichen Professor an der Prager TH ernannt wurde, verzichtete er auf die Dozentenstelle, die er an der Universität inne hatte - offenbar - gerade zu Gunsten von KRAUS.

1895 wurde die Stelle des Professors der Darstellenden Geometrie an der tschechischen TH ausgeschrieben. Es hat sich auch der bereits erwähnte J.S. VANĚČEK gemeldet, der zu dieser Zeit Lehrer an der Realschule in Jičín war. ED. WEYR hat KARL PELZ (1845-1908) durchgesetzt, der in Graz als ordentlicher Professor an der TH wirkte und ein langjähriger Freund der Familie WEYR war [Beč95, S. 41].

Im Jahr 1899 wurde die TH Brünn mit zwei Mathematik-Lehrstühlen eröffnet. Auch wenn LERCH schon zu dieser Zeit rechtlich an Freiburg gebunden war, hätte er wahrscheinlich positiv reagiert. Die beiden Stellen wurden mit KAREL ZAHRADNÍK aus Agram und mit dem Dozenten der Prager Universität A. SUCHARDA besetzt. Nachdem 1903 STUDNIČKA gestorben war, wurde der Dozent der TH Brünn K. PETR[33] mit der Vertretung beauftragt, gleichzeitig zum ausserordentl. Professor vorgeschlagen und vier Jahre später zum ordentl. Professor ernannt. Der eigentliche Vertreter sollte wahrscheinlich E. WEYR sein, aber seine Stelle übernahm 1904 JAN SOBOTKA (1862-1931)[34]. Bei der Gelegenheit versuchte man zudem eine dritte Professur durchzusetzen, auf die LERCH berufen werden sollte. In der damaligen Situation war es aber unwahrscheinlich, daß Wien gleich drei Ernennungen zustimmen würde. Die dritte Stelle wurde tatsächlich nicht genehmigt. LERCHs Aktivität [Fra53, S. 134] zeigt jedoch, daß er an der Stelle interessiert war.

Nach EDUARD WEYRS Tod wurde der schon sechzigjährige AUGUSTIN PÁNEK[35] 1904 zum ordentlichen Professor an der Prager TH ernannt.

---

[33] Karel Petr (1868-1950): Im Januar 1903 wurde er von der tschechischen TH Brünn an die philosophische Fakultät umhabilitiert. Im Februar ist Prof. Studnička gestorben. Im März 1903 wird Petr mit der Führung von dessen Vorlesungen und Übungen beauftragt und im Juni zum ao.Prof. vorgeschlagen, zu welchem er noch im selben Jahr ernannt wurde. Ed. Weyr gelang es noch vor seinem Tod das Gutachten zu verfassen.

[34] Nach Petr [Pet23, S. 133] wurde Sobotka auf die zweite Stelle mit der Begründung berufen, *daß an der Universität auch Geometrie vertreten sein sollte.*

[35] Nach Pánek wurde František Velísek (1877-1914), und nach Gabriel Blažek wurde 1908 Prof. Matěj Norbert Vaněček (1859-1922) ernannt.

K. PETR [Pet23] ergänzte das Bild der damaligen Situation: *LERCH trat mit großem Selbstbewußtsein auf und neigte infolgedessen dazu, eigene Leistungen zu überschätzen und die der anderen gering zu achten.* Dies untermauerte er [Pet23, S. 124-6] mit LERCHs Resultaten aus den Arbeiten, die *entweder etwas Bekanntes wiederentdecken oder zu kompliziert sind.* In beiden Fällen geht es um Konvergenzkriterien für unendliche Reihen Σu_n, die mit den Brüchen u_{n+1} / u_n zusammenhängen (Details findet man in [Fra57]). Abgesehen davon, daß LERCH damals 25 Jahre alt war (was auch PETR anerkennt), sollten diese Tatsachen als Grundlage für folgende Schlüsse dienen [Pet23, S. 125]: *Es gibt keinen Zweifel für mich, daß LERCH damals die Elemente der Theorie der unendlichen Reihen mit positiven Gliedern (was man damals auch über manchen Verfasser der Lehrbücher aus der Analysis sagen konnte) nicht völlig bekannt waren, aber gerade in dem (und auch in der Art der Darbietung), daß der Verfasser eine Abhandlung aus einem Gebiet veröffentlicht, mit deren Elementen er nicht gehörig vertraut ist, sehe ich ein Zeichen des übertriebenen Selbstbewußtseins, über das ich oben gesprochen habe.* Die Ironie ist, daß auch PETRS Argumente nicht sehr stichhaltig sind. Und PETR setzte fort [Pet23, S. 126-127]: *Diese Einsprüche waren dem jungen und eifrigen Mathematiker am Anfang seiner wissenschaftlichen Laufbahn nicht willkommen, waren aber wahrscheinlich jenen willkommen, die Zielscheibe von LERCHs schneidender Kritik waren - einer Kritik, zu der ihm der Zustand der mathematischen Wissenschaft auf unseren Hochschulen vielfach Gelegenheit bot ... Infolgedessen übte LERCHs ausgezeignete wissenschaftliche Tätigkeit keinen angemessenen moralischen Druck auf die entscheidenden Kreise in Prag, der sie zwingen würde, LERCH an der Technischen Hochschule oder an der Universität unterzubringen.*

4. Zehn Jahre in Fribourg

Im April 1896 wurde LERCH nach Fribourg/Freiburg in der Schweiz, wo kürzlich eine Universität eröffnet wurde, berufen. Für diese Stelle wurde LERCH von seinem Befürworter HERMITE vorgeschlagen. Nach PETR [Pet23, S. 127] wurde diese Stelle zuerst dem außerordentlichen Professor der Geodäsie der TH Lemberg VÁCLAV LÁSKA[36] angeboten. Der hat diese Stelle zwar abgelehnt, aber LERCH auf sie und die Universität Fribourg auf LERCH aufmerksam gemacht. Nach HERMITES Gutachten wurde LERCH dann zum Professor in Fribourg ernannt. Der zweite Professor der Mathematik war der Holländer DANIELS. LERCHs Vertrag lautete auf 10 Jahre, mit einem Gehalt von 5000 schweizerischen Franken[37] im ersten Jahr und 6000 Franken in den weiteren.

LERCH hatte sich im August 1893 mit HERMITE in Paris getroffen und möglicherweise auch im Herbst 1896. Als LERCH ihm im Sommer 1901 für die Anerkennung seiner Resultate danken wollte, war HERMITE bereits tot (er starb am 14.1.1901). LERCH hat nur dessen Schwiegersohn PICARD getroffen und einen Kranz am Grabe seines großen Freundes niedergelegt [Čup23, S. 304].

In Fribourg hat LERCH mehr als 70 Arbeiten veröffentlicht, die Hälfte davon in tschechischen Zeitschriften. Daß er zu Hause noch publizierte, war sicherlich auch ein Verdienst von HERMITE, der ihn ermunterte, seiner Heimat nicht zu entsagen. HERMITE schrieb: *Das führt mich zu der Frage, ob Sie weiter in den Abhandlungen der Tschechischen Akademie publizieren werden, die Sie mit einer großen Zahl schöner Abhandlungen bereichert haben und deren mathematischer Teil bei Ihrem Fernbleiben ärmer wäre. Ich neige vielmehr zu glauben, daß Sie fest an Ihre Heimat gefesselt bleiben.* Die Beziehungen zur Heimat schwächten sich später aber merklich ab. In den Jahren 1900-1907 hat er nichts mehr in tschechischen Zeitschriften publiziert. Seine Lehrtätigkeit bestand aus wöchentlich sechs Stunden Vorlesungen und zwei Stunden Seminar. Neben Standardvorlesungen gab er auch Spezialvorlesungen, die mit seinem Fachgebiet zusammenhingen, wie Malmsténsche Reihen, Eulersche Integrale, elliptische Funktionen usw. Die Vorlesungen hielt er auf deutsch oder französisch.

---

[36] Václav Láska (1862-1943) hatte sich im Schuljahr 1890/91 an der TH Prag in höherer Geodesie habilitiert. Er wurde aber in demselben Jahr wie Lerch, nämlich 1895/96, nach Lemberg als ao.Prof. der höheren Geodesie berufen. Er publizierte mathematische und astronomische Arbeiten, hatte ein Lehrbuch zur Astronomie und höheren Geodesie auf deutsch verfaßt und ein Lehrbuch der höheren Geodesie auf tschechisch, dessen erster Teil 1896 erschien [LH78, S. 299-300]. Gemäß Petr sollte er im nächsten Jahr zum o.Prof. ernannt werden, was möglicherweise der Grund für die Ablehnung der Freiburger Stelle war.

[37] In der Zeit hatte die Österreichische Krone und der Schweizer Franken ungefähr den gleichen Wert, so daß diese Stelle für ihn eine beachtliche finanzielle Aufwertung war.

Im Jahr 1900 hat die Pariser Akademie den Grand Prix über *Perfectioner en quelque point important la recherche du nombre des classes de formes quadratiques aux coefficients entiers et de deux indeterminées* ausgeschrieben (wie es scheint auf HERMITES Anstoß, was wahrscheinlich mit LERCHS Arbeiten über die sogenannte Klassenzahl zusammenhängt). Der Preis wurde als einzigem LERCH für die Arbeit *Essais sur le calcul du nombre des classes de formes quadratiques binaires aux coefficients entiers* zugesprochen[38]. Diese Auszeichnung hat ihm den Weg zur Kandidatur in die französische Akademie geöffnet. Der Vorschlag lautete (in alphabetischer Folge):

I. DEDEKIND

II. GORDAN, HILBERT, LERCH, NEUTHER.

In den Jahren 1900-01 war er Dekan der Naturwissenschaftlichen Fakultät. Die Sommerferien verbrachte er immer in seiner Heimat, hauptsächlich in Prag. Aus Prag reiste er öfter nach Schüttenhofen, wo er seine Eltern besuchte und sie seit den Assistentenjahren immer unterstützte. Schon nach den ersten Ferien kam er nach Fribourg mit seiner Nichte RŮŽENA SEJPKOVÁ[39] zurück, die sich seitdem bis zu LERCHS Tod um den Haushalt kümmerte.

LERCH hatte immer ein distanziertes Verhältnis zu den Ärzten. Dies wurde ab 1899 noch schlechter[40]. Damals traf er den Mann seiner Schwester Marie in München, der ihm über einen erfolgreichen Orthopäden, den Hofrat HESSING, erzählte. Dieser war ursprünglich ein Tischler gewesen, der sich später der Produktion orthopädischer Prothesen widmete und damit zu Ruhm kam. HESSING glich LERCH zuerst sein Bein aus, was sehr schmerzhaft war. Dann fertigte er eine Prothese an, mit deren Hilfe er seitdem nur noch einen Spazierstock statt Krücken brauchte. Auf kürzere Distanzen konnte er sich sogar ohne Stock bewegen [Fra53, S. 133].

Vom 5. bis 7.10.1902 nahm LERCH als Vertreter der Universität Fribourg an den Feierlichkeiten anläßlich des 100. Geburtstages von N. H. ABEL in

---

[38] Acta Mathematica **29** (1905), 333-424; **30** (1906), 203-293 oder Mémoires présentés par divers savants á l'Académie des Sciences de l'Institute de France, Paris, **33** (1906), No. 2, 1-244.

[39] Sie war die Tochter seiner Schwester Růžena, die 1946 starb und verheiratet in Schüttenhofen lebte. Die Nichte war damals 14 Jahre alt und beendete gerade die Bürgerschule.

[40] Er sagte: Es ist ein Unrecht, wenn der Medizin eine ganze Fakultät gehört und der Mathematik, die mindestens viermal so groß ist, nicht [Čup23, S. 311].

Christiania teil. Zugleich bat ihn die Tschechische Akademie, auch sie an dieser Feierlichkeit zu vertreten. LERCH hat das angenommen, aber, da er noch nicht zum ordentlichen Mitglied gewählt worden war, war er, wie es scheint, ein wenig verstimmt [Fra53, S. 132].

5. Zurück zu Hause

Anfang 1905 ist der zweite Lehrstuhl an der TH Brünn frei geworden. Prof. SUCHARDA erkrankte und man erwartete, daß er in den Ruhestand versetzt wurde. Auf Vorschlag der TH wurde LERCH am 1.11.1906 zum Professor der tschechischen TH in Brünn ernannt. Er blieb hier 14 Jahre. Als 1920 auch eine Universität in Brünn eröffnet wurde, wurde er zum ersten ordentlichen Professor der Mathematik an die Naturwissenschaftliche Fakultät berufen. Der zweite Professor der Mathematik an der Universität in Brünn wurde L. SEIFERT[41]. An der TH hat LERCH ungefähr 31 Arbeiten veröffentlicht, davon sind 9 den unendlichen Reihen, 8 der Geometrie, 4 den Fragen über spezielle Funktionen, 3 der Integralrechnung gewidmet. Beinahe alle wurden in heimischen Zeitschriften publiziert.

Im Jahr 1907 wurde LERCH zum Ehrenmitglied des Vereines der tschechischen Mathematiker und Physiker gewählt. 1909 wurde ihm der Ehrendoktortitel der Philosophie an der Prager Universität verliehen. Im Schuljahr 1908/09 war er Dekan des Fachbereichs Maschinenbau an der TH Brünn, und ein Jahr später (1910/11) Rektor. Diese Funktion hat er aus gesundheitlichen Gründen aufgegeben. Ein Jahr vor seinem Tod am 28.6.1921 wurde er zum ordentlichen Mitglied der Tschechischen Akademie gewählt.

Wahrscheinlich hat sich LERCH nie damit abgefunden, daß er keine Stelle in Prag bekommen hat, wie aus BORŮVKAS Erinnerungen folgt: *Nach einer gewissen Zeit, als wir uns beruflich näher standen, erzählte er mir von Zeit zu Zeit über verschiedene Angelegenheiten seines Lebens. Über Enttäuschungen, als er nach der Rückkehr aus der Schweiz keine Stelle und keine*

---

[41] Ladislav Seifert (1883-1956) war der Sohn Emil Seiferts, Lerchs Lehrer in Schüttenhofen. L. Seifert war seit 1921 Prof. der Geometrie an der Brünner Masaryk Universität. Seit 1920 war hier Prof. der theoretischen Physik auch Bohuslav Hostinský (1884-1951), der Sohn des bekannten Professors der Musikwissenschaft und Ästhetik an der Prager Universität. Hostinský war neben der theoretischen Physik auch in der mathematischen Analysis, Differentialgeometrie und Wahrscheinlichkeitsrechnung tätig.

Unterstützung durch die ordentlichen Professoren in Prag gefunden hatte, obwohl er eine der größten wissenschaftlichen Ehren vorweisen konnte. Vielleicht deswegen. Er war sich seiner überlegenen Potenz bewußt, und er ließ dies auch seine Umgebung spüren [TSP95, S. 37].

LERCH hat erst als Sechzigjähriger am 13.1.1921 geheiratet - seine Nichte RŮŽENA, weil er sie für das Alter absichern wollte. Nach damaliger Gesetzeslage hatten die Ehepartner erst nach fünfjähriger Ehe einen Anspruch auf die Staatsbeamtenpension. Obwohl LERCH bereits zwei Jahre nach der Eheschließung starb, gelang es - angesichts seines Namens und der Tatsache, daß sie sich schon jahrelang vor der Eheschließung um ihn gekümmert hatte - für die Witwe eine entsprechende Pension durchzusetzen. Nach Augenzeugenberichten gebührte ihr hohe Anerkennung dafür, daß sie ihm stets ermöglicht hat, sich ganz der Mathematik widmen zu können. Und das nicht nur während des Krieges, sondern auch bei seinen hohen Ansprüchen an Hygiene und Verpflegung, die oft an Pedanterie grenzten.

LERCH litt an Diabetes. Aus diesem Grunde hatte er auch das Amt des Rektors in Brünn niedergelegt. Zur Milderung der Krankheitsfolgen hatte er in den Ferien Bäder wie Poděbrady, Luhačovice oder St. Joachimsthal (Jáchymov) aufgesucht. Nach dem Ende des ersten Schuljahres 1921/22 an der Universität reiste er Mitte Juli mit seiner Frau nach Schüttenhofen. Am 31.8. gönnte er sich noch das beliebte Bad in dem örtlichen kleinen Fluß Wottawa (Otava), aber zwei Tage später erkrankte er. Er fiel in das diabetische Koma und starb am Donnerstagnachmittag, den 3.9.1922. Er wurde am Sonntag, dem 6.9. in Schüttenhofen begraben.

6. Die Arbeiten

M. LERCH hat 238 wissenschaftliche Arbeiten (und kleinere Traktate) in insgesamt 32 verschiedenen Zeitschriften in folgenden Sprachen veröffentlicht: 118 auf tschechisch, 80 auf französisch, 34 auf deutsch, 3 auf kroatisch, 2 auf polnisch und eine Arbeit auf portugiesisch. Den Gebieten nach waren es 150 Arbeiten aus der mathematischen Analysis und 40 aus der Zahlentheorie.

Eine detaillierte Besprechung einzelner Arbeiten findet man in [Bor57], [Bor57a], [Čer57], [Čer57a], [Fra57], [Rad57a]. Diese Berichte wurden unter der Aufsicht von O. BORŮVKA geschrieben. Einen Nachdruck der

Rezensionen über die Arbeiten aus der Zahlentheorie, die im *Jahrbuch Fortschritte der Mathematik* veröffentlicht worden waren, enthält [Lep95].

LERCH war gewiß eine der kompetentesten Persönlichkeiten der Zeit, die ein tschechisches Lehrbuch in Analysis hätten schreiben können. Das hat er nie getan und auf entsprechende Vorwürfe pflegte er zu sagen: *Die Wissenschaft - und um die ist es mir immer gegangen - besteht aus kurzen wenigseitigen Abhandlungen, nicht aus dicken Lehrbüchern.* Dennoch hatte er schon Ende des Jahres 1918 einen großen Teil der geplanten Monographie über Bernoullischen Polynome fertig. Leider wurde sie nie beendet und ihre ungefähr 300 Seiten (mit einigen Lücken) sind bis heute in der Hand von Privatpersonen. Er hatte auch eine zweibändige Monographie über elliptische Funktionen geplant. Es blieb nur beim ersten Band, der 1926 erschien.

LERCH besaß eine enorme Fähigkeit, sich auf Probleme zu konzentrieren. *Wenn er in ein Problem versank, bat er um ein Lieblingsgericht, schloß sich in sein Zimmer ein und verließ es den ganzen Tag nicht. In späteren Jahren waren solche Sondermaßnahmen nicht mehr nötig, er hörte einfach auf seine Umgebung wahrzunehmen. Es ist wiederholt vorgekommen, daß er in seiner Konzentration vergaß, ob er schon gegessen hatte, und fragte danach, sobald die Konzentration nachgelassen hatte und er wieder die Umgebung wahrzunehmen begann. ... Er selbst schrieb: Ich verdanke vieles spontanen Inspirationen, auch wenn die am Anfang sehr unvollkommen sind. Meine Methode ist ähnlich der des Romanschriftstellers Balzac. Ich muß ständig meinen Stil korrigieren und sehr schön schreiben. So erreiche ich die Vervollkommnung und Bereicherung der Ideen. ... Seine Gewohnheit war, das Studium mit eigener Forschung verschiedenster Art zu unterbrechen. Meistens hat er parallel an mehreren Themen gearbeitet, weil er der Meinung war, daß solche Veränderungen eine stimulierende und erfrischende Wirkung besitzen.*

Zwischen Arbeitsanspannung und Ruheperioden wechselte er ab. *Bin ich bei guter Kraft, arbeite ich mehrere Tage mehr als zwölf Stunden täglich; an solchen Tagen habe ich gern eine ausgiebige Kost. Wenn die Arbeit fertig ist, dann pausiere ich mehr als eine Woche* [Fra53, S. 136]. Auch das war ein Zeichen seines bis zur Spitze vorangetriebenen ästhetischen Gefühls. Auf die Frage über die Wichtigkeit des Lesens mathematischer Arbeiten antwortete er: *Man publiziert, damit es gelesen wird, und ich lese so viel, wie nur möglich ist.*

7. Epilog

*Sobald ich, wie so oft, über sein Schicksal nachdachte, kam ich zu dem
Schluß, daß ihm Unrecht geschehen ist. Ich meine, daß er ganz gewiß seit
den neunziger Jahren ein Professor an der Wiener oder Prager Universität
hätte sein sollen ... Er war wirklich ein weltberühmter Mann, eine Weltper-
sönlichkeit* [TSP95, S. 40].

1923 wurde an LERCHs Stelle eine weitere große Gestalt der tschechischen
Mathematik - EDUARD ČECH ernannt.

Literatur

[Beč95]   J. BEČVÁŘ et al.: Eduard Weyr (1852-1903) (Tschechisch),
           Matematická vědecká sekce Jednoty českých matematiků a
           fyziků (Mathematisch–wissenschaftliche Sektion der Vereini-
           gung der Tschechischen Mathematiker und Physiker), Verlag
           Prometheus, Prag, 1995.

[Bor61]   O. BORŮVKA: Über das Leben und Werk von Matyáš Lerch
           (Tschechisch), Spisy Přírodovědecké fakulty University J. E.
           Purkyně (Schriften der Naturwissenschaftlichen Fakultät der J.
           E. Purkyně Universität) A 21 (1961/7), no. 425, 352-360.

[Bor57]   O. BORŮVKA: Mathias Lerch und sein Werk auf dem Gebiete
           der mathematischen Analysis (Tschechisch), Acta Academiae
           Scientiarum Čechoslovenicae Basis Brunensis (Práce Brněnské
           základny Československé akademie věd) 29 (1957), Fasc. 10-
           11, Opus 363, 417-418.

[Bor57a]   O. BORŮVKA: Das Werk Mathias Lerchs auf dem Gebiet der
           Gammafunktion (Tschechisch), Acta Academiae Scientiarum
           Čechoslovenicae Basis Brunensis (Práce Brněnské základny
           Československé akademie věd) 29 (1957), Fasc. 10-11, Opus
           363, 455-501.

[Čer57]   J. ČERMÁK: Der Beitrag Mathias Lerchs zu der allgemeinen
           Funktionentheorie (Tschechisch), Acta Academiae Scientiarum
           Čechoslovenicae Basis Brunensis (Práce Brněnské základny

Československé akademie věd) **29** (1957), Fasc. 10-11, Opus 363, 419-432.

[Čer57a]   J. ČERMÁK: Der Beitrag Mathias Lerchs zu der Theorie der unendlichen Reihen (Tschechisch), Acta Academiae Scientiarum Čechoslovenicae Basis Brunensis (Práce Brněnské základny Československé akademie věd) **29** (1957), Fasc. 10-11, Opus 363, 433-454.

[Čup23]   K. ČUPR: Prof. Matyáš Lerch (Tschechisch), Časopis pro pěstování matematiky **52** (1923), 301-313.

[ČR25]   K. ČUPR and K. RYCHLÍK: Verzeichnis der wissenschaftlichen Arbeiten von † Prof. Matyáš Lerch, Časopis pro pěstování matematiky **54** (1925), 140-151.

[FN69]   J. FOLTA, L. NOVÝ: Eduard Weyr und die Mathematik in Prag in der 2. Hälfte des 18. Jahrhunderts (Tschechisch) Acta Polytechnica **VI**, 1 (1969), 253-268.

[Fra53]   L. FRANK: Über das Leben von Professor Matyáš Lerch (Tschechisch), Časopis pro pěstování matematiky **78** (1953), no. 2, 119-137.

[Fra57]   L. FRANK: Der wissenschaftliche Streit des Mathias Lerch mit Alfred Pringsheim (Tschechisch), Acta Academiae Scientiarum Čechoslovenicae Basis Brunensis (Práce Brněnské základny Československé akademie věd) **29** (1957), Fasc. 10-11, Opus 363, 532-538.

[Her05]   Correspondance d'Hermite et de Stieltjes, 1905.

[Kla17]   J. KLAPKA: 100. Jubiläum des Geburtstages des tschechischen Mathematikers Matyáš Lerch, Spisy Přírodovědecké fakulty University J. E. Purkyně (Schriften der Naturwissenschaftlichen Fakultät der J. E. Purkyně Universität) **A 21** (1961/7), no. 425, 351-352.

[Lep95]   K. LEPKA: Matyáš Lerch's work on number theory, PhD. Thesis, Faculty of Sciences, Masaryk University, Brno 1995, 78 pp.

[LH78]   V. LOMIČ, P. HORSKÁ: Die Geschichte der Tschechischen Technischen Universität (Tschechisch), Bd. I, Teil 2, Prag 1978.

[Mar61] T. MARTINEC: 100. Jubiläum des Geburtstages des tschechischen Mathematikers Matyáš Lerch, Spisy Přírodovědecké fakulty University J. E. Purkyně (Schriften der Naturwissenschaftlichen Fakultät der J. E. Purkyně Universität) A 21 (1961/7), no. 425, 349-350.

[Pet23] K. PETR: Matyáš Lerch, Almanach (ČAVU) (Almanach der Tschechischen Akademie der Wissenschaften und Künste) 33 (1923), 116-138.

[Pet20] F. PETŘIK: Matyáš Lerch, der berühmte tschechische Mathematiker. Eine kleine Handvoll der studentischen Erinnerungen zu seinem 60. Geburtstag, Český Deník (Tschechisches Tageblatt) vom 9. März 1920.

[Rad57] V. RADOCHOVÁ: Der Beitrag Mathias Lerchs zu der Theorie der elliptischen Funktionen (Tschechisch), Acta Academiae Scientiarum Čechoslovenicae Basis Brunensis (Práce Brněnské základny Československé akademie věd) 29 (1957), Fasc. 10-11, Opus 363, 502-515.

[Rad57a] V. RADOCHOVÁ: Der Beitrag Mathias Lerchs zu der Integralrechnung (Tschechisch) Acta Academiae Scientiarum Čechoslovenicae Basis Brunensis (Práce Brněnské základny Československé akademie věd) 29 (1957), Fasc. 10-11, Opus 363, 516-531.

[Škr53] J. ŠKRÁŠEK: Verzeichnis der Arbeiten von Prof. Matyáš Lerch, Časopis pro pěstování matematiky 78 (1953), 139-148.

[TSP95] Z. TŘEŠŇÁK, P. ŠARMANOVÁ, B. PŮŽA: Otakar Borůvka, Edition Die Persönlichkeiten, Universitas Masarykiana Brünn 1996.

Prof. Dr. Štefan Porubský, Mathematisches Institut,
Chemisch-Technologische Universität, Technickà 1905
166 28 Prag 6, Tschechische Republik, e-mail: porubsks@vscht.cz

Das Mathematische Institut der Universität Freiburg (1900-1950)

Volker R. Remmert

Die Entwicklung des Mathematischen Instituts der Universität Freiburg von 1900 bis 1950 fällt in vier Phasen: 1. Die Ära LÜROTH (1883-1910), 2. die Ära LOEWY (1919-1933), 3. die Kohabitation DOETSCH – SÜSS (1934-1940) und 4. die Ära SÜSS (1940-1958).

1. Die Ära Lüroth (1883 - 1910)[1]

Das Mathematische Institut der Universität Freiburg erhielt seinen Namen im Jahre 1902. Zuvor gab es ein Mathematisches Kabinett und ein Mathematisches Seminar, deren Haushalte jedoch 1902 auf Antrag der beiden Ordinarien JAKOB LÜROTH (1844-1910) und LUDWIG STICKELBERGER (1850-1936) in dem eines Mathematischen Instituts vereinigt wurden. Das Mathematische Seminar bestand jedoch unter dem Dach des Mathematischen Instituts weiter[2].

STICKELBERGER – ein Schüler von KARL WEIERSTRAß – hatte seit 1879 in Freiburg gewirkt. LÜROTH, der der Schule von ALFRED CLEBSCH verbunden war, hatte 1883 als Nachfolger LINDEMANNs das Freiburger Ordinariat übernommen. Für die Nachfolge FERDINAND LINDEMANNs hatte die Philosophische Fakultät – seinem eigenen Vorschlag folgend – in gleicher Linie ALEXANDER BRILL (1842-1935), AUREL VOSS (1845-1931) und LÜROTH benannt. Sie waren, wie auch LINDEMANN, allesamt dem CLEBSCH-Kreis verbunden. Den Ausschlag für LÜROTH gab aber nicht allein diese Schulzugehörigkeit, sondern vor allem sein ausgezeichneter Ruf als Forscher und Lehrer. Im Wintersemester 1883 trat er sein Amt in Freiburg an.

---

[1] Für den gesamten Abschnitt u. Nachweise der Zitate s. Remmert, V. R.: *Im Dienst von Mathematik und Hochschule: Jakob Lüroth (1844-1910)*. In: Freiburger Universitätsblätter 137(1997), 125-131; vgl. Gericke, Helmuth: *Zur Geschichte der Mathematik an der Universität Freiburg*. Freiburg 1955, 66f.

[2] Universitätsarchiv Freiburg (UAF), B 3/795; Generallandesarchiv Karlsruhe (GLA), 235/7766 u. 7767.

LINDEMANN hatte zwar die Transzendenz von π in seiner Freiburger Zeit bewiesen (1882)[3], ansonsten aber ging vom Freiburger Mathematischen Seminar keine große Anziehungskraft aus, als LÜROTH seine Tätigkeit aufnahm. LÜROTH hingegen förderte die Entwicklung der Mathematik in Freiburg nicht nur durch seine Vorlesungen und rege Forschungstätigkeit, sondern nutzte sein Organisationstalent und seinen großen Einfluß in den universitären Gremien nach Kräften für den Ausbau des Mathematischen Seminars.

Er vermochte es durchzusetzen, daß das etatmäßige Extraordinariat, das STICKELBERGER inne hatte, 1894 in eine ordentliche Professur umgewandelt wurde. Gemeinsam mit STICKELBERGER förderte er die Karriere ALFRED LOEWYs (1873-1935), der sich 1897 von München kommend in Freiburg habilitierte[4].

LOEWY war ein Schüler LINDEMANNs, der ihn an LÜROTH vermittelt hatte. In München war er 1896 nicht zur Habilitation zugelassen worden, weil – so hieß es in der Begründung der Fakultät – "ein Bedürfnis zur Vermehrung der Privatdocenten in der Mathematik nicht vorliege, und sein Lebensalter noch keine genügende Garantie für eine autoritative Stellung gegenüber den Studierenden gewähre". Auch in Freiburg war die Erteilung der venia an jüdische Wissenschaftler um die Jahrhundertwende keine Selbstverständlichkeit. Da jedoch außer LÜROTH und STICKELBERGER kein Dozent der Mathematik vorhanden war, bestand ein Bedarf, der LOEWY gute Möglichkeiten eröffnete. Darauf hatte er in seinem Habilitationsgesuch explizit hingewiesen. LÜROTH und STICKELBERGER verschafften LOEWY sogleich regelmäßige besoldete Lehraufträge. In Anerkennung seiner Arbeit für die Mathematik in Freiburg wurde ihm 1902 der brotlose Titel eines außerordentlichen Professors verliehen.

Eine Brücke zwischen der Mathematik an der Universität und der Schule, wie sie LÜROTHs Freund FELIX KLEIN (1849-1925) propagierte, sollte der Lehrauftrag für Elementarmathematik schlagen, der ab dem Wintersemester

---

[3] Dessen wurde 1932 durch die Verleihung der Ehrendoktorwürde an Lindemann gedacht (dazu UAF, B 15/187 u. 24, S. 232).

[4] Zu Loewy und der Entwicklung des Mathematischen Instituts von 1900 bis 1934 s. Remmert, V. R.: *Zur Mathematikgeschichte in Freiburg. Alfred Loewy (1873-1935): Jähes Ende späten Glanzes.* In: Freiburger Universitätsblätter 129(1995), 81-102; ders.: *Eine "spezielle Pflegestätte algebraischer Forschung": Alfred Loewy (1873-1935) in Freiburg.* In: DMV-Mitteilungen 3(1997), 17-22.

1898/99 dauerhaft eingeführt wurde. LÜROTH selber warb und wirkte auch außerhalb der Universität für den mathematischen Unterricht. Er wurde 1901 zum Mitglied der badischen Oberschulbehörde bestellt und hatte auf diese Weise Gelegenheit, seine Vorstellungen und seine Wissenschaft zu propagieren. Trotz seines intensiven Engagements für die Mathematik hat LÜROTH jedoch nach eigener Aussage Zeit seines Lebens keine Dissertationen betreut.

Ab 1905 sollte JULIUS WEINGARTEN (1836-1910) die Freiburger Dozentenriege als Honorarprofessor verstärken. Er las jedoch nur ein Semester in Vertretung für den erkrankten STICKELBERGER, so daß LÜROTHs Hoffnungen auf eine Erweiterung des mathematischen Unterrichts durch WEINGARTEN nicht erfüllt wurden[5]. Auch dem aus Chicago nach Deutschland zurückkehrenden OSKAR BOLZA (1857-1942) vermittelte LÜROTH ab 1910 eine Lehrtätigkeit als Honorarprofessor in Freiburg.

Im Zusammenhang mit der Stärkung der Mathematik und des mathematischen Unterrichts an der Universität Freiburg war auch die Gründung des Freiburger *Versicherungswissenschaftlichen Seminars* von Bedeutung, die im Jahre 1906 besonders auf Anregung LÜROTHs erfolgte. Ziel der Einrichtung war die systematische Zusammenfassung der versicherungswissenschaftlichen Studien in Freiburg. Die versicherungs-mathematischen Vorlesungen übernahm LOEWY, dessen Lehrauftrag damit auf Dauer gesichert war.

Als LÜROTH überraschend im Herbst 1910 starb, hatte sich das Gesicht des Freiburger Mathematischen Instituts also erheblich verändert: neben den beiden Professoren waren nun LOEWY, BOLZA und der Lehrauftrag für Elementarmathematik dauerhaft in den Lehrbetrieb eingebunden. Die Nachfolge LÜROTHs trat im Sommersemester 1911 LOTHAR HEFFTER (1862-1962) an. Seine Berufung war wesentlich dem Einfluß des Freiburger Physikers FRANZ HIMSTEDT (1852-1933) zuzuschreiben[6]. LOEWY wurde in Anerkennung seiner Verdienste in Lehre und Forschung lediglich auf den aussichtslosen vierten Platz der Liste gesetzt. Immerhin wurde der erfolglose Versuch unternommen, ihm ein etatmäßiges Extraordinariat zu verschaffen.

---

[5] UAF, B15/538 u. B 24/4136; vgl. Gericke, H.: *Zur Geschichte der Mathematik*, 68.

[6] Dazu s. Heffter, L.: *Beglückte Rückschau auf neun Jahrzehnte*. Freiburg 1952, bes. 63 u. 117.

Die angewandte Mathematik war in Freiburg ab dem Sommersemester 1914 durch ERNST AUGUST ANSEL (1874-1952) vertreten, der sich von Göttingen kommend im Vorjahr für Astronomie und angewandte Mathematik habilitiert hatte und einen Lehrauftrag für diese beiden Fächer bekam. ANSEL nahm am ersten Weltkrieg teil und erhielt danach, noch 1918, zunächst den bloßen Professorentitel und 1923 ein etatmäßiges Extraordinariat, das er bis zu seiner Pensionierung 1944 ausfüllte[7]. Seine Interessen lagen vor allem auf den Gebieten der Geophysik und der Meteorologie. Daher bestanden relativ wenig direkte Bindungen zur Mathematik. So schrieb WILHELM SÜSS 1944 über die Lage der angewandten Mathematik in Freiburg, der Nachfolger ANSELs habe "die schwierige Aufgabe, die angewandte Mathematik [...] aus einer sehr bescheidenen Grundlage zu entwickeln"[8].

Nach der Expansion bis 1910 verlief die Entwicklung in den nächsten zehn Jahren eher ruhig. LUDWIG STICKELBERGER wurde nach LÜROTHs Tod Institutsdirektor, erwies sich aber als wenig entscheidungsfreudig[9]. Bis HEFFTER sich akklimatisiert hatte, dauerte es eine Weile. Dann unterbrach der Erste Weltkrieg den Gang der Dinge.

2. Die Ära Loewy (1919-1933)[10]

Im Januar 1919 beantragten HEFFTER und STICKELBERGER erneut die Errichtung einer etatmäßigen, vorzugsweise ordentlichen Professur, die dann LOEWY übertragen werden sollte, um dessen möglichen Weggang nach Dresden zu verhindern. Eine Wegberufung LOEWYs würde einen empfindlichen Rückschlag für die Mathematik – und die Naturwissenschaften überhaupt – in Freiburg bedeuten und die Gefahr bergen,

---

[7] Die geophysikalische Habilitationsschrift *Reflexionen und Brechung von ebenen Wellen in elastisch festen Körpern* wurde von Johann Georg Koenigsberger begutachtet (UAF, B 15/603). Im Bereich der angewandten Mathematik las Ansel Wahrscheinlichkeitstheorie, Praktische Analysis und Darstellende Geometrie. Seine übrigen Vorlesungen gehörten in seine eigentlichen Interessenbereiche Geophysik und Meteorologie (UAF, B 17/250); vgl. Gericke, H.: *Zur Geschichte der Mathematik*, 74; UAF, B 15/538.

[8] UAF, C 89/76, Süss an Seifert, 1.4.1944.

[9] S. Heffter, L.: *Beglückte Rückschau*, 119.

[10] Für den gesamten Abschnitt u. Nachweise der Zitate s. Remmert, V.R.: *Zur Mathematikgeschichte in Freiburg. Alfred Loewy (1873-1935)*.

"daß Freiburg gerade in dem gegenwärtigen Augenblick, wo die Studierenden aus dem Felde heimkehren und verstärkte Ansprüche an die Vielseitigkeit des Lehrprogramms stellen, in der Mathematik außer Stande wäre, dem Bedarf zu genügen und damit für lange Jahre darauf verzichten müßte, in diesem Fach mit anderen Hochschulen erfolgreich in Wettbewerb zu treten"[11].

Der Antrag wurde in der Naturwissenschaftlich-Mathematischen Fakultät nicht ohne Widerstand angenommen. Gegen LOEWY spreche, so beklagten einige Ordinarien unter Federführung des Botanikers FRIEDRICH OLTMANNS in einem Schreiben an das Ministerium in Karlsruhe, auch wenn er "ein guter Mathematiker und persönlich unanfechtbar" sei, seine organisatorische Unfähigkeit:

"Weshalb kommt er nach mehr als zwanzigjähriger Lehrtätigkeit jetzt zum ersten Male ernsthaft in Frage, weshalb konnten wir uns nach LÜROTHs Tode nicht entschließen, ihn mit auf die Liste zu setzen? Der Mann ist eben dermaßen weltfremd, dass er die Geschäfte eines Dekans oder eines Senators oder gar des Prorektors einfach nicht zu führen in der Lage ist. Fällt er, fallen vielleicht noch einige Kollegen für diesen Zweck aus, so lastet die Verwaltung, die ja keine reine Freude ist, auf wenigen Schultern. Das geht nicht an".

In der Sache geschah zunächst nichts. Die Opposition gegen LOEWY war wohl tatsächlich, wie HEFFTER versicherte, nicht – oder zumindest nicht nur – antisemitischen Ursprungs, sondern erheblich von disziplinären Rivalitäten und Expansionskonflikten geprägt[12].

Nachdem jedoch STICKELBERGER um seine Zurruhesetzung zum Wintersemester 1919/20 gebeten hatte, wollte das Karlsruher Ministerium im April LOEWY das frei werdende Ordinariat anbieten, da er ja im Januar ohnehin für eine etatmäßige Professur in Vorschlag gebracht worden war. Die Fakultät aber bat, den üblichen Weg der Dreierliste einhalten zu können. Schließlich schlug sie im Juni LOEWY an erster Stelle vor, und tatsächlich wurde er im Juli 1919 zum Nachfolger STICKELBERGERs ernannt.

---

[11] UAF, B 15/538, Schreiben vom 12.1.1919.
[12] Dazu s. Heffter, L.: *Beglückte Rückschau*, 148; Remmert, V. R.: *Zur Mathematikgeschichte in Freiburg. Alfred Loewy (1873-1935)*, 87.

Bald nach LOEWYs Ernennung kam es zum Eklat. Sein Kollege JOHANN GEORG KOENIGSBERGER (1874-1946)[13], der bereits in einer Debatte vor dem Badischen Landtag unter Anspielung auf die Umstände von LOEWYs Berufung den Antisemitismus an der Freiburger Universität angeprangert hatte, richtete im August 1919 ein Schreiben an den akademischen Senat, in dem er unter dem Titel *Bezüglich Einfluß von politischer Gesinnung und Konfession* der Fakultät vorwarf, die Berufung LOEWYs habe von der Regierung gegen antisemitische Tendenzen in der Fakultät durchgesetzt werden müssen. Die Angelegenheit wurde im Oktober 1919 in Gegenwart KOENIGSBERGERS in der Naturwissenschaftlich-Mathematischen Fakultät besprochen. Da sich KOENIGSBERGER weigerte, "die Haltlosigkeit seiner Darstellung zuzugeben", sah sich die Fakultät schließlich veranlaßt, die Verhandlung über diesen Punkt abzubrechen.

Daß KOENIGSBERGERs Vorwürfe nicht aus der Luft gegriffen waren und tatsächlich von politischer Seite zu LOEWYs Gunsten interveniert worden war, bezeugt der Briefwechsel LOEWYs mit seinem Schüler JOSEPH WIRTH (1879-1956). Im Juni 1919 schrieb LOEWY an den damaligen badischen Finanzminister und späteren Reichskanzler WIRTH, daß er nunmehr den Lehrstuhl übernommen habe, und bedankt sich für seine Unterstützung: "Ich danke Ihnen herzlich für die große persönliche Hingabe, die Sie meinen Angelegenheiten unentwegt zugewendet haben".

LOEWY nutzte seinen neuen Status und ging tatkräftig daran, die Nachwuchsförderung zu verbessern, die in Freiburg bis dahin nicht eben intensiv betrieben worden war. So hatte es keine Habilitationen nach der LOEWYs gegeben. Von den zehn Dissertationen, die am Mathematischen Institut zwischen 1900 und 1914 angefertigt worden waren, waren wenigstens fünf nachweisbar auf LOEWY zurückgegangen, der als Nichtordinarius nicht einmal das Promotionsrecht hatte. In den zwanziger Jahren gelang es LOEWY, eine fruchtbare mathematische Atmosphäre in Freiburg zu schaffen. Zur Hochzeit der Entwicklung der modernen Algebra bildete sich eine starke algebraische Gruppe um ihn. Neben einigen brillanten Studenten, die nur kurz in Freiburg waren (ERNST WITT, B. H. NEUMANN, RICHARD BRAUER),

---

[13] Johann G. Koenigsberger, der Sohn des Mathematikers Leo Koenigsberger, war 1904 bis 1935 ao. Professor für mathematische Physik in Freiburg. Er hat sich hauptsächlich mit geophysikalischen Untersuchungen befaßt. Von 1919 bis 1921 gehörte er als Abgeordneter der SPD dem Badischen Landtag an.

fanden sich Mathematiker wie WOLFGANG KRULL, FRIEDRICH KARL SCHMIDT, REINHOLD BAER und ARNOLD SCHOLZ in LOEWYs Umfeld.

WOLFGANG KRULL (1899-1971) promovierte nach Studium in Freiburg, Rostock und Göttingen 1921 bei LOEWY. Die Habilitation erfolgte im Jahr darauf. KRULL begann die entstehende moderne Algebra sogleich im gemeinsamen Seminar mit LOEWY und in den eigenen Vorlesungen zu propagieren. Ihm wurde 1926 auf Antrag HEFFTERs und LOEWYs die Amtsbezeichnung außerordentlicher Professor verliehen. Er übernahm 1928 den Lehrstuhl RADONs in Erlangen. In den Jahren des Zusammenwirkens mit KRULL (1922-1928) gab LOEWY seine versicherungsmathematischen Vorlesungen fast vollständig auf und richtete seine Lehrtätigkeit ganz auf die Algebra.

Bereits 1919 war die Errichtung einer Assistentur am Mathematischen Institut von HEFFTER und STICKELBERGER beantragt worden, ohne Erfolg jedoch. HEFFTER und LOEWY unternahmen 1925 einen neuen Versuch, indem F. K. SCHMIDT (1901-1977) als vorübergehendem Assistenten eine Entschädigung gewährt werden sollte. SCHMIDT hatte soeben bei LOEWY promoviert (nicht ohne Einfluß KRULLS und HASSES). LOEWY und HEFFTER prophezeiten ihm "als Forscher und Lehrer die günstigste Zukunft", fürchteten aber, daß SCHMIDT "ohne eine entsprechende Remuneration" Freiburg verlassen werde, um anderswo eine Assistentenstelle zu erhalten. Ihrem Versuch war allerdings wegen der Knappheit der Mittel nur ein beschränkter Erfolg beschieden, so daß SCHMIDT im Oktober 1925 eine Assistentur in Erlangen antrat und sich dort 1927 habilitierte.

Für seine Nachfolge auf der nunmehr dauerhaft bewilligten Assistentenstelle gelang es LOEWY, ab dem Sommer 1926 REINHOLD BAER (1902-1979) zu gewinnen. Er habilitierte sich 1928 bei LOEWY. Die finanzielle Notlage des Mathematischen Institutes führte dazu, daß auch BAER in Freiburg kein Auskommen finden konnte. Er habilitierte sich noch im gleichen Jahr nach Halle um.

Für BAER fand LOEWY ebenfalls schnell einen Nachfolger. Mit Wirkung vom 1.4.1929 wurde die Assistentenstelle ARNOLD SCHOLZ (1904-1942) übertragen, der im Vorjahr in Berlin bei I. SCHUR promoviert hatte und von HASSE und SCHUR warm empfohlen worden war. SCHOLZ habilitierte sich im Januar 1930. Mit ihm hielt die algebraische Zahlentheorie in Freiburg Einzug.

Zu Beginn des Jahres 1926 habilitierte sich HEINRICH KAPFERER (1888-1984) für das Gebiet der reinen Mathematik. Er erhielt gelegentliche Lehraufträge und wurde 1932 zum außerordentlichen Professor ernannt. Ab 1937 war er in der Universitätsbibliothek tätig und hatte keinen Anteil mehr am Institutsleben.

Neben diesen vielfältigen Aktivitäten auf dem Gebiet der Algebra, war ERNST ZERMELO (1871-1953), der seine Professur in Zürich 1916 gesundheitsbedingt aufgegeben hatte und bereits seit längerem in Freiburg lebte, 1926 zum Honorarprofessor ernannt worden. So hielten in den Jahren 1926 bis 1928 nicht nur die beiden Ordinarien LOEWY und HEFFTER Vorlesungen, sondern neben den beiden Honorarprofessoren BOLZA und ZERMELO noch KRULL, KAPFERER, ANSEL und der Lehrbeauftragte für Elementarmathematik SEITH. Zwar zog auch der Ruf HEFFTERs in den zwanziger Jahren Studenten nach Freiburg, aber es scheint der Kreis um LOEWY gewesen zu sein, von dem die größere Anziehungskraft ausging.

Als HEFFTER 1931 emeritiert wurde, wünschte sich LOEWY WOLFGANG KRULL, der inzwischen einen Lehrstuhl in Erlangen inne hatte, als Kollegen. Er wollte auf diese Weise Freiburg zu "einer speziellen Pflegestätte algebraischer Forschung" machen, "ohne daß die Gesamt-Mathematik dabei Schaden litte", da KRULL "infolge seiner geistigen Beweglichkeit alle mathematischen Bedürfnisse der Universität Freiburg aufs beste erfüllen würde." Die Mehrheit der Fakultät aber war – wohl mit HEFFTER und dem Physiker GUSTAV MIE, der bezeichnenderweise der Berufungskommission vorsaß – der Ansicht, daß durch eine Berufung KRULLS die algebraische Richtung zu einseitig vertreten wäre, so daß an erster Stelle GUSTAV DOETSCH (1892-1977), an zweiter Stelle OTTO HAUPT (1887-1988) und drittgenannt HEINZ HOPF (1894-1971) vorgeschlagen wurden. Der Ruf ging zunächst an HOPF, da das Ministerium davon ausging, daß DOETSCH seine besser dotierte Stelle an der TH in Stuttgart nicht aufgeben würde. HOPF lehnte jedoch nach kurzen Verhandlungen ab, um die Nachfolge HERMANN WEYLS in Zürich anzutreten. Erst dann wurde der Lehrstuhl GUSTAV DOETSCH angeboten, der den Ruf annahm, obschon er für ihn mit einer finanziellen Verschlechterung einherging[14].

---

[14] Staatsarchiv Freiburg (SAF), C25/2, Nr. 68. Es findet sich unter dem 31.1.31 ein Aktenvermerk des Ministeriums darüber, daß die Berufung von Doetsch erst dann in Erwägung gezogen wurde, "als bekannt geworden war, daß Doetsch zu einem erheblichen finanziellen Opfer bereit sei, wenn er die Freiburger Universität gegen die TH

Nach der Machtübe rnahme durch die Nationalsozialisten wurde LOEWY per
Erlaß der badischen Regierung im April 1933 beurlaubt, konnte aber während des Sommersemesters noch lesen. Seine Nachfolge sollte ganz in neuem mathematischen Geiste geregelt werden. Die Nachfolgekommission bestand aus DOETSCH, dem Zoologen HANS SPEMANN und dem Physiker
GUSTAV MIE. Ihrem Bericht folgend befürwortete die Fakultät, daß der
Nachfolger LOEWYs ein zu dem des anderen Ordinarius GUSTAV DOETSCH
komplementäres Fachgebiet vertreten sollte. Als solche wurden betrachtet:
1. Geometrie und Topologie, 2. Algebra und Zahlentheorie und 3. Mengenlehre, reelle Funktionentheorie und Variationsrechnung. Für das dritte Gebiet beklagte der Bericht der Fakultät vom März 1934 das Fehlen jüngerer
Vertreter in Deutschland. Die Algebra und Zahlentheorie hingegen hätten
"eine völlig abstrakte Richtung eingeschlagen, charakteristischerweise unter
starker Beeinflussung von jüdischer Seite, und sich in derselben Zeit, in der
die Geometrie zurückging, stark ausgebreitet." Das Schreiben hielt dafür,
diese "abstrakten Disziplinen" auf einige große Universitäten zu beschränken. Algebra und Zahlentheorie würden vom durchschnittlichen Studierenden ohnehin nicht verstanden und züchteten daher "leicht einen geistigen
Hochmut, hinter dem sich dann nur die Unfähigkeit verbirgt, anschauliche
und anwendbare Dinge, die für andere Gebiete wie etwa die Physik unerläßlich sind, zu erfassen." Also sollte ein Vertreter der Geometrie berufen
werden, "ihrer Bedeutung als Keimzelle der ganzen Mathematik entsprechend". Der Ruf ging an WILHELM SÜSS (1895-1958), der Privatdozent in
Greifswald war und dort einen besoldeten Lehrauftrag hatte. SÜSS trat die
Nachfolge LOEWYs dann auch an.[15]

DOETSCH hatte sich bereits früher für SÜSS eingesetzt, als dieser vor seiner
Rückkehr aus Japan in den Jahren 1927 und 1928 nach einer Stelle in

---

Stuttgart eintauschen könnte." Zu Doetsch s. Wagner, K. H.: *Gustav Doetsch zum 60.
Geburtstag*, in: Archiv der elektrischen Übertragung 6(1952), 491; Sartorius, H.: *Gustav Doetsch*, in: Regelungstechnik. Zeitschrift für Steuern, Regeln und Automatisie-
ren, 11(1963), 97.
[15] Zu Süss s. Behnke, Heinrich/Gericke, H.: *Wilhelm Süss*, in: Math.-Phys. Semesterber.
6(1958), 1-3; Gericke, H.: *Wilhelm Süss, der Gründer des Mathematischen Forschungsinstituts Oberwolfach*. In: JBer. DMV 69(1968), 161-183; Ostrowski, Alexander: *Wilhelm Süss 1895-1958*, Freiburg 1958 (= Freiburger Universitätsreden N.F. 28);
Remmert, V. R.: *Wilhelm Süss*, erscheint in: Baden-Württembergische Biographien II,
Stuttgart.

Deutschland Ausschau hielt[16]. Beide waren in Frankfurt aufgewachsen und hatten dort in derselben Straße gewohnt[17]. Es ist also anzunehmen, daß die Berufung von SÜSS dem Wunsch von DOETSCH entsprach, zumal er davon ausgehen konnte, daß SÜSS als bis dahin unbeschriebenes Blatt ihm die Leitung des Freiburger Mathematischen Instituts nicht streitig machen würde.

3. Kohabitation Doetsch – Süss (1934 - 1940)

Noch bevor SÜSS nach Freiburg kam, nutzte DOETSCH die Zeit für "eine Neuorganisation des mathematischen Unterrichts". Insbesondere verband sich damit – in voller Übereinstimmung mit den zitierten Berufungsgrundlagen – eine Reduzierung der algebraischen Vorlesungen, so daß ARNOLD SCHOLZ, der letzte Assistent LOEWYs, sich nicht nur bald überflüssig fühlte, sondern auch keine Verlängerung seines Vertrags erhielt[18].

SCHOLZ beschrieb im April 1934 den neuen Wind, der nicht nur in Freiburg blies, in einem Brief an OLGA TAUSSKY:

> "Ich muss nur sagen: Analytikern wie [...] DOETSCH, denen der Sinn für die Schönheit der Algebra & Zahlentheorie abgeht, sende ich nicht gern [Sonderdrucke]. Das heißt Perlen vor die Säue werfen. Geometer sind schon anders, aber die Analytiker sind heute oft reichlich gehässig gegen die Algebra."

Noch 1934 habilitierte SCHOLZ sich nach Kiel um und verließ Freiburg. Ein Jahr später meldete er aus Kiel:

> "Es wird in Freiburg nichts Nennenswertes mehr gelesen – HEFFTER hat versucht, GALOIS-Theorie zu lesen (Komischer Einfall, von DOETSCH?), hat aber keine Hörer und geht auf Reisen."[19]

---

[16] So schrieb Ludwig Bieberbach am 4.2.1928 an Süss (UAF, C 89/275). Süss war von 1923 bis 1928 in Japan.

[17] Dies berichtet Irmgard Süss (UAF, C 89/127).

[18] Der von Doetsch und Süss unterzeichnete Studienplan von 1935 sah neben einer Algebravorlesung lediglich eine Vorlesung über Galois-Theorie vor (Staatsarchiv Freiburg, C 25/2, Nr. 68).

[19] Briefe an Olga Taussky vom 11.4.1934 u. 13.4.1935.

Damit hatte die kurze Zeit der algebraischen Blüte in Freiburg ihr Ende gefunden. Die Entlassung LOEWYs und die "Ausschaltung" der Algebra
(Scholz) waren nicht die einzigen Tribute, die dem Dritten Reich zu zollen
waren. Im Januar 1935 beklagte sich EUGEN SCHLOTTER, Assistent von
DOETSCH und zugleich SS-Oberscharführer, beim Rektorat über ZERMELOS
Verhalten bei der Saarkundgebung. Unter dem Titel *Schädigung des Ansehens der Freiburger Dozentenschaft durch Prof. hon. Dr. E. ZERMELO*
schrieb er:

> "Prof. ZERMELO hat sich vor einem Menschenalter bei der Begrün-
> dung der Mengenlehre einen unsterblichen Namen in der Wissen-
> schaft gemacht. Seither hat er aber wissenschaftlich nie mehr etwas
> geleistet. Er ruhte auf seinen Lorbeeren aus und wurde zum Säufer.
> Ein wohlwollender Gönner verschaffte ihm aufgrund seines berühm-
> ten Namens eine Professur in Zürich. Als ihm diese Stelle sicher war,
> ging ZERMELO auf Reisen, ohne sich um seine Lehrverpflichtungen an
> der Universität zu kümmern. Er verlor seine Professur und lebte von
> dem ihm gewährten reichlichen Ruhegehalt. Mit unübertrefflicher
> Bosheit vergalt er die Gastfreundschaft seiner Wohltäter. Einmal trug
> er sich ins Fremdenbuch eines Schweizer Hotels mit folgenden Wor-
> ten ein: "E. ZERMELO, Schweizer Professor, aber nicht Helvetier!"
> Der Erfolg war eine erhebliche Kürzung seines Ruhegehaltes. – Er
> kam nach Freiburg und wurde aufgrund seines Namens Honorarpro-
> fessor. Nach der nationalen Erhebung fiel er öfters durch schwerste
> Beleidigungen des Führers und der Einrichtungen des Dritten Reiches
> auf. Bei Studenten und Dozenten genoss er bisher Narrenfreiheit. [...]

> Bei der Saarkundgebung am 15.1.35 glaubte Professor ZERMELO, sich
> ganz im Vordergrund der Dozentenschaft zeigen zu müssen, wohl
> weniger in der Absicht, seine nationale Gesinnung zu zeigen, sondern
> wahrscheinlich, um ja alles am besten sehen zu können. Als das
> Deutschlandlied angestimmt wurde, merkte er, wie alle Anwesenden
> die Hand erhoben. Scheu sah er sich nach allen Seiten um, und als er
> gar keinen anderen Ausweg sah, hielt er das Händchen auf Hüfthöhe
> vor und bewegte die Lippen, als ob er das Deutschlandlied sänge. Ich
> bin aber überzeugt, dass er nicht einmal den Text des Deutschlandlie-
> des kennt, denn seine immer seltener werdenden Lippenbewegungen
> passten gar nicht zu diesem Text. Ueber diese Beobachtung war ich
> wie meine ganze Umgebung empört.

Als dann das Horst-Wessellied gesungen wurde, fühlte er sich sichtlich unbehaglich. Das Händchen wollte zunächst überhaupt nicht hoch. Noch scheuer blickte er um sich, bis er beim dritten Vers keine andere Möglichkeit sah, als das Händchen wieder mit sichtlichem Widerstreben in Hüfthöhe vorzuhalten. Dabei machte er den Eindruck, als müsse er Gift schlucken, verzweifelte Lippenbewegungen waren immer seltener zu beobachten. Er erschien erlöst, als die Zeremonie zu Ende war. Der Anblick dieser furchtbaren Jammergestalt verdarb uns die ganze Freude. Jeder studentische Beobachter musste den denkbar schlechtesten Eindruck mitnehmen von einer Dozentenschaft, die noch solche Elemente bei sich duldet. [...]

Ich bitte die Freiburger Dozentenschaft, zu untersuchen, ob Prof. ZERMELO (noch) würdig ist, ehrenhalber Professor der Universität Freiburg zu sein, und es ihm ermöglicht werden soll, im nächsten und übernächsten Semester irgendwo anders das Ansehen der deutschen Dozentenschaft zu schädigen.[20]

Zur Untersuchung des Vorfalls wurden verschiedene Zeugen befragt, unter ihnen DOETSCH, SCHLOTTER, SÜSS und HEFFTER, die sich unterschiedlich äußerten. Im abschließenden Bericht empfahl der Rektor, ZERMELO zum Verzicht auf die venia legendi aufzufordern, um ein offizielles Verfahren zu ihrer Entziehung zu vermeiden. Zermelo folgte diesem Vorschlag – wohl auf Rat von SCHOLZ und SÜSS[21]. Er wurde 1946 wieder zum Honorarprofessor ernannt.

Neben diesen zahlreichen unerfreulichen Rückschlägen für die Freiburger Mathematik, zu denen sich die sinkenden Studentenzahlen gesellten[22], gab es seit 1934 immerhin zwei Assistenten am Mathematischen Institut. WILHELM SÜSS hatte HELMUTHh GERICKE (geb. 1909) aus Greifswald mitgebracht. Im Juni 1935 kündigte DOETSCH seinem Assistenten EUGEN SCHLOTTER, da er sich wegen seiner SS-Aktivitäten der Assistentur nicht hinreichend widmete. Der Freiburger Dozentenbundsführer verweigerte der Kündigung seine er-

---

[20] UAF, B 24/4259, Schreiben vom 18.1.1935.
[21] UAF, B 15/736, Schreiben Zermelo's vom 2.3.1935.
[22] Zur Entwicklung der Studentenzahlen im Fach Mathematik s. Kneser, Martin/Schappacher, Norbert: *Fachverband - Institut - Staat*, in: Fischer, Gerd/Hirzebruch, Friedrich/Scharlau, Winfried/Törnig, Willi (Hg.): *Ein Jahrhundert Mathematik 1890-1990*, Braunschweig/Wiesbaden 1990, 17f; Hentschel, Klaus (Hg.): *Physics and National Socialism: An Anthology of Primary Sources*, Basel/Boston/Berlin 1996, xlix-lii.

forderliche Zustimmung und bedauerte, "feststellen zu müssen, dass an einer deutschen Hochschule des Dritten Reichs der Versuch gemacht wird, Assistenten für ihre Einsatzbereitschaft für die Bewegung zu bestrafen". Auch der zuständige SS-Brigadeführer forderte DOETSCH auf, die Kündigung zurückzunehmen.[23] DOETSCH trennte sich dennoch zum 1.10.1935 von Schlotter. Sein Nachfolger wurde WILHELM Maier (1896-1990), der jedoch 1937 nach Greifswald berufen wurde. Ihm folgte DIETRICH VOELKER (geb. 1911) auf der Assistentenstelle. Er hatte sie bis Anfang 1940 inne und arbeitete auch nach dem Krieg noch mit DOETSCH zusammen.[24] Schließlich erhielt GERRIT BOL (1906-1989) 1938 auf Empfehlung von WILHELM BLASCHKE einen Lehrauftrag in Freiburg, für den ursprünglich WILLIAM THRELFALL (1888-1949) im Gespräch gewesen war. BOL blieb mit einer dreijährigen Unterbrechung (er war von 1942-1945 außerordentlicher Professor in Greifswald) bis zu seiner Emeritierung im Jahre 1971 in Freiburg.[25]

An dieser Stelle sind einige Bemerkungen zu den beiden zentralen Figuren der Freiburger Mathematik während des Dritten Reichs – GUSTAV DOETSCH und WILHELM SÜSS – angebracht. DOETSCH und SÜSS waren denkbar unterschiedliche, ja gegensätzliche Charaktere. SÜSS' Umgänglichkeit und sein diplomatisches Geschick standen in krassem Gegensatz zur Direktheit von DOETSCH. SÜSS war ein Mann des Ausgleichs, wie er in der politisch schwierigen Zeit durchaus gefragt war. DOETSCH war ein Mann der Extreme. Er ist als unnachgiebig gegen sich selbst und andere bezeichnet worden. Es gibt weniger freundliche Beschreibungen seiner Eigenwilligkeit, die ihn in Konflikt mit einer ständig wachsenden Zahl von Zeitgenossen brachte.

Besonders zu Beginn des Dritten Reichs (d. h. in den Jahren 1933-1935) zeigte DOETSCH ein in hohem Maße konformes Verhalten – offenbar aus

---

[23] Schreiben vom 19.6. u. 21.6.1935 an Doetsch. Wilhelm Süss faßte den Sachverhalt in einem Schreiben an den Senatsausschuß für politische Reinigung vom 26.8.1947 so zusammen: "[Schlotter] war ein recht begabter, aber durch seine politische Tätigkeit stark absorbierter Mensch. Soweit ich beobachten konnte, hat er sich um seine Assistentenpflichten nur unregelmäßig gekümmert; darüber habe ich auch mit Prof. Doetsch gesprochen, hatte dabei allerdings den Eindruck, dass mindestens eine sehr starke Nachsicht seitens Prof. Doetsch es dem Assistenten erlaubte, seine politischen Interessen den Institutsaufgaben so weit voranzustellen." (UAF, B 15/292).

[24] S. Voelker, D. / Doetsch, G.: *Die zweidimensionale Laplace-Transformation*, Basel 1950.

[25] Zu Bol s. Barner, Martin / Flohr, Friedrich: *Gerrit Bol zum Gedenken*, in: Freiburger Universitätsblätter 104(1989), 10f.

Sorge vor Anfeindungen durch die Nationalsozialisten, die auch nicht ausblieben. DOETSCH war in den 20er Jahren Mitglied der "Deutschen Friedensgesellschaft" und des "Friedensbunds deutscher Katholiken" gewesen und hatte darüber hinaus 1931 den GUMBEL-Aufruf unterschrieben. Besonders diese Unterschrift wurde ab 1933 von verschiedenen Seiten, insbesondere aber 1936 vom Freiburger Rektor FRIEDRICH METZ an das Ministerium gemeldet. Der Druck auf DOETSCH war in diesen Jahren so offensichtlich, daß sein späterer Assistent DIETRICH VOELKER 1935 mit Bezug auf die GUMBEL-Affäre ein Entlassungsschreiben an das Ministerium richtete, in dem er die Überzeugung der Studentenschaft unterstrich, daß DOETSCH "jederzeit rückhaltlos hinter der nationalsozialistischen Regierung" stehe.[26] Zu Beginn des Krieges wurde DOETSCH zur Luftwaffe eingezogen und übernahm ab Juni 1940 eine Aufgabe in der Forschungsführung des Reichsluftfahrtministeriums.

SÜSS hielt sich zu Beginn des Dritten Reichs vorsichtig zurück – im Gegensatz zu zahlreichen Professoren, die die Gunst der Stunde zu nutzen trachteten –, trat aber 1937 der NSDAP bei. Die Freiburger Kollegen lernten seine diplomatische Ader schnell schätzen. So wurde er 1938-1940 zum Dekan der Naturwissenschaftlich-Mathematischen Fakultät bestellt und gab dieses Amt erst ab, als er 1940 das Rektorat übernahm. Er war für dieses Amt von Rektor und Senat der Universität Freiburg als "sehr ruhiger, objektiver, energischer und zielbewußter Arbeiter von nationalsozialistischer Haltung" vorgeschlagen worden, in dessen Händen "die Weiterentwicklung der Universität in Richtung auf die nationalsozialistischen Ziele gesichert" sei.[27] Das Rektorenamt führte SÜSS fünf Jahre lang zur großen Zufriedenheit seiner Freiburger Kollegen und des Reichserziehungsministeriums, ohne sich auffallend in Richtung der erwähnten nationalsozialistischen Ziele zu verbeugen. Von besonderem Nutzen war ihm dabei der direkte Draht zum Ministerium, der ihm aus seinem guten persönlichen Verhältnis zum Reichserziehungsminister BERNHARD RUST (1883-1945) erwuchs. Zudem war SÜSS von 1937 bis 1945 Vorsitzender der DMV. In dieser Eigenschaft wurde er 1943 auch Fachvertreter der Mathematik im Reichsforschungsrat. SÜSS füllte alle diese Ämter mit großem Erfolg aus.

---

[26] Schreiben vom 12.12.1935; die Denunziation von Metz datiert vom 28.10.1936 (Hauptstaatsarchiv Stuttgart, EA 3/150: Personalakte Doetsch).

[27] Rektor Mangold an den Reichserziehungsminister, 19.7.1940 (UAF, B 1/3672).

DOETSCH und SÜSS waren Mitte der 30er Jahre zunächst recht gut miteinander ausgekommen und hatten 1935 sogar erwogen, gemeinsam gegen den unglücklich agierenden DMV-Vorstand und insbesondere den Vorsitzenden WILHELM BLASCHKE zu opponieren. Ihr Verhältnis verschlechterte sich jedoch zusehends. Nach 1942 schließlich zerstritten sie sich dauerhaft, als sie versuchten, verwandte Interessen auf sehr unterschiedlichen Wegen durchzusetzen. Streitpunkt war insbesondere die Errichtung eines zentralen mathematischen Reichsinstituts, das sowohl die angewandte als auch die reine mathematische Forschung – zunächst mit besonderem Blick auf Kriegswichtigkeit – koordinieren sollte.[28]

4. Die Ära Süss (1940 - 1958)

Da DOETSCH zu Kriegsbeginn sogleich einberufen worden war, bestimmte SÜSS die Entwicklung des Mathematischen Instituts in den Kriegsjahren weitgehend allein, zumal er als Rektor einen erheblichen Zuwachs an Einfluß erfuhr. Großer Handlungsspielraum war aber während des Krieges nicht gegeben.

Als GERRIT BOL 1942 nach Greifswald ging, übernahm CHARLES PISOT (1910-1984) seine Dozentur bis zum Kriegsende. PISOT, der sich als Elsässer in einer schwierigen Lage befand, war bereits Ende 1940 nach seiner Entlassung aus dem französischen Militärdienst für kurze Zeit Assistent in Freiburg gewesen und hatte im Anschluß daran von Januar 1941 bis März 1942 einen Lehrauftrag in Greifswald versehen. In Freiburg war PISOT in den letzten Kriegsjahren nicht nur mit dem akademischen Unterricht befaßt, sondern erledigte durch Vermittlung von SÜSS auch Kriegsforschungsaufträge. Ende November 1944 sollte er als Dozent in das Beamtenverhältnis berufen werden. Als die Berufung ihn Anfang 1945 erreichte, verweigerte er sie.[29] Ab 1943 wirkte auch der kriegsgefangene französische Mathematiker

---

[28] Zu diesem Interessenkonflikt vgl. Mehrtens, Herbert: *Mathematics and War: Germany 1900-1945*, in: Sánchez-Ron, José M./Forman, Paul (Hg.): *National Military Establishments and the Advancement of Science and Technology: Studies in Twentieth Century History*, Dordrecht/Boston/London, 1996, 87-134, 115-118; zum Zustand der DMV 1935 s. Kneser, M./Schappacher, N.: *Fachverband - Institut - Staat*, 62-69.

[29] UAF, B15/715, C 89/35 u. 65.

FRÉDÉRIC ROGER als Assistent am Mathematischen Institut. SÜSS hatte ihn mit Hilfe von HARALD GEPPERT (1902-1945) nach Freiburg geholt.[30]

Für die Nachfolge von ANSEL, die seit 1939 diskutiert worden war, und den Aufbau der angewandten Mathematik in Freiburg gewann SÜSS 1944 HENRY GÖRTLER (1909-1987), der bis zu seiner Emeritierung im Jahre 1975 zunächst außerord. und ab 1949 ordentl. Professor in Freiburg war.[31] GÖRTLER war seit 1937 Mitarbeiter LUDWIG PRANDTLS (1875-1953) am Kaiser-Wilhelm-Institut für Strömungsforschung in Göttingen gewesen und hatte sich dort 1940 für reine und angewandte Mathematik habilitiert. Er legte die Grundsteine für die Entwicklung der angewandten Mathematik in Freiburg.

An eine Erweiterung des Instituts über den bestehenden Notbetrieb hinaus war in den Kriegsjahren nicht zu denken.[32] SÜSS hatte allerdings 1942 einen Ruf nach München erhalten, den er ebenso wie spätere Rufe nach Göttingen (1944/45) und Heidelberg (1950) dazu nutzte, dem badischen Kultusministerium im Rahmen von Bleibeverhandlungen erhebliche Zugeständnisse für den zukünftigen Ausbau und die Organisation des Mathematischen Instituts abzutrotzen. In diesem Zusammenhang erreichte er 1943 die Zusage, daß das Mathematische Seminar, dem SÜSS und DOETSCH gemeinsam vorstanden, in das schon bestehende Mathematische Institut übergehen sollte, dessen Leitung nicht wie zuvor allein DOETSCH, sondern SÜSS und DOETSCH alternierend obliegen würde. SÜSS konnte sich bei dieser unscheinbaren Änderung, die im Spätsommer 1944 wirksam wurde, auf eine DMV-Initiative berufen.[33] Damit war dem potentiellen Einfluß von DOETSCH, der zwar zwischenzeitlich für Lehrstühle in Heidelberg und Straßburg gehandelt wurde, für den Fall seiner Rückkehr nach Freiburg die Spitze genommen. SÜSS hatte dabei den Ausbau des Freiburger Mathematischen Instituts im Auge. Die Beschneidung von DOETSCHs Einfluß schien unausweichlich, um etwas für die Mathematik in Freiburg zu erreichen, da für SÜSS, wie auch umgekehrt für DOETSCH, eine Zusammenarbeit der beiden nicht mehr denkbar war.

[30] UAF, C 89/11, 55 u. 72.
[31] Zu Görtler s. Hämmerlin, Günther: *Henry Görtler zum Gedenken*, in: Freiburger Universitätsblätter 99(1988), 9-11.
[32] Zur Herabsetzung der mathematischen Lehrkapazität vgl. Kneser, M./Schappacher, N.: *Fachverband - Institut - Staat*, 18f.
[33] SAF, C 25/2, Nr. 222, Aktennotiz vom 13.1.1943; UAF B 15/334; zur erwähnten DMV-Initiative s. Schubring, Gert: *Zur strukturellen Entwicklung der Mathematik an den deutschen Hochschulen 1800-1945*, in: Scharlau, Winfried: *Mathematische Institute in Deutschland 1800-1945*, Braunschweig/Wiesbaden 1990, 264-279, bes. 269-271.

Der Ruf nach Göttingen, den Süss der Vermittlung Helmut Hasses zu verdanken hatte, setzte ihn gegenüber dem badischen Kultusministerium in eine
starke Verhandlungsposition. Er hat seine Forderungen in einem Memorandum *Wünsche für den Ausbau des Freiburger Mathematischen Instituts*
vom Winter 1944/45 ohne Umschweife formuliert:

> Wenn ich am Freiburger Mathematischen Institut auch nur einen Teil
> der fachlichen Wirkungsmöglichkeiten finden soll, die das führende
> Göttinger Institut in reichem Maße bietet, so muß mit allen Mitteln ei-
> ne ganz wesentliche Hebung des Freiburger Instituts stattfinden, wo-
> durch es ersichtlich über den Durchschnitt der deutschen Mathemati-
> schen Institute gebracht wird.[34]

In einer handschriftlichen Notiz war Süss noch deutlicher und wünschte eine
solche Ausstattung für das Freiburger Mathematische Institut, daß "es zu
den ersten im Reich sich entwickeln kann".[35] Die Zusagen aus den Rufab-
wendeverhandlungen dienten Süss nach dem Krieg als Verhandlungsmasse
im Umgang mit dem Ministerium.

In der Zeit des Rufs nach Göttingen hatte Süss noch einen anderen Erfolg
verbuchen können. Bereits im Mai 1942 hatte er in seiner Eigenschaft als
Rektor die Naturwissenschaftlich-Mathematische Fakultät vom Kauf des
Lorenzenhofs bei Wolfach für die Universität unterrichtet.[36] Hier wurde
1944 nach zähen Verhandlungen mit den rivalisierenden forschungsorgani-
sierenden Stellen unter Süss' Leitung das Reichsinstitut für Mathematik eingerichtet, das heutige Mathematische Forschungsinstitut Oberwolfach.[37] Es
bot bei Kriegsende zahlreichen Mathematikern aus dem zerfallenden Deutschen Reich Zuflucht. Süss leitete dieses Institut von 1944 bis zu seinem
Tod. Er bewahrte es vor drohenden Schließungen und führte es durch zahlreiche Finanzierungsengpässe.

---

[34] UAF, C 89/477; Unterstreichung im Original.

[35] UAF, C 89/478; Unterstreichung im Original.

[36] UAF, B 15/18, S. 59.

[37] UAF, B 15/18, Protokollbuch der Nat.-Math. Fak., 59 (Sitzung vom 15.5.1942); zur
Gründung des Instituts in Oberwolfach s. Mehrtens, H.: *Mathematics and War*, 116-
118; Kneser, M./Schappacher, N.: *Fachverband - Institut - Staat*, 73-75; Süss, Irmgard: *Entstehung des Mathematischen Forschungsinstituts Oberwolfach im Lorenzen-
hof*, Oberwolfach 1967; Gericke, H.: *Das Mathematische Forschungsinstitut Oberwolfach*, in: Jäger, Willi/Moser, Jürgen/Remmert, Reinhold (Hg.): *Perspectives in Mathematics: Anniversary of Oberwolfach 1984*, Basel et al. 1984, 23-39.

Im Sommer 1945 wurde SÜSS von den französischen Militärbehörden als Amtsträger des Dritten Reichs und Parteimitglied für zwei Monate vom Dienst suspendiert, während DOETSCH zunächst im Amt blieb, da er formal unbelastet war. Schon im Winter 1945 hatte sich das Blatt gewendet: SÜSS wurde wieder ins Amt eingesetzt und DOETSCH suspendiert. Dem Reinigungsausschuß der Universität Freiburg schien DOETSCH aus verschiedenen Gründen, besonders aber wegen charakterlicher Fehler, untragbar, und er beharrte auf seiner Entlassung. DOETSCH erklärte sich angesichts der einhelligen Ablehnung seiner Person im Juni 1946 bereit, seine Emeritierung zu beantragen und auf Vorlesungen zu verzichten. Der Hochschulbeauftragte der Militärregierung, JACQUES LACANT, lehnte dies jedoch ab, da er eine endgültige Klärung der Angelegenheit wünschte. DOETSCH wurde im Laufe der Jahre in mehreren Spruchkammerverfahren als unbelastet eingestuft, erreichte aber erst 1951 seine Wiedereinsetzung ins Amt.[38] Seine Stelle wurde zwischenzeitlich durch EMANUEL SPERNER (1905-1980) vertreten, der sich bei Kriegsende von Straßburg nach Oberwolfach geflüchtet hatte. Zu seinem Nachfolger im Ordinariat wurde 1948 schließlich GERRIT BOL ernannt. SÜSS hatte sich SPERNER oder VAN DER WAERDEN als Nachfolger von DOETSCH gewünscht, aber für diese Idee keine Unterstützung bei den französischen Militärbehörden gefunden, da beide als politisch belastet galten.[39]

DOETSCH wurde nach seiner Rückkehr ins Amt in der Fakultät völlig isoliert[40] und hatte in den zehn Jahren bis zu seiner Emeritierung 1961 keinen Einfluß mehr auf die Entwicklung des Freiburger Mathematischen Instituts – es bestand sogar eine Art Hausverbot für ihn, so daß er seine Vorlesungen im Hauptgebäude der Universität hielt. Die Naturwissenschaftlich-Mathematische Fakultät stellte im November 1951 fest, daß ein zweites Mathematisches Institut gegründet werden müsse, wenn DOETSCH auf seinem bei der Berufung zugesicherten Recht bestehe, Direktor des Mathematischen Instituts zu sein.[41] So war es SÜSS, der ab dem Ende der 40er Jahre den Neuaufbau des Freiburger Mathematischen Instituts zielstrebig anging.

---

[38] UAF, B 24/588 u. B 34/17 u. 47.
[39] SAF, C25/2, Nr. 68.
[40] "... wir wollen ihn nicht haben", wurde im Senatsprotokoll vom 20.6.1951 festgehalten (UAF, B 12/8); s.a. die Sitzungen vom 9.5., 11.7. u. 31.10.1951.
[41] Fakultätssitzung vom 15.11.1951 (UAF, B 15/26); s.a. die Sitzungen vom 19.4. u. 11.7.1951.

Schlußbemerkung: Freiburger Berufungspolitik

FERDINAND LINDEMANN hatte 1883 in JAKOB LÜROTH seinen Nachfolger noch selber bestimmt. LÜROTH war als Vertreter der CLEBSCH-Schule und Freund von FELIX KLEIN ein Garant dieser Richtung in Freiburg. Durch seinen plötzlichen Tod im Jahre 1910 konnte er selbst seine Nachfolge nicht regeln. Die Berufung HEFFTERs ging wesentlich auf den Physiker FRANZ HIMSTEDT zurück, der – der Bedeutung und vor allem auch dem Selbstbewußtsein der Physik als Leitwissenschaft entsprechend – seinen Einfluß in dieser für die Physiker zentralen Berufungsfrage geltend machen konnte. Die Besetzung des zweiten Lehrstuhls, den STICKELBERGER 1919 aufgab, wurde zugunsten des am Ort vorhandenen Kandidaten ALFRED LOEWY unter entschiedener Mitwirkung der badischen Regierung entschieden – in diesem Sinne ist die Berufung fast schon politisch zu nennen. Die Nachfolge HEFFTERs, der 1931 emeritiert wurde, war wiederum den Physikern verpflichtet. DOETSCH war als Funktionentheoretiker ein zwar auch HEFFTER angenehmer Kandidat. Aber aufgrund seiner mathematischen Orientierung und seiner Erfahrung als Dozent für angewandte Mathematik in Halle und Ordinarius an der TH Stuttgart war DOETSCH vor allem ein Wunschkandidat der Physiker, die durch GUSTAV MIE in der Berufungskommission vertreten waren. LOEWY konnte sich mit seinen Vorstellungen, Freiburg durch die Berufung KRULLS zu einem Zentrum algebraischer Forschung zu machen, gegen die Wünsche der Berufungskommission nicht durchsetzen, zumal er in der Fakultät wohl ohnehin nur geringen Einfluß hatte. Die Berufung von SÜSS als Vertreter der Geometrie geht auf DOETSCH zurück. Er sah in SÜSS vermutlich einen Mathematiker, der hinter ihm selbst zurückstand und damit auch in der Organisation des Mathematischen Instituts zurückstehen sollte. Schließlich war es aber SÜSS und nicht DOETSCH, der im Freiburger Mathematischen Institut dauerhafte Spuren hinterließ.

Dr. Volkert R. Remmert, Mattenmühle 1, 79286 Glottertal

Mathematikerinnen an der Berliner Universität von 1936 bis 1945 - eine Minderheit innerhalb der Minderheit der Promovendinnen

Annette Vogt

1. Die Promotionen der Frauen im Fach Mathematik

Am 18. Februar 1899 sprach der Mathematiker HERMANN AMANDUS SCHWARZ (1843-1921) als Dekan der Philosophischen Fakultät der 1810 gegründeten Friedrich-Wilhelms-Universität zu Berlin, folgende Sätze:

> "Geehrte *Festversammlung*! Ich begrüße zunächst meine hochverehrten Kollegen, sodann gilt mein Gruß den Söhnen unserer Universität; mein Gruß gilt Ihnen allen, die Sie hergekommen sind, an einem Feste theilzunehmen, wie kein anderes seit Gründung der Universität der heutigen Feier zur Seite gestellt werden kann. Eine junge Dame soll zum 1. Male die höchsten Ehren erlangen, welche die Fakultät verleihen kann."[1]

Mit diesem Fest meinte er nichts Geringeres als die erste Promotion einer Frau an der Philosophischen Fakultät.

Um zu verstehen, warum die über einhundertjährige Entwicklung des Frauenstudiums, der Frauenbildung und der -berufstätigkeit in Deutschland so geringe Erfolge zeitigte, muß man genauer zurückblicken. Hier werden die Dissertationen von Frauen im Fach Mathematik an der Mathematisch-Naturwissenschaftlichen Fakultät der Berliner Universität von April 1936 bis Februar 1945 behandelt. Sodann werden die Frauen, die die Mathematik als Nebenfach gewählt hatten, und die Gebiete, zu denen sie promovierten, vorgestellt. Drittens wird nach den Habilitationen im Fach Mathematik in diesem Zeitraum gefragt. Der Beitrag stellt Teilergebnisse des Forschungsprojekts der Autorin über die Geschichte der (Natur-) Wissenschaftlerinnen im Berliner Raum vor.

---

[1] Berliner Morgenpost, Sonntag, 19.Februar 1899, unter "Berliner Allerlei" mit zwei Zeichnungen. Zur Promovendin, der Physikerin Elsa Neumann (1872-1902), vgl. Vogt, Annette: Elsa Neumann - erste Promovendin an der Berliner Universität. In: Berlinische Monatsschrift (6) Heft 8 / 1997, S.27-32.

Warum wurde das Fach Mathematik in Berlin von so wenigen Frauen gewählt? An der Wende zum 20.Jahrhundert hatten die Mathematiker eher zu
den Befürwortern des Frauenstudiums in Deutschland gehört, und mit SOF'JA
VASIL'EVNA KOVALEVSKAJA (1850-1891) gab es ein bekanntes Vorbild.
Bemerkenswert erscheint besonders der Unterschied zwischen den Universitäten Berlin und Göttingen, wo SOF'JA VASIL'EVNA KOVALEVSKAJA - in
Abwesenheit - schon 1874 promoviert hatte.[2] Bereits zwischen 1900 und
1918 verteidigten mehrere Frauen eine mathematische Dissertation in Göttingen.[3] Die Mathematikerin EMMY NOETHER (1882-1935) war berühmt, zu
ihr kamen Studenten von überall her. Die Situation in Göttingen war gewiß
nicht nur einer "frauenfreundlichen" Haltung DAVID HILBERTS (1862-1943)
geschuldet gewesen, obwohl dies eine Rolle gespielt haben mag. In Berlin
spielten die Frauen im Fach Mathematik trotz SOF'JA KOVALEVSKAJa, die
die Berliner Universität damals allerdings nicht betreten durfte, zwischen
1899 und 1936 nur eine marginale Rolle. Zwischen 1899 - der ersten Promotion durch die Physikerin ELSA NEUMANN (1872-1902) - und 1922 gab es
überhaupt keine Promotion im Fach Mathematik an der Berliner Universität.
Die erste Promotion erfolgte erst 1922, und zwischen 1922 und 1936 promovierten lediglich fünf Frauen, davon eine zur angewandten Mathematik
(Vgl. Übersicht).[4]

[2] Zur Biographie von S.V. Kovalevskaja vgl. (Auswahl):
Kowalewsky, Sonja: Erinnerungen an meine Kindheit. Weimar Kiepenheuer 1961.
Koc*ina, P.Ja: Sof'ja Vasil'evna Kovalevskaja (1850-1891). Moskva Nauka 1981, 312 S.
Koblitz-Hibner, Ann. A convergence of lives. Sofja Kovalevskaja: scientist, writer, revo-
lutionary. Boston-Basel-Stuttgart. Birkhäuser. 1983.
Tollmien, Cordula. Sofja Kovalevskaja. Weinheim/Basel, Verlag Beltz Gelberg, 1995.
Vgl. außerdem
Vogt, Annette: Wissenschaft und Persönlichkeit. Karl Weierstraß und Sonja Kovalevska-
ja. In: Wiss. Zeitschrift der FSU Jena, Naturwiss. Reihe, 37, 1988, H.2, S.271-278.
Koc*ina, P. Ja. (Hrsg.): Briefwechsel Weierstraß-Kovalevskaja, Moskva 1973, und
Bölling, Reinhard: Herausgeber des Briefwechsels WEIERSTRAß-KOVALEVSKAJA, Berlin
1993, an dem die Autorin mit Zuarbeiten beteiligt gewesen war.
[3] Vgl. Tobies, Renate: Mathematikerinnen und ihre Doktorväter. In: Tobies, Renate
(Hrsg.) "Aller Männerkultur zum Trotz". Frauen in Mathematik und Naturwissenschaften. Campus Verlag, Frankfurt/New York, 1997, S.131-158.
Vgl. außerdem die Untersuchung von Renate Tobies: Dissertationen von Frauen in Mathematik. In: Michael Toepell (Hrsg.): Mathematik im Wandel. Bd.I. Franzbecker Hildesheim 1998, S. 398-412.
[4] Vgl. Vogt, Annette: Archivakten erzählen: Frauenpromotionen in Mathematik an der
Philos.Fak. d.Berliner Univers. von 1899 bis 1936. Vortrag Göttingen Juli 1996 (Ms.)

Zwischen 1922 und 1936, in 14 Jahren, wurden fünf Promotionsverfahren zu einem mathematischen Thema abgeschlossen, zwischen 1936 und 1945, in 10 Jahren, waren es vier. Es schien sich also nichts geändert zu haben. Die Mathematik blieb als gewähltes Fach eine Minorität. Betrachtet man die Zahlen im Verhältnis zu der absoluten Anzahl der Promotionen im betrachteten Zeitraum, d.h. fünf Promotionen bei insgesamt 271 (= 1,84 %) sowie vier Promotionen bei insgesamt 97 (= 4,12 %), käme paradoxerweise heraus, daß sich die Bedingungen für die Mathematik-Promovendinnen nach 1933 bzw. 1936 sogar verbessert hätten. Dem war nicht so, aber auf Grund der geringen Anzahl der Mathematik-Promovendinnen an der Berliner Universität kann eine Einschätzung über Entwicklungstrends allein aus diesen Zahlen nicht erfolgen. Verallgemeinerungsfähige Urteile über die Folgen der Nazi-Zeit auf das Frauenstudium, die Frauenberufstätigkeit und die Karriere-Chancen für Frauen im Wissenschaftsbetrieb in Berlin wurden nur möglich, weil alle naturwissenschaftlichen Promotionen zwischen 1899 und 1945 untersucht wurden.[5] Erst diese Analyse zeigt den Bruch, der 1933 einsetzte und eine bis dahin erfolgreiche Entwicklung nicht nur in Berlin stoppte.

Für die Berliner Universität bedeutete das Jahr 1936 einen Einschnitt, weil sich die Philosophische Fakultät trennte und die Mathematisch-Naturwissenschaftliche Fakultät mit dem Dekan LUDWIG BIEBERBACH (1886-1982) entstand. Bessere Bedingungen für eine wissenschaftliche Tätigkeit bzw. eine Berufstätigkeit von Frauen überhaupt existierten ab Herbst 1939. Schon wie im Ersten Weltkrieg konnten bzw. "durften" auch im Zweiten Weltkrieg die

---

[5] Vgl. die betreffenden Analysen in: (Vogt 1996a), (Vogt 1996b) und (Vogt 1997).

Vogt 1996a: "Auch Damen möchten den Doktorhut" - Promotionen von Frauen an der Philosophischen Fakultät der Berliner Universität zwischen 1898 und 1945. In: Geschlechterverhältnisse in Medizin, Naturwissenschaft und Technik. Hrsg. Christoph Meinel und Monika Renneberg. Bassum, Stuttgart, Verlag für Geschichte der Naturwissenschaften und der Technik, 1996, S.288-296.

Vogt 1996b: Zu den naturwissenschaftlichen Promotionen von Frauen an der Philosophischen Fakultät der Berliner Universität zwischen 1898 und 1945 - Überblick und Einzelbeispiele. In: Zur Geschichte des Frauenstudiums und weiblicher Berufskarrieren an der Berliner Universität. Hrsg. vom Zentrum für interdisziplinäre Frauenforschung und der Frauenbeauftragten der Humboldt-Universität zu Berlin, Berlin 1996, S.34-57.

Vogt 1997: Vogt, Annette. Einleitung, in: Findbuch. Die Promotionen von Frauen an der Philosophischen Fakultät von 1898 bis 1936 und an der Mathematisch-Naturwissenschaftlichen Fakultät von 1936 bis 1945 der Friedrich-Wilhelms-Universität zu Berlin sowie die Habilitationen von Frauen an beiden Fakultäten von 1919 bis 1945. Preprint MPI WG Nr.57, Berlin 1997, S.I-XXV.

Frauen nun zurück auf den Arbeitsmarkt, in die Laboratorien und in die Institute und die Plätze der Männer einnehmen. Sieht man von der Ausnahmepromotion der bereits verfolgten ROSE PELTESOHN (geb. 1913) im Frühjahr 1936[6] ab, so gab es zwischen 1931/1933 - der Dissertation von ERIKA PANNWITZ (1904-1975)[7] - und Winter 1939/1940 überhaupt keine Promotion einer Frau an der Berliner Universität im Fach Mathematik.

Erst um die Jahreswende **1939/40** promovierte ANNELIESE HÜNKE, geb. Schneider, (geb. 1913) mit der Arbeit "Über gewisse Flächen konstanter Krümmung in Räumen konstanter Krümmung" an der Mathematisch-Naturwissenschaftlichen Fakultät. Die Dissertation begutachteten LUDWIG BIEBERBACH und ERHARD SCHMIDT.[8] Es war keine herausragende Arbeit, und es ist nicht bekannt, welche Tätigkeit ANNELIESE HÜNKE danach ausübte, sehr wahrscheinlich arbeitete sie als Lehrerin.

Im Herbst **1940** beendete MARGARETE SALZERT (geb. 1912) ihre Dissertation "Die Eigenschaften derjenigen Kollineationen, die zwei konjugiert imaginäre windschiefe Geraden im Raume festlassen". Die Gutachten verfaßten der Dozent HERBERT KNOTHE (geb. 1898) und BIEBERBACH.[9] Sie war in der Familie eines Arztes in Berlin-Schöneberg geboren worden, und ihre Eltern ermöglichten ihr die Ausbildung am Realgymnasium, einen halbjährigen Aufenthalt in England im Jahr 1932 sowie das anschließende Studium. Sie hatte im Winter 1932 ein Studium an der Wirtschaftshochschule zu Berlin begonnen, fühlte sich aber von der Mathematik und Physik besonders angezogen und wechselte zum April 1933 an die Universität. Hier studierte sie acht Semester, bereitete sich danach auf die Prüfung vor und verfaßte ihre Arbeit.[10] Auch von ihr ist bisher über eine spätere Berufstätigkeit nichts bekannt.

Im Dezember **1942** erhielt eine bemerkenswerte Frau die Promotions-Urkunde überreicht: die 1902 geborene Tochter des Konteradmirals a. D. GUSTAV KIRCHHOFF und seit 1928 verheiratete CHARLOTTE VON BARANOW.[11] Sie promovierte im Alter von 40 Jahren mit der Arbeit "Töchter-

---

[6] Vgl. Promotion Rose Peltesohn, in: Archiv HUB, Phil. Fak. Nr.812, Bl.115-126.

[7] Vgl. Promotion Erika Pannwitz, in: Archiv HUB, Phil. Fak. Nr.744/11, Bl.14-28.

[8] Vgl. Archiv HUB, Math.-Nat. Fak. Nr.155 (08.01.1940), Bl.123-138.
Die Prüfung fand am 19.07.1939 statt.

[9] Vgl. Prom. Margarete Salzert, in: Archiv HUB, Math.-Nat. Fak. Nr.162, Bl.105-122.

[10] Vgl. Lebenslauf v.Margarete Salzert, in: Archiv HUB, Math.-Nat.Fak. Nr.162, Bl.106.

[11] Vgl. Prom. Charlotte von Baranow, in: Archiv HUB, Math.-Nat.Fak.Nr.182,Bl.16-32.

Aussteuer-Versicherung", die von den beiden Professoren PAUL LORENZ (1887-1973) und MOLDENHAUER von der Technischen Hochschule Berlin sowie von ALFRED KLOSE (1895-1953), seit 1937 Professor für Astronomie und angewandte Mathematik an der Universität, begutachtet und mit "sehr gut" bewertet wurde. Von BARANOW untersuchte in ihrer Dissertation die 1933 von den Nationalsozialisten initiierte "Töchter-Aussteuer-Versicherung" und zeigte auf den 148 Seiten ihrer Arbeit, daß diese Police versicherungs-mathematisch betrachtet wenig erfolgreich gewesen war. Sie wies außerdem nach, daß die Einführung der Police frühe Eheschließungen gefördert hatte. Sie hatte ganz bewußt ein Thema aus der Versicherungsmathematik gewählt, denn sie war seit April 1940 bei der Agrippina-Lebensversicherungs-Gesellschaft angestellt.

In einem dreiseitigen Lebenslauf[12] (üblich war eine Seite) schilderte sie ausführlich die Ausbildungsstationen und die beruflichen Umwege, die sie machen mußte, ehe sie an der Universität promovieren konnte. CHARLOTTE VON BARANOW war am 31.März 1902 in der Familie des Konteradmirals a.D. GUSTAV KIRCHHOFF und seiner Frau CHARLOTTE, geb. SCHWEITZER, in Kiel geboren. Ihr Bruder SIGURD fiel 1918 in Frankreich, wie sie in dem gedruckten Lebenslauf hinzufügte. Sie hatte von 1914 bis 1918 das Städtische Mädchengymnasium in Innsbruck und von 1918 bis 1921 das Realgymnasium in Villingen (Bad SCHWARZwald) besucht, wo sie 1921 die Reifeprüfung ablegte. Danach entschied sie sich, ein Mathematik-Studium aufzunehmen. Sie studierte im Sommersemester 1921 in Rostock und ab Wintersemester 1921/22 in Göttingen. In Göttingen, dem "Mekka der Mathematiker" in den 20er Jahren, studierte sie 10 Semester, besonders Zahlentheorie, vor allem Idealtheorie, sowie angewandte Mathematik. Zusätzlich besuchte sie Vorlesungen zu bürgerlichem Recht und Landwirtschaft, das sie aus privaten Gründen interessierte, wie sie schrieb, weil ihre Mutter "Fidei-Kommis-Großgrundbesitzerin" war. Im Herbst 1925 unterbrach sie jedoch das Studium, um das verpachtete Rittergut Markwippach zu betreuen. Sie schrieb:

"Als ich nun Göttingen verliess, ... glaubte ich zunächst noch nicht, das Studium aufzugeben, vielmehr stellte ich in Markwippach noch die Reinschrift von Prof. LANDAU'S 3 Bänden, Vorlesungen über Zahlen-

[12] Vgl. den Lebenslauf von Charlotte von Baranow, in: Archiv HUB, Math.-Nat. Fak. Nr.182, Bl.17 (3 Seiten). Der der Dissertation beigefügte Lebenslauf ist kürzer (1 Seite) und entsprach damit der Norm.

theorie (bei der mir auch die Ausarbeitung einzelner Stellen überlassen wurde) her und las dort die Druckkorrekturen ..."[13]

EDMUND LANDAU (1877-1938) schrieb im Vorwort zu seinen "Vorlesungen über Zahlentheorie", die er seinen Töchtern CHARLOTTE und SUSANNE "am Tage ihres Abiturientenexamens" (am 23.Februar 1927) widmete, über die Tätigkeit von CHARLOTTE:

> "Ferner leistete mir Frl. stud. math. L. KIRCHHOFF, Rittergut Markvippach, nicht nur wertvolle und verständnisvolle Hilfe bei den Korrekturen, sondern sie hatte sich auch der großen Mühe unterzogen, die Reinschrift meines ganzen Manuskripts herzustellen. Herzlichen Dank diesen drei treuen Mitarbeitern."[14]

CHARLOTTE VON BARANOW, geb. KIRCHHOFF, benutzte die gekürzte Form ihres Vornamens LOTTY bzw. LOTTE.

Sie hatte die Absicht gehabt, bei LANDAU über das WARING'sche Problem zu promovieren, das von LANDAU "WARING-HILBERTsches Problem" genannt wurde.[15] Die Arbeit auf dem Gut hielt sie jedoch davon ab. Schließlich heiratete sie 1928 FELIX-WOYN VON BARANOW (geb. 19.8.1895) den adligen Sohn eines 1905 ermordeten ARTHUR VON BARANOW und seiner Frau MAJA, geb. BARONESS STACKELBERG. Von BARANOW hatte noch nach dem Ersten Weltkrieg, 1918/1919, mit deutschen Truppen in Estland gekämpft und danach auf deutschen Rittergütern gearbeitet. Beide bewirtschafteten nun das Gut der Mutter. Sie hatte vor allem die "geschäftliche Seite und Viehfutterberechnungen" zu erledigen, und - wie sie hinzufügte - außerdem "fuhr ich unseren Kraftwagen zu betrieblichen Zwecken (ca. 500 000 km)".[16] Die Bewirtschaftung des Gutes war - angeblich - erfolgreich gewesen, und sie schilderte im Lebenslauf ausführlich die Ergebnisse. Aber dann schrieb sie: "Besondere Umstände veranlassten meine Mutter im Jahre 1939 zu dem

---

[13] Baranow, in: Archiv HUB, Math.-Nat. Fak. Nr.182, Bl.17/1. Edmund Landau's Buch erschien 1927 (über 1000 Seiten).

[14] Landau, Edmund: Vorlesungen über Zahlentheorie. Erster Band. Verlag Hirzel Leipzig, 1927, Vorwort S.IX. Die drei Mitarbeiter, bei denen er sich bedankte, waren Privatdozent Dr. K. Grandjot, sein Schüler Dr. A. Walfisz in Wiesbaden und Frl. L. Kirchhoff. Band II und Band III erschienen ebenfalls 1927.

[15] Vgl. Landau, Edmund: Vorlesungen über Zahlentheorie. Erster Band. Verlag Hirzel Leipzig, 1927, Vorwort S.VIII. Der ganze sechste Teil des ersten Bandes widmet sich dem Waringschen Problem, S.235-360.

[16] Baranow, in: Archiv HUB, Math.-Nat. Fak. Nr.182, Bl.17/2.

Entschluss, das Rittergut zu verkaufen."[17] Ihr Mann leitete danach ein ost-
preußisches Rittergut, wo auch sie sich im Winter 1939/40 aufhielt, und dort
erinnerte sie sich der Mathematik. Sie formulierte:

> "... und griff dann auf mein altes Mathematik-Studium zurück, indem
> ich seit April 1940 bei der Agrippina-Lebensversicherungs-Gesellschaft
> als Versicherungs-Mathematikerin praktisch arbeite und daneben vom
> 2.Trimester 1940 an bis zum Wintersemester 1941/42 abends Vorle-
> sungen an der Universität, der Techn. und der Wirtschafts-Hochschule
> Berlin gehört habe."[18]

Mit ihrer sehr positiv begutachteten Dissertation konnte sie ihre Stelle bzw.
ihre Stellung in der Versicherungs-Gesellschaft vermutlich festigen. In die
DMV war VON BARANOW nicht eingetreten. Nach 1945 arbeitete CHAR-
LOTTE (LOTTE) VON BARANOW in München, unter anderem beim Bayrischen
Statistischen Landesamt. Hier war sie mindestens von 1946 bis 1948 als
"freie Beraterin" für die mathematische Planung und Auswertung eines
Stichprobenverfahrens angestellt gewesen, das für eine erste Auswertung der
Bayrischen Volks- und Berufszählung von 1946 verwendet wurde. 1950 er-
schienen von ihr im Hirzel-Verlag in Stuttgart zwei Bände über Methoden
der mathematischen Statistik, in denen sie auch Beispiele dieser Volks- und
Berufszählung in Bayern behandelte.[19] Sie nannte explizit PAUL LORENZ, bei
dem sie 1942 promovierte, ihren Lehrer und erwähnte die Vorlesungen von
Prof. Dr. OSKAR ANDERSON.[20] Die Bände waren vor allem für Statistiker mit
nur geringer mathematischer Ausbildung und wenigen mathematischen
Kenntnissen geschrieben und vermittelten mathematisch-statistisches
Grundwissen. Leider konnte ihr weiterer Lebensweg bisher nicht rekonstru-
iert werden.

Der von den Nazis begonnene Zweite Weltkrieg hatte, so wie im Ersten,
dazu geführt, daß die Frauen die Stellen einnehmen konnten, respektive
"durften", die die in den Krieg gezogenen Männer offen gelassen hatten.

---

[17] Baranow, in: Archiv HUB, Math.-Nat. Fak. Nr.182, Bl.17/3.

[18] Baranow, in: Archiv HUB, Math.-Nat. Fak. Nr.182, Bl.17/3.

[19] Vgl. Baranow, Lotte von: Grundbegriffe moderner statistischer Methodik. Teil 1:
Merkmalsverteilungen (112 S.). Teil 2: Zeitliche und kausale Zusammenhänge (111 S.)
Stuttgart, S. Hirzel Verlag, 1950. Literatur, in: Teil 2, Anhang, S.110-111. Den ersten
Hinweis auf diese Publikation verdanke ich Herrn Prof. INEICHEN.

[20] Vgl. zu Anderson Vorwort zum ersten Band, zu Lorenz Vorwort zum zweiten Band.
Die Beispiele der Bayrischen Volkszählung von 1946 kommen z.B. im ersten Band vor,
insbesondere S.80-81 und S.98-109.

Dies galt auch für die letzte der abgeschlossenen Mathematik-Promovendinnen. Am 22. Februar **1945** beendete INGEBORG KRAFT (geb. 1921) ihre Promotion an der Fakultät mit der Untersuchung "Eine Arbeit über das isoperimetrische Problem auf Rotationsflächen".[21] ERHARD SCHMIDT und HARALD GEPPERT (1902-4.5.1945) begutachteten die Dissertation, die später veröffentlicht werden sollte. INGEBORG KRAFT war am 12.März 1921 in Hildesheim geboren. Ihr Vater war Kaufmann und Dolmetscher. Sie besuchte die Grundschule in Berlin und legte 1939 die Reifeprüfung an der Mozart-Schule in Berlin-Charlottenburg ab. Danach mußte sie, wie alle Frauen in der NS-Zeit, die studieren wollten, eine sogenannte "Arbeitsdienstpflicht" leisten. Im Oktober 1939 immatrikulierte sie sich an der Technischen Hochschule in Berlin-Charlottenburg, wo sie insgesamt 10 Semester (nun aber Trimester, also daher etwas mehr als 3 Jahre) studierte und das Studium im November 1942 mit der Diplomhauptprüfung in der Fachrichtung Mathematik abschloß. Bereits im Januar 1941 hatte sie die Diplomvorprüfung in der Fachrichtung Physik abgeschlossen. In ihrem Lebenslauf beschrieb sie die Stationen nach dem Diplom: "Danach arbeitete ich noch bis April 1943 als Honorarassistentin bei Professor HAMEL an der Technischen Hochschule. Seit April 1943 bin ich Assistentin am Mathematischen Institut der Universität Berlin."[22] Sie schilderte ausführlich, welche Vorlesungen sie gehört hatte, bei ERHARD SCHMIDT und HARALD GEPPERT sowie an der Technischen Hochschule bei GEORG HAMEL, WERNER SCHMEIDLER, WILHELM WESTPHAL, HANS GEIGER und ARTHUR SCHLEEDE, und dankte abschließend ihren Professoren, "die meine mathematische Entwicklung weitgehend gefördert haben"[23]. INGEBORG KRAFT erhielt die Chance, ihr Können und ihre Leistungen zu zeigen, weil an den Universitäten ein Mangel an (männlichen) Assistenten herrschte. Sie war 1942, nach ihrem Diplom-Abschluß, Mitglied der DMV geworden, aber über die Zeit nach 1945 ist bisher nichts bekannt.[24]

Betrachtet man die vier Mathematik-Dissertationen an der Mathematisch-Naturwissenschaftlichen Fakultät, könnte der Eindruck entstehen, als hätten die Frauen jetzt bessere Chancen für eine wissenschaftliche Tätigkeit gehabt. Eine erhielt eine Assistentenstelle an der Universität und eine zweite

---

[21] Vgl. Prom. von Ingeborg Kraft, in: Archiv HUB, Math.-Nat. Fak. Nr.206, Bl.1-14.

[22] Kraft, in: Archiv HUB, Math.-Nat. Fak. Nr.206, Bl.4.

[23] Kraft, in: Archiv HUB, Math.-Nat. Fak. Nr.206, Bl.4.

[24] Vgl. M.Toepell: Mitgliedergesamtverzeichnis der DMV 1890-1990. Mchn. 1991, S.213. In den Akten der DMV ist ihre Promotion vom 22.2.1945 nicht verzeichnet.

hatte eine angesehene Stelle im Versicherungswesen. Bedingt durch den Krieg und den Mangel an (männlichen) Arbeitskräften konnten die Frauen erneut zeigen, zu welchen Leistungen sie imstande waren, wenn man (auch Mann) ihnen eine Chance einräumte. Offen muß hier bleiben, wie es VON BARANOW und KRAFT erging, als die Männer aus dem verlorenen Krieg zurückkehrten.

2. Das Nebenfach Mathematik

Untersucht wurde auch, wie oft und wann die Mathematik als Nebenfach von den 97 Frauen, die zwischen 1936 und April 1945 in einem naturwissenschaftlichen Fach promovierten, gewählt worden war. Das Fach Mathematik wurde nur sechsmal von den 97 Frauen als Nebenfach gewählt, dabei - im Unterschied zu der Zeit zwischen 1899 und 1936 - fünfmal von Physikerinnen und ein einziges Mal von einer Botanikerin. Zwischen 1899 und 1936 hatten von den 271 Frauen, die in einem naturwissenschaftlichen Fach promovierten, 28 das Fach Mathematik gewählt, aber nicht nur - was zu erwarten gewesen wäre - von Physikerinnen oder Chemikerinnen. Dabei ist anzumerken, daß in Berlin die Physiker nicht notwendig das Nebenfach Mathematik wählen mußten.[25]

Erst 1939, nach 40 Promotionen zu einem naturwissenschaftlichen Thema an der 1936 gebildeten Mathematisch-Naturwissenschaftlichen Fakultät, wählte eine Frau das erste Mal das Nebenfach Mathematik: ILSE MATTHES (geb.1912) promovierte 1939 mit einer sehr guten Arbeit zum Gebiet der physikalischen Höhenstrahlung und wurde von BIEBERBACH im Nebenfach Mathematik geprüft. Die nachfolgende Tabelle gibt darüber Auskunft, wer zwischen 1936 und 1945 die Mathematik als Nebenfach wählte, wer das Nebenfach prüfte, wozu die Betreffende promovierte und welche weiteren Angaben über ihre Berufstätigkeit zum jetzigen Zeitpunkt angegeben werden konnten.[26]

---

[25] Von den 28 Frauen, die die Mathematik als Nebenfach gewählt hatten, promovierten 13 im Hauptfach Experimentalphysik, eine in Physik und zwei in theoretischer Physik. Die zwei Frauen, die zur Philosophie der Mathematik promovierten, wählten ebenfalls die Mathematik als Nebenfach, ebenso die beiden Frauen, die in Astronomie promovierten. Hinzu kamen zwei Botanikerinnen und sechs Chemikerinnen.

[26] Alle Angaben basieren auf dem Studium der betreffenden Promotions-Unterlagen, in: Archiv HUB, Math.-Nat. Fak.

Mathematik als Nebenfach 1936/39 bis 1945

Prom.-Jahr	Name	Hauptfach	Prüfer
1939	ILSE MATTHES geb. 19.9.1912 Diss. zur Höhenstrahlung 1939 Hilfsarbeiterin am Institut für Höhenstrahlung der Berliner Universität	*Physik*	BIEBERBACH
1941/42	MARTHA HEITZMANN geb. 30.1.1916 Diss. zum Quarzfadenmanometer 1938 Laborantin bei Telefunken, seit 1939 Flugmeldehelferin in Neubrandenburg für Diss. Arbeitsurlaub	*Exp.-physik*	KLOSE
1942	ERNA MANKE geb. 6.11.1908 Diss. zur Zytogenetik 1934-1936 Lehrerin danach wieder Studium und Dissertation	*Botanik (Genetik)*	BIEBERBACH
1943	ELFRIEDE FECHNER geb. 18.3.1912 Diss. bei Schüler am KWI für Physik[27] seit 1938 am KWI für Physik in Berlin bzw. Hechingen erst Doktorandin, dann Mitarbeiterin	*Physik*	BIEBERBACH
1943	MARIE-LOUISE DONATI geb. 23.1.1916 Diss. zu Ultraschallwellen seit 1942 wiss. Angestellte am II. Physikal. Institut der Berliner Universität	*Exp.-physik*	BIEBERBACH
25.4.45	IRMGARD MESSTORFF geb. 19.9.1919 Diss. zur Gas-Entladung, bei Gerthsen	*Physik*	BIEBERBACH

[27] Das Kaiser-Wilhelm-Institut (KWI) für Physik erhielt bei seiner Eröffnung in Berlin-Dahlem 1938 den Namen Max Plancks und hieß Max-Planck-Institut. Seit Sommer 1943 erfolgte die Verlagerung des Instituts nach Hechingen/Hohenzollern und Haigerloch/Württemberg.

3. An der Fakultät des Herrn Bieberbach gab es keine Privatdozentin für Mathematik

Im Deutschland der Weimarer Republik gab es nur zwei Mathematikerinnen, die eine Privatdozentur erhalten hatten, EMMY NOETHER (1882-1935) 1919 in Göttingen und HILDA POLLACZEK-GEIRINGER (1893-1973) 1927 in Berlin. Beide Frauen verloren sofort im Frühjahr 1933 ihre Lehrbefugnis (venia legendi) auf Grund des sogenannten "Gesetzes zur Wiederherstellung des Berufsbeamtentums" vom 7.April 1933 und wurden aus Deutschland vertrieben. Gegen EMMY NOETHER hatte es in Göttingen schon vor 1933 Angriffe gegeben, gegen sie als Jüdin und gegen sie als Sozialistin. Beide Frauen zögerten nicht und emigrierten sofort. EMMY NOETHER folgte einer Einladung in die USA und erhielt eine Stelle am Bryn Mawr College, starb aber schon im April 1935 an den Folgen einer Operation.[28] Auch HILDA POLLACZEK-GEIRINGER kam schließlich 1939 über die Stationen Brüssel und Istanbul in die USA.[29]

Der Bruch, der mit der Herrschaft der Nationalsozialisten in Deutschland einsetzte, kommt sehr anschaulich bei den Habilitationen zum Ausdruck.

ELISABETH BOEDEKER listete die 18 Universitäten auf, an denen sich zwischen 1919 und 1933 insgesamt 48 Frauen habilitierten, davon allein 14

---

[28] Vgl. zu Emmy Noether: Dick, A: Emmy Noether (1882-1935). Basel, Birkhäuser 1970. (Engl. Boston: Birkhäuser, 1981)

Noether, Gottfried E.: Emmy Noether (1882-1935). In: Louise S. Grinstein, Paul J. Campbell. (Ed.): Women of Mathematics. A Biobibliographic Sourcebook. Westport, Connecticut, London. Greenwood Press, 1987, p.165-170.

[29] Vgl. zu *Hilda Pollaczek-Geiringer*:

Binder, Christa: Hilda Geiringer - ihre ersten Jahre in Amerika. In: Festschrift für Hans Wussing zu seinem 65. Geburtstag. Hrsg. Sergej S. Demidov, Menso Folkerts, David E. Rowe, Christoph J. Scriba. Basel-Boston-Berlin, Birkhäuser-Verlag, 1992, S.27-35.

Vogt, Annette: Hilda Pollaczek-Geiringer (1893-1973) - erste Privatdozentin für Mathematik an der Berliner Universität. In: VITA ACTIVA in: "Dialektik", Heft 3/1994, S.157-162.

Vgl. zum *Habilitationsverfahren*:

Vogt, Annette: Hilda Pollaczek-Geiringer - the first woman which was a "Privatdozent" of Applied Mathematics at the University of Berlin. Vortrag, 28.08.1993, auf dem XIX. Internationalen Wissenschaftshistoriker-Kongreß in Zaragoza.

Siegmund-Schultze, Reinhard: Hilda Geiringer-von Mises. In: Historia mathematica, 20 (1993), p.364-381.

Frauen in Berlin.[30] Diese 14 Habilitationen (12 an der Philosophischen Fakultät und zwei an der Medizinischen Fakultät)[31] entsprachen damit fast
30 % (genau 29,16 %) aller Habilitationen von Frauen an deutschen Universitäten zwischen 1918/1919 und 1932. An den 18 deutschen Universitäten
(also einschließlich Berlins) gab es 16 naturwissenschaftliche, 21 geisteswis-
senschaftliche und 11 medizinische Habilitationen. In Berlin wurden 50 %
aller naturwissenschaftlichen Habilitationen, aber nur 19 % der geisteswis-
senschaftlichen und 18,18 % der medizinischen Verfahren beendet. Bei den
16 Habilitationen in den Naturwissenschaften waren je einmal die Chemie
und die Geographie vertreten (beide in Berlin), zweimal die Mathematik (in
Göttingen (1919) und in Berlin (1927)), dreimal die Physik (in Berlin
(1922), in Göttingen (1925) und in Breslau (1930)[32]), aber neunmal die Biologie (je viermal Botanik und viermal Zoologie und einmal Fischerei), davon
viermal in Berlin.

Von 1932 bis 1936 habilitierte sich an der Philosophischen Fakultät der Berliner Universität überhaupt keine Frau. Erst 1937 erfolgte eine Habilitation
in slavischer Philologie und sogar erst 1939 mit ERIKA CREMER (1900-1996)
eine in Chemie an der Mathematisch-Naturwissenschaftlichen Fakultät. Habilitierten sich zwischen 1919 und 1932 insgesamt 12 Frauen von 221 Habilitanden, also 5,43 %, so an der Mathematisch-Naturwissenschaftlichen Fakultät zwischen 1936 und 1945 nur noch zwei von 71, also nur noch 2,81 %,
beide Habilitationen erfolgten in Chemie. Von den 12 Habilitandinnen der
Berliner Philosophischen Fakultät in der Weimarer Republik wurden sechs
aus Nazi-Deutschland vertrieben, darunter LISE MEITNER (1878-1968) und
HILDA POLLACZEK-GEIRINGER.

[30] Vgl. Boedeker, Elisabeth: 25 Jahre Frauenstudium in Deutschland. Heft I, ..., beige-
fügt: Geschichte und Entwicklung des Frauenstudiums in Deutschland .... Hannover
1939, S.LXXV-LXXX (Dozentinnen an deutschen Universitäten und Hochschulen bis
1933 einschließlich).
Vgl. auch Boedeker, Elisabeth: 50 Jahre Habilitation von Frauen in Deutschland. Göttingen 1974.
[31] Der Vollständigkeit halber sei angemerkt, daß Elisabeth Boedeker fälschlicherweise
Frau Charlotte Engel-Reimers (1870-1930) nannte, die sich aber nicht habilitierte. Vgl.
hierzu: Archiv HUB, UK PA 67, Bl.1-4 und Bl.22. Dafür fehlte Elisabeth Schiemann,
die sich 1931 umhabilitierte, so daß es wieder 12 Frauen waren.
Vgl. Vogt (1997); Findbuch, S.106-110.
[32] Boedeker gab irrtümlich an, daß sich Hedwig Kohn 1918 habilitiert habe, neuere Ar-
chiv-Recherchen ergaben, daß sie sich erst 1930 habilitieren konnte. Den Hinweis verdanke ich Renate Tobies.

Die nächste Privatdozentin im Fach Mathematik in Deutschland gab es erst wieder 1941 an der Universität Göttingen mit HEL (HELENE) BRAUN (1914-1986). Dies geschah 22 Jahre nach der ersten Habilitation von EMMY NOETHER. HEL BRAUN erhielt 1951 eine ordentliche Professur an der Universität Hamburg. Bereits 1936 hatte sich zwar RUTH MOUFANG (1905-1977) an der Universität in Frankfurt/Main habilitiert, aber ihr war die Dozentur verweigert worden, so daß sie schließlich von 1937 bis 1946 Industriemathematikerin bei Krupp in Essen wurde, ab 1942 als Abteilungsleiterin. HEL BRAUN schrieb darüber:

> "Ich erinnere mich an ein längeres Gespräch mit ihr - heute würde man sagen 'über die Diskriminierung der Frau'. Mich hat das nie auf die Barrikaden getrieben, irgendwie habe ich wohl gar keinen Kampfgeist. Aber Frl. MOUFANG war 9 Jahre älter als ich und dieses Naziverhalten 'Kinder und Küche' versperrte ihr die Möglichkeit der Habilitation. Sie ging notgedrungen, sehr unglücklich in die Industrie, stand dort ihren Mann und kam erst nach dem Krieg zurück an die Frankfurter Universität. Ich selbst hatte es in dieser Beziehung besser, im Krieg brauchte man die Frauen für Männerberufe(,) und ich konnte mich 1940/41 habilitieren."[33]

Erst 1946 erhielt RUTH MOUFANG an der Universität in Frankfurt/Main eine Dozentur.[34] Es folgten 1942 an der Universität Gießen und am 10. Februar 1945 an der Universität Jena zwei Habilitationen zu dem bis dahin kaum vertretenen Fachgebiet Statistik in der Biologie. MARIA PIA GEPPERT (geb. 1907) und ERNA WEBER (1897-1988) hießen die beiden Habilitandinnen. (Vgl. Übersicht)

Von den vier Frauen, die in Berlin zur Mathematik promovierten, hätte aus fachlicher Sicht INGEBORG KRAFT später eine Habilitation anstreben können, aber sie hatte ja erst im Februar 1945 ihre Promotion abschließen können. Die Arbeit von LOTTE VON BARANOW war zwar sehr gut, aber für eine spätere Universitäts-Karriere von vornherein zu praktisch angelegt, außerdem war ihre Ausbildung im wesentlichen auf die Versicherungsmathematik be-

---

[33] Braun, Hel: Eine Frau und die Mathematik 1933-1940. Der Beginn einer wissenschaftlichen Laufbahn. Hrsg. M. Koecher. Berlin/Heidelberg/New York Springer 1990, S.14.

[34] Zur Biographie vgl.: Pieper-Seier, Irene: Ruth Moufang: Eine Mathematikerin zwischen Universität und Industrie. In: Tobies, Renate (Hrsg.) "Aller Männerkultur zum Trotz". Frauen in Mathematik und Naturwissenschaften. Campus Verlag, Frankfurt/New York, 1997, S.181-202.

schränkt. Zweieinhalb Monate nach KRAFT'S Promotionsverfahren wurde die Universität geschlossen. Der Krieg kehrte in die Stadt zurück, in der er begonnen wurde, die Jahre der Nazi-Diktatur wurden mit dem Sieg der Alliierten beendet.

Zu Beginn ihrer Erinnerungen hatte HEL BRAUN sich die Frage gestellt, warum sie Mathematikerin wurde und geantwortet:

"Aber wie kommt man als Frauenzimmer zur Mathematik? Noch dazu, wenn einem in der Schulzeit Malen und Geschichte - also eher weibliche Gebiete - näher liegen. Den Ausschlag hat bei mir gegeben, daß mir erstens der Schulunterricht so leicht gefallen war und 1933 ein politisch entscheidendes Jahr war. Nachdem ich nun mal das Abitur gemacht hatte, wollte ich auch studieren. Bezahlen konnten das meine Eltern nicht, sie konnten mich nur noch ein paar Jahre zuhause ernähren. Viele Studienfächer kamen also von vornherein nicht in Frage, weil das Studium zu lange gedauert hätte."[35]

Und sie fand: "Das Mathematik-Studium war unproblematisch(,) wenn man begabt und fleissig war."[36] Dies klingt sehr vereinfacht, auch wenn es subjektiv den Empfindungen und Erinnerungen der Autorin entsprochen haben mag.

Poetischer hatte SOF'JA V. KOVALEVSKAJA 1882 ihrem Freund GEORG VON VOLLMAR geschildert, was sie an der Mathematik faszinierte:

"Der schönste Moment in der Arbeit ist wohl derjenige wo man sich die Theorie im Kopfe aufbaut und die nöthigen Annahmen, in mathematischer Sprache gekleidet, aufstellt. Später kommen aber weitläufige Auseinandersetzungen und Entwicklungen, die gewöhnlich viel Ausdauer erfordern und uns Mathematikern nicht selten das Leben schwer machen. Wie sehr belohnt findet man sich aber auch im Ende, wenn man das Alles was man vorausgesetzt und sozusagen errathen hat, durch strenge mathematische Rechnung wirklich bestätigt und auch nicht selten, sogar noch verallgemeinert findet. Ist es aber nicht der Fall, so bleibt jedenfalls der Trost, daß man jedesmal auf den genauen Grund erfährt warum die gemachte, scheinbar ganz logische Annahme, nicht statthaft war, was doch in den meisten anderen Wissenschaften nur selten der Fall ist."[37]

---

[35] Hel Braun, 1990, S.2.
[36] Hel Braun, 1990, S.13.
[37] Sof'ja V.Kovalevskaja an Georg v. Vollmar, 2.4.1882. Zit. in: Tollmien (1995), S.111.

Promotionen von Frauen im Fach Mathematik an der Friedrich-Wilhelms-Universität zu Berlin von 1922 - 1945

1. Promotionen in Mathematik von Frauen an der Philosophischen Fakultät der Berliner Universität von (1899) **1922 bis 1936:**

Promotion	Name	Gebiet	Gutachter
14.08.1922	**DORA PRÖLSS** (1889-1943)	*Algebra*	SCHUR, SCHMIDT

"Über Zahlkörper, die aus dem Körper der rationalen Zahlen durch Adjunktion von Wurzeln hervorgehen."
verh. BEYER (1922), zeitweise Lehrerin

12.03.1924	**HILDEGARD ILLE** (*1899)	*Algebra*	SCHUR, SCHMIDT

"Zur Irreduzibilität der Kugelfunktionen."
verh. (1928) mit Mathematiker ERICH HANS ROTHE (*1895)
1928 Mitglied DMV; Uni. Breslau
1937: WILLIAM PENN College in Oskaloosa, Iowa
ab 1943 (?): Ann Arbor, Michigan

1930/1932	**HILDE HEINICKE** geb. KARSELT (*1904)	*angew.Mathem.*	V.MISES, PLANCK

"Ebene Flugbahnen starrer Körper."
verh. (1930) mit Syndikus Dr. GÜNTHER HEINICKE
in Oldenburg; mindestens ein Kind

1931/1933	**ERIKA PANNWITZ** (26.05.1904-25.11.1975)	*Topologie*	HOPF, SCHMIDT

"Eine elementargeom. Eigenschaft von Verschlingungen und Knoten." In: Math. Ann., Bd.108, Heft 5, 1933, S.629-672.
1930-1940 "Jahrbuch", Preußische AdW Berlin
1940-1945 Chiffrierabteilung, Auswärtiges Amt
1.7.1947-31.5.1964 DAW zu Berlin, "Zentralblatt"
1953 Mitglied DMV

06.05.1936	**ROSE PELTESOHN** (*1913)	*Spielth.*	SCHUR, SCHMIDT

"Das Turnierproblem für Spiele zu je dreien."
nach 1936 Emigration nach Italien; hier eine Publik. 1938
nicht im "Gedenkbuch ermordeter Berliner Juden"

2. Promotionen in Philosophie der Mathematik

Promotion	Name	Gebiet	Gutachter Prüfer im Nebenfach Math.

24.02.1931	LILLY BUCHHORN (*29.05.1904) "Evidenz und Axiome im Aufbau von SIGWARTS Logik" Mutter war geb. CASSIRER	*Logik*	H. MAIER, E. SPRANGER I. SCHUR
07.10.1932	WILMA PAPST (*14.07.1907) "GOTTLOB FREGE als Philosoph"	*Philosophie*	M.DESSOIR, W. KÖHLER L. BIEBERBACH

3. Promotionen in Mathematik von Frauen an der Mathematisch-Naturwissenschaftlichen Fakultät der Berliner Universität von **1936 bis 1945**

Promotion	Name	Gebiet	Gutachter

08.01.1940	ANNELIESE HÜNKE geb. SCHNEIDER (*1913) "Über gewisse Flächen konstanter Krümmung in Räumen konstanter Krümmung."	*Geometrie*	BIEBERBACH, SCHMIDT
16.10.1940	MARGARETE SALZERT (*1912) "Die Eigenschaften derjenigen Kollineationen, die zwei konjugiert imaginäre windschiefe Geraden im Raume festlassen."	*Geometrie*	KNOTHE, BIEBERBACH
15.12.1942	CHARLOTTE VON BARANOW (*1902) geb. KIRCHHOFF "Töchter-Aussteuer-Versicherung." (Ms. 148 S.) 1921-1925 Math.-studium, Göttingen, 1928 Heirat, seit April 1940 bei der Agrippina-Lebensversicherung, "Methoden der Statistik", Stuttgart 1950, 2 Bände	*Math./Ver- sicherungs- mathematik*	PAUL LORENZ, A. KLOSE MOLDENHAUER
22.02.1945	INGEBORG KRAFT (*1921) "Eine Arbeit über das isoperimetrische Problem auf Rotationsflächen." (Ms. 52 S.); seit April 1943 Assistentin am Math. Institut Univ. Berlin; 1942-1945 Mitglied DMV	*Geometrie*	E.SCHMIDT, GEPPERT

Habilitationen von Frauen in Mathematik in Deutschland 1919 bis 1945

NOETHER, EMMY
23.03.1882 Erlangen - 14.04.1935 Bryan, Penns., USA
Algebra
Prom. 1908 Erlangen; Habil. **1919** Göttingen
PD 1919-1933, a.o.Prof. 1922-1933
1933 Emigration an das Bryan Mawr College, USA

POLLACZEK-GEIRINGER, HILDA
28.09.1893 Wien - 22.03.1973 Santa Monica, USA
Wahrscheinlichkeitsrechnung, mathematische Statistik
Prom. 1917 Wien; Habil. **1927** Berlin
PD 1927-1933, 1922 Heirat mit Dr. FELIX POLLACZEK (1892-1981?) und
Geburt der Tochter MAGDA
1933 Emigration nach Brüssel, 1934-1939 Istanbul, ab 1939 USA, 1944
Heirat mit RICHARD VON MISES (1883-1953)

MOUFANG, RUTH
10.01.1905 Darmstadt - 26.11.1977 Frankfurt/M.
Grundlagen der Geometrie
Prom. 1930 (nicht 1931) Frankfurt/M.; Habil. **1936** Frankfurt/M.
Lehrbeauftragte 1931-1932 Königsberg, 1934-1936 Frankfurt/M.
Dozentur verweigert; 1937-1946 Industriemath. bei Krupp in Essen; PD
1946 Frankfurt/M., apl.Prof. 1947, a.o.Prof. 1951, o.Prof. 1957, 1970 em.

BRAUN, HELENE (HEL)
03.06.1914 Frankfurt/M. - 15.05.1986 Hamburg
Algebra
Prom. 1937, Frankfurt/M.; Habil. **1940** Göttingen
PD 1941, Göttingen, apl.Prof. 1947; apl.Prof. 1952 Hamburg, o.Prof. 1968

GEPPERT, MARIA-PIA
28.05.1907 Breslau
Mathematische Statistik, Biomathematik
Prom. 1932 Breslau; Habil. **1942** Gießen
PD 1943 Frankfurt/M.; Lehrbeauftragte 1947, TH Darmstadt; apl. Prof.
1951 Frankfurt/M., a.o.Prof. 1964 Tübingen, o.Prof. 1966

1940-1964 Leiterin der Statistischen Abteilung des Kerkhoff-Instituts
in Bad Nauheim

WEBER, ERNA
02.12.1897 Berlin-Charlottenburg - 19.05.1988 Berlin
Mathematische Statistik, Biomathematik
Prom. 1925 Berlin (Physik)[38]; Habil. 10.2.**1945** Jena
1925-1930 Statikerin im Bauwesen in Berlin, 1931-1.7.1935 Statistikerin am
KWI für Anthropologie, menschliche Erblehre u. Eugenik in Berlin-Dahlem;
ab 1937 Uni. Jena, Lehrbeauftragte für Biologische Statistik, 1945-1951
versch. Anstellungen in Jena, 1951-1957 Dozentin, ab 1954 a.o.Prof. Univ.
Jena, 1957 Prof. mit Lehrauftrag Humboldt-Univ. Berlin, ab 1960 auch Inst.
für angew. Mathematik und Mechanik der DAW zu Berlin, 1967 bis zu ihrem Tode 1988 Herausgeberin des "Biometric Journal" (gegr. 1958).

Dr. Annette Vogt, Max-Planck-Institut für Wissenschaftsgeschichte,
Wilhelmstraße 44, 10117 Berlin

---

[38] Vgl. Vogt, Annette: "In Ausnahmefällen ja" - Max Planck als Förderer seiner Kollegin-
nen. Zum 50. Todestag von Max Planck. In: MPG-Spiegel, Heft 4/1997, S.48-53.

Zu Fragen der Wahrscheinlichkeitsrechnung im Briefwechsel Hans Reichenbachs*

Hannelore Bernhardt

Es war und ist seit je die Auslotung des Spannungsfeldes zwischen Naturwissenschaften und Philosophie ein Problem höchster Brisanz und zugleich
verlockender Gegenstand vielseitig interessierter Denker, zu denen in der
ersten Hälfte des zwanzigsten Jahrhunderts ohne Zweifel der Mathematiker,
Physiker und Philosoph HANS REICHENBACH zu zählen ist. Ihm ging es in
seinem gesamten Lebenswerk um eben dieses Spannungsfeld. Die Weite
seines geistigen Anspruchs zeigt sich dabei vielleicht nirgends so konzentriert wie im Briefwechsel mit seinen Zeitgenossen, unter denen sich bedeutende Namen finden: ALBERT EINSTEIN, MAX PLANCK, MAX V. LAUE, HEIN-
RICH SCHOLZ, DAVID HILBERT, RUDOLF CARNAP, MORITZ SCHLICK, OTTO
NEURATH, KARL POPPER u.v.a..

Gewiß, die große Zeit des Briefschreibens eignet eigentlich dem zwanzigsten Jahrhundert nicht mehr. Aber die Lebensumstände, besonders die Emigration REICHENBACHs und vieler seiner Briefpartner, ließen Briefe doch
wieder oft zur einzigen Möglichkeit des Gedankenaustauschs auch über
große räumliche Entfernungen hinweg werden. Neben der Bedeutung eines
Briefwechsels für die Biographie des und der Betreffenden haben Briefe
auch eine eminent wissenschaftshistorische Bedeutung, insofern sie durch
schriftlich geführte Diskussionen auf engem Raum zahlreiche und oft ganz
unterschiedliche Aspekte einer wissenschaftlichen Problematik, die Entdek-
kung von Zusammenhängen, die Entstehung von Vorstellungen, die Entwicklung von Theorien und ihrer Anwendungen, aber auch die Gründung
von Institutionen und Zeitschriften, nicht zuletzt Kritik und Zustimmung an
und für Zeitgenossen dokumentieren.

Moderne Naturwissenschaft umfaßt in gewisser Einschränkung bei HANS
REICHENBACH[1] auf dem Gebiet der Physik die Probleme von Raum und Zeit,
der Relativitätstheorie und Quantenmechanik und für die Mathematik die der

---

* Diese Arbeit wurde durch ein Forschungsprogramm der Deutschen Forschungsgemein-
schaft gefördert.
[1] Zu biographischen Angaben vgl. Anlage 1

Wahrscheinlichkeitsrechnung und Induktion. Dabei ging es ihm weniger um Erkenntniszuwachs zu speziellen physikalischen und mathematischen Fragen, sondern in erster Linie um philosophische Zusammenhänge und Interpretationen, für die er die Fachwissenschaften in eine für ihn geeignete Form brachte. Nachdem er die Positionen der KANTschen Philosophie verlassen hatte, wandte er sich einer philosophischen Richtung zu, die unter der Bezeichnung logischer Empirismus in die Philosophiegeschichte eingegangen ist, und prägte sie entscheidend mit. Ihre Vertreter waren hauptsächlich im Wiener Kreis und in der Berliner Gruppe engagiert tätig[2].

REICHENBACH war ein äußerst produktiver Wissenschaftler; von den fast 250 Titeln seines Literaturverzeichnisses (darunter mehrere umfangreiche Bücher mit Nachauflagen und Übersetzungen) ist der Wahrscheinlichkeitsrechnung etwa ein Viertel gewidmet[3].

REICHENBACH entdeckte und entwickelte sein ausgeprägtes philosophisches Interesse bereits während seiner Studienzeit. Auch die erste Beschäftigung mit Problemen der Wahrscheinlichkeitsrechnung reicht in diese Zeit zurück, wovon seine bisher unveröffentlichte Staatsexamensarbeit zeugt, in der er einleitend auf die Möglichkeit verwies, "zwar nicht von notwendigen, aber doch von wahrscheinlichen Gesetzen des Naturgeschehens zu sprechen", wonach aber noch die Frage offen bliebe, ob "die Behauptung, daß irgendein Gesetz jedes Naturgeschehen regiert, selbst auch nur wahrscheinlich" ist, oder ob sie "mit Gewißheit"[4] gilt. Im Zusammenhang mit HUMES Auffassung des Kausalprinzips als einer Aussage a posteriori, die sich allein auf die beobachtete Zuordnung von Ereignissen gründet, erklärte REICHENBACH kate-

---

[2] Zum Verein Ernst Mach (Wiener Kreis) zählten u.a. Rudolf Carnap, Moritz Schlick, Otto Neurath, Hans Hahn, Edgar Zilsel. Im Anschluß an Wittgenstein ist für die Protagonisten des Wiener Kreises Philosophie eine Tätigkeit (Schlick).
Der Gesellschaft für empirische (wissenschaftliche) Philosophie (Berliner Gruppe) gehörten u.a. an Hans Reichenbach, Walter Dubislav, Kurt Grelling, Alexander Herzberg, Wolfgang Köhler, Kurt Lewin, Carl Gustav Hempel. Für die Vertreter der Berliner Gruppe ist Philosophie eine Wissenschaft (Reichenbach).
Aus diesem grundsätzlichen Unterschied im Hinblick auf das Verständnis von Philosophie resultierten erhebliche Meinungsverschiedenheiten beider Gruppen bei ansonsten ähnlichen Zielstellungen und vielfacher Zusammenarbeit.

[3] Vgl. Anlage 2

[4] "Kants Behandlung des Kausalprinzpis". Staatsexamensarbeit 1916, vorgelegt "der Königlichen Wissenschaftlichen Prüfungskommission in Göttingen", S. 3. Reichenbach-Nachlaß HR-018-09-01. Zitiert mit Genehmigung der University of Pittsburgh. Alle Rechte vorbehalten.

gorisch, "solche Aussagen sind aber nur wahrscheinlich, niemals apodiktisch gewiß."[5] Auch in seiner Dissertation "Der Begriff der Wahrscheinlichkeit für die mathematische Darstellung der Wirklichkeit"[6] beschäftigte er sich, noch auf dem Boden der KANTschen Philosophie, mit der Wahrscheinlichkeitsrechnung. Eine Analyse dieser Arbeit findet sich in den von A. KAMLAH verfaßten Erläuterungen im Band 5 der Gesammelten Werke H. REICHENBACHs.

Um REICHENBACHs weitere Bemühungen um die Grundlagen der Wahrscheinlichkeitsrechnung historisch einordnen zu können, sei daran erinnnert, daß in der ersten Hälfte des zwanzigsten Jahrhunderts mehrfach Versuche unternommen worden waren, diese Theorie durch einen neuen Ansatz strenger zu fundieren. Es hatten sich Unzulänglichkeiten aus der Anwendung des von LAPLACE geprägten Wahrscheinlichkeitsbegriffes ergeben, so die "petitio principii", die der Zurückführung der Wahrscheinlichkeit auf gleichmögliche Fälle zugrunde liegt, und die Unmöglichkeit einer Bestimmung der Wahrscheinlichkeit, wenn eine solche Zurückführung auf gleichmögliche (gleichwahrscheinliche) Fälle nicht gelingt, oder wenn unendlich viele gleichmögliche Fälle vorliegen. Zugleich waren die Erfahrungen aus der langen Anwendung der mathematischen Statistik bekannt: Oszillation der relativen Häufigkeit um einen festen Wert, der als Schätzung für die Wahrscheinlichkeit angenommen wurde. So lag der Gedanke nahe, dieses aus der Empirie bekannte Verhalten der relativen Häufigkeit selbst zum Ausgangspunkt einer wahrscheinlichkeitstheoretischen Konzeption zu machen, die eine zwanglose Herleitung der seinerzeit bekannten Sätze der Wahrscheinlichkeitslehre ermöglichte. Eine solche häufigkeitstheoretisch begründete Theorie ist bekanntlich R. V. MISES zu danken.

Der grundlegende Begriff der von ihm qualitativ neuartig aufgebauten Wahrscheinlichkeitsrechnung ist der des Kollektivs, eine unendliche Folge gedachter Dinge ("Elemente"), deren jedem ein bestimmtes Wertesystem von reellen Veränderlichen als Merkmal zugeordnet sei. Eine solche Folge von Elementen nannte MISES ein Kollektiv, sofern die Zuordnung der Merkmale zu den einzelnen Elementen zwei Forderungen genügt: Es existiere der Li-

---

[5] a. a. O. S. 5
[6] "Der Begrif der Wahrscheinlichkeit für die mathematische Darstellung der Wirklichkeit". Diss. Erlangen 1915, veröff. Leipzig 1916, auch in: Z. f. Philosophie u. philos. Kritik (1916), 161, S. 210-239, 162, S. 98-112, 222-239; wiederabgedruckt mit Kommentaren in Gesammelte Werke Bd. 5, S. 225-308

mes der relativen Häufigkeiten der einzelnen Merkmale bei wachsender Zahl
der Elemente, und es gelte das Irregularitätsprinzip, nach dem die Grenzwerte der relativen Häufigkeiten innerhalb eines Kollektivs gegen Stellenaus-
wahl unempfindlich sein sollen[7].

Auch REICHENBACH fühlte sich diesem häufigkeitstheoretischen Konzept
der Wahrscheinlichkeit verpflichtet, wenngleich mit gewissen Vorbehalten.
Sein Anliegen ging, wie bereits angemerkt, dahin, die philosophische Theorie der Wahrscheinlichkeit zu untersuchen, die seiner Meinung nach stärker
als andere Gebiete der Philosophie mathematisch fundiert sei. Da jedoch die
mathematische Grundlage der Wahrscheinlichkeitstheorie nicht "in strenger
Form" entwickelt sei, auf die "eine philosophische Kritik angewiesen" ist,
führe die philosophische Analyse zugleich zu einem neuen Aufbau der
Wahrscheinlichkeitsrechnung, wie es in der Einleitung zur "Wahrscheinlichkeitslehre", seinem viele Einzeluntersuchungen zusammenfassenden Hauptwerk lehrbuchartigen Charakters auf diesem Gebiet aus dem Jahre 1935
heißt[8].

Unter Einführung eines neuen Grundbegriffes, der Wahrscheinlichkeitsimplikation, mit der die Wahrscheinlichkeit als dreigliedrige Beziehung in den
Logikkalkül eingeordnet wird, entwickelte REICHENBACH bereits 1932 einen
axiomatischen, streng formalisierten Aufbau der Wahrscheinlichkeitsrechnung[9]. Um dem Wahrscheinlichkeitsbegriff über die Charakterisierung seiner
formalen Struktur hinaus eine inhaltliche Deutung zu geben, definierte er -
ausdrücklich im Anschluß an die strenge Fassung des Häufigkeitsansatzes
durch R. V. MISES - die "Wahrscheinlichkeit durch den Limes der Häufigkeit
in einer unendlichen Folge". Die im Rahmen der "formalen" Wahrscheinlichkeitsrechnung aufgestellten Axiome werden sodann in der "inhaltlichen"
Wahrscheinlichkeitsrechnung unter Zugrundelegung der sogenannten Zuord-

---

[7] Richard v. Mises: "Grundlagen der Wahrscheinlichkeitsrechnung". Math. Z. 5(1919), S.
    52 - 99. Vgl auch R. v. Mises: "Wahrscheinlichkeitsrechnung und ihre Anwendung in
    der Statistik und theoretischen Physik", Leipzig und Wien 1931. Eine historische Ana-
    lyse liefert Hannelore Bernhardt: "Richard v. Mises und sein Beitrag zur Grundlegung
    der Wahrscheinlichkeitsrechnung im 20. Jahrhundert". Diss. B, Humboldt-Universität
    Berlin 1984 (unveröff.)
[8] H. Reichenbach: "Wahrscheinlichkeitslehre". Leiden 1935; eine erweiterte Auflage in
    englischer Sprache erschien unter dem Titel "The Theory of Probability" in Berkeley
    1949; vgl. auch Gesammelte Werke Bd. 5, Braunschweig/Wiesbaden 1994
[9] H. Reichenbach: "Axiomatik der Wahrscheinlichkeitsrechnung". Math. Z. 34 (1932), S.
    568-619

nungsfunktion - einer auf die Wahrscheinlichkeitsimplikation zugeschnittenen Häufigkeitsdeutung in Limesform[10] - Tautologien, denn die "inhaltliche" Wahrscheinlichkeitsrechnung ist nichts als ein "Teilgebiet der Arithmetik", das gewisse Umformungen von Folgen mit Limeseigenschaften nach mathematisch strengen Methoden leistet. Dank der Annahme des Multiplikationstheorems in allgemeiner Form (Satz von der bedingten Wahrscheinlichkeit) kann REICHENBACH auf die im MISESschen System notwendige Regellosigkeitsforderung verzichten. Um aber die Anwendbarkeit des speziellen Multiplikationstheorems (Produktsatz für voneinander unabhängige Ereignisse) sicherzustellen, betrachtete REICHENBACH Folgen, die durch Unabhängigkeit gegenüber gewissen speziellen Auswahlen charakterisiert sind. In diesem Zusammenhang gewinnt die Theorie der Ordnung der Wahrscheinlichkeitsfolgen insofern besondere Bedeutung, als die Ordnungsstruktur durch Aussagen über die Wahrscheinlichkeit in Teilfolgen gekennzeichnet wird.

Auch in seinen Briefen vertrat REICHENBACH die Überzeugung, daß ein durch ein Axiomensystem implizit definierter Wahrscheinlichkeitsbegriff ohne eine geeignete Zuordnungsdefinition - z. B. eine Häufigkeitsdeutung - unanwendbar bleibt. Zur Lösung des "Geltungsproblems" in der "angewandten Wahrscheinlichkeitsrechnung", welches sich mit den in der Natur extensional (z.B. in Gestalt von Beobachtungsdaten) gegebenen Wahrscheinlichkeitsfolgen befaßt, wird ein weiteres Axiom, das "Axiom der Induktion" benötigt. REICHENBACH glaubte, eine Rechtfertigung der Induktionsregel, die den Übergang von wahren Aussagen zu neuen gestattet, deren Wahrheit nicht sicher bekannt, aber als wahrscheinlich zu erwarten ist, gefunden zu haben, indem Wahrscheinlichkeitsaussagen als "Setzungen"[11] gedeutet werden, die bei wiederholter Anwendung approximativ zu wahren Aussagen führen müssen, falls Aussagen über die Zukunft aus bisherigen Beobachtungsfolgen im Sinne einer statistischen Induktion überhaupt möglich sind. Diese Fragen der Axiomatik, der Häufigkeitsdeutung der Wahrscheinlichkeit, ebenso wie das Induktionsproblem u a. waren über viele Jahre hinweg auch Gegenstand der Briefe von und an REICHENBACH. Doch nicht nur dies.

---

[10] a. a. O. S. 591

[11] Für Reichenbach ist eine Setzung eine Aussage, die (wenigstens zeitweise) als wahr betrachtet wird, obgleich man nicht weiß, ob sie wahr ist, die aber nicht als Setzung verwendet würde, wenn man wüßte, daß sie falsch ist.

Im Vorwort zur "Wahrscheinlichkeitslehre" von 1935 schrieb REICHEN-BACH: "Von größtem Wert war es für mich, daß ich die Gedanken des vorliegenden Buches wiederholt seit dem Jahre 1927 in Vorlesungen vor meinem Hörerkreis an der Berliner Universität darlegen konnte; in gemeinsamer Diskussion sind damals nicht nur viele Einzelheiten und Beispiele entstanden, sondern es wurde damit vor allem auch die Atmosphäre geschaffen, in der ich den mühevollen Weg zur Aufdeckung der Grundgedanken gehen konnte."

Einen seiner Studenten, V. BARGMANN[12], der 1934 in Zürich arbeitete, hatte REICHENBACH um sorgfältiges Lesen der Korrekturfahnen dieses Buches gebeten. Ihm schrieb er mit Datum vom 5.8.1934 aus Istanbul: "Es ist mir wirklich sehr wertvoll, daß Sie das mit solcher Sorgfalt machen. Die kleinen mathematischen Inkorrektheiten, die Sie überall noch entdecken, würden sonst sehr stören; und es zeigt sich wieder mal, daß man so etwas am besten doch erst in der Korrektur findet, sehr zum Leidwesen der Setzer ... Sehr wichtig war Ihr Hinweis auf die inkorrekte Ableitung einer richtigen Gleichung für das Maximum der w_{nm}; diese Ableitung hatte ich ... fast wörtlich aus dem CZUBER[13] übernommen, der überhaupt das schlimmste Buch ist, das über Wahrscheinlichkeit je geschrieben wurde."[14] Endlich Mitte Dezember konnte REICHENBACH sein Buch für die nächsten Tage ankündigen: "Es hat noch schrecklich lange gedauert, weil die Leute immer noch wieder einige Kleinigkeiten falsch gemacht hatten. Jetzt ist es aber sehr hübsch geworden."[15]

Der "Axiomatik der Wahrscheinlichkeitsrechnung" hat REICHENBACH 1932 eine umfangreiche Arbeit gewidmet[16]. Nachdem er dargelegt hatte, daß zur axiomatischen (oder formalen) Begründung der Wahrscheinlichkeitsrechnung einmal die klassische Wahrscheinlichkeit als eine Eigenschaft von Ereignissen sowie die statistische Wahrscheinlichkeit, als eine Häufigkeit gedeutet, entwickelt wurde, stellte er sich das Ziel, "beide Richtungen in sich

---

[12] Valentin Bargmann (geb. 1908), studierte Mathematik in Berlin, 1933 Emigration in die Schweiz, 1937 in die USA, Prof. für mathematische Physik u. a. in Princeton

[13] Emanuel Czuber: Wahrscheinlichkeitsrechnung. Leipzig und Berlin 1908

[14] HR-023-27-12, Hans Reichenbach an Valentin Bargmann am 5. 8. 1934. Zitiert mit Genehmigung der University of Pittsburgh. Alle Rechte vorbehalten.

[15] HR-023-27-01 Hans Reichenbach an Valentin Bargmann am 10. 12. 1934. Zitiert mit Genehmigung der University of Pittsburgh. Alle Rechte vorbehalten.

[16] Vgl. Fußnote 9

zu vereinen". Dabei nimmt die Wahrscheinlichkeitsrechnung "nur *einen* neuen Grundbegriff in sich auf; das ist der Begriff der *Wahrscheinlichkeitsimplikation.*"[17] REICHENBACH fuhr fort: "Wenn wir die Wahrscheinlichkeitsimplikation ansetzen, so sind die vorkommenden Ereignisse stets derart charakterisiert, daß ihre Zugehörigkeit zu einer Klasse behauptet wird. ... Die Wahrscheinlichkeitsaussage ist deshalb eine generell behauptete Beziehung zwischen Aussagen über die Zugehörigkeit von Ereignissen zu Klassen."[18] Die nunmehr aufgestellten Axiome I - IV beinhalten in dieser Reihenfolge die Eindeutigkeit und die Normierung der Wahrscheinlichkeitsimplikation sowie das Additions- und das (erweiterte) Multiplikationstheorem in der von REICHENBACH gewählten logistischen Schreibweise.[19]

Der Briefwechsel zu Fragen der Wahrscheinlichkeit begann Mitte der zwanziger Jahre. Mit Datum vom 5. 10. 1927 schrieb HERBERT FEIGL[20] an REICHENBACH: "... was soll ein auf axiomatischem Wege sinnvoll gemachter W-begriff eigentlich bedeuten und leisten? Daß wir rein logisch, durch implizite Definit. etwa, imstande sind, allerlei Systeme der math. WR. aufzubauen, ist unbestritten. Das ist ja eine Angelegenheit der Verknüpfungsaxiome. Das philos. Problem beginnt aber erst bei den Zuordnungsdefinitionen. Und da ist es klar, daß wir nicht darum herumkommen, irgendwie auf die statistischen Häufigkeitsverhältnisse loszusteuern. Denn diese sind der alleinige Sinn und Wert der angewandten WR. - Selbst wenn wir also, wie Sie vorschlagen, die Annahme, daß ein Ereignis in endl. vielen Fällen wahrscheinlich eintritt, axiomatisch als sinnvoll einführen, (ein Verfahren, das allzusehr an die Methode des Postulierens im Gegensatz zum Konstruieren in der reinen Mathematik erinnert) so bleibt immer noch die Aufgabe übrig, den so definierten W-Begriff mit den r[elativen] H[äufigkeite]n[21] in Beziehung zu setzen, und man gerät unweigerlich wiederum ins Konvergenzproblem hinein, das man umgehen wollte."[22]

---

[17] Vgl. Fußnote 9, dort S. 570

[18] Vgl. Fußnote 9, dort S. 570/571

[19] Wegen Einzelheiten sei nochmals auf die in Fußnote 9 angegebene Arbeit sowie auf die ausführliche Diskussion dazu in den Gesammelten Werken Bd. 7, §§12 - 15 verwiesen.

[20] Herbert Feigl (1902 - 1988), Mitglied des Wiener Kreises, studierte Mathematik, Physik und Chemie, ab 1940 Professor für Philosophie an der University of Minnesota.

[21] Ergänzung in [ ] von Bdt.

[22] HR-015-30-32 Herbert Feigl an Hans Reichenbach am 5. 10. 1927. Zitiert mit Genehmigung der University of Pittsburgh. Alle Rechte vorbehalten.

REICHENBACH antwortete u. a.: "Denn da es sich immer um eine endliche Zahl von Fällen handelt, kann man stets nur sagen: mit der Zahl der Fälle wächst die W., daß die Häufigkeit den betr. Quotienten annimmt. Damit hat man also für den *Wert* der W. eine Maßangabe gefunden, aber immer nur mit Hilfe des *Begriffs* der W. ... Gerade deshalb habe ich den *einzigen* Ausweg gewählt, der hier übrig bleibt, nämlich die Behauptung 'a hat die W. p' axiomatisch als sinnvoll einzuführen. Axiom heißt hier nicht etwa 'implizite Definition' - nur so könnte man 'allerlei Systeme der math. W.-R. aufbauen' - sondern es heißt: ein Satz von Wahrheitscharakter, der unbeweisbar ist, und der einfach als sinnvoll hingenommen werden muß, weil wir schlechterdings nicht anders können. Es scheint mir außer jedem Zweifel zu stehen, daß jeder Versuch, den W.begriff durch irgend eine Konvengenzformulierung zu definieren, nur eine Scheinlösung ist, und im Grunde doch um mein Axiom nicht herumkommt. Wenn Sie wollen, dürfen Sie sagen, daß mein Axiom gar kein Axiom ist, sondern nur die offene Formulierung des *hier* vorliegenden und bisher vollständig ungelösten Tatbestandes; ..."[23] REICHENBACH steht hier also einer Häufigkeitsdeutung der Wahrscheinlichkeit unter Verwendung einer Konvergenzforderung in Limes-Gestalt durchaus ablehnend gegenüber. Wie bereits angedeutet, hat er später mittels einer "Zuordnungsdefinition" in Anlehnung an die MISESsche Auffassung selbst eine Häufigkeitsdeutung gegeben und ausführlich diskutiert, aus der die Axiome der "formalen Wahrscheinlichkeitsrechnung" als Tautologien folgen.[24]

Zu diesen Fragen schrieb 1932 der Mathematiker ERHARD TORNIER[25] an REICHENBACH: "Aus meinem nun fertiggestellten Buch, das demnächst erscheint[26], werden Sie sehen, daß ich zu den Vertretern der H. Th. nur in demselben Sinne, wie Sie selbst, gehöre. Ich zweifle sogar daran, d. h. ich bin des Gegenteils sicher, ob es eine absolute H. Th. überhaupt gibt; *ich glaube vielmehr, daß jede widerspruchsfreie H. Th. nichts als eine spezielle*

---

[23] HR-015-30-22 Hans Reichenbach an Herbert Feigl am 17. 10. 1927. Zitiert mit Genehmigung der University of Pittsburgh. Alle Rechte vorbehalten.

[24] Vgl. die in Fußnote 9 angegebene Arbeit sowie Hans Reichenbach: "Die logischen Grundlagen des Wahrscheinlichkeitsbegriffs". Erkenntnis 3 (1933), S. 401-425 (Gesammelte Werke Bd. 5, 341-366) und die zusammenfassende Darstellung in "Wahrscheinlichkeitslehre" (1935), §§ 66-68. Anmerkungen dazu von A. Kamlah in Gesammelte Werke Bd. 7, S. 545ff

[25] Erhard Tornier (1894-1982), Mathematiker in Kiel und Berlin, bereits 1939 Ruhestand

[26] Erhard Tornier: "Wahrscheinlichkeitsrechnung und allgemeine Integrationstheorie". Das Buch erschien erst 1936 in Leipzig

Realisierung einer abstrakten Theorie durch Grenzwerte ist. ... Wenn ich vorläufig noch etwas bemerken darf: Für die *mathematische* W-R ist der Begriff der W-Implikation beweisbar überflüssig. Sie ist einfach identisch mit den mengentheoretischen Inhaltstheorien gewisser metrischer Räume und bedarf deshalb sicher keiner spezieller neuer Begriffe. Mich interessiert nun eine Frage sehr: Es gibt ... verschiedene W-R's in ähnlichem Sinne wie es verschiedene Geometrien gibt, und ich habe auch rein mathematische Anwendungsgebiete für verschiedene W-R aufgezeigt. Bisher weiß ich aber nicht, ob die Frage nach der in unserer Natur geltenden W-R überhaupt durch irgendeine Zuordnungsdefinition sinnreich wird. Deshalb interessiert es mich sehr, ob Ihre projektierte W-Logik als gleichmäßig für jede logisch mögliche W-R geltend gedacht ist oder in verschiedenen W-Logiken relativ zu den verschiedenen W-R's gespalten werden müßte."[27] REICHENBACH antwortete drei Tage später: "Daß man jede Häufigkeitstheorie als Realisierung einer abstrakten Theorie ansehen kann, ist auch meine Auffassung. Ich glaube, das läßt sich sogar logisch beweisen; man braucht dazu nämlich nur die Operationen der Häufigkeitstheorie in logistischen Formeln auszudrükken. Auch mir lag ja gerade daran, zu zeigen, daß die Häufigkeitsdeutung nur *eine* mögliche Ausfüllung der abstrakten Theorie ist, wenn sie auch für Anwendungen wohl als einzige in betracht kommt; ... Trotzdem dürfte Ihre Bemerkung, daß die Wahrscheinlichkeitsimplikation für die mathematische Theorie überflüssig sei, nicht aufrecht zu erhalten sein. Denn die mathematischen Maßbegriffe, an die Sie hier denken, erfüllen doch nur ähnliche Axiomensysteme, nicht genau das gleiche. ... die mathematische W. R. will doch diejenige Idealisierung sein, die der angewandten zugeordnet ist. Auch meine geometrische Deutung[28] erfüllt die genannten Axiome nicht, weil diese dort gar keinen Sinn haben, und ich habe deshalb dort auch bemerkt, daß es sich also hier um einen etwas weiteren Begriff handelt, nicht um genau denselben."[29]

---

[27] HR-014-63-03 Erhard Tornier an Hans Reichenbach am 24. 1. 1932. Zitiert mit Genehmigung der University of Pittsburgh. Alle Rechte vorbehalten.

[28] Vgl. die in Fußnote 9 angegebene Arbeit, §5. Dort wird eine geometrische Deutung des Axiomensytems eingeführt.

[29] HR-014-63-02 Hans Reichenbach an Erhard Tornier am 27. 1. 1932. Zitiert mit Genehmigung der University of Pittsburgh. Alle Rechte vorbehalten.

Im Briefwechsel Anfang der dreißiger Jahre u. a. mit HEINRICH SCHOLZ[30]
und JANINA HOSIASSON[31] standen immer wieder Fragen der Häufigkeitsdeutung der Wahrscheinlichkeit und damit die Beziehungen zu den Arbeiten von
R. v. MISES im Mittelpunkt des Interesses. So schrieb REICHENBACH am
13.Oktober 1931 an SCHOLZ: "Sehr überraschend war es mir zu sehen, wie
sehr Sie den MISESschen Vortrag in den Vordergrund stellen. Ich muß ge-
stehen, daß sich mir die so viel gerühmte Klarheit der MISESschen Darstellungen in einen ziemlichen Nebel verwandelt, wenn ich genauer hinsehe.
Sein Prinzip vom ausgeschlossenen Spielsystem ist unhaltbar und sein Kollektiv ein unmöglicher Begriff. So bleibt von seiner Wahrscheinlichkeitstheorie nur die prinzipielle Durchführung der Häufigkeitsdeutung und die
Formulierung der mathematischen Wahrscheinlichkeitsrechnung als einer
rein logischen Umformung von Wahrscheinlichkeitsaussagen - beides Dinge,
die schon lange vor ihm von anderen behauptet wurden. Wenn sie meine
neue Axiomatik der Wahrscheinlichkeitsrechnung gelesen haben werden,
werden Sie Ihre Auffassung der MISESschen Arbeiten, denke ich, einer Revision unterziehen. Ich habe dort u. a. die Unmöglichkeit des MISESschen
Kollektivbegriffs ausführlich dargelegt."[32] An HOSIASSON gerichtet, heißt es:
"Sie sprechen ... von einer 'klassischen Deutung'; aber Sie scheinen mir dabei zu übersehen, daß es eine wohldefinierte klassische Deutung überhaupt
nicht gibt. Es gibt hier nur zwei Wege: entweder man faßt den W-Begriff als
definiert durch das Axiomensystem auf, im Sinne der impliziten Definitionen, dann ist er lediglich formal definiert und besitzt für Anwendungen
überhaupt noch keine faßbare Bedeutung; oder Sie geben eine Zuordnungsdefinition (ich meine diesen Ausdruck im Sinne des von mir für die Raum-
Zeit-Lehre benutzten Begriffs), welche so beschaffen ist, daß man in einem
vorliegenden Anwendungsfalle erkennen kann, ob der betreffende Begriff
vorliegt. Eine solche Zuordnungsdefinition ist die Häufigkeitsdeutung. Wenn

---

[30] Heinrich Scholz (1884-1956) studierte Theologie und Philosophie in Berlin, Prof. für
Religionsphilosophie in Breslau, ab 1919 Ordinarius für Philosophie in Kiel und Münster.

[31] Janina Hosiasson-Lindenbaum (1899-1942) studierte Mathematik und Physik in War-
schau, später als Lehrerin tätig, 1942 ermordet

[32] HR-013-31-06 Hans Reichenbach an Heinrich Scholz am 13. 10. 1931. Zitiert mit Genehmigung der University of Pittsburgh. Alle Rechte vorbehalten. Reichenbach bezieht
sich auf die in Fußnaote 9 angegebene, 1932 erschienene Arbeit, insbes. § 7ff. Die dort
vorgebrachten Einwände richten sich allerdings im wesentlichen gegen das Regellosig-
keitsprinzip.

Sie diese ablehnen, so müssen Sie hier eine andere Zuordnungsdefinition geben."[33]

In der Korrespondenz mit seinem einstigen Schüler MARTIN STRAUSS[34] werden REICHENBACHs Positionen der Jahre 1935/36 zu der von ANDREJ N. KOLMOGOROV[35] entwickelten maß- und mengentheoretischen Konzeption der Wahrscheinlichkeitstheorie sichtbar. Nachdem zunächst STRAUSS mitgeteilt hatte, daß er sich wegen des verspäteten Eintreffens der "Wahrscheinlichkeitslehre" selbständig mit dem Verhältnis der REICHENBACHschen Axiomatik zu der von KOLMOGOROV und den damit im Zusammenhang stehenden Fragen der Mathematisierung und der Unabhängigkeit des Multiplikationstheorems beschäftigen mußte, wobei er offensichtlich zu ähnlichen Resultaten gelangte wie REICHENBACH, fuhr er wörtlich an diesen gerichtet fort: "Man kann jedenfalls aus KOLMOGOROVS Axiomen unter Zuhilfenahme der Explizitdefinition für die bedingte W. Ihre Axiome ableiten, während umgekehrt die Existenz einer additiven Mengenfunktion aus Ihren Axiomen nicht ableitbar zu sein scheint. Demnach wäre das System von K. unnötig allgemein. ... Die Mathematiker hier kennen übrigens Ihre Axiomatik nicht und schwören auf K., (ohne zu wissen, wie sehr [sie]damit auch auf Ihre Axiomatik schwören). Sie behaupten, daß ohne den LEBESGUEschen Maßbegriff sich keine strenge und hinreichend allgemeine Wahrscheinlichkeitsrechnung aufbauen lasse. Leider kann man niemand dazu verurteilen, Ihr Buch zu lesen".[36] REICHENBACH antwortete ihm umgehend: "Sehr interessiert haben mich Ihre Bemerkungen über KOLMOGOROFFS Arbeiten[37] in Be-

---

[33] HR-013-16-11 Hans Reichenbach an Janina Hosiasson am 17. 10. 1932. Zitiert mit Genehmigung der University of Pittsburgh. Alle Rechte vorbehalten.

[34] Martin Strauss (1907-1979) studierte Mathematik und Physik in Berlin, Göttingen und Prag, 1935/36 Gast am Institut f. theoret. Physik in Kopenhagen, 1952 Rückkehr aus der Emigration (zuletzt in England) nach Berlin, Mitarbeiter der Akademie der Wissenschaften der DDR

[35] Andreij N. Kolmogorov (1903-1987), Studium in Moskau, 1930 Prof. f. Math. ebenda

[36] HR-013-35-09 Martin Strauss (aus Kopenhagen) an Hans Reichenbach am 11.6.1936. Zitiert mit Genehmigung der University of Pittsburgh. Alle Rechte vorbehalten.

[37] Andrej Kolmogorov: "Grundbegriffe der Wahrscheinlichkeitsrechnung". In: Ergebnisse der Math. und ihrer Grenzgebiete, Bln. 1933. Kolmogorov hatte in dieser Arbeit Reichenbachs "Axiomatik der Wahrscheinlichkeitsrechnung" zwar in sein Literaturverzeichnis aufgenommen, ohne aber den Autor im Text zu erwähnen bzw. "auf die nahe Verwandtschaft seiner Darstellung mit der von mir früher gegebenen" hinzuweisen, wie Reichenbach in seiner "Wahrscheinlichkeitslehre" S.120 mit sichtlicher Verärgerung bemerkte.

ziehung zu den meinen. Mir scheint der Hauptfehler der KOLMOGOROFF-
schen Arbeiten darin zu bestehen, daß bei ihnen die Beziehung zur Anwendung ganz undurchsichtig bleibt. In dieser Beziehung sind leider die Mathematiker mit Blindheit geschlagen, und was sie mir da schreiben über die Ko-
penhagener Mathematiker und deren Gleichgültigkeit gegen meine Untersuchung, entspricht ganz dem Bild, das ich von den Mathematikern im allgemeinen habe. Auch KOLMOGOROFF hat keine Ahnung vom Anwendungsproblem, wie schon aus seinen Bemerkungen hervorgeht, in denen er sich
auf von MISES' Bemerkungen zum Anwendungsproblem beruft, die sicher
der schwächste Teil der ganzen MISESschen Untersuchungen sind.[38] Man
kann natürlich irgend einen mengentheoretischen Sport aus der Wahrscheinlichkeitsrechnung machen, wie TORNIER und KOLMOGOROFF das gemacht
haben; aber es bleibt gänzlich schleierhaft, was das mit Physik zu tun hat. ...
Es ist schon eine Tragödie um die Wahrscheinlichkeitsrechnung. Die Mathematiker mit ihrer philosophischen Blindheit haben sich dem ganzen Pro-
blemkreis nicht gewachsen gezeigt; und jetzt, wo meine Lösung vorliegt,
lehnen sie es ab, die auch nur zu lesen."[39] An Selbstbewußtsein hat es
REICHENBACH in der Tat nie ermangelt.

Das kommt im Grunde auch in seinen Antworten auf Briefe, die das Induktionsproblem diskutieren, zum Ausdruck: An ERNST VON ASTER[40] gerichtet,
heißt es: "Ich selbst habe ja nach diesem Buch zum erstenmal das Gefühl,
daß meine Arbeiten zur Wahrscheinlichkeit und Induktion nun endlich fertig
sind, und daß ich diejenigen Fragen beantwortet habe, die mir hier immer so
quälend gewesen sind - vor allem die Frage HUMES.[41] Die Zersetzung des
Apriori, die seit KANTs Zeiten ununterbrochen fortschritt, hat erst damit ihr
Ende gefunden; wir dürfen erst jetzt sagen, daß es kein synthetisches Apriori
gibt - denn es geht nicht an, das synthetische Apriori zu bestreiten und daneben doch das Induktionsprinzip fortwährend anzuwenden, ohne dessen Anwendung rechtfertigen zu können. Sie haben ganz recht, das Ind.pr. ist eine

---

[38] Vgl. die in Fußnote 31 angegebene Arbeit von Kolmogorov § 2, insbesondere die
Fußnote auf S. 3
[39] HR-013-35-08 Hans Reichenbach an Martin Strauss am 5. 7. 1936. Zitiert mit Genehmigung der University of Pittsburgh. Alle Rechte vorbehalten.
[40] Ernst von Aster (1880-1948), Studium in Berlin und München. 1920 o. Prof. für Philosophie in Gießen, 1933 Emigration nach Schweden, 1936 auf Betreiben von Reichenbach Berufung nach Istanbul
[41] Gemeint ist die Frage nach der Berechtigung des Induktionsschlusses. Man vergleiche
§ 80 der "Wahrscheinlichkeitslehre" sowie Gesammelte Werke Bd. 7, S. 545ff

Regel, der Schlußregel vergleichbar; nur wird es dadurch nicht etwa - und das wollen Sie wohl auch nicht sagen - konventionell. Für die Schlußregel läßt sich eine wichtige Eigenschaft beweisen: daß sie, wenn man von wahren Sätzen ausgeht, immer nur zu wahren Sätzen führt; darum ist ihre Anwendung gerechtfertigt. Ohne diesen Nachweis dürften wir sie nicht benutzen. Etwas entsprechendes muß für das Ind.pr. bewiesen werden, und mein Gedanke ist eben, daß man nachweisen kann, daß das Ind.pr. zu den günstigsten Setzungen führt. Dies scheint mir unzweifelhaft nachgewiesen zu sein, ..."[42]

An EDWARD S. ALLEN[43] schrieb REICHENBACH: "Zu Ihrer Bemerkung über meine Induktionsregel: Warum nennen Sie sie eine 'decidedly weak rule'? Sie ist stark genug, die gesamte Anwendung der Wahrscheinlichkeitsrechnung auf die Wirklichkeit zu rechtfertigen, und das kann man doch nicht schwach nennen! ... Ich glaube wirklich, daß meine Theorie eine vollständige Auflösung des Induktionsproblems bedeutet, und daß Einwände gegen meine Theorie nur auf Mißverständnissen beruhen, oder auf älteren vorgefaßten Meinungen über das Problem. Es war der große Irrtum aller bisherigen Diskussionen des Problems, daß man eine Rechtfertigung nur dann als gegeben ansehen wollte, wenn man bewiesen hatte, daß die Induktion zum Erfolg führt. Ich glaube jetzt definitiv gezeigt zu haben, daß das zu viel verlangt ist, und daß eine Rechtfertigung schon gegeben ist, wenn man viel weniger bewiesen hat - wie das meine Induktionstheorie tut.

Noch eine kleine Bemerkung: es ist nicht richtig, zu sagen: 'past experience is the only guide to future'. Past Experience an sich läßt überhaupt keine Schlüsse auf Zukunft zu, das tut sie erst in Verbindung mit der Induktionsregel. Also ist diese erst unser best guide to the future.!"[44]

Wie dem auch sei, im historischen Vergleich zwischen häufigkeits- und maßtheoretischem Ansatz zur Begründung der Wahrscheinlichkeitsrechnung besitzt das zeitlich früher formulierte Häufigkeitsmodell den Vorzug, ohne zusätzlichen Postulate einen unmittelbaren Anschluß des Wahrscheinlichkeitsbegriffes an die zufälligen Massenerscheinungen der objektiven Realität

---

[42] HR-013-39-31 Hans Reichenbach an Ernst v. Aster am 8. 12. 1935. Zitiert mit Genehmigung der University of Pittsburgh. Alle Rechte vorbehalten.

[43] Edward Switzer Allen (1887-1985), Studium in Rom, Göttingen und Berlin, 1921 Assoc. Prof. für Mathematik am Iowa State Colledge, 1943 Professor ebenda

[44] HR-025-08-14 Hans Reichenbach an Edward S. Allen am 2. 10. 1936. Zitiert mit Genehmigung der University of Pittsburgh. Alle Rechte vorbehalten.

zu ermöglichen, während der maß-mengentheoretisch begründete Aufbau
der Wahrscheinlichkeitsrechnung insofern entscheidende Vorteile bietet, als
er abstrakter, allgemeiner, formal einfacher und umfassender anwendbar ist
und weit über bisherige wahrscheinlichkeitstheoretische Kenntnisse hinaus
in Neuland vorzudringen vermag.

Anlage 1: Biographische Angaben zu Hans Reichenbach

*26. 09.1891	Hamburg; Vater Getreidehändler, drei Geschwister
1898-1907	Besuch der Realschule in Hamburg
1907-1910	Besuch der Oberrealschule "Vor dem Holstentor"
1910	Abitur
1910-1911	Studium des Bauingenieurwesens an der TH Stuttgart
1911-1912	Studium der Mathematik, Physik und Philosophie an der Universität Berlin
1912-1913	Studium an der Universität München
1913-1914	Studium an der Universität Berlin
1914-1915	Studium an der Universität Göttingen
1916	Promotion in Erlangen
1914-1917	Kriegsdienst
1917-1920	Laboratoriumsingenieur bei der Gesellschaft für Funktelegraphie in Berlin, Hörer der Vorlesungen A. Einsteins zur allgemeinen Relativitätstheorie
1920-1926	Assistent und Privatdozent am Physikalischen Institut der TH Stuttgart
1920	Habilitation
1926-1933	n.b.a.o. Professor an der Philosophischen Fakultät der Universität Berlin
1933-1938	o. Professor für Philosophie an der Universität Istanbul
1938-1953	o. Professor für Philosophie an der University of California Los Angeles
1942	Annahme der amerikanischen Staatsbürgerschaft; zahlreiche Reisen
+09.04.1953	Los Angeles, Herzinfarkt

Anlage 2: Ausgewählte Arbeiten Hans Reichenbachs zur Wahrscheinlichkeitsrechnung

- Der Begriff der Wahrscheinlichkeit für die mathematische Darstellung der Wirklichkeit (Diss.) Leipzig 1916, auch in Ges. Werke Bd. 5, 225-307
- Die physikalischen Voraussetzungen der Wahrscheinlichkeitsrechnung. Z. f. Physik 2 (1920), 150-171, auch in Gesammelte Werke Bd. 5, 309-326
- Stetige Wahrscheinlichkeitsfolgen. Z. f. Physik 53 (1929), 274-307
- Axiomatik der Wahrscheinlichkeitsrechnung. Math. Z. 34 (1932), 568-619
- Wahrscheinlichkeitslogik. Sitz-Ber. d. Preuß. Akad. d. Wiss., Phys.-Math. Klasse 29 (1932), 476-490
- Die logischen Grundlagen des Wahrscheinlichkeitsbegriffs. Erkenntnis 3 (1933), 401-425
- Wahrscheinlichkeitslehre. Eine Untersuchung über die logischen und mathematischen Grundlagen der Wahrscheinlichkeitsrechnung. Leiden 1935, 451 S., Gesammelte Werke Bd. 7
- Über Induktion und Wahrscheinlichkeit. Bemerkungen zu KARL POPPERS "Logik der Forschung". Erkenntnis 5 (1935), 267-284
- Wahrscheinlichkeitslogik und Alternativlogik. Erkenntnis 5(1935),177-178
- Die Bedeutung des Wahrscheinlichkeitsbegriffes für die Erkenntnis. Actes huitième Congrès International de Philosophie (1936), 163-169
- Les fondements logiques du calcul des probabilités. Annales de l'Institut Henri Poincaré Paris (1937), 267-348
- Über die semantische und die Objektauffassung von Wahrscheinlichkeitsausdrücken. The Journ. of Unified Science (Erkenntnis) 8 (1939), 50-68
- Bemerkungen zur Hypothesenwahrscheinlichkeit. The Journ. of Unified Science (Erkenntnis) 8 (1939), 256-260
- The Theory of Probability. An Inquiry into the Logical and Mathematical Foundations of the Calculus of Probability. Erweiterte englischsprachige Übersetzung des Werkes von 1935. Berkeley/Los Angeles 1949
- Philosophical Foundations of Probability. Proceedings of the Berkeley Symposium on Math. Statistics and Probability, Berkeley/Los Angeles 1949, 1-20

Doz. Dr. Hannelore Bernhardt, Platz d.Vereinten Nationen 3, 10429 Berlin

Arnold Kowalewski[1]
- ein interdisziplinärer Wissenschaftler

Waltraud Voss

Arnold Kowalewski

(1873 - 1945)

Einleitende Bemerkungen

Bei dem Namen "Kowalewski" denkt der Mathematiker zunächst an SOPHIE KOWALEWSKI, wohl auch an GERHARD KOWALEWSKI. In diesem Beitrag geht es um einen dritten Träger dieses Namens: um ARNOLD KOWALEWSKI, den Bruder GERHARD KOWALEWSKIs. In einer Zeit, in der "Interdisziplinarität" noch kein Schlagwort war und fachübergreifendes Denken eher die Ausnahme, leistete der Königsberger Philosoph beachtliche und beachtete Beiträge zu mehreren Wissenschaftsgebieten: zur Philosophie, zur Experimentalpsychologie und zur diskreten Mathematik, und zwar nicht etwa beziehungslos nacheinander oder nebeneinander, sondern in enger wechselseitiger Verknüpfung, wobei jedoch seine philosophische Zielstellung stets die Richtung vorgab. Mit der Mathematik ist er zweifach verbunden: zum einen durch seine mathematisch - logische Denkweise und sein mathematikgeprägtes methodisches Herangehen in der Philosophie, zum anderen durch origi-

---

[1] Angaben zu den im Text genannten Persönlichkeiten finden sich im Anhang.

nale mathematische Beiträge. Diese zweifache Verbindung zwischen Mathematik und Philosophie in seinem Schaffen will ich beleuchten. Dabei wird natürlich eine dritte Verbindung zur Mathematik, nämlich die verwandtschaftlich geknüpfte, immer wieder deutlich werden, gab ihm doch "die enge Freundschaft" mit seinem Bruder "die Möglichkeit, sich mit den mathematischen und naturwissenschaftlichen Fragen der Gegenwart immer auf dem laufenden zu halten" (38).

Kowalewskis Voraussetzungen für fachübergreifendes Arbeiten

Mit seiner Meinung, daß das große pädagogische Talent, über das die Professoren ARNOLD und GERHARD KOWALEWSKI in so hohem Maße verfügten, wohl "ein Erbteil ihrer Vorfahren" (38) sei, hat VAIHINGER insofern Recht, als es über mehrere Generationen hinweg in der Familie KOWALEWSKI immer auch Lehrer und Hochschullehrer gegeben hatte und die Brüder in einem Elternhaus heranwuchsen, das von protestantischem Pflichtbewußtsein, pädagogischer Tradition, ruhigem, stetem Gelehrtenfleiß des Vaters und der Fürsorge einer energischen, tatkräftigen Mutter geprägt wurde. [(9), Vorwort; (29)]

Die erste schulische Unterweisung erhielten die Brüder an der Seminarschule der Lehrerbildungsanstalt Löbau/Westpreußen, an der der Vater LEOPOLD KOWALEWSKI zu der Zeit Dozent war. Vorbereitet im Königlichen Progymnasium Löbau, besuchte ARNOLD KOWALEWSKI die höheren Klassen des Königlichen Gymnasiums zu Graudenz und erhielt hier am 17. März 1892 das Reifezeugnis mit sehr guten Noten sowohl in Latein, Griechisch und Französisch als auch in Mathematik und Physik (27). Die PLATONschen Dialoge las er im Original, und gerade durch diese Lektüre faßte er bereits während der Schulzeit "eine entschiedene Neigung zur Philosophie" (29). Doch KOWALEWSKIs Studium, das am 27. April 1892 begann und fünf Jahre später mit der Promotion in Philosophie endete (30. März 1897), war keinesfalls einseitig auf die Philosophie ausgerichtet. "Während dieser ganzen Zeit war" er "darauf bedacht, neben philosophischen Fachkenntnissen auch ... historisch - philologische und mathematisch - naturwissenschaftliche Bildung ... zu erwerben" (29). In Königsberg, in Greifswald und während seines Leipziger Semesters lebte und arbeitete ARNOLD KOWALEWSKI gemeinsam mit seinem Bruder. Sie studierten - wie wir aus den Lebenserinnerungen des letzteren wissen[2] - sehr intensiv. Die Vorlesungen, die sie hörten, vertieften sie im Selbststudium gründlich, so, daß sie den vermittelten Stoff völlig beherrschten. Das Spektrum der gehörten Vorlesungen umreißt daher wohl recht genau den Wissenshorizont, den sich ARNOLD KOWALEWSKI so dauerhaft erobert hat, daß er in seiner späteren wissenschaftlichen Arbeit sicher darauf aufbauen konnte. Das ist Grund genug, einen Blick darauf zu werfen.

ARNOLD KOWALEWSKI begann sein Studium mit einem Semester an der Herzoglich-Sächsischen Gesamtuniversität Jena, eingeschrieben als "Student der Philologie". Er hörte "Logik" bei LIEBMANN, "Allgemeine Zoologie" bei HÄCKEL, "Lateinische Grammatik" bei DELBRÜCK, "Platons Leben und Lehre" bei HIRZEL und "Einleitung in die Philosophie" und "Geschichte der alten Philosophie" bei EUCKEN. (30) Danach folgten zwei Semester[3] an der Königlichen Friedrich-Wilhelms-Universität zu Berlin, eingeschrieben als Student "der Philosophie". Von den 14 Vorlesungen, die er in seinem Berliner Jahr hörte, sind fünf der Philosophie zuzurechnen. Sein philologisches Studium bezog sich auf "Griechische Lyriker" und "LUCREZ" (beides bei DIELS), sowie auf "Sanskrit-Grammatik" (GELDNER). Je ein Semester "Differentialrechnung" und "Integralrechnung" hörte er bei KNOBLAUCH. Doch sein Interessenspektrum war schon in Berlin wesentlich weiter gezogen und erstreckte sich auch auf Pädagogik, Physiologie und Psychologie (vier Vorlesungen, u.a. bei DESSOIR). (31)

Mit dem Wintersemester 1893/94 bezog ARNOLD KOWALEWSKI gemeinsam mit dem erst siebzehnjährigen Bruder GERHARD für fünf Semester die "Heimatuniversität", die Königliche Albertus-Universität.[4] In Königsberg trugen sich beide als Studenten der Mathematik in die Matrikel ein. Sie hatten das Glück, sowohl bei HILBERT als auch bei MINKOWSKI lernen zu dürfen. Bei HILBERT hörte ARNOLD KOWALEWSKI (in dieser Reihenfolge über die Semester verteilt) die Vorlesungen "Einführung in das Studium der Funktionentheorie", "Über die Axiome der Geometrie", "Analytische Geometrie der Ebene und des Raumes", bei MINKOWSKI die Vorlesungen "Theorie der algebraischen Gleichungen" (ergänzt durch Übungen dazu), "Zahlentheorie"

---

[2] Gerhard Kowalewski: Bestand und Wandel. Meine Lebenserinnerungen - zugleich ein Beitrag zur neueren Geschichte der Mathematik. Oldenburg München 1950
[3] Wintersemester 1892/93 und Sommersemester 1893
[4] Vom 29.10.1893 bis zum 4.3.1896.

und "Variationsrechnung". Mathematik lernte er außerdem bei EBERHARD[5] und STÄCKEL, und zwar bei ersterem die "Theorie der Differentialgleichungen", bei dem letzteren "Elliptische Funktionen" und "Elemente der Invariantentheorie". Physik studierte er bei VOLKMANN, der auch philosophisch interessiert war. So belegte KOWALEWSKI in seinem ersten Königsberger Semester "Erkenntnistheoretische Grundzüge der Naturwissenschaften" bei ihm und erst später dann die "Einleitung in die theoretische Physik" und "Angewandte Kapitel aus der Wellenlehre, des Schalles und des Lichtes". Hinzu kam das Studium der Astronomie (2 Kurse), der Physiologie (1 Kurs), der alten Sprachen (5 Kurse), der Philosophie (13 Kurse), ergänzt noch durch deutsche und brandenburg-preußische Geschichte (2 Kurse). (32)

An der Albertina erwarben die Brüder ihre ersten wissenschaftlichen Meriten: Beide bewarben sich erfolgreich um den Preis der Schreiberschen Kantstiftung; ARNOLD KOWALEWSKI erhielt ihn 1895 für seine Abhandlung "De categoriarum deductione" (29).

Auf die Königsberger Zeit folgten zwei Semester an der Königlich Preußischen Universität Greifswald[6]. In Greifswald trennten sich die wissenschaftlichen Wege der Brüder. Unter dem Einfluß der Immanenzphilosophen SCHUPPE und REHMKE wandte sich ARNOLD KOWALEWSKI endgültig der Philosophie zu und promovierte am 30.3.1897 "magna cum laude" mit der - im gleichen Jahr veröffentlichten - Dissertation "Kritische Analyse von Arthur Colliers Clavis universalis". [(29), (28)]

Zur Abrundung seiner Ausbildung begleitete er danach den Bruder für ein Semester[7] an die Universität Leipzig, um bei WILHELM WUNDT Experimentalpsychologie zu studieren. Daneben hörte er "Geschichte der Pädagogik" bei VOLKELT. (34)

Mit dieser Übersicht ist der weite geistige Horizont umrissen, der KOWALEWSKIs Schaffen prägte und ihn befähigte, Beziehungsfäden zwischen den Wissenschaften aufzuspüren, ins Licht zu stellen, zu vertiefen und methodisch fruchtbar zu machen - und selber interdisziplinär zu arbeiten.

GERHARD KOWALEWSKI vollendete seine mathematische Ausbildung in Leipzig bei SOPHUS LIE und promovierte hier 1898. Beide Brüder habilitier-

---

[5] Darüber hinaus wird Victor Eberhard auf die Herausbildung seines kombinatorischen Denkens nicht ohne Einfluß gewesen sein.

[6] Vom 24.4.1896 bis zum Ende des Wintersemesters 1896/97.

[7] Vom 5.5.1897 bis zum 14.8.1897.

ten sich im Jahre 1899: GERHARD zum Privatdozenten der Mathematik an der Universität Leipzig, ARNOLD zum Privatdozenten an der Universität Königsberg. Am 6.3.1899 hielt er seine Antrittsvorlesung an der Albertus-Universität zum Thema "Begriff und Bedeutung der immanenten Philosophie"[8]. Königsberg blieb nun für 45 Jahre die Stätte seines Wirkens, abgesehen von einer Vertretungszeit in Breslau[9] und gelegentlichen längeren Studienreisen, wie etwa nach Prag (41), wo A. KOWALEWSKI im Rahmen der Gesamtausgabe von BOLZANOS Werken durch die Böhmische Akademie der Wissenschaften "Von dem besten Staate" nach den Manuskripten des Nationalmuseums in Prag zur Herausgabe vorbereitete.

KOWALEWSKIs Interdisziplinarität, die damals, im Unterschied zu heute, noch nicht zwingenden objektiven Bedingungen der wissenschaftlichen und gesellschaftlichen Entwicklung entsprach, und seine Originalität - bei aller Achtung der Leistungen seiner Vorgänger - waren seiner Karriere nicht eben förderlich (35). In den sehr positiven Gutachten von VAIHINGER und EHRENFELS [(38), (39), (40)] klingt das bedauernd an. KOWALEWSKI täuschte sich über seine Sonderstellung - wenn nicht gar Außenseiterposition - in der Philosophie seiner Zeit nicht, wußte er doch, daß er "gegen die herrschenden wissenschaftlichen Sitten" verstieß, da zwischen der Philosophie und der Experimentalpsychologie "noch wenig freundliche Beziehungen" bestanden und "viele reine Philosophen ... geringschätzig auf die Resultate der empirischen Psychologie" herabsahen und "umgekehrt ... die empirischen Psychologen ein gewisses Mißtrauen gegen philosophische Reflexionen" hegten und es oft ablehnten, "ihre Forschungsresultate irgendwie philosophisch auszunutzen. ..." [(2), Vorwort].

Für KOWALEWSKI stand immer die philosophische Zielstellung im Vordergrund, und Zugeständnisse einer möglichst glatten wissenschaftlichen Laufbahn wegen finden wir bei ihm nicht. Auch über seinem Wirken könnten die bekannten Worte Kants stehen: "Ich habe mir die Bahn schon vorgezeichnet, die ich halten will. Ich werde meinen Lauf antreten, und nichts soll mich hindern, ihn fortzusetzen." [(6), S. 6] Obwohl mehrfach vorgeschlagen [(37), (38), (39), (40)], blieb ihm - durch Zusammentreffen mehrerer ungünstiger Umstände - ein Ordinariat letztlich versagt.

---

[8] Ich danke Frau Prof. Dr. Sabina Kowalewski (Bonn), die mir eine Abschrift zur Verfügung stellte.
[9] WS 1906/07, Vertretung des Ordinarius Kühnemann [(38), (42)]

Kowalewskis mathematisches Schaffen im Kontext seiner philosophischen Zielstellung

1904 erschienen in Leipzig die "Untersuchungen zur Psychologie des Pessimismus". Dieses Buch zeugte bereits von KOWALEWSKIs philosophischem Hauptziele, das er in späteren Jahren deutlich aussprechen wird. Der Verfolgung dieses Zieles sind letztlich auch seine mathematischen Schriften zu verdanken. KOWALEWSKI wollte nicht mehr und nicht weniger als die Philosophie revolutionieren, und zwar in einem Ausmaß, das er selber als eine GALILEIsche Wende in der Philosophie sah [(6), S. 22]! Endgültig überwinden wollte er das bloß spekulative Fortspinnen überkommener Philosopheme [(9), S. 46].

Die Philosophie mit ihren Disziplinen Religionsphilosophie, Ästhetik, Ethik und Ontologie[10] soll auf eine sichere erfahrungswissenschaftliche Grundlage gestellt werden.

Die genannten Disziplinen korrelierten mit seelisch bestimmten Verhaltensformen des Menschen: dem religiösen, ästhetischen, ethischen und logischen Verhalten. Daher dürften philosophischen, etwa ethischen oder ästhetischen, Fragestellungen gewisse psychologische, experimentell überprüfbare entsprechen. Die einzig geeignete erfahrungswissenschaftliche Ausgangsbasis sah KOWALEWSKI demgemäß in der Experimentalpsychologie.

Jedoch - das sei betont - ist und bleibt für ihn die Philosophie die Krone des wissenschaftlichen Gesamtsystems. Es lag ihm völlig fern, sie durch eine andere wissenschaftliche Disziplin ersetzen zu wollen oder sie in ihren Aufgabengebieten zu beschneiden.

Ausgangspunkt der "Psychologie des Pessimismus" war die Beschäftigung mit dem Werk SCHOPENHAUERS, den KOWALEWSKI sehr schätzte, dessen philosophischen Pessimismus er in letzter Konsequenz jedoch ablehnte [(2), S.12]. Eine psychologische Motivierung seiner Philosophie hatte auch SCHOPENHAUER schon versucht [(2), S. 13; (39)], doch mit unzureichenden Argumentationen und ohne erfahrungswissenschaftliche Stütze.

KOWALEWSKI belegte einführend zunächst einmal überzeugend, daß es nicht nur in der Philosophie neben optimistischen (LEIBNIZ!) auch pessimistische (SCHOPENHAUER!) Entwürfe der Sicht der Welt und der Stellung des Men-

---

[10] Die Einteilung verrät den Immanenzphilosophen.

schen in der Welt gibt, sondern daß starke pessimistische Strömungen auch in der Volksweisheit, in der Poesie, in der Religion der verschiedensten Völkerschaften und Kulturen unverkennbar sind. Das ließ ihn vermuten, daß eine Asymmetrie zwischen Lustgefühlen (optimistisch stimmend) und Unlustgefühlen (pessimistisch stimmend) bestehe. Diese Vermutung prüfte er nun mit den Methoden der experimentellen Psychologie. Er wertete dazu Ergebnisse von experimentalpsychologischen Untersuchungen anderer Wissenschaftler aus und führte selbst eine Vielzahl von Experimenten durch. Zu diesem Zweck hatte er sich ein eigenes kleines Labor eingerichtet. Seine Probanden waren vor allem Studenten, jüngere und ältere Schüler - in beiden Fällen große aussageträchtige Gruppen -, aber auch kleine Gruppen, etwa von Familienangehörigen. In der Tat gelang es ihm, in mühevollen Einzeluntersuchungen die vermutete Asymmetrie nachzuweisen und damit den philosophischen Pessimismus - den er selber, wie gesagt, ablehnte - als zumindest psychologisch motiviert erscheinen zu lassen.

Ein so hervorragender Fachmann wie OSWALD KÜLPE würdigte die "Studien zur Psychologie des Pessimismus" in den Göttingischen Gelehrten Anzeigen (1905) einer eingehenden 27seitigen (!) Besprechung als einen "durch originelle Gesichtspunkte und selbständige Untersuchungen ausgezeichneten Beitrag zur Gefühlslehre", als einen "ernsthaften und vielseitigen Versuch, den empirischen Pessimismus zu begründen", gegenüber dem "die Betrachtungen von SCHOPENHAUER und von EDUARD VON HARTMANN" "vage und unzureichend erscheinen". KOWALEWSKI habe "in glücklicher Form gezeigt, daß die experimentelle Psychologie auch an größere Fragen herantreten" und "zu Ethik und Metaphysik ... in fruchtbare Beziehung gebracht werden kann". KÜLPE lobte sein "experimentelles Geschick, seine Originalität, ... , die große Beweglichkeit seines Geistes" und - in unserem Zusammenhang besonders wichtig - "seine Fähigkeit zur mathematischen Bewältigung von psychologischen Problemen" [zitiert nach (39)].

Die Sicherheit der Basis wächst, wenn sie auf mathematisch gesicherten Methoden beruht, wenn sie weitgehend mathematisiert ist. KOWALEWSKI war daher - im Interesse seiner philosophischen Zielstellung - um die mathematische Fundierung der experimentalpsychologischen Methoden bemüht.

Eine der in der experimentellen Psychologie häufig genutzten Methoden war - und ist - die bereits auf FECHNER zurückgehende Methode der paarweisen Vergleichung zur Feststellung von Rangfolgen. Dabei werden alle zweielementigen Teilmengen einer endlichen Menge gebildet, und diese (nicht geordneten) Paare werden nacheinander den Probanden vorgelegt, die sich nach Maßgabe der Aufgabenstellung für je eines der Elemente jedes Paares entscheiden sollen. Anfang des Jahrhunderts war es in der Experimentalpsychologie üblich, daß die Reihenfolge, in der die Paare den Probanden vorgelegt wurden, weitgehend dem Dominoprinzip folgte, zwei aufeinanderfolgende Paare also in genau einem Element übereinstimmten. Dabei kann doch aber ein Urteil sehr leicht vom unmittelbar voraufgehenden beeinflußt sein - was eine Verfälschung der Ergebnisse zur Folge hätte!

KOWALEWSKI schlug daher in der "Psychologie des Pessimismus" eine Anordnung vor, bei der möglichst viel aufeinanderfolgende Paare - er sprach übrigens stets von *Amben*, nicht von Paaren - kein gemeinsames Element haben, oder, wie er sagte, sich "bunt" zueinander verhalten - und gab auch bereits solch bunte Ambenreihen an. "Die ganze Tragweite der Buntordnungslehre und der durch sie verfeinerten Methode paarweiser Vergleichung wird klar, wenn man bedenkt, daß alle psychologischen Messungen schließlich auf paarweises Vergleichen hinauskommen", betonte EHRENFELS (39).

KOWALEWSKIs Buntreihen waren "angewandte Mathematik" von Anfang an. Sie fanden - verglichen mit anderen Ergebnissen der Mathematik - ungewöhnlich rasch Eingang in die Praxis, und zwar sowohl im Inland als im Ausland. Sicher hatte auch die Autorität KÜLPES entscheidend dazu beigetragen, der 1906 auf dem Würzburger Psychologenkongreß in seinem Referat "Über den gegenwärtigen Stand der experimentellen Aesthetik" die Bedeutung der KOWALEWSKIschen buntesten Reihen ein weiteres Mal öffentlich anerkannte (39). Gerade in der experimentellen Ästhetik erlangten die buntesten Amben danach rasch das Bürgerrecht. Die amerikanische Forscherin L. Martin benutzte sie z.B. bei ihren wichtigen Untersuchungen über Farbenauffassungen im hypnotischen und normalen Zustande (39). Die KÜLPEsche Schule griff auf Buntordnungsreihen zurück, und auch der Russe LEONHARD WL. LEGOWSKI nutzte sie frühzeitig. Auch KOWALEWSKIs Definition der "Stimmung" fand Eingang in die psychologische Fachliteratur. [(17), S. 14/15]

KOWALEWSKI untersuchte, über den unmittelbaren Anlaß hinausgehend, allgemein Reihen und Ringe (geschlossene Reihen) der Kombinationen p-ter Klasse aus n Elementen, neben Amben (p=2) vor allem Ternen und Quaternen (p=3 und p=4). Es ging darum, aus diesen "eine Reihe oder einen Ring aufzubauen, bei dem je k aufeinanderfolgende Kombinationen lauter verschiedene Elemente aufweisen, und dabei ein möglichst großes k zu erreichen. KOWALEWSKI hat vor allem Buntringe von 'harmonischer Struktur' untersucht, d.h. solche, die bei gewissen Ziffernvertauschungen nur Drehungen in sich erfahren" [(19), S. 97].

Seine Konstruktionen und vollständigen Klassifikationen nahm er mit relativ einfachen kombinatorisch-gruppentheoretischen Hilfsmitteln vor. Er ging konsequent algorithmisch-konstruktiv vor und nahm damit einen Entwicklungstrend unserer gegenwärtigen Mathematik vorweg. Dabei zielte er generell auf Anwenderfreundlichkeit für den Nichtmathematiker. So machten geeignete "stenographische Darstellungen" auch sehr lange Reihen und deren Bildung übersichtlich [(12), S. 699-701 u. 703ff]; gelegentlich mußte der Nutzer nur noch ganz mechanisch Zahlen in ein vorgegebenes Schema eintragen, um einen Buntring zu erhalten. Das ging bis zur Anleitung für das Anfertigen eines technischen Hilfsmittels, an dem eine gewisse Reihe nach dem Notieren der nötigen Ausgangswerte und nach einigen Zeigereinstellungen einfach abgelesen werden kann [(12), S. 714-716].

Gelegentlich berücksichtigte KOWALEWSKI auch die Reihenfolge der beiden Ambenelemente und erhielt so die "doppelten Amben". So untersuchte er die "bunte Besiedlung der Ikosaederfläche" mit den 20 doppelten Amben aus 5 Elementen [(12), S. 718-721], und gab, unmittelbar daran anschließend, eine "neuartige Lösung" [(25), S. 27] von HAMILTONs Dodekaederaufgabe[11] an (13). KOWALEWSKI nutzte die Methoden seiner "Buntordnungstheorie auch bei solchen Anordnungsfragen ..., die andere Nachbarbedingungen als die Buntheit voraussetzen". Eine solche ist z. B. die "Dominobedingung" als "das Gegenteil der Buntheitsforderung" [(14), S. 989]. So verglich er Buntnetz und Dominonetz der zehn "Fünferamben" (d.h. der Amben aus fünf Elementen): Während das Buntnetz keinen Ambenring enthält, lassen sich aus dem Dominonetz zwei wesentlich verschiedene Ringe ablesen.[12] Auch das Rösselsprungproblem[13] konnte er mit seinen Methoden erfolgreich angehen [(14), S. 992 ff].

---

[11] Den 20 Ecken des Pentagondodekaeders entsprechen 20 Weltstädte. Es ist - längs Den Kanten des Dodekaeders - eine "Reise um die Welt" zu finden, die in einer Stadt A beginnend, durch alle anderen Städte genau einmal führt und wieder in A endet.

[12] D.h. in der heute geläufigen Sprechweise, daß das Buntnetz der Fünferamben keinen Hamiltonkreis hat. Es ist ein dreiregulärer Graph ohne Brücke und zum Petersenschen Graphen isomorph, wie Gerhard Kowalewski erkannte [(20), S. 88].

[13] Es fordert, ein Pferd mit erlaubten Sprüngen so auf dem Schachbrett zu bewegen, daß es jedes Feld genau einmal erreicht und mit dem letzten Zug zum Ausgangsfeld zurückkehrt.

Zwischen 1915 und 1920 erschienen in den Abhandlungen der (Kaiserlich-) Österreichischen Akademie der Wissenschaften zu Wien sieben Publikationen KOWALEWSKIS[14] zur Buntordnung, vorgelegt von Wirtinger. Eine zusammenfassende Darstellung seiner Ergebnisse zur Buntordnungslehre erschien 1922 in Leipzig (17).

Im Jahre 1922 besuchte ARNOLD KOWALEWSKI die Jahresversammlung der Deutschen Mathematiker-Vereinigung, die vom 17.-24. September in Leipzig stattfand. Er trug über "Ein neues Problem der Kombinatorik" vor.[15] Bei den drei anderen Vorträgen, die in der Montagnachmittagsveranstaltung seiner Sektion gehalten wurden,[16] klang das Wort "Topologie" bereits in ihrem Titel an. KOWALEWSKIs Vortrag paßte inhaltlich genau hier hinein. Die Terminologie seiner Buntordnung - Kette, Ring, Nachbarschaftsverhältnis, Tabelle der Nachbarschaftsverhältnisse ... - legte von Anfang an den Schritt zur topologischen, genauer zu einer graphentheoretischen, Deutung nahe. Bereits das Aufsuchen der buntesten Ambenreihen aus fünf Elementen führte ganz natürlich zur Skizze eines "Entscheidungsbaumes" [(10), S. 885] und auch Ringschemata finden sich bereits in der ersten Publikation zur Buntordnung [(10), S. 894 und 901-903]. Explizit tat KOWALEWSKI diesen Schritt mit der vierten und fünften seiner Veröffentlichungen zur Buntordnung [(13), (14)].

KOWALEWSKIs Buntordnungsschriften gehören so zu den frühen[17] deutschsprachigen Beiträgen zur Graphentheorie. (Das Wort "Graph" wurde von KOWALEWSKI allerdings nicht verwandt, er sprach von "(kombinatorischen) Netzen".) GERHARD KOWALEWSKI knüpfte in seinen beiden Büchlein "Der Keplersche Körper und andere Bauspiele" (1931) und "Alte und neue mathematische Spiele" (1938) mehrfach an die Buntordnungsschriften seines Bruders an [u. a. (24), S. 30f, 33; (20), S. 88, 89, 91, 94, 101, 100, 102, 123]. Beide Brüder wurden mit ihren relevanten Beiträgen in dem 1936 in Leipzig erschienenen Buch von DENES KÖNIG "Die Theorie der endlichen

---

[14] Die Titel wurden im Literaturverzeichnis einzeln aufgeführt.

[15] Zeitgleich sprach sein Bruder über "Eine neue Methode zur Berechnung von Differentialinvarianten".

[16] Neben Kowalewski trugen Dehn (Frankfurt a. M.), Tietze (Erlangen) und von Kerekjarto (Göttingen) vor.

[17] König (siehe unten) gibt in seiner Bibliographie, die das bis dahin vorhandene Schrifttum mit Bezügen zur Graphentheorie nahezu vollständig erfaßt, nur 12 relevante deutschsprachige Schriften vor 1915 an.

und unendlichen Graphen" zitiert, dem ersten umfassenden Lehrbuch zur Graphentheorie [(25), S. 27, 112, 155, 194, 195, 200, 251, 252]. Und auch HERBERT GRÖTZSCH, der Nestor der graphentheoretischen Forschung in der DDR, nahm in der ersten seiner 16 Mitteilungen "Zur Theorie der diskreten Gebilde" [(26), S. 844)][18] auf die KOWALEWSKIschen Arbeiten Bezug.

Fig. 1: 5,5 cm

Fig. 1: Das Buntnetz der Fünferamben [(14), S. 966]

Zu Fig. 1: Es gibt keinen buntesten Ring der Fünferamben, aber eine bunteste Reihe: 12 - 34 - 15 - 23 - 45 - 13 - 25 - 14 - 35 - 24. Diese Reihe ist bis auf "indirekte Äquivalenz" die einzige [(10), S. 885].

1917 erschien in Leipzig die Schrift "Newton, Cotes, Gauß, Jacobi - Vier grundlegende Abhandlungen über Interpolation und genäherte Quadratur (1711, 1722, 1814, 1826) - Übersetzt bzw. herausgegeben und mit einem erläuternden Anhang versehen von Prof. Dr. ARNOLD KOWALEWSKI", - zugeeignet übrigens GERHARD KOWALEWSKI. Auch diese Arbeit war Frucht der Bemühungen ARNOLD KOWALEWSKIs "um die Verbesserung des mathematischen Apparates der experimentellen Psychologie" [(18), Vorwort].

Das später nach NEWTON benannte Näherungspolynom wurde von diesem in seinem Hauptwerk "Philosophiae naturalis prinzipia mathematica" ohne Herleitung angegeben und benutzt. "Arnold Kowalewski hat ... den Beweis im Sinne Newtons rekonstruiert und den Grundgedanken an Hand zweier Einzelfälle demonstriert" [(23), S. 11]. GERHARD KOWALEWSKI nahm auch auf diese Arbeit seines Bruders mehrfach Bezug [so in (23), S. 11; (22), S.10ff; (21), S. 144].

---

[18] Sie erschienen zwischen 1956 und 1962 in der Wissenschaftlichen Zeitschrift der Martin-Luther-Universität Halle-Wittenberg.

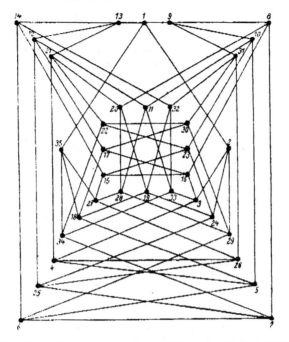

Fig. 2: Das Netz der Ternen aus 7 Elementen [(14), S. 968]

In Fig. 2 "sieht man das Ternennetz ohne die Ternenbesiedelung, die übrigens - bis auf Ziffernvertauschungen - eindeutig ist. Die beigesetzten Nummern 1 bis 35 markieren einen der zahlreichen geschlossenen Wege, die durch sämtliche Knoten des Netzes laufen." (D.h. in der heute geläufigen Sprechweise: Durch die Nummern 1 bis 35 wird ein Hamiltonkreis des Graphen der Fig. 1 markiert.)

Mathematisches Denken in Kowalewskis Philosophie - das philosophische Hauptwerk

Logisch-kombinatorisches Denken und das intuitive Erfassen von Zusammenhängen in "Netzen" durchzieht KOWALEWSKIs philosophische Schriften, tritt in ihnen oft implizit, aber auch explizit in Erscheinung, einmal stärker ausgeprägt, einmal weniger offensichtlich, und keinesfalls nur vermittelt über seine beiden von Mathematik und von mathematischem Denken durchdrungenen Hauptmethoden.

Die Dissertation (1) bereits zeigt den mathematisch-logisch geschulten Denker, der die Begriffe deutlich voneinander abgrenzt, die Prämissen klar setzt und die Schlußfolgerungen aus diesen logisch unantastbar zieht. Auf diese Weise spürt er Ungereimtheiten und logische Fehlschlüsse in COLLIERS Hauptwerk "Clavis universalis" auf und wirft damit neues Licht auf den wahren Inhalt von dessen Philosophie.

Die eine seiner beiden **Hauptmethoden** hatten wir bereits angesprochen: Zur Schaffung einer festen erfahrungswissenschaftlichen Basis seines Philosophierens setzte er auf das *Methodenarsenal* und die Ergebnisse *einer mathematisierten experimentellen Psychologie*. Die andere ist seine *synergistische Methode*.

Sie besteht - grob gesagt - darin, ausgehend von einer Lösung des Einzelproblems a "ein Netz von Analogieschlüssen ... auf die Umgebung von a" [(9), S. 44] auszuwerfen, wie KOWALEWSKI bildhaft sagt, - innerhalb der gleichen Disziplin, auf unterschiedliche Disziplinen eines Wissenschaftsbereiches, aber auch auf andere Wissenschaftsbereiche. Mit der synergistischen Methode lassen sich also insbesondere "Verwandtschaftsbeziehungen" zwischen den unterschiedlichen philosophischen Disziplinen erschließen; und das so entwickelte Gebäude "einer allgemeinen Philosophie auf synergistischer Grundlage" stellte KOWALEWSKI seinen Studenten als "Philosophie der Verwandtschaften" [(9), S. 45] vor, wobei der Gesichtspunkt der experimentalpsychologischen Fundierung zunächst weitgehend außer Acht gelassen wurde. Kombinatorisch-topologisches Denken wird hier bereits in der Begriffsbildung deutlich.

Über philosophische Verwandtschaftsbeziehungen hinausgehend bewirkt die synergistische Methode zweierlei: Sie "stellt die denkbar vollkommenste Verwertung der wissenschaftlichen Energie dar" [(9), S. 44], *die Energie des Forschers wird* gleichsam *gebündelt*, was ihm ermöglicht, in mehreren Disziplinen gleichzeitig erfolgreich zu arbeiten.

Zum anderen stiftet die synergistische Methode einen *allseitigen Zusammenhang zwischen den* einschlägigen *Forschungsgebieten*; "man erhält ein System von maximaler Festigkeit" [(9), S. 44] und gelangt auch auf diesem Wege zu einer *Vereinheitlichung der Wissenschaft*, - ohne Reduktionismus.

Die gleichzeitige Verfolgung der synergistischen Zusammenhänge und der erfahrungswissenschaftlichen Fundierung beim erstrebten Aufbau eines Gesamtgebäudes der Philosophie stellte KOWALEWSKI vor große Schwierigkeiten, die in seinen Hauptmethoden selbst begründet waren. Er schrieb darüber:

"Natürlich wird das ... synergistische Programm durch das Postulat einer experimentell-psychologischen Fundierung gewaltig erschwert. Das hat einen peinvollen Konflikt in meine philosophischen Bestrebungen gebracht. Am leichtesten wäre natürlich das synergistische Prinzip durchführbar, wenn ich auf eine exakte empirische Fundierung verzichtete und mich nach der gewöhnlichen philosophischen Praxis mit reflektierender Konstruktion begnügte unter Anlehnung an die schematisierten Erinnerungsresiduen vager Beobachtungen. Dann öffnet sich aber die alte tiefe Kluft zwischen spekulativer Philosophie und positiver Erfahrungswissenschaft. Suche ich andererseits diese Kluft zu überbrücken und bemühe mich bei allen philosophischen Einzeluntersuchungen um exakte Empirie mit den methodischen Mitteln der experimentellen Psychologie, so droht die Gefahr spezialistischer Zersplitterung, da jede solche Einzeluntersuchung langwierig ist und umständliche Zurüstungen erfordert. Das synergistische Endziel einer allseitigen Zusammenfassung der Einzelarbeiten rückt jedenfalls in eine trostlos weite Ferne. Sonach scheint zwischen synergistischer Methode und exakter Empirie ein unversöhnlicher Widerstreit zu bestehen. Und doch kann die Philosophie auf keines dieser Elemente verzichten, wenn anders sie zu wissenschaftlicher Gediegenheit und wahrer Weltanschauungshöhe gelangen soll... Der einzig zweckmäßige Weg, der wirklich aus dem Konflikt herausführen kann, besteht in einer ökonomischen Konzentration der grundlegenden Einzeluntersuchungen..." [(9), S.46f].

Als Frucht einer solchen Konzentration ist KOWALEWSKIs philosophisches Hauptwerk anzusehen, die "Harmonie der sittlichen Werte", 1930 erschienen. Ein synergistisch harmonisiertes, durchgehend experimentalpsychologisch fundiertes Gesamtgebäude der Philosophie zu schaffen, überstieg die Kräfte eines Einzelnen. Mit der "Harmonie der sittlichen Werte" legte uns KOWALEWSKI jedoch einen großen Baustein zu einem solchen Gebäude vor, und er zeigte, wie der Widerstreit seiner beiden Hauptmethoden in ein fruchtbares Wechselspiel umgemünzt werden kann. Dem weiteren Anbau und Ausbau setzte "die Unvollständigkeit, die in der engen Abgrenzung der Leitprobleme liegt", keine Grenzen, denn "das ist ja gerade der Vorzug der synergistischen Organisation, daß sie für den Hinzutritt neuer Probleme freien Raum läßt" [(9), S. 46f].

Im Mittelpunkt des Werkes steht die *Ethik*, synergistisch bezogen auf Pädagogik und Soziologie. Die Betonung dieses Dreiklangs schon im Untertitel weist auf das vornehmste Ziel des Philosophen ARNOLD KOWALEWSKI hin: *Seine Philosophie will wirken in ihrer Zeit!*

Durchaus in dieser Stoßrichtung sind, nebenbei bemerkt, auch die steten Bemühungen KOWALEWSKIs zu sehen, zwischen Wissenschaft und Gesellschaft zu vermitteln - geschickt, originell, unter Nutzung seiner Kenntnis interdisziplinärer Zusammenhänge und "ohne in verwerfliche Popularität zu verfallen" [(38); (3), S. 8]. Solch vermittelnde Rolle spielten die Vorträge, die er Anfang des Jahrhunderts im akademisch-literarischen Verein Königsbergs [(3), Vorwort] und später in den Veranstaltungen der Königsberger Ortsgruppe der KANTgesellschaft, deren langjähriger Vorsitzender er war, vor breitem Publikum hielt. Seine Vorlesungen über ostpreußische Geistesgrößen sind hier einzuordnen (42), der philosophische Kalender, den er gemeinsam mit seiner Frau erarbeitete (8), Zeitungsartikel zu aktuellen Anlässen, wie etwa dem 80. Geburtstag seines Lehrers REHMKE, die erläuternde Darstellung der charakteristischen Weltanschauungsgedanken in REHMKES "Grundwissenschaft" (5) und ebenso - und ganz besonders - die Gesamtkonzeption der großen KANT-Volksausgabe[19]. Auch seine mathematischen Schriften enthalten Abschnitte, die über den rein wissenschaftlichen Anlaß hinaus geeignet sind, die Mathematik auch dem mathematisch nicht überdurchschnittlich Vorgebildeten näher zu bringen: besonders die Vermittlung von Ideen zur Gestaltung von (mathematischen) Spielen [z.B. (14), S. 967] ist hier zu nennen.

Doch zurück zur "Harmonie der sittlichen Werte"!

Ausgehend von den drei Seelenvermögen Vernunft, Willen und Gefühl grenzt KOWALEWSKI die vier philosophischen Disziplinen (vgl. S. 5) voneinander ab, bezieht sie aber auch aufeinander, eine Voraussetzung für synergistische Fäden, die insbesondere zwischen Ethik, Ontologie und Ästhetik gespannt werden (, auf die wir hier jedoch nicht eingehen werden).

---

[19] Anläßlich der Kant-Kopernikus-Tage der Albertus-Universität im Jahre 1941 wurde Kowalewski durch den Oberbürgermeister der Stadt Königsberg der Auftrag erteilt, eine Kant-Volksausgabe herauszugeben. Der erste Band lag 1943 abgeschlossen vor, der Druck erfolgte jedoch wegen der Kriegsereignisse nicht mehr. Das Manuskript befindet sich im Besitz von Frau Prof. Dr. Sabina Kowalewski (Bonn).

Das ethische Verhalten des Menschen wird nach Auffassung KOWALEWSKIs durch die Seelenvermögen Gefühl und Willen dominiert, während die - natürlich ebenfalls beteiligte - Vernunft in den Hintergrund tritt.

Mit dieser Charakterisierung unterscheidet sich KOWALEWSKIs Ethik klar von der überwiegend vernunftbestimmten Ethik KANTS oder auch PLATONS. Seine Abgrenzung der Ethik ist aber sehr wohl einleuchtend: Schließlich muß der Mensch nicht unbedingt klug sein, um gut zu sein, aber er muß fühlen, was gut ist, und er muß das Gute auch wollen.

Die Tugendlehre ist der Kern seiner Ethik. Zur Herleitung ihrer grundlegenden Kategorien unter Berücksichtigung der beiden Komponenten Gefühl und Willen greift KOWALEWSKI auf die einfache Lust-Unlust-Gefühlstheorie zurück - mit einer leichten Änderung: Zwischen Lust und Unlust schiebt er den Gleichmut. Durch die Differenzierung nach dem Individuellen und Sozialen, die mit einer typischen Willenseinstellung verbunden ist, gelangt er zwanglos zu einem System von sechs *Kardinaltugenden*, in deren Zusammenhang sich fünf unterschiedliche "Distanzstufen" festmachen lassen, wie aus dem folgenden Schema hervorgeht [(9), S. 32].

	Individuell	**Sozial**
Lust	Fleiß (F)	Wohlwollen (W)
Gleichmut	Mäßigkeit (M)	Gerechtigkeit (G)
Unlust	Tapferkeit (T)	Barmherzigkeit (B)

In einer Spalte benachbarte Kardinaltugenden, wie etwa F und M haben die geringste Distanz, die in beiden Spalten diametral gegenüberstehenden, nämlich F, B und T, W, die größte. Die Kardinaltugenden sollen nun in einer Reihe geordnet werden unter der Bedingung, daß sich die Distanzen möglichst gut in den Abständen der Reihenglieder ausdrücken und die Glieder mit der höchsten Distanz in der Reihe am weitesten auseinanderstehen. KOWALEWSKI kommt, "wie sich mathematisch (mittels Inversionenzählung) erweisen läßt" [(9), S. 34] auf zwei unterschiedliche Reihen:

(1)   F, T, M, G, W, B und

(2)   T, F, M, G, B, W.

Durch Ergebnisse der experimentellen Psychologie seiner Zeit untermauert, ordnet er die erste Reihe dem männlichen Geschlecht zu mit der männlichen Grundtugend "Tapferkeit" und der männlichen Gipfeltugend "Wohlwollen" und die zweite Reihe dem weiblichen Geschlecht mit der weiblichen Grundtugend "Fleiß" und der weiblichen Gipfeltugend "Barmherzigkeit". [(9), S. 34ff]

Die sechs Kardinaltugenden gehören nach Kowalewski unlösbar zum Menschsein; sie sind insofern invariant, als sie das generelle ethische Soll darstellen.

Dieses Soll muß Ziel jeder Erziehung und Ansatzpunkt für jede pädagogische Theorie und die pädagogische Praxis sein! Die sechs Kardinaltugenden treten in einer unübersehbar anmutenden Vielfalt von Abstufungen und Kombinationen auf, so, wie hinsichtlich des moralischen Vermögens ja auch kaum ein Zögling und Schüler dem anderen gleicht. Zunächst gilt es also, Ordnung in die Vielfalt zu bringen, um - darauf aufbauend - abgestufte Erziehungsziele formulieren und Erziehungsmittel erarbeiten und einsetzen zu können.

KOWALEWSKI spinnt gleichsam ein dichtes Netz von Partialtugenden über den großen Fächern (oder Klassen) der sechs Kardinaltugenden. Und zwar folgendermaßen: Ausgehend von den fünf experimentell-psychologisch abgesicherten Furchttypen Binets gelangt er zu fünf Arten der Tapferkeit, die attributiv gekennzeichnet sind durch die Begriffe

Selbständigkeit, Schlagfertigkeit, Beherztheit, Nüchternheit und Zuversichtlichkeit [(9), S. 48ff].

Diese Attribute weist KOWALEWSKI nun in synergistischem Schluß bei allen sechs Kardinaltugenden nach; damit kommt den Attributen der Rang von allgemeinen Tugenden oder *Radikaltugenden* zu, lassen sich doch über diese gleichsam alle Kardinaltugenden an der Wurzel packen. Zu jeder maximalen Ausprägung einer Tugend beim einzelnen Menschen gehören ihre fünf Arten. Nun gibt es offensichtlich Abstufungen im Besitz einer Tugend, die durch den Mangel an einer oder an mehreren der fünf Tugendarten geprägt werden. Damit ist rein kombinatorisch bereits eine größere Anzahl von Abstufungen (nämlich $2^5 - 1$) im Besitz jeder einzelnen Tugend, und weit mehr für das Gesamtspektrum der Kardinaltugenden möglich. KOWALEWSKI spinnt das Tugendnetz jedoch noch viel feiner, indem er zusätzlich, um zu verhindern, daß das männliche Element überwiegt, von seiner weiblichen

Gipfeltugend, der Barmherzigkeit, ausgeht. Die Barmherzigkeit ist Reaktion auf Mitleiden. So kann sich KOWALEWSKI bei seiner Analyse der Barmherzigkeit auf die von WILHELM BOECK experimentell-psychologisch abgesicherten zehn Mitleidtypen stützen. Er gelangt zu 10 Arten der Barmherzigkeit (zwei davon allerdings rudimentär), denen - wie sich im synergistischen Schluß zeigt - ebensoviele Arten der fünf anderen Kardinaltugenden entsprechen [(9), S. 220ff]. Auf diese Weise gelingt es KOWALEWSKI letztendlich, die Vielfalt möglicher Tugendtypen in die durchaus noch überschaubare Ordnung einer netzartigen Verknüpfung zu bringen.

Ungeachtet der Schranken, die ihm der Standpunkt seiner idealistischen Philosophie setzt - bei den von uns nicht gestreiften soziologischen Aussagen werden sie besonders deutlich -, hat KOWALEWSKIs "Harmonie der sittlichen Werte" auch heute eine wichtige und aktuelle Botschaft:

Das *Menschsein* verlangt ein Mindestmaß ethischer Anforderungen, die ungeachtet der gesellschaftlichen Verhältnisse auch Invariantes haben. Bei seinem Fehlen hört der Mensch auf, Mensch zu sein. Durch stammesgeschichtliche und kulturelle Entwicklung mögen wir eine gewisse Disposition für die Kardinaltugenden haben. Das heißt aber natürlich nicht, daß wir im Besitz dieser Tugenden zur Welt kommen, und daher muß die ganze Erziehung auf den Erwerb, auf das Verinnerlichen dieser Tugenden ausgerichtet sein.

KOWALEWSKI diskutierte die einzelnen pädagogischen Systeme im Hinblick auf ihren Nutzen zur Erreichung seines Erziehungsziels. Trotz brauchbarer Aspekte im einzelnen, befriedigte keines ihn im Ganzen. Mit Hilfe der synergistischen Methode gelangte er zu einer eigenständigen Ausgangsbasis eines - noch zu entwickenden - pädagogischen Systems, indem er die pädagogischen Äquivalente der Radikaltugenden aufwies und mit einer Fülle von praktischen Beispielen und Ergebnissen experimentalpsychologischer Forschung illustrierte, aufgeschlüsselt auch auf die unterschiedlichen Alters- bzw. Klassenstufen und unter Berücksichtigung unterschiedlicher Schularten.

Vieles von dem, was KOWALESKI vorschlug, sollte gerade in unserer Zeit neu bedacht werden, in der es doch letztlich um das gemeinsame Überleben aller Erdbewohner geht. Nötig ist ein Mensch, bei dem der individuelle und der soziale Aspekt in ausgewogenem Verhältnis stehen, das heißt, der alle sechs Kardinaltugenden - sowohl die auf das Individuum als die auf die Gemeinschaft gerichteten - harmonisch verinnerlicht hat und sie möglichst in voller Ausprägung besitzt. Ein solcher Mensch wird Probleme kreativ

(Selbständigkeit!), ohne vermeidbaren Zeitverlust (Schlagfertigkeit!), unter Hintansetzung persönlicher Bequemlichkeit und ohne Leidensscheu (Beherztheit!), nicht ohne Phantasie, aber mit einem Realitätssinn, der durch Wunschdenken nicht getrübt wird (Nüchternheit!) und mit gesundem Optimismus (Zuversichtlichkeit!) angehen. Er ist zuverlässig und diszipliniert.

Diesen Anforderungen gemäß muß zu ethischem Verhalten *erzogen* werden. Das ist ein gesamtgesellschaftliches Anliegen und muß demzufolge von der Gesellschaft insgesamt und in all ihren Bereichen durchgesetzt werden. Der Schule fällt dabei eine ganz entscheidende Rolle zu, die alle Bereiche des Schulalltags und insbesondere alle Unterrichtsfächer erfaßt.

Literatur- und Quellenverzeichnis

1. KOWALEWSKI, ARNOLD: Kritische Analyse von Arthur Colliers Clavis universalis. Greifswald 1897

2. KOWALEWSKI, ARNOLD: Studien zur Psychologie des Pessimismus. Wiesbaden 1904

3. KOWALESKI, ARNOLD: Moltke als Philosoph. Bonn 1905

4. KOWALEWSKI, ARNOLD: Arthur Schopenhauer und seine Weltanschauung. Halle 1908

5. KOWALEWSKI, ARNOLD: Die charakteristischen Weltanschauungsgedanken in Rehmkes "Grundwissenschaft" Leipzig 1918

6. KOWALEWSKI, ARNOLD: Die verschiedenen Arbeitsformen der Philosophie und ihre Bewertung bei Kant. In: Immanuel Kant. Festschrift zur zweiten Jahrhundertfeier seines Geburtstages. Leipzig 1924

7. KOWALEWSKI, ARNOLD: Die Hauptvorlesungen Immanuel Kants. Nach den neu aufgefundenen Kollegheften des Grafen Heinrich zu Dohna-Wundlacken. München und Leipzig 1924

8. KOWALEWSKI, ARNOLD und Elisabeth-Maria (Hrg.): Philosophischer Kalender für 1925. Im Zeichen Immanuel Kants. Berlin 1925

9. KOWALEWSKI, ARNOLD: Die Harmonie der sittlichen Werte. Eine Zusammenschau der ethischen, soziologischen und pädagogischen Probleme. Leipzig 1930

10. KOWALEWSKI, ARNOLD: Bunteste Reihen und Ringe von Elementgruppen. Ein neues Problem der Kombinatorik. Aus den Sitzungsberichten der Kaiserl. Akademie der Wissenschaften in Wien, Mathem.-naturw. Klasse, Abteilung IIa, 124. Band, 9. Heft, 1915

11. KOWALEWSKI, ARNOLD: Bunteste Ternen- und Quaternenringe von harmonischer Struktur. - ebenda, 125. Band, 1. und 2. Heft, 1916

12. KOWALEWSKI, ARNOLD: Über isonome harmonische Buntringe und eine merkwürdige zweidimensionale Buntordnung. - ebenda, 125. Band, 7. Heft, 1916

13. KOWALEWSKI, ARNOLD: W. R. Hamilton´s Dodekaederaufgabe als Buntordnungsproblem. - ebenda, 126. Band, 1. Heft, 1917

14. KOWALEWSKI, ARNOLD: Topologische Deutung von Buntordnungsproblemen. - ebenda, 126. Band, 8. Heft, 1917

15. KOWALEWSKI, ARNOLD: Neue Beiträge zur Buntordnungslehre. - ebenda, 127. Band, 1.Heft, 1918

16. KOWALEWSKI, ARNOLD: Studien zur Buntordnungslehre. Aus den Sitzungsberichten der Akademie der Wissenschaften in Wien, Mathem.-naturw. Klasse, Abteilung IIa, 129. Band, 8. Heft, 1920

17. KOWALEWSKI, ARNOLD: Die Buntordnungslehre. Mathematische, philosophische und technische Betrachtungen über eine neue kombinatorische Idee. Leipzig 1922

18. NEWTON, COTES, GAUSS, JACOBI. Vier grundlegende Abhandlungen über Interpolation und genäherte Quadratur (1711, 1722, 1814, 1836). Übersetzt bzw. herausgegeben und mit einem erläuternden Anhang versehen von Prof. Dr. Arnold Kowalewski. Leipzig 1917

19. Jahresbericht der DMV, XXXL 2. Abt., Heft 9/12

20. KOWALEWSKI, GERHARD: Alte und neue mathematische Spiele. Leipzig und Berlin 1930

21. KOWALEWSKI, GERHARD: Über die Newtonschen Quadraturformeln. Aus den Berichten der mathematisch-physikalischen Klasse der Sächsischen Akademie der Wissenschaften zu Leipzig. LXXXIII. Band, 1931, S. 143ff

22. KOWALEWSKI, GERHARD: Über die Simpsonsche Regel. - ebenda, S.10ff

23. KOWALEWSKI, GERHARD: Interpolation und genäherte Quadratur. Leipzig 1932

24. KOWALEWSKI, GERHARD: Der Keplersche Körper und andere Bauspiele. Leipzig 1938

25. KÖNIG, DENES: Theorie der endlichen und unendlichen Graphen. Kombinatorische Topologie der Streckenkomplexe. Leipzig 1936

26. GRÖTZSCH, HERBERT C.: Zur Theorie der diskreten Gede.1.Mitteilung: Elementare kombinatorische Eigenschaften gewisser Dreikantnetze auf der Kugel und der einfach punktierten Kugel. In: Wissenschaftliche Zeitschrift der Martin-Luther-Universität Halle-Wittenberg (Mathematisch-naturwissenschaftliche Reihe) 5 (1956), S. 839-844

Die folgenden Dokumente befinden sich als Originale oder in Abschriften bei Frau Professor Dr. SABINA KOWALEWSKI (Bonn). Ich habe sie dort einsehen können, wofür ich herzlich danke:

27. Zeugnis der Reife des Königlichen Gymnasiums zu Graudenz für Arnold Kowalewski

28. Doktorurkunde der Universität Greifswald für Arnold Kowalewski

29. Vita des Dr.phil. Arnold Kowalewski vom 20. April 1899

30. Studien- und Sittenzeugnis der Herzoglich-Sächsischen Gesamtuniversität Jena für Arnold Kowalewski

31. Abgangszeugnis der Königlichen Friedrich-Wilhelms-Universität zu Berlin für Arnold Kowalewski

32. Abgangszeugnis der Königlichen Albertus-Universität zu Königsberg/Preußen für Arnold Kowalewski

33. Abgangszeugnis der Königlich Preußischen Universität Greifswald für Arnold Kowalewski

34. Abgangszeugnis der Universität Leipzig für Arnold Kowalewski

35. Brief: Professor Becher in München an Professor Vaihinger in Halle vom 24.10.1922

36. Brief: Professor Heinrich Scholz in Kiel an Professor Vaihinger in Halle vom 23.10.1922

37. Brief: Professor Dyroff in Bonn an Professor Vaihinger in Halle vom 25.10.1922

38. Gutachten von Professor Vaihinger (Halle) über Arnold Kowalewski vom 27.10.1922

39. Gutachten von Professor Ehrenfels (Prag) über Arnold Kowalewski vom 25.10.1922

40. Gutachten von Professor Ehrenfels (Prag) über Arnold Kowalewski vom 3.11.1922

41. Widmung Kowalewskis vom 7.3.1936 in einem Exemplar "Von dem besten Staate"

42. Liste sämtlicher Lehrveranstaltungen seines Sohnes Arnold Kowalewski bis 1922/23, aufgezeichnet von Leopold Kowalewski

Anhang

Angaben über im Text genannte Personen:

Binet, Alfred (11.7.1857 Nizza - 18.10.1911 Paris); hervorragender französischer Experimentalpsychologe und Intelligenzforscher, seit 1894 an der Sorbonne

Collier, A., Rationalist, subjektuver Idealist, hatte die "Lehre von der Nichtexistenz oder Unmöglichkeit einer Außenwelt" unabhängig von Berkeley konzipiert, aber erst nach dem Erscheinen von dessen Hauptwerk und nicht ohne Berücksichtigung desselben in seinem "Universalschlüssel" (1713) ausgearbeitet.

Cotes, Roger (1682 - 1716), englischer Mathematiker, seit 1706 Professor der Astronomie und der Physik in Cambridge. Newton übertrug ihm die Besorgung der 2. Auflage seiner Principia. Sein Vetter Robert Smith gab 1722 die gesammelten Schriften Cotes` heraus unter dem Titel "Harmonia mensurarum sive Analysis et Synthesis per rationum et angulorum mensuras promotae. Accedunt alia Opuscula mathematica per Rogerum Cotesium". Hierin steht an zweiter Stelle die von A. Kowalewski zum ersten Male ins Deutsche übertragene Abhandlung.

Delbrück, Berthold (26.7.1842 Putbus - 3.1.1922 Jena), Sprachwissenschaftler, seit 1870 Professor in Jena, begründete die Wissenschaft von der vergleichenden und historischen Syntax der indogermanischen Sprachen

Dessoir, Max (8.2.1867 Berlin - 19.7.1947 Königstein im Taunus), Philosoph, Psychologe, Mediziner; seit 1897 Professor in Berlin, ab 1920 für Philosophie und Ästhetik. Arbeiten zur experimentellen Psychologie, zur Geschichte der Psychologie und zum Hypnotismus

Diels, Hermann (18.5.1848 Biebrich (heute zu Wiesbaden) - 4.6.1922 Berlin); klassischer Philologe, seit 1882 Professor in Berlin. Schwerpunkt seiner Arbeiten war die Beschäftigung mit griechischer Philosophie und Medizin sowie mit Lukrez.

Eberhard, Victor Guido Feodor (17.1.1861 Pleß (Schlesien) - 28.4.1927 Halle (Saale)); erblindete 13jährig; Studium der Mathematik und Physik in Breslau und Berlin, 1888 Habilitation an der Universität Königsberg, 1894 dort außeretatmäßiger Professor; ab 1895 planmäßiger außerordentlicher Professor an der Universität Halle; Hauptwerk: "Zur Morphologie der Polyeder"

Eucken, Rudolf (1846 - 1924); deutscher Philosoph; vertrat gegenüber dem Positivismus und dem positivistischen Kantianismus stets den Gedanken einer idealistischen Metaphysik

Ehrenfels, Christian Freiherr von (20.6.1859 Rodaun (heute zu Wien) - 8.9.1932 Lichtenau); österreichischer Philosoph und Psychologe, ab 1896 Professor für Philosophie in Prag; einer der Begründer der Gestaltpsychologie; auch Schriften zur Sexual- und Wertethik

Fechner, Gustav Theodor (1801-1887); deutscher Naturforscher und idealistischer Philosoph; ab 1834 Professor der Physik an der Universität Leipzig. Die Arbeiten Fechners waren für die experimentelle Psychologie von großer Bedeutung; am bekanntesten sind seine Forschungen zum Studium der Empfindungen. Hauptwerk: "Elemente der Psychophysik" (1860)

Galilei, Galileo (15.2.1564 Pisa - 8.1.1642 Arcetri bei Florenz), einer der Begründer der mathematischen Naturwissenschaft der Neuzeit

Gauß, Karl Friedrich (30.4.1777 Braunschweig - 23.2.1855 Göttingen); Professor in Göttingen; einer der bedeutendsten Mathematiker und Naturforscher aller Zeiten

Geldner, Karl Friedrich (17.12.1852 Saalfeld - 5.2.1929 Marburg); Indologe und Iranist; ab 1887 Professor in Halle/Saale, ab 1890 Professor für Indologie in Berlin, ab 1907 an der Universität Marburg. Nach Studien zum "Avesta" wandte er sich der Erforschung des indischen "Veda" zu. Hauptwerk: seine vollständige Übersetzung des "Rigveda" ins Deutsche

Grötzsch, Herbert Camillo (21.5.1902 Döbeln - 15.5.1993 Halle); Mathematiker in Leipzig, Gießen, Göttingen, Marburg; seit 1948 Professor in Halle, leistete bedeutende Beiträge zur Theorie der konformen Abbildung und seit 1956 zur Graphentheorie.

Häckel, Ernst (16.2.1834 Potsdam - 9.8.1919 Jena), Zoologe und Vorkämpfer für den Darwinismus

Hilbert, David (23.1.1863 Königsberg - 14.2.1943 Göttingen), einer der bedeutendsten Mathematiker dieses Jahrhunderts. 1886 Habilitation zum Privatdozenten in Königsberg, 1892 dort Extraordinarius, 1895 Ruf nach Göttingen.

Jacobi, Carl Gustav Jacob (10.12.1804 Potsdam - 18.2.1851 Berlin), Mathematiker in Königsberg und Berlin, Hauptleistung: Erforschung der elliptischen Funktionen und Ausbau ihrer Theorie.

Kant, Immanuel (22.4.1724 Königsberg - 12.2.1804 Königsberg); mit ihm beginnt die klassische deutsche Philosophie; Begründer des transzendentalen Idealismus; leistete auch einen bedeutsamen Beitrag zur Entwicklung der Dialektik

Kepler, Johannes (27.12.1571 Weil der Stadt - 15.11.1630 Regensburg); deutscher Astronom, Mathematiker, Physiker und Naturphilosoph; Mitbegründer der neuzeitlichen Naturwissenschaft; er trug wesentlich zur Begründung des heliozentrischen Weltbildes bei.

Knoblauch, Johannes (1855 - 1915), Mathematiker an der Universität Berlin; 1883 Habilitation, Privatdozent; ab 1889 ao. Professor (plm.)

König, Denes (21.9.1884 Budapest - 19.10.1944 Budapest, Freitod, um als "Jude" der Deportation zu entgehen); Mathematikprofessor in Budapest, schrieb das erste Lehrbuch zur Graphentheorie; begründete in Ungarn eine starke Schule von Graphentheoretikern

Kowalewski, Sophie (Sofja Kowalewskaja) (Jan. 1850 Moskau - 4.2.1891 Stockholm); Schülerin von Weierstraß; erste Promovendin der Mathematik (1874 Göttingen); erste Mathematikprofessorin (1884 Stockholm)

Kowalewski, Hermann Waldemar Gerhard (27.3.1876 Alt-Järshagen, Kreis Schlawe (Pommern) - 21.2.1950 Gräfelfing bei München); bedeutender Schüler von Sophus Lie; Mathematiker in Leipzig, Greifswald (1901 ao. Prof.), Bonn, Prag (1910 ord. Prof.), Dresden (1920-1938), Prag (1939-1945), Regensburg u. München (Lehraufträge 1946-1950).

Die Hauptarbeitsgebiete Kowalewskis waren die Theorie der Transformationsgruppen, die allgemeine natürliche Geometrie, die Theorie der Interpolation und genäherten Quadratur. Neben mehr als 100 Veröffentlichungen in Zeitschriften und Akademieberichten verfaßte oder übersetzte er 24 hervorragende mathematische Lehrbücher, über die er auch indirekt zum akademischen Lehrer von Generationen von Studenten wurde.

Kowalewski, Arnold Christian Felix (27.11.1873 Sallewen, Kreis Osterode /Ostpreußen - 16.11.1945 Friedersdorf/Niederlausitz); interdisziplinärer Forscher: Philosoph, Experimentalpsychologe, Mathematiker; 1899 Habilitation in Königsberg, ao. Prof..

Wichtigste Werke: 1904 "Studien zur Psychologie des Pessimismus", 1908 "Schopenhauer und seine Weltanschauung", 1930 "Die Harmonie der sittlichen Werte"; 1915 bis 1922 sieben Publikationen und das Buch "Die Buntordnung" (Leipzig, 1922) zu einem von Kowalewski angeregten Zweig der Kombinatorik.

Kowalewski, Leopold (1849 - 1929); Seminarlehrer in Löbau (Westpreußen), Kreisschulinspektor in Birnbaum (Posen); verheiratet mit Marie geb. Pommerening; Eltern von Arnold und Gerhard Kowalewski.

Külpe, Oswald (3.8.1852 Kandau/Kurland - 30.12.1915 München); Philosoph und Psychologe in Würzburg, Bonn, München; begründete die Würzburger Schule der Denkpsychologie, vertrat erkenntnistheoretisch einen kritischen Realismus

Leibniz, Gottfried Wilhelm (1.7.1846 Leipzig - 14.11.1718 Hannover); deutscher Philosoph und Universalgelehrter; objektiver Idealist, Rationalist, hervorragender Vertreter frühbürgerlichen Denkens; Begründer der Infinitesimalrechnung (neben Newton)

Lie, Sophus (17.12.1842 Nordfjordeide - 18.2.1899 Kristiania(jetzt Oslo)); norwegischer Mathematiker in Leipzig und Kristiania; Hauptleistung: Theorie der von ihm so genannten "endlichen kontinuierlichen Transformationsgruppen"

Liebmann, Otto (1840 - 1910); Philosophieprofessor, seit 1882 an der Universität Jena; hatte als erster den Ruf "Zurück zu Kant!" erhoben. (Vater des Mathematikers Heinrich Liebmann)

Minkowski, Hermann (22.6.1864 Aleksotas bei Kaunas - 12.1.1909 Göttingen); Mathematiker und Physiker in Königsberg, Zürich und Göttingen; Freund von D. Hilbert. Hauptleistungen: seine "Geometrie der Zahlen", die es ermöglicht, zahlentheoretische Ergebnisse mit geometrischen Verfahren zu entwickeln; Forschungen über die Grundlagen der Geometrie und zur theoretischen Physik, die die Entwicklung der speziellen Relativitätstheorie tief beeeinflußt haben.

Moltke, Hellmuth Graf (1870) von (26.10.1800 Parchim - 24.4.1891 Berlin); preußischer Generalfeldmarschall (1871) - "Gesammelte Schriften und Denkwürdigkeiten", 8 Bände, 1891-1893

Newton, Sir Isaac (4.1.1643 Woolsthorpe, Grafschaft Lincoln - 31.3.1727 Kensington bei London); Physiker, Mathematiker und Astronom; Begründer der klassischen Theorie der Physik; Begründer der Infinitesimalrechnung (neben Leibniz)

Rehmke, Johannes (1848 - 1930); deutscher idealistischer Philosoph, Vertreter der Immanenzschule; ab 1885 Professor in Greifswald; trat gegen den dialektischen und den naturwissenschaftlichen Materialismus auf. Hauptwerke: "Lehrbuch der allgemeinen Psychologie"(1894), "Philosophie als Grundwissenschaft"(1910), "Logik oder Philosophie als Wissenslehre"(1918)

Schopenhauer, Arthur (22.2.1788 Dantzig - 21.9.1860 Frankfurt am Main); deutscher bürgerlicher idealistischer Philosoph, pessimistische Auffassung vom Menschen und von der menschlichen Gesellschaft. Hauptwerk: "Die Welt als Wille und Vorstellung"

Schuppe, Wilhelm (1836 - 1913); deutscher Philosoph, subjektiver Idealist, Haupt der sogenannten Immanenzschule; Professor an der Universität Greifswald (ab 1873). Nach Schuppe ist das Sein identisch mit dem Bewußtsein, das in Gestalt der einzelnen Ichs auftritt; diese Anschauung führte ihn zum Solipsismus. Hauptwerke: "Erkenntnistheoretische Logik"(1878), "Die immanente Philosophie"(1897), "Der Solipsismus"(1898)

Simpson, Thomas (20.8.1710 - 14.5.1761 Market-Bosworth); von Beruf Weber, dann Schulmeister, ab 1743 Professor der Mathematik an der Militärschule in Woolwich (Autodidakt);Verfasser weitverbreiteter Lehrbücher. (Die nach ihm benannte Regel war bereits vor ihm bekannt.)

Stäckel, Paul Gustav (1862 - 1919); Mathematiker, 1891 Habilitation an der Universität Halle-Wittenberg; 1895 - 1897 in Königsberg; dann Kiel, Hannover, Karlsruhe, Heidelberg (ab 1899 ordentlicher Professor)

Vaihinger, Hans (25.9.1852 Nehren/Württemberg - 17.12.1933); Kantforscher, Vertreter des Neu-Kantianismus, Begründer des Fiktionalismus, der Berührungspunkte zum englischen und amerikanischen Pragmatismus hat; Hauptwerk: "Die Philosophie des Als-Ob" (1911); gründete 1904 die Kant-Gesellschaft mit Sitz in Halle/Saale (1938 aufgelöst, später neu gegründet).

Volkelt, Johannes (1848 - 8.5.1930); Philosophieprofessor in Leipzig, Rationalist; nahm Gedanken der "Phänomenologie" vorweg. Hauptwerke: "Gewißheit und Wahrheit" (!918), "Erfahrung und Denken" (1886). Er prägte die Begriffe des "transsubjektiven Minimums" und des "implizite Bewußten".

Volkmann, Paul (1856 - 1938); Professor für theoretische Physik in Königsberg (ab 1894); in der Philosophie Eklektiker; er bekämpfte den Materialismus und verteidigte die protestantische Kirche; er war Anhänger des "Fiktionalismus" von Vaihinger.

Wundt, Wilhelm (16.8.1832 Neckarau bei Mannheim - 31.8.1920 Großbothen bei Leipzig); Physiologe, Psychologe, Philosoph; leistete entscheidende Beiträge für die Gegenstandsbestimmung, Systematik, Methodik und Institutionalisierung der Psychologie in der Phase ihrer Entstehung als selbständiger Wissenschaft

Dr. Waltraud Voss, Tannenberger Weg 10, 01169 Dresden

Die Entwicklung mathematischer Hochschullehrbücher in den ersten Jahren nach 1945 in der sowjetischen Besatzungszone Deutschlands und späteren DDR

Vorbemerkungen

1. Dem folgenden Beitrag ist zu entnehmen, daß die Behandlung des Themas "aus der Sicht eines Verlegers" erfolgt. Damit soll zum Ausdruck gebracht werden, daß vor allem historischer Ablauf und gesellschaftlicher Hintergrund der Literaturentwicklung im Mittelpunkt der Betrachtung stehen und nicht die inhaltliche oder didaktische Gestaltung oder die pädagogische Funktion mathematischer Hochschullehrbücher.

2. Anzahl und Differenziertheit der die Literaturentwicklung beeinflussenden Faktoren erzwangen eine teilweise fragmentarische Darstellung.

3. Die behandelte Periode umfaßt etwa zehn Jahre, während der sich erkennbare qualitative Veränderungen in der Literaturentwicklung vollzogen.

4. Der Vortrag beschränkt sich auf die Darstellung der ersten beiden Phasen der Lehrbuchentwicklung nach 1945 sowie einem dazwischengeschalteten Exkurs zur Bestimmung des Begriffes "mathematisches Hochschullehrbuch".

Aus verlegerischer Sicht ergibt sich für die Zeit *unmittelbar nach Ende des zweiten Weltkrieges* folgendes Bild:

Die Verlage, von denen die Entwicklung mathematischer Literatur erwartet werden durfte, hatten ihren Sitz in Leipzig. Es waren dies

- die Akademischen Verlagsgesellschaften, gegründet 1908,
- die B. G. Teubner Verlagsgesellschaften, gegründet 1811,
- der S. Hirzel Verlag, gegründet 1853,
- der Verlag von Johann Ambrosius Barth, gegründet 1780.

Die über wissenschaftliche Satz- und Druckkapazitäten verfügenden polygraphischen Einrichtungen waren ebenfalls in Leipzig ansässig. Sie alle waren durch die Einwirkung des Krieges auf das Schwerste beschädigt.

So ist in der Festschrift anläßlich des 150jährigen Bestehens der B. G. Teubner Verlagsgesellschaft (1961) von einer 98%igen Vernichtung von Verlag, Druckerei, Archiv und Bibliothek einschließlich aller Gebäude zu lesen, und Hirzel spricht von der vollständigen Vernichtung von Bibliothek und Archiv durch den Bombenangriff vom 4. Dezember 1943.

Papier, für die Buchherstellung unerläßlich, war kaum vorhanden, und wenn, dann wurde es verständlicherweise für aktuelle Bekanntmachungen, Tagesbefehle und Direktiven der Besatzungsmacht oder andere wichtige Nachrichten benötigt.

Auch die Universitäten und Hochschulen, ohne die die Entwicklung von Lehrbüchern so gut wie undenkbar ist, waren auf dem Gebiet der sowjetischen Besatzungszone Deutschlands schwer in Mitleidenschaft gezogen worden.

Es mangelte vor allem an den personellen Voraussetzungen, um mit dem zusammengebrochenen Lehrbetrieb neu zu beginnen. Es fehlten die Studienwilligen, die kriegsbedingt nicht mehr oder noch nicht wieder da waren, und es fehlten geeignete Hochschullehrer, denn der Lehrkörper war überaltert und darüber hinaus erheblich dezimiert – einerseits dadurch, daß von den Nationalsozialisten 129 Mathematikwissenschaftlern in Deutschland, Österreich und der Tschechoslowakei Lehrverbot erteilt worden war (wie SCHLOTE in seinem Aufsatz "Zur Entwicklung der Mathematik im Zeitraum von 1917 bis 1945" 1984 festgestellt hat), und andererseits durch die gemäß Potsdamer Abkommen der Alliierten konsequent durchgeführte Entnazifizierung.

So waren z. B. an der, durch Befehl Nr. 50 der SMAD (Sowjetische Militäradministration Deutschlands) als erster deutscher Universität wiedereröffneten Universität Jena (15.10.1945) von den Professoren und Dozenten fast 50% ausgeschieden. An den anderen Universitäten waren es noch weit mehr. Z. B. fehlten an der Berliner Universität bei Aufnahme des Lehrbetriebes im Februar 1946 für 2962 Studenten insgesamt 462 von 547, d.h. 84,5 % der Wissenschaftler. Zur Behebung dieses Zustandes bedurfte es einiger Jahre, während der das wissenschaftliche und damit auch das verlegerische Leben allmählich wieder in Gang kam.

Die alteingesessenen Verlage konsolidierten sich, neue wurden gegründet und beide von der SMAD lizensiert.

Aus Tabelle 1 ist zu erkennen, daß dieser Prozeß der Gründung mathematische Literatur edierender Verlage bis auf eine Ausnahme 1949 abgeschlossen war.

10/1945	Verlag Volk und Wissen, Berlin[1]
1/1946	Verlag Die Wirtschaft, Berlin
2/1946	Verlag Technik, Berlin
3/1946	Verlag von Johann Ambrosius Barth, Leipzig (1780)
	Akademische Verlagsgesellschaft, Leipzig (1908)
	ab 3/1947 AV Geest & Portig KG
	Verlag Theodor Steinkopff, Dresden (1908)
	B.G. Teubner Verlagsgesellschaft, Leipzig (1811)
4/1946	Bibliographisches Institut, Leipzig (1826)
12/1946	Akademie Verlag, Berlin
	Gustav Fischer Verlag, Jena (1878)
2/1947	S. Hirzel Verlag, Leipzig (1853)
7/1947	Urania-Verlag, Leipzig (Jena 1924)
1/1949	Fachbuchverlag, Leipzig

Tab. 1: Wiedereröffnungen und Gründungen von Verlagen
mit mathematischer Literatur nach 1945

Obwohl sich in dieser Zeit die Anzahl der Hochschulstudenten in der sowjetischen Besatzungszone vervierfachte, fehlten zu Beginn des Studienjahres 1949/50 noch immer 39 % der Hochschullehrer. Das heißt, von 2033 vorhandenen Stellen waren noch 788 zu besetzen. So wuchs zwar der Bedarf an mathematischer Literatur; die zu dessen Befriedigung notwendigen neuen Hochschullehrbücher entstanden jedoch nicht, da das wissenschaftliche Potential in Form von Sprachkenntnissen und Lehrerfahrungen einfach noch nicht ausreichte, um ausländische Werke zu übersetzen oder eigene zu verfassen.

Hinzu kam, daß die wenigen Wissenschaftler mit der unmittelbaren Durchführung des Lehrbetriebes und der Erledigung hochschulorganisatorischer Aufgaben mehr als ausgelastet waren.

Zur Unterstützung der Lehre konnte verlegerseitig nur auf Werke zurückgegriffen werden, die vor 1945 erschienen waren und nun Nachauflagen erfuhren.

---

[1] Zum Unterschied zu allen anderen Verlagen, welche auf Antrag der Gründer von der SMAD lizensiert wurden, entstand dieser Verlag auf Befehl der SMAD.

Auch seitens der Hochschullehrer wurde entweder auf frühere Einzeldarstellungen wie VAN DER WAERDEN oder auf die mehrbändigen Werke von ROTHE, BAULE und VON MANGOLDT bezug genommen sowie die elementare Sammlung von CRANTZ als Übergangsliteratur empfohlen und verwendet[1].

Mit dieser Erkenntnis beenden wir die verlegerischen Betrachtungen zur ersten Phase der Entwicklung mathematischer Hochschullehrbücher.

Bevor wir uns der wohl interessanteren zweiten Phase zuwenden, möchte ich in einem kleinen lehrbuchtheoretischen Exkurs den Begriff "mathematisches Hochschullehrbuch", gewissermaßen als Kriterium für dessen Entwicklung, erklären.

Als Folge des Anwachsens der Studentenzahlen und damit des zunehmenden Bedarfes an Hochschulliteratur begann nämlich zu dieser Zeit, also 1947/48 auch die Diskussion über die optimale Gestaltung (das Zusammenwirken von fachwissenschaftlichem Inhalt und Didaktik) der Lehrbücher wieder aufzuleben, welche bis in unsere Tage anhält und wohl auch noch weiter geführt wird.

Dabei gibt es, je nach der Ausgangsposition des Betrachters, unterschiedliche Interpretationsmöglichkeiten. Geht man beispielsweise von der inhaltlichen Entwicklung mathematischer Lehrbücher aus, so kann man erkennen, daß sich im Laufe der Geschichte zwei Haupttypen herausgebildet haben:

Das enzyklopädische Lehrbuch:

Der Autor trägt das mathematische Wissen seiner Zeit zusammen, sichtet und wichtet. Seine Hauptleistung liegt im Kennen, Einordnen und Einschätzen *fremder* Ergebnisse.

Das monographische Lehrbuch:

Der Autor stellt vor allem *eigene* Erkenntnisse und Ergebnisse vor. Er artikuliert seinen individuellen wissenschaftlichen Standpunkt.

---

[1] B. L. van der Waerden: Moderne Algebra, Berlin - Göttingen - Heidelberg

R. Rothe: Höhere Mathematik für Mathematiker, Physiker, Ingenieure in 5 Tln., Berlin

B. Baule: Die Mathematik des Naturforschers und Ingenieurs in 7 Bänden, Leipzig

H. von Mangoldt: Einführung in die höhere Mathematik in 3 Bänden, hrsg. von K. Knopp, Leipzig

P. Crantz: Analytische Geometrie der Ebene; Arithmetik und Algebra; Planimetrie; Sphärische Trigonometrie; sämtliche Bändchen bearbeitet von M. Hauptmann, Leipzig

WALTER LIETZMANN unterschied nach didaktischen bzw. funktionellen Kriterien

Das *methodische* Lehrbuch:

Es wird nach dem Unterricht gestaltet, erarbeitet Definitionen, Sätze, Beweise und Verfahren und erhält Übungsaufgaben zur Selbsttätigkeit.

Das *systematische* Lehrbuch:

Es bietet den Stoff in zusammengefaßter Darstellung und liefert fertige Definitionen und Lehrsätze mit Beweisen oder Verfahren mit Mustern.

LIETZMANN unterstreicht, daß für das methodische Lehrbuch eine Anleitung unbedingt erforderlich ist, während das systematische Lehrbuch den Unterricht voraussetzt, also Leitfadencharakter trägt. Er selbst bevorzugte den zweiten Lehrbuchtyp.

Selbstverständlich sind für alle Formen auch Mischtypen denkbar. Als Anregung zu weiterem Mitdenken möge folgender Arbeitsstandpunkt dienen:

Das *mathematische Hochschullehrbuch* ist ein für den Lehr- und Lernprozeß im Mathematikstudium an den Universitäten und Hochschulen entwikkeltes polygraphisch hergestelltes, didaktisch aufbereitetes fachwissenschaftliches Kommunikationsmittel, das

- über die bedeutendsten mathematischen Kenntnisse informiert und deren Anwendungs- und perspektivische Entwicklungsmöglichkeiten aufzeigt,

- die zur Aneignung, Festigung und Anwendung der Kenntnisse notwendigen wissenschaftlichen Arbeitsmethoden vermittelt,

- durch individuelle Art der Darstellung zu schöpferischer Auseinandersetzung und weiterer mathematischer Betätigung anregt.

Mit dieser Begriffserklärung kommen wir den oben angeführten Lehrbuchkriterien relativ nahe, wobei die u. a. auch von LIETZMANN zusätzlich geforderten erzieherischen und historischen Komponenten vor allem unter dem letzten Spiegelstrich mit eingeordnet werden können.

Diese Art von Literatur ist es also, deren erste Phase der Entwicklung (eigentlich der Nichtentwicklung) wir bisher betrachtet haben.

Wenden wir uns nun der *zweiten Phase* zu, die zeitlich etwa von 1948 bis etwa 1955 gefaßt werden könnte und in der gegen 1953 ein Qualitätssprung deutlich erkennbar ist.

Bis gegen Ende dieser Phase erhöhte sich die Anzahl der Studierenden auf über 75 000, die an 46 Hochschulen immatrikuliert waren. Dieser Wachstumsprozeß wurde begleitet von ständig neuen, höheren Anforderungen, die der Aufbau von Staat, Wirtschaft und Industrie an die Absolventen stellte.

Die Wissenschaftler (es waren längst noch nicht alle Stellen besetzt) wurden vorwiegend von der Bewältigung eigener fachlicher sowie organisatorischer und aktueller praktischer Probleme ausgelastet. Zum Verfassen von Lehrbüchern fehlte es an Zeit und Muße und der erforderlichen umfassenden Lehrerfahrung.

Einige wenige Hochschullehrbücher in Mathematik entstanden bis 1953 dennoch, ohne durch die damit abgedeckte Thematik und deren inhaltlicher Bewältigung die immensen Anforderungen und Bedürfnisse auch nur annähernd zu befriedigen. Und nur einige von ihnen erfuhren mehr als eine Auflage.

Die vollständige Auflistung dieser Titel ist in Tabelle 2 dargestellt. Sie sollte vielleicht noch um sechs lehrbuchartige Aufsätze ergänzt werden, welche ab 1950 zu unterschiedlichen Themen in Umfängen zwischen 26 und 82 Druckseiten in der "Enzyklopädie der mathematischen Wissenschaften" bei der B.G.Teubner-Verlagsgesellschaft erschienen[1].

Die immer noch sehr stark limitierten Papier- und Druckkapazitäten wurden auch in dieser Zeit vor allem für die Veranstaltung von Nachauflagen der eingeführten Titel s. o. verwendet. (Papier und Druckleistung waren bis Ende des Bestehens der DDR für die Verlage kontingentiert.)

Eine grundsätzliche Änderung trat erst 1953/54 ein. Nach der zweiten Verlegertagung der DDR hatten sich 1952 die drei Verlage herausgeschält, die sich für die Herausgabe anspruchsvoller Mathematikliteratur für besonders geeignet hielten. Das waren die B.G.Teubner-Verlagsgesellschaft und die Akademische Verlagsgesellschaft Geest & Portig K. G. in Leipzig sowie der Akademie Verlag in Berlin.

Dabei wurde die verlegerische Erkenntnis gewonnen, daß ohne Hilfe von außen die spürbaren Lücken am Bestand mathematischer Hochschulliteratur nicht geschlossen werden können.

---

[1] Wurde Mitte der 50er Jahre eingestellt. Herausgeber im Auftrag der Akademien der Wissenschaften zu Berlin, Göttingen, Heidelberg, München, Wien waren M. Deuring, H. Hasse und E. Sperner

1945	-
1946	-
1947	-
1948	TRICOMI, F.: Elliptische Funktionen[1], Akademische Verlagsgesellschaft, Leipzig WILLERS, F. A.: Elementar-Mathematik, Steinkopff Verlag, Dresden
1949	GRÜB, G.: Differential- und Integralrechnung, Akademische Verlagsgesellschaft, Leipzig HASSE, H.: Zahlentheorie, Akademie Verlag, Berlin JUNG, H. W. E.: Matrizen und Determinanten, Fachbuchverlag, Lpz.
1950	LENSE, G.: Kugelfunktionen, Akademische Verlagsgesellschaft, Lpz. SCHMEIDLER, W.: Integralgleichungen mit Anwendungen in Physik und Technik I, AVG, Leipzig
1951	JUNG, H. W. E.: Einführung in die Theorie algebraischer Funktionen zweier Veränderlicher, AV, Berlin LÖSCH, F./SCHOBLIK, F.: Die Fakultät (Gammafunktion) und verwandte Funktionen, B. G. Teubner, Leipzig SCHWANK, F.: Randwertprobleme, B. G. Teubner Verlagsgesellschaft, Leipzig
1952	NEISS: Einführung in die Zahlentheorie, S. Hirzel Verlag, Leipzig
1953	PICKERT, G.: Analytische Geometrie, Akademische Verlagsgesellschaft, Leipzig

Tab. 2: Sämtliche, in der sowjetischen Besatzungszone Deutschlands
und der DDR bis 1953 erschienenen
Erstauflagen mathematischer Hochschulbücher

Zur Unterstützung dieser Verlage[2] konsolidierte sich innerhalb des Verlages Volk und Wissen 1953 eine Hauptabteilung "Deutscher Verlag der Wissenschaften", die mit Wirkung vom 1.1.1954 als "VEB Deutscher Verlag der Wissenschaften" (DVW) die Lizenz als selbständiger Verlag u. a. auch für

---

[1] Die erste Übersetzung eines Mathematikbuches in der sowjetischen Besatzungszone Deutschlands.

[2] Alle drei Verlage hatten über die Mathematik hinaus traditionsgemäß noch weitere Wissenschaftsgebiete zu betreuen, so die B.G.Teubner Altertumswissenschaften und Technik, die AVG Chemie, Physik, Zoologie u.a., der AV Veröffentlichungen aller Klassen der am 1.7.1946 wieder eröffneten Berliner Akademie der Wissenschaften.

die Entwicklung, Herausgabe und den Vertrieb mathematischer Literatur erhielt.

Immer noch mangelte es an qualifizierten deutschen Autoren. Andererseits waren in der Sowjetunion in jüngster Zeit mathematische Hochschullehrbücher entstanden, die sowohl in fachlicher als auch in didaktischer Hinsicht hohen Ansprüchen genügten. Diese wurden den Verlagen der DDR von der sowjetischen Besatzungsmacht zur Verfügung gestellt und zur Übersetzung freigegeben.

Die personellen Voraussetzungen schuf u. a. der Kiewer Mathematiker Prof. Dr. LEV A. KALUZNIN (Kaloujine), indem er anläßlich seines Aufenthaltes in Berlin ab 1951 an der Universität Kurse und Zirkel zum Erlernen der russischen Sprache für Studierende und wissenschaftliche Mitarbeiter durchführte, Übersetzerteams bildete und anleitete und auch selbst an den Übersetzungen und bei der Herausgabe der Bücher aktiv mitwirkte.

Auf Empfehlung von HEINRICH GRELL erschienen ab 1954 im DVW die ersten, 1952/53 aus dem Russischen übersetzten, mathematischen Hochschullehrbücher in einer eigens dafür geschaffenen Reihe "Hochschulbücher für Mathematik", welche von H. GRELL, Berlin, K. MARUHN, Dresden, zuletzt Giessen, und W. RINOW, Greifswald herausgegeben wurde. Als Nummer 1 wurde der erste Band von SMIRNOWS "Lehrgang der höheren Mathematik" aufgenommen (Tab. 3).

Etwa zeitgleich entstand im Akademie Verlag die Übersetzung des Buches von ACHIESER und GLASMANN, "Theorien der linearen Operatoren im Hilbert-Raum", im Rahmen der vom Zentralinstitut für Mathematik und Mechanik der AdW der DDR herausgegebenen Reihe "Mathematische Lehrbücher und Monographien".

Hier war bereits 1951 mit dem Büchlein von A. J. CHINTSCHIN, "Drei Perlen aus der Zahlentheorie", die erste Übersetzung eines Mathematikbuches von der russischen in die deutsche Sprache nach 1945 überhaupt erschienen.

Das erste nach dem Krieg in Deutschland aus dem Russischen übersetzte Hochschullehrbuch in Mathematik war das von LEWIN und GROSBERG, das der Verlag Technik in Berlin herausbrachte.

Einen besonderen Anteil am Zustandekommen der Übersetzungen in hoher Qualität hatte LUDWIG BOLL, der als Hauptredakteur im DVW von Anfang an peinlichst genau auf saubere Transliteration und Transkription vor allem auch der mathematischen Termini achtete.

LEWIN, W. L./GROSBERG, J. I.:
Differentialgleichungen der mathematischen Physik. VT Berlin 1954
SMIRNOW, W. I.:
Lehrgang der höheren Mathematik. Bd. I. DVW Berlin 1954
ACHIESER, N. I./GLASMANN, I. M.:
Theorien der linearen Operatoren im Hilbert-Raum. AV Berlin 1954
ALEXANDROFF, P. S. u.a. (Hrsg.):
Enzyklopädie der Elementarmathematik. Bd. I. DVW Berlin 1955
NATANSON, I. P.:
Konstruktive Funktionstheorie. AV Berlin 1955
GNEDENKO, B. W.:
Lehrbuch der Wahrscheinlichkeitsrechnung. AV Berlin 1955
LJUSTERNIK, L. A./SOBOLEW, W. I.:
Elemente der Funktionalanalysis. AV Berlin 1955
ALEXANDROFF, P. S.:
Einführung in die Mengenlehre und die Theorie der reellen Funktionen.
DVW Berlin 1956
STEPANOW, W. W.:
Lehrbuch der Differentialgleichungen. DVW Berlin 1956

Tab. 3: Sowjetische mathematische Hochschullehrbücher, die bis 1956 in
der DDR in deutscher Übersetzung erschienen

So konnte GEORG AUMANN, München, in seiner Rezension zu Alexandroff,
"Einführung in die Mengenlehre und die Theorie der reellen Funktionen" in
den Mitteilungen der DMV ausdrücklich vermerken:

> "Bleibt noch zu sagen, daß die Übersetzer der vom Verfasser im
> Vorwort so herzlich betonten Liebe zur deutschen Sprache vollauf ge-
> recht geworden sind!"

Während in Berlin im DVW und AV die Übersetzungen größerer Lehrbuch-
werke zur Herausgabe vorbereitet wurden, erschienen in Leipzig ab 1953
bei der B.G.Teubner-Verlagsgesellschaft aus der "Großen Sowjetenzyklo-
pädie" übersetzte kleinere lehrhafte Aufsätze[1], die der Verlagsredakteur

---

[1] Bis 1956 erschienen 21 solcher Arbeiten mit Umfängen von 26 bis 132 Druckseiten.

VICTOR ZIEGLER, ein perfekter Kenner der russischen, ukrainischen und litauischen Sprache, zur Veröffentlichung brachte.

Mit den Ausgaben übersetzter sowjetischer Hochschulbücher leisteten die Verlage nicht nur einen Beitrag zur Hebung der mathematischen Kultur in Deutschland. Mit ihnen konnten auch die durch den zweiten Weltkrieg entstandenen Verluste wenigstens teilweise wieder ausgeglichen werden. Die bei den Übersetzungen erreichte Qualität trug dazu bei, daß sie in der Hochschulausbildung in Ost und West unmittelbar eingesetzt werden konnten. Darüber hinaus lieferten sie die Beispiele für die Gestaltung neuer mathematischer Hochschullehrbücher und überbrückten die Zeit, welche die heranwachsenden Autoren noch benötigten, um sich an eigene moderne Erarbeitungen heranzuwagen

Das geschah erstmals 1955 durch RUDOLF KOCHENDÖRFFER, Rostock, zuletzt Dortmund, mit seiner ISSAI SCHUR gewidmeten "Einführung in die Algebra" für die der Autor im Zusammenhang mit seinen Arbeiten an der Universität Rostock den Nationalpreis der DDR erhielt.

Weitere folgten, wie z. B. 1956 "Analytische Geometrie der Ebene" von K. MANTEUFFEL gemeinsam mit W. GROTH oder 1957 "Grundzüge der Algebra" von H. LUGOWSKI und H.-J. WEINERT und "Projektive Geometrie" von G. GROSCHE, welche alle aus Fernstudien-Lehrbriefen hervorgingen.

Mehr als 10 Jahre wurden von den Verlegern wissenschaftlicher Literatur benötigt, um die Kriegsschäden auf diesem Gebiet erkennbar zu mildern. Erst gegen Ende dieses Zeitraumes war in den sich konsolidierenden Verlagen eine Entwicklungsstufe erreicht, auf der sich in der Folgezeit eine relativ normale verlegerische Arbeit bei der Herausgabe mathematischer Hochschullehrbücher vollziehen konnte.

Dieses ereignisträchtige Dezennium aus verlegerischer Sicht in Erinnerung gebracht bzw. den Jüngeren unter uns überhaupt vorgestellt zu haben, war das Anliegen dieses Beitrages.

Dr. Wolfgang Arnold, Kantstraße 12, D-12625 Waldesruh

Was ist finite Mathematik?

Peter Schreiber

Zusammenfassung: Ausgehend vom Konzept der algorithmisch lösbaren Aufgaben in einer beliebigen Theorie und unter Bezugnahme auf eine beliebige dort ausgezeichnete Klasse von Algorithmen wird eine Definition und Klassifikation des verschwommenen Begriffs "Finite Mathematik" vorgeschlagen. Im Anschluß daran werden einige Probleme der Geschichtsschreibung der Mathematik formuliert und durch Beispiele erläutert.

Die folgenden Überlegungen sind anläßlich eines mathematikhistorischen Workshops entstanden, bei dessen Vorbereitung sich unvermutet das Problem in den Vordergrund schob, den Gegenstand, dessen historische Entwicklung es darzustellen galt, zunächst einmal zu definieren.

Finite Mathematik, um es vorweg zu sagen, ist nach meiner heutigen Meinung weder eine mathematische Disziplin wie etwa Variationsrechnung oder Zahlentheorie, noch ein Paket solcher Disziplinen (etwa Kombinatorik, Graphentheorie, kombinatorische Geometrie, womöglich Automatentheorie, (Teile der) mathematische(n) Logik und anderes umfassend) sondern ein Aspekt der Mathematik, der ebenso wie der algebraische, der geometrische oder der algorithmische Aspekt in allen Bereichen der Mathematik mit mehr oder weniger starker Akzentuierung anzutreffen ist. Daher hat es seine guten, nur eben bisher noch nicht reflektierten Gründe, wenn der zwar in der mathematischen Umgangssprache zunehmend benutzte Begriff weder in der Vergangenheit noch in der Gegenwart eine Rubrik in den mathematischen Referatezeitschriften benennt.

Als Schlüssel zum Verständnis erwies sich für mich die seit etwa 1969 (als "Geburtsurkunde" gilt heute im allgemeinen die Arbeit [4]) zunehmend studierte Verallgemeinerung der klassischen Theorie der rekursiven Berechenbarkeit auf beliebige (mitunter aber auch auf ganz spezielle nichtdiskrete) mathematische Strukturen, die nach heutiger Auffassung von einer beliebigen formalisierten Theorie und einer beliebigen Klasse KA von Algorithmen ausgeht, die in der Sprache dieser Theorie formulierbar sind und von denen (mit mehr oder weniger guten außermathematischen Gründen) vorausgesetzt wird, daß sie in den Modellen dieser Theorie bzw. in einem bestimmten Modell dieser Theorie "effektiv ausführbar" sind. Wer mit derartigen Überlegungen wenig oder nicht vertraut ist, dem sei das methodologisch und auch didaktisch sehr glückliche Beispiel empfohlen, sich als Theorie die Ebene euklidische Geometrie und als Klasse der als ausführbar angenommenen Algorithmen etwa die Konstruktionen mit Zirkel und Lineal vorzustellen. Eine solche Klasse von Algorithmen definiert immer einen zugehörigen Begriff von algorithmischer Entscheidbarkeit, indem man Algorithmen der betreffenden Klasse betrachtet, die auf beliebige Eingaben anwendbar sind und nur zwei mögliche Prozeßausgänge liefern.

Weniger trivial ist der zugehörige Begriff von effektiver Aufzählbarkeit, da die verschiedenen, in der diskreten Rekursionstheorie beweisbar äquivalenten Definitionen bei Übertragung auf den allgemeinen Fall im allgemeinen unterschiedliche Begriffe liefern. Für unseren gegenwärtigen Zweck am geeignetsten ist eine Definition, die die aufzählbaren Mengen M durch ein spezielles Element $x(o) \in M$ und einen Algorithmus A in die Hand gibt, der bei Eingabe eines beliebigen Elementes $x \in M$ ein Element $x' \in M$ liefert, so daß die Elemente $x(o)$, $x(o)'$, $x(o)''$, ... die Menge M ausschöpfen.[1] Eine in diesem allgemeinen Sinn bezüglich der Algorithmenklasse KA aufzählbare Menge ist daher immer höchstens abzählbar, während eine KA-entscheidbare Menge dies im allgemeinen nicht ist.

Das Wort "finit" bezieht sich nach dieser jetzigen Auffassung innerhalb einer beliebigen Theorie auf bestimmte Aufgabentypen und ist (bis auf eine Ausnahme) immer abhängig von einer willkürlich fixierten Klasse KA von Algorithmen. "Finit" sind dann - grob gesagt - alle diejenigen Aufgaben der betreffenden Theorie bzw. bei Fixierung eines bestimmten Modells alle die Aufgaben des betreffenden Gegenstandsbereichs, die ein Mensch (oder eine Maschine) in endlicher Zeit lösen kann, der nichts anderes können muß als die Algorithmen der betreffenden Klasse KA auszuführen.

Finite Aufgabentypen sind daher

1. Anwenden eines Algorithmus aus KA auf ein passendes Eingabeobjekt, also z.B. in der Zahlentheorie das Bestimmen aller Teiler einer gegebenen

---

[1] Da dieser naheliegende Begriff sich für viele Bedürfnisse als zu schwach erweist, kann man ihn modifizieren, indem man dem aufzählenden Algorithmus A außer dem Element x noch gewisse "Daten" eingibt, z. B. die "Nummer" n des Folgengliedes x oder endlich viele zuvor erzeugte Folgenglieder, worauf er außer dem nächsten Folgenglied x' die für die Erzeugung des übernächsten Folgengliedes x" benötigten Daten, also z.B. die Zahl n+1, ausgibt.

Zahl, in der Logik das Transformieren eines Ausdrucks in eine Normalform gegebenen Typs, in der (kombinatorischen) Geometrie das Bestimmen des dualen Polyeders eines gegebenen Polyeders bzw. das Bestimmen des metrisch reziproken Polyeders für ein Polyeder mit Um- oder Inkugel, in der reellen Analysis das Berechnen des Funktionswertes einer gegebenen Funktion an gegebener Stelle.

Als *Spezialfall* von 1. haben wir im Fall von Entscheidungsalgorithmen:

1a. Entscheiden, ob ein gegebenes Objekt eine gewisse KA-entscheidbare Eigenschaft besitzt, also z.b. in der Zahlentheorie entscheiden, ob eine Zahl prim ist, in der Aussagenlogik, ob ein Ausdruck allgemeingültig ist, in der Graphentheorie, ob ein Graph einen Hamiltonkreis besitzt, in der Polyedergeometrie, ob ein metrisch gegebenes Polyeder eine In- bzw. eine Umkugel besitzt, in der reellen Analysis, ob ein gegebenes Polynom eine reelle Nullstelle besitzt. (Man beachte, daß z.b. die beiden letztgenannten Aufgaben auf keine Weise als Aufgaben der klassischen diskreten Mathematik kodiert werden konnen.)

Voraussetzung für die folgenden Aufgabentypen ist ein Prozeß, den ich als "Finitisieren" bezeichnen möchte und der darin besteht, für einen gegebenen Bereich M

a) eine KA-Aufzählung im oben definierten Sinn oder

b) falls M sogar endlich ist, eine vollständige Liste aufzuweisen.

Als Finitisierungen sind z.b. einzustufen die Aufzählung aller regulären und aller halbregulären Polyeder, aller diskreten Bewegungsgruppen bzw. Ornamentgruppen bestimmter Dimensionen und bestimmten Typs, aller Teiler einer gegebenen natürlichen Zahl, das Sieb des Eratosthenes zur effektiven Aufzählung aller Primzahlen, die Möglichkeit, alle Ausdrücke einer formalisierten Sprache mittels einer geeignet definierten Syntax aufzuzählen, die Möglichkeit, alle wahren Sätze einer elementaren Theorie durch ein Axiomensystem und ein vollständiges System von Schlußregeln aufzuzählen.

Der klassische Beweis von STEINITZ, daß jedes abstrakt durch eine Liste seiner Inzidenzverhältnisse gegebene Polyeder, das gewissen Bedingungen genügt, im Raum einer konvexen Realisierung fähig ist ([7], § 46ff), liefert ein Aufzählungsverfahren für derartige konvexe Realisierungen, das in gewissem Sinne "konstruktiv" ist, indem es auf dem "Abschleifen" von Ecken bereits vorher gefundener Realisierungen beruht. Auch dieses Verfahren läßt sich jedoch nicht in die Jacke von Aufzählungen der klassischen Rekursionstheorie zwingen.

Bezüglich einer gegebenen Finitisierung des Bereichs M verlangt der Aufgabentyp

2. das Durchmustern der Menge M, um

    2a. ein Beispiel eines Elements von M zu finden, welches die KA-entscheidbare Eigenschaft E hat,

    2b. potentiell alle derartigen Elemente von M aufzulisten.

Ist M sogar nachweislich endlich, so läßt sich 2a. bzw. 2b. verschärfen zu

    3a. Entscheiden, ob es in M ein x mit der Eigenschaft E gibt bzw.

    3b. Die Teilmenge aller $x \in M$ mit der Eigenschaft E bestimmen.

Ferner ist es dann möglich, ohne theoretische Einsicht durch schlichtes Durchmustern

    3c. zu beweisen, daß alle $x \in M$ die Eigenschaft E haben bzw. daß kein $x \in M$ die Eigenschaft E hat. Schließlich kann man in einer endlichen Menge M bezüglich eines ausführbaren Algorithmus A, dessen Werte irgendwie linear geordnet sind, immer

4. ein bestes Element von M finden, daher ein solches $x \in M$, dessen Wert $A(x)$ maximal ist.

Beispiele aus verschiedenen Gebieten der Mathematik für alle zuletzt genannten Aufgabentypen wird jeder Leser nun leicht selbst finden. Eine etwas bestürzende Konsequenz der Tatsache, daß axiomatisierbare Theorien aufzählbar sind (und zwar sogar im klassischen Sinne, also unabhängig von irgendwelchen obskuren Annahmen über Ausführbarkeit von Algorithmen), sagt uns: das Finden eines Beweises für eine Behauptung, falls ein solcher existiert, ist eine finite Aufgabe, sobald Voraussetzungen und Behauptung in einer gemeinsamen axiomatisierten Theorie lokalisiert sind, also ist letztlich die gesamte Mathematik finit. Glücklicherweise bezieht sich der Begriff "finit" auf ein ausführendes Subjekt mit gewissen algorithmischen Fertigkeiten. Wer also ein vollständiges System von logischen Schlußregeln gar nicht kennt oder es nicht benutzt, für den ist Mathematik als Ganzes nach wie vor nicht finit.

Nun muß aber über die oben schon angedeutete Ausnahme gesprochen werden: Zur finiten Mathematik möchte ich auch das Auffinden bzw. die Kon-

struktion eines jeden einzelnen Objektes mit einer besonderen
("interessanten") und nachprüfbaren (also etwa im obigen Sinne KA-
entscheidbaren) Eigenschaft zählen, auch wenn dieser Findungsprozeß nicht
durch das systematische Durchmustern einer KA-aufzählbaren Grundmenge
realisiert wird bzw. werden kann. Ich denke an solche singularen Objekte
wie z.B. das MÖBIUSsche Band, die Zerlegung eines Quadrats in lauter verschiedene Quadrate [6, p.15f], Geräte zur Winkeldreiteilung oder zum
Zeichnen bestimmter Kurven, Rubiks Würfel usw.

Der vorgestelle methodologische Ansatz erklärt unter anderem, warum die
Lösung finiter Aufgaben seit altersher in auffallender Weise eine Domäne
von Amateuren gewesen ist: Man muß eben (abgesehen von dem zuletzt genannten Typ von "Erfindungen") nichts anderes können als gewisse Algorithmen auszuführen. Man braucht(e) vor allem Zeit und Geduld. An die
Stelle der fleißig suchenden, rechnenden, konstruierenden und probierenden
Laien sind heute die Computer getreten. Wie früher den Amateuren, so sind
heute den Computern die Grenzen gesetzt dadurch, daß *endlich* sehr groß
sein kann und *aufzählbar* eben im Allgemeinen unendlich ist.

Unser Ansatz hilft auch bei der *Klassifikation* des ungeheuren historischen
Materials zum Thema. Der obigen Einteilung der finiten Aufgaben überla-
gert sich aber eine andere, nicht weniger wichtige: Die Objekte der Untersuchung können nämlich auf dreierlei Art vorliegen:

A) als im weitesten Sinn des Wortes *materiell realisierte*. Dazu rechnen wir
   außer Instrumenten und Spielen auch die zweidimensionalen gezeichneten
   und die dreidimensional als Modell vorliegenden geometrischen Objekte.

B) als *syntaktische* Objekte (meist Zeichenreihen, aber auch zweidimensionale Anordnungen kommen vor). In gewissen Sinne sind sie dann auch
   materiell realisiert, aber im Unterschied zu den in A) beschriebenen Objekten spielt hier die geometrische Form bzw. physikalische Qualität keine Rolle sondern nur die dadurch getragene "Information".

C) als *abstrakt mengentheoretische* Beschreibung eines Gegenstandes,
   Sachverhalts, einer Situation (wobei wir hier an das Abstraktum denken
   und nicht an die Niederschrift in Form einer Zeichenreihe).

Es gibt viele Mathematiker, die die Objekte ihrer Untersuchung im Prinzip
auf den Fall C) eingeschränkt wissen wollen. *Anwenden* kann man jedoch
Algorithmen in der Tat nur auf gewisse materielle Repräsentanten der mathematischen Objekte (und seien es endliche Folgen von Ladungs- oder Ma-

gnetisierungszuständen im Speicher eines Computers). Es ist daher interessant zu beobachten, wie Gegenstände, Sachverhalte, Situationen, sobald sie einer mathematischen Bearbeitung wirklich (und nicht nur in Gedanken) unterworfen werden, stets in der Art A) oder in der Art B) oder gar in beiden Arten repräsentiert werden.

Schöne Beispiele findet man in den Anwendungen der *Graphentheorie*, wo der oft ursprünglich nur ideell existierende Gegenstand, zum Beispiel ein Geflecht von Situationen, entweder durch geometrische Zeichnung oder durch Aufstellen von Inzidenzmatrizen und ähnlichen rein syntaktischen Gebilden erst der tatsächlichen algorithmischen Bearbeitung zugänglich gemacht wird. Die *natürlichen Zahlen* schließlich, Zentrum aller finiten Mathematik, treten uns historisch und sachlich in allen drei Gestalten entgegen: Bei den Pythagoraern war ihre Vorstellung noch ganz an die geometrische Gestalt als Punktmuster gebunden und jede Eigenschaft oder Aussage unmittelbar optisch-sinnlich wahrnehmbar. In den Zahlbezeichnungssystemen nehmen sie die Gestalt von Zeichenreihen an, bis schließlich jemand behauptet: Sie *sind* Zeichenreihen. Bei CANTOR und DEDEKIND aber sind sie ideelle mengentheoretische Gebilde und als solche einer algorithmischen Bearbeitung nicht mehr unmittelbar zugänglich.

Hier sei eine Abschweifung noch weiter in Richtung *Philosophie* gestattet: Ausführen können wir auch mengentheoretische Operationen (und Tests, also Algorithmen) nur an materiellen bzw. syntaktischen Repräsentanten. So hat es zwar, zumindest für den platonistisch eingestellten Mathematiker, vielleicht einen Sinn, sich das geordnete Paar aus PLATON und EINSTEIN als existent zu denken, aber bilden kann man es aus dem einfachen Grunde nicht, weil beide nicht gleichzeitig existieren. Man müßte die Bildung materiell realisieren, indem man sie in bestimmter Reihenfolge z.B. nebeneinander stellt. Bilden kann man nur das geordnete Paar aus zwei materiellen bzw. syntaktischen Repräsentanten (Namen, Kodewortern, Bildern,...) der beiden Herren. Wirklich miteinander verheiraten kann man ebenfalls nur gleichzeitig und am gleichen Ort lebende Personen. Hingegen existiert der Stammbaum einer Familie zwar abstrakt als gerichteter Graph, aber irgendwelche Operationen kann man nur an einer (geometrischen oder syntaktischen) Darstellung dieses Graphen vornehmen, in der die betreffenden Personen durch ihre Namen (oder andere Kodegebilde) ersetzt sind.

Was den *Aufgabentyp 2a.* (Finden eines Objektes mit entscheidbarer, d.h. nachprüfbarer Eigenschaft) betrifft, so ist historisch noch zu unterscheiden, ob es sich bei der Lösung der betreffenden Aufgabe darum handelt, daß tatsächlich nur ein solches Objekt existiert, das dann irgendwann jemand findet, oder ob es sich um ein erstes von vielen möglichen Beispielen handelt, womit vielleicht eine vorher ausgesprochene Vermutung bestätigt oder widerlegt wird.

Ein bekanntes Beispiel für den zweiten Fall ist die Entdeckung des jungen EULER (1732), daß $2^{2^5}+1$ durch 641 teilbar ist, womit er durch simples Rechnen und Probieren die voreilige Vermutung FERMATS widerlegte, daß Zahlen der Form $2^{2^n}+1$ stets prim sind.

Als Beispiel für den ersten Fall kann die Entdeckung eines neuen halbregulären Polyeders durch den sonst unbekannt gebliebenen J. C. P. MILLER im Jahre 1930 dienen, von dem sich zeigte, daß es das einzige ist, welches zwar der klassischen Bedingung eines archimedischen Polyeders genügt, jedoch eine auf den Ecken nicht transitive Automorphismengruppe besitzt ([1], p.138). Der mathematisch interessierte Stralsunder Stadtbaumeister ERNST V. HASELBERG fand 1888 ein magisches Sechseck, das seither durch die Sammlungen von Unterhaltungsmathematik geistert (meist ohne Kenntnis des ursprünglichen Urhebers), von dem kürzlich mit Computerhilfe bestätigt wurde, daß es bis auf triviale Umstellungen nur die eine von HASELBERG gefundene Lösung gestattet [2,3]. Aber auch die Komplettierung der kleinen Liste der möglichen regulären Sternpolyeder durch POINSOT im Jahre 1809 ist ein gutes Beispiel dafür, daß oft interessante mathematische Entdeckungen durch systematisches Durchmustern einer endlichen Menge von Möglichkeiten gelingen.

Die Bedürfnisse moderner Anwendungen der Mathematik und besonders der Informatik haben einen unverkennbaren Wandel in der Einstellung der Mehrheit der Mathematiker zu typischen Fragen der finiten Mathematik bewirkt. Was einst bestenfalls als "Unterhaltungsmathematik" galt oder von CANTOR als "roher Finitismus" ([5], p. 324) abgewertet wurde, erfreut sich eines zunehmenden Ansehens.

Dem steht ein deutliches Defizit der Historiographie der Mathematik gegenüber: Darstellungen der historischen Entwicklung von Teilgebieten der diskreten und finiten Mathematik findet man meist nur in den nicht von professionellen Mathematikhistorikern verfaßten Einleitungen oder Anhängen entsprechender Hand- und Lehrbücher, und sie strotzen von Lücken und Fehlern. Gesamtdarstellungen der Geschichte der Mathematik, wie gut sie sonst auch sein mögen, haben nach meiner Literaturkenntnis diesen Aspekt der Mathematik noch kaum zur Kenntnis genommen.

Wo zum Beispiel findet der historisch interessierte Mathematiker in der reichen Literatur über KEPLER eine angemessene Würdigung von KEPLERS Studien über regelmäßige Parkettierungen, Polyeder und Raumfüllungen durch Polyeder? Wo wird erwähnt, daß das "unechte" und deshalb seit Anfang des 19. Jahrhunderts vergessene Buch XV (etwa 6. Jh.) der "Elemente" EUKLIDS die ersten und für die vorhergehende griechische Mathematik ganz untypischen Überlegungen über kombinatorische Beziehungen an und zwischen regulären Polyedern enthält? Es ist klar, daß jede Generation neue Fragen an die Geschichte stellt und sich "ihre" Geschichte deshalb neu erarbeiten muß. Zur Beantwortung der Fragen, die das ausgehende 20. Jahrhundert an die Geschichte der Mathematik stellt, wird es nötig sein, das Augenmerk auf viele bisher vernachlässigte Personen (z.B. den oben erwähnten Herrn V. HASELBERG) und Sachverhalte zu lenken und Material aus Bereichen zu sammeln, die nach traditionellem Verständnis mit Mathematik nichts zu tun hatten.

Allgemein gilt: Neben und meist außerhalb der professionellen Mathemtik gibt es seit Jahrtausenden eine nichtprofessionelle "unbewußte" Mathematik, die eben wegen ihrer Nichtprofessionaität grundsätzlich finit ist. Sie manifestiert sich vorzugsweise in bildender Kunst und Architektur, in Spielen, Zauberkunststücken, Scherz- und Rätselfragen, aber zuweilen auch an ganz unerwarteten Stellen. Um letzteres zu illustrieren, sei auf das altindische "Kamasutra" (4. Jh.) hingewiesen, das als berühmtes "Lehrbuch der Sexualität" gilt, aber mit den Augen des modernen Mathematikers gelesen, vor allem eine Leidenschaft für einfache kombinatorische Betrachtungen offenbart:

"Die Männer werden nach drei Typen unterschieden, was die Größe ihres Lingam anbelangt ... Desgleichen gliedert man die Frauen in drei Typen ... Daraus ergibt sich, daß drei gleichwertige Vereinigungen ... stattfinden ... Entsprechend gibt es sechs ungleichwertige Vereinigungen ... Die Anhänger ... zählen acht Stufen, die sich im Laufe der Vereinigung ergeben ... Da jede dieser Stufen wieder acht Unterteilungen hat, entsteht eine Summe von insgesamt vierundsechzig ..." usw. Zum Schluß bemerkt der Autor selbstkritisch:

"Die Liebeswissenschaft ist von Nutzen, solange die Leidenschaft nicht ihre volle Hitze erreicht hat; ist es aber einmal so weit, dann kann man alle gelehrten Abhandlungen vergessen." [8]

Literatur

[1] BALL, W. W. ROUSE and H. S. M. COXETER: Mathematical Recreations & Essays. Twelfth Edition. University of Toronto Press 1974.

[2] BAUCH, H. F.: Zum magischen Sechseck von ERNST VON HASELBERG. Wissenschaft und Fortschritt 40 (1990), Heft 9, 240ff.

[3] BAUCH, H. F.: Magische Figuren in Parketten. Math. Semesterberichte 38 (1991), 99-115.

[4] FRIEDMAN, H.: Algorithmic procedures, generalized Turing algorithms and elementary recursion theories. Logic Colloquium '69, North-Holland Publ. Comp. 1971, 361-390.

[5] MESCHKOWSKI H. und W. NILSON (Hrsg.): GEORG CANTOR. Briefe. Berlin usw.: Springer 1991.

[6] STEINHAUS, H.: Kaleidoskop der Mathematik. Berlin: Deutscher Verlag der Wissenschaften 1959.

[7] STEINITZ, E., RADEMACHER, H.: Vorlesungen über die Theorie der Polyeder. Berlin: Springer 1934, Reprint 1976.

[8] VATSYAYANA, MALLANAGA: Das Kamasutra. Deutsch von K. MYLIUS. Leipzig: Reclam 1987 (RUB), 1988.

Prof. Dr. Peter Schreiber, Ernst-Moritz-Arndt-Universität, Institut für Mathematik und Informatik, F.-L.-Jahn-Straße 15a, D-17487 Greifswald

e-mail: schreibe@rz.uni-greifswald.de

In memorian Hans Zassenhaus (1912 - 1991)

Heinrich Wefelscheid

Der folgende Beitrag erinnert an HANS ZASSENHAUS (28. Mai 1912 - 21. November 1991), der während der Tagung in Calw 85 Jahre alt geworden wäre. HANS ZASSENHAUS gehört zu den gar nicht so häufigen Mathematikern, deren Kreativität bis ins hohe Alter ungebrochen war und hier auch wirklich außerordentlich schwierige Dinge meisterte. Z.B gab er um 1987 die ersten Beispiele unendlicher Nicht-DICKSONscher Fastkörper an, da war er immerhin 75 Jahre alt. Ein Problem, an dem sich viele Jüngere vergeblich versucht hatten.

Geboren wurde HANS ZASSENHAUS vor 85 Jahren in Koblenz als Ältester von vier Geschwistern, wo sein Vater Direktor des Lyzeurns (eine höhere Mädchenschule) war. Als in Hamburg Othmarschen ein neues Gymnasium errichtet wurde, bei dem das Lehren und Lernen nach neuen modernen Prinzipien erfolgen sollte, holte man HANS' Vater als Leiter, dessen Fächer klassische Philosphie und Theologie waren.

Die Familie ZASSENHAUS stammt aus dem Rheinland und zwar aus der Nähe von Mettmann (bei Düsseldorf). In Langenberg, heute ein Vorort von Velbert, bestand bis kurz nach dem Krieg noch die ZASSENHAUS-Brauerei, die Vettern von HANS' Vater im vorigen Jahrhundert gegründet hatten. Auch die ZASSENHAUS-Kaffeemühle wird von Verwandten hergestellt.

1930 bezog ZASSENHAUS die Hamburger Universität, ursprünglich mit dem Ziel, theoretische Physik zu studieren und Forschung in Quantenmechanik zu treiben.

Es sollte dann aber anders werden:
ARTIN zog ihn in seinen Bann durch die, wie ZASSENHAUS selbst einmal sagte, "überaus überzeugende und außerordentlich einfache Weise wie ARTIN mathematische Wahrheiten bewies". Zwei Arten des Denkens pflanzte ARTIN bei ihm ein, wie ZASSENHAUS selbst sagte, die ihn sein ganzes Leben lang begleiteten:

a) die unablässige Suche nach *struktureller Einfachheit*

b) die *konstruktive* Bewältigung mathematischer Probleme.

Schon seine erste Arbeit als Student im sechsten Semester zeigt dies. Es ist sein konstruktiver Beweis des Verfeinerungssatzes von JORDAN-HÖLDER-SCHREINER mit Hilfe seines "Schmetterlingslemmas". ARTIN hatte nämlich in seiner Gruppentherie der Vorlesung im WS 1932/33 den Verfeinerungssatz mit Hilfe des üblichen Induktions-Argumentes bewiesen. (Später sah ZASSENHAUS, daß bereits JORDAN in seinem Buch: *Traité des Substitutions* ähnlich argumentiert hatte, was er als Student noch nicht wußte). Übrigens erhielt er hierfür den Konsul-Leo-Guttmann Preis, der mit 200,- Mark dotiert war und der gerade ausreichte, die Promotionsgebühren zu zahlen.

Ein Jahr später, 1934, hatte er schon seine Doktordissertation fertig. Diese Arbeit sollte einen nachhaltigen Eindruck auf die Entwicklung der Gruppentheorie ausüben. Hier bestimmt er alle endlichen scharf 3-fach transitiven Gruppen als *PGL(2,q)* resp. einer Variante davon, die man heute gerne mit gekoppelten Abbildungen bzw. bestimmten endlichen Fast-Körpern herstellt. Fast-Körper sind sozusagen Schiefkörper, bei denen nur *ein* Distributivgesetz, z.B. *a (b+c)=ab+ac,* gilt. Dieses ist eine der frühesten "Gruppenerkennungsarbeiten". (Das ist ja auch die Methode, mit der die "endlichen" Gruppentheoretiker in den 60er und 70er Jahren auf die Jagd nach allen endlichen sporadischen einfachen Gruppen gegangen sind.)

Diese Dissertation wurde von ARTIN zurecht mit "summa cum laude" bewertet. Als Anekdote sei erwähnt, daß ZASSENHAUS das Staatsexamen im Mai 1935 dann nur mit "genügend" bestand.

Von November 1934 bis Juni 1936 war er wissenschaftlicher Hilfsarbeiter (heute würden wir sagen Assistent oder wiss. Mitarbeiter) an der Universität Rostock. Bevor er nach Rostock ging, hatte er bereits seine große Arbeit über die Bestimmung aller endlichen Fastkörper beendet.

Hier in Rostock gab es sehr wenige Studenten, so daß er eigentlich fast nichts zu tun hatte. (Hierzu muß man wissen, daß in der Nazi-Ära die Studentenzahlen stark zurückgingen.) ZASSENHAUS schrieb hier sein später berühmt gewordenes Lehrbuch der Gruppentheorie. Dieses Lehrbuch war natürlich inspiriert von ARTINs Vorlesung, ist aber doch ganz selbständig entstanden.

Wenn man die Lehrbücher der Neuzeit ansieht, die sozusagen einen Leitcharakter haben, so ist neben

> HILBERT: *Grundlagen der Geometrie* (1900, [14]1999)
>
> COURANT-HILBERT: *Methoden der math. Physik* (1924/1937)

V.D. WAERDEN: *(Moderne) Algebra* (1930)

mit Sicherheit auch

ZASSENHAUS: *Lehrbuch der Gruppentheorie* (1937)

hinzuzurechnen (bis nach dem Krieg BOURBAKI diese Rolle übernahm). Das Neue an diesem Buch ist die Betonung der strukturellen Betrachtungsweise nach DEDEKIND, EMMY NOETHER, ARTIN und KRULL.

Hiermit ist dieses Buch gewissermaßen komplementär zu dem von BURNSIDE (*Theory of groups of finite order.* 1911), obwohl - wie ZASSENHAUS selbst betont - er auf derselben konstruktiven Basis wie BURNSIDE arbeitet.

1939 habilitierte sich ZASSENHAUS mit einer Arbeit, in der er eine Grundlegung einer unabhängigen Theorie der Lie-Algebren von Primzahlcharakteristik gab.

Die frühen Arbeiten von ZASSENHAUS sind alle in den *Hamburger Abhandlungen* erschienen. Ich fragte ZASSENHAUS einmal, ob und wie damals seine Arbeiten vor Drucklegung referiert wurden. "Überhaupt nicht" antwortete er mir. Er gab seine fertigen Aufsätze ARTIN; ARTIN gab den Aufsatz mehr oder weniger ungelesen an BLASCHKE, der es dann an den Drucker weitergab.

In Rostock bekam ZASSENHAUS 1936 Schwierigkeiten: Er wurde denunziert, daß er in einem Ladengeschäft den Nazigruß lächerlich gemacht habe. Es kostete BLASCHKE einige Mühe, ihn vor einem Rausschmiß zu bewahren und dafür zu sorgen, daß ZASSENHAUS 1936 als Assistent von ARTIN wieder nach Hamburg gehen konnte, wo er sich dann 1939 habilitierte, wie schon berichtet.

In Hamburg führte er zwei Doktoranden zur Promotion, wobei die Arbeit von KALSCHEUER später sehr berühmt wurde. (Es handelt sich um die Bestimmung aller lokalkompakten zusammenhängenden Fastkörper. Heute betrachtet man das gerne im Zusammenhang mit PONTRJAGINs Bestimmung aller lokalkompakten zusammenhängenden Schiefkörper als **R**, **C** und **H**. Der Satz von JACOBSON-(HASSE) in dem alle lokalkompakten total-unzusammenhängenden Schiefkörper bestimmt wurden, widerstand bisher einer Ausdehnung auf Fastkörper. Eine Bestimmung aller dieser Fastkörper dürfte sehr schwierig werden.)

Hierher gehört vielleicht eine weitere Anekdote:

Es wird ZASSENHAUS nachgesagt, daß es ihm nichts ausmacht für einen Doktoranden die Dissertation zu schreiben, aber er haßt es, sie dann auch noch erklären zu müssen.

Es ist daher zu vermuten, daß er die KALSCHEUERsche Arbeit sicher weitgehend selbst geschrieben hat. (Zumal man von KALSCHEUER selbst mathematisch nie wieder etwas gehört hat. Damit will ich KALSCHEUER nicht herabsetzen, aber ohne Hilfe von ZASSENHAUS wird er das sicher nicht haben machen können, zumal die Methoden andere sind als bei PONTRJAGIN.)

Ab 1940 war ZASSENHAUS Diätendozent blieb aber weiter Assistent, immerhin jetzt auf einer unbefristeten Stelle. Er schrieb selbst einmal, daß er es als Glück betrachtet, daß ihm in der Nazizeit keine Professur angeboten wurde, da er sonst wohl kaum um eine Zusammenarbeit und Ergebenheitbekundungen zu den Nazi-Autoritäten herumgekommen wäre.

Nach dem Krieg arbeitete er in Entnazifizierungsausschüssen mit. Es gibt hier einen interessanten Brief von H. WEYL an ihn, der nicht verstehen kann, daß ZASSENHAUS sich so für BLASCHKE einsetzt. Dagegen ist ZASSENHAUS' Haltung HASSE gegenüber viel reservierter gewesen.

In den Jahren 1943 wurde ihm ein Lehrstuhl in Bonn angeboten, den er nicht annahm. Dieses Angebot führte aber dazu, für ihn in Hamburg ein Extraordinariat zu schaffen, das mit der Stelle eines Direktors eines neu gegründeten Instituts für Angewandte Mathematik verbunden war. LOTHAR COLLATZ hat später dieses Institut aus dem Mathematischen Seminar herausgelöst und zu hoher Blüte geführt.

Über das *British Council* bekam ZASSENHAUS ein Stipendium, das Akademische Jahr von Oktober 1948 bis Juni 1949 in Glasgow zu verbringen. Er blieb dann kein ganzes Jahr in Glasgow, weil er nämlich das Angebot als *Peter-Redpath-Professor* an die McGill University nach Montreal/Canada zu geben, erhielt. Man hatte ZASSENHAUS zwar von Göttingen aus angedeutet, daß man ihn gerne holen würde, und daß er mit einem Angebot auf ein Ordinariat dort rechnen könne. Die wirtschaftlichen Aussichten und auch moralischen Aussichten im Nachkriegsdeutschland schätzte das Ehepaar ZASSENHAUS eher düster ein, so daß sie das kanadische Angebot annahmen.

Ich verkürze jetzt ein bißchen: Aber die dritte Sowjetische Enzyklopädie nennt

PETER SCHERK
und HANS ZASSENHAUS

als Väter der kanadischen Mathematik. Das ist wohl etwas übertrieben, hat aber doch einen Kern der Richtigkeit.

ZASSENHAUS brachte das Department of Mathematics der McGill University auf ein anständiges Niveau mit einer florierenden *graduate school*. (Vorher war überhaupt kein Niveau vorhanden.) 1957 nahmen die beiden ZASSEN-HAUS die kanadische Staatsbürgerschaft an.

Die weitere Karriere von ZASSENHAUS verläuft zwar glänzend, aber doch nicht so, wie das Ehepaar ZASSENHAUS es sich vielleicht gewünscht haben.

In Kurzfassung:

1956   Mitglied der Canadian Royal Society
1955/56   Gast am Institute for Advanced Studies, Princeton
1958/59   California Institute of Technology
1959 - 1963   Notre Dame University
ab Sept. 1963   Distinguished Professorship
und dann Research Professorship an der Ohio State University in Columbus.

Angebote, die er ablehnte, waren u.a. 1943 Bonn, University of California 1959, Michigan State U 1959, University of Minnesota 1962, U of Illinois 1962, U of Missouri 1967, U of Indiana 1967, U Waterloo 1968, Queen University 1969, Melbourne 1969 usw.

Ehrungen:
Honorary M.Sc. (Glasgow) in 1949 (das ist witzig; sozusagen ein Ehrendiplom)
Ehrendoktor Ottawa U 1966
Ehrendoktor McGill U 1974
Ehrendoktor Saarbrücken 1985
Lester Ford Prize for best exposition 1967
GAUß-Gastprofessur in Göttingen 1967.

Sie reisten viel, waren viel in Deutschland und wären gerne nach Deutschland zurückgekommen. Die Universität Heidelberg hätte um 1965 ihm gerne einen Ruf erteilt; der Kultusminister HAHN hat das aber vereitelt. (ROQUETTE kennt hier die Einzelheiten).

ZASSENHAUS war liebenswürdig, humorvoll aber auch tiefgründig und er hat sich das Leben nicht leichtgemacht. Er ist aber auch der Prototyp eines tief in Gedanken versunkenen (nicht vergeßlichen) Professors gewesen.

Die Arbeiten von ZASSENHAUS (sein Schriftenverzeichnis hat knapp 200 Nummern) gehören noch nicht zur Geschichte der Mathematik, weil sie noch aktiv wirken, insbesondere seine Ideen zur konstruktiven Zahlentheorie, was auch ein vom Kollegen in Saarbrücken ZIMMER herausgegebenes Bändchen zum Gedenkkolloquium belegt.

ZASSENHAUS hat sich übrigens auch um *didaktische Fragen* gekümmert und war sehr an den mathematik-historischen Fragen interessiert. Hiervon zeugt insbesondere seine Herausgabe der Briefe von MINKOWSKI an HILBERT (zusammen mit LILLY RÜDENBERG, einer Tochter von MINKOWSKI, 1973). Sehr lesenswert sind seine Anmerkungen zu diesen Briefen, die er zwei Jahre später 1975 im *Canadian Math. Bulletin* veröffentlicht hat. Bei einer Wiederauflage dieses Bändchens sollte man unbedingt diese Kommentare mit abdrucken. Heutzutage erscheinen ja viele Brief-Editionen, jedoch meist ohne Kommentare, häufig auch ohne Register. Weil ich hier vor Mathematik Historikern spreche, möchte ich das öffentlich kritisieren und anprangern. Die Kommentare von HANS ZASSENHAUS zu den MINKOWSKI-Briefen können uns hier als Vorbild dienen.

HANS ZASSENHAUS (1912 - 1991; aufgenommen am 1.11.1984)

Prof. Dr. Heinrich Wefelscheid, Fachbereich II: Mathematik, Universität Duisburg Gesamthochschule, Lotharstraße 65, 47057 Duisburg

Die Wagenschein-Ausstellung

Hannelore Eisenhauer und Klaus Kohl

Während der ganzen Tagung in Calw war eine Ausstellung über MARTIN WAGENSCHEIN, den Mathematik- und Physikdidaktiker zu sehen. Manchem mögen bei der Ankündigung im Programmheft skeptische Fragen durch den Kopf gegangen sein:

- Was hat das jetzt hier zu suchen?
- 1996 war Wagenscheins 100. Geburtstag; ist er schon „historisch"?
- Gibt es demnächst über alle, die einen runden Geburts- oder Todestag zu feiern geben, eine Ausstellung?
- Was hat dieser MARTIN WAGENSCHEIN überhaupt zur Mathematik Denkwürdiges beigetragen? Das war doch der, der das exemplarische Lehren erfunden hat - oder?

Wir finden, MARTIN WAGENSCHEIN sollte jedem, der sich mit der Vermittlung von Mathematik an Schüler beschäftigt, mehr noch als nur ein Begriff sein. Er ist derjenige, der immer wieder auf die Geschichte einer Wissenschaft zurückgreift, sie braucht, um den Inhalt des Unterrichtsfachs verständlich und packend darzustellen. Eine häufige Fehlinterpretation seines Werks besteht darin, daß man sich nur erinnert: "WAGENSCHEIN - ach ja, exemplarisches Lehren - Mut zur Lücke - das hilft, mit dem Stoff fertig zu werden." Aber WAGENSCHEINs Methode würde nicht überflüssig, wenn der Stoffdruck nachließe. Seine Unterrichtsweise ist ein Weg, den *ganzen* Menschen anzusprechen, ihn verständlich und fachspezifisch richtig zu unterrichten. Seine Ausgangsthemen im Unterricht sind fast immer kleine, unscheinbare Nebensächlichkeiten, über die man "stolpern" kann, sich dann fragt "wieso?" und sich ein wenig wundert, wenn man das Staunen noch nicht ganz verlernt hat.

Zum Beispiel:

- Wieviele von diesen Zahlen, die nur durch 1 und sich selbst teilbar sind, gibt es eigentlich?

- Warum kann man manche Quadrate, die man aus kleinen Quadratka-
  cheln zusammengelegt hat, in zwei andere Quadrate zerlegen?
- Warum taucht π bei allen runden Dingen auf und nicht bei eckigen?

Das sind so "nebensächliche" Fragen, scheinbare Nebensächlichkeiten, eben
nur als Beispiel, jeder Lehrer (oder Schüler!) wird andere finden, auf der
Grundschule andere als auf der Hochschule. Den von WAGENSCHEIN erwähnten Beispielen ist aber gemeinsam, daß es sich um Probleme handelt,
die schon vor Jahrtausenden Denker wie HERAKLIT anregten.

Es ist eben nicht so sehr der "Mut zur Lücke", der WAGENSCHEINs Lehre
auszeichnet sondern vielmehr noch der "Mut zur Gründlichkeit", der ihn so
vorgehen läßt, Gründlichkeit, den Dingen auf den (auch historischen) Grund
zu gehen, Gründlichkeit, die die Sache und ihre Kenntnis so fest begründet,
daß sie als stabiler Wissenspfeiler verwendet werden kann. Dieser Ort gewährt dann eine erleichterte Übersicht zu anderen derart begründeten Pfei-
lern, einen leichten Bogenschlag zu ihnen. Mut zur Lücke - unter dem Bogen
auf stabilem Fundament. Der Begriff des "Exemplarischen" wurde von
WAGENSCHEIN zur Dreiheit *Genetisch - Sokratisch - Exemplarisch* erwei-
tert. *Exemplarisch* die geschickte Auswahl des Themas, *sokratisch* die boh-
renden Zweifel an Vorurteilen und auch die Vermittlung des Gefühls, längst
irgendwie Gewußtes nun endlich verstanden zu haben, und *genetisch* die
Entfaltung einer Wissenschaft aus ihren Anfängen heraus. Neben der Entwicklung des Wissens im lernenden Menschen ist damit auch die Entstehung
der Wissenschaft der forschenden Menschheit gemeint, die ja oft erstaunlich
parallele Wege gehen.

WAGENSCHEINs Unterricht verlangt also vom Lehrer gute Kenntnisse der
Geschichte seines Wissensgebiets - und möglichst auch der Nachbargebiete.

Es sind also keine mathematischen Erfindungen, die WAGENSCHEIN für einen Mathematikhistoriker oder überhaupt für einen Wissenschaftshistoriker
interessant machen, vielmehr zeigt er, daß Wissenschaftsgeschichte keine
selbstgefällige Beschäftigung unnützer Intelligenzler ist. Sondern sie ist eine
notwendige Voraussetzung, das praktisch anwendbare Wissen zu vermitteln
wie auch für die weitere Forschung die Grundlagen zu schaffen. Deshalb
wurde die Ausstellung zu dieser Tagung in Calw eingerichtet. Und sie zeigte
nicht so sehr sein Werk, wenn auch einige Schriften von ihm auflagen. Sich
darin zu vertiefen braucht man mehr Zeit als für die Tagung zur Verfügung
stand. Es waren eben auch hier mehr die "Nebensächlichkeiten", der ge-

drechselte Text einer damaligen Immatrikulationsurkunde, der unendliche Briefwechsel bis zur ersten Nachkriegsveröffentlichung, seine Berührungen mit der Akademie Calw, die trickreichen Vorspiele zur Berufung als Professor, Mißverständnisse und polemische Reaktionen, die Freude über späte Ehrungen. Sie sollten ein streifendes Licht auf den Menschen WAGENSCHEIN werfen, das Bild abrunden, das man aus seinen zahlreichen Veröffentlichungen gewinnt.

Die Ausstellungsobjekte entstammen dem *Wagenschein-Archiv*, das wir verwalten, und in dem sich neben der gesamten Bibliographie auch der pädagogische Nachlaß befindet. Wer sich damit ausführlicher beschäftigen möchte, wende sich an die Autoren dieses Beitrags.

Auch die Ausstellung kann gratis -gegen Übernahme der Portokosten- ausgeliehen werden. Sie umfaßt 19 Kartontafeln 0,6 m x 1 m, einige Hefter und Nachdrucke von Wagenscheins Arbeiten. Dazu wende man sich an

Herrn Reinhard Reichelt, HILF Jugenheim, Schloß Heiligenberg, 64342 Seeheim-Jugenheim, Telefon 06257 - 93460, Fax 06257 - 63616.

Hannelore Eisenhauer und Klaus Kohl, Ecole d'Humanité, Postfach 134, CH-6085 Hasliberg Goldern, Telefon 0041- 33 - 9711358, Fax 0041 - 33 - 9729222.

Martin Wagenschein
(1896-1988)

Alphabetisches Autorenverzeichnis

Namenverzeichnis